철학적 논리학

철학적 논리학 제3판

초판 인쇄 2023년 4월 1일
초판 발행 2023년 4월 5일

지은이 A. C. 그레일링 | 옮긴이 이윤일 | 펴낸이 이찬규
펴낸곳 북코리아 | 등록번호 제03-01240호
주소 13209 경기도 성남시 중원구 사기막골로 45번길 14 우림2차 A동 1007호
전화 02-704-7840 | 팩스 02-704-7848
이메일 ibookorea@naver.com | 홈페이지 www.북코리아.kr
ISBN 978-89-6324-257-6 (93170)

값 23,000원

* 본서의 무단복제를 금하며, 잘못된 책은 구입처에서 바꾸어 드립니다.

AN INTRODUCTION TO PHILOSOPHICAL LOGIC

제3판

철학적 논리학

A.C. 그렐링 지음 | 이윤일 옮김

THIRD EDITION
A.C. GRAYLING

북코리아

서문

철학자들은 수심이 얕은(shallow-end) 철학은 없다는 점을 즐겨 지적한다. 이 말은 사실이다. 철학은 종종 복잡하고 때로는 어려운 과목이다. 수심이 얕은 철학을 공급하는 책들은 얄팍한 철학을 공급할 위험이 있으며, 따라서 철학의 문제들을 왜곡하고 변조한다. 윌리엄 제임스가 말하는 것처럼, 철학은 무엇보다도 '명료성을 성취하려는 끈질긴 투쟁'이기 때문에, 철학적 문제들을 얕게 다루는 것은 무용할 뿐만 아니라 역효과를 초래하기까지 한다. 그래서 나는 이 책에서 철학이 다루는 문제들이 단순하다고 주장하려 하지 않았다. 그 문제들은 도전적이며 주의 깊은 연구를 요한다.

이상 말한 점이 인정되고 또 철학의 깊은 수심이 인정되고 나면, 새로운 수영자들이 물에 들어가도록 도와주어야 하는 일이 남아 있다. 철학을 소개하는 여러 다양한 방법이 있다. 그러나 그중 가장 훌륭한 방법은 개별 교습이다. 개별 교습에는 열기 있는 대화의 가능성이 잠재되어 있는 반면, 활자 매체는 차가운 독백만을 제공한다. 그렇지만 여전히 책은 중요하게 사용될 수 있다. 책을 놓고 곰곰이 생각해 볼 수 있고, 이러저러한 점들을 놓고 오랜 시간을 보낼 수 있으며, 여백에 번뜩이는 통찰이나 비난조의 평을 적어 넣을 수 있다. 결국, **쓴 것은 남고, 말은 사라진다**(scriptae manent, verbae volant).

여기서 나는 입문서를 쓰는 방법을 채택하였다. 철학적 논쟁들은 그 논쟁들에 내용을 제공하는 원전을 읽음으로써만 숙달될 수 있다. 그러므로 나는 여러 중요한 논쟁들에 관한 서문격의 글을 쓰는 것, 즉 초심자들에게 방향을 제시하기 위해 논쟁들에 대한 배경을 제공하고 또 논쟁들 속에서 전개된 논증들을 설명하는 것이 나의 과제라고 생각했다. 그러나 비록 내가 말하는 것이 원전을 대체하는 것으로 의도된 것은 아닐지라도, 나의 절차는 원전의 상당 부분을 논의하는 것이었다. 원전을 논의하는 것은 바로 문제들을 논의하는 것이기 때문이다. 이것은 신참내기에게는 누가, 무엇을, 왜, 어디에서 말했는가를 익히는 부수적인 장점도 가진다.

철학 입문서가 가지고 있을 것 같은 결점에도 불구하고, 학생들에게 철학적 논리학을 소개하려는 일은 상당히 가치 있는 것이다. 철학적 논리학이 포함하는 주제들은 매우 중요하다. 그리고 그 주제들을 이해하는 작업의 절반은 그 주제들을 그 주제의 맥락 속에 자리 잡도록 해줌으로써 성취된다. 이 책은 바로 그런 일을 하고자 한다.

입문서를 쓰는 일은 참으로 어려운 일이다. 명료성, 간명성, 경제성을 갖추도록 노력해야 하고, 동시에 — 남김없이 다 망라하지 않으면서도 — 학생들이 적절하게 준비되어서 시작할 수 있게 해 주어야 한다. 그러나 명료성과 간명성을 추구하려는 충동은 오히려 그 반대의 결과를 일으키는 경향도 있다. 또한 경제성을 향한 충동은 항상 얼마만큼 적은 것이 충분히 적은 것인가? 라는 의문으로 괴롭힘을 당한다. 이러한 난점들에도 불구하고 이 책의 목적은, 호기심을 더 돋우면서도 — 이와 관련해서는 풍부한 참고문헌이 제공된다 — 철학의 몇몇 주요 문제들에 관한 예비적인 개관을 함에 있음을 충분히 명확하게 말하는 것에 있었다.

지적해 두어야 할 것이 있다. 각 장 중 어떤 절들은 다른 절보다 더 어렵게 보일 수도 있다. 어떤 절은, 최소한으로 줄이려고 노력은 했지만, 전문적인 내용도 담고 있다. 그러나 쉬운 절이 앞서 있고 어려운 절은 그 뒤에 나온다. 그리고 어려운 절에서 다루어지는 주제들은 뒷장의 다른 관련된 부분에서 다시 취급된다. 독자는 상당한 인내력과 성실성을 갖춰야 할 것이다. 주제들의 상호 관련성이 바로 이렇게 복잡함과 간명함의 변증법을 일으키고 있다. 그러나 나아가다 보면, 여명이 밝아올 것이라고 본다. 동시에 각 장은 대체로 자기 완결적인 성격을 띠고 있다. 이 책은 논문이 아니라 교재이기 때문이다. 한 특수한 주제를 놓고 공부하는 사람은, 너무 멀리 다른 장까지 살펴볼 필요 없이, 관련된 장을 원 텍스트의 연구를 위한 서문으로 또는 보충 자료로서 사용할 수 있다. 주석은 일반적으로 참고문헌을 포함하며, 이따금 여담과 부연 설명도 들어 있다.

곳에 따라 독자가 약간의 기본적인 논리학을 알고 있는 것으로 가정하겠다. 이런 가정을 할 수밖에 없었던 이유는 이 책의 범위와 목적이 철학적 논리학 입문에만 국한되지, 논리학 입문까지 포함하는 것이 아니기 때문이다. 그러나 전문적인 논리적 지식이 요구되는 곳은 극히 일부이며, 다른 곳에서처럼 평이하게 다루려고 노력하였다.

요약하자면, 이 책의 목적은 철학의 몇몇 중심적인 문제들의 성격과 배경에 관한 개관을 제공하는 데에 있다. 입문서와 그 내용의 관계는 실제의 땅과 지도의 관계와 비교될 수 있다. 이 책도 예외가 아니다. 이 책은 소개된 문제의 논쟁들에 관한 포괄적인 검토를 하려는 것이 아니다. 대신에 이 책은 사닥다리의 첫 발판 몇 개를 제공하려는 것이다. 나머지 발판들은 독자들이 만들어내야 한다.

제2판에 부쳐

이 재판은 여러 쇄를 거쳤음에도 처음으로 틀린 철자를 수정할 기회를 얻었다. 그리고 책으로서 교재의 지위를 얻을 것을 요구했던 여러 고마운 평자들의 충고에 부응하기 위해 최근까지의 참고문헌을 첨가하였다.

1990년
옥스퍼드 성 앤 대학에서

제3판에 부쳐

3판은 2판과는 달리 실질적인 개정판이다. 출판사가 바뀌는 바람에 글을 수정하기도 하고 완비하고 확장시키기도 하였으며, 특히 마지막 장에서는 본문과 참고문헌을 폭넓게 갱신하는 기회를 얻게 되었다. 그러나 이 책에서 학생들이 유용하다고 보았던 특징들은 그대로 유지되었다.

언어 철학과 논리 철학을 아우르는 영역에서 최근의 개론적 문헌들을 신중히 주시해 보면, 상당수는 질적으로도 뛰어난데, 우리 분야의 어려움이 다음과 같은 데 있다는 것을 확인하게 된다. 즉, 이 전 판들에서 이 책이 목표로 한 것으로, 그 전공에 뛰어드는 데 첫 발판이 필요하다는 데 있다. 개론서를 쓰는 몇몇 저자들은 전문적인 동료를 넘어서는 안목을 가지고, 너무 고난도 수준으로 글을 쓰며, 독자들이 자립적으로 전진해 갈 수 있을 만한 지점에서 멈추지 않는다. 이 책은 순수하게 소개를 목표로 하면서도, 거의 다른 도움을 받지 못하는 초보자들에게조차도 철학의 중심 영역에 다가가게 해 주고자 한다. 그럼으로써 그들에게 스스로 이런 논쟁들의 근원으로 나아가도록 흥미를 일으키는 것을 목표로 삼고 있다.

이 책의 진전에 있어서나, 외국어 출판에 있어서나, 직간접적으로 다양하게 이 책과 연관해서, 알렉스 오렌스타인, 마크 세인스버리, 파스칼 엔젤, 로렌스 골드스타인, 모 보, 그리고 마사히로 미우라에게 나의 진심 어린 감사를 보낸다.

1997년
런던 비르크벡 대학에서

차례

1
철학적 논리학, 논리 철학,
철학과 논리학

철학적 논리학과 논리 철학

철학의 여러 분과들은 서로 긴밀하게 연관되어 있다. 예컨대 형이상학에 관해 생각하면서 우리는 인식론적이고 논리적인 문제들을 다루지 않을 수 없다. 마찬가지로 인식론에서 형이상학적 문제들이 일어나며 논리적 문제들도 반복된다. 이러한 상호 침투는 서로 다른 철학적 연구들 사이에 뚜렷한 경계선을 긋는 짓을 그릇된 일로 만들고 있다. 어떠한 경계선들도 없다. 전형적인 형이상학적 문제(어떤 영역에 무엇이 존재하는가와 같은 문제)와 전형적인 인식론적 문제(우리는 한 주어진 영역에 관해 무엇을 알거나 알수 있는가, 그리고 어떻게 우리는 그런 지식을 얻는가와 같은 문제) 사이를 구별하는 우리의 능력은, 주로 각 분야에서 어떤 문제들이 집중적으로 다루어지고 있는가에 대한 판별에 달려 있다. 그와 같은 판별력의 획득에는 철학함이 수반된다. 달리 지름길이 없다.

그럼에도 불구하고 철학적 탐구의 특수한 영역에서 다루어지고 있는 여러 주제들에 대한 사전적인 개요는 해 볼 수 있다. 이 장에서 나는 철학적 논리학(philosophical logic)과 관련하여 그러한 일을 할 참이다. 그러므로 나는 철학적 논리학은 얼마만큼 철학적이며 또 얼마만큼 논리적인가 하는 문제를 고찰하겠다. 또한 철학과 논리학 간의 관계와 관련하여 이것이 일으키는 보다 넓은 문제를 살펴보겠다. 양 문제는 곧 다루어진다.

논의될 주제들은 명제(proposition), 분석성(analyticity), 필연성(necessity), 존재(existence), 동일성(identity), 진리(truth), 의미(meaning)와 지시체(reference) 등이다. 적어도 이런 것들은 각 장의 제목으로서 언급될 주제들이다. 사실상 목록은 좀 더 광범위하다. 왜냐하면 각 장을 따라가다 보면 가능 세계, 여러 가지 실재론, 반실재론 및 그 밖의 다른 문제들에 대한 논의들도 있기 때문이다. 이런 식으로 넓게 벌려놓지 않고서는 철학적 논리학을 개관하기란 불가능하다. 그러나 각 주제는 그 자체만으로도 한 권의 책을 요구하고, 또 실제로 그럴만한 가치가 있기 때문에, 나의 논의가 원 문헌에서 볼 수 있는 세세한 논의와 비교하면 한낱 서문 정도에 지나지 않는다는 점도 분명할 것이다.

이런 주제들은 세 가지 주요 이유 때문에 '철학적 논리학'이라는 통일된 명칭 하에서 수집되어 있다. 이 주제들은 상호 연관성을 그 특징으로 한다. 이런 주제들의 어느 하나를 잘 이해하기 위해서는 다른 주제의 이해가 요구되기 때문이다. 이 주제들은 또한 모든 진정한 철학적 논의에서 핵심적인 중요성을 지니고 있다. 그리고 그것은 지난 19세기 이래 논리학 발전이 초래한 영향을 반영한다. 논리학에서의 발전은 많은 문제들을 다시 새롭게 다룰 수 있는 강력한 힘을 제공하였다. 이것이 가능했던 이유는, 그로 말미암아 우리가 작업하는 데 기술적으로 보다 나은 장비를 갖추게 되었기 때문이다. 뿐만 아니라 논리적 수법에 있어서의 발전들이, 철학에서 특별히 유용하다고 판명된 바 있는 어떤 방법론적인 스타일을 조성하고 촉진시켰기 때문이었다. 그 방법론적 스타일이 다름 아닌 분석이다.

기호 논리학(symbolic calculi)이 직접적으로 일련의 철학적 문제를 일으킨다고 하는 사실을 프레게와 러셀이 지적해 주지 않았더라면, 기호 논리학의 창안 자체만으로는 철학적 발전이 이루어질 수 없었을 것이다. 그 철학적 문제들 중 중심적인 것이 의미와 참의 본성에 관한 문제, 간단히 말해서 언어의 본성에 관한 문제이다. 언어는 인간의 사고와 세계에 대한 철학적 이해의 길을 제공하기 때문에 철학자들의 관심을 사고 있다. 최근 철학적 논리학에 몰입하게 만드는 가장 강력한 동력인도 사실 언어에 대한 관심에서 유래한다.

'철학적 논리학'이라는 표현에서 '논리학'라는 말이 수행하는 역할이 오해될 수 있었다. 철학적 논리학은 논리학**에 관한** 것이 아니다. 그것은 논리학이 올바른 추론의 형식에 대한 연구라는 의미에서의 논리학이 **아니다.** 문제를 다음과 같이 표현하면 가장 좋을 것 같다. 논리학자들은 추리의 내용이 아니라 형식들에 대한 엄밀한 설명이라 할 수 있는 계산 체계들을 고안한다. 논리학자들은 추론의 형식들이 표현되고 탐구될 수 있는, 단순하지만 강력한 언어들을 구성하고자 한다. 그들은 또 완전성(completeness)과 무모순성(consistency)의 요청을 놓고 그 언어들을 시험한다. 그런 과정에서 산수와 집합론을 고찰함으로써 이 작업을 위해 요구되는 도구들을 연구하기도 하고, 그때 사용되는 자유 변항과 속박 변항(variable freedom and bondage), 공리화(axiomatization), 양화 이론(quanfification theory)에 있어서의 표준적 대입(regular substitution) 등과 같은 개념들에 대한 탐구에 전념하기도 한다.

이어서 위의 탐구 과정과 결코 멀리 떨어지지 않은 것으로서, 논리학에 관한 사색이 어떤 철학적인 문제들을 일으키는 지점에 도달하게 된다. 필함(entailment), 뢰벤하임-스콜렘 정리의 의의, 양화 이론의 범위와 한계, 논리학과 집합론 간의 관계, 집합론 자체의 본성 등에 관한 문제가 바로 그것이다. 무엇보다도 이러한 문제들이 논리 철학자들의 고유 탐구 영역이 된다. 따라서 논리 철학(philosophy of logic)은 논리학의 본성과 논리학에 함축되어 있는 내용들에 관한 철학적 문제들을 주제로 삼는 학문이다.

그러나 그러한 문제들은 곧바로 다시금 보다 일반적으로 관련된 실질적이고도 중요한 철학적 문제들에로 자연스럽게 넘어가게 되고, 또 거기에 주의를 쏟게 된다. 이렇게 관심이 확장되는 순간, 그리고 논리학 자체가 탐구 대상이 되지 않고 논리학이 언어와 사고의 본성 및 세계의 구조와 내용에 대한 철학적인 문제들과 관계를 맺게 되자마자, 철학적 논리학이라는 학문이 등장하게 된다. 그러므로 철학적 논리학은 그야말로 **철학**이다. 논리학에서 정보를 들여오고 논리학에 민감함에도 불구하고 여전히 철학인 것이다. 따라서 철학적 논리학과 논리 철학 간의 차이는 다음과 같이 표현될 수 있다. 우리가 논리 철학을 할 때, 우리는 논리학과 관계된 철학을 한다. 그러나 우리가 철학적 논리학을 할 때, 우리는 철학을 하고 있다.

하크(S. Haack)와 같은 분은 '논리 철학'과 '철학적 논리학'이 같은 것이라고, 즉 논리 철학이라고 주장한다.[1] 위에서 말한 이유 때문에 이것은 내게 유용한 견해인 것처럼 보이지 않는다. 양자 사이에 실질적인 구분이 있다. 그 구분은 각 명칭 하에 무슨 과제가 다루어져야 하는가를 분명하게 밝히는 데 도움이 될 것이다. 그렇지만 너무 확연히 구분 짓겠다고 고집하는 것도 무리일 것이다. 구분은 유용하다. 그러나 양자 사이의 상당한 중첩과 상호 연관을 염두에 두는 것도 또한 유용하다.

철학과 논리학

논리 철학과 철학적 논리학 간의 구분은 철학과 논리학 자체들 간에 무슨 관계가 있는지에 대해서 아무것도 말해 주지 않는다. 이 점은 사소한 문제가 아니다. 왜냐하면 적어도 현대 철학에서 한 중요한 철학자가 철학 자체가 바로 논리학**이라고** 주장했기 때문이고 또 그러한 견해가 양자 간의 차이와 관계에 대한 우리의 이해를 복잡하게 해 주고 있기 때문이다. 그 철학자는 다름 아닌 러셀이다.

러셀은 그의 생애 중 철학적으로 가장 왕성한 활동을 했던 시기(1920년 이전)에, 철학적 문제가 순수한 것이라면 분석해 볼 경우 논리학 자체의 문제로 환원된다는 입장에 섰었다. 러셀은 다음과 같이 말했다. "모든 철학적 문제는, 불가피한 분석과 순화의 과정을 거치고 나면, 실제로는 전혀 철학적인 문제가 아니거나 혹은 논리적인 문제인 것으로 판명된다. …"[2] 이것은 마치 금세기에 행해진 많은 철학의 패턴을 지적해 주는 듯이 보이는 제안이다. 이것은 피상적으로 보면(그러나 피상적일 뿐인데), 후기 비트겐슈타인이 그의『철학적 탐구』에서 표명한 견해와 유사하다. 그 책에서 비트겐슈타인은 모든 철학적인 수수께끼가 무엇보다도 언어사용의 잘못 때문에 일어났던 것으로서 해소되어야 풀려질 뿐이라고 말한 바 있다.[3]

러셀이 그와 같은 견해를 피력하지 않을 수 없었던 이유는 그의 전기 사상의 전개 과정 속에 들어 있는 핵심적인 두 가지 요소를 주목해 보면 잘 설명된다. 첫 번째 것은 철학과 논리학에서의 러셀의 주요 작업이 수학과의 연관 속에서 주로 몰두되었다는 점이다. 특히 그는 "모든 순수 수학은 순전히 논리적 전제들로부터 따라 나오며, 논리적 용어들로 정의될 수 있는 개념들만을 사용한다."[4]는 점을 증명하고자 했다. 수학을 논리학으로 환원하려는 작업은 '논리주의' 프로그램으로 알려져 있다. 그러나 수학에 있어서의 논리주의는 1930년대의 괴델의 작업으로 말미암아 실현 불가능하다고 보는 것이 오늘날 인정되고 있는 견해이다. 그럼에도 불구하고 러셀의 작업은 수학을 논리주의에 정초시키려는 야심을 넘어서서 중요한 철학적 결과를 낳았다. 러셀이 『외부 세계에 대한 우리의 지식』과 '논리적 원자론의 철학'[5]에서 표명한 견해는 바로 이 첫 번째 요소로부터 나왔다. 러셀의 유명한 기술 이론(Theory of Description)은 (4장 참조) 방법론에 관한 이러한 확신에 비추어서 그가 철학적 문제에 접근한 결과들 및 그 본성 모두를 잘 보여주는 전형적인 본보기이다.

좀 더 구체적으로 말해서, 바로 그의 사상의 전개 과정에 있어서 두 번째에 해당하는 것인데, 논리적 분석의 사용이 러셀에게는 철학자들이 주로 언어의 표면 구조에 미혹되었기 때문에 빠지지 않을 수 없었던 혼동의 원천을 일소해 주는 듯이 보였다. 러셀은 주어-술어 형태의 명제만이 있을 수 있다고 보는 것은 '나쁜 형이상학'에 빠져든다는 생각을 중시했다. 그러한 명제만이 있다고 생각할 경우 철학자들은 예컨대 실체와 그 속성들만이 있다고 하는 스콜라 철학류의 존재론을 구성하거나, 또는 모든 명제들, 심지어는 관계 명제들조차도 '전체로서 생각되는 실재'에 대한 가장된 술어라고 해석하는 절대적 관념론자들의 존재론을 구성하게끔 철학자들을 유혹하기 때문이다.

더구나 러셀은 우리가 지각 경험 속에서 직접적으로 인식하는 것을 넘어선 지식이 있을 수 있다면, 그것은 추론적 지식이어야 한다고 믿었다. 사실 우리가 아는 대부분의 것은 '직접 인식에 의한 지식(knowledge by acquaintance)'이 아니라 '기술에 의한 지식(knowledge by description)'이다. 추론의 과학인 논리학은 바로 어떻게 우리가 그런 기술적 지식을 가지는지를 증명할 수 있게끔 해 주는 학문이다. 왜냐하면 직접적인 감각을 넘어서서 세계에 관한 어떤 진리가 알려질 수 있는가를 보여주기 위해, 우리는 분자 명제 또는 복합 명제의 구조를 이해할 수 있어야 하기 때문이다.

이 분자 명제들은 모두 **아니다(not), 모든(all), 만일 ---라면 ---이다 (if-then), 또는(or)** 등과 같은 논리 결합어들에 의해 원자 명제 또는 단순 명제들로부터 진리 함수적으로 구성된 것들이다. 사실 추론은 분자 명제들에 의존한다. 우리는 단순한 직접지의 한계를 넘어서려 한다면, 명제들을 서로 연결시킬 수 있어야 하며, 명제들을 연결하는 학문이 논리학이다. 러셀은 가끔 '기술적 지식(descriptive knowledge)'이라는 표현 대신에 '보편적 지식(general knowledge)'이라는 표현을 사용하였다. 따라서 그는 "보편적 지식은 논리학에 속한다."라고 선언한 바 있다.

앞에서도 확인하였듯이 논리학의 발전이 전통적인 철학적 문제들을 다루고 또 새로운 문제들의 존재를 드러내는 데 대단히 큰 도움을 주었다는 점은 분명하다. 그럼에도 불구하고 러셀의 견해가 전적으로 납득되지는 않고 있다. 또 철학적 문제들이 전부 어설프게 또는 예비적인 형태로라도 논리학에로 환원된다는 데 동의하려는 자는 극소수에 지나지 않는다. 이 점을 거지 논법에 빠지지 않고 분명하게 표현하기 위해서 이렇게 말하고 싶다. 윤리학의 문제들은 러셀이 의도한 의미에서 논리적 문제로 환원될 수 있다거나 또는 암암리에 가장된 논리적 문제라기보다는, 순전히 철학적 문제들이라고 보는 것이 보다 더 분명하다고.

논리학과 철학 간의 관계에 대한 대안적인, 보다 다채로운 성격 묘사가 라일에 의해 이루어졌다. 라일의 견해는 러셀의 입장과는 뚜렷한 차이를 보인다.[6]

라일은 논리학과 철학 사이를(또는 라일의 말로는 '형식 논리학'과 '비형식 논리학' 간의 구분; 용어 선택에 크게 신경 쓰지 말도록 하자) 구분하면서 동시에 그것들 간의 관계를 상세히 설명하였다. 라일에게 있어서 '형식 논리학'은 형식적 기호 계산들과 그 요소들의 조작 및 연구에 있다. 반면 '비형식 논리학'은 개념들의 '논리적 지형도(logical geography)'를 그리는 매우 다른 과제를 수행하는 데 있다. 라일의 우미한 비유로 표현하자면, 이 과제는 형식 논리학이라고 하는 반듯한 철도선이 아직 설치되지 않았거나 설치될 수 없었던 거친 사고의 정글과 황야에서는 항상 수행될 수는 없는 그러한 것이다. 라일은 또 다른 비유로 형식 논리학이 기하학에 해당한다면, 비형식 논리학은 지도 제작(cartography)에 해당한다고 말했다. 후자의 경우 풍경의 불규칙한 특징들은 축척을 위해 구획되지 않으면 안 된다. 그리고 이 작업의 성공은 지도 제작자가 일정 불변하게 이상화된 유클리드 평면 기하학을 잘 사용할 수 있는지 또는 그 지침에 잘 따르는지에 달려 있다. 지도 제작자가 기하학자의 '고객'인 것과 같이, 철학자 또는 '비형식 논리학자'는 형식 논리학자의 고객이다. 그러나 형식 논리학자의 장사 도구는, 야채상의 소지용 계산기가 야채상에게 상치의 값을 얼마로 할 것인가를 결정해 주지 않는 것처럼, 철학적인 문제들을 해결해 주지 않는다.

언뜻 보기에 형식 논리학과 비형식 논리학 간의 차이들과 관계에 대한 라일의 착상은 수긍이 가는 면이 있다. 그러나 만일 이 차이와 관계에 대한 그의 묘사가 옳다면, 양측에 포함되어 있는 방법들 사이에는 뛰어넘을 수 없는 간격이 가로놓이게 된다. 이 간격은 우리가 예컨대 자유 의지의 문제를 해결하는 데 사용하는 방법과 미분 방정식을 푸는 데 포함된 방법 간의 차이를 주목해 보면, 가장 잘 드러날 것이다. 어느 한 관점에 의존하면서, 논리학과 철학 사이에 뚜렷한 방법의 차이가 있다는 것은 불행한 사태인 듯이 보인다. 그러나 라일이 옳다면, 이는 불가피할 수밖에 없다.

라일의 견해들이 우리에게 상기시키는 것은, 논리학의 간단한 적용으로 처리한다든지, 심지어 논리학으로 직접 번역하는 것으로 처리하기보다는 그 이상의 것이 철학에서 일어나고 있다는 점이다. 이 점을 패스

모어가 잘 지적한 바 있다. 철학은 가령 맥타겟이 생각했던 것처럼[7] 어떤 것을 '매 단계마다' 증명하거나 반증하는 데에만 관계하는 것이 아니라, 바로 우리가 의사소통하고 토론하는 데 사용하는 개념과 표현들을 놓고, 분류하고, 정리하고, 분석하고, 모호성을 벗겨내고, 남은 것들을 묶어 주려고 하는 작업에 있다. 많은 철학적인 작업은, 스피노자가 그의 『윤리학』에서 **기하학적 양식**을 형식화하려 했던 작업과 같이 일련의 연역적 이행에만 있는 것이라기보다는, 목록 작성이나 수집 작업 또는 전시용 서랍과 더 닮았다. 거기에서 그것들은 어떻게 우리의 개념 체계가 작용하는가를 우리가 파악하도록 노력해 가게끔 하면서, 개념들은 분류되고 개념들 간의 연관도 보여진다. 비트겐슈타인의 『철학적 탐구』나 알렉산더의 『공간, 시간 그리고 신』은 이러한 양식을 잘 보여주는 고전적인 작품들이다. (실제로 알렉산더는 논증에 혐오를 느낀다고 주장하였고, 대신 자신의 방법을 전적으로 기술적인 것으로 묘사하였다.[8])

그러나 너무 극단적으로 밀고 나가면 이러한 생각들은 그림을 왜곡할 수 있다. 이런 생각들은 철학을 마치 은퇴한 신사가 자기의 나비 수집물을 가지고 열중하는 모습과 같은 것처럼 보이게 만든다. 사실상 철학에서 엄밀성과 정확성을 유지하려는 욕구가 중요하기는 하다. 그리고 증명이 매 단계마다 문제가 되지는 않는다 하더라도, 그것은 두 단계나 세 단계에서 문제가 되기도 할 것이다. 실제로 위에서 말한 어느 누구도 논리학이 증명 밖에서는 사고의 활동에서 아무 자리도 차지하지 않는다고 말하지 않는다. 무모순성과 증명의 규칙들은 논증에서 적용되는 것처럼, 모호성을 벗겨내고 분류하는 과정에도 필요한 만큼 적용된다. 방법에 관한 이러한 논평들이 말하는 바는, 철학이 전적으로 논증 요소들 간의 형식적 관계들을 입증하는 데 있다는 것이 아니라, 그 외에도 분명히 논증의 내용을 파악하는 일과도 관계한다는 것이다. 여기에서 논증의 부분들 사이에 어떤 논리적 관계가 있는지를 분명히 하기에 앞서, 많은 설명이 나 분석이 요구될 수도 있는 것이다.

한편 다른 측면에서 1945년 이후 약 10년간에 걸쳐 '일상 언어 학파' 가 한 시절을 풍미하게 되었던 동기 중의 하나가, 그 전의 어떤 철학자들 에 의해 너무 과도하게 논리적인 측면에 경도되어 있었던 철학을 거부하 는 데 있었음을 주목해 보는 것도 좋다. 카르납의 『세계의 논리적 구조』[9] 및 굿맨, 레스니프스키와 그의 동료들의 저작[10]과 같은, 철학에 있어서의 형식적 노력은 주로 2차 대전 전에 상당히 엄격하게 수행되어 왔었다. 그들과 같은 부류의 프로그램을 계속 추진하려는 노력이 아직 콰인의 저 작 속에 남아 있다. 콰인의 생각은, 일상 언어의 모호성을 극복하는 '표준 적 상승(canonical ascent)' 장치를 마련함으로써 명석성과 엄밀성의 방향에 서 얻게 되는 몫이 있다는 것이다.[11]

현대의 철학적 방법의 특징은 이러한 양 축 간의 어떤 균형을 반영하 고 있을 것이다. 그러나 어쨌든 철학은 매 단계마다 엄밀성, 명료성 및 무 모순성이라는 요구에 지배받고 있다. 그리고 거의 모든 사람들이 "철학 을 대신할 수학적 대체물은 없다."[12]는 크립키의 의견에 동의할 수도 있 을지라도, 논리학은 결과적으로 철학에서 대단히 중요한 것이다.

철학적 탐구에서 논리적 분석의 직접 사용이 얼마나 생산적일 수 있 는지를 고찰해 보자. 논증들이 문제가 되고 있을 때 우리는 논증들의 논 리적 자격을 검색하는 분명한 수단을 가지고 그것들의 형식적 타당성이 나 그 밖의 깃을 결정할 수 있다. 그리고 형식이 확실히 부당한 경우에 우리는 결론을 받아들일 수 없는 것으로 처리해 왔다. 이것이 우리가 얻 는 주 수익이다. 예컨대 과학 철학에서 포퍼의 이론의 핵심적 측면을 밑 받침하고 있는 간단한 논리적 통찰을 주목해 보라.[13] 포퍼는 전통적으로 수용되어 온 과학적 추리의 구조에 관한 견해가 논리적 오류, 구체적으로 후건 긍정의 오류(fallacy of affirming the consequent)를 포함하고 있다는 사실을 간파하였다. 내가 다음과 같이 말한다고 가정하자. "나는 기체 분자가 무질서하게 움직인다는 가설을 세운다. 만일 이것이 옳다면, 나는 유리병 속의 기체를 이루는 분자들에 의하여 무질서하게 배치된 연기를 관찰할 수 있어야 한다. 실험을 해서 실제로 연기가 무질서하게 배치되어 있다는 것을 본다. 따라서 나의 가설이 입증된다고 결론을 내린다." 이러한 추리의 논리적 형식은 다음과 같다.

$$p \Rightarrow q; \ q; \ p$$

여기서 p는 "기체 분자가 무질서하게 움직인다."를, q는 "유리병의 연기가 무질서하게 배치되어 있다는 것이 관찰될 수 있다."를 나타낸다. 그러나 다른 예를 이 형식에 대입해 보면 이 추리의 부당성이 드러날 것이다. p는 "비가 온다."를, q는 "거리가 젖었다."를 표현한다 하자. 그러면 이런 논증의 형식을 가지고 우리는 "만일 비가 오고 있다면, 거리가 젖을 것이다. 거리가 젖어 있다. 그러므로 비가 오고 있다."라는 결과를 얻는데 이는 당연히 **그릇된 결론**(non sequitur)이다. 따라서 포퍼는 그 어떤 과학적 가설도 증명될 수 없다고 주장하였다. 고작해야 과학적 가설들은 그것들을 반증하는 진지한 노력들이 실패한다는 것을 통하여 확인될(corroborate) 될 수 있을 뿐이다. 과학의 확정성(conclusiveness)을 달성한다는 관점에서 볼 때, 철저한 논박만이 가능한 것이다. 그런데 결정적 논박은 위 오류 추리의 타당한 친족이라 할 수 있는 부정식(modus tollens)인,

$$p \Rightarrow q; \ -q; \ -p$$

를 통해 가능하다. 만일 실험 결과들이 다르게 (말하자면 q로) 판명된다면, 이것은 가설이 얼마만큼의 지지를 받았다는 것 이상의 것을 의미하지 않는다. 기설은 여진히 새로운 승거에 비추어서 뒤집혀지기 쉬운 것이다.

그런데 적어도 이러한 관점에서 형식적 수단들은 철학에서 효과적으로 유용하게 쓰일 수 있다. 그 밖에 많은 다른 경우들이 있다. 라일의 또 다른 비유를 사용하자면, 이것이 전장에서 전선을 지키는 데 도움을 주기 위한 연병장 훈련과 같은 것이 될 수 있다는 근거에서 라일이 이를 허용한다 할지라도, 우리는 논리학이 철학적으로 유익한 역할을 하는 또 다른 적용 사례들을 지적할 수 있다. 러셀이 지적한 예를 생각해 보자. 과거의 어떤 철학자들에게 있어서는 그들이 미진하고 부족한 논리적 재원을 가지고 있었기 때문에, 명제가 하나의 기본 형식을 가진다는 것이 자명한 듯이 보였다. 그로 인하여 그들에게 실질적인 형이상학적 결과가 유입된 것으로 나타났다. 러셀은 특히 스콜라 학자들의 논리적 수완을 관대하게 평가해 주지는 않았지만 그 의의는 상당하다고 보았다. 그것은 철학에서 논리적 기술의 폭넓은 사용을 제의한다. 형식화 작업은, 어떤 형식적 기술에 비추어서 어떻게 언어의 영역이 작동할 수 있었는지 또는 작동하는지를 보여 줄 수 있다. 그리고 우리의 개념 체계가 어떤 구조를 가지고 있다고 가정하는 것은 그 구조가 이상화된 것이라 할지라도 개념 체계를 명료하게 보여 줄 수 있다. 다시 한번 우리는 어떤 고착된 논리학 교설이 어떻게 우리의 사고와 언어로부터 생겨나는가를 살펴봄으로써 우리의 사고와 언어에 대해 배우기도 하는 것이다. 이러한 것들 모두가 철학적으로 심원한 중요한 문제들이다. 그리고 논리학은 그러한 문제들을 탐구하기 위한 중요한 도구이다.

하지만 철학과 논리학 간의 관계 문제를 조망하는 과정에서 평형이 요망된다. 대체로 라일의 견해는, 철학적 탐구에서 논리적 기술 및 적용이 대단히 유용하다는 지금까지의 고찰 속에 부가 조항을 덧붙일 경우, 동의를 받고 있다. 물론 우리가 그 기계적인 적용을 통해서 철학적 문제들을 해결할 수 있으리라는 라이프니츠의 보편 언어(universal calculus)[14]의 꿈이 실현될 수만 있었다면, 그보다 더 바람직한 일은 없었을 것이다. 그러나 그것은 아직도 꿈같은 일이다. 이렇게 말한다고 해서 논리학이 철학에서 중요하다는 점을 반감시키지는 않는다. 라일의 비유에서 지도 제작자가 기하학 없이는 어쩔 도리가 없는 것처럼, 논리학이 철학에 제공해 주는 통찰이나 엄격성은 철학에 필수 불가결한 것이다. 특히 철학적 논리학의 주요 관심 사항과 연관해서 어떻게 이러한 작업이 수행되고 있는가는, 이후 이 책의 내용을 살펴보면 보다 분명하게 드러날 것이다.

이 책의 내용

이 책의 나머지 부분은 다음과 같이 진행된다. 2장에서는 명제들이 있는지, 있다면 명제들이란 무엇인지 하는 문제를 고찰한다. 문장과 명제간의 구분을 분명하게 파악해 두는 것이 중요하다. 그리고 이 구분을 논의하는 과정에서 철학적 논리학에 근본적인 여러 개념들이 도입되고 설명될 수 있다. 그중에는 뜻(sense)과 지시체(reference), 지시 불투명(referential opacity), 외연적 문맥에서 정의되고 있는 것으로서 진리치 변경 없는 상호 대체 원리(the principle of intersubstitutivity salva veritate), 추상적 대상들에 관한 유명론과 실재론 등과 같은 개념들이 있다. 그 명칭 표현들이 상당히 길기는 하지만 이러한 개념들을 가지고 걱정스러워 할 것은 없다. 나는 이러한 개념들을 적당히 냉정한 자세를 가지고 소개한다. 왜냐하면 그것들은 이후의 장들을 통해서 빈번히 등장할 것이기 때문이며 또 그것들과 친숙해지고 나면 어느덧 쉽게 이해에 도달할 것이기 때문이다.

3장에서는 참, 참이 표현되는 명제, 우리가 참을 알게 되는 방법들을 분류하는 데 도움이 되는 세 가지 대단히 중요한 구분을 고찰한다. 그러한 구분은 각각 필연-우연 구분, 분석-종합 구분, 선험-후험 구분이다. 가능 세계 및 본질주의 문제는 최근의 철학에서 중심 문제가 되고 있는데 나는 필연성을 논의해 가는 과정에서 그러한 문제들을 거쳐가는 길고도 흥미 있는 우회의 길을 따를 작정이다.

4장에서는 존재(existence)의 문제들을 다룬다. 거기에서는 존재에 관한 우리의 말과 우리가 말하는 방법에 대한 존재적인 전제들이라는 두 관계된 문제들을 살펴보겠다. 존재론적 수용(ontological commitment)에 관한 콰인의 견해 및 러셀의 기술론, 그와 더불어 후자에 관한 스트로슨과 돈넬란의 답변 등도 거기서 등장한다.

5장과 6장에서는 진리론들을 논의한다. 5장은 실용적 진리론과 진리 정합론, 진리 대응론에 관한 논의를 담고 있다. 나는 그중 특히 앞의 두 진리론을 최근의 철학 문헌에서 관행적으로 다루어 온 것보다 좀 더 정당하게 다루고자 한다. 그 이유는 부분적으로 그것들이 자체만으로도 중요한 이론이기 때문이기도 하고, 또 한편으로 언어 철학에서의 최근 작업의 결과로서 새로운 흥미를 유발시키고 있기 때문이다. 그런 점에서 실용적 진리론은 반실재론의 형식과 연관해서 흥미 있는 특징들을 가지고 있으며(8, 9장을 보라), 진리 정합론은 예컨대 데이비슨의 전체론적인 진리-이론적 언어관에 매혹된 자들에게 흥미를 유발시키는 특징들을 가지고 있다(마찬가지로 8, 9장을 보라).

6장에서도 참에 관한 논의가 계속되며 의미론적 진리론, 잉여론, 최소주의 진리론에 관한 연구가 들어 있다. 이 중 의미론적 진리론은 타르스키의 공헌 덕분으로 등장한 것인데 현대 철학에서 직간접적인 영향력을 발휘하였다. 그것을 설명한 후에 그에 관한 몇 가지 보다 폭넓은 철학적 결과들이 논의된다. 타르스키를 이해하는 데에는 얼마간의 전문적인 기술이 수반되지만, 나는 그 근거의 부분을 처음에는 비형식적으로, 두 번째에는 기술적으로 되풀이하여 살펴보겠다. 나는 참이 정의 불가능하다는 데이비슨의 주장에 대한 논의와 평가적 진리관에 대한 개관으로 결론을 맺을 것이다.

이제 이전 장들 내내 출몰해 왔던 의미의 문제가 중심 무대로 등장한다. 7장에서는 부분적으로는 8, 9장을 위한 준비로서 또 부분적으로는 '전통적' 의미 이론들이 본래부터 가진 중요성과 흥미 때문에, 몇 가지 '전통적' 의미 이론들 및 그것들의 현대적 확충에 대한 개괄이 이루어진다. 그중에서도 논리 실증주의자의 검증주의, 비트겐슈타인의 후기 입장, 콰인의 행태적 의미 이론, 그리고 크립키와 퍼트남에서부터 시작된 '지시 인과론' 등이 논의된다.

8장에서는 먼저 의미에 대한 그라이스의 의사소통-의도 이론을 논의한 후 이어서 진리 조건적 의미 이론, 특히 데이비슨의 해석과, 실재론적 참 개념이 의미 이론에 중심적이라는 중요한 생각에 대한 더밋의 반실재론적 비판을 논의한다. 많은 논쟁을 유발시켰던 이 문제는 면밀한 연구를 요한다. 나는 특히 더밋의 생각에 접근하기 쉽게끔 하는 데 진력하였다.

8장에서 논의된 견해들에 대한 형이상학적, 인식론적인 결과들은 매우 중요하기 때문에, 9장에서는 그중 몇 가지 것들을 탐구한 후, 이런 논쟁들을 통해 얻은 전망들로부터 따라 나올 사고 경향들을 제안한다. 9장에서 나는 2-8장 내내 지키려 한 불편부당성의 태도에서 벗어날 것이다.

이 책은 철학의 몇몇 주요 문제들을 논의한다. 그러나 여기서 제공된 논의들은 한 특수한 철학자의 전체적인 견해에 관한 그림을 얻는 데에도 사용될 수 있다. 색인을 참조해 보고 그 철학자가 여기서 다루어진 여러 가지 주제들에 관하여 말한 것을 살펴보면 된다. 예컨대 우리가 콰인이나 스트로슨 또는 러셀의 입장에 관한 모든 논의들을 이 책 전체에 걸쳐서 수집하고 그것들을 한데 묶어서 읽는다면, 관련된 면에서 그 사상가의 견해를 잘 보여주는 그림을 얻을 수 있을 것이다. 이것은 이 책 두 개나 그 이상의 장에서 그 이름이 나타나는 이런 저런 사상가들이 20세기 철학에 대해서 이룩한 지대한 공헌이라고 할 수 있다.

철학적 논리학

미주

1   S. Haack, X., *Philosophy of logics*, p. 2.

2   B. Russell, *Our knowledge of the External World*, p. 42. (pp. 42-69 부분이 '철학의 본질로
    서의 논리학'이라는 제하에 I. M. Copi, and J. A. Gould, *Readings on Logic*에 실려 있음)

3   Wittgenstein,L., *Philosophical Investigation*, cf. §§123, 133, 255, 309.

4   B. Russell, *My Philosophical Development*, p. 74.

5   B. Russell, 'The Philosophy of logical atomism', in R C. March (ed.), Logic and
    Knowledge 도처. Cf. 또한 A. C. Grayling, *Russell* 2장과 3장.

6   G. Ryle, 'Formal and Informal Logic' in *Dilemmas*, 도처. reprinted in Copi and Gould,
    Readings on Logic.

7   J. Passmore. *Philosophical Reasoning*, p. 7.

8   Cf. Ibid.

9   R. Carnap. *The logical structure of the World*.

10 Cf. G. Kung의 *Ontology and the Logistic Analysis of language* 중 Kung의 논평과 참고문헌
    참조.

11 W. V. Quine, *Word and Object*, 특히 5장 도처에서. p. 157 이하 참조.

12 S. Kripke, 'Is There A Problem About Substituitional Quantification?' in G. Evans, and J.
    McDowell, *Truth and Meaning*, p. 416.

13 K. Popper. *The Logic of Scientific Discovery*.

14 예컨대 G. Leibniz의 'Of Universal Synthesis and Analysis' in Leibniz: *Philosophical
    Writings*, (trans.and. ed. G. H. A Parkinson), p. 10 참조.

2
명제

서론

진리는 철학에서 가장 중요한 개념 중의 하나이면서도 또 가장 문제가 많은 개념들 중의 하나이다. 문제가 많은 이유 중 하나는, 논의의 시작에서부터 어느 것이 진리 담지자(truth-bearer)인지에 대해 아무런 합의가 없기 때문이다. 통상적인 후보자로서는 명제(proposition), 문장(sentence), 진술(statement) 및 믿음(belief)이 있다. 전통적으로 진리 담지 역할을 맡아온 존재자(entity)는 명제이다. 지금까지 철학자들은 이 명제를 여러 가지 방식으로 그리고 여러 가지 이유 때문에 진술, 문장과 구별해 왔다. 그러나 명제는 그 자체가 문젯거리이며, 명제를 만족스럽게 설명하려는 작업 ― 또는 그 대신에 진술이나 문장 또는 다른 후보자들을 택하고 명제를 불필요한 것으로 납득이 가게끔 설명하려는 작업 ― 은 형이상학 및 도처에서 많은 중요한 문제를 일으킨다.

명제는 **추상적** 존재자이기 때문에 문제를 일으키는 것으로 여겨진다. 그런 존재자는 시공을 점유하지도 않고 아무런 인과적 힘도 가지지 않으며 또 사고 속에서만 파악될 수 있음에도 불구하고 존재하는 사물이라고 가정되고 있다. 추상적 존재자의 대립물은 시공적으로 존재하고 인과적이며 때로는 지각될 수 있는 구체적 존재자이다. 둥긂(roundness), 붉음(redness), 수(number) 그리고 명제와 같은 보편자들은 전형적인 추상적 존재자들이다. 대개는 추상적 존재자들을 미심쩍은 것으로 보는 경향이 있다. "그것들의 동일성 기준은 무엇인가?"라는 물음이 문제의 핵심 역할을 한다. 이런 문제들이 아래에서 탐색될 것이다.

그런데 명제라는 개념은 그것을 포기하기를 주저하게 만들 만큼 대단히 중요한 용도로 쓰인다. 진리 담지자로서의 역할 이외에도, 명제는 문장의 **의미**로서 쓰일 수 있으며, 또 주장, 명령, 욕망의 표현과 같은 언어-사용 행위에 의해 전달되는 것의 **내용**으로 쓰일 수 있고 또, 믿음, 희망, 욕망과 같은 심리적 태도의 **대상**으로서 쓰일 수 있다. 이런 것들은 관련된 것들임에도 불구하고 다르다. 명제 개념의 이런 유용성 때문에 명제를 상세히 연구해볼 만한 가치가 있는 것이다. 논의될 문제들은 다음과 같다. 명제란 무엇인가? 우리는 명제를 좀 더 유명론적인 풍취를 띤 진리 담지자로 대체할 수 있는가? 아니면 명제는 필수 불가결한 것인가?

문장과 문장이 말하는 것

명제의 본성이 무엇인가를 분명히 하기 위해, 우리는 먼저 문장이 무엇인가를 분명히 해주어야 한다. 하나의 문장은 어떤 언어에 있는 하나의 낱말이나 낱말들의 집합이다. 그 언어는 영어나 스와힐리어와 같이 자연 언어일 수도 있고, 논리학에서와 같이 인공 언어일 수도 있다. '문법적(grammatical)', '의미 있는(meaningful)'이라는 말이 가지는 직관적인 의미에서, 문장은 문법적으로 적형(well-formed)이어야 하지만, 문장이 되기 위해 의미 있어야 할 필요는 없다고들 한다. 우리는 역설에 빠지지 않고도 '무의미한 문장들'에 관해 말할 수 있다. 그러한 문장들의 예들로서는 캐롤

이 말한 "Twas brillig, and the slithy toves/Did gyre and gimble in the wabe"나, 문법학자들이 애용하는 "초록색 관념들이 사납게 잔다."와 같은 것이 있다.

더구나 한 문장에 여러 다른 의미가 있을 수도 있다. "나는 손을 주었다(I gave a hand)"라는 문장은 내가 누군가를 도와주었다는 것을 의미할 수도 있고, 또는 문자 그대로 (어떤 박물관에) 인간의 손이나 원숭이의 손을 기증하였다는 것을 의미할 수도 있고, 또는 마상 경기에서 내 상대 선수가 내 말보다 한 핸드 더 큰 말을 가졌다는 것을 의미할 수도 있다.

또 같은 문장이 여러 가지 방식으로 사용될 수도 있다. "You hold the reins(고삐를 잡아라, 정권을 쥐고 있다)."는 사실 진술일 수도 있고 명령일 수도 있다. 수행적 발언에 관한 오스틴의 입장에 따르면,[1] 예컨대 어떤 이가 "당신과 결혼하겠소."라든지, "약속한다."라고 말할 때처럼, 한 문장의 특수한 사용은 하나의 행위를 조성할 수도 있다. "아프다."와 같은 문장의 발언은 움추림과 신음을 대신하는 한 기교적인 행위를 나타낸다고 주장되기도 하였다. 이것은 후기 비트겐슈타인이 표명했던 견해이다.[2]

일반적으로 철학자들은 주장을 하는 데 사용되는 문장인 서술문에 관심을 기울여왔다. **명제들을 표현**한다고도 하고, 어떤 술어가 어떤 주어에 붙는다거나 어떤 항목들이 어떤 방식으로 관계되어 있다는 것을 진술한다고들 하는 것이 바로 이런 부류의 문장들이다.[3]

명제와 서술문은 여러 가지 이유 때문에 구분된다.[4] 첫째, 문장들은 방금 보았듯이 의미를 결여하거나(meaningless) 무의미해서(nonsensical) 이 무것도 표현하지 못하는 수도 있다. 둘째, 어떤 한 상황에서는 참이 되나 다른 상황에서는 거짓이 되는 것을 진술하기 위해서, 같은 문장이 여러 사람에 의해서 사용될 수도 있고 다른 경우에 같은 사람에 의해서도 사용될 수 있다. 따라서 "머리가 아프다."라는 문장은 이 문장을 발언하는 사람에 따라 그 참, 거짓이 좌우되며, 같은 한 개인에 있어서도 어떤 때에는 참이나 다른 때에는 거짓이 되기도 한다.[5] 셋째, 영어 "It is raining.", 불어 "Il pleut.", 독일어 "Es regnet." 표준 중국어 "Xia yu(下雨)."와 같은 문장들에는 공통적인 요소가 들어 있다. 이 공통적인 내용을 표현해 줄 방도가 있어야 한다. 바로 이 공통적인 요소가 **명제**라고들 한다.

따라서 문장이 아니라 명제가 참이거나 거짓이며, 또 '유의미한(significant)' 또는 '의미 있는(meaningful)' 문장만이 명제를 표현할 수 있다고들 하는 것이다. 명제는 문장의 발언에 의해 주장된 것이다. 서로 논리적 관계를 맺는 것도 명제들이다. 문장들은 서로를 수반하지 않거나(entail) 서로 모순되지 않는다. 즉, 어떤 다른 서술적 제안을 수반하거나 그것과 모순되는 것은 한 문장의 특수한 서술적 사용에 의해 제안되는 것이다. 명제라는 말은 모호성과 무의미의 문제들을 방지한다. 그리고 위에서 보았듯이, 명제는 문장의 주장을 통하여 '언명된 것(what is said)'으로서 믿음, 소원, 희망, 판단 등과 같은 소위 '명제 태도(propositional attitude)'의 대상이나 내용으로서 간주될 수 있다. 다시 말해서 명제는 (p라고 표시하면) "나는 p임을 믿는다.", '그는 p를 원한다."에서처럼, 명제 태도 동사들에 붙일 수 있는 대상이 되는 것이다.

명제를 문장과 구별하기 위한 어떤 일반적인 이유가 있다는 것에 대해서는 그만하기로 하겠다. 나는 곧장 명제를 고수하기 위한 다른 좀 더 근본적인 이유들을 좀 더 상세히 살펴볼 작정이다. 이 작업은 중요한데, 왜냐하면 이미 암시되었듯이 이러한 개관에 기초해서 우리는 하나의 문제가 닥쳐오는 것을 볼 수 있기 때문이다. 그 문제는 명제의 존재론적 지위에 관한 것이다.

이 문제 뒤에는 상당히 오래된 형이상학적 논쟁이 숨겨져 있다. 철학사 거의 전반에 걸쳐서, 적어도 추상적 존재자에 관해 생각해 왔던 두 학파가 있었는데, 이들 학파의 지지자를 (중세 이래) 각각 '실재론자'와 '유명론자'라 불러왔다. 넓게 말해서 이러한 맥락에서의 실재론이란 명제, 수, 보편자(universals)와 같은 추상적 존재자들이 산, 나무가 존재하는 것처럼 **실제로** 존재한다는 입장이다. 플라톤의 형상론은 이런 의미에서 전형적인 실재론적 이론이다. 플라톤의 입장에서 '존재의 왕국' 속에 있는 형상들은, 산이나 나무가 존재하는 것보다 더 여실하게 그리고 실제적으로 존재한다. 산, 나무 등은 이 형상들의 불완전하고 한갓된 예시(또는 모사)에 불과하다.[6] 반면에 유명론자들은 추상적 존재자들이 이름으로만, 즉 **명목적으로**만 존재한다는 입장에 선다. 따라서 추상적 존재자들은 전혀 산, 나무와 같은 의미에서 존재하는 것이 아니라, 하나의 이름에 붙어 있는 개념으로서나 존재할 따름이다. 유명론자의 기질은 추상적 존재자를 줄이는 것에, 분석을 통해 추상적 존재자를 제거하는 데 있다. "명제들은 존재하는가? 존재한다면 명제들이란 무엇인가? 어떻게 우리는 명제들을 개별화하는가? 이러한 물음에 전혀 만족할 만한 답이 없다면, 명제라는 말 없이도 지내는 최선의 방법은 무엇인가?" 등과 같은 물음을 제기하면서, 명제에 관한 논쟁에 힘을 더해 주는 것이 바로 추상적 존재자에 관한 유명론적 회의론이다.

명제가 있다고 말하는 것보다는, 추상적 존재자**로서의** 명제의 존재를 논박하고 또 우리가 발언하거나 표기한 실제의 문장을 넘어서서 문장의 '내용'이나 문장이 '말하는 것'은 없다고 이야기하는 것이 당연히 상식적인 세계관에 보다 근접해 있다. 그러나 지금 내가 열심히 보여주려고 할 것인데, 명제에 관한 실재론을 환대하기 위한 동기는, 또는 좀 약하게 말해 적절한 설명 하에서 명제에 계속 호소하기 위한 동기는, 논쟁의 여지가 있는 것이라 하더라도, 설득력을 지니고 있다. 그리고 또 다른 문제로서 어떻게 그 개념이 실제로 없어도 좋을 수 있는 것인지를 보여주기가 어렵다. 왜냐하면 유명론적인 취향에 기울어져 있는 대안도, 다르기는 하지만 똑같이 문제가 많기 때문이다.

사람들이 명제를 고수하기 위한 보다 근본적인 이유를 피력하는 데 라일의 다음과 같은 제안을 따르는 것이 도움이 될 것이다. 라일에 의하면 명제를 고수하기 위한 동기는 넓게 실재론 측에 공감하는 철학자들의 생각 속에서 찾아볼 수 있는 두 가지 연관된 가정으로부터 일어난다는 것이다. 그중 첫 번째 것은 의식의 지향성(intentionality)과 관련된 견해이다. 두 번째 것은 지시적 의미 이론(denotative theory of meaning)이다.[7]

의식이 지향적이라는 생각은 모든 의식 행위가 대상을 향해 있다는 생각이다. 따라서 내가 생각할 때는 언제나 나는 무언가에 관해 생각하고 있다. 내가 희망하고, 원하고, 경탄하고, 두려워할 때 나는 그 어떤 것을 희망하고, 원하고, 경탄하고, 두려워하는 것이다. 내 의식 행위의 이런 **방향성**(directedness)은 이러한 행위와 이 행위가 '의도하는'(향해 있는) 대상 사이에서 맺어지는 '지향적 관계'이다. 내 의도 행위의 대상은 흔히 그 행위의 '대격(assusatives)' 또는 '의도(intentions)'라 일컬어진다. '생각하다', '희망하다', '원하다', '믿다', '판단하다', '추측하다', '고려하다'와 같은 동사들은 명제적 동사(propositional verb)라 일컬어지며, 그것들이 나타내는 심적 활동들은 명제 태도 또는 명제적 행위라 일컬어진다.

명제 태도들은 한편으로는 정신과, 다른 한편으로는 "나는 그가 도착했다고 믿는다(I believe that he has arrived)."와 같은 문장 중 'that'절 이하에 의해 명명된 복잡한 존재자 간의 2항 관계이다. 이런 존재자는 정신의 명제적 행위의 의도를 이루는 것이다.

명제 태도와 그것의 의도 또는 대상이 서로 별개의 것으로 보인다는 것은 다음과 같은 사실로부터 알게 될 수도 있을 것이다. 어느 한쪽, 즉 행위에 대해서 이야기될 수 있는 것이 다른 한쪽, 즉 그 행위의 의도나 대상에 대해서 항상 이야기될 수는 없다는 것이다. 예컨대 노르만 정복이 AD 11세기에 일어났다고 믿고 있는 나의 명제 행위는 AD 11세기가 한참 지나서 일어나는 사건이다. 반면에 내가 믿는 바로 그것, 즉 노르만 정복이 AD 11세기에 일어났다는 것은, 그 사건에 관해 내가 그 어떤 무언가를 믿고 있는 나의 행위와는 전혀 무관하다.

내가 어떤 것이라고 믿거나 희망할 때 내가 믿거나 희망하는 바로 그것은 하나의 명제이다. 즉 전체 문장 중 'that' 절 이하에 있는 문장에 의해 표현된 명제이다. 여기에는 어떤 순환적인 면이 있다. **명제**가 **명제적** 태도의 의도를 구성한다는 것은 이미 **명제적** 태도라는 개념 자체에 포함되어 있는 그 무엇이다. 그럼에도 불구하고 이 순환은 정보적인 성격을 띠고 있다. 명제가 지향적 행위의 대상으로서 호소되지 않을 수 없는 이유는, 명제가 명제의 의도 행위와는 독립적임을 보여주는 다음과 같은 예를 면밀하게 살펴보면 분명해지기 때문이다.

당신과 내가 똑같이 노르만 정복이 AD 1066년에 일어났다고 믿고 있다 하자. 그러면 우리는 둘 다 같은 것을 믿고 있는 것이다. 우리는 같은 믿음을 지니고 있다. 이러한 측면에서 당신과 내가 수적으로 같은 신념(의 행위)을 가져야만 한다는 것은 불가능하다. 왜냐하면 당신의 믿음은 당신의 것이고 나의 믿음은 나의 것이기 때문이다. 같은 것은 우리가 믿고 있는 **것**이다. 그리고 우리가 믿는 것은 "AD 1066년에 노르만 정복이 일어났다."라는 명제이다. 그러므로 명제는 그것을 의도하는 어떤 의식의 행위와는 독립적이어야 한다.

더구나 나는 내가 살아 있는 동안 전혀 다른 시간에 "노르만 정복은 AD 1066년에 일어났다."는 것을 믿을 수 있기 때문에, 그 명제는 내가 그 명제에 대해서 시간적으로 여러 다른 명제 태도를 가진다는 것과는 무관하게 시간적으로 중립적이어야만 한다. 따라서 사실 나는 다른 시간에 같은 명제에 대해서 다른 명제 태도들을 가질 수도 있는 것이다. 내가 어렸을 적 한 때 산타클로스가 있다고 믿은 적이 있지만, 지금은 그 존재를 믿지 않고 있는 것처럼 말이다. 말하자면 나는 "산타클로스가 존재한다."라는 동일한 명제에 대해서 다른 시간에 다른 명제 태도를 취하고 있는 셈이다. 당신과 내가 산타클로스의 존재 문제에 대해서 의견이 불일치할 경우에도 같은 것이 성립한다. 우리는 같은 명제를 놓고 다른 명제 태도를 취하는 것이며, 따라서 명제는 그것을 향한 우리의 명제 태도와는 독립적이다.

명제의 객관성과 독립성에 관한 또 다른 논증은 참과 거짓이 지닌 무시간적인 성격과 관련하여 제시된다. 5 + 7 = 12라는 것, 람다 입자 붕괴는 양자와 파이 중간자를 발생시킨다는 것, 그리고 대규모의 참혹한 전쟁이 1918년에 끝났다는 것은 내가 그것들에 관해 생각하기 시작했다고 해서 참이 되는 것도 아니고, 생각을 멈추었다고 해서 참이 되기를 그치는 것도 아니다. 그것들은 만일 참이라면 영원히 참인 것들이다. 내가 그것들을 향한 명제 태도를 가진다고 해서 그것들이 창조되는 것은 아니다. 조지 엘리옷이 미들마치(Middlemarch)를 썼다는 나의 믿음은 나 자신의 지적 이력을 보여주는 한 특징이며, 따라서 그 안에서만 시기를 추정할 수 있는 사건이다. 반면에 조지 엘리옷이 미들마치의 작가라는 것은 (물론 그녀 자신을 빼놓고 나면) 나나 다른 사람의 지적 이력의 일부가 아니다. 그것은 어떤 사람이 그것을 향한 명제 태도를 가지고 있다는 것과는 독립적인 사실이다. 다시 한번 결론적으로 말해서, 명제는 그것을 의도하는 의식 행위와는 독립적인 것이다.

명제 태도의 의도로서의 명제는 '심상(image)' 및 '사실'과는 구별되어야 한다. 내가 노르만 정복은 AD 1066년에 일어났다고 믿을 때 내가 믿고 있는 것은 나의 정신 속에 있는 그림이 아니다. 그것은 사실도 아니다.

왜냐하면 아무리 우리가 사실 개념을 이해하고 있다고 해도, 적어도 그 것은 성립되어 있는 것(what is the case)이어야 하기 때문이다. 또한 안 됐지 만 '희망적 관측(wishful thinking)', '헛된 희망'으로 기술되는 명제 태도들 의 의도는 성립되어 있는 것과는 거리가 먼 채로 남아 있기 일쑤이기 때 문이다. 그러나 희망적 관측도 헛된 희망도 p임을 소원하고 p임을 희망 하는 것인데, 이 각각의 경우에 p는 하나의 명제이다. 따라서 명제는 사 실과 동일시되어서는 안 된다. 그러나 사실들은 참인 명제들일 수도 있 다. 또는 어쩌면 사실들은 참인 명제들이 의미하고, '명명하는' 또는 기술 하는 사태들이다. 이것은 존재론의 문제이다.

의도로서의 명제에 대한 비판

정신 철학을 읽었던 사람은 지향성 논제가 심적 행위의 대상들을 실체화 시킨다는 것보다 더한 그 이상의 이유에서 공격을 받고 있다는 점을 분 명히 알고 있을 것이다. 하지만 나는 이 실체화 문제에만 말을 국한시키 기로 하겠다.

앞에서 열거했던 명제적 동사 — '믿다', '판단하다', '희망하다' 등 — 는, '알다', '보다', '냄새 맡다', '맛보다', '느끼다', '듣다'와 같은, 종종 '인 식적(cognitive)' 동사라 일컬어지는 다른 부류의 동사와 구별될 수 있다. 이러한 인식적 동사들은 명제적 동사들과 중요한 특징을 공유하고 있다. 그것은 양 부류의 동사가 모두 문법적으로 직접 목적어를 요구한다는 점 이다. '보다'와 같은 인식적 동사가 "나는 x를 본다."에서와 같이 직접 목 적어를 요구하는 것처럼, '희망하다'와 같은 명제적 동사도 마찬가지로 "나는 p임을 희망한다."에서와 같이 직접 목적어를 요구한다. 그러나 문 법적 차원의 이 공통된 특징은 우리를 오도한다. 왜냐하면 인식적 동사의 문법적 직접 목적어에는 실제로 존재하는 것이 대응되지 않으면 안되지만, 명제적 동사에 대해서는 같은 것이 성립되지 않기 때문이다. 이것은 아래의 두 문장을 비교해 보면 아주 쉽게 검증될 수 있다.

(1) 톰은 단 맛을 느낀다. 그러나 단 것이 없다.
(2) 톰은 산타클로스가 존재하기를 바란다. 그러나 산타클로스는 존재하지 않는다.

(1)에서 환각을 경험하는 경우는 제쳐놓기로 하자. 환각까지도 고려할 경우, (1)의 인식적 동사를 '임을 믿는다'라는 표현으로 바꾸는 것이 더 적절할 것이다. 이제 만일 어떤 사람이 환각이 아닌데도 진지하게 (1)을 주장한다면, 분명히 그는 모순에 빠진다. 톰이 미각적으로, 시각적으로 또는 감각적으로 느껴지지 않는 어떤 것을 맛보고 느끼고 보았다고 말하는 것은 있을 수 없다. 반면에 (2)의 경우, 거짓이고 존재하지도 않는 또는 불가능한 어떤 것을 톰이 바란다는 것에는 아무런 모순도 없다. 이 차이는 인식적 동사 '안다'를 명제적 동사 '믿는다'와 나란히 놓고 비교해 보면 가장 뚜렷하게 드러난다. A가 p임을 안다는 것은 p가 사실 (case)로 있다는 것을 수반한다. 그러나 A가 p임을 믿는다 할지라도, 그로부터 p가 사실이라든지 사실이 아니라든지 하는 것은 따라 나오지 않는다. 또한 A가 p임을 믿는다는 것은 p가 사실이 아니라는 것과 전혀 모순이 되지 않는다. 이해를 잘 도와줄 또 다른 비교를 보자. 이번에도 환각의 경우는 무시한다. 만일 A가 x를 본다면, 실제로 그 x가 있어야 한다. 반면에 A가 x를 두려워한다면, 그것만으로 x가 있는지 없는지의 여부는 가려지지 않는다. 그리고 정신의학자가 너무나도 잘 아는 것처럼, A가 x를 두려워함은 x의 물리적 불가능성 및 논리적 불가능성과, 둘 다이든, 어느

한쪽이든, 전혀 모순이 되지 않는다.

우리가 실수를 하는 경우까지 고려해 봐도, 명제적 동사와 인식적 동사 간의 차이는 여전히 분명히 판별될 수 있다. 내가 (인식적 동사의 경우) "개가 보인다(I see a dog)"라고 말한다 하자. 그런데 자세히 보았더니 개가 아니고 여우였음이 드러났다고 하자. 그럴 경우 나는 "개를 보았다고 생각했는데, 사실은 여우를 본 것이었다."라고 말함으로써, 개를 보았다는 주장을 철회해야 한다. 그러나 (명제적 동사의 경우) 내가 개라고 판단하거나 믿었는데, 사실은 여우였음이 드러났다면, 나는 개였다고 판단했거나 믿었다는 나의 주장을 철회할 수 없다. 나는 "그것이 개였다고 판단했다고 생각했을 뿐이다"라고 말할 수 없다. 이를 다른 식으로 표현할 수 있다. 나의 인식적 태도는 파기 가능하다. 즉 나의 인식적 태도가 잘못되었을 수도 있기 때문에 이후에 그것이 취소될 수 있다. 그러나 나의 명제적 태도는 파기 불가능하다. 따라서 나는 내가 판단했거나 믿었던 바로 그것을 내가 판단했거나 믿었던 것이라는 사실을, 또는 심지어 내가 실수했을 때조차도 내가 그렇게 했다는 사실을 철회할 수 없다.

그러므로 명제가 정신적 행위의 대상이라는 주장을 지지하는 사람들은, 인식적 동사와 명제적 동사가 모두 그 공통적인 특징으로서 직접 목적어를 필요로 한다고 하는 그릇된 근거를 가지고서 지향성 논제에 관여하고 있는 것으로 이해해 볼 수도 있을 것이다. 인식적 동사들이 그 직접 목적어의 자리에 실제로 존재하는 어떤 것이 있어야 할 것을 요구하기 때문에, 실재론자들은 명제적 동사들의 직접 목적어도 그와 마찬가지로 기능하지 않으면 안 된다고 생각하였다. 그러나 사실은 결코 그렇지 않은 것이다. 이 이야기가 주는 하나의 교훈은, 문법적 이유가 결코 존재론적인 문제에 대한 안전한 지침이 되지 못한다는 것이다.(4장 이하에서 이런 교훈을 러셀이 사용하는 것을 보라.)

그러나 이 비판이 하고 있는 가장 중요한 일이 다음과 같은 생각에 의문을 제기하고 있다는 점은 눈여겨볼 만하다. 즉 그것은 지향성 논제가 명제를 요구한다는 해석에 내재해 있는 것으로서, 명제는 그것을 표현하는 문장과 독립적으로, 또 그것을 의도하는 명제 태도와 독립적으로, ('실제로'의 실재론적 의미에서) 실제로 존재하는 객관적 존재자라는 생각이다. 이 비판은 내가 무언가를 희망하거나 믿을 때 내가 희망하거나 믿는 어떤 것 — 즉, 명제 — 이 있다고 말하는 것은 잘못이며, 또한 **그러므로** 존재하는 사물과 유비해서 내가 그것을 보고 느낀다고 말한다 해서, 명제도 존재한다고 말하는 것이 잘못이라는 점을 보여준다.

명제의 지향성 해석에 대해서 제기될 수 있는 비판은 이것만 있는 것이 아니다. 지향성 논제를 밑받침해 주는 미심쩍은 철학적 심리학이 거부될 경우, 물론 그 논제는 아예 명제 개념을 사용하기 위한 논증도 되지 못하는 결과에 이를 것이다. 현 관점에서 더 중요한 것으로서, 그 논제는 반직관적이다. 왜냐하면 그것은 아직도 생각되지 않았거나 의도되지 않아서 발견되기를 기다리는, 무수히 많은 명제들이 있다는 것을 미해결의 문제로 남겨 놓고 있기 때문이다. 사실 추상적 존재자라는 개념으로 인해 일어나는 모든 문제는 이러한 명제관 때문에 제기된다. 그리고 지향성 논제 자체는, 이러한 난점들로부터 명제를 보호해 줄, 명제의 성격에 대한 설명을 전혀 제공해 주지 않고 있다.

추상적 대상이라는 말 때문에 일어나는 몇 가지 보다 근본적인 난점들은, 이제 논의될, 명제가 요청되는 두 번째 동기를 비판하기 위한 기초가 되기도 한다. 먼저 두 번째 동기를 검토한 후, 뒤이어서 그 비판들을 살펴보기로 하겠다.

의미로서의 명제

의미를 설명하는 데 있어서 우선적으로 마음이 끌리는 생각은 한 낱말의 의미가 그것이 지시하는 대상이라는 생각이다. 이 이론은 외연적(denotative) 의미 이론, 또는 지시적(referential) 의미 이론으로 알려져 있다. 이 이론에 관해서는 이후의 장에서 더 자세히 다룰 작정이므로 여기서는 간단하게 언급하기로 하겠다. 지시적 이론은 명제를 불러오기 위한 두 번째 동기를 이룬다. 왜냐하면 이 이론에 의하면 한 낱말의 의미가 그것이 지시하는 대상인 것처럼, 한 문장의 의미는 그것이 표현하는 명제이기 때문이다. 이것은 매우 유용한 견해인 것처럼 보인다. 왜냐하면 이 이론은 언어의 어떤 의미론적인 특징을 손쉽게 규정해 주고 있기 때문이다. 예컨대 동의성(synonymity)을 생각해 보라. 지시적 이론은 두 문장이 모두 같은 명제를 표현할 때 두 문장 사이에는 동의성 관계가 성립한다고 말한다. 가령 제인에게 한 남편과 단 하나의 오빠만이 있고 그 밖의 형제자매는 없다고 해보자. 이때 제인이 "내 남편은 편두통에 시달리고 있다." 고 말하고, 그녀의 오빠가 "내 매제가 장기 두통 증세에 시달리고 있다." 고 말한다면, 그들은 같은 것을 말하고 있는 셈이다. 말하자면 양 문장은 둘 다 같은 명제를 표현하기 때문에 동의적이다.[8]

앞에서 나는 문장과 명제가 서로 구별되어야 할 몇 가지 일반적인 이유들을 진술하였다. 그럼으로써 명제들과 문장 사례(sentence token)들을 그냥 동일시하는 것은 별로 매력적이지 않다는 점을 보여주었다.[9] 또 다른 중요한 이유는 다음과 같다. 문장의 속성이 될 수 있는 많은 것들은 명제의 속성이 될 수 없다. 왜냐하면 한 문장은 특수한 시공적 속성들을 가진 일련의 낱말들로 발언되거나 표기되기 때문이다. 그런 점에서 예컨대 문장은 옥스포드에서 발언되거나 보스턴 신문에서 인쇄된 것일 수 있으며, 발언하는 데 수십 초의 시간이 걸리거나 신문지면 행 위에서 수십

센티미터 길이를 차지하기도 하는 것이며, 고음이거나 저음일 수도 있고, 인쇄체이거나 필사체이기도 하는 것이다. 명제가 추상적이라 함은 바로 명제가 전혀 이런 것들을 가지고 있지 않다는 점을 두고 하는 말이다. 명제는 비물질적이고 무시간적이다. 더구나 명제가 한 사람 이상의 언어 사용자에게 사용될 수 있어야만 하며, 명제의 존재가 이러저러한 특수한 발언자나 발언 상황에 의존될 수 없다는 사실에서 볼 때, 명제의 객관성도 요구된다. 따라서 명제는 추상적이면서도 객관적인데, 정확히 말해서 이런 것들은 유명론자들이 조금도 좋아할 것 같지 않은 것들이다.

명제를 문장의 의미로서 취급하는 것은, 특히 믿음 문장을 번역하는 경우들을 고찰해 볼 경우, 명제의 추상성 및 객관성을 예시하는 강력한 방법을 제공한다. (a) "나는 그가 여기 있다고 믿는다."라는 문장을 독일어로 번역하면, "Ich glaube er ist hier."가 된다. 이제 내가, 내 믿음의 대상은 "그가 여기 있다."라는 문장이라고 본다면, 결과적으로 나는 (b) "나는 '그가 여기 있다'라는 문장을 믿는다."라고 말하고 있는 셈이다. 이 (b)는 "Ich glaube den Satz '그는 여기 있다'."로 번역되어야 할 것같다. 그러나 물론 우리는 이렇게 번역하지는 않는다. 비록 우리가 '문장을 믿고 있음'이라고 자연스럽게 말했다 했을지라도, 사실 우리는 (b)를 "Ich graube den Satz 'er ist hier'."로 번역해야 한다. 여기서 참 모습이 드러난다. 내 믿음의 대상은 문장이 아니라 문장이 의미하는 것, 즉 명제인 것이다.[10]

이 예는 처치에게서 빌어온 것이다. 이처럼 문장의 의미로서의 추상적 명제를 논의하는 가운데 처치는 프레게의 다음과 같은 구분을 옹호하였다. 즉 (a) 표기되거나 발언된 문장, (b) 그에 수반하는 심적 관념이나 관념들, (c) 문장에 의해 표현된 명제(또는 '사고' Gedanke)의 구분이 그것이다.[11] 여기서 (b)는 전적으로 청자, 독자, 발언자 또는 문장 표기자에 속하는 것이다. 반면에 (c)는 수, 집합, 플라톤 자신의 형상처럼, 플라톤적인 실재의 지위를 누리는 객관적이고 추상적인 존재자이다. 프레게에게 있어 명제들은 다른 추상적 대상들과 더불어 '제 삼의 왕국(Third Realm)'에 거주한다. 이 '제 삼의 왕국'은 무시간적이고, 비물질적이며, 비정신적인 세계이다. 한 문장을 이해한다는 것은 그것이 표현하는 명제를 파악하는 것이다. 명제는 진리 담지자이다. 그리고 문장은 그것이 표현하는 명제의 참, 거짓에 따라 참, 거짓이 된다는 파생적인 의미에서만 진리치를 가질 따름이다.[12]

뜻, 지시체 그리고 불투명 문맥

프레게의 입장을 설명하기 위해서는 우회의 방법이 요구된다. 명제에 관한 자기의 견해와 연관해서 프레게는 철학에서 지속적으로 상당히 중요한 것으로 평가받고 있는 구분을 해냈다. 그것은 바로 다름 아닌 뜻(sense)과 지시체(reference) 간의 구분이다.[13] 여기서 우리는, '뜻'-'지시체', '내포(connotation)'-'외연(denotation)', '내포(intension)'-'외연(extension)'이라는 세 쌍의 명사(term)들을 소개하고 설명할 필요가 있다. 일반적으로 이 명사들이 사용될 때는 '뜻', '내포(connotation)', '내포(intension)'가 한 가족을 이뤄 쓰이고, 그 나머지 '지시체', '외연(denotation)', '외연(extension)'이 한 가족을 형성해 쓰인다.[14] 대체적으로 말해서 전자는 한 명사의 '의미(meaning)'와 관계하며, 후자는 한 명사가 적용되는 항목(item)의 범위와 관계한다.

이 구분을 대표해서 사용되는 표현은 내포(intension)-외연(extension)이라는 표현이다. 이를테면 '소수'라는 명사의 외연은 모든 소수들의 집합이다. 하나의 수가 이 집합의 한 성원일 수 있게끔 해 주는 것은 그 집합이 **소수**(1과 그 자신 외에는 똑떨어지게 제할 수 없는 정수)라는 것이다. 따라서 '소수'라는 명사의 내포는, 하나의 수가 그 집합의 성원이 되는 덕분에 소유하게 되는 소수성(primeness)이라는 속성이다. 또는 '초록색 식물'이라는 표현을 생각해 보자. 이 표현의 외연은 이 세계에 존재하는 모든 초록색 식물이다. 이 표현의 내포는, 그것을 소유하면 그 집합의 성원이 되게끔 해 주는, 식물임(being a plant), 초록색임(being green) 등과 같은 속성들의 집합이다.

　뜻-지시체 구분은 이것의 한 이형이다. 행성 중의 하나인 금성을 생각해 보자. 고대 그리스인은 금성이 같은 하나의 행성이 아니라 두 개의 별이라고 생각하고, 그것을 각각 개밥바라기(헤스페르스)와 샛별(포스포러스)이라고 불렀었다. 개밥바라기와 샛별은 같은 존재자(entity)이기 때문에 확실히 양 표현은 같은 존재자, 즉 금성을 지시한다. 그러나 '샛별'이라는 표현과 '개밥바라기'라는 표현은 같은 지시체를 가지고 있음에도 불구하고 **뜻에 있어서는** 분명히 다르다. 이것은 다음과 같은 사실에 의해서 확인될 수 있다. 만일 우리가 "샛별은 개밥바라기와 동일하다."라고 말한다면, 우리가 말한 문장의 참은 순전히 논리학의 문제가 될 터이므로 그 문장 자체를 검토함으로써 결정될 수 있을 것이다. 그러나 "샛별은 개밥바라기와 동일하다."라는 문장의 참은, 동일성을 표현한다 할지라도, 논리학에 의해서가 아니라 천문학에 의해서 결정되는 문제이다. 그 어느 누구도 그저 '샛별'과 '개밥바라기'라는 표현만을 검토해 가지고서는 샛별과 개밥바라기가 실제로 하나이자 같은 대상이라는 것을 발견할 수 없었다. 따라서 이 두 표현이 공외연적(coreferential)임에도 불구하고, 다시 말해서 같은 것을 지시함에도 불구하고, 그것들은 뜻에서 서로 다르다는 결론이 나온다.

　기왕 말이 나온 김에, 같은 의미를 가진, 즉 동의적인 낱말이나 표현들이 '내포적으로 동치'라 일컬어지며, 그와 마찬가지로 같은 지시체나 외연을 가진 낱말 또는 표현들이 '외연적으로 동치'라고 일컬어진다는 점을 주목해 보면 좋을 것이다. 바로 이 지적은 낱말이나 표현들이 내포적으로 동치가 아니면서도 외연적으로는 동치가 될 수도 있다는 사실을 보여준다. 그러나 두 명사가 내포적으로 동치일 경우, 그것들은 외연적으로도 동치이기도 하다.

프레게는 자기의 뜻-지시체 구분을 다음과 같은 식으로 적용하였다. 그의 견해에서 한 문장의 뜻은 그것이 표현하는 명제이다. 그러나 문장도 복합 이름으로 취급되며, 따라서 지시체도 가진다. 이름 '조이 블로그'의 지시체 또는 외연은 바로 그 이름으로 통하고 있고 그 이름에 응답하는 조이 블로그라는 개인이다. 문장의 지시체는 구체적 대상이 아니라 **진리치**이다. 모든 참인 문장은 참(The True)이라는 같은 지시체를 가지며, 마찬가지로 모든 거짓인 문장은 모두 거짓(The False)이라는 지시체를 가진다는 것이다.

문장을 복합 이름으로 취급하는 프레게의 목적은 교체(substitution)가 발생하는 보다 큰 문맥에서 문장도 이름처럼 진리치의 변화 없이 서로 교체되도록 허용하는 데 있다. 이 개념은 라이프니츠가 처음 명시적으로 밝혀준 것으로 진리치의 변경 없이(salva veritate)(Salva veritate는 '진리치를 지킴' 즉 '진리치를 보존함'을 의미한다.) 공외연적 명사의 상호 교체성이라는 개념이다. 두 명사 A와 B가 같은 지시체를 가질 경우, 명사 A는 B가 발생하는 어떤 문장에서 그 문장의 진리치를 변경시키지 않고도 명사 B로 교체될 수 있다는 것이다. 따라서 "개밥바라기는 금성이다."라는 문장에서 우리는 진리치를 변경시키지 않고도 '개밥바라기'를 '샛별'로 교체할 수 있다. 개밥바라기와 샛별은 외연이 같은 명사이기 때문이다. 프레게는 외연 — 즉, 진리 함수적 — 논리를 개발하는 데 관심을 쏟았다. 그리고 공외연적 명사의 상호 교체가 진리치의 변경 없이 일어난다는 라이프니츠의 법칙은 외연적 맥락에서만 성립된다. 따라서 이름과 마찬가지로, 원자적 공외연적 문장은 (같은 진리치를 가진다는 의미에서 공외연적이다) 분자 문장의 진리치를 변경시키지 않고도 그것으로부터 진리 함수적으로 구성된 분자 문장에서 서로 교체될 수 있다. 교체되는 원자 문장이 그것을 대신하는 원자 문장과 뜻에서 다를 때조차도 말이다.

그러나 "프톨레마이오스는 지구가 평평하다고 믿었다(Ptolemy believed that the earth was flat)."나 "필립은 툴리가 키케로라는 것을 알지 못하고 있다(Philip is unaware that Tully is Cicero)."와 같이, 'that'절 앞에 명제적 동사가 있는 문장들의 경우, 그 문맥은 내포적(비외연적)이다. 전체 문장의 진리치는 종속절에 있는 문장의 함수가 아니기 때문이다. 프레게는 이런 문제가 되는 문장들을, 'that'절 이하에 나오는 문장의 지시체는 그것이 표현하는 명제라고 말함으로써 처리하였다. 다시 말해서 'that'절 이하 문장의 지시체는 그 문장이 외연적 문맥에서 나타났더라면 그것의 뜻이었어야 했을 것이라는 것이다. 한 문장은 하나의 뜻을 가질 경우에만 지시체를 가지기 때문에 프레게는 비외연적으로 사용된 문장의 뜻을 '---라는 명제'라는 말의 뜻과 동일시했다. 처치의 견해도, 비외연적으로 발생하는 문장의 지시체가 그것의 의미 또는 뜻이라고 본 점에서, 똑같이 프레게를 따르고 있다고 할 수 있다.

콰인은 비외연적 문맥에서, 특히 지시체가 '불투명(opaque)'할 때 일어나는 난점들을 논의한 후 다음과 같은 상당히 중요한 결과를 끌어내었다.[15]

상호 교체성(intersubstitutivity)은 항상 진리치를 보존하면서 발생하지는 않는다. 반드시 진리치 보존이 이루어지지 않는 이유는 내포적 문맥이 가지고 있는 특징 때문이다. 다음과 같은 진술을 생각해 보자.(여기서 사용된 번호는 콰인의 원 저작에서 사용된 것임.)

(3) 키케로 = 툴리

(4) '키케로'는 세 철자를 포함한다.

만일 (4)에서 '툴리'가 '키케로'로 교체된다면, 교체된 문장은 거짓이 된다. (4)는 '키케로'를 지시적으로 사용하고 있지 않고 그저 그 이름을 언급하고 있기 때문이다.[16] 이제 분명히 상호 교체성 원리는 이와 같은 문맥에서 사용되면 안 된다. 여기서 우리가 잘못 바꿔치고자 하는 이름은 직접적으로 대상을 지시하지 않은 채 나타나기 때문이다. 이러한 현상은 위에서처럼 이름이 언급될 때 일어날 뿐만 아니라 이름이 비지시적(non-refrential) 문맥이나 비직접 지시적(non-directly referential) 문맥에서 나타날 때도 항상 일어난다. 아래의 문장을 보라.

(9) 필립은 툴리가 카틸린느를 탄핵했다는 것을 알지 못하고 있다.
(11) 필립은 키케로가 카틸렌느를 탄핵했다는 것을 알지 못하고 있다.

만일 (9)가 참이라면, (3)을 이용해서 교체할 경우, (11)을 얻게 된다. 그러나 필립이, 키케로가 카틸렌느를 탄핵했다는 것을 알면서도 툴리가 키케로라는 것은 알지 못했다고 한다면, (11)은 (9)와 (3)이 참인데도 거짓이 되고 말 것이다.[17] 이로부터 "이름은 어떤 진술 S에서 지시적으로 나타날 수도 있지만, '---임을 알지 못한다'라든지 '---임을 믿는다'와 같은 문맥에서 'that' 이하에 S가 포함되어 이루어진 보다 긴 진술에서는 이름이 지시적으로 나타나지 않을 수도 있다."는 결론에 이르게 된다. 이 상황을 한마디로 요약해서, 우리는 (그러한) 문맥을 **지시적으로 불투명**하다고 말할 수 있을 것이다.[18] 그런데 콰인의 입장에서 볼 때, 양화에 의해 속박된 변항들의 값이 내포적 대상 — 프레게에게 있어서는 이름들의 뜻 — 이 아닌 한, 우리가 지시적으로 불투명한 문맥을 양화시킬 수 없다는 것이 성립하는 것이다. 그 밖에도 개별화되어 있는 내포적 존재자가 콰인이 철저히 거부하는 분석성 개념에 의존하기 때문에(이에 관해서는 나중에 이번 장과 다음 장에서 보다 세밀하게 그리고 폭넓은 연관 속에서 검토될 것이다), 콰인은 프레게의 모델이 성공하지 못할 것이라고 결론짓는다.

의미로서의 명제에 대한 추가적 비판

명제를 문장의 의미와 동일시하는 생각에 가해지는 보다 일반적인 비판이 있다. 즉 그것은 애매한 명제를 똑같이 애매한 의미를 가지고 설명하려 든다는 비판이다. 의미의 문제는 뒷 장들(7, 8장)에서 보다 상세히 논의될 터이므로 여기서는 개괄적이고 예비적인 차원에서 문제를 살펴보는 것으로 족할 것이다.

'의미'란 무엇인가? 이름이 가지고 있다고 생각되는 의미가 무엇인지 하는 좀 단순한 경우를 고찰해 보자. 지시적 의미 이론에서 이름의 의미는 그것이 지시하는 대상이다. 직관적인 의미에서 우리는 '톰'이라는 이름이 톰으로 통용되고 있고, 그 이름을 불렀을 때 거기에 응답하는 한 개인을 가려낸다는 것을 잘 알고 있다. 그러나 지시 관계가 무엇인지 또는 어떻게 그 관계가 작용하는지 하는 문제는 직관적이기는 커녕 대단히 불분명하다. 가장 단순한 경우로서 지시어-세계 간의 연관 관계를 생각해 보라. '책상'과 같은 명사에 대한 명시적(ostensive, 손가락으로 가리키는) 정의가 그 대표적인 예이다. 내가 우리말을 전혀 모르는 외국 친구에게 우리말을 가르치기 위해, 책상을 손으로 가리키면서 '책상'이라고 발언한다고 생각해 보자. 내가 그에게 하나의 전체로서 보이는 대상을 이해시키려 한다는 것을 그는 어떻게 결정할 수 있는가? 그는 내가 전체로서의 책상을 가리킨 것이 아니라 책상의 색깔이나 결 또는 재료를 가리킨 것으로 받아들일 수도 있지 않은가? 이번에는 내가 책상 윗면을 가리키면서 '윤이 난다'라고 말한다 하자. 이때에도 그는 내가 책상의 광택보다는 하나의 전체로서의 대상을 명명한 것으로서 이해할 수도 있지 않은가? 이렇듯 한 이름과 그 이름이 '의미한다'고 생각되는 대상을 지시적으로 연결시켜 주는 가장 단순한 차원에 있어서조차도, 심각한 난점들이 있다.

문장 의미와 관련된 더 복잡한 문제가 난점들을 가중시켰다. 당분간 문장들이 '사태'나 '사실' 또는 '가능한 사실'을 지시하는 복합 이름이라는 생각을 버리고, 대신 명제를 문장의 '내용'이라고 생각해 보기로 하자. A가 B에게 아래의 문장 (1)을 보여 준다 하자.

(1) Νους όρα και νους ακουει τ'αλλα κωφα και τυφλα.

B는 A에게 그것이 무슨 뜻이냐고 묻는다. A는 그것이 아래의 (2)를 의미한다고 대답한다.

(2) Mens videt, mens audit, cetera surda et coeca

그런데 B가 라틴어도 모를 경우, 그는 여전히 그것이 무슨 뜻인지를 알지 못할 것이다. 그래서 다시 A가 그에게 (1)과 (2)는

(3) 정신이 보고, 정신이 듣는다. 그 밖의 모든 것은 귀머거리요 장님이다.

를 의미한다고 말한다면, 그제서야 B는 (1)-(3) 모두가 표현하는 의미를 파악할 수 있었을 것이다. B는 순전히 언어 능력의 한계 때문에 (3)을 통

해서만 그 의미에 다가갔다고 할 수 있다. 이때 B가 파악한 **것**은 (1)-(3)이 모두 공통적으로 표현한 것, 다시 말해서 "정신이 보고 정신이 듣는다. 그 밖의 모든 것은 귀머거리요 장님이다."라는 명제이다.

그러나 (1)-(3)이 표현하는 명제라고 하는 말을 (1)-(3)이 표현하는 의미라고 하는 말로 교체한다 해서, 또는 그 역으로 교체한다 해서, 어떤 정보적인 무언가가 말해졌던 것일까? 이 예로부터 우리가 추론해 낼 수 있는 것은 고작해야 의미와 명제가 다른 문장 사례(sentence-token)에 붙어 있는 그 무엇이라는 것뿐이며, 그것들이 어떤 의미에서 언어-의존적인지가 미해결로 남아 있든지 간에, 그럼에도 불구하고 **특수한** 언어에 의존하지 않고 있다는 점뿐이다.

사실 그전에 앞서서 일어나는 문제가 있다. 가령 '문장이 표현하는 명제' 또는 '문장이 표현하는 의미'라는 구절에서 '표현한다(express)'가 무엇을 의미하는지가 불분명하다. 왜냐하면 "문장이 표현하는 명제는 그 문장의 의미이다."라든지, "명제는 문장에 의해 표현된 '말해진 것(what-is-said)'이다."라든지, 또는 "---은 문장의 '내용'이다."라고 말함으로써 '표현한다'를 설명하는 것은 순환적이기 때문이다. 현재 이것은 우리가 명제 개념을 직관적으로 파악하려고 했을 때인 논의의 초기에, 우리가 제시했던 어림셈으로 되돌아 온 꼴이다.

결국 이 비판의 요지는 명제와 문장의 의미를 동일시하는 작업이 다음과 같은 두 관련된 사항 때문에 실패로 돌아간다는 것이다. 첫째, '의미' 개념 자체가 해명을 필요로 한다. 따라서 불명료한 채로 남아 있는 한, 명제에 관해 아무것도 설명할 수 없다. 둘째, 의미가 무엇인가에 관한 하나의 암시가 있는데(즉 지시), 그것은 그것이 설명하고자 하는 개념 못지않게 큰 곤란을 일으킨다.

여기서, 의미 그리고/또는 명제를 '의미된 존재자(meant entity)'로 생각하는 것은 상당한 혼란을 일으킨다. 의미를 특징짓는 대안적인 방법 — 이번에도 이후의 논의를 미리 간략하게 다룬다 — 을 생각해 보라. 후기 비트겐슈타인의 작업은 **사용**(use)으로서의 의미 개념을 유명하게 만들어 주었다. 후기 비트겐슈타인의 생각에 따르면, 표현들(또는 대다수의 표현들)은 그저 어떤 언어 외적인 대상(extralinguistic item)들을 명명하거나 이름 붙이는 것이 아니라, 언어 속에서 일정한 역할과 기능을 가진다. 그리하여 한 표현의 의미를 배우는 것은 그 역할에 맞춰 그 표현을 사용하는 법을 배우는 것이다. 따라서 한 명사의 의미를 아는 것은, 그 명사가 등장하거나 등장할 수 있는 진술, 물음, 명령 등 여러 가지 다양한 언어적 활동 속에서, 그 명사의 쓰임새를 통제하는 규칙을 아는 것이다. 이런 입장에서 '의미'가, '명제'(또는 심지어 바로 그 점에서 '의미')라 일컬어지는, 제3의 왕국을 점하고 있는 모종의 무시간적인 존재자라고 보는 것은 그릇된 생각이다. 한 표현의 의미가 언어 내에서 그것의 사용을 통제하는 규칙이나 규약에 있다면, 의미는 신비스럽지 않기 때문이다. 나는 이 이론을 논의하기도 전에 그것이 전적으로 만족스러운 이론이라고 제안하려는 것이 아니다. 현재의 목적을 위해서 요점은, 의미를 지시로서 라기보다는 다른 식으로 다루는 있는 방법이 있다는 것을 알게 되면, 명제를 받아들이는 데 반드시 의미를 고려하지 않아도 된다는 점을 보여주거나 보여주는 데 도움이 된다는 것이다.

만일 명제가, 앞의 비판이 인정하지 않았던 것인 지시적 이론 위에서 문장의 의미로서 설명되어서는 안 된다면, 다른 대안들을 살펴볼 필요가 있을 것이다. 한 가지 대안은 문장 의미로서의 명제를 '가능 세계' 이론 위에서 내포적 대상(intensional item)으로 받아들이는 것이다. 이 문제는 다음 장에서 언급된다. 또 다른 대안은 명제들이 일단의 동의적인 문장들로부터 만들어진 논리적 구성물이라는 생각에 호소해서, 지시에 대해 말하는 것을 피하는 것이다. 이 제안은 여전히 문장의 어떤 의미론적 속성에 호소하고 있기는 하지만 — 여기서는 동의성(synonymy)이다 — 추상적 대상에 호소하는 것을 손쉽게 제한한다는 장점이 있다. 그러한 이론으로 명제를 엄격히 표현해 본다면, 명제는 어떤 주어진 문장과 모두 같은 의미를 가지고 있는 문장들의 집합으로 정의될 수 있다. 여기서 '의미'가 사물화(reification)를 피하기 위해서 그런 식으로 독립적으로 설명될 수 있는지는 미해결인 채로 남아 있다. 그러면 남아 있는 추상적 대상은 집합뿐이다. 그리고 어떤 유명론자들은 집합이 수학과 과학에서 요구되기 때문에, 집합을 자기들의 존재론 안으로 끌어들인다. 그럼에도 불구하고 여기서 문제는 동의성 개념이 될 것인데, 동의성 개념에 대한 콰인의 공격에 맞서서 그것을 옹호해 줄 필요가 있는 것이다.(3장을 보라) 나아가서 동의성 자체는, 성공적으로 옹호된다 해도, 명제에 미리 호소하지 않게끔 규정되어야 할 것이다.(상기 내용 참조) 그렇지 않을 경우 설명은 순환적이 될 터이기 때문이다.

의미 개념을 거부하기 위한 콰인의 이유 중 가장 중요한 것은 그 어떤 것도 한 주어진 표현의 **바로 그**(the) 의미라고 생각될 수 없기 때문이라는 것이다. 의미는 불확정적이다. 콰인은 한 언어를 다른 언어로 번역하는 작업을 고려해 보면, 이 점을 보여줄 수 있다고 생각한다. 그의 논증을 요약하면 다음과 같다. 우리가 외국어 화자들의 언어적인 행동과 통상적인 행동을 관찰함으로써 그 외국어를 위한 번역 편람을 작성하고자 한다면, 그들의 행동에 똑같이 들어맞는 두 번째 편람을 작성하는 것이 항상 가능하며, 이 두 편람은 그들 표현에 대한 다른 번역을 제공할 것이다. 간단히 말해서, 그 언어의 화자들이 제공하는 행동적 자료에 의해 유일하게 확정되는 어떠한 번역 도식도 있을 수 없다.[19]

이 견해는 **번역 불확정성** 논제라 일컬어지는데, 콰인은 이를 옹호하는 두 개의 논증을 제시한다. 첫째는 전혀 알려지지 않는 언어에 대한 '원초적 번역(radical translation)' — 즉, 사전 지식 없는(from scratch) 번역 — 을 하려 하면서, 그 언어 화자의 관찰 가능한 행동만을 이용하는 사람은, 그들 언어의 주어진 문장에 대한 경합하는 번역 표현들이 있을 때 어느 표현이 옳은지를 결코 결정할 수 없을 것이라는 것이다. 원주민 화자가 눈앞에 토끼가 나타났을 때(콰인의 예이다.) '가바가이!'라고 외친다면, 그 원주민들의 행동에 의해 제공된 자료는 그 말을 '토끼', '토끼의 시간 단면', '좋아하는 흰 고기', 그 밖의 가능한 다른 가능성들 중 어느 것으로 번역해야 할지를 선택하는 데 그에게 도움을 주지 못할 것이다.

두 번째 논증은 두 원리를 결합한 데서 나온다. 하나는 한 문장의 의미는, 그 문장의 참이 경험하게 해 주는 차이로 이루어진다고 하는 경험주의적 원리이고, 다른 하나는 문장의 의미가 개별적으로 결정되는 것이 아니라 그 언어에서 차지하는 그것의 위치에 의해서만 결정된다는 것을 말하는 '전체론(holism)'의 원리이다. 이 두 원리의 연언은 의미가 결코 확정적이지 않다는 것을 수반한다. 왜냐하면 그 어떠한 것도, 한 단일한 문장의 참이 경험하게 해 주는 **바로 그**(the) 차이라고 생각할 수 없기 때문이다. **전체 언어**는 문장 대 문장에 의해서가 아니라 한 단일한 단위로서 **경험 전체**(또는 **전체 세계**)와 대면한다.(문장이 경험의 조각들 — 또는 세계의 조각들 — 에 개별적으로 대응함으로써 부침을 같이 한다는 견해는 '원자론(atomism)'이라 일컬어지며, 전체론과 대립한다.)

만일 의미가 불확정적인 개념이라면, 명제를 한 문장의 의미로서 정의하는 것은 불만족스러울 것이다. 따라서 또한 두 문장이 같은 명제를 표현한다면, 그것들은 동의적이라고 말함으로써 동의성이나 '의미의 동일성'을 설명하는 데 그 개념을 사용하는 것도 물론 불만족스러울 것이다.

이런 콰인의 견해들은 의미 개념에 대한 공격에 추가된 이유들로서 큰 영향력을 발휘해 왔다. 그것들은 이후의 장에서, 특히 3장과 9장에서 다시 거론된다. 9장에서는 불확정성 논제가 가지는 의미(implication)를 보다 상세히 설명할 것이다.

유명론과 실재론

전 절이 보여주는 바와 같이, 명제 이론들에 의해 제기된 문제들을 충분히 설명하는 것은 앞으로 뒷장에 이르기 전까지는 제기되지 않을 문제들을 두고 토론할 것을 요구한다. 따라서 이번 장이 허용하는 한계보다 더 먼 곳으로 우리를 데려간다. 그럼에도 불구하고 내포적 실재론(intensional realism)이라는 여행 가방 없이도 명제의 사용을 허용해 줄 만큼, 명제를 탑승시켜주는 최소한의 항로가 있다. 요건은 추상적 대상에 호소하는 일을 최소한도로 줄이는 것이다. 그 이유를 주목해 보기로 하자.

실재론-유명론 논쟁은 존재론적 수용(ontological commitment)에 관한 논쟁이다. 이것은 결코 쓸데없는 논쟁이 아니다. 특히 그것이 가능 세계 이론에 대한 현대적인 논의에서 담당하는 역할(3장 이하)을 보아서도 그렇고, 또 이미 보았듯이 의미 이론에서, 가령 러셀이 기술 이론을 고안하지 않을 수 없었던 동기와 연관해서 일어나는 문제들(4장 이하)을 보아서도 그렇다. 또한 그 논쟁은 의미 이론 및 그 밖의 다른 곳에서의 실재론과 반실재론 간의 최근의 논의에서도, 간접적인 형태로 그럼에도 불구하고 결정적으로 일어난다.(8장, 9장 이하) 이런 맥락에서 '실재론'은 복잡성을 늘려갔으며, 또 아마도 차이들을 늘려가기도 했을 것이다.

문제는 '대상들(Objects)'에 관한 마이농의 실재론적 이론을 간략히 검사함으로써 예시될 수 있다.[20] 마이농은 형이상학이 존재하기도(exists)하고 상존하기도(subsists)하는 모든 대상을 다룬다고 생각하였다. 존재와 상존은 다음과 같이 구분된다. 현존하는 사물들 전체는 인식의 '대상' ('Objects' of knowledge) 전체와 비교해 볼 때 '무한히 작다'. 이 인식의 내상은, 현존하지 않을 때라도, 최소한 우리가 생각할 수 있고 말할 수 있는 것들이 된다는 의미에서 상존한다. 따라서 마이농의 대상들은 일반적으로 사고의 직접 목적격으로서 구성될 수 있다. 심지어는 둥근 사각형과 같은 불가능한 대상까지도 상존한다. 마찬가지로 "아리스토텔레스는 30명의 형제를 가지지 않았다", "아리스토텔레스는 31명의 형제를 가지지 않았다", "아리스토텔레스는 32명의 형제를 가지지 않았다"--- 등과 같은 무한히 많은 부정적 사실들까지도 상존한다.[21]

러셀과 콰인은 이처럼 분별없이 오컴의 면도날 원리(the Principle of Ockham's Razor)를 위배하는 이론들을 철저하게 거부했던 주요 인물들이었다. 오컴의 면도날이란 필수 불가결한 것 이외에는 쓸데없이 존재자의 현존을 가정하지 말라는 원리이다. 이러한 존재론적 절약의 충동이 바로 유명론을 주도하는 원리이다. 러셀의 입장에서 세계가 상존하는 존재자들로 넘쳐흐른다는 마이농의 가정은 '현실감(sense of reality)'에 위배된다.[22] 콰인도 마이농의 세계를 '과밀하고', '과도하고', '불결하며', '무질서한 요소들로 이루어진 끔찍한 땅'이라고 혹평하였다.[23] 콰인은 또 다른 기억할 만한 인용구에서 불필요한 존재자들을 우리가 정한 존재론적 수용으로부터 배제하기 위한 해결책을 표기하면서, 그 존재자들을 기피 존재자들(*entia non grata*)이라는 말로 묶어놓았다.

오컴의 면도날이라는 원리를 적용하기 위한 좋은 이론적이고 방법론적인 이유가 있다. 어떤 탐구 영역에서 경합하는 가설들 중 그리고 그밖의 적절한 가설들 중 어느 하나를 선택할 때, 일정한 방법론적 원리가 작용한다. 그중 가장 단순하면서도 동시에 가장 강력한 가설이 분명히 선택된다. 이와 마찬가지로 철학적 이론이 호소하는 존재자들의 수를 제한한다는 것은 이론의 효율성이라는 관점에서 볼 때, 문제의 빌미가 될지도 모르는 것(the hostages yielded to fortune)을 제한하는 것이다. 빌미가 많으면 많을수록, 이론은 점점 더 약화된다. 바로 이러한 이유 때문에 존재론적 수용과 관련하여 콰인은, 그 수용 동기 중의 하나로서 다음과 같은 견해를 제시하였다.[24] 즉 두 이론에 같은 개념적 연비가 들 경우, 그러나 그중 하나가 존재론에 있어서 보다 적은 존재자에 개입하고 있을 경우, **그것**이 이론으로 선택된다. 실제로 우리는, 콰인과 러셀의 입장에서, 설명을 요구하는 현상들에 적합한 가장 알뜰한 이론을 적극적으로 찾아내지 않으면 안 된다. 또 존재자의 과잉이 아무리 눈앞의 난점들을 제거해 준다고 할지라도, 그것에 만족한 채로 남아 있어서는 안 된다. 왜냐하면 '설명적 장치'로서 완전 현실태(entelechie)나 상존하는 대상 또는 형상과 같은 **임시방편적**(ad hoc) 존재자들에 호소할 경우, 우리는 너무나도 쉽게 그릇된 길로 빠져들기 때문이다.[25]

콰인이 명제들을 포함하여 추상적 존재자들에 적대감을 보이는 이유 중의 하나는 — 우리가 방금 보았듯이 — 그것들이 분명한 **동일성 기준**을 결여한다는 데 있다. 어떤 것에 대한 동일성 기준이란, 우리가 어떤 것을 개별화할 수 있고, 그것이 어떤 것인지를 밝혀줄 수 있으며, 그것이 어디에서 시작되는지를 말하고, 다른 것은 제외해 주는 기준을 말한다. 간단히 말해서 우리는 그 기준을 통해서 어떤 것을 골라낼 수 있거나 그것이 다시 같은 것이라고 말할 수 있는 것이다. 콰인이 채택한 입장의 요지는 "동일성 없이 존재자는 없다."는 것이다. 콰인의 입장에서 볼 때 명제들에 대한 동일성 기준은, 예컨대 명제 p는 구분되긴 하나 동의적인 문장 x와 y에 의해 표현된 명제이다 라는 말에서처럼, 문장들 간의 동의성 관계를 통해서만 제공될 수 있을 뿐이다. 콰인은 동의성을 공허한 개념이라고 보기 때문에(위와 3장 참조), 그는 이것이 적어도 어떤 의미에서, 하

지만 가장 약분할 수 있는 유명론적인 의미에서 — 결국 **말하기 방식**
(facon de parler)인 것으로서 — 명제들을 거부하기 위한 근거가 된다고 생
각한다.

무해한 명제와 진술

이번 장에서 다루었던 많은 문제들은 이후의 장에서 다시 등장하기 때문
에, 이제 우리는 결론적으로, 방금 제안되었던 것처럼, 정말로 '명제'에
대한 만족스러운 **말하기 방식의** 의미가 있는지를 물음으로써, 이런 미정
상태의 명제 문제에서 떠날 수 있다.

톰슨은 이에 대해서 있다고 제안한다.[26] 그의 견해에 따르면, 눈이 희
다라는 또는 산타클로스가 존재한다라는 오직 **하나의** 명제만이 있다고
주장되었다면, 명제에 대한 정말로 흥미 있는 이론이 하나 있었을 것이
다. 왜냐하면 명제란 한 문장의 사용에 의해 주장되는 것이라고 다른 식
으로 말하는 것은, 결코 불분명하거나 틀리거나 심지어는 흥미 있는 그
어떤 것도 말하는 것이 아니기 때문이다.

이런 견해에서 하나의 명제는 '진술'과 거의 같은 것이 된다. 이때의
진술이란 한 문장이 일정 발언자에 의해 일정 상황에서 표현하거나 말하
는 데 사용될 수 있다는 것을 의미한다. 맥키도 "'진술', '명제'라는 말은
일반적으로 우리로 하여금 말해진 것, 믿어진 것, 주장될 수 있거나 믿어
질 수 있는 것 등을 말할 수 있게끔 해 주는 명사(term)이다."라고 주장한
다.[27] 진술 또는 유명론적으로 생각된 명제(추상적 대상**으로서의** 명제와 혼동하
지 않기 위해서, '진술'이라는 말이 이제 종종 더 선호되는 명사로서 사용된다.)를 말할
수 있다는 것의 요지는, **문장**이 진리 담지자일 수 없다는 의미를 보존하
는 데 있다. 왜냐하면 문장은 다른 상황에서 다른 화자에 의해 어떤 상황

에서는 참인 것을, 다른 상황에서는 거짓인 것을 말하는 데 사용될 수 있기 때문이다. 그러나 앞으로 보겠지만, 문장을 진리 담지자로 취급하기 위한 좋은 이유를 제공하는 진리론들이 있다. 따라서 이런 그럴듯하고 논란의 여지가 없는 제안조차도 문제가 없는 것이 아니다. 그러나 대부분 이하에서 나는 '진술'을 사용하고, '명제'를 유명론적으로 '진술'과 상호 교환할 수 있는 것으로서 사용할 것이다.

미주

1   J. A. Austin,,'Performative-Constantive', in Caton,C.E.(ed.), *Philosophy and Ordinary Language*, p. 22 이하.

2   L. Wittgenstein, *Philosophical Invesigations*, cf. $$243-315, 348-412.

3   종종 철학자들은 문장, 진술, 명제를 구분한다. 일반적인 해석에 따르면, 진술은 한 특수한 경우에 발언되거나 명기된 문장의 실제 사용이다. 그러나 종종 '진술'은 가급적 혼동을 막기 위하여 '명제'의 동의어로서 사용된다. 나는 문장-명제 구분에만 주의를 기울이겠다. cf. B. Aune, 'Statements and Propositions' *Nous*, 1967.

4   이후 나는 다른 설명이 없는 한, '문장'을 '서술문'으로 사용한다.

5   하나의 발언을 화자와 시간에 상대화시키는 것을 '문맥 지표성(indexicality)'이라고 한다. 따라서 하나의 문장은 화자와 시간에 문맥적으로 지표화된다고 한다.

6   Cf. Plato, *Republic*, 596a6-7; Cf, 507ab.

7   G. Ryle, 'The Theory of Meaning', in Caton, op. cit., p. 128 이하. cf. 특히 pp. 131-145, 148-153. 또한 J. F. Thomson, 'Truth bearers and the trouble about propositions', *Journal of Philosophy* 66, 1969, p. 739를 보라.

8   이 두 번째 동기는 명제들이 문장들의 의미가 된다고 하면서도 명제 태도들의 의도로서의 역할도 한다는 점에서 첫 번째 동기와 관계된다. 그러나 두 동기는, 어느 한쪽의 수용이 다른 한쪽의 수용을 수반하지 않으므로, 서로 분리될 수 있다.

9   여기서 나는 문장 '유형(type)'과 문장 '사례(token)' 간의 구분을 이용한다. "존은 로버를 좋아한다."라는 문장은 한 특수한 예, 즉 그 유형의 사례이다. '유형'과 '사례' 간의 관계는 '종'과 '개별자'의 관계와 같다.

10   A. Church, 'Propositions', *Encyclopaedia Britannica*.

11   G. Frege, 'The Thought', in P. F. Strawson (ed.), *Philosophical Logic*, p. 17 이하.

12   Ibid., pp. 20-21. '제 삼의 세계'라는 표현은 라일에 의해 인용되고 있다. Ibid., p. 149.

13   G. Frege, 'Sense and Reference', in Frege, *Translations*, pp. 56-78.

14   '내포(intension)'의 철자 중 's'에 주의할 것. 앞에서 논의된 '의도(intention)'와 혼동하지 마시오.

15   Cf. W. V. Quine, 'Reference and Modality', *From a Logical Point of View*, p. 139 이하.

16   한 낱말의 사용과 언급은 보통 언급된 낱말들을 작은 따옴표로 묶음으로써 구분된다. 동등 기호 '='는 '동일하다'를 나타낸다.

17   Quine, 'Reference and Modality', pp. 141-142.

18   Ibid., p. 142.

19   Quine, 'On the Reason for the Indeterminacy of Translation', *Journal of Philosophy*, lxvii.

20   A. Meinong, 'The Theory of Objects' in R. Chisholm(ed.), *Realism and the Background of Phenomenology.*

21   Ibid., p. 79.

22   Cf. B. Russell, 'The Philosophy of Logical Atomism' in ㄲ. C. Marsh,(ed.), Logic and Knowlede. p. 269 이하.

23   Cf. W.V. Quine. 'On What There Is' *From a Logical point of view*, 여기서 마이농은 '위맨(Wyman)'이라는 이름으로 등장한다.

24   Ibid. 이에 대한 콰인의 견해는 4장 이하에서 논의된다.

25   이와 관련된 문제들이 3장 이하에서 전개된다. 마이농과 콰인의 입장에 대한 논의에 대해서는 W. Lycan, 'The Trouble With Possible Worlds' in M. J. Loux (ed.), *The Possible and the Actual* 참조.

26   J. F. Thomson, in P. F. Strawson, *Philosophical Logic*, p. 103 이하.

27   J. L. Mackie, *Truth, Probability and Paradox*, pp. 20-21.

3
필연성, 분석성 그리고 선험성

서론

어떤 명제는 그저 그 안에 들어 있는 명사의 의미를 파악함으로써 우리가 그 진리치(truth-value)를 결정할 수 있는 것이라고들 한다. 반면에, 어떤 명제의 진리치를 결정하기 위해서 우리는 어떻게 사물들이 세계의 관련된 부분과 관계하는지를 알 필요가 있다. 전자를 **분석** 명제(analytic proposition)라 하고, 후자를 **종합** 명제(synthetic proposition)라고 한다.

또 어떤 명제는 그것이 참이라면 참**이어야** 하고, 거짓이라면 거짓**이어야** 하며, 달리 있을 수 없는 것이라고들 한다. 반면에 어떤 명제는 그것들의 진리치가 강요되지 않는 것이라고들 한다. 즉 그것의 진리치는 사물들이 세계의 관련된 부분과 어떻게 관계하고 있는가에 의해 결정된다는 것이다. 전자를 **필연적** 명제(necessary proposition)라 하고, 후자를 **우연적** 명제(contingent proposition)라고 한다.

또 어떤 명제의 진리치는 탐구에 의거하지 않고 알려질 수 있다고 하는 반면에, 다른 명제의 진리치는 탐구의 결과로서만 알려질 수 있을 뿐이라고 하기도 한다. 전자를 **선험적** 명제(a priori proposition)라고 하고, 후자를 **후험적** 명제(a posteriori proposition)라고 한다.

이런 세 개의 개념 쌍은 긴밀하게 연관되어 있는 것처럼 보인다. 이 셋은 모두 철학에서 대단히 중요하다. 이번 장은 이런 개념 쌍들의 성격과 연관들을 검토한다. 먼저 이런 개념들이 왜 중요하며, 그것들을 정의하려는 이전의 시도들이 얼마나 적정한가를 보여주는 것부터 시작하겠다. 그런 후 보다 상세히 앞의 두 개념 쌍을 살펴보겠다.[1]

세 개의 구분

라이프니츠는 모든 추리가 모순율(the principle of contradiction)과 충분 이유율(the principle of sufficient reason)이라는 두 원리에 의해 보증된다고 주장하였다. 바로 모순율 덕분에 "우리는 모순을 포함하는 것을 **거짓**이라고 판단하고, 거짓과 대립되거나 거짓과 모순되는 것을 **참**이라고 판단한다." 또한 "우리가 그 이유를 통상적으로 알 수 없을지라도, 왜 다르게 있지 않고 그렇게 있어야 하는지 하는 충분 이유가 있지 않는 한, 실재하거나 존재하는 어떤 사실도, 어떤 참인 진술도 있을 수 없다고 우리가 주장하는"는 것은 충분 이유율 덕분이다.[2] 이 두 원리는 두 종류의 진리, 즉 '이성의 진리(truths of reason)'와 '사실의 진리(truths of fact)' 간의 구분과 연관되어 있다. 이성의 진리는 **필연적**(라이프니츠의 표현에 따르면 모든 가능 세계에서 참)이다. 그리고 반대는 불가능이다. 사실의 진리는 **우연적**이다. 그리고 그 반대는 가능적이다.[3] 클라크에게 보낸 서신에서 라이프니츠는 이 두 원리와 두 종류의 진리 간의 연관이 다음과 같은 사실을 보면 알 수 있다고 말했다. 즉 모순율은 그 자체만으로 수학 전체의 증명을 위해 충분하지만, 수학으로부터 우연적 사물의 세계를 다루는 물리학으로 넘어가기 위해서는 충분 이유율이 더 필요하다는 것이다.[4]

라이프니츠의 입장에서, 이성의 진리는 분석에 의해서, 즉 그것의 참을 단순 관념과, 단순 관념을 조립해주되 그 자체로는 아무 증명도 요구하지 않는 기본 원리로 분해함으로써 입증될 수 있다.[5] 이성의 진리와 사실의 진리(우연적 진리) 간의 구분은, 흄이 『인간 지성에 관한 탐구』에서 했던 '관념들의 관계(relations of ideas)'와 '사실의 문제(matters of fact)' 구분의 전조 격이 되는 구분이다.[6] (『인성론에 관한 논고』에서 흄은 이 차이를 '지식'과 '확률' 간에서 보이는 차이와 같은 것으로서 규정지었다. 그러나 용어상의 차이는 별로 중요하지 않다.[7]) 흄은 이 구분이 우리가 알 수 있는 모든 진리들을 남김없이 보여준다고 주장했다. 어떤 진리는 관념들 간의 관계에만 의존하는데, 이 관계 덕분에 참이 되는 진술을 부정하는 것은 모순에 빠지게 된다는 의미에서 그렇다.[8] 흄에 따르면, 관념들의 관계는 우리가 5 + 7 = 12라는 것을 그저 보고 알 때와 같이 직관에 의해 발견되거나, 연역 논증을 통해 타당하게 결론을 이끌어낼 때처럼 증명에 의해 발견된다. 반면에 '사실의 문제'의 진리는 그것이 거짓임이 밝혀졌더라도 모순이 되지는 않는 것이다. 이 진리의 발견은 관찰 — 흄에게 있어 관찰은 우리가 신뢰할 만한 것으로 여겨야 할 것이다 — 과 추론 — 이 경우 흄에게 있어서는 인과 관계를 통해 수행되는 비증명적 추론이다 — 에 의해 이루어진다.

라이프니츠와 흄이 다 같이 끌어냈던 구분이 **필연적** 진리와 **우연적** 진리 간의 구분이다. 나머지 두 가지 다른 구분 — **선험적인 것**(the a priori)과 **후험적인 것**(the a posteriori) 간의 구분과 **분석적인 것**(the analytic)과 **종합적인 것**(the synthetic) 간의 구분 — 도 이 구분과 밀접하게 연관되어 있는 것처럼 보인다.

먼저 분석-종합의 구분은 다음과 같이 이루어질 수 있을 것이다. 분석적 진술은 빈개념(the concept of predicate)이 이미 주개념(the concept of subject) 속에 포함되어 있기 때문에, 그 진술 속에 나타나는 명사(term)들만을 분석해 봐서도 그것의 진위 여부를 가릴 수 있는 진술이다.(우리는

철학적 논리학

그 진술을 '분석한다'고 말할 수도 있을 것이다. 그래서 '분석적'이다.) 반면에 종합적 진술은 두 개의 다른 개념이 결합되어 있거나 '종합되어 있는' 진술로서, 그것의 진리치는 세계 속에서 일어나고 있는 사실들을 경험하거나 살펴 봄으로써 시험되어야 한다. 즉 진술 속에서 주장된 내용이 실제로 이 세 계 속에서 일어나고 있는지를 살펴보아야 한다.[9] "모든 결혼한 남자는 결 혼하였다.(all married men are married)"와 같이 같은 말을 되풀이하는 동어반 복(tautology)은 분석적 진술의 한 분명한 예이다. 그러나 모든 분석적 진 술이 동어반복적이지는 않다. "모든 물체는 공간적으로 연장을 가진 다.(all bodies are spatially extended)"라는 진술은 동어반복적이지는 않지만 분 석적이다. 왜냐하면 이 진술의 진리치는, "눈은 희다."와 같은 종합 진술 처럼 사물들이 세계 속에 존재하는 방식에서 진리치가 좌우되는 것이 아 니라, 그저 포함된 개념들에만 의존하기 때문이다.

선험-후험 간의 구분은 보통 다음과 같이 이루어진다. 한 진리는 그 것이 세계 속에서 어떤 사태가 일어나는가를 전혀 경험하지 않고도 알려 진다면, 선험적으로 알려진다고 한다. 반면에 후험적으로 알려지는 진리 는 반드시 경험적 탐구에 기초해서 알려지는 진리이다. 따라서 5 + 7 = 12와 같은 수학의 진리는 선험적으로 알려지며, 풀은 푸르다, 눈은 희다 와 같은 경험적 사실들은 후험적으로만 알려질 수 있다고 보는 것이다.

왜 이 세 쌍의 개념들이 서로 밀접하게 연관되었는지를 보기란 어렵 지 않다. 만일 한 진리가 필연적이라면, 만일 그 진리가 "모든 물체는 연 장을 가진다."와 같은 진술의 진리처럼 '관념들의 관계'에 있고 또 '이성 의 진리'라면, 그 진리를 표현하는 진술은 사실상 분석적 ― 즉 진술 속에 포함된 명사의 의미를 조사해서 그냥 참이라고 판단될 수 있는 진술 ― 일 뿐만 아니라 동시에 선험적으로 ― 즉 경험적인 탐구 없이도 참이라 고 판단될 수 있는 진술 ― 알려지는 진술도 되는 것처럼 보일 것이다.

반면에 한 진리가 우연적이라면, 즉 그것이 "어떤 물체는 초록색 반점 무늬를 가진다."와 같이 '사실의 문제'이거나 '사실의 진리'라면, 그 진리를 표현하는 진술은 종합적 — 즉 그 진리치가 이 세계 속에서 일어나는 사태에 의존하는 진술 — 이면서 동시에 후험적으로만 — 즉 그 진리치가 경험적 탐구를 통해서만 확인될 수 있는 진술 — 알려지는 것이 모두 성립하는 것처럼 보일 것이다. 이와 같은 생각들은 이 세 가지 개념 쌍들의 관계가 상당히 간단하고 조화적이라는 점을 시사한다.

그러나 칸트는 생각이 달랐다. 그는 종합적인 선험적 진리가 있을 수 있다고 보았으며, 그것을 증명하기 위해서『순수이성비판』을 썼다. 그의 견해는 위에서 행했던 세 개념 쌍의 기존 분류에 영향을 미친다. 그러나 이것은 보기와는 달리 그리 크게 놀랄 만한 것은 못 된다. 왜냐하면 세 개념 쌍이 실제로 관계되어 있다 할지라도, 중요한 차이가 그 관계에 대한 단순한 성격 규정을 차단하기 때문이다. 대강 그 차이를 말해 보자면, '필연성'과 '우연성'은 형이상학적(metaphycal) 개념이고, '분석'과 '종합'은 의미론적(semantic) 개념이며, '선험'과 '후험'은 인식론적(epistemological) 개념이다. 이런 개념들을 이런 식으로 규정해 놓고 보면, 많은 것들이 시사된다. 따라서 최대한 주장해 볼 수 있는 것은, '분석적', '필연적', '선험적'이라는 표현들이 같은 외연을 가진다는 것, 즉 모두 다 같은 진술들에만 적용된다는 것이다. 그러나 이미 보았듯이, 그것은 칸트가 의문시하는 것이다. 그리고 이하에서 보겠지만, 또 다른 사람들이 그와 합세한다. 하여간 이 세 개념 쌍 그 어느 것도 자체적으로 문제가 없다고는 할 수 없다.

얼핏 보기에 필연성과 분석성 개념은 선험성 개념보다 더 불분명한 것으로 보인다. 선험성 개념은 라이프니츠와 특히 칸트 이래 상당한 합의를 본 인식론적 표현이었다. 선험성이 가진 문제는 여기서 다루는 일반적인 문제의 한 예이다. 즉, 이 개념을 분명하게 파악해 가는 것은 적어도 나머지 두 개념 쌍 중 어느 하나의 소환에 달려 있을 수도 있다. 예컨 대 라이프니츠는 선험성을 필연적 진리가 파악되는 양태로서, 필연성을 통해서 정의하였다. 라이프니츠의 입장에서 실재를 선험적으로 아는 것은 '사물들의 원인이나 가능한 발생을 드러내 보임으로써' 실재를 아는 것이다.[10] 이것은 실재를 후험적으로 아는 것, 즉 감각 경험을 통해서 실제로 세계 속에서 어떤 사태가 획득되는가를 아는 것과 대비를 이룬다. 라이프니츠에게 있어서 '드러내 보인다(exposing)'는 **증명한다**는 것을 의미하였다. 이성의 진리는 '동일한 명제'에 기초되어 있기 때문에,[11] 선험적 진리는 모순율에 근거해서 증명될 수 있다. 그래서 라이프니츠는 '선험적 진리, 또는 이성의 진리'를, '후험적 진리 또는 사실의 진리'와 대립되는 것으로서 말할 수 있었던 것이다.[12] 따라서 라이프니츠에게 선험-후험 구분은 각각 이성에 의해 획득된 필연적 진리의 지식과 감각 경험에 의해 획득된 우연적 진리의 지식 사이의 구분이다.

선험-후험이라는 말에 대한 라이프니츠의 이러한 성격 규정은 칸트의 용법과는 잘 맞지 않을 것이다. 라이프니츠와는 달리 칸트는 감각 경험과 이성 사이를 직접적으로 구분하지 않고 그 외에도 인간의 '지성' 능력에 호소했기 때문이다. 그럼에도 불구하고 칸트의 견해도 본질적으로 유사하다. 라이프니츠의 용법과 비슷하게 선험적인 것은 '비경험적인 것'이고, 후험적인 것은 '경험적인 것'이다.[13] 마찬가지로 칸트에게 있어서도 선험적 진리는 필연적이고, 후험적 진리는 우연적이다.

그러나 중요한 점은, 이러한 개념들을 본래 그대로 이해하는 것이다. 특히 현대 철학에서는 많은 것이 분석성과 필연성 개념에 좌우된다. 그것들을 차례로 살펴보자.

분석성

칸트가 생각했던 분석 판단이란 빈개념이 주개념에 새로운 정보 내용을 덧붙여 주지 않고 그저 주개념을 해명하고, 분석하거나 '풀어주는 (unpack)' 판단이다.[14] 거꾸로 종합 판단은 빈개념 속에 주개념에는 없는 새로운 정보 내용이 들어 있는 판단이다. 분석성의 성격을 다른 방식으로 다음과 같이 규정할 수도 있다. 즉 한 진술은, 만일 그것의 진리치가 순전히 진술 속에 포함된 명사(term)의 의미를 검사함으로써 결정될 수 있다면, 분석적이다. 이러한 표현 방법은 논리 실증주의자들에게 신세진 것이다. 예컨대 에이어는 분석-종합 구분을 다음과 같이 표현하였다. "한 명제는 그것의 타당성이 그 명제에 포함된 기호들의 정의에만 의존할 때는 분석적이고, 그 타당성이 경험의 사실에 의해 결정될 때는 종합적이다."[15]

분석성은, 특별히 실증주의자들이 사용했던 것처럼 사용될 때에는 중요한 개념이 된다. 예컨대 실증주의자들의 입장에서 사활이 걸려 있는 문제를 생각해보라. 그들은 인식적 내용이 없는 명제를 배제하기 위해서 진정으로 의미 있는 명제들을 구획하고자 하였다. 왜냐하면 그들은 철학의 과제가 과학 언어의 명료화에 있다고 보았기 때문이다. 논리 실증주의자들에게 형이상학과 신학은 윤리학 및 미학과 더불어 **인식적으로** 공허한 학문인 것처럼 보였다. 이런 학문들의 명제들은, 과학과는 전혀 관계가 없는, 정동적, 주관적 의미, 규정적이거나 권고적인 의미를 가지는 덕분에만 무의미한 철자들의 나열과 겨우 구별될 수 있을 따름이다. 논리 실증주의자들이 인식적으로 의미 있는 명제와 무의미한 명제를 판별하기 위해 채택한 원리는 그 유명한 '검증 가능성 원리(verificability principle)'였다. 검증 가능성 원리는 대략 한 진술의 의미는 그것의 검증 방법이라고 표현되며, 적어도 원리상 검증 가능한 (종합적) 진술들 전체 그리고 그것만이 인식적으로 의미 있다는 것을 말해 준다.[16] 여기서 '종합적'이라는 표현이 중요하다. 왜냐하면 종합적이 아니면서도 과학에서 핵심적인 역할을 담당하는 명제들 — 특히 논리학 및 수학의 명제들 — 을 설명할 방법이 있기 때문이다.[17] 그 방법은 논리학, 수학의 명제들을 분석적인 것으로 보고, 그것들의 진리치가 그것들 속에서 나타나는 명사들의 의미에만 의존한다고 말하는 것이다. 비트겐슈타인은『논리철학논고』에서 이러한 명제들을 내용이 없는 항진 명제(tautology)라고 규정하였다. 이 항진 명제는 그 진리치가 경험과는 독립적으로 결정될 수 있는 명제이다. 따라서 논리 실증주의자들에게 있어 인식적으로 유의미한 명제들은 분석 명제와 종합 명제, 이렇게 두 종류로 이루어져 있다. 그 외의 명제들은 과학의 관점에서 무시된다.

콰인은 실증주의자의 입장에 설득당하지 않는다. 그는 "경험론의 두 독단"이라는 고전적인 논문에서 분석-종합 구분에 — 그와 더불어 연관된 '독단'인 환원주의에 — 이의를 제기한다.[18] 그의 논증은 다음과 같다.

콰인이 보기에 분석성에 대한 논리 실증주의자들의 개념 규정도 칸트의 의도를 잘 포착하고 있다. 그러나 그들의 규정에서는 '의미(meaning)'라는 미리 전제되어 있는 개념이 중심적인 역할을 한다. 가령 위에서 밝혔듯이 분석적 진술은, 그 진리치가 그 진술을 이루는 명사들의 의미에만 의존한다고 생각되는 진술이다. 콰인의 전략은 우선 의미에 호소하는 논의를 제거하는 것이다. 그 이유는 이렇다.(2장에서의 논의와 유사하다.) 첫째, 프레게의 뜻과 지시체 구분이 보여주듯이 의미는 명명과 같은 것이 아니다.[19] 뜻과 지시체 구분은, 공외연적임에도 불구하고 뜻에 있어서는 다른 '개밥바라기', '샛별'과 같은 단칭 명사에 대해서 이루어진 것이다. 단칭 명사는 구체적이든 추상적이든 간에 존재자(entity)들을 명명하려는 것이다. 반면에 '심장을 가진 생물'과 같은 일반 명사는 존재자를 명명하지 않는다. 그 대신 어떠어떠한 존재자나 존재자들에 대해서 '참이 된다'고, 다시 말해서 어떠어떠한 존재자나 존재자들에 적용되거나 그것의 술어가 될 수 있다고들 한다. 일반 명사를 참으로 만들어주거나 일반 명사에 적용되는 존재자들의 집합을 그 명사의 '외연'이라 한다. 단칭 명사에 적용되는 뜻–지시체 구분과 유비해 보면, 두 일반 명사도 같은 외연을 가지면서도 의미가 또는 내포가 다를 수 있다. '심장을 가진 생물'과 '콩팥을 가진 생물'의 경우가 그 한 예이다. 사실상 일반 명사의 의미는 분명히 그것의 외연(extension)과 대조를 이룬다. 이 구분은, 앞의 1장에서 주목했듯이. 내포(connotation)와 외연(denotation) 간의 근사적인 문법적 구분을 통해서도 예시되었다.

콰인은 위의 고찰을 넘겨받아 우리가 의미 이론(theory of meaning)과 지시론(theory of reference)을 구분하고 나면, 의미 이론을 이루고 있는 것이 그 성격을 달리하게 되리라고 본다. 왜냐하면 콰인의 입장에서 어떤 (구분이 이루어지기 이전의) 의미 이론에 관한 '남다른(conspicuous)' 물음은 "어떤 종류의 사물이 의미인가?"라는 것이어야만 하기 때문이다.[20] 그러나 만일 우리가 의미되는 존재자가 있다는 생각을 버린다면, 의미 이론은 언어적 형식의 동의성 및 진술의 분석성에 지나지 않는 것에 관계하는 것으로 귀착될 것이고, "애매한 매개물로서의 의미 자체는 포기될 수도 있을 것이다."[21] 따라서 분석성 개념의 파악은 '의미된 존재자'**로서의** 의미에 호소하지 않고 이루어져야 한다.

일반적으로 분석적이라고 여겨지는 두 종류의 진술이 있다. 하나는 콰인이 '논리적으로 참인' 진술이라 부른 것으로 "어떠한 결혼하지 않은 남자도 결혼하지 않았다(no unmarried man is married)."와 같은 진술이고, 다른 하나는 "어떠한 총각도 결혼하지 않았다(no bachelor is married)."와 같은 비 동어 반복적(non-tautologous) 진술이다. 콰인의 견해에서 전자와 같은

철학적 논리학

종류의 진술은 그 속에 들어 있는 논리적 불변화사(logical particle) ― 'no', 'un-', 'if', 'then', 'and' 등 ― 덕분에 참이 되는 진술로서 논리적 불변화사 이외의 요소들을 어떻게 재해석하더라도 여전히 참이 된다. 후자와 같은 종류의 진술은 논리적 진리는 아니지만 그 명사들을(그중 하나나 몇 개를) 동의어와 교환함으로써 논리적 진리로 바꿀 수 있다. 따라서 위의 후자의 예는 '총각'을 '결혼하지 않은 남자'로 대체함으로써 논리적 진리로 바뀔 수 있다. 따라서 후자와 같은 종류의 분석적 진술에 대한 이해가 동의성에 대한 이해에 의존한다는 사실이 밝혀지는 셈이다. 그 다음 문제는 우리가 동의성을 분명하게 파악하고 있는지 하는 것이다.[22]

동의성은 정의(definition)를 통해서 설명될 수도 있을 것이다. 이는 '총각'과 '결혼하지 않은 남자'가 서로 어느 한쪽에 의해 정의될 수 있기 때문에 **같은 것을 의미**할 것이라고 생각해 보는 것이다. 그러나 정의는 무엇에 기초하는가, 라는 문제가 제기된다. 우리는 정의의 문제를 해결하기 위해서 사전에 호소할 수 없다. 왜냐하면 사전 편찬자는, 그들이 사전을 쓰기 전에 표준적인 용법에 숨어 있는 것으로서, 화자들이 어떤 명사들 사이에 성립하는 동의성 관계라고 여기는 것을 찾는 경험 과학자이기 때문이다. 그들은 그것을 보고하고 있는 것이다. 결과적으로 동의성의 근거는 사전 편찬자가 언어적 행동 속에서 동의성을 관찰한다는 사실에 있을 수 없다. 정의는 동의성을 설명한다기보다는 오히려 동의성에 의존한다. 그러나 콰인도 인정한 단 한 가지 예외가 있다. 새로운 기호를 분명하게 규약적으로 도입하는 경우인데, 여기서 피정의항은 특별히 그것의 정의항의 동의어로서 창안되었던 경우이다. 그 외의 다른 정의는 동의성의 기초가 되지 못한다.[23]

만일 분석성이 동의성에 의해 설명되어야 한다면, 그리고 정의에 호소해서 동의성을 설명하지 못할 것이라면, 다른 방법이 요구된다. 그중 하나의 제안은 두 언어적 형식의 동의성이 모든 문맥에서 진리치의 변경 없이 상호 교체될 수 있다는 것에 의해 설명되어야 한다고 보는 것이다.[24] "'총각'은 두 글자로 되어 있다."의 경우와 같이 '총각'과 '결혼하지 않은 남자'를 상호 교체할 경우 진리치가 보존되지 않는 경우는 제외하기로 하자. 이제 '인식적' 동의성에만 주의를 돌리면, 과연 상호 교체성이 동의성을 보장하는 충분히 강한 조건인지 하는 문제가 남는다. 그러나 분명히 동철 이음 이의어(heteronym)(즉, 비-동의적 표현들)가 **진리치 변경 없이** 서로 교체될 수 있다는 것이 밝혀지면, 상호 교체성도 충분히 강한 조건이 되지 못할 것이다.

상호 교체성 개념이 제 일을 해 낼 수 있도록 하게 만드는 한 가지 방법이 있을 수도 있을 것이다. 그것은 "필연적으로 모든 총각 그리고 오직 총각만이 총각이다."라는 진술이 참이기 때문에('필연적으로'를 분석적 진술에만 적용될 수 있는 것으로 해석하면서), '총각'과 '결혼하지 않은 남자'가 진리치 변경 없이 상호 교체될 수 있다면, "필연적으로, 모든 총각 그리고 오직 총각만이 결혼하지 않은 남자이다."라는 진술도 참이라고 말하는 것이다. 결국 이것이 참이라고 말하는 것은 "모든 총각 그리고 오직 총각만이 결혼하지 않은 남자이다는 분석적이다."가 참이라고 말하는 것이다. 또 결국 이것은 '총각'과 '결혼하지 않은 남자'가 인식적으로 동의적이라고 말하는 것이다. 그러므로 실제로 상호 교체성이 마치 인식적 동의성을 위한 충분조건이 되는 듯이 보인다.[25]

그러나 콰인은 이런 책략을 '터무니없는 말장난(hocus-pocus)'라고 보고 거부한다. 문제는 '필연적으로'라는 양상 부사(modal adverb)에 놓여 있다. 진리치 변경 없는 상호 교체성은 수중의 언어가 얼마나 풍부한가에 따라서 그 효과가 달라진다. 바로 위의 논증은, 분석적 진술에 적용될 때에만 참이 된다고 해석되는 것으로서의 '필연적으로'라는 표현을 포함할 만큼 풍부한 언어를 가지고 있다는 것에 의존한다. 그러나 콰인은 "우리는 그와 같은 부사를 포함하는 언어를 용납할 수 있는가? 그 부사는 정말로 의미가 있는가? 그렇다고 가정하는 것은 우리가 이미 '분석적'을 만족스럽게 이해했다고 가정하는 것이다."라고 말한다.[26] 그 이유는 다음과 같다.

콰인의 입장에서 진리치 변경 없는 상호 교체성은 특정 언어에 상대화될 경우에만 의미가 있다. 전형적으로 일계 술어 논리(first-order predicate logic)의 일상 품목을 포함하는 언어를 생각해보자. 일계 술어 논리는 변항 x, y, z--- 등과 일항 술어 F 및 다항 술어 G를 가진다. Fx의 예는 "x는 인간이다."이고, Gxy의 예는 "x는 y를 사랑한다."이다. 이 언어의 원자적 적형식(atomic wffs)은 진리 함수적으로 연산자 '만일', '그리고' 등을 사용해 분자 문장들로 연결된다. 이 언어에는 양기호(quantifiers)들도 있다. 그런 언어는 기술들과 표준 문맥적으로 정의된 단칭 명사들을 포함한다. 심지어는 집합 성원에 대한 2차(two-place) 술어도 가정하여 집합들을 명명하는 단칭 명사들도 들어 있다. 그것은 고전 수학과 과학에 적합한 언어이다. 단 가령 반사실적 조건문, 양상 부사 '필연적으로' 등과 같이, 콰인이, 전적으로 미심쩍지는 않더라도 논쟁의 소지가 있다고 보는 장치를 수학과 과학이 포함할 경우에는 예외이다.

그런 언어는 외연적이다. 외연에 있어 일치하는 어떤 두 술어는 진리치 변경 없이 서로 교체될 수 있다는 의미에서 그렇다. 그러나 상호 교체성은 분석성을 근거 짓는 데 필요한 인식적 동의성을 제공하지 않는다. '총각'과 '결혼하지 않은 남자'가 외연 언어에서 진리치 변경 없이 상호 교체될 수 있다고 말하는 것은, "모든 총각 그리고 오직 총각만이 결혼하지 않은 남자이다는 분석적이다."가 참이라고 말하는 것에 불과하다. 이것은 명사들의 외연 상의 일치가 그것들의 의미에 의해 결정된다는 것을 말하는 것이 아니라 우연적인 사실에 의해 결정된다는 것을 말한다. 우연적인 사실에 의하여 결정된다 함은, '심장을 가진 생물'과 '콩팥을 가진 생물'처럼, 이철 동의어의 우연한 외연상의 일치를 보이는 경우를 말한다. 인식적 동의성을 통해 분석성을 설명하기 위해서, 이 후자는 외연적인 상호 교체성 이상의 어떤 것이 되어야 할 것이다. 그것은 '총각'과 '결혼하지 않은 남자'라는 동의어를, "모든 총각 그리고 오직 총각만이 결혼하지 않은 남자이다."라는 진술의 **참**과 동일시해 주는 것이 아니라, **분석성**과 동일시해 주는 것이어야 할 것이다.[27]

내포적 부사 '필연적으로'가 사용될 수 있다면, 상호 교체성은 인식적 동의성을 산출하는 데 성공한다는 것이 주목되기도 했었다. 그러나 콰인의 입장에서 그것은 분석성 개념이 사전에 이해된 경우에만 가능하다. 필연성이라는 말에 대한 콰인의 반대는 이하에서 좀 더 세밀하게 살펴볼 것이다.

콰인은 여기까지 이야기되었던 분석성에 대한 자신의 공격을 다음과 같이 요약한다. "분석성은 처음에는 의미의 영역에 호소함으로써 가장 자연스럽게 정의될 수 있는 것처럼 보였다. 세밀히 살펴본 결과 의미에 호소하는 것은 동의성이나 정의에 호소하는 것으로 바뀌었다. 그러나 정의는 우리를 홀리는 도깨비불과 같은 것임이 드러났으며, 동의성도 분석성 자체에 먼저 호소해야만 가장 잘 이해되는 것으로 밝혀졌다. 따라서 우리는 분석성의 문제로 되돌아 온 꼴이다."[28] 콰인은 이번에는 일상 언어가 갖고 있다고 생각되는 모호성에 주의를 돌리면서, 분석성 개념의 이해를 위한 마지막 노력을 경주해 본다. 여기서는 보다 엄밀한 인공 언어 L_0에서 분석성 개념이 '의미론적 규칙들'을 통해서 명료하게 제시될 수 있다고 보자는 것이다. 예컨대 카르납은 어떻게 그러한 조치가 이루어질 것인지를 다음과 같이 제안했다. 한 문장 S는, S의 참이 비언어적 사실

철학적 논리학

(non-linguistic fact)과 관계없이 의미론적 규칙에 기초해서만 확립된다고 한다면, 오직 그때에만 L_0 내에서 분석적(엄밀히 말해서 L_0에서-참)이다.[29]

쾌인은 이러한 생각에 별로 큰 인상을 받지 못한다. 그 언어의 규칙이 자체 내의 모든 분석적 진술에 대한 설명을 포함하는 인공 언어 L_0가 있다 해도, 이것은 우리에게 도움이 되지 못할 것이다. 그 규칙은 우리가 이해하고자 하는 바로 그 낱말, 즉 '분석적'이라는 표현을 포함하기 때문이다. 기껏해야 우리는 그 규칙들을, 새로운 명사 'L_0에-대해서-분석적(analytic-for-L_0)'을 규약적으로 정의하는 것으로서 해석할 수 있었다. 그러나 이 해석도 여전히 도움이 되지 못한다. 우리가 이해하고자 하는 것은 '분석적'이라는 표현이지 'L_0에-대해서-분석적'이라는 표현이 아니기 때문이다. 'L_0에-대해서-분석적'이 별 문제없이 K로 지명될 수도 있을 것이다. 그리고 사실 어떤 진술들의 집합 K, M, N 등은 그 어떤 목적이든 그 목적을 위해서 지정될 수 있었다. 그러나 M이나 N이 아닌 K가 L_0 내에서의 '분석적' 진술들의 집합이라고 말하는 것은 무엇을 의미하는가? 만일 우리가 '분석적'을 포함하지 않고 L_0의 참들(L_0-진리들)로서 생각되었던 것에만 좌우되는 의미론적 규칙에 호소했다면, 아마도 분석적 진술은 카르납이 제안했던 것처럼, 참인 진술로서뿐만 아니라 L_0의 의미론적 규칙들 덕분에 참이 되는 진술로서도 파생적으로 정의될 수 있었을 것이다. 그러나 이것마저도 도움이 되지 못한다. 왜냐하면 이번에는 설명되지 않은 낱말 '분석적'에 호소하지는 않지만, 그 대신 설명되지 않은 낱말 '의미론적 규칙'에 호소하게 되기 때문이다. 쾌인은 이런 조치를 남의 도움 없이 스스로 일어서려는(pull oneself up by one's own bootstraps) 것에 비유한다.[30] 따라서 쾌인은 분석성을 정의하려는 작업이 가망이 없다고 포기한다.

분석성에 대한 쾌인의 공격 중 흥미 있는 부분은, 분석성 개념을 사용하기 위한 철학적 동기라고 그가 주장하는 것에 놓여 있다. "일반적으로 참이 언어와 언어 외적 사실 둘 다에 의존한다는 것은 명백한 사실이다 --- 따라서 일반적으로 한 진술의 참이 어쨌든 언어적 요소와 사실적 요소로 분해될 수 있을 것 같다고 생각하기 쉬운 것이다. 이런 생각이 들고 나면 다음에는 자연히, 어떤 진술에는 사실적 요소가 전혀 들어 있지 않으며 그것을 바로 분석적 진술이라고 보는 것이 이치에 맞는 것처럼 보인다. 그러나 이런 생각이 아프리오리하게 이치에 맞음에도 불구하고 지금까지 분석적 진술과 종합적 진술 간의 경계는 그어지지 못했다. 도대체 그어질 그런 구분이 있다는 것은 경험론자들의 비경험적 독단, 신앙의 형이상학적 물품인 것이다."[31]

도그마 옹호

콰인은 분석적 진술과 종합적 진술 사이의 **경계**를 전혀 긋지 못했다는 사실로부터 그 어떤 **구분**도 이루어지지 못했다는 결론이 나온다고 생각한다. 따라서 '분석적'이라는 말에는 **전혀 만족스러운 의미가 없으므로** 피하지 않으면 안 되는 말이라고 생각한다. 특히 그라이스와 스트로슨은 이런 결론에 반대한다.[32] 그들의 논증은 두 부분으로 이루어져 있다. 첫째는, 경계를 긋기 어렵다는 사실로부터 전혀 그런 구분이 없다는 것이 반드시 따라나오지는 않는다는 것이다. 둘째는, 콰인의 주장과는 달리 '분석적'이라는 표현에 소속되는 개념 군 중 어느 것은 사실 '만족스러운 의미'를 가질 수 있다는 것이다. 그들의 주장은 다음과 같이 전개된다.

구분이 충분히 선명하지 않기 때문에, 혼동되거나 애매한 측면이 있기 때문에, 비판을 받을 수는 있다. 그러나 그런 비판을 받는다고 해서 그 구분이 거부되는 것은 아니다. 오히려 비판은 구분의 명료화를 위한 서

곡이다. 콰인의 비판은 이런 종류의 비판이 아니다. 또 그 구분은 유용하지 않기 때문에 비판받을 수도 있을 것이다. 그러나 그렇다면 문제가 되는 것은 구분의 가치이지 그것의 존재 여부가 아니다. 그리고 콰인 비판의 결론은 단순히 구분이 존재하지 않는다는 것이고, 존재한다고 생각하는 것은 철학적 환상에 희생당하는 것이라는 것이다. 따라서 우리에게는 그런 구분이 존재한다는 것에 대해서 아무런 억측도 없는 것인지를 물어볼 자격이 있다. 확실히 그런 물음을 제기할 수 있다. 왜냐하면 라이프니츠, 칸트, 그리고 누구보다도 논리 실증주의자들과 같은 철학자들이 그 구분을 사용했다는 사실은 차치하고라도, 분명히 철학자들이 일반적으로 그 사용에 동의하고 있는 어떤 것이라는 점은 분명하다. 즉, '분석적'과 '종합적'이라는 명사는 철학적 용법에서 새로운 경우에도 들어맞게 확장될 수 있을 만큼 균일하게 적용된다는 의미에서 그렇다. 이는 이 구분이, 철학자들이 지금까지 명백하게 배울 수 있었던 일부 한정된 경우에만 국한되는 것이 아니라 창조적으로 그리고 균일하게 새로운 진술들에까지 적용될 수 있다는 것을 말하는 것이다.[33] 그라이스와 스트로슨의 말을 직접 들어보자. "'분석적', '종합적'은 어느 정도 철학적으로 확립된 **용법**을 지니고 있다. 그리고 그런 구분이 없다고 말하는 것은 불합리하고 심지어는 무의미하다는 점을 시사하는 것처럼 보인다."[34]

그러나 콰인의 불평은 그 심도가 상당히 깊다. 분석성에 속한 개념군 중에는 인식적 동의성이라는 개념이 있다. 이 개념 자체가 분명했다면 분석성은 인식적 동의성을 통해서 정의될 수 있었을 것이다. 콰인의 견해는 인식적 동의성이 분명하지 않다는 것이다. x와 y가 인식적으로 동의적이라고 말하는 것은 그것들이 '같은 것을 의미한다'는 것을 말하는 것이다. 분석성에 대한 콰인의 공격이 성사된다면, '같은 것을 의미함'이라는 개념이, 술어 표현에 적용되는 것으로서, '같은 대상에 대해 참이

됨'과는 다른 어떤 것인 한, '같은 것을 의미한다'와 '같은 것을 의미하지 않는다' 간의 구분에 아무런 뜻도 붙일 수 없다는 결과에 이를 것이다. '분석적'과는 달리, '같은 것을 의미한다'는 철학 전문 용어가 아니다. 그 것은 일상 회화의 속성이다. 그러므로 만일 콰인의 견해가 우리로 하여금 '같은 것을 의미한다'와 '같은 것을 의미하지 않는다' 간의 구분은 없다고 말하게끔 강제한다면, 그런데 이 구분이 "'총각'은 '결혼하지 않은 남자' 와 같은 것을 의미한다."와 "'심장을 가진 생물'은 '콩팥을 가진 생물'과 같은 것을 의미하지 않는다." 간의 **차이**를 이해하는 데 요구되는 것이라 면, 우리는 역설적인 상황에 빠질 것이다. 우리는 술어 동의성 개념을 포 기해야 할 뿐만 아니라, 문장 동의성도 포기해야 했을 것이다. 그 결과 중 하나는, 우리가 언어 간의 번역을 할 수 없게 될 것이라는 점이다.[35]

더욱 나쁜 것은, 동의성이라는 말이 무의미하다면, 문장-의미라는 말도 무의미해진다는 점이다. 왜냐하면 문장 의미라는 말이 이해가 된다 면, 우리는 어떤 문장에 대해서 "그것은 무엇을 의미하는가?"라고 물을 수 있을 것이기 때문이다. 이런 물음은 다음과 같은 종류의 문장-동의성 을 규명하게 해 줄 것이다. 즉 두 문장은, 만일 그 두 문장 중 어느 하나에 대해서 "그것은 무엇을 의미하는가?"라고 물었을 때 나온 참된 대답이 다른 문장에 같은 물음을 던져서 나온 참된 대답이라면, 오직 그때에만 동의적이다. 그러므로 그라이스와 스트로슨은 이렇게 말한다. "우리가 문장-동의성 개념을 무의미한 것으로서 포기해야 한다면, (의미를 가지는 문장의) 문장 의의(sentence-significance)라는 개념도 무의미한 것으로서 포기 해야 한다. 그러나 그렇다면 어쩌면 우리는 뜻 개념마저도 포기할 수도 있을 것이다."[36]

그들이 콰인의 논증에서 잘못되었다고 지적하는 점은 이것이다. 즉 콰인은 '같은 것을 의미함'이라는 개념의 사용을 설명하는 대신, 어떤 표준에 따라 그것을 평가하고 그런 개념이 부족하다고 생각했다는 것이다. 그라이스와 스트로슨은 바로 이것을 철학자들이 역설에 빠져드는 '전형적 예'로 간주한다.[37] 콰인은 명료화 가능성(clarifiability)에 대한 어떤 표준을 찾고 있는 것으로 보인다. 그것을 획득했더라면, 우리가 해당 개념에 대한 '만족스러운 의미'를 가졌다고 주장할 수 있게끔 해 줄 것을 말이다. 그리고 콰인은 분석성이 그런 표준으로 명료화되지 않는다고 주장한다. 그라이스와 스트로슨의 응수는 콰인이 찾는 표준이 부적절하다고 말하는 것이다.

콰인이 주장하는 명료화 가능성 요구는 첫째, 분석성에 대한 설명이 제공되어야 한다는 것이다. 이 설명에서 분석성과 동의성 개념들이 속해 있는 개념군을 이용해서는 안 된다. 정의, 논리적 불가능, 자기모순, 필연 등과 같은 몇 가지 다른 개념들도 안 된다. 둘째, '분석적'이라는 표현이 적용되는 모든 사례들 속의 어떤 공통적인 특징을 밝혀내서, "한 진술은 만일 ---라면 오직 그때에만 분석적이다."라는 형태로 설명할 수 있어야 한다.[38] 간단히 말해서 콰인은 엄밀한 정의를 바라고 있는 것처럼 보일 것이다. 그리고 문제를 보다 어렵게 만드는 것은, 콰인이 엄밀한 정의를 요구하는 것 이외에도, 그런 정의를 주지 못하는 것을 그 개념이 전혀 만족스러운 의미를 가지지 못한다는 것을 수반하는 것으로 생각한다는 점이다.

이와 관련된 답변은 다음과 같다. 첫째, 어떤 개념이 의미(sense)를 **가진다**는 것에 대한 필요조건이 우리가 콰인의 노선을 따라 그것을 이해**해야** 하는 것이라고 가정하는 것은 불합리하다. 둘째 다른 덜 형식적인 방법을 사용하면서 실제로 그 의미(sense)는 분석성 군에 들어 있는 개념으로 만들어질 수 있다. 예컨대, 논리적 불가능성이라는 개념을 생각해 보라. 우리가 어떤 사람에게 논리적 불가능성 개념을 설명하고 있다고 가정해보라. 그리고 이를 위해서 자연적 불가능성과 논리적 불가능성을 비교해 보이는 작업을 한다고 하자. 논리적 불가능성의 예로서는 세 살배기 어른이라는 표현을, 자연적 불가능성의 예로서는 세 살배기 아이가 러셀의 유형론을 이해함이라는 표현을 사용하겠다. Y가 "우리 세 살배기 아이는 어른이야."라고 말하고, X는 "세 살배기 우리 아이가 유형론을 이해해."라고 말한다 하자. 우리는 Y의 말을 아이에 대한 어버이의 맹목적 사랑이나 편애가 낳은 표현으로서 해석할 수도 있을 것이다. 그때 우리는 "당신 아이가 아주 똑똑하다는 얘기이구만."이라고 말할 것이다. 반면에 만일 X가 자기 애는 유형론을 이해한다고 주장한다면, 보통 우리는 "불가능한 일이야. 믿을 수 없어."라고 말할 것이다. 그런데 그 아이가 와서 유형론을 해설하기도 하고 비판하기도 한다. X의 말이 사실이었던 것이다. 자연적 불가능성은 이처럼 아무리 믿기 어려울지라도 그에 대한 반례가 허용된다. 자연적 불가능성은 논리적 불가능성이 아니다. 그러나 Y의 경우에는 그 어떤 것도 Y의 주장이 옳다는 것을 가려줄 수 없었다. 그가 '어른'이라는 말을 비유적인 의미나 농담으로 사용한 것이 아닌 한, 그의 말은 전혀 의미가 **없다**. 그는 그 낱말을 바르게 사용하고 있지 않다. 이 문제는 다음과 같은 말로 요약될 수 있다. X와 Y의 주장에 대한 적절한 응답은 각각 불신과 문해 상의 몰이해이다.[39]

이것은 일종의 비형식적 설명으로서 이를 통해서 '논리적 불가능'이라는 개념을 파악하는 것이 가능했다. 이것은 **한 종류**의 설명이다. 다른 개념들에 대해서는 다른 종류의 설명이 필요할지도 모르기 때문이다. 그리고 이것은 분명히 **비형식적** 설명이다. 이 설명은 어떤 의미에서도 "한 진술은 만일 ── 라면 오직 그때에만 ---이다."(뒷 부분의 공란은 '분석적'이라는 말로 채워진다)와 같이, 개념의 적용을 위한 필요충분조건을 형식적으로 밝혀주는 작업을 하지 않는다.

그러나 이런 종류의 설명은, 그것이 개념 군들에서 벗어났고 또 그것들 어느 것에도 호소하지 않는다는 점에서, 콰인의 다른 요구를 만족시킨다.[40] 그렇다고 해서 이것은 이 요구가 언제나 충족되어야 하는 요구임을 인정하는 것도 아니다. 그라이스와 스트로슨은 '도덕적으로 그른', '비난받을 만한', '도덕 규칙의 위배' 또는 '참', '거짓', '진술', '사실', '부정', '주장' 등과 같은 많은 의미 있는 개념군이, 형식적으로 정의되지 않음에도 불구하고 모두 이해가 가능한 개념들이고 쓸모 있는 개념들이라는 점을 지적한다. 뿐만 아니라 그런 개념들의 이해는 그 개념군 속에 들어 있는 다른 개념들을 통해서 기본적으로 파악해 내는 것인데, 이것은 그런 개념 파악 방법이 인정될 수 있고 또 충분한 방법이라는 것을 의미한다는 것이다. 요점은 순환적인 설명이라고 해서 모두 악순환을 일으키는 설명은 아니며, 그중 어떤 설명은 대단히 유익할 수 있다는 것이다.[41]

카르납의 형식적 해결 노력에 대한 콰인의 수긍은 문제를 일으킨다. 콰인을 대표하는 이론 중의 하나는 '표준적 풀어쓰기(canonical paraphrase)'로서, 이는 일상 언어를 보다 명료한 논리학의 언어로 번역하는 작업을 말한다. 이 표준적 풀어쓰기는 여러 가지 존재론적 문제 및 지시의 본성(4장 이하를 보라.)에 의해 제기된 철학적 문제들을 보다 잘 다룰 수 있게 해 주는 방법이다.[42] 따라서 콰인이 분석성을 형식적으로 명료화하려는 작업에 별 공감을 보이지 않았었다는 것은 뜻밖의 일이다. 콰인은 이 형식화 작업을 편상화 손잡이 가죽을 혼자 끌어올린다는 비유를 써서, 자력으로 처리해야 할 것이라고 외면한 바 있다.[43] 사람들은 이 점에 대해서 콰인에게 도전할 수도 있을 것이다. 형식 언어로 분석성을 다룬다는 것은 자연 언어를 위해서 그 개념을 설명하자는 것이 아니라, 우리가 분석성에 대해서 가지고 있는 선-표준적 이해를 증진시키는 것이라는 근거에서 말이다. 그라이스와 스트로슨이 지적한 그런 일상 용법 상의 개념을 직관적으로 파악하고 나면, 경계선 상에 있는 경우들에 대한 고찰은, 모호한 적용 영역을 줄이기 위해서 규칙들이 명시적으로 제공될 수 있는 문맥 내의 개념을 보다 명확히 규정지으려는 관심을 일으킬 것이다. 콰인은 'L_0에-대해서-분석적'이 '분석적'에 대해서 아무것도 말해 주지 않는다고 주장하였다. 그러나 이것은 잘못된 것이다. 왜냐하면 이 줄에서의 'L_0에-대해서-분석적'이라는 표현은 '분석적'에 대한 **어떤 것**을 우리에게 말하고 있거나, 또는 그 표현은, 한편으로는 L_0-내의-분석성과 L_0 사이에서, 다른 한편으로는 분석성과 자연 언어 사이에서 어떤 식으로 유비가 성립되고 있음을 보여주고 있기 때문이다. 더구나 L_0가 더욱 더 가깝게 자연 언어를 모델로 삼을수록, 그렇게 해서 밝혀진 분석성의 특징은 자연 언어에서의 그와 유사한 특징을 설명하는 데 더욱더 유용하게 쓰일 것이다.[44]

'분석적' 재론

콰인의 견해 및 그에 대한 그라이스와 스트로슨의 응수를 살펴 본 끝에 우리에게 남겨진 문제는, 다시 분석성이란 무엇인가라는 본래의 문제이다. 지금까지는 다만 분석성 개념이 미심쩍거나 허구적인 개념이라는 비난에 맞서 옹호하는 작업을 해왔을 뿐, 아직 그 개념이 무엇인지는 설명되지 않았다. 그라이스와 스트로슨은 대체로 콰인에 반대해서 분석성 개념이 내용을 가진다는 것, 그리고 분석성을 설명하는 데 있어 콰인이 허용한 것보다 더 많은 길이 있다는 것을 보여주는 일에 관계하였다. 그들은 분석성에 대한 만족스러운 설명이 무엇과 같을 것인지에 대해서는 어깨를 으쓱해버리고 말아버린다.

위에서 보여준 분석성 개관으로부터 그리고 콰인이 공격하는 표적들을 통해서 볼 때, 분명히 분석성을 설명하기 위해 선택할 수 있는 것들 중에는 이런 것들이 있다. 넓은 의미에서 분석적 진술은, 만일 참이라면 의미 덕분에만 참이 되는 진술이다. 또는 — 만일 이것이 다른 것이라면 — 분석적 진술은 결국 그것의 술어가 주어나 주어 속에 함의되어 있는 것 일부를 되풀이 말하는 것에 지나지 않는 동어반복이다. 따라서 분석적으로 참인 진술을 부정하면 모순에 빠진다. 또는 — 만일 이것이 앞의 것 둘 다 어느 하나와 다른 것이라면 — 어떤 진술이 참일 경우 참이라는 것은 언어적 규약의 문제이다. 그런 진술들이 '분석적'이라고 규정되어야 한다. 마지막으로 또는 — 다시 한번, 이것이 앞의 것의 전부나 일부와 다른 것인지는 열린 문제로 놔두고 — 한 진술은, 그것이 논리적 진리이거나 논리적 진리로 환원될 수 있다면, 분석적이라고 생각된다.[45] 콰인은 이 중 첫 번째 가능성을 철저히 외면한다. 의미(meaning)를 이용하는 정의이기 때문이다. 그러나 그라이스와 스트로슨은, 기존 용법이 있을 경우 의미라는 것이 있다고 말하면서, 이 설명을 거듭 주장한다. 두 번째 가능성은 라이프니츠와 칸트에게서 찾아볼 수 있다. 이 설명은 곧 분석성과 필연성 사이에 밀접한 연관이 있음을 시사한다. 세 번째인 규약주의적 견해도 종종 필연성 개념과 연결되는 것으로서, 최소한 홉스에게까지 거슬러 올라가 찾아볼 수 있을 만큼 오래된 설명이다. 마지막 것은 프레게의 견해이며, 그 후 대부분의 논리학자들이 받아들이고 있는 견해이다. 이 마지막 것은 가장 우선적으로 흥미를 불러일으키는 설명이다. 이는 적어도 그것이 오직 태만(otiosity)의 이유에서만 비난받을 수 있는 '분석적'의 의미를 산출한다는 점을 콰인 자신도 인정한다는 사실에 기인한다.

그라이스와 스트로슨은 기존 용법이 의미를 위한 충분한 기초라고 말함으로써 첫 번째 대안을 거듭 주장한다. 이것은 콰인 자신이 제공한 고찰로부터 구성된 콰인의 반박을 암시한다. 분석성이 의존하고 있는 개념으로서의 동의성을 우리가 이해할 수 있다는 것을 부정하기 위한 콰인의 이유 중 하나는, 동의적이라고들 하는 표현들의 **정의**를 통해 동의성을 설명하려는 노력이 단순히 어떻게 화자들이 그런 표현들 사이의 의미 관계를 바라보느냐에 의존한다는 데 있다. 경험 과학자로서의 사전 편찬자에 관한 그의 고찰을 상기해 보라. 사전 편찬자는, 사전을 편집하기에 앞서 표준적인 용법 속에 내재해 있는, 화자들이 어떤 명사들 사이에서 성립하는 동의성 관계를 받아들이고 있음을 발견하고, 그것을 기록하는 것이다. 그리고 그 정의는 이것에 지나지 않는다. 콰인은 이것이 우리가 아무런 좋은 동의성 개념도 가지지 못한다고 생각하기 위한 이유로 간주하는 것처럼 보인다. 그러나 한 언어 표현의 의미가 그 언어 화자들의 사용과 합의에 의해 결정된다는 것을 인정하는 이론에서는, 화자들이 기본적으로 두 표현을 의미가 같은 것으로 간주한다는 사실은 **바로 그 사실에 의해** 그 표현들이 같은 것을 의미하게 만든다. 사실 그것은 동의성 ― 또는 동철 이음 이의어 ― 이 의존할 수 있는 유일한 근거일 수 있다. 따라서 동의성이라는 핵심 개념이 이용될 수 있다면, 분석성 개념도 이용될 수 있다.[46]

프레게의 견해이자 프레게 이후 대부분의 논리학자들의 견해로서 기술되었던 위의 마지막 대안은 흥미를 불러일으킨다. 왜냐하면 이미 보았듯이 콰인 자신이 그것이 분석성의 한 형식을 구성한다는 것을 허용하기 때문이다. 분석적 진술의 성격을 밝혀 가는 작업에서 콰인이 그것을 두 부류로 대별하였다는 점을 상기하라. 그 하나는 "어떠한 결혼하지 않은 남자도 결혼하지 않았다."와 같은 논리적으로 참인 진술이고, 다른 하나는 "모든 물체는 연장을 가진다."와 같은 비 동어 반복적 진술이었다. 그런데 콰인의 공격은 두 번째 부류의 것에 대해서는 유보된다. 반면에 첫번째 부류의 것에 대해서 콰인은, 그 구성원들이 그것들 안에 들어 있는 논리적 불변화사 덕분에 참이나 거짓이 되기 때문에 크게 새로울 것이 없다(unexceptionable)고 말한다. 그런데 콰인의 요지는 정의, 동의성 또는 규칙들 그 어느 것도 두 번째 부류의 진술을 첫 번째 부류의 진술로 변형시키는 데 성공하지 못한다는 것이었다. 따라서 두 번째 부류의 진술들이 어떤 다른 종류의 진술들(종합적 진술들)과 구별되는, 분석성이라는 속성을 가진다고 생각하는 것은 착각이다. 단 하나 콰인이 잡는 트집은, 첫 번째 부류의 진술들을 비정보적이기 때문에 분석적이라고 부르는 것은 군더더기 말이라는 것이다. 왜냐하면 이미 우리는 아주 훌륭하게 그 진술들에 '논리적으로 참'이라는 좋은 명칭을 붙여 놓았기 때문이다.

그러나 '의미의 동일(sameness of meaning)'이라는 말, 따라서 의미라는 말도 받아들일 수 있다는 데 그라이스와 스트로슨이 옳다면, 콰인과는 **반대로**, 우리가 관행적으로 분석적 진술인 것으로 받아들인 것을 동의어를 통해 논리적 진리로 변형시킬 수 있는 가능성이 열린다.[47] 만일 이것이 옳다면, 분석성 문제는 단번에 해결될 것이다. 이 경우에 우리는 비-동어반복적인 분석적 진술(보다 엄밀히 말한다면, **명백하게**-비-동어반복적인 (non-**obviously**-tautologous) 진술들이다. 여기서 논리적 진리의 동어반복성은 비트겐슈타인적인 의미로 생각된다.)의 분석성을 시험하는 방법을 가질 것이다. 이것은 변형 장치를 사용함으로써, 따라서 '명백하게-비'라는 제한을 제거함으로써 이루어질 것이다. 여기서 주 요건은 의미 개념 — 의미가 존재자가 아니라는 것을 인정하면서 — 을 여기서 사용할 수 있도록 충분히 명확하게 만들어질 수 있어야 한다는 것이다.[48] 의미 또는 이보다 좁게 한정되어 쓰이는 정의라는 말이나 언어에서 표현의 사용을 지배하는 규약이라는 말이, 이런 명사들로 분석성의 성격을 규정해 주지 못할 만큼 항상 너무 부정확한 것인지는 아직 분명하지 않다. 어쨌든 이러한 조처에는 어떤 장점이 있다. 왜냐하면 그것은 또 하나의 중요한 개념인 필연성과 직접적으로 연관을 맺게 해 주기 때문이다. 우리는 모든 분석적 진리가 논리적 진리로 바뀐다고 볼 수도 있을 것이다. 그런데 이 논리적 진리를 부정하는 것은 모순에 빠지는 것이다. 그리고 적어도 필연성에 대한 한 가지 해석에서, 진술들은 그 진술들의 부정이 모순이 될 경우에 필연적이다. 이런 관점에서 필연적 진리와 분석적 진리는 공외연적인 (coextensive) 것으로 드러날 수도 있다.

그러나 이 시점에서 낙관론을 펴기에는 아직 이르다. 왜냐하면 분석성을 논리적 진리로 환원시킬 수 있다고 하는 생각은 '논리적 진리'라는 개념이 잘 써먹을 수 있을 만큼 잘 이해된 개념인지의 여부에 달려 있기 때문이다. 유감스럽게도 상황은 그렇지 못하다. 콰인은 논리적 진리를 논리적 불변화사(logical particle)를 가지고 정의했는데, 논리적 불변화사는 어떤 문맥이든 간에 문맥 속에서만 사용되는 낱말들이라고 이해되고 있다. 라일은 그것을 '주제 중립적(topic-neutral)' 낱말이라고 불렀다. 그러나 어떤 낱말이 논리적 불변화사라는 것을 결정해 주는 것은 무엇인가? 주제 중립성이라는 개념은 불만족스럽다. 그 어떤 낱말도 문맥에서 독립해 있지 않기 때문이다. '만일', '모든'과 같은 낱말도 예외가 되지 않는다. '만일'은 가능성이 문제될 때에만 사용될 수 있다는 점에서 그렇고, '모든'은 대상들의 집합 전체에 대해서 말할 때에만 사용된다는 점에서 그렇다. 그럼에도 불구하고 '만일'과 '모든'이 논리적 불변화사라고 생각된다면, '언제', '위에', '사고', '육체' 또는 그 밖의 다른 명사들도 마찬가지로 논리적 불변화사가 되지 말아야 할 이유는 없는 것처럼 보인다.[49]

한 가지 해결책은 '암묵적 정의(implicit definition)'를 통해서 주제 중립성을 설명해 보는 것이다. '언제'나 '위에'는 모종의 명시적 정의(ostensive definition)를 요구하는 반면, '만일'과 '모든'은 어떻게 그것들이 사용되는가를 보여줌으로써 도입될 수 있다.[50] 그러나 이것이 도움이 되는지는 분명치 않다. 왜냐하면 어떤 낱말은 충분히 많은 어휘가 동원되면, 어떻게 그것이 사용되는가를 보여줌으로써 암묵적으로 정의될 수 있었었을 것이기 때문이다. 그리고 매우 빈약한 어휘가 동원되면, '만일'과 '모든'도 그렇게 정의될 수 없었을 것이기 때문이다.[51]

분석성과 필연성을 연결시켜 주는 일은 문제가 없는 것과는 거리가 멀다. 이렇게 말하는 것은 이런 개념 군들에 관해 앞에서 지적했던 점을 되풀이하는 것이다. 그 구성원들 간의 어떤 **차이**들은 상당히 명료한 — 우리는 분석성이 의미론적 개념이고, 필연성은 형이상학적 개념이며, 선험성은 인식론적 개념이라는 것을 알고 있다 — 반면, 그것들 간의 **연관 관계를** 분명하게 밝히기는 훨씬 더 어렵다. 그 이유는 그것들 간에 성립한다고 우리가 생각하는 연관들이 정확하게 우리가 사전에 받아들이는 철학적 이론에 따라 상대적이 되기 때문이다. 이 말의 의의는 적절한 때에 가서 보다 분명해질 것이다.

앞에서의 몇몇 증거에서 볼 때, 분석성이라는 말은 필연성이라는 말과 떨어져서는 거의 진척이 이루어질 수 없을 것이라고 여겨질 수도 있을 것이다. 그러나 필연적 진리가 미리 논리적 진리로 생각되어야 할 것이라거나, 아니면 미리 (만일 이것이 다른 것이라면) 그저 분석적 진리로 생각되어야 할 것이라는 보장은 전혀 없다. 사실, 이제 필연성 문제에 눈을 돌려야 필연성, 분석성 그리고 논리적 진리라는 개념들을 서로 분리해 놓을 이유가 있을 것처럼 보인다.

필연성 개념

필연적 진리와 우연적 진리에 대한 라이프니츠의 구분에서, 필연적 진리는 부정하면 모순에 빠지는 것이고, 우연적 진리는 부정해도 모순이 되지 않는 것이라고 한다. 이것을 다른 식으로도 표현할 수 있으며, 이것을 표현하는 또 다른 방법은 — 이는 필연성과 가능성의 상호 정의 가능성을 예시하는 것이기도 하다 — 필연적 진리의 부정은 불가능성을 산출하는 반면, 우연적 진리의 부정은 그것의 긍정과 마찬가지로 가능하다고 말하는 것이다. 그러나 이런 표현들은 너무 일반적이다. 필연성에 대한 보다 정확한 이해를 얻기 위해서는 다른 내용이 더 부가될 필요가 있다. 지금까지 우리가 해 온 개관은 아래의 (1)과 (2)를 필연적 진리로, (3)과 (4)를 우연적 진리로 인정하게 해 줄 것이다.

(1) 7 + 5 = 12
(2) 만일 모든 인간이 깃털 없는 동물이고, 아리스토텔레스가 인간이라면, 아리스토텔레스는 깃털 없는 동물이다.
(3) 태양계에는 9개의 행성이 있다.
(4) 아리스토텔레스는 마케도니아에서 태어났다.

이때 우리가 성공적으로 해 낸 것은, (1)과 (2)의 부정 그리고 (3)과 (4)의 부정 간의 성격상의 차이를 직관적으로 파악함으로 해서, 우리가 겨우 그것들 사이를 구별하기 위한 표면적인 이유를 가지고 있음을 보여 준 것뿐이다. 구분이 무엇에 의존하는지는 여전히 애매하다. 그 이유는, "(1)과 (2)는 그것들의 부정이 불가능하거나 모순적이기 때문에 필연적이다."라고 말하는 것은, 필연성 개념 자체만큼이나 복잡한 개념 — 불가능성과 모순이라는 개념 — 에 호소하는 것이기 때문이다.

전절에서의 그라이스와 스트로슨의 고찰은 나아갈 방법에 대한 단서를 제공해 준다. 이 개념군 중 어느 하나를 따로 떼어 설명한 후 그것을 통해서 나머지 것을 정의하려 하지 않고, 우리는 그것들이 어떤 일을 하는지, 또 어떤 개념들과 혼동되면 안 되는지를 보여줌으로써, 그 개념들의 적용 영역에 선을 그어줄 수 있다.[52] 그 개념들이 어떤 일을 하는지를 보여주는 데 도움이 되는 많은 예들이 있을 것이다. (1), (2)와 같은 수학, 논리학의 진리가 필연적이라는 것은 명백한 듯이 보인다. 그러나 필연성이 수학, 논리학의 필연성보다 넓은 개념이라는 것도 분명한 것처럼 보인다. 왜냐하면 "아리스토텔레스는 자신보다 작지 않다.", "어떠한 수도 포유류가 아니다.", "색깔을 가진 것은 모두 연장적이다."와 같은 문장은, 적어도 일계 논리(first-order logic)의 참이 논리적 진리라는 의미에서, 수학적 진리도, 논리적 진리도 아닌 필연적 진리들의 예이기 때문이다. 그러므로 형식적 계산을 벗어난 인증된 참들이 있다는 것을 보여주기 위해서 '필연적 진리'와 '논리적 진리'를 따로 분리해 놓지 않으면 안 될 것 같다.

한편 필연성은 '자연적 필연성'(또는 '인과적 필연성')보다 외연이 좁다. 당나귀는 제트기가 날 수 있는 것보다 더 빨리 달릴 수 없다. 금붕어는 한 시간 내에 발트해를 헤엄쳐 갈 수 없다. 우리는 당나귀나 금붕어가 그런 운동 솜씨를 부리기란 '불가능하다'고 말한다. 그러나 이것은 이런 자연의 사실들이 그와는 다를 수도 있다는 것이 논리적으로 불가능하다거나 그것을 부정하면 모순이 된다는 것을 의미하지는 않는다.

이것은 필연성과 자연적 필연성을 구별해 주는 것이 다음과 같은 것에 있는 것은 아닌지 하는 생각을 불러일으킨다. 즉 비범한 당나귀가 있어서 그 당나귀가 마하 2의 속도로 질주하는 것을 보게 될 때, 우리는 그런 일이 불가능하다는 생각을 포기하지 않을 수 없지만, 순전한 필연적 진리는 포기할 수 없는 진리라는 것이다. 따라서 수정 불가능성(unrevisibility)은 필연적 진리 고유의 특징이거나, 심지어 그것을 정의해 줄 수도 있을 것이다.

콰인은 누구보다도 극력, 전적으로 수정할 수 없는 진리가 있을 수도 있다는 생각에 반대하였다.[53] 콰인의 입장에서, 우리의 믿음들은, 뒤집혀져서 그 가장자리에 받쳐져 있는 주발처럼, 경험 세계 주변부에만 작용하는(impinge) 하나의 거미줄 또는 체계를 형성한다. 일반적으로 말해서 주변부에서 말썽을 일으키는(recalcitrant) 경험들은 그 체계 속의 더 깊은 믿음들을 포기하게 하거나 변화시키게 만들지 않는다. 그러나 이것은 중심부의 어떤 믿음이 전적으로 수정에서 면제된다고 말하는 것은 아니다. 콰인은 "논리 법칙인 배중율마저도 양자 역학을 단순화하는 수단으로서 수정하자고 한 적이 있었다."고 지적한다.[54] 따라서 수정이 필요하다면, 원칙적으로 어떤 믿음이나 논리 법칙도 수정되지 말아야 할 이유는 전혀 없다. 따라서 수정 가능성이 필연적 진리의 중핵적인 특징이라면, 필연적 진리란 없다. 이것이 콰인이 냉정하게 이끌어낸 결론이다.

그러나 이런 콰인의 견해는 필연성 개념의 대표적 옹호자인 플랜틴가에 의해 비판을 받았다.[55] 플랜틴가의 입장에서 한 진리가 필연적이라고 말하는 것은 그것이 결코 포기되지 않을 것이라고 말하는 것이라는 것은 성립하지 않는다. 왜냐하면 무효화할 수 있는 증거가 아무리 강하다 할지라도, 우리가 결코 포기하지 않을 수도 있는 명제(가령 "윌러드는 너무나도 좋은 친구이다."와 같은 명제)들이 있을 수 있다는 그 반대의 이유 때문이다. 그럼에도 불구하고 이것은 "윌러드는 너무나도 좋은 친구이다."가 필연적으로 참이라는 것을 의미하지 않는 것이다. 따라서 플랜틴가의 입장에서, 필연성은 수정 불가능성에 의해 정의되지도 않고, 그것과 융합되지도 않는다. 여전히 필연적 진리는, 수정 불가능성이 필연성을 정의해주지 않아도, 일반적으로 수정 불가능성이라는 특징을 내보이는 일이 있을 수도 있는 것이다. 부연하자면 어떤 이유 때문에 필연적 진리가 포기되어야 한다 해도, 그럼에도 여전히 그것이 필연적이라고 한다면, 수

철학적 논리학

정 가능성과 필연성을 동일시하려는 시도는 봉쇄된다.[56]

수정 불가능성 개념은, 이번에는 필연적 진리가 어떻게 알려지는가 하는 문제와 관련해서, 필연적 진리의 특징인 것처럼 보일 수도 있는, 어떤 별 관계없는 개념을 수반한다. 그것은 자명성(self-evidence)과 선험성(a prioricity)이라는 인식론적 개념이다. 누군가가 위의 (2)와 같은 필연적 진리나 긍정식 〔(p → q) • p〕 → q 의 한 예를 들면서, 그것이 참인지를 어떻게 아느냐고 물었을 경우, 답은 그냥 그것이 자명하다는 것, 그것이 참이라는 것을 우리가 **보기** 때문이라는 것이 될 것이다. 그러나 이런 답변은 충분한 것이 못 된다. 왜냐하면 "z = (a×10^3) + (b×10^2) + (c×10) + d"가 필연적으로 참이라는 것을 보기 위해서, 우리는 얼마쯤 수학을 알아야 하기 때문이다. 구체적으로 말해서, 이 수식은 십진법에서 위치 기호(positional notation)를 사용해 정수를 나타내는 방법의 한 예로서, 상대적으로 소수의 사람만이 알고 있는, 따라서 상대적으로 소수의 사람에게만 자명하다고 보여지는 수식이다. 보다 쉬운 예가 있다. 수학 명제 '1233 + 4041 = 5274'는 필연적으로 참이지만 자명하지 않다. 이것이 참인지를 알기 위해서는 계산 절차를 밟아야 한다. 이런 진리들이 직접적으로 자명한 명제들로부터 자명한 단계를 밟아서 나온 것이라고 말하는 것도 문제가 없는 것이 아니다. 왜냐하면 골드바흐의 추측과 같은 것은, 만일 참이라면 그것이 자명하게 참이 되지 않는다는 사실에도 불구하고(이것의 진위 여부는 알려져 있지 않다), 필연적으로 참일 것이기 때문이다. 사실 자명하지 않은 많은 필연적 진리들이 있다. "칸트가 밀정일 리 없었다."가 한 예일 것이다) 따라서 필연적 진리를 자명한 것으로서 정의하거나 또는 자명한 진리로부터 자명하게 도출될 수 있는 것으로 정의하는 것은 겉으로 보기에도 도저히 안 될 것이다.

필연적 진리가 자명한 진리와 같은 것이 아니라면, 그것은 선험적 진리(a priori truth)인가? 적어도 이것이 의미하는 바는, 필연적 진리가 선험적일 경우, 그것이 경험적 탐구와는 무관하게 알려질 수 있다는 것이다. 이미 보았듯이 라이프니츠와 칸트는 필연적 진리가 그렇게 알려진다고 주장하였다. 아마도 문제는 **알려진** 필연적 진리와 연관해서만 일어나야 할 것이다. 왜냐하면 가령 골드바흐의 추측과 같은 경우에, 우리는 그것이 참인지 거짓인지 알려지지 않는데도, 하물며 선험적으로 알려지지 않는데도 필연적 참이나 필연적 거짓을 가지기 때문이다.[57] 알려진 필연적 진리에 주의를 국한할 경우, 그것이 선험적으로 알려지는지 하는 문제는 다음과 같은 두 문제 중의 어느 하나가 된다. 모든 필연적 진리는 그것을 아는 모든 사람에게 선험적으로 알려지는가? 아니면 모든 필연적 진리는 적어도 일부 사람에게 선험적으로 알려질 수 있는 진리인가? 이 중 첫번째 물음에 대해서는 이렇게 답변할 수 있다. 어떤 이는 필연적 진리를 그냥 편하게 이런 저런 전거를 통해서 간접적으로 학습함으로써, 후험적으로(a posteriori) 알게 될 수도 있다. 따라서 어떤 사람은, 전혀 직접 생각해 보지 않고 책에서 보거나 남에게 들음으로써 12가 합성수임을 알게 될 수도 있다. 여기서는 일종의 경험이 어떤 역할을 한 셈이다.

두 번째 물음에 대해서는 그렇게 쉽게 답하기 어렵다. 이것은 필연적 진리가 원리상 선험적으로 알려질 수 있는 진리인지를 묻고 있다. 이것은 이런 저런 어떤 사람이 한 진리를 선험적으로 알 경우, 오직 그때에만 그 진리가 필연적이라고 말하는 것과 같은 것이 아니다. 반면에 그것은 어떤 알려진 필연적 진리가 선험적으로 알려**질 수** 없었던 한, 그 진리는 필연적이지 않을 것이라고 말하는 것이다. 이 구분은 이미 언급했듯이, 알려지지 않은 필연적 진리가 있을지도 모른다는 사실 때문에 생겨난다. 필연적 진리가 선험적으로 알려질 수 있어야 하는지를 알아보는 하나의 방법은, 거꾸로 어떤 필연적 진리가 후험적으로만, 즉 경험적 탐구에 기초해서**만** 발견될 수 있는지를 물어보는 것이다. (이것은 필연적 진리가 탐구에 기초해서 발견되었던 앞 절의 경우와 같은 것이 아니다. 여기서 문제는 그렇게**만** 발견될 수 있는 필연적 진리가 있는지 하는 것이다.) 이런 요구를 충족시킬 수 있었던 필연적 진리를 즉석에서 생각하기란 어려운 것처럼 보일 것이다. 그러나 뒤에 가서 논의가 될 것인데, 실제로 크립키가 제시한 몇 가지 후보들이 있다.

여기서는 방향을 틀어서, 어떤 **우연적** 진리가 선험적으로 알려질 수 있는지를 물어보는 것으로 충분하다. 왜냐하면 필연적 진리가 선험적으로만 알려질 수 있는 진리와 동일시되어야 한다고 말하는 것은, 어떤 우연적 진리가 그렇게 알려질 수 있다는 것이 보여질 수 있었다면, 실패할 것이기 때문이다. 플랜틴가에 따르면, 실제로 선험적으로 알려질 수 있는 우연적 진리가 있다. 그는 "나는 7 + 5 = 12임을 믿는다."와 같은 진술들이 나의 한 신념에 대한 우연적 사실이라고 주장한다. 하지만 이 우연적 사실을 놓고 나는 내가 믿는 것을 알아낼 경험적 탐구를 하지는 않는다는 것이다. 그러므로 나는 우연적 사실을 선험적으로 안다. 그리고 그렇기 때문에 선험성은 필연성을 정의해 줄 수 없다.[58]

데 딕토 양상과 데레 양상

이상의 예와 생각들을 통해서 필연적 진리는 지금까지 다음과 같이 규정되었다. 필연적 진리는 논리적 진리와 같은 것이 아니다. 전자는 후자보다 외연이 넓다. 필연적 진리는 자연적 필연성도 아니다. 전자는 후자보다 외연이 좁다. 또 필연적 진리는 수정 불가능하거나 자명한 명제도 아니고, 선험적으로 알려진 명제도 아니다.

이렇게 넓게 부정의 방법을 통해서 추출해 낸 필연성 개념은, 명제에 붙은 속성으로서의 필연성 개념이다. 이런 의미에서의 필연성은 데 딕토 양상, 즉 명제에 관한 양상(necessity de dicto)이라고 일컬어져 왔다.(dictum 은 '명제'라는 뜻이고, de dicto 는 '명제에 관한'이라는 뜻이다) 이것이 의미하는 바 는, 우리가 명제의 술어에 붙일 수 있는 속성 중에는 **양상** 속성, 다시 말 해서 **필연적으로 참이 됨**이라는 속성이 있다는 것이다. "필연적으로 아 리스토텔레스는 자신보다 작지 않다."라는 명제는 데 딕토 양상 주장이 다. 말하자면, "아리스토텔레스는 자신보다 작지 않다"라는 명제는 필연 적으로 참이 됨이라는 속성을 붙일 수 있는 명제이다.

　　데 딕토 필연성(de dicto necessity)이라는 개념은, 전통 철학에서도 현대 철학에서도 중요한, 데 딕토 필연성과 데레 필연성(de re necessity) 간의 구 분을 허용하기 위해 소환된다. 데레 필연성은, 대상이 본질적인 또는 필 연적인 속성을 가진다는 생각이다. 따라서 한 대상에 대해서 서술하는 명제가, 그 대상이 이런저런 속성을 본질적으로 또는 필연적으로 가진다 고 서술한다면, 그 명제는 데레 양상을 표현하는 명제이다. 데딕토-데레 구분을 명확히 하는 방법으로서 종종 토마스 아퀴나스의 예가 사용된다. 아퀴나스는 그의 『대이교도 대전』에서 의지의 자유가 신의 예지와 무모 순적인지 하는 문제를 고찰한다. t_1 시간에 신이, t_2 시간에 앉아 있는 아 리스토텔레스를 본다고 가정하자. 그러면 "앉아 있다고 보이는 것은 필 연적으로 앉아 있다.(what is seen to be sitting is necessarily sitting)"라는 명제가 참이라고 할 경우, 아리스토텔레스는 t_2시에 앉아 있을 수밖에 없었던 것 으로 나타날 것이다. 아퀴나스가 보았듯이, 여기서 데딕토-데레 구분이 사용되기 시작한다. "앉아 있다고 보이는 것은 필연적으로 앉아 있다."가 데 딕토 양상으로서 해석된다면, 다시 말해서 "앉아 있다고 보이는 것이 무엇이든지 간에 그것이 앉아 있다는 것은 필연적으로 참이다.(it is necessarily true that whatever is seen to be sitting is sitting)"는 것을 말하는 것으로 해석된다면, 그것은 참이 될 것이다. 그러나 그것이 데레 양상으로서 생각될 경우, 즉 "앉아 있다고 생각되는 것이 무엇이든지 간에 그것은 필연적으로 또는 본질적으로 앉아 있다는 속성을 가진다.(whatever is seen to be sitting has the property of sitting necessarily or essentially)"로서 해석된다면, 그것은 거짓이 될 것이다. 결정론이 참임을 밝히려는 논증은 이 데레 해석이 참이어야 할 것을 요구한다. 따라서 결정론이 신의 예지로부터 도출된다는 논제는 거짓이다.[59] 그러므로 데딕토 양상과 데레 양상 간의 구분은 다음과 같이 요약될 수 있다. 데딕토 양상을 표현하는 명제는 그 양상이 어떤 다른 명제에 대해서 서술되는 명제이다. 반면, 데레 양상을 표현하는 명제는 한 속성이 필연적으로 또는 본질적으로 대상에 속한다고 말한다.

말할 것도 없이 데레 양상 개념은 매우 논쟁거리가 되고 있는 개념이다. 그것은 아리스토텔레스에게서 중요한 역할을 하였다. 아리스토텔레스의 입장은 한 대상이 가진 속성들이 두 부류로 대별된다는 것이었다. 하나는 그 대상을 그 대상인 **것**이게끔 해 주는 속성이다. 다른 하나는 **어떻게** 그 대상이 있는가를 우리에게 말해주지만, 그 대상인 것이게끔 해 주는 것이 아닌 속성이다. 전자의 속성들은 본질을 구성한다. "각 사물의 본질은 **본래 그 자체**(per se)로 있다고 하는 것이다."[60] 두 번째 것은 우연적 속성들이다. 그것들은 **우연적으로**(per accidens) 사물들의 술어가 되는 것들이다. 따라서 인간이 이성적 동물이라는 것은 인간의 본질이다. 그러나 인간이 이러이러한 키를 가졌다든가 어떠어떠한 피부색을 가졌다는 것은 인간의 본질이 아니다.[61] 만일 우리가 어떤 것 x로부터 본질적인 속성을 '제거'한다면, 그것은 더 이상 x가 되지 못하고 전혀 아무것도 아닌 것이 되거나 그와는 다른 y라는 어떤 것이 되어버린다. 반면에 x의 어떤 우연적인 속성은 — x는 그것을 우연적으로 또는 비본질적으로 가진 것이기 때문에 — 제거될 수 있거나 x의 존립을 그치게 하지 않으면서도 변화될 수 있다.

아리스토텔레스의 개념과 그 변형들은 라이프니츠를 포함하여 이후 철학자들에게서 핵심적인 역할을 해왔다. 라이프니츠는 한 개별적 존재자의 본질을, '완전한 개별적 개념'이라고 불렀는데, 그로부터 모든 존재자의 속성들이 흘러나올 뿐만 아니라, 신은 그 개별 개념으로부터의 추론에 의해 그것에 관한 모든 것을 알 수 있게 된다는 것이다. 이런 견해의 결과는 한 존재자의 속성 전부를 본질적인 것으로 만들어버리는 것이다. 실제로 라이프니츠는 본질적 속성과 우연적 속성 간의 구분이 나타나는 것은 유한한 정신의 관점에서일 뿐이라고 주장하였다. 로크는 **실질적** 본질과 **유명적** 본질을 구별하였다. 유명적 본질은 속성 또는 속성들의 집합으로서 우리는 그것을 통해서 대상을 인식하고 또 우리로 하여금 그것의 규약적 이름을 사용할 수 있게끔 해 주는 것이다. 예컨대 금은 늘어나는 성질(melleable)을 가지고 있고 무거우며 노란 금속이다.(이런 속성들이 금의 유명적 본질을 구성한다.) 그리고 금이 그러한 속성들을 가지는 덕분에 우리는 그것을 '금'으로서 인식하고 그것을 '금'이라고 부른다.[62] 로크는 '실질적 본질'에 대한 가장 그럴싸한 생각을 표명하였다. 로크에 의하면, 실질적 본질은 "실재하기는 하나, 감각될 수 없는 부분으로 된 알려지지 않은 사물의 성질로서, 그것으로부터 사물들을 서로 구별할 수 있게 해 주는 감각적 질들이 흘러나온다." 그로부터 나온 감각적 질들은 유명적 본질을 이룬다.[63] 사물을 이런 식으로 표현하는 것은 '실질적' 본질**의 자격으로** 본질이라는 말을 사실상 군더더기 표현으로 만들어 버리는 것처럼 보였다. 왜냐하면 버클리 이후 경험론에서 현상주의적인 성격이 증대해감에 따라, 감각 세계 이면이나 밑에 숨어 있는 '물질'이나 '실체', 또는 '본질'과 같은 비의의 존재자가 존재한다는 가정이 불필요해졌기 (그리고 버클리 자신처럼 많은 사람들에게 당찮은 것이었기) 때문이다. 따라서 본질 개념은 폐기되고 말았다. 그리고 그것이 다시 소생한 것은 현재 논의 중인 문제의 맥락 속에서뿐이다.

형식화와 본질

본질 그리고 그와 똑같이 풍부한 의미를 지니고 있는 개념들인 가능 세계(possible worlds), 가능한 대상, 통세계적 개별자(transworld individuals), 실현되지 않은 개별자(unactualised individual) 등이 — 이런 개념들을 간략하게 설명할 작정이다 — 다시 소환된 것은, 현대에 들어와서 양상 개념을 엄밀한 용어로 설명하려는 노력에서 기인한다. 간단히 말해서 양상 추론에 대한 형식화 작업이 금세기 초반부에 이루어졌었다.[64] 이때 표준적인 논리 장치로서 양상 연산자 □와 ◇가 사용되었다.(때로는 L과 M을 쓰기도 한다) □는 '필연적으로' 또는 '---임은 필연적이다(it is necessary that ---)'를 나타내고, ◇는 '가능한' 또는 '---임은 가능하다(it is possible that ---)'를 나타낸다. 이 연산자들은 상호 정의될 수 있다. □를 기본 연산자로 삼을 경우, ◇는 다음과 같이 정의된다. ◇p = df. ~□ ~ p. 공리들의 선택 여하에 따라 강한 양상 논리 체계를 얻을 수도 있고 약한 양상 논리 체계를 얻을 수도 있다. 기초가 되는 체계는 M이다. 여기에는 진리함수적 토톨로지들, 긍정식 그리고 필수 규칙(the rule of necessitation)이 포함되어 있다. 필수 규칙이란, 만일 p라면 □p는 M의 테제이다라는 규칙이다. M체계는 부가적인 공리로서 논리식 □(p → q) → (□p → □q)와 □p → p를 가진다. 공리가 부가되면 될수록, 양상 논리 체계는 더 강해진다. 그러나 그럴수록 체계도 다양해진다. 그리하여 다양한 비해석된 체계가 일으키는 문제점들을 해결하기 위해서 양상 계산에 대한 의미론적 해석의 필요성이 가중되었다.[65]

카르납의 노력이 그랬듯이,[66] 이런 방향에서의 초기 노력은 다음과 같은 식으로 라이프니츠에게 신세지고 있는 분명하고 시시적인 개념을 사용하였다. 그에 따르면, 필연적 진리의 필연성은, 어떤 사태가 일어나고 있는 것이 우연적이 아니라는 사실에 있는 것이 아니라, 이 세계 속에서도, 그리고 이런 저런 어떤 세계에서 일어날 수도 있었을 사태의 모든 가능한 배열 속에서도, 그 사태가 존재하고 여전히 참으로 남아 있다는 사실에 있다. 보다 간명하게 말한다면, 필연적 진리란 모든 가능 세계에서 참이 되는 진리이다. 카르납은 필연적 진리를 정의하는 데 최대한으로 무모순적인 원자 문장들의 집합(maximally consistent sets of atomic sentences)이라는 개념을 사용하였다.(만일 S가 그러한 문장이라면, S나 S의 부정은 그 집합의 성원이다.) 그리고 그 개념을 '상태 기술(state description)'이라 불렀다. 따라서 S가 필연적으로 참이라는 말은 S가 모든 상태 기술 하에서 참이 된다는 뜻이다.

그 이후 세대에 와서 누구보다도 크립키와 힌티카가 이 개념을 물려받아 활발하게 작업을 진행하였다.[67] 또한 양화 양상 논리 의미론도 가능 세계 및 가능한 대상이라는 라이프니츠의 개념 — 용어 — 을 사용하여 완성되었다.[68] 이런 기술적인 설명은 생산적으로 확장되어 인식적 논리(epistemic logic), 의무(deontic) 논리, 시제(tense) 논리와 같은 비외연 논리를 형식화하는 데까지 이르고 있다. 그 뒤를 따라서 현재 논의 중인 형이상학적인 짐이 실려 온 것이다. 콰인은 일찍부터 양상 형식 체계가 가진 형이상학적 함축을 잘 인식하고 특유의 예리한 감각으로 그것을 비판하였다.[69]

콰인의 반론은 양화 양상 논리가 다음과 같은 이유 때문에 소위 '아리스토텔레스적 본질주의'(의도는 비난하려는 데 있다.)를 수용하게 만든다는 사실에 촛점을 맞춘다. 즉 양상 문맥은, 콰인의 표현으로, '지시적으로 불투명(referentially opaque)'하다.[70] 아래의 두 진술(아래의 번호는 콰인이 자기 글

에서 사용한 것이다)

(15) 9는 필연적으로 7보다 크다.
(16) 행성의 수 = 9

은 둘 다 참이다. 그러나 (15)에서 '9' 대신 '행성의 수'를 집어넣게 되면, 교체성 원리를 잘못 사용한 셈이 된다. 왜냐하면 두 표현을 바꿔친 결과 나온 진술

(18) 행성의 수는 필연적으로 7보다 크다.

는 거짓이 되기 때문이다. 그보다 많거나 그보다 적은 행성이 있을 수 있었다. 행성의 실제 수는 우연적인 문제이다. 이처럼 양상 문맥은 지시적으로 불투명하기 때문에, 콰인은 양상 문맥이 잘해봤자 애매하고, 최악의 경우에는 비뚤어졌다고 보는 것이다. 그래서 콰인은 특히 불투명 문맥을 양화시키는 것이 일반적으로 바람직하지 못하다고 생각했던 것이다. (15)를 양화시켜서

(30) (x)(x는 필연적으로 7보다 크다)

로 넘어가는 것은, 우리가 대상들에 관해 이야기하는 방식과는 상관없이 그 대상들이 필연적 속성이나 우연적 속성을 가진다고 생각되지 않는 한, 다시 말해서 그 대상들이 자기들의 속성을 본질적으로 가진다고 생각되지 않는 한, 아무런 분명한 의미도 가지지 못한다. 콰인에게 있어 이와 같은 얘기는 생각할 수 없는 것이다. 왜냐하면 그의 입장에서 어떤 것

이 이러이러한 식으로 '필연적으로' 존재한다는 것은 그것이 본래적으로 가진 성향이 아니라, 우리가 그것을 지시하는 양식에 의존하기 때문이다.[71] 이는 우리가 1장에서 언급했던 것과 유사한 유명론적인 입장이다. (30)에서 x가 지시하고자 하는 것을 생각해 보라. (30)이 (15)를 양화시킨 것이라는 점을 생각하면, x는 행성의 수인 9를 지시하는 것으로 보일 것이다. 그러나 이것은 (18)이 거짓이라는 사실과 상충된다. 유일한 해결책은 본질주의인 것처럼 보일 것이다. "양상 문맥에 대한 양화를 고집하면, 분명히 아리스토텔레스적인 본질주의로 되돌아가는 것이 필요할 것이다."[72] 이리하여 콰인은 "양화 양상 논리가 그만큼 안 좋은 상황에 있다."는 결론을 내린다.[73] 이런 콰인의 반론들에 의해 야기된 논쟁은, 양상 논리를 위한 가능 세계 의미론보다 한 10년 앞서 있었던 것이었음에도 불구하고, 양상 개념과 그 밖의 많은 것들을 이해하기 위한 주요 방법으로서, 가능 세계들이라는 용어 — 그리고 어떤 관점에서 그에 수반하는 본질주의 — 를 수립해 주면서, 양상 논리를 위한 가능 세계 의미론은 성공을 거두었다.[74] 본질주의는 양상 개념에 대한 관심에 의해 촉진된 다른 형이상학적 수용과 더불어, 가능 세계 개념을 평가하기 위한 하나의 방법을 제공한다. 왜냐하면 가능 세계들에 대한 말은, 이런 형이상학적 공물들이 거부된다면, 거부될 수도 있을 것이기 때문이다.[75]

바로 이런 점에서, 가능 세계라는 말이 필연성을 이해하는 데 도움을 주는지(또는 그렇다면 얼마나 도움이 되는지)를 보고자 한다면, 가능 세계라는 말, 그리고 그 말이 가진 함축을 살펴보는 우회의 길을 가 볼 필요가 있을 것이다.

가능 세계

루이스(Lewis)가 제시한 유명한 가능주의 **신조**는 다음과 같다. 『나는 우리가 어쩌다 살고 있는 이 곳과는 전혀 다른 가능한 세계가 있다고 믿는다. 증명해 보이라면 증명해 보이겠다. 사물들이 현재 자신의 상태와는 다르게 있을 수도 있었다는 것은 이론의 여지가 없이 참이다. 나도 그리고 당신도 사물들이 수없이 많은 다른 방식으로 있을 수 있었다고 믿는다. 그러나 이것은 무엇을 의미하는가? 위의 일상 언어를 다음과 같이 부연 설명할 수 있다. 사물들이 현재의 모습과는 다르게 존재할 수도 있었을 많은 다른 방식들이 있다. 얼핏 보기에 이것은 존재 양화 문장이다. 이 문장은 '사물들이 있을 수 있었던 방식'이라고 기술되는 많은 존재자들이 존재한다는 것을 말한다. 나는 사물들이 수없이 많이 다른 방식으로 있을 수 있었다고 믿는다. 나는 내가 믿는 것에 대한 허용 가능한 부연 설명을 믿는다. 그 부연 설명을 액면 그대로 받아들이면서, 따라서 나는 '사물들이 있었을 방식'이라 일컬어지는 존재자들의 존재를 믿는다. 나는 바로 그것들을 '가능 세계(possible world)'라고 불렀으면 한다.』[76]

가능 세계라는 말의 수용 가능성에 관해 전절 말미에서 암묵적으로 제기된 의심들은 결국 다음과 같은 두 반론으로 표현될 수 있을 것이다. 첫째, 한 형식적 체계에 하나의 해석을 부여하면서, 우리는 정보성(informativeness) 및 무모순성과 일치하면서도, 해석 영역과 그 요소가 되는 대상들을 다른 방식으로 자유롭게 선택할 수 있다. 그러므로 연산자 □와 ◇를 가진 논리가 '가능 세계' 개념에 의존할 필요는 없다. 둘째, 바로 가능 세계라는 개념은, 그에 수반되는 짐인 가능한 대상, 본질 등도 함께 우리의 상식적 존재론과 상충한다. 이 두 번째 반론에 대한 얼마간 거만한 응수가 있다. 즉 우리의 일상 존재론이 너무 조잡하기 때문에 현 개념들을 철저하게 설명해내기에는 역부족이라는 것이다. 거만함에도 불구하고 이 응수는 강력하다.[77] 첫 번째 반론은 좀 더 심사숙고된 답변을 요구한다.

양상 추론의 형식화는, 우리가 일상 대화에서 필연성 및 가능성 개념을 사용하고 있고, 또 우리의 많은 추론이 그런 개념을 포함한다는 사실로부터 시작된다. □와 ◇에 의해 제시된 개념을 사용하는 계산의 해석은, □와 ◇가 **양상** 추론의 형식화이어야 한다면, 어쨌든 그것에 대한 다음과 같은 의미를 보존하지 않으면 안 될 것이다. 즉 □는, 그것이 무엇이든 간에, 성립되어 있는 것에 관한 어떤 것을 말하며, ◇는 이러저러한 상황에 의존하여 성립될 수 있는 것에 관한 어떤 것을 말한다. 가능 세계 개념을 사용하면, 이런 생각이 간명하게 포착된다. 우리는 필연성과 가능성이 가진 선-이론적인 풍미를 손상시키지 않고도 그것들에 대한 견실한 정의를 내릴 수 있다. 또한 그 정의를 사용한 계산을 통해서 양상화된 명제들 간에 획득되는 논리적 관계들을 그려낼 수 있다. 그러면 이제 이런 장점들 이외에도 가능 세계에 호소하는 것이 보다 많은 문제에 적용하는 데 생산적이고 시사적인지를 보기 위해 테스트해 보는 것이다. 그리고 사실 그렇다는 주장이 있다.

예컨대 표준적인 외연 논리는 반사실적 조건문(counterfactuals)을 적절하게 다룰 수 없는 것으로 악명이 높다. 반사실적 조건문은 "만일 이러이러한 것이 성립**되었거나** 성립**되었었더라면**, 이러이러한 것이 (각각) 성립**되거나** 성립**되지 않았을** 것이다."라는 형식으로 되어 있다. 전건은 '사실에 상반되는 것', 즉 '반사실적' 사태를 얘기해 주고, 후건은 그랬을 경우 사정이 어떻게 달라졌을 것인가를 말한다. 문제는, "만일 ---라면, ---이다"라는 형식의 조건문이 그 요소 명제의 함수인 명제를 표현하지만, 어떤 것은 — 조건문의 주동사가 가정법(만일 ---**였다면**, 또는 **였었다면**, ---이다.)으로 되어 있을 때 — 그 요소 명제들의 **진리 함수**가 아니라는 점이다. 이런 명제를 어떻게 다루어야 할까? 또 다른 측면의 문제들도 있다. 조건문 일반의 형식적 속성을 설명해야 하는 문제가 있다. 또 우리가 주어진 반사실적 조건과 관련된 모든 사실들을 가지고 조건에 대한 형식적 설명을 해 냈을 때조차도, 여전히 그 진리치를 결정할 입장에 있지 못할 수도 있다는 사실에서부터 생겨나는 난점도 해결해야 하는 문제가 있다. 가능 세계라는 말이 한 해결책으로서 제안된다.[78] 여기서 반사실적 조건문은, 사정이 **저런** 방식으로 있는 — 즉 그 사정이 실제로 있거나 있었던 방식과는 다른 것으로 이해된 — 어떤 가능한 사태에서, 어떤 다른 사정이나 사정들은 **이런** 식으로 있다는 것을 진술하는 것으로서 해석된다.[79] 가능한 사태는 바로 가능 세계이다.

이러한 접근 방법은 환영을 받고 있다. 왜냐하면 그것은 우리가 보통, 만일 ---라면 사정은 어떠할 것인지, 어떠했을 것인지, 또는 만일 ---라면 앞으로 어떨 것인지라고 생각할 때, 이러한 생각의 의미를 포착해 주고 있기 때문이다. 특히 자연 법칙의 본성, 인과성에 대한 적절한 설명을 확보하려는 욕구 등과 같은 과학 철학에 있어서의 문제와 연관해서, 가능 세계를 가지고 반사실적 조건문을 분석하는 것은 꽤 시사적이다.[80]

가능 세계라는 말이 해결해주리라고 보는 또 다른 문제나 문제 군들은 의미, 속성, 관계, 명제와 같은 내포적 항목들을 적절하게 설명하는 작업과 관련한다. (의미 이론의 한 성분의 문제인 지시론에서는 가능 세계라는 말을 끌어들여 상당한 진보가 이루어진 바 있다. 이 문제는 7장 이하에서 상세히 고찰될 것이다.) 일반적으로 그 생각은 다음과 같다. 의미는 단칭 표현과 술어 표현의 외연을 보강해(enriched) 파악함으로 해서 이해될 수 있다. 보강해 파악한다는 뜻은 그 외연이 실제의 대상에만 걸쳐 있는 것이 아니라 현실 세계 이외의 세계에 있는 대상, 즉 가능한 대상에까지도 걸쳐 있다고 보라는 말이다. 이런 기술을 적용하면, 다음과 같이 말함으로써 언어 요소의 의미에 대한 집합 이론적 설명이 가능해진다. 단칭 명사의 의미는 가능 세계들로부터 대상들로 가는 함수이다. 술어의 의미는 세계들로부터 대상들의 n-순서조(ordered n-tuples)로 가는 함수이다. (서술)문장의 의미는 세계들로부터 진리치들로 가는 함수이다.

속성과 **관계**에 대해서도 비슷하게 같은 기술이 적용될 수 있다. 속성은 세계들로부터 대상들의 집합으로 가는 함수로, 관계는 세계들로부터 대상들의 n-순서조로 가는 함수로 정의될 수 있다. 이제 **명제들**을 세계들로부터 진리치들에로 가는 함수로서 해석하고 나면, 하나의 정돈된 고리가 만들어진다. 왜냐하면 이런 설명에서 명제는, 2장에서 보았듯이, 서술문의 의미임이 드러나기 때문이다. 또한 다른 두 부류의 추상적 존재자들과 마찬가지로, 명제들은 집합 이론적 존재자들과 동일시되기 때문에, 그것들의 동일성 조건에 관한 난점도 전혀 일어나지 않는다.

앞 절의 이런 생각들은, 외연주의적인 관점에서는 도무지 다룰 수 없는 것처럼 보이는 여러 문제들을 해결하기 위해서 가능 세계 개념이 제공되고 있다는 점을 주목하게 해 준다. 일찍이 콰인이 의미, 필연성 같은 내포적 개념들에 대해서 보였던 적대감은 그런 개념들을 엄밀하게 외연적으로 다루고자 하는 욕망에서 나온 것이었다. 사실 이런 개념 군들이 어려움을 일으켰었다. 가능 세계라는 말을 끌어들이면, 그런 개념들과 관련하여 진보가 이루어진다.

가능 세계에 대한 반론들: 동일성과 통세계적 동일성

그러나 가능 세계라는 말은 몇 가지 난점을 야기한다. 본질주의에 관한 문제, 가능하지만 현재에는 없는(nonactual) 존재자에 관한 문제, 세계를 가로지르는 개별자들의 동일성과 관련한 난점들과 관계된 문제 등이 그것이다. 이들 문제는 가능 세계 기획을 잠재적으로 손상시키고 있으며, 또는 어쨌든 그것의 유용성을 위태롭게 한다. 이 문제들을 역순으로 고찰해 보겠다.

통세계적 동일성(transworld identity) 문제는 다음과 같이 표현될 수 있다. 가능 세계 이론가들은, 예컨대 아리스토텔레스는 알렉산드로스 대왕을 가르치지 않았을 수도 있다는 생각을 처리하는 쉽고도 생산적으로 처리하는 방법은, "아리스토텔레스가 알렉산드로스의 스승이 아니었던 어떤 가능 세계가 있다."고 말하는 것이라고 얘기하고 싶어 한다. 이것은 아리스토텔레스가 하나 이상의 세계에서 존재한다는 생각을 끌어들이는 것이다. 말하자면 아리스토텔레스는 현실 세계에서 알렉산드로스의 스승이었고, 플라톤의 제자였고, 궁정 의사의 아들이었을 뿐만 아니라, 복수의 여러 가능 세계에서 그가 이러한 사실 중 몇몇 것에 해당하거나, 단 한 가지 것에만 해당하거나, 전혀 아무것에도 해당되지 않거나, 아니면 이것 외에도 그 이상의 것에 해당하는 인간이었다고 보는 것이다. 가능 세계 이론의 언어로 말하자면, 이런 모든 세계에서의 아리스토텔레스의 존재는 그를 '통세계적 개별자'로 만들어 버린다. 이런 이론에 따르면, 모든 개별자들은 공교롭게도 통세계적 개별자이다. 왜냐하면 어떤 개별자는 그것, 그녀, 또는 그인 그대로 있는 것일 수도 있었거나, 사정이 같지 않은 상태로(ceteris non paribus) 있었던 것일 수도 있었기 때문이다.

이에 대한 반론은, 통세계적 개별자라는 개념이 동일자 판별 불가능 원리(the principle of the indiscernability of identicals)를 위배한다는 것이다.[81] 이 원리는 어떤 대상 x와 y에 대해서 그것들이 동일하다면, 그중 어느 하나에 속하는 모든 속성은 다른 것에도 속하고, 그 역도 성립한다는 것을 말한다. 만일 어떤 대상이 하나 이상의 세계, 즉 두 세계 W_n과 W_m에서 존재한다고 한다면, W_n과 W_m은, W_n 내의 상황이 W_m 내에 있는 방식과 적어도 하나의 측면에서 다를 경우에만, **다른** 세계가 될 것이기 때문에, ─ W_n에서는 아리스토텔레스가 얼굴에 점이 있다고 하고, W_m에서는 얼굴에 점이 없다고 하자 ─ 적어도 W_n 내의 x는 W_m 내의 x가 가진 속성('x임과 아리스토텔레스는 얼굴에 점이 없음'이라는 속성)과는 다른 속성('x임과 아리스토텔레스는 얼굴에 점이 있음'이라는 속성)을 가질 것이다. 그러나 만일 이것이 성립한다면, W_n 내의 x와 W_m 내의 x는 판별 가능하므로 동일하지 않다. 그러므로 통세계적 개별자를 확인할 수 있는 방법은 없다. 결국 그렇다면 우리는 오직 한 세계, 한 시기에만 존재하는, '세계에 속박된 개별자(worldbound individuals)'라는 개념만으로 만족해야 하는데, 이것은 가능 세계에 관한 이야기를 공허한 것으로 만들어서 흥미를 반감시키는 것이다. 아니면 아예 그와 같은 말을 포기하거나 해야 한다.[82]

　사실 가능 세계 이론의 상황은 이 논증이 암시하는 것보다 훨씬 더 악화된다. 논증을 위해서 통세계적 동일성 개념을 인정한다고 가정해 보자. 그러면 쉽게 딜레마에 빠진다는 것을 보여 줄 수 있다. 두 구별되는 대상 x와 y를 고른다. 그리고 이것들이 일련의 세계 W_1---W_4를 하나씩 거쳐 가면서 변화를 겪어감에도 불구하고 통세계적으로 그 동일성이 유지된다고 보자. W_1에서 x는 크고, 둥글고, 푸르고, 부드러운 사물이고, y는 작고, 네모나고, 붉고, 딱딱한 사물이라고 하자. 그리고 이런 속성들이 각각 x와 y가 가지고 있는 모든 확정된 속성이라고 생각하자. 이제 W_1에서 W_2로 넘어가면서 x와 y의 색깔이 교환되고, W_2에서 W_3로 넘어가서는 형태가 교환되는 등 이런 교환이 이어진다고 하자. 그 결과 W_4에서 x는 x이면서 작고, 네모나고, 붉고, 딱딱한 것이 된다. 이것은 W_1에서 y였던 것이다. 마찬가지로 W_4에서 y는 y이면서 크고, 둥글고, 푸르고, 부드러운 것이 된다. 이것은 W_1에서 x였던 것이다. 따라서 W_4에 있는 x는 W_1에 있는 y와 판별 불가능해지므로, 판별 불가능성 원리에 따라 동일한 것이다. 그렇지만 가정에 따라, 그리고 동일성의 이행 원리(the principle of transitivity of identity)가 고수되면, W_4 내의 x는 W_1 내의 y와 동일한 것이 아니라, 이제는 W_4 내의 y와 판별될 수 없게 되어버린 W_1 내의 x와 동일하다. 따라서 딜레마에 빠진다.[83]

이런 난점에서 벗어나는 유일한 길은 본질이라는 개념에 호소하는 것처럼 보일 것이다. 이렇게 말해보는 것이다. 모든 존재자들은 우연적 속성 C와 본질적 속성 E를 가진다. 이때 어떤 존재자 x는 어떤 세계에서는 C를 가지고, 다른 세계에서는 non-C를 가지지만, E는 x의 본질이기 때문에, x가 존재하는 모든 가능 세계에서 E를 가진다는 것이다. 이어서 적어도 하나의 가능 세계에서 E를 가지는 존재자 z가 있다면, z와 x는 동일하다고 보자는 것이다. 그렇다면 위에서 고찰된 x와 y의 경우, 그것들이 한 세계에서 다른 세계로 넘어가면서 교환한 속성은 E가 아니라 C이다. 그것들이 통세계적으로 동일성을 보존하게 되는 것도 속성 E가 보존되는 덕분이다.

그러나 이러한 방법이 온당하다고 볼 수 있을까? 아마 속성 E는 보편적 속성이 아니라 그것의 담지자에 고유한 속성일 것이다. 왜냐하면 그것이 바로 그 담지자의 본질을 이루기 때문이다. 따라서 그것을 어떻게 밝힐 것인가 하는 문제가 일어난다. 예를 들어 무엇이 아리스토텔레스의 본질적인 속성인가? 분명히 '플라톤의 제자임'은 본질적인 속성이 아니다. 다른 가능 세계에서 그는 소크라테스의 제자였거나 어느 누구의 제자도 아니었을 수 있기 때문이다. '마케도니아 출신의 고대 최고의 철학자임'은 어떤가? 그러나 그러면 어떤 세계에서 그는 아테네나 밀레토스 출신일 수도 있거나, 또 전혀 철학자가 아니었을 수도 있다. 아리스토텔레스가 가진 모든 속성에 대해서도 마찬가지이다. 간단히 말해서 아리스토텔레스의 속성 중 어떤 부분 집합이 그의 E-속성인지를 결정하기란 쉽지 않은 문제인 것으로 보인다. 만일 아리스토텔레스의 E-속성을 가려낼 수 없었다면, 어떻게 우리는 W_n에서 W_m으로 넘어가면서 하나 이상의 E-속성, 그리고 그것과 함께 아리스토텔레스를 뒤에 남겨두고 넘어가지 않았다는 것을 알 것인가?[84]

이러한 고찰의 결과, 가능 세계라는 말은 통세계적 동일성 개념이 비정합적이기 때문에 비정합적이거나, 또는 세계에 속박된 개별자라는 개념만을 사용할 수밖에 없기 때문에 고작해야 제한된 가치만 가지고 있는 것처럼 보인다. 더군다나 세계에 속박된 개별자라는 개념은, 아리스토텔레스에게 사정이 다르게 일어날 수 없었을 경우 아리스토텔레스는 아리스토텔레스일 수 있을 뿐이라는 ─ 즉 실제로 그가 소유했던 모든 속성이 그에게 본질적이라는 ─ 반직관적인 결과를 일으키는 것처럼 보인다는 사실에서 볼 때, 이런 식의 이야기는 우리에게 오해를 불러일으키는 것처럼 보일 것이다.

가능 세계 이론가들은 이런 반론들을 교묘하게 맞받아친다. 가장 두드러진 예로서, 루이스의 이론은 통세계적 동일성이라는 개념과 세계에 속박된 개별자라는 개념 사이에 있는 중도의 길을 모색한다. 그것이 소위 그의 '대역 이론(counterpart theory)'이다.[85] 이 이론에 따르면, 개별자들은 세계 속박적이고, 실제로 현실 세계에 속박되어 있다. 그러나 개별자들은 다른 세계에서 대역을 가진다. 이 상대역은 다음과 같은 식으로 '그들 세계에 있는 다른 어떠한 것이 그랬을 것보다 더 가깝게' 현실 세계에 있는 자기의 상대역과 닮아 있다. 즉 현실 세계 W에 있는 어떤 x에 대해서, W_n 내에 있는 그것의 대역 x는, W와 W_n 사이에 있었을 사정의 차이만큼만 사정이 달랐다면, 바로 W 내의 x였었을 것이다.[86] 이런 개념을 사용하면, 아리스토텔레스가 알렉산드로스를 가르치지 않았을지도 모른다는 생각은 이렇게 표현될 수 있다. 즉 아리스토텔레스는 어떤 가능 세

철학적 논리학

계 W_n에서, 대역 아리스토텔레스가 대역 알렉산드로스를 가르치지 않았다는 점을 제외하고는 모든 면에서 그를 닮은 대역을 가진다.

대역 이론에 치명타를 입힌 비판은 크립키, 플랜틴가와 같은 다른 가능 세계 이론가들에 의하여 제공된다.[87] "만일 알렉산드로스가 아리스토텔레스의 가르침을 잘 따랐더라면, 그는 술로 인해 죽지는 않았을 것이다."라는 반사실적 조건문을 생각해 보자. 우리의 입장에서 생각해 볼때, 아리스토텔레스는 알렉산드로스가 과도한 음주 때문에 일찍 죽은 것을 보고는 자기가 엄격한 스승이 아니었었다고 자책(또는 스스로 위안)했을지도 모른다. 크립키의 입장에서 볼 때, 우리는 아리스토텔레스의 후회나 위안을 이해할 수 없다. 왜냐하면 반사실적 조건문에서 지시된 개인들은 아리스토텔레스와 알렉산드로스가 아니라 그 대역들이기 때문이다. 플랜틴가의 불평은 이것의 한 변형이다. 대역 이론은 세계 속박성의 문제를 회피할 아무 일도 하지 않는다. 왜냐하면 임의의 개인이나 존재자 x에 대해서 어떤 것이 다르다든지, 다른 상황이 벌어진다는 생각을 이해하기 위해서, 우리는 다음과 같이 말할 수 있어야 하기 때문이다. 즉 사물들이 분배되어 있는 어느 한 세계 W_n에서 x가 F로 있음(x's being F)과, 사물들이 다르게 분배되어 있는 W_m에서 x가 G로 있음은, W_n에서 속성 F와 x의 자기 동일성(x's-being-self-identical)이 공통적으로 예화(coexamplify)되고, W_m에서 속성 G와 x의 자기 동일성이 공통적으로 예화되는 그러한 것이다. 그러나 만일 우리가 W_n 내의 x와 W_m 내의 x가 대역이라고 말한다면, 우리는 x가 F라기보다는 G였을 수도 있다고 하는 우리의 직관을 설명하는 데 실패했을 것이다. 다시 말해서 아리스토텔레스가 알렉산드로스를 가르치지 않았을 수도 있다고 말하는 것은, 아리스토텔레스가 아리스토텔레스였을 수 있었는데도 알렉산드로스를 가르치지 않았다고 말하는 것이다. 이것은 확실히 우리가 말하려고 하는 것이 아니다. 그러

나 만일 알렉산드로스의-스승-아리스토텔레스(Alexander's-tutor-Aristotle)
와 비-알렉산드로스의-스승-아리스토텔레스(not-Alexander's-tutor-Aristotle)
가 그저 서로의 대역이고 자기 동일적인 아리스토텔레스가 아니라면, 우
리는 그 하나이자 자기-동일(self-same)적인 인간 아리스토텔레스에 대해
서 사태들이 다르게 일어났었을 수도 있다는 것의 의미를 알 수 없었을
것이다.

대역 이론을 거부하는 가능 세계 이론가들이 선호하는 대안은, 주로
동일성 개념 자체를 확대 규정해 줌으로써, 직접적으로 동일성 문제와
대결하는 것이다. 핵심은 위에서 전개된 논증들이 통세계적 동일성뿐만
아니라 통시간적 동일성(identity across time)에 대해서도 손상을 입힌다는
사실에 있다. 왜냐하면 분명히 꼬마 아리스토텔레스와 어른 아리스토텔
레스는, 여전히 자기 동일적인 아리스토텔레스이면서도 아리스토텔레
스임을 확인할 수 있는 매우 적은 공통적인 속성을 — 말하자면 꼬마 아
리스토텔레스는 작고, 분홍색이고, 통통하고, 부드러울지 모르고, 어른
아리스토텔레스는 크고, 갈색이고, 네모나고, 딱딱할지도 모른다 — 가
졌을 터이기 때문이다. 시간이 지남에 따라 한 품목(item)이 어떤 속성들
을 상실하고 다른 속성들을 획득한다. 그리고 우리가 그 품목을 시종 자
기 동일적인 것으로 보려고 고집한다는 것은, 우리가 다루고 있는 동일
성 원리가 반론이 암시하는 것보다 더 복잡하다는 것을 보여준다. 따라
서 한 품목이 하나의 속성을 소유한다는 것은 — x는 t시에 속성 F를 가
진다와 같은 식으로 — 시간적으로 지표화되어야 할 것 같다. 따라서 동
일성 원리를 표현하는 진술은 다음처럼 시간 양화사를 가지지 않으면 안
된다. 어떤 대상 x와 y에 대해서, 만일 그것들이 동일하다면, 어떤 속성 F
와 시간 t에 대해서, y가 t 시에 F를 가질 경우, 오직 그때에만 x는 t 시에
F를 갖는다. 그러면 세계들 이야기(world parlance)에 들어 있는 동일성 진

술은 다음과 같이 세계와 시간을 둘 다 양화시켜야 할 것이다. 어떤 x와 y에 대해서, 만일 x = y라면, 어떤 W, F, t에 대해서, y가 t 시에 F와 W를 가질 경우, 오직 그때에만 x는 t 시에 F와 W를 갖는다.[88]

크립키는 통세계적 동일성이 일으키는 난점들에 대한 약식의 해결책을 제공한다. 그의 견해에 따르면, 그것은 "가능 세계라는 메타포는 너무 심각하게" 받아들이기 때문에 일어난 사이비 문제이다. "마치 '가능 세계'가 우리가 가 볼 낯선 외국이나 먼 행성인 것처럼 말이다. 마치 우리가 망원경을 가지고 어렴풋이 그 먼 행성에 있는 여러 배우들을 보고 있는 것처럼 말이다."[89] 크립키는 그러한 비유를 거부한다. 그럼으로써 크립키는 루이스의 가능주의적 실재론(possiblist realism)에 대놓고 반대하는 입장에 선다.

실현되지 않은 가능한 것들

동일성에 관한 이상의 논의는 논쟁의 요지를 보여주는 데 있었지, 그것에 대한 해결은 아니다. 그러나 가능 세계 이론가들이 이 무대에서 꽤 큰 일을 해내고 있다는 점은 분명하다. 가능 세계에 호소할 경우, 어떤 또 다른 그리고 보다 국소적인(focal) 존재론적 수용(ontological commitments)이 요구되는가 하는 문제는 적지 않게 성가신 사안이다. 구체적으로는 가능한 것들(possibilia)에 관해, 즉 가능하지만 비실현된(non-actual) 세계들 그리고 그것들이 포함하는 대상들에 관해 이야기하는 것이 무슨 의미가 있을 수 있는가? 하는 문제이다.

넓게 말해서 이와 관련하여 가능 세계 이론의 옹호자들이 채택했던 두 가지 전략이 있다. 하나는 루이스로 대표되는 극단적 가능주의(extreme possibilism)이다. 다른 하나는 일련의 변형된 이론들인데, 그 이론들은 오직 하나만의 현실 세계, 즉 이 세계만이 존재한다고 생각한다. 반면에 가능 세계와 그 내용들은, '예화 가능성(instantiabllity)'(데레 개념이다) 또는 '가능한 진리'(데 딕토 개념이다)와 같은 양상 개념들을 기본 개념으로 해서, 속성, 명제, 사태와 같은 하나 이상의 내포적 품목들을 통해 정의된다.

　문제는 단순히 가능 세계, 가능한 대상과 같은 **존재하지 않는**(non-existent) 품목들이 **있다**는 생각이 전형적인 모순인 것처럼 보인다는 점이다. 이에 대해서 루이스는 이런 모순의 현상이 존재 주장을 일의적으로만 받아들이기 때문에 일어날 뿐이라고 답한다. "비실현된 어떤 x가 있다"를 고루하게 모순된 논리식 $(\exists x)\sim(\exists y)(x = y)$을 통해서 풀어 설명하는 것은 가능주의자의 의도를 포착하는 데 실패하는 것이다. 우리는 제한되지 않은 형태의 존재 양기호와 특수한 세계에 대한 존재-주장을 표시하는 제한된 형태를 구별해야 한다. 그러면 x가 실현되지 않은 가능한 것(unactualized possibilium)이라고 말하는 것은 $(\exists x)(x \overset{w}{\exists} y)(x = y)$임을 말하는 것이다. 여기서 $(\overset{w}{\exists}\cdots)$는 발언이 이루어지는 세계에서의 현실성을 주장하는 제한된 양기호이다. 이 논리식은 "W_n에서 존재하지 않는 어떤 x가 있다."로 해석된다. W_n은 **이** 세계, 즉 현실 세계로 이해되는데, 이로부터 x는 존재하지만 현실화되지 않는다는 말이 적법성을 얻게 된다.[90] 이런 해석은 시간에도 적용된다. 현재의 시간은 여러 다른 시간 중에서 하나의 시간일 뿐이다. 그 시간을 우리는 '현재' 시간이라고 부른다. 우리가 그 시간 안에서 살고 있기 때문이다. 다른 시간 안에서 살고 있는 사람들은 그들의 현재를 지시하는 데 그와 같은 지표적(indexical) 표현을 사용한다.[91] '현실적(actual)'이라는 말은 '현재'라는 말과 마찬가지로 지표적인 기능을 가진다. 그 표현의 사용은 그것이 지표적으로 사용된 어떤 세계에 특별한 존재론적 지위를 부여하지 않는다. 그 대신 관련 발언이 이루어지는 세계가 어떤 세계인지를 가려내 준다.

루이스는 현실 세계와는 다른 가능 세계들이, 현실 세계가 존재하는 것만큼이나 존재한다고 주장할 때, 아주 진지하다. "내가 가능 세계들에 관한 실재론을 공언할 때, 나는 이를 문자 그대로 받아들여 달라고 하는 것이다--- 우리의 현실 세계는 많은 다른 세계들 중에서 하나의 세계일 뿐이다. 우리는 그 세계만을 현실적이라고 부른다. 그것이 나머지 다른 세계와 종류상 다르기 때문이 아니라, 우리가 살고 있는 세계이기 때문이다."[92] 말이 나온 김에 이것은 왜 루이스가 대역 이론에 관여하게 되는지를 설명해 준다. 왜냐하면 모든 가능 세계가 똑같이 실재한다 해도, 하나의 사물이 어떤 시간에 한 장소에서만 존재할 수 있는 것처럼, 한 개인은 오직 그 세계들 중 한 곳에서만 존재할 수 있기 때문이다.

　루이스의 비판자 중 일부는 이런 견해들을 이해할 수 없다고 생각한다.[93] 이런 견해들이 선임자를 — 예를 들어 어느 정도는 마이농에게서 — 가지고 있고, 또 무모순적이라는 사실에서 볼 때, 적어도 논의될 수 있어야 할지라도 말이다.[94] 그럼에도 불구하고 대부분의 다른 가능 세계 이론가들은 좀 더 까다로운 기준에 맞춰서, 하크(Haack)가 콰인에게 힌트를 얻어서 '루이스의 존재론적 빈민굴'[95]이라 부른 것을 회피할 만큼 까다롭다. 그 이유는 적어도 잠재적으로, 인구 과잉의 세계에 의지하지 않고도 이런 난점들을 처리하기 위해 이용할 수 있는 전략이 있기 때문이다.

　간단히 말해서 그 전략이란 오직 하나의 — 우리 자신의 — 세계만을 인정하고 가능 세계들을 그것으로부터의 양상적 구성(modal construction)으로서 설명하자는 것이다. 이런 종류의 견해를 '현실주의(actualism)'라 한다. 그중 한 변종은 사태, 관계, 속성 등과 같은 내포적 명사들에 적용되는 예화와, 존재 사이의 구분에 의존한다. 예컨대 스탈네이커(Stalnaker)는 가능 세계가 존재하지만 예화되지 않은 속성들과 동일시되어야 하고, 현실 세계는 그 속성들이 실제로 예화되어 있는 세계라고 주장한다.[96] 플랜틴가의 입장도 이와 유사하다. 가능 세계들이란 획득될 수 있는 가능한 사태들이다. 반면에 현실 세계란 요소적인 사태들이 실제로 획득되어 있는 세계이다.[97] '예화 가능성', '획득 가능성'과 같은 개념은 데 레 양상 개념이다. 이 두 견해 사이에는 세부적으로 중요한 차이점이 있다. 이 차이는 무엇보다도 모두 서로 밀접하게 관계되어 있는 속성, 명제, 사태 등을 어떤 식으로 설명할 것인지에 영향을 미친다. 예컨대 아리스토텔레스가 알렉산드로스의 스승임(Aristotle's being Alexander's tutor)이라는 개념처럼, 어떤 사태의 개념을 가지는 것은, 그에 대응하는 명제 "아리스토텔레스는 알렉산더의 스승이다."를 아는 것이다.[98]

이러한 밀접한 연관 때문에 아담스(Adams)에게서 비롯된 제 삼의 대안적인 견해가 등장한다. '현실주의'라는 말도 아담스가 처음 썼던 말이다. 그에 따르면, 가능 세계란 명제들의 집합 S('세계-이야기')로서, 모든 명제에 대해서 그것이나 그것의 모순이 S의 성원이면서, 동시에 그것이 S의 모든 성원의 참된 연언이 있는 것이 가능한 그러한 것이다. 첫번째 조건은 '최대화(maximalisation)' 조건이다. 현실 세계는 그 성원의 연언이 실제로 참인 명제들의 최대 집합이다. 아담스의 이론은 데 딕토 현실주의이다. 이때의 양상은 명제들의 속성이기 때문이다. 이로부터 명제들의 존재는 그것들의 참에 의존하지 않는다는 점이 분명해진다.[99] 이런 견해는 상태 기술이라는 개념을 사용하는 카르납의 입장과 유사하다.

아담스의 이론은 두 가지 난점을 초래한다. 그 자체를 두고 거짓이라고 주장하는 명제의 경우와 같은, 의미론적 역설을 해결하기 위한 기구를 그것이 포함하지 않는 한,[100] 하나의 가능 세계는 최대한으로 무모순적인 명제들의 집합이기 때문에, 어떠한 가능 세계도 있을 수 없다.[101] 두번째 난점은 집합 이론적인 문제에서 일어나는데, 이것은 명제들의 최대 집합이라는 개념이 정합적이지 않다는 것을 시사한다. 그 이유는 명제들의 어떤 임의의 최대 집합 S에 대해서, 그것의 멱집합은 S보다 큰 농도 (cardinality)를 가지게 될 것이기 때문이다. 멱집합의 각 구성원은 명제일 것이고, 그 집합 자체는 무모순적일 것이고, 또 새로운 집합은 그 전 집합 보다 더 큰 농도를 가질 것이다. 그것들의 합집합의 멱집합도 더 큰 농도 를 가질 것이다--- 등등.[102]

존재와 현실성: 몇몇 문제들

가능 세계 이야기의 정합성을 허용해 주는 존재(existence)와 현실성(actuality) 간의 차이를 이해하기 위한 또 다른 전략이 있다.[103] 의견의 차이는 흔히 만족스러운 설명이 직면하는 어려움을 재는 좋은 척도가 된다. 이 경우가 그 한 본보기이다. 다양한 제안들의 세부를 장식하는 문제들을 제외하고 나면, 이 프로그램의 반대자들이 강조하는 어떤 **일반적인** 트집 들이 있다. 그것들 중에 바로 '존재한다'가 술어인지, 즉 존재가 속성인지 하는 문제가 있다. 이 문제는, 어떤 의미에서 그런 속성을 가지는 어떤 사 물이 있을 수 있는지, 그런 속성을 결여하는 다른 사물이 있을 수 있는지 하는 문제보다 앞서서 일어나는 문제이다.(4장 이하를 보라.) 언뜻 보기에 통상적인 어법은 우리가 실제로 존재 개념을 이런 식으로 사용한다는 것 을 암시한다. 그러나 곧 드러나겠지만, 그것은 마이농적인 세계 또는 의 사 마이농적인 세계와 연루되는 대가를 치루는 것이다. 그러면 오컴의 면도날을 없애기 위해서 가능 세계 이론가들이 제시하는 이유는 좋은 이 유이지 않으면 안 될 것이다. 넓은 범위의 철학적 문제들을 다루는 과정 에서 가능 세계에 관한 이야기가 약속하고 전하려는 것 자체가 그러한 이유들을 이룬다고 할지도 모르겠다. 그러나 대체로 사람들은, 세부적인 구체적 제안들이 존재와 현실성이 속성이라는 것, 더구나 서로 구별되는 속성들이라는 점을 설득해 주어야 할 것이라고 생각하기 쉽다. 그와 같은 견해는 적어도 매우 의심스러운 것처럼 보인다. 이 작업에서 일어나는 난점들 중의 하나는, 위에서 본 바와 같이, 속성이라는 개념 자체가 가능 세계라는 말에 기초해서 내용을 얻는다는 점이다. 즉 그것은 세계들로부터 대상들에로 가는 함수라고 정의된 바 있다. 따라서 속성들이 기본적인(primitive) 것으로서 생각되지 않는 한, 또는 어떤 독립적인 설명이 주어지지 않는 한, 속성(또는 명제)들을 가지고 가능 세계를 설명하는 것은 순환적인 것이 될 것이다.

가능한 것들(possibilia)이라는 개념이 가진 근본적인 난점은 그것들이 너무 심각할 정도로 반직관적이라는 데 있다. 직관적으로 존재와 현실성 개념을 일의적으로 이해할 만한 좋은 이유가 있는 듯이 보인다. 보통 그 개념들은 있는 것을 한정하는, 또 세계 속에서 만날 수 있는 것을 진술하는 효력를 가지고 있다. 확실히 우리의 담화에서는, 사정이 이러이러하게 달랐더라면 만나게 되었을 수도 있는 가능한 품목이라는 개념이 등장한다. 그러나 문제는 그것이 존재하는 어떤 것의 관념으로서 나타나는지 하는 것이다. 그리하여 x가 있지만 x는 현실적이지 않아서 이 세계에서는 만나지 못한다는 생각을 우리가 편안하게 이해할 수 있는지 하는 것이다. 달리 말해서 문제는, 사태가 달리 있을 수도 있었다든지 다르게 전개되었을 수도 있었다는 생각을 우리가 이해할 수 있다는 사실이, 이런 대안적인 상황이, 생각될 수 있기 위해서, **있어야** 한다고 믿게 만드는지 하는 것이다. 결국 단도직입적으로 말해서, 그런 것들이 존재해야 한다거나 정말 존재한다는 주장은 오해를 일으키는 것처럼 보인다. 이것은 루이스의 견해에서나 볼 수 있는 덜 온건한 종류의 가능주의적 실재론에 대한 응답으로서나 적절하다고 주장되어야 할 것 같다. 플랜틴가, 스탈네이커, 아담스의 견해들이 받아들일 수 없는 것인지는 그리 분명하지 않다. 여기서는 우리가 깨문 존재론적인 탄환이 이빨을 부러뜨릴 정도까지는 되지 못한다고도 주장될 수 있었다. 적어도 비현실적인 대상에 관한 양화는 없는 것이다. 또한 한 편으로는 존재와 다른 한 편으로는 예화나 획득 가능성 사이의 구분이 잘 이루어지고 나면, 가능 세계들은 현실적으로 존재하는 품목들로부터 구성될 수 있다. 또는 다른 대안으로 아담스의 견해에서처럼, 명제, 가능한 진리와 같은 너무 별나지 않은 개념들을 사용하면, 그것들을 이해할 수 있다. 이런 방향이나 이와 유사한 방향에서는 어느 정도 수긍할 만한 면(plausibility)이 있을 것이다.

이렇게 수긍할 만한 듯이 보이는 현상이 현상에 국한되지 않는 것인지는 다시금 크게 세부 사항들에 의존할 것이다. 그러나 거기에는 비현실적 품목에 대한 일반 개념이 어떠한 것인지에 관한 몇 가지 생각들이 있다. 세부 이론들은 그 일반 개념을 적합하게끔 설명해 줄 필요가 있을 것이다. 이런 생각들은 콰인이 제공했던 생각들이 아니다. 예상대로 가능한 것들(possibilia)에 대한 콰인의 공격은 그것들이 동일성 기준을 결여한다는 것이다.[104] (그는 가능한 것들을 다음과 같이 잔인하게 다룬다. "저 문 안에 가능한 뚱보가 있다고 생각하자. 또 저 문 안에 가능한 대머리가 있다고 생각하자. 그들은 가능한 같은 인간인가, 아니면 가능한 두 인간인가? 이를 우리는 어떻게 결정하는가?--- 그 자신과 동일하다고 의미 있게 말해질 수 없으면서 서로 구분되는 존재자들에 대해 말하는 것에 무슨 의미가 있을 수 있는가?"[105] 가능주의자는 두 가능한 대상들을 정의하는 기술이 동치일 때, 그러니까 그것들이 모두 그리고 오직 같은 본질적 속성만을 공통적으로 가질 때, 그 두 대상들이 동일하다고 답할 것 같다.) 차라리 그 생각들은, 극단적 실재론에서 나와서, 가능한 것들이 본질적으로 개념에 의존한다고 말하는 것이 옳을 수도 있다는 것이다. 우리가 가능한 것들에 대한 사고의 존재에 대해 의미 있게 말할 수 있는 반면, 우리는 (극단적 실재론자이지 않고서는) 적어도 우리가 생각하고 있는 가능성들의 존재에 대해서는 같은 식으로 말할 수 없다.[106] 그렇다면 난점들이 생겨난다. 왜냐하면 가능한 것들이 쓸모 있는 품목이 되기 위해서, 그것들의 사고 의존성은 그것들이 존재하기 위해 실제로 누군가에 의해 파악되어야 하는 것이어야 하는 것이 아니라, 그것들이 일반적으로 파악될 수 있어야 하는 것이어야 하기 때문이다. 왜냐하면 무한히 많은 가능한 것들이 있기 때문이다. 그리고 그것들은, 어떤 특수한 시간에 어떤 개념 파지자(conceptualizer)에게 속박되어 있는 것이라기보다는, 그 개념 파지자에게 이용될 수 있다는 의미에서 객관적이어야 한다.[107] 따라서 가능한 것들의 정신 의존성을 부정하든, 긍정하든 그에 맞는 객관성의 개념이 요구된다. 이 객관성 개념은 '실재하는(real)', '존재한다', '현실적인(actual)'을 포함하는 명료하게 이해된 개념 군 중의 하나가 될 것이다.[108] 지금까지 이 영역에서의 생각은 무정부적인 상태에 놓여 있다.

본질주의

이런 논의의 과정에서 본질에 관한 이야기가 있었다. 본질과 같은 것이 있다고 말하는 논제는 최소한, 어떤 x가 소유하는 속성들 간의 두 요소 구분을, 즉 본질적 속성과 우연적 속성 간의 구분을 인정하는 것이다. 본질적 속성은 x가 필연적으로 소유하는, 즉 결여할 수 없었던 속성이다. 우연적 속성은 x가 우연적으로 소유하는 속성이다. 다시 말해서 여전히 x 이면서도, x가 가질 수도 있고 가지지 않을 수도 있는 속성이다. 여러 형태의 본질주의를 수용하게 만드는 몇몇 동기들을 전 절에서 개진한 바 있다. 이제 문제는 그런 수용이 과연 그럴듯한가 하는 점이다.

본질주의의 비판자들은 본질 개념이 사소하거나(그러므로 전혀 흥미가 없는 것이거나) 이해될 수 없는 개념이라는 점을 보여주고자 한다. 첫 번째 설명에서는, 본질주의자들이 예를 들면서, 모든 것은 본질적으로 자기 동일적이다, 모든 것은 본질적으로 그것이 아닌 것이 아니다와 같은 예를 범례로 인용한다는 것이 지적되고 있다. 그러나 비판자들은 이런 예들이 철학적으로 흥미가 없다고 말한다.[109] 본질적 속성들에 대한 다른 후보자들은 논쟁을 치뤄야만 그 사소함에서 벗어난다. 이런 문제들을 살펴보는 한 가지 방법은 다음과 같다.

본질주의를 표현하는 여러 가지 방법이 있다. 가장 기본적으로는, 사물 x의 속성 중 일부는 본질적이고 그 나머지는 우연적이라고 표현된다. 본질적 속성들은 다른 개별자들로부터 x를 판별해 줄만큼 충분하지 않을 수도 있다. 그러나 본질적 속성들은 저마다 이런 작업에 필수적이다. 바로 이것은 적어도 통세계적 동일성과 관련하여 난점을 일으키는 것이다. 만일 한 개별자 A가 하나 이상의 가능 세계에서 존재하고, 그것이 한 세계에서 다른 세계로 넘어가면서 우연적으로만 다르다면, 어떻게 우리는 임의의 세계에서 A를 가려내게 되는가? 이를 위한 가장 빠른 해결은 크립키에 의해 제공된다. 우리는 어떤 세계가, 현실 세계에 있는 A와는 달리, 이러 저런 우연적인 차이를 지닌 A를 포함한다고 약정한다.[110] 이런 방법은 확실히 본질과 우연 간의 분명한 구분을 전제한다. 왜냐하면 이런 입장에서 약정되지 않은 것은 A의 본질적 속성들이기 때문이다. 이런 입장은 곧바로 이렇게 응수한다. 어떤 속성들이 A에 본질적이고 우연적이라고 생각되는지는 사실 항상 약정적이라는 것이다. 콰인의 '수학자인 자전거 선수 역설'은(이하를 보라) 본질이 항상 관심 상대적인 것이며, 세계 속에 있는 것이 아니라는 점을 보여주고자 하는 것이다. 이는 다시 말해서 데 레 필연성이란 없다고 주장하는 것이다.

본질적 속성들이 x가 가진 속성들의 한 부분 집합이라는 견해에서, x의 본질적 속성과 우연적 속성을 구별하는 한 가지 방법이 있다. 그것은

x의 본질적 속성이 어떤 의미에서 'x를 바로 그 특수한 개별자로 만들어 준다'고 말하는 것이다. 이것은 보다시피 전혀 명확한 표현은 아니지만, 본질이란 x의 명백한 성격을 일으켜주는, x의 보이지 않는 기층(underlay) ― 아마도, 구조나 내적 구성 ― 이라는 로크의 제안과 유사한 면이 있다. 이 표현에서 '만들어주다', '일으켜주다'는 표현은 무엇을 의미하는가? '원인'을 의미하는 것으로 보자는 제안이 있다. 그러나 그럴 경우 어떤 난점이 생겨난다. 어떤 그럴듯한 견해에 따르면, 인과적 연결은 사건들 사이에서 획득되는 것이지, 대상들의 속성과 그 대상 그대로의 존재 사이에서 획득되는 것이 아니다. 그럼에도 불구하고 x가 자기의 본질적 속성을 가짐과 그것이 그 있는 상태로 있음 사이에 어떤 확정적인 관계가 있다는 것은 직관적으로 분명하다. 그 관계가 인과적인지 아닌지는 논증해 보아야 한다.[111]

그러나 아무리 그와 같은 개념이 이해된다 하더라도, 그것은 분명히 도움이 되지 못할 것이다. 왜냐하면 그것을 사용하기 위해서는 x가 자기의 본질을 가짐으로 해서 어떤 결과가 따라 나오는지 또는 어떤 결과가 초래되는지에 대해 어떤 제한을 두어야 하기 때문이다. 그런 제한이 없었다면, 가령 아리스토텔레스에 대한 아베로에스(Averroes)의 주석 저술은 어떤 의미에서 아리스토텔레스의 본질에 의해 결정되는 것이 되고 말 것이다. 그리고 아베로에스가 썼던 것이 아리스토텔레스라는 존재의 한 부분이라고 주장하는 것은 확실히 반직관적이다. 이것은 이런 저런 주석을 달았던 아베로에스가 아리스토텔레스의 속성이라고 말하는 셈이 될 것이다. 그러나 어떤 제한이 있어야 성공할 것인가? x 중에서 우리의 관심과 관계된 x의 특징들에 호소하게 되면, x의 본질적 속성에 대한 우리의 설명은 콰인 식의 규약주의 노선에 따라 공격을 당하게 될 것이다. (이하를 보라) 반면에 그 개별자 x의 존재에 결정적인 것들을 x의 본질적 속성으로 잡는다면, 설명하지 못하는 순환에 빠져들게 될 것이다.

이와 같은 고찰들은 아리스토텔레스적인 대충의 본질 개념을 좀 더 매력적인 대안으로 만들어준다.[112] 바로 여기에서 우리는 x를 바로 그 개별자로 만들어주는 것을 설명하는 작업으로부터 떠나, x를 바로 그 사물의 **류**(kind)로 만들어주는 것으로 넘어가고 있다. 따라서 본질적 속성에 대해 말하는 것은 x를 류 K의 구성원으로 만들어주는 속성에 대해 말하는 것이다. 만일 x가 인간이라면, x의 본질적 속성은 그를 **인간**이라는 류의 구성원으로 만들어주는 속성이다. 이런 방법은 위에서 부딪쳤던 난점들을 피하게 해 줄 뿐만 아니라, 그 외에도 상당한 장점도 가진다. 우선, 만일 x가 K라면, x는 필연적으로 K라는 식의 중요한 본질주의적 주장을 증명하는 지름길이 있다. "x가 K의 모든 속성을 가진다."가 "x는 K이다"를 반드시 함축한다는 것이 허용되기만 한다면, x가 K일 경우 x를 K로 만들어주는 속성은, 위에서 진술된 아리스토텔레스의 개념에 따라, x의 본질적 속성이 된다. 그러므로 x가 K라는 것은 필연적이다.[113]

수학자 자전거 선수 역설

그러나 여기서 무엇이 어떤 x의 본질적 속성으로 생각되고 무엇이 우연적 속성으로 생각되는지와 관련하여 문제가 발생한다. 콰인에 따르면, 이에 대한 우리의 결정은 항상 우리의 관심에 상대적이다. 이 견해는 '규약주의(conventionalism)'라고 알려져 있다. 다음 구절은 규약주의가 무엇인지를 잘 보여주고 있다. "아마도 수학자들을 두고는 필연적으로 이성적이지만 필연적으로 두 다리를 가지고 있지는 않다고들 말하고, 자전거 선수들을 두고는 필연적으로 두 다리를 가지고 있지만 필연적으로 이성적이지는 않다고들 말할 것이다. 그렇다면 별나게도 수학자이면서 자전거 선수인 사람에 대해서는 뭐라고 말해야 할까? 이런 실제의 개인은 필연적으로 이성적이지만 우연적으로 두 다리를 가지고 있거나, 반대로 필연적으로 두 다리를 가지고 있지만 우연적으로 이성적이라고 해야 할까? 자전거 집단 대신 수학자 집단에 집어넣을 것인지, 아니면 수학자 집단 대신 자전거 선수 집단에 집어넣을 것인지에 대해서는 특별히 편견을 가지지 말고, 우리가 대상을 지시적으로 말하는 한, 그의 속성 중 일부는 필연적이고 일부는 우연적이라고 평가하는 것은 전혀 의미가 없다."[114]

다시 말해서 본질주의에 개입하게 되면 역설의 현상이 초래된다. 관심 상대적으로 어떤 같은 속성들이 본질적이 되기도 하고 우연적이 되기도 할 것이기 때문이다. 그래서 임의의 개별자가 본질적으로도 우연적으로도 이러저러하게 될 것이기 때문이다.

콰인의 이러한 의견이 본질주의 논박으로서 성공하지 못할 것이라는 지적이 있었다. "수학자들은 필연적으로 이성적이나 필연적으로 두 다리를 가지고 있지는 않다."와 "자전거 선수는 필연적으로 두 다리를 가지고 있으나 필연적으로 이성적이지는 않다."라는 문장이 애매한 표현이기 때문이라는 것이다.[115] 데 딕토로 해석할 경우, 위의 두 문장은 "수학자들은 이성적이다."와 "자전거 선수는 두 다리를 가진다."가 필연적 진리인 반면, "수학자는 두 다리를 가진다."와 "자전거 선수는 이성적이다"는 필연적 진리가 아니라는 것을 주장한다. 그러나 데레로 해석될 경우, 위의 두 문장은 모든 수학자가 필연적으로 이성적이나 필연적으로 두 다리를 가지고 있지 않고, 또 모든 자전거 선수가 필연적으로 두 다리를 가지나 필연적으로 이성적이지는 않다는 것을 주장한다. 여기서 본질주의자가 양 명제에 모두 관여한다고 가정할 아무 이유도 없다.[116]

콰인의 관심은 사물에 대한 우리의 분류가 우리의 관심과는 다른 어떤 것에 의해 지배되는 것으로 생각할 경우, 딜레마에 빠져들고 만다는 점을 지적함으로써 데레 해석이 이해 불가능하다는 점을 증명하는 데 있다. 수학자 자전거 선수가 앞에 있을 때, 그가 필연적으로 이성적인지 필연적으로 이성적이지 않은지가 어떻게 결정될 수 있단 말인가? 우리가 류라는 표현을 고수할 경우, 본질주의자들의 답변은 유효한 것처럼 보인다. 이런 견해에서 관련된 물음은 "x는 어떤 종류의 사물인가? 이다. 따라서 x가 개라고 하자. 그러면 합법적으로 "x는 어떤 종류의 것인가?"라고 물을 수 있다. 그 답은 '동물'이다. 다시 "어떤 종류의 동물인가?"라고 물으면, '개'라는 답을 얻는다. 그러나 "어떤 종류의 개인가?"라고 묻고, 이에 대해서 '사나운 개'라든지 '큰 개'와 같은 답을 끌어내면 요점에서 벗어난다. '큰 개', '사나운 개'와 같은 표현은 류를 지시하지 않기 때문이다.[117] 이런 제한은 류들에 관한 논제에 달려 있다. 그 논제는 다음과 같다. x는 적어도 어떤 하나의 K로 있다. 그리고 만일 K가 K_1이기도 하다면, 그것은 K_1이 K를 포함하거나 K에 의해 포함될 경우에만, 그것은 그런 것이다.

그러나 콰인의 비판을 피하기 위해서 이렇게 이해된 아리스토텔레스적인 본질 개념에도 곤란한 몇 가지 경우들이 있다. 세균학 역사가 한 좋은 예를 제공한다. 세균학자들은 세균족의 면역학적 속성을 세균에 대한 확인 기준으로 사용한다. 그러나 세균은 항혈청 반응 작용으로 흔히 극단적으로 심하게 변형된다. 따라서 시간이 지남에 따라 전혀 다른 족의 집단에 속하게 된다. 본질주의자들은 해당 집단들이 류라는 것을 부정하려 하거나, 아니면 그것들이 류라면 세균이 집단을 통관하는 동일성을 그대로 유지한다는 것을 부정하려 한다. 그러나 그 어느 쪽 대안도 경험 과학자에게는 도움이 되지 않는다. 경험 과학자는 당장의 과제를 이해하기 위해서 규약주의자가 되기를 선호할 것이다. 여기서 본질은 관심 상대적이다. 류들이 관심 상대적이고, 본질이 류들에 의존하기 때문이다.[118] 나아가서 이 경우, 다른 시간에 세균이 소속되어 있는 류들은, 콰인에 대한 응수로 본질주의적 수정이 요구하는 바처럼, 서로를 포함하지 않는다. 결과적으로 본질주의적 주장은, 또는 하여간 그 주장의 이형은 미덥지 못한 것으로 드러나는 것이다.

본질주의의 비판자들은 다음과 같이 주장함으로써 이와 같은 결론에 도달한다. 즉 우리가 데레 양상을 이해하는 데 애를 먹는 것은, 콰인의 관찰이 보여주는 것처럼, 어떤 한 대상에 관한 진술의 양상적 지위가 해당 대상에 대한 지시(designation)의 선택에 의존한다는 사실에서 일어난다는 것이다. 따라서 "9는 7보다 크다."는 필연적으로 참이나, "행성의 수는 7보다 크다."는 필연적으로 참이 아니다. 데레 양상을 이해하는 데 애를 먹는 것이 착각이라는 답변이 있을 수도 있다. 예컨대 필립은 키케로가 카틸린느를 탄핵하였다는 것을 믿지만, 그는 키케로가 툴리라는 것을 알지 못하고 있기 때문에 툴리가 카틸린느를 탄핵했다는 것을 믿지 않는 경우와 같은 불투명 문맥이 있다 하자. 그리고 이 불투명 문맥을 '투명하게' 해석할 수 있는 경우를 생각해보자. 이런 경우에 우리는 키케로라는 이름의 사람이 있다는 것을 잘 이해한다. 필립은 바로 그 키케로란 사람이 카틸린느를 탄핵했다는 사실을 믿는다. 그러면 왜 우리는 9는 본질적으로 7보다 큼이라는 개념을 이해할 수 없는가? "9는 7보다 크다."의 필연적 참은 9가 필연적으로 가지는 속성에 관한 어떤 것을 말한다. 그리고 "행성의 수는 7보다 크다."가 우연적이라는 사실은, 9에 관한 독립적 사실에 대한 우리의 파악을 아무것도 변경시키지 않는다. 다시 말해서 행성의 수에 붙어 있는 우연성이 얼마간 9가 필연적으로 7보다 크다는 것에 의심을 불러일으킨다 하더라도, 그것이 얼마나 의심을 일으키는지는 불분명하다. 결국 이 난점에 대한 분명한 치유책이 준비되어 있다. 진리들(그리고 그것들 간의 관계들) "행성의 수는 실제로 9이다; 9는 필연적으로 7보다 크다; 행성의 실제 수는 필연적으로 7보다 크다"는 9개의 행성이 있다는 것이 우연적이라는 것과 모두 일치한다.

본질, 기원 그리고 구조

그러나 한 사물의 어떤 속성이 본질적이고 어떤 속성이 우연적인지를 어떻게 밝혀낼 것인지는 여전히 불분명하다. 크립키는 이 난점을 해결하기 위한 두 가지 방안을 제안한다.[119] 하나는, 개별자의 기원 또는 그 개별자를 만들어주는 재료가 그 개별자에 본질적이라는 제안이다. 다른 하나는, 개별자들의 류의 본질은 그 류의 개별자들의 내부 구조에 있으므로, 그 류의 구성원은 본질적으로 그런 적절한 내부 구조를 가지는 것에 의존한다는 것이다. 그러나 이 두 제안은 모두 논쟁의 여지를 남기고 있다.

크립키의 기원 논증의 골자는 이렇다. 만일 어느 한 책상이 나무로 되어 있다면, 나중에 그것이 가령 은과 같은 다른 실체로 바뀌었다 할지라도, 그 책상은 본질적으로 나무로부터 유래한 것이라는 것이다.[120] 슬로트(Slote, M.)는 이에 대한 반론을 제시하였다.[121] 책상 t가 나무 w로 만들어졌는데, 이 나무 w는 책상 t가 만들어지기 전에 '확고하고 적법하게' 은으로 변했다가 다시 나무로 바뀐 것이라고 하자. 그러면 확실히 t는 은 상태로 있는 w로부터 만들어졌다가 나중에 나무로 변했을 수도 있었을 것이라는 것이 가능하다. 만일 그렇다면 t는 우연적으로만 나무로부터 유래할 뿐이며, 따라서 일반적으로 적어도 어떤 사물들은 실제로 본래 그것들이 구성되어 있던 재료에서 벗어난 재료로 우연히 만들어져 있을 수도 있다는 것이 따라 나올 것이다.

사람의 경우를 놓고 크립키의 기원 논증을 살펴보는 것이 더 잘 이해될 것 같다. 맥퀀은 이 방면에서 처음으로 상당히 설득력 있는 논증을 보여주었다. 그에 따르면, 한 개인의 기원의 필연성은 그 사람이 필연적으로 자기가 자라온 접합체(zygote)와 동일하다는 사실과, 이 접합체 및 그가 양친으로부터 얻은 배우체쌍 사이에는 필연적 연결이 있다는 사실에서 나온다.[122] 첫 번째 점에서, 맥퀸은 어른이 자기의 어릴 적 개체와 동일하며, 어린이는 유아와, 유아는 태아와, 태아는 접합체와 동일하다는 것은 명백한 사실이라고 생각한다. 두 번째 점에서, 접합체는 배우체쌍과 동일할 수 없다. 후자는 수적으로 둘이지만 전자는 하나이기 때문이다. 따라서 맥퀸은 직관에 호소한다. 맥퀸이 나폴레옹의 배우체로부터 나온 세계를 생각하자. 이와 함께 맥퀸이 나온 실제의 배우체가 그 세계에도 있다고 하자. 어떤 개인이 맥퀸이라는 이름에 보다 더 맞는 개인인가? 후자라는 것이다.[123]

그럴듯할 것 같은 이 논증에 대해서도 이의가 제기되었다.[124] 공교롭게도 우리의 직관은 맥퀸이 제안하는 그대로 변함없이 잘 움직여주는 것이 아니다.[125] 그렇기 때문에 — 맥퀸의 첫 번째 지적과는 달리 — 생물학적(또는 보다 일반적으로 과학에 근거한) 연속성이 항상 동일성을 결정하지 않는다는 것을 보여줄 수 있다. 다음과 같은 존슨의 논증이 그 한 예이다.[126] 배우체들이 한 개인으로 성장해 가는 세계가 있다 하자. 그리고 그 개인이 거쳐 간 매 단계의 이력이 히틀러의 매 단계 이력과 구별될 수 없다고 하자. 이어서 동일한 세계에서 히틀러의 배우체가 나폴레옹의 실제 성장 과정과 구별이 안 될 정도로 똑같이 성장해 간다고 가정해 보자. 어느 쪽이 더 히틀러라는 이름에 맞는 것인가? 직관적으로 보아서 전자이다. 논증 형식이 같음에도 불구하고 맥퀸의 예와는 상반되는 결론이 나오고 있다.

이런 생각들은 다음과 같은 점을 암시해 준다. 두 가능한 개인 A와 B가 있다 하자. 그들 각각의 이력에 있어서 A의 이력은 출생 후부터 t 시까지 제3의 개인 C의 이력과 구별될 수 없지만 그 이후에는 다르다. 그리고 B의 이력은 출생 후 t 시까지 C의 이력과는 다르지만 그 이후는 구별될 수 없다. 그럴 경우 올바른 기원을 가진 A만이 C와 동일시될 자격을 갖는다는 것은 분명하지 않았을 것이다. B도 C와 동일시될 수 있기 때문이다. 이와 관련해서 종종 스프리그(Sprigg)가 든 엘리자베스 여왕의 예가 사용되기도 한다.[127] C가 엘리자베스 여왕이고 A와 B는 다른 두 여자라고 하자. 그런데 A와 엘리자베스 여왕은 출생과 유년 시절에서 t 시까지 서로 구별할 수 없는 이력을 가지고 있다. 그리고 B와 엘리자베스 여왕은 t 시 이후부터 구별할 수 없는 이력을 가지고 있다. 이때에도 B는 A 못지않게 엘리자베스 여왕일 자격을 가진다고 말할 수 있다. 이 말이 그럴듯한 이유는 마크 트웨인의 소설 『왕자와 거지』도 이와 같은 현상을 소설의 주제로 삼고 있기 때문이다.

현재의 쟁점은 생물학적 주장이나 과학에 근거한 주장이 기원의 필연성에 관한 주장을 옹호해주기에 충분한지 하는 것이다. 그리고 이상의 논증은 그렇지 못하다는 것이다.[128] 위의 엘리자베스 여왕의 경우를 생각해보라. 만일 A와 B가 다른 세계에 있다면, A와 B는 둘 다 쉽게 엘리자베스 여왕과 동일시된다. 이것은 해당 세계들이 그 구조 안에 관련 인물의 매우 다른 부분을 강조해서 반영하고 있을 수도 있기 때문이다. 이것은 세계들 사이를 구별하는 친숙한 방법(그리고 이유)이기도 하다. 그런 경우에, 엘리자베스 여왕은 그녀의 실제 접합체로부터 자라 나오지 않을 수도 있었을 것이다. 그리고 만일 그렇다면, 문자 그대로 그 접합체와 동일시될 수 없을 것이다.[129]

크립키의 또 다른 제안은 류와 관계한다. 크립키에 의하면, 만일 한 사물이 어떤 내부 구조를 가진다면, 그 사물이 그 내부 구조를 가진다는 것은 필연적이다. 예컨대 고양이가 (그것들을 동물로 만드는 어떤 내적 구조를 가지는) 동물이라면, 그에 맞는 내부 구조를 가지지 못한 고양이 같이 생긴 동물은 고양이가 아니다.[130] 호랑이를 또 다른 예로 들면서, 크립키는 다음과 같이 말한다. "호랑이는 --- 그 외양만을 가지고는 정의될 수 없다. 호랑이와 그 외양은 완전히 같으면서도 다른 내부 구조를 가진, 따라서 호랑이의 종이 아닌, 전혀 다른 종이 있었어야 했다는 것이 가능하다."[131]

본질로서의 내부 구조라는 개념은 이해가 되는가? 여러 가지 어려움이 있다. 내부 구조가 짜여 있다 하자. 호랑이는 어떤 내부 기관과 그 밖의 다른 생리학적 구조의 배열로 구성되어 있다. 이것들은 다시 세포의 내부 구조를 가지고, 또 더 나아가서 세포들은 분자의 내부 구조를 가진다. 이 관계가 원자 --- 아원자 입자 --- 등등으로 이어져서 최종적으로는 에너지 양자의 내부 구조 또는 그 이상의 것에 이르게 된다. 어떤 차원의 내부 구조가 본질을 구성하는 내부 구조인가? 두 호랑이가 IS---ISn(여기서 IS = 내부구조) 차원까지 같은 내부 구조를 가지고 그 이후의 차원에서는 다른 내부 구조를 가진다고 가정하자. 어느 것이 호랑이인가? 어느 한 차원의 내부 구조는 모든 다른 차원이 한결같이 일치한다는 것을 반드시 함축하기 때문에 어느 한 차원에서의 유사성을 밝혀주는 것으로 충분하다고 말할 수 있을지 모르겠다. 그러나 구조의 차원들이 한결같이 일치한다면, 그 일치가 외부 구조에까지 미쳐서, 크립키의 생각과는 달리, 외부 구조(외양)도 어떤 것이 어떤 류의 사물이라는 것을 충분히 결정해 준다고 생각 못할 이유가 없다. 더구나 내부 구조의 차이가 류의 차이를 결정지어 준다면, 각 개별자는 그 자체로 류가 된다고 하는 반직관적인 결과가 따라 나오는 것처럼 보일 것이다. 왜냐하면 모든 개별자는 유일한 존재이고 — 이 호랑이는 저 호랑이보다 왼쪽 귀 밑에 더 긴 털을 가지고 있다 — 그 차이는 내부 구조에 있어서의 차이에서 나온 것이기 때문이다. 내부 구조가 셀 수 있는 내부 속성의 (포괄적 선언의) 논리적 합이라고 말하게 되면, 이런 유감스러운 결과는 봉쇄될 수 있을 것이다. 그러나 이런 개념은 크립키가 외부 모양이라고 항의하는 개념이다. 여기서 속성들의 논리적 합에 대한 호소는 내부 구조와 관련해서 일어나는데, 이것은 인식론적으로 류 분화 현상의 논리적 합에 의존하는 것만 못한 탐탁치 않은 상황이다.

금이나 물과 같은 물질의 본질을 밝히는 데에도 주로 내부 구조가 이용된다. 그런 물질의 본질을 밝히는 데 엄밀하고 명료한 기준인 듯이 보이기 때문이다. 예컨대 어떤 세계에서 원자 번호 79인 모든 물질 그리고 그 물질만이 금이다. 그리고 어떤 세계에서 H_2O라는 분자 구조를 가진 모든 물질 그리고 그 물질만이 물이다. 얼핏 보기에 이와 같은 원소나 화합물은, 호랑이와 같은 생물학적 류와 비교해서 단순하기 때문에, 다른 분석이 필요한 것처럼 보일지도 모른다. 그러나 이에 대해서도 같은 논증, 같은 비판이 거듭된다. H_2O는 원자라는 '내부' 구조를 가진 분자 구조이다. 원자 구조는 또 어떤 이러저러한 내부 구조를 가진다--- 등등. 무한히 많은 내부 구조가 깃들어 있다는 것이 논리적으로 가능하다. 그렇기 때문에 본질주의자들은 어떤 x가 **어떠한** 내부 구조를 **가지든 간에**, (즉, 우리가 그것이 무엇인지 알지 못한다 할지라도) 그 x는 그 내부 구조 덕분에 K이라고 말할 수 없다. 왜냐하면 우리가 원리적으로 무엇이 x를 K로 만드는지를 알 수 없었다면, 어떤 y가 x와 같은 내부 구조를 가진다는 것 덕분에 그 y를 K로서 인식할 수 없었을 것이기 때문이다.[132] 한 지점에서 사실 크립키는, 내부 구조를 위해 이 '그것이 무엇이든 간에'라는 전략에 의지하는데, 이 논증에서는 성공하지 못할 것이다.

이상의 개관은 본질 개념이 결코 명료한 개념이 아니라는 점을 보여준다. 본질이 무엇인지가 분명하지 않다면, 어떻게 그것이 인식될 것인지도 분명하지 않을 것이다. 가능 세계에 관한 논의에서 실현되지 않은 가능성들과 같은 개념이 중요한 요소이듯이, 본질 개념도 중요한 역할을 담당한다. 그러나 본질 개념이 이처럼 그 자체로 문제를 가지고 있는 개념이라는 점에서, 가능 세계 개념이 본질주의의 수용에 달려 있는 곳에서는 어디든지 간에, 거기에서 가능 세계 개념에 호소하는 것이 가치가 있는지 하는 의문을 제기한다. 이것은 본질주의나 가능 세계에 관한 이야기를 완전히 논박하는 것이 아니다. 기발한 재간이 아직 관련 개념들을 명확히 설명해 줄 수 있을지도 모른다.

필연성 재론, 분석성 그리고 선험성

전술한 절(section)들은 가능 세계라는 말을 수용해서 그에 수반한 결과들과 더불어 가능 세계라는 말에 대한 보론이다. 그 생각은 이런 것이었다. 만일 필연적 진리가 모든 가능 세계에서 참이라고 설명되고, 필연적 거짓은 모든 가능 세계에서 참이 아닌 것으로, 우연적 참은 적어도 하나의 가능 세계에서 참인 것으로 설명되어야 한다면, 가능 세계 개념 자체가 엄밀한 검토를 요구한다는 것이다. 우리의 논의는 그 개념이 적어도 논쟁거리라는 것을 보여준다. 옹호할 경우, 가능 세계는 최대 무모순성과 같은 특징을 가지는 문장들의 집합으로 해석되는, 약정적 장치이므로 특별한 위험이 초래되지 않는다고 주장되기도 한다. 그럼에도 불구하고 다음과 같은 점은 주목할 만한 가치가 있는 것처럼 보인다. 즉 앞서의 개관이 보여주듯이, 가능 세계 개념은 가능한 것들, 본질 등과 같은 개념들을 수용하는 정확한 방법을 가지지 않은 채 너무 쉽게 그런 개념들을 다 받아주고 있다는 것이다. 이런 점에서 세계들이라는 개념은 형이상학적으로 퍽 매력적인 개념이지만, 경계하는 것이 좋다. 크립키 자신은 가능 세계 개념을 다음과 같이 평하였다. "가능 세계라는 장치는, 양상 논리학의 집합 이론적 모델 이론과 관계하는 한에 있어서는 유용한 개념이었다

(고 나는 희망한다). 그러나 그것은 사이비 문제를 조장하고 오해의 소지가 있는 그림을 그려내기도 하였다."[133]

그러나 만일 우리가 필연적 진리를 모든 가능 세계에서 참이라는 개념으로서 사용한다면, 이번 장에서 다루었던 개념군 ― 필연성, 분석성, 선험성 ― 을 유용하게 파악할 수 있는 관점(point de prise)을 얻게 될 것이다. 더구나 그것들 간의 관계에 대해서도 상당히 흥미 있는 결과가 따라나오는 것으로 보인다.

이런 해석에서 필연성은 참의 극한적인 경우가 된다. 그것은 사물이 있을 수 있는 방식의 모든 가능한 상태와 배열에서 참이다. 따라서 아무리 사정이 어떠하더라도, 2 + 2 = 4는 필연적으로 참이며, 골드바하의 추측도, 만일 참이라면, 필연적으로 참이다. 크립키의 입장에서, 필연성 개념에 대한 우리의 이해는 어떤 것이 참이 될 수도 있었는지 또는 거짓이 될 수도 있었는지 하는 물음에 대한 답을 우리가 이해하는 데에서 일어난다. 만일 어떤 것이 거짓이 될 수도 있었다면, 그것은 필연적이 아니다. 만일 그것이 참이라면, 그리고 세계가 어떤 면에서 달리 있었을 수도 있었다는 것이 가능하지 않다면, 그것은 필연적으로 참이다.[134] 어떤 면에서 이것은 필연성을 매우 단순한 개념으로 만들어준다. 이것은 전통적으로 이 문제에 관한 대표자라 볼 수 있는 퀸톤(Quinton)의 견해를 되풀이하는 것이다. 퀸톤에 따르면, 필연적 진술과 우연적 진술 간의 구분은 '진부한' 일이다. "필연적 진리는 본래부터 참인 진리이다. 루이스식의 표현으로, '그 무엇일지라도 그것에 대해서' 참이어야 하며 거짓될 수 없는 것이다. 우연적 진리는, 그 어원이 암시하듯이, 그 자체 밖에 있는 어떤 것에 의존해서 참이 되거나 그 어떤 것 때문에 참이 되는 진리이다. 이 어떤 것에 의존하고 있는 한, 그것은 반드시 참이어야 하는 것은 아니다. 필연적인 것과 우연적인 것은 진리의 세계를 전적으로 그리고 남김없이 둘로

양분해 준다."[135] 퀸톤의 개념 규정은, 크립키의 규정과 마찬가지로, 라이프니츠의 것을 되풀이하고 있다. 또 라이프니츠의 규정은 이의 없이 칸트에 의해서도 수용되었었다. 이런 식으로 규정된 필연성을 가능 세계를 가지고 다루는 것은, 그것이 포함하는 일상적인 직관과도 잘 조화를 이룬다. 여기서 분명한 공통적인 일치는 광범위하고, 또 강조점의 차이에 대해서도 관용적이다. 예컨대 그것은 필연성에 대한 스윈번의 설명과 조화를 이룰 수 있는 것처럼 보인다. 스윈번의 필연성 설명은 크게 다음과 같은 두 생각 중 어느 하나에 의존한다. 하나는 필연 명제의 부정이 모순이라는 생각이고, 다른 하나는 필연성이 비우연성(non-contingency)이라는 생각이다. 여기서 우연성은 미리 잘 확정된 개념이라고 간주된다.[136]

그러나 그런 합의는 피상적인 것이다. 세부적으로 들어가게 되면, 곧바로 불일치가 일어나기 때문이다. 퀸톤은 모든 필연적인 선험적 진리가, 앞의 절 "'분석적' 재론"에서 살펴본 '분석적'에 대한 네 가지 의미에 모두 맞게, 분석적이라고 주장한다. 이런 입장에서 필연성과 분석성의 동일시는 필연성이 규약적이라는 논증으로부터 일어난다. "한 진술은 그 진술을 구성하는 낱말의 의미 덕분에 필연적 참이 된다. 낱말들이 가지는 의미는 규약에 의해 그것들에 할당된다. 그러므로 한 형태의 말로 필연적 진리를 표현하게끔 해주는 것은 바로 언어적 규약이다." 이것은 "사물의 본성 속에서 객관적으로 발견할 수 있는"[137] 필연성, 즉 데 레 필연성이 있다는 생각과는 어긋나는 표현이다. 크립키의 입장도, 분석적 진리가 약정에 의한 것일 뿐이라면, 선험적**이면서도** 필연적인 진리로서 간주될 수 있다는 점에 있어서만은, 적어도 퀸톤과 일치한다. 크립키는 "분석적 진술이 어떤 의미에서 그것의 의미 덕분에 참이며, 그것의 의미 덕분에 모든 가능 세계에서 참이라고 약정하기로 하자."라고 말한다.[138] 그러나 크립키에게 있어 모든 필연적 진리가 선험적인 것은 아니다. 그리고 바로 이 점에서 상당한 차이가 놓여 있다.

칸트에게 종합적인 선험적 진리가 있어야 한다는 것은 매우 중대한 것이었다. 그러나 퀸톤과 같은 규약주의자에게 있어서는, 모든 필연적 진리가 분석적이고 또 필연적 진리만이 선험적으로 알려질 수 있기 때문에, 종합적인 선험적 진리와 같은 것은 있을 수 없다. 이에 반해 크립키는 놀랍게도 필연적인 후험적 진리, 심지어는 우연적인 선험적 진리도 있을 수 있다는 생각을 도입함으로써, 규약주의와 결별한다. 이것은 크립키가 자기의 견해를 지시의 문제에 적용하고 나서 끌어낸 결과이다.[139]

필연성, 선험성, 분석성(이것들의 반대 개념도)이 각각 형이상학적, 인식론적, 의미론적 개념이라는 크립키의 의견을 상기하는 것이 중요하다.[140] 따라서 우리는 어떤 **필연성**들을 **발견**할 수도 있다. 예컨대 샛별과 개밥바라기는 하나이자 같은 행성이다. 그러므로 동일성 진술 "샛별 = 개밥바라기"는 후험적이면서 필연적인 진술이다. 이름 '샛별'과 '개밥바라기'가 지시하는 존재자가 필연적으로 자기 동일적이기 때문이다. 이 이름들이 그런 같은 존재자를 지시한다는 것이 밝혀지면, 그 이름들 자체는 '고정 지시어(rigid designator)'들이다(고정 지시어에 대한 크립키의 정의에 따르면, 그것들은 그 대상이 존재하는 모든 가능 세계에서 같은 대상을 지시한다는 것을 의미한다). 그리고 샛별과 개밥바라기가 같은 행성이라는 것은 경험적인, 즉 후험적인 발견이다.

또한 크립키의 견해에 따르면, 선험적인 우연적 진리가 있을 수도 있다. 파리에 미터법의 표준이 되는 어떤 막대 S가 있다와 같은 진술이 그것이다.[141] "S는 (t 시에) 1미터의 길이를 가진다."라는 진술이 '1미터'의 지시체를 고정시킨다면, 그리고 그 진술이 '1미터'에 대한 약식 정의나 동의적인 정의가 아니라면, 우리는 S가 1미터 길이를 가진다는 것을 선험적으로 알 것이다. 그렇지만 S가 1미터 길이라는 것은 필연적인 문제가 아니라 우연적인 문제라는 것도 성립한다. 왜냐하면 길이의 표준 단위로서 선택된 막대가 다른 임의의 길이를 가질 수도 있었기 때문이다. 즉 그 막대는 아마도 얼마간 더 길거나 짧을 수도 있었을 것이다.

크립키가 끌어낸 이런 구분과 칸트의 견해를 결합시켜 대조해 보면, 꽤 많은 시사점을 던져 줄 것이다. 칸트는 명제들을 크게 분석 명제와 종합 명제로 나눈다. 분석 명제는 모두 필연적이고 선험적이다. 반면에 종합 명제 중 일부는 선험적으로 알려지고, 일부는 후험적으로 알려진다. 칸트의 철학에서 선험적으로 알려지는 종합적 진리는 근본적인 역할을 한다. 선험적인 덕분에 그것은 필연적이다. 칸트에게 있어서 선험적으로 알려진 모든 진리는 필연적이기 때문이다. 크립키는 종합적이고 선험적인 진리에 관해서는 전혀 말하는 바가 없다. 이것은 그리 놀랄만한 것이 아니다. 크립키의 관심은 비내포적 명명 이론(nonintensional theory of naming)에 있기 때문이다. 이 이론에 따르면, 이름은 기술과 동의적인 것이 아니다. 그저 지시체만을 가질 따름이다.(7장 이하를 보라) 분석성과 종합성은 내포적 개념이기 때문에, "샛별 = 개밥바라기"가 분석적인지 종합적인지, 또 필연적이면서 후험적인지 하는 문제는 일어나지 않는다.

칸트의 견해로부터는 모든 선험적 진리는 필연적이지만, 그중 일부만이 분석적이라는 결론이 따라 나온다. 크립키는 단순히 필연적이면서 선험적인 어떤 진술이 분석적이라고 규정한다. 그러나 모든 필연적 진리가 선험적이지는 않기 때문에, 그중 일부가 분석적**인지** 선험적**인지** 하는 문제는 일어나지 않는다. 따라서 칸트에게 있어 일부 종합적 진리는 필연적이 될 것이다. 반면에, 크립키에게 있어 종합적이고 필연적인 진리나 종합적이고 선험적인 진리와 같은 범주는 없다. 대신 크립키는 전혀 어느 쪽도 칸트가 가지지 않는, 후험적이고 필연적인 진리라는 범주와 선험적이고 우연적인 진리라는 범주를 갖는다.

칸트 그리고 아마도 크립키 또 그것에 대해 생각했던 대부분의 사람들은, 모든 우연적 진리는 종합적이나 그 역은 성립하지 않는다는 것에 동의할 것이다. 단 여기서 이런 분류에 전혀 포함되지 않는 크립키의 우연적이고 선험적인 진리라는 특별한 경우는 예외가 된다. 거의 모든 사람들은 후험적인 어떤 명제가 종합적이나 그 역은 성립하지 않는다는 점에 동의하는 것 같다. 단 여기서도 이 분류에 맞지 않는 크립키의 경우는 제외된다.

칸트에게 모든 필연적 진리는 선험적이다. 크립키에게 있어서는 이 두 집합이 항상 일치하지는 않는다. 크립키는 후험적인 필연성이라는 집합을 인정하기 때문이다. 끝으로 크립키는 우연적인 선험적 진리가 있을 수 있다고 생각한다. 이것은 새로운 생각으로서 칸트는 이를 부정했을 것이다. 또한 적어도 많은 (크립키의 우연적이고 선험적인 진리를 염두에 두는) 사람들은 우연적 진리들이 후험적으로 발견될 수 있으리라고 주장할 것이다. 후험적인 필연적 진리에 있어 크립키의 주장이 옳을 경우, 모든 후험적인 발견들이 우연적 진리의 발견이 되지는 않을지라도 말이다. 이 모든 것이 보여주는 것이 무엇이든지 간에, 그것은 이런 개념군 중에서 본래 자연스러운 것처럼 보이는 짝들이 상당히 오해를 불러일으키기도 한다는 것을 보여준다.

결론적 논평

이론적인 접근에 있어서의 불일치에도 불구하고, 또 막 예시되었던 복잡성에도 불구하고, 그라이스와 스트로슨이 지적하듯이, '분석적', '선험적', '필연적' 및 그것들의 대립쌍들이 의미하는 것에 관한 일정 수준의 핵심적 일치가 있다. 이런 개념들은 철학적 논의에서 대체로 그 합의를 이용하면서 가장 중요한 개념들에 속하는 것으로 나타난다. 이번 장에서 논의되었던 것 중 상당 부분이 7장 이하의 논의와 관련된다. 나는 이번 장에서 보인 가능 세계라는 장치와 필연성에 관한 크립키의 견해들을, 그곳에서 사용할 것이다.

미주

1   선험-후험 구분은 인식론적 이론의 맥락에서 가장 잘 논의된다. 그 이유에 대해서는 따로 주의를 기울이지 않겠다

2   G. W. Leibniz, *The Monadology*, §§ 31-2.

3   Ibid., § 33.

4   Cf. Ibid., n. 54, pp. 236-237.

5   Ibid., §§ 33-5.

6   D. Hume, *Enquiry Concerning Human Understanding* § IV, pt. 1.

7   D. Hume, *Treatise of Human Nature*, bk. I, § Pt. III.

8   Ibid.

9   이런 식의 설명은 칸트에게 신세지고 있다. Cf. *Critique of pure reason*, A7/B10-11; cf. B4.

10 Leibniz, *New Essays Concerning Human Understanding*, III.3.

11 Leibniz, *Monadology*, § 34.

12 Leibniz, *New Essays*, IV. 9.

13 Kant, *Critique of Pure Reason*.

14 Ibid.

15 A. J. Ayer, *Language Truth and Logic*, p. 78. 그리고 4장 도처 참조.

16 7장 이하 참조. 그곳에서 검증 이론이 보다 길게 논의된다.

17 L. Wittgenstein, *Tractatus Logico-Philosophicus*.

18 W. V. Quine, 'Two Dogmas of Empiricism' in Quine, *From a Logical Point Of View*, 2nd edn., Harvard, 1961, and often reprinted-as in H. Feigl., et al. (eds.), *New Readings in Philosophical Analysis*, pp. 81-94.

19 cf. 2장.

20 Quine, 'Two Dogmas'. p. 82.

21 Ibid.

22 Ibid., pp. 82-83.

23 Ibid., pp. 83-85.

24 cf. 2장.

25 Quine, 'Two dogmas', p. 80.

26 Ibid.

27 Ibid., pp. 86-87.

28 Ibid., p. 87.

29   R. Carnap, *Meaning and Necessity*, Chicago, 1947, pp. 3-4.

30   Quine, Ibid., pp. 87-88.

31   Ibid., p. 89.

32   H. P. Grice and P. F. Strawson, 'In Defense of Dogma', *Philosophical Review*, 1956, pp. 41-58; reprinted in Feigl et al., *New Readings in Philosophical Analysis*, pp. 26-36. 이하의 주석은 후자의 책의 것임.

33   Ibid., pp. 26-27.

34   Ibid., p. 27.

35   사실, 콰인은 어떤 경우에 번역이 불확정적이리라고 믿는다. 그의 번역 불확정 논제에 대해서는 9장 이하 참조.

36   Grice and Strawson, 'In Defense of a Dogma', p. 29.

37   여기서 지적해 두지 않을 수 없는 점은 1950년대가 비트겐슈타인과 오스틴, 그리고 그때 당시 한 시대를 풍미했던 '일상 언어 학파'의 영향권에 있었다는 사실이다. 따라서 이들 철학의 전형적인 특징대로, 비유적으로 철학적 바느질을 하는 데 가장 예리한 뜨개바늘은 "용도를 찾아라"라는 것이었다.(7장 이하 참조). 철학적 실수는 주로 이 점을 보지 못한 데서 일어난다고 생각되었다. 이것은 여기서 그라이스와 스트로슨의 요점을 부당하게 만들지 않는다. 그들은 개념에 대한 일치된 사용이 있는 곳에, 그 개념이 내용을 가진다고 보는 것이 적절하다는 점을 지적하고 있는 것이다.-때로는 예컨대 마법 개념에 대한 반성이 보여주는 것과 같이, 논쟁거리가 되는 사항이기는 하다. 그러나 이것이 이하에서 전개되는 그들 논증의 내용에 영향을 미치지는 않는다.

38   Grice and Strawson, 'In Defense of a Dogma', p. 30.

39   Ibid., p. 31.

40   Ibid., p. 32.

41   B. Mates, 'Analytic Sentences', *Philosophical Review*, 1951, pp. 525-534 참조; reprinted in Feigl, et al., *New Readings in Philosophical Analysis*, pp. 147-152, 이하의 주는 후자의 책을 따름.

42   Cf. Quine, 'Two dogmas of Empiricism' p. 87. 거기에서 콰인은 별도로 '인식적 동의성'을 통해 '분석적'을 정의하는 대신에, 거꾸로 전자를 통해 후자를 정의하려는 것에 관해 말한다. 따라서 '인식적 동의성'은 salva analyticitate 상호 교체성을 통해 정의된다.

43   Mates, 'Analytic Sentences', p. 40.

44   Cf. Quine, *Word and Object*, 특히 2장 도처 참조.

45   Cf. Mates, Ibid.

46   Cf. Mates, Ibid. p. 42. 또한 Feigl의 *New Readings in Philosophical Analysis*에 들어 있는 카르납과 콰인의 응수 논문도 보라. 거기에서 분석성에 대한 인위적인 취급이 논의된다. 또한 1장도 참조하라. 거기에서 철학에서의 형식화 방법의 사용에 관해 이와 같은 지적이 있었다.

47   cf. Ibid. A. M. Quinton, , 'The A Priori and the Analytic', *Proceedings of the Aristotlean Society* 64, 1963-4, p. 31 이하. Reprinted in Strawson, *Philosophical Logic*; p. 126을 보라.

48 7장, 8장 참조. 그곳에서 의미에 대한 논의가 이루어진다.

49 R. G. Swinburne, 'Analyticty, Necessity, and Apriority', *Mind* 84, 1975, p. 226.

50 Cf. Quinton. 'The A Priori and The Analytic', p. 49.

51 Swinburne, 'Analyticty, Necessity, and Apriority', p. 227.

52 A. Plantinga, *The Nature of Necessity*, 1, 2장 pp. 1-26에서 지침을 찾아볼 수 있다면 도움이 될 것이다.

53 Quine, 'Two Dogmas', p .93.

54 Ibid.

55 Plantinga, *The Nature of Necessity*, pp. 3-4.

56 Ibid., p. 4.

57 Cf. P. Kitch, 'Apriority and necessity', *Austrlasian Journal of Philosophy*, (58 no. 2), June 1980, p. 89 이하.

58 Plantinga, *The Nature of Necessity*, p. 8.

59 Ibid., pp. 0-11.

60 Aristotle, *Metaphysics*, Z 1029 b 14; cf. 1028 a10-1032 a11.

61 Cf. Ibid., 1031a 15 ff.

62 이와 같은 견해에 대해서 현대 지시론자들 간에 많은 갑론을박이 있었다. 7장 참조.

63 J. Locke, *Essay Concerning Human Understanding*, III. 37.

64 Cf. 예컨대 C. I. Lewis and C. Langford, *Symbolic Logic*.

65 M에 공리 p→□◇p를 덧붙이면, 브라우어 체계(Brouwer system)를 얻는다. 이 공리 대신에 □p→□ □p를 덧붙이면, S-4 체계를 얻는다. S-4 체계로부터 논리식 □ p ≡ □ □p 와 ◇p≡◇◇p가 도출될 수 있다. 이것은 일련의 반복 연산자(iterated operator)들이 그 열의 최종 연산자와 대체될 수 있다는 것을 보여주고 있다. S-5체계는 M체계와 브라우어 체계 그리고 S-4체계의 공리들을 모두 가진다. 보다 간단히 말하면, 우리는 M체계에 공리 p◇→□ ◇p를 덧붙일 수 있다. 이로부터 ◇p≡□◇p와 □p≡◇ □p가 도출되는데, 이는 혼합 반복 연산자 열 중 최종 연산자가 그 연산자 열로 대체될 수 있다는 것을 보여준다. 그밖에 많은 양상 체계들이 있다. 아래의 크립키에 관한 주석 67을 보라. G. E. Hughes and M. J. Cresswell, *An Introduction To Modal Logic*.

66 Carnap, *Meaning and Necessity*.

67 Cf. S. Kripke, 'Semantical Considerlations on Modal Logic', reprinted in Linsky, L.(ed.), *Reference and Modality*; J. Hintikka, 'Models of Modality', reprinted in M. J. Loux (ed.), *The Possible and The Actual*.

68 크립키의 양화 양상 논리 의미론은 다음과 같이 요약해 볼 수 있다. 모델 구조 〈G,K,R〉 이 사용된다. 여기서 K={G,H}, G≠H이고, R=K2이다. 이 모델은 우리가 Ψ(G)={a},Ψ(H)={a,b}, a≠b라고 정의할 때, 양화적이다. 일가 술어 문자 'P'에 대해서 φ(P,G)={a}, φ(P,H)={a}인 모델 φ가 정의된다. 이제 □Px는 x가 a로 할당될 때, G내에서 참이다. a가 Ψ(G)의 유일한 원소이기 때문에, (x) □ (Px)도 G내에서 참이 된다. x가 b로 할당될 때, φ(Px,H)=F이다. 이로부터 (x)(Px)는 H에서 거짓이고, □ (x)(Px)도 G에서 거

짓이라는 것이 따라나온다. 가능 세계와의 연결이 다음과 같이 일어난다. 우리는 x가 a로 할당될 때, □Px가 G내에서 참임을 알 수 있다. 왜냐하면 그럴 경우 Px는 G와 H에서 모두 참이 되기 때문이다. 직관적으로 이것은 a가 H와 G내에서, 즉 모든 가능 세계에서 P의 외연에 포섭된다는 것을 말한다. 세 순서쌍 G,K,R을 직관적으로 해석하는 것처럼, K는 모든 가능 세계의 집합이고, G*KR은 K에 대한 반사적 관계이다.(H1RH2는 H2가 H1에 '상대적으로 가능'하다는 것을 의미한다. 즉 H2에서 참인 모든 명제는 H1에서 가능하며, G는 '실제 세계'라는 것을 의미한다. op. cit., p. 64.

69 Quine, 'Reference and Modality', *From a Logical Point Of View*. 이하의 주석은 이 책을 사용함. Reprinted in Linsky, *Reference and Modality*.

70 동일성이 논의되고 있는 2장 참조.

71 Quine, 'Reference and Modality' p. 48.

72 Ibid., p. 55.

73 Ibid., p. 56.

74 린스키 책에 들어 있는 논문들(op. cit.) 중 특히 마커스(Marcus), 스멀리안(Smullyan), 펠레스달(Føllesdal), 캐플런(Kaplan)의 논문들이 콰인의 입장을 문제 삼는 대표적인 것들이다. 콰인에 대한 이들의 응수를 묶어 이야기한다면, 콰인이 양상 문맥의 양화에 대해 지나치게 불안해하고 있다는 것이다.

75 Kripke, 'Semantical Considerations on Modal Logic'.

76 D. Lewis, *Counterfactuals*.

77 이 점은 흔히 무어(G. E. Moore)와 같은 신념을 가진 철학자들에 대해서는 치명적인 결과를 일으킨다. 뒷장에서 이러한 점들을 되짚어 볼 생각이다.

78 Cf. R. C. Stalnaker, 'A Theory of Conditionals', in N. Recher, *Studies in Logical Theory*, pp. 65-79, reprinted in E. Sosa,E. (ed.), *Causation and Conditionals*, 또한 소사의 책 중 셀라스(Sellars), 치좀(Chisholm), 레셔 및 김(Kim)의 공헌도 참조할 것.

79 Lewis, *Counterfactuals*.

80 E. G., Lewis, 'Causation' in Sosa, *Causation and Conditionals*, pp. 80-91.

81 이것은 라이프니츠의 판별 불가능한 것의 동일 원리(the principle of the identity of indiscernibles)의 환위이다. 판별 불가능한 것의 동일 원리는 다음과 같이 표현된다. 만일 x의 모든 속성과 y의 모든 속성이 같고 그 역도 성립한다는 뜻에서 x와 y가 판별 불가능하다면, x와 y는 동일하다.

82 Chisholm, 'Identity Through Possible Worlds', in Loux, (ed.) *The Possible and The Actual*. pp. 80-82.

83 이것은 치좀이 들었던 아담과 노아의 예를 변형한 것이다. Ibid., pp. 82-84.

84 Ibid., pp. 85-86.

85 D. Lewis, 'Counterpart Theory and Quantified Modal Logic' in Loux, *The Possible and The Actual*, pp. 2-8.

86 Ibid., p. 12.

87 Kripke, 'Identity and Necessity', in M. Munitz, *Identity and Individuation*,; S. P. Schwartz,

Naming, Necessity and Natural Kinds, p. 66 ff. 참조. 아래의 주는 이 책들에서 인용함. 또한 A. Plantinga, 'Transworld Identity or Worldbound Individuals?' in Loux (ed.), *The Possible and The Actual*, pp. 46-65; 그리고 *The Nature of Necessity*, VI장 도처 참조.

88 Cf. Plantinga, 'World and Essence', *Philosophical Review* 79, 1970, pp. 461-492; 그리고 *The Nature of Necessity*. pp. 94-95 참조.

89 Kripke, 'Identity and Necessity', p. 80.

90 Lewis, *Counterfactuals*, pp. 84-91; reprinted as excerpt in Loux, *The Possible and The Actual.*, p. 82ff; cf. p. 85.

91 Ibid., p. 84.

92 Ibid., pp. 83-84.

93 특히 W. Lycan, 'The Trouble with Possible Worlds' in Loux, p. 274ff.; S. Haack. 'Lewis' Ontological Slum', *Review of Metaphysics* 33, 1977, p. 415ff.; 그리고 T. Richards., 'The Worlds of David Lewis', *Australasian Journal of Philosophy*, 53, 1975, p. 105ff 참조.

94 마이농의 차원에 대해서는 Lycan's discussion Ibid 참조. p. 297에서 리캔은 다음과 같이 말한다. "나는 루이스의 입장을 논박할 수 있다고 믿지 않는다." 이는 그것의 논의 가능성에 대한 이유를 시사한다.

95 Haack, Ibid.

96 Stalnaker 'Possible World' in Loux (ed.) *The Possible and The Actual.*, cf. p. 228.

97 Plantinga, 'Actualism and Possible Worlds'in Loux, *The Possible and The Actual*. pp. 237-252.

98 스톨네이커와 플랜틴거와의 차이점에 대한 플랜틴거 자신의 논의 참조. Ibid.

99 R. M. Adams, 'Theories of Actuality' in Loux, *The Possible and The Actual*, p. 190ff., 특히 p. 204ff.

100 6장 이하 타르스키 논의 참조.

101 Cf. Adams, Ibid., pp. 207-208.

102 멱집합이란 공집합을 포함하여 임의의 집합의 모든 부분 집합들의 집합이다.

103 Lycan 'The Trouble with Possible Worlds' in Loux, *The Possible and The Actual*. 이의 개관을 위해 특히 p. 302 이하 참조.; 그리고 부분적으로 리캔의 논문에 기초한 룩스 자신의 '서론'을 볼 것.

104 Quine, 'On What There Is', p. 1 이하.

105 Ibid., p. 4.

106 Rescher, 'The Ontology of the Possible' in Loux, *The Possible and The Actual*. p. 66 이하는 여러 대안들을 검토한다. 특히 p. 169 참조.

107 Ibid., pp. 73-74.

108 F. Mondadori, and A. Morton,, 'Modal Realism; The Poisoned Pawn' in Loux, *The Possible and The Actual.*, p. 235 이하.

109 M. Slote, *Metaphysics and Essence*, pp. 6-7.

110 Kripke, *Naming and Necessity*, p. 42.

111 B. Enc, 'Necessary Properties and Linnaean Essentionalism', *Canadian Journal of Philosophy*, vol. No. 1, 1975. pp. 85-87, and refs. p. 86 참조.

112 아리스토텔레스의 본질 개념을 '대강'이라고 표현하는 이유는 그의 본질 이론이 현재에도 생생하게 학적으로 논의되고 있는 문제이기 때문이다. 나는 전통에 어느 정도 접근해 있고, 현대의 몇몇 본질주의자들이 공유하는 본질 개념을 사용하고 있는 것에 지나지 않는다.

113 Cf. Enc, 'Necessary Properties', p. 88.

114 Quine, *Word and Object*, p. 99.

115 Cf. R. N. Cartwright, 'Some Remarks on Essentionalism', *Journal of Philosophy*, vol. lxv No. 20, 1968, pp. 61-69.

116 Ibid.

117 Cf. Enc, 'Necessary Proporties', p. 89.

118 Ibid., p. 90.

119 Cf. Kripke, *Naming and Necessity*; 그리고 'Identity and Necessity', in Schwartz, *Naming, Necessity and Natural kinds*.

120 Kripke, *Naming and Necessity*, p. 13.

121 Slote, *Metaphysics and Essence*, p. 8.

122 C. McGinn, 'On the Necessity of Origin', *Journal of Philosophy*, 73, 1976.

123 Ibid., p. 32.

124 P. Johnson, 'Origin and Necessity', *Philosophical Studies* 32, 1977, p. 413 이하.

125 더밋은 직관에 대한 그와 같은 호소가 가능 세계에 관한 논의 및 그 세론을 세우는 데 중요한 점에서 제 몫을 해내지 못한다고 주장한다.

126 Johnson, 'Origin and Necessity', p. 414.

127 Sprigg, 'Internal and External Properties', *Mind* 71, 1962, pp. 202-203.

128 Johnson, 'Origin and Necessity', p. 416.

129 Ibid.

130 Kripke, *Naming and Necessity*, p. 26 이하.

131 Ibid., p. 56. 이후 크립키에 반대하는 논증은 나의 '내부 구조와 본질' *Analysis* June 1982 를 보라.

132 논의 중인 본질 이론은 실재론적 입장이다. 따라서 실재론적으로 해석된 논리적 가능성 이라는 개념에 회의를 품는 입장에서는 비판이 있을 수 있다. 8장 이하 참조.

133 Kripke, *Naming and Necessity*, p. 48n.

134 Ibid., pp. 35-36.

135 Quinton, 'The A Priori and The Analytic', p. 19.

136 Swinburne, 'Analyticity, Necessity and Apriority', pp. 232-238.

137 Quinton, 'The A Priori and The Analytic', pp. 15-16.

138 Kripke, *Naming and Necessity*, p. 39.

139 크립키의 지시론은 7장 이하에서 논의된다.

140 Kripke, *Naming and Necessity*, p. 34 이하.
141 Ibid., pp. 55-57.

4

존재, 전제와 기술

서론

철학의 핵심적인 관심사는 무엇이 존재하는가, 세계 속에 무엇이 있는가
라는 문제이다.[1] 이 문제들이 드러냈던 몇 가지 난점들이 이미 전 장들에
서 언급되었었다. 책상과 나무, 사람과 별들이 존재한다는 것은 분명한
것처럼 보인다. 그러나 마이농적인 의미에서의 상존하는 존재자(subsistent
entity)가 있는가? 실현되지 않은 대상, 명제, 수, 집합, 정신, 신은 존재하
는가? 만일 이런 것들이 존재한다면, 그것들은 책상, 별 등이 존재하는
것과 같은 식으로 존재하는가, 다른 식으로 존재하는가? 다른 식으로 존
재한다면, 그것은 어떤 방식인가? 이런 물음에 답하기 위해서는 논의되
는 항목마다 각기 다른 접근 방법이 요구된다. 예컨대 수가 있다는 것을
보여주는 것은 정신이 있다는 것을 보여주기 위해, 또는 심지어 정신이
있다는 것을 보여주는 일을 어떻게 해 갈 것인지를 보여주기 위해, 아무
일도(또는 거의 아무 일도) 하지 않는다. 일반적으로 각 상태에서의 어떤 특
수한 후보자의 존재나 비존재를 논증하는 일은 그 후보자의 특수한 성격
에 맞추어 이루어져야 한다.

그럼에도 불구하고, 모든 존재론적 논의가 관계하는 존재(existence)

의, 또는 존재라는 말의 일반적 특징이 있다. 이번 장은 바로 이런 보다 일반적인 문제들을 다룬다.

이런 문제들을 보는 한 입장에서, 언어를 연구하는 것은 사고와 세계에 접근해 가는 것이라는 생각 때문에, 언어에 대한 철학적 관심이 주로 촉발된다는 점이 1장에서 언급되었다. 언어를 이해하는 것은 사고와 세계에 대한 이해를 제공하는 데 크게 도움이 된다는 의미에서 말이다. 현재의 경우, 존재론적 문제들을 명료화하기 위한 첫 단계는 다음과 같은 두 관련된 문제를 논구하는 것이다. 즉, 하나는 우리가 존재에 관하여 말하는 방식에 대한 것이고, 다른 하나는 우리가 말하는 방식의 존재적 함축(existential implication)과 가정(assumption)에 대한 것이다.

첫 번째 문제는 존재 주장과 관계한다. 어떻게 우리는 "소크라테스는 존재한다.", "페가수스는 존재하지 않는다."에서처럼, 존재와 비존재 술어를 이해하는가? '존재한다'는 진정한 술어인가? 이번 장의 전반부는 이와 관련된 문제를 다룬다.

두 번째 문제는, 특히 문장의 사용, 진리 조건 그리고 문장의 의미와 연관해서, 존재 주장 밑에 깔려 있는 존재론적 가정과 관계한다. 만일 프랑스 왕이 없다면, "프랑스 왕은 현명하다."라는 문장은 거짓인 문장인가, 의미를 결여한(meaningless) 문장인가? 그런 문장의 진리치에 관한 문제는 일어나지 않는가? '프랑스 왕'이라는 표현은 한정 기술(a definite description)이다. 이번 장 후반부에서 논의될 러셀의 기술론은 이런 문제들을 그 나름대로 분석하는 것이며, 그렇게 함으로써 지시체와 존재의 문제들에 의해 촉발된 많은 고찰들을 하나로 모으고 있다.

'존재한다'는 술어인가?

데카르트는 『성찰』 5장에서 신의 존재에 관한 존재론적 논증의 한 변형을 제시한다. "나는 분명히 존재가 신의 본질과 분리될 수 없다고 생각한다. 이는 삼각형의 세 각이 2 직각과 같다는 것이 삼각형의 본질과 떨어질 수 없는 것과 마찬가지이다."[2] 이 논증은 신의 비존재라는 개념이 모순이라는 데에서 착안한 것이다. 신은 완전하다. 그리고 존재는 하나의 완전성이다. 따라서 신은 존재해야 한다. 칸트는 데카르트의 존재론적 논증의 표현법을 유념하면서, 존재론적 논증을 거부하였다. 칸트가 존재론적 증명을 거부한 이유 중의 하나는 존재가 속성(property)이 아니기 때문이라는 것이다. 즉 칸트의 입장에서 '존재한다(exists)'는 진정한 술어가 아니다. 칸트의 견해는 '존재한다'에 관한 문제의 정수를 적나라하게 보여준다.[3]

칸트가 '존재한다'를 술어라고 보지 않는 이유는, **문법적으로는** '존재한다'가 사실 술어이기는 하지만, **논리적으로는** 전혀 술어로서 기능하지 않기 때문이다. '---는 붉다', '---은 사각형이다', '---는 온순한 호랑이이다'와 같은 진정한 술어를 생각해 보자. 만일 내가 여러분에게 x는 붉다, x는 둥글다, 또는 x는 온순한 호랑이라고 말한다면, 나는 여러분에게 x에 관한 사실들을 제공하고 있는 셈일 것이다. 그러나 내가 x는 존재한다고 말한다면, 나는 x에 관한 어떤 정보를 전달하거나 x에 관한 그 밖의 다른 기술을 제공하는 것이 아닐 것이다. 그것은 호랑이이다, 그것은 온순하다, 그것은 존재한다는 문장이 있을 때, 이 세 문장 모두가 x에 관한 중요한 사실이라고 말하는 것은 어딘가 좀 이상한 것처럼 보일 것 같다. 이 점을 칸트는 다음과 같이 말한다. "'있음(being)'은 분명히 진짜 술어가 아니다. 그것은 한 사물 개념에 추가될 수 있었을 그 무슨 개념이 아니다."[4] 데카르트식의 존재론적 증명을 거부할 때 이것이 그대로 적용된다. 존재가 속성이 아니라면, 존재는 완전성이 될 수 없기 때문이다. 그러므로 (따로 논란거리가 되는) 완전성이 신의 필연적 속성 — 즉 신에 본질적인 속성 — 이라 해도, 그로부터 신이 존재한다는 결론은 나오지 않는다.

간단히 말해서 '존재한다'라는 문제를 두고 칸트가 한 분석은 다음과 같은 견해를 그 핵심으로 하고 있다. 어떤 x에 대해서, 그것이 존재한다고 말하는 것은 x의 개념에 전혀 아무것도 첨가하지 않기 때문에, '존재한다'는 술어가 아니다. 왜냐하면 우리가 술어를 어떤 식으로 이해하든 간에, 적어도 술어를 붙임으로써 일어나는 일은 **x에 관한** 어떤 무언가가 **이야기**된다는 것이기 때문이다. 그리고 '존재한다'를 이런 관점에서 보면, "x가 존재한다."라는 말은 x에 관해 전혀 아무것도 말해 주지 않는다. 또는 x의 개념에 아무것도 첨가하지 않는다.[5]

지금까지 이야기해 온 내용은 그 상태만으로는 옳지 못하다. 왜냐하면 호랑이가 존재한다고 말하는 것은 어떤 의미에서 무엇인가를 첨가**하는** 것이기 때문이다. 그것은 호랑이의 개념이 현실 속에서 예를 가진다는 것을 말해 준다. 다시 말해서 이 세계에서 마주치게 될 호랑이들이 **있다**는 것을 말해 준다. 정상적인 상황에서 이런 식의 목적만으로, 호랑이가 존재한다고 주장하는 것은 분명히 이상한 듯이 보일지라도, 이렇게 함으로써 한 가지 차이가 드러날 수 있다. 칸트 자신도, 현실적으로 존재하는 100파운드는 내 은행 계좌에 도움이 되지만, 존재하지 않는 100파운드는 그럴 수 없다는 점을 인정하였다. 존재하는 호랑이는 실제로 큰 차이를 일으킬 수 있을 것이다. 이런 상황을 상상해 보자. 어떤 이가 내게 "이 방에 호랑이가 있다면 어떻게 할래?"라고 말한다. 그러고 나서("어, 이 방에 호랑이가 **있어**."는 말을 달리 표현해서) "그 호랑이가 존재한다."라고 덧붙인다. 만일 그 호랑이가 때마침 온순했다면, 우리는 안도했을 것이다.

더구나 페어스가 지적하는 바와 같이, 우리는 "호랑이가 존재한다."

고 말하면서, 호랑이에 관해 아무것도 말하지 않고 있다는 것은 참이 아니다. 왜냐하면 누군가가 "무얼 가지고 얘기하는 거야?"라고 물어왔다면, 당연히 "호랑이"라고 답하게 될 것이기 때문이다.[6] 어떤 사람이 "호랑이는 존재하지 않는다.", "날개 달린 말은 존재하지 않는다."고 말했다 해도, 역시 위와 마찬가지이다. 그 사람은 호랑이와 날개 달린 말에 관해 말하고 있는 것이다. 결과적으로 어떤 대상에 관한 존재 주장이나 비존재 주장이 있을 때, 주장들이 그 대상에 **관해** 아무것도 **이야기**하는 바가 없다고 주장하는 것은 옳지 않다. 그러므로 '존재한다'가 (a) 그 개념에 아무것도 첨가하는 것이 없고, (b) 그 개념에 관해서도 아무것도 이야기해주지 않기 때문에, 술어가 아니라는 견해는 다시 검토해 보아야 한다.

  '존재한다'는 말이 이렇게 특유하게 사용되는 이유 중의 일부는 "호랑이가 존재한다."는 말과 "호랑이는 줄무늬를 가지고 있다."는 말 간의 차이에서 일어난다. 페어스에 따르면, "호랑이가 존재한다."는 주장의 특이성은 그 표현이 **지시적으로 동어반복**(referentially tautologous)이라는 사실에서 생겨난다. 어떤 이가 "이 방이 존재한다."라고 말하는 경우를 생각해 보자. '이 방'이라는 표현은 여기 이 방이 존재한다는 것을 함축한다. 이 함축 관계는 바로 그 표현을 가지고 이 방을 지시하는 데 사용할 수 있기 때문에 성립하는 것이다. '존재한다.'를 첨가하는 것은 다시 한번 그 방의 존재를 주장하는 것이다. 그것은 마치 "(존재하는)이 방이 존재한다."라고 말하는 것과 같다. 따라서 동어반복이다. 만일 누가 "이 방은 존재하지 않는다."라고 말한다면, 그 말에는 '이 방'이라는 표현의 지시적 역할로 인해서 그 방의 존재가 함축되어 있을 것이다. 결국 그 사람은 은연중에 자기모순을 범하고 마는 셈이다. 왜냐하면 그의 발언은 사실 "(존재하는) 이 방은 존재하지 않는다."이기 때문이다. 페어스는 이것을 **지시적 모순**(referential contradiction)이라고 부른다. 지시적 동어반복과 지시적 모순이라는 개념을 사용하면, 칸트의 논제를 다음과 같이 세밀히 다듬을 수 있다. '존재한다'는 진정한 술어가 아니다. 왜냐하면 (a′) 그것은 그 개념에 전혀 **새로운** 것을 첨가하지 않으며, (b′) 이미 **암묵적으로** 이야기되지 않았던 것에 관해서도 전혀 말해 주는 바가 없기 때문이다. (a′), (b′)를 위의 (a), (b)와 비교해 보라.

페어스는 (a′)을 '최소 논제(minimal thesis)'라고 부른다. 이 논제는 다음의 세 가지 제약 사항을 요구한다. 첫째, 단칭 존재 진술의 주명사는, 가령 데이비드 커퍼필드와 같은 허구 세계의 사람이나 어떤 것을 지시할 수도 있을 것이다. 따라서 현실 세계가 아니라 바로 그 허구의 세계에서 존재를 함축한다. 만일 우리가 데이비드 커퍼필드는 실제 인물처럼 존재했다고 말한다면, 이 진술의 주명사, 즉 '데이비드 커퍼필드'는 디킨스가 창조한 허구 세계에서만 존재를 함축할 것이다. 그러면 데이비드 커퍼필드가 현실 세계에서 존재했다고 말하는 것은 새로운 어떤 것을 첨가하는 셈이 되어 버릴 것이다. 따라서 우리는 지시적 동어반복이라는 실수를 저지르지 않게 될 것이다. 그 이유는 분명하다. 진술이 허구의 세계와 현실 세계에 모두 적용되고 있기 때문이다. 그 진술은 허구의 세계에서 존재를 **함축**(imply)하지만, 현실 세계에서 존재를 **주장**(assert)한다. 그리고 데이비드 커퍼필드가 역사적 실존 인물이었다고 주장하는 것은 확실히 새로운 주장이다. 같은 이유로, 데이비드 커퍼필드가 실존 인물로 존재했다는 것을 우리가 부정했다면, 우리는 지시적 모순이라는 실수를 저지르지 않게 될 것이다.

둘째, 어떤 이가 "오스틴 홍예문이 이제는 존재하지 않는다."라고 말할 경우, 그는 마치 지시적 모순을 범하는 것으로 보일 것이다. 왜냐하면 오스틴 홍예문이라는 존재가 현실 세계 속에서 함축되기도 하고 부정되기도 했기 때문이다. 그러나 오스틴 홍예문의 존재는 한때 함축되었다가 이후에는 부정되었기 때문에, 지시적 모순은 일어나지 않는다. 이는 필요한 변경을 가해서 위 문장의 긍정의 경우에도 적용될 수 있다.

셋째, 어떤 사람이, 가령 맥베드처럼 자기 앞에 단도가 놓여 있다는 환상을 본다고 하자. 그러면서 "저 비수는 존재하지 않는다."라고 중얼거린다 하자. 이 경우 문제는 더 복잡해지지만 페어스는 우회로를 제시한다. 단도가 다음의 두 의미로 존재할 수도 있다고 한다면, 지시적 모순은 일어나지 않는다. 하나는 시각적으로 경험된 단도라는 의미에서이다. 따라서 '단도'라는 표현은 적어도 시각적 경험의 차원에서는 단도를 지시한다. 다른 하나는, 어떤 사람의 시각적 경험에서의 그것의 발생이 그 경험의 산물이 아닌, 공간에 있는 실제의 단도라는 의미에서이다. 그럴 경우 "(시각적으로 경험되는 단도로서) 저 단도가 (실제로 공간에 있는 단도로서) 존재하지 않는다."는 말은 지시적 모순이 되지 않는다. 위의 시간 경우와 유비해서 볼 때, 어느 한 차원에서 함축되고 있는 것이 다른 차원에서는 부정되고 있기 때문이다.

함축과 주장이 서로 다른 세계에 관계하거나 다른 시간에 관계하거나 다른 '차원'에 관계하는 경우들을 제외하고 나면, 페어스의 논제는 다음과 같이 정리된다. 만일 단칭 존재 진술의 주명사가 존재를 함축한다면, 그 동사가 존재를 주장할 경우 그 진술은 지시적 동어반복이 되고, 반면에 그 진술이 존재를 부정할 경우, 그 진술은 지시적 모순이 된다.

이런 설명에서 페어스가 이용한 것은 바로 스트로슨에게서 유래하는 '전제 함축(presuppositional implication)'이라는 개념이다.[7] 스트로슨에 따르면, 전제 함축이란 두 진술 p와 q 간의 관계로서, q가 참이 아닐 때, p가 참도 거짓도 되지 않는다면 오직 그때에만 p는 q를 전제한다고 한다. "정원에 있는 남자가 휘파람을 불고 있다."라는 진술은 전제된 진술 "정원에 한 남자가 있다."가 참일 경우에만, 진리치를 가질 수 있다. 전제 관계는 필연적 함축(entailment) 관계와 구별되어야 한다. p가 q를 필연적으로 함축하는 경우, p와 q의 부정의 연언은 모순이다. 즉 p를 긍정하면서 동시에 q를 부정하는 것은 모순이다. 그러나 p가 q를 전제하는 경우, q의 참은 p의 참**이나** 거짓을 위한 필요조건이다. 다시 말해서 q의 참은 p가 진리치를 가지기 위한 필요조건이다. 스트로슨이 말하듯이, p의 긍정과 q의 부정을 결합시키는 것은 '다른 유형의 불합리성(absurdity)'을 만들어낼 것이다. 페어스는 주명사가 지시하면서 그것이 지시하는 대상의 존재를 함축(즉 전제적으로 함축)한다고 말할 때, 바로 그러한 전제 개념에 호소하고 있는 것이다.[8]

페어스 자신도 자기 논제의 주요 취약점이 무엇인지를 밝혀 주고 있다. 그것은 자기 논제가 지시 개념에 의존하고 있지만 그 지시 개념이 제대로 분석되지 않은 채로 남아 있다는 점이다. 이 문제는 앞으로 다시 일어나며 이후의 장에서 논의될 것이기 때문에, 지금은 다루지 않을 작정이다.

페어스가 논문에서 밝힌 제안들은 러셀이 제기한 생각들을 발전시킨 것이다. 러셀은 "[실제로 세계 속에서 발견되는 사물들이] 존재하지 않는다고 말하는 것은 엄밀히 말하자면 무의미하다. 그러나 그것들이 정말로 존재한다(do exist)고 말하는 것도 엄밀히 말해서 무의미하다."라고 주장하였다. 그 제안들은 또한 일찍이 무어가 공표했던 다음과 같은 생각들을 반영한다.[9] 아래의 표현들을 보라.

1. 온순한 호랑이들이 으르렁거린다.
1′. 어떤 온순한 호랑이들이 으르렁거린다.
2. 온순한 호랑이들이 존재한다.
2′. 어떤 온순한 호랑이들이 존재한다.

1은 "모든 온순한 호랑이들이 으르렁거린다.", "대부분의 온순한 호랑이들이 으르렁거린다.", "일부의 온순한 호랑이들이 으르링거린나."와 같이 좀 더 명시적인 변형 표현들을 허용하는 반면에 2는 그렇지 못하다. 우리는 2′처럼 "어떤 온순한 호랑이들이 존재한다."라고 말할 수는 있을지라도, "모든 온순한 호랑이들이 존재한다."라든가, "대부분의 온순한 호랑이들이 존재한다."라고는 말할 수 없다.[10] 1에서 '모든', '대부분'이라는 표현의 참은 '어떤'이라는 표현의 참에 의존한다. 그러나 2에서는 '어떤'이라는 표현만이 가능할 뿐이다. "모든 온순한 호랑이들이 존재한다."나 "대부분의 온순한 호랑이들이 존재한다."와 같은 문장은, 무어의 입장에서 볼 때, '이상하고 영문 모를 표현이다'. 그것들은 '전혀 분명한 의미를 가지지 않는다'.[11]

아래의 3과 4를 대조해 보면, 이 두 경우들 간의 차이를 이해할 수 있다.

3. 어떤 온순한 호랑이들은 으르렁거리지 않는다.
4. 어떤 온순한 호랑이들이 존재하지 않는다.

3과 그것의 반대 명제인 1′은 '아주 분명한' 의미를 가진다. 그러나 4는, 2′이 의미를 가지고 있다는 사실에도 불구하고, 전혀 의미를 가지지 못한다. 2′은 결국 "어떤 온순한 호랑이들이 있다"를 의미한다.[12] 무어의 입장에서 2′과 4에서의 '존재한다'는 다른 의미를 가지고 있어야 한다. 왜냐하면 우리가 "어떤 온순한 호랑이들은 진정한 호랑이들이 아니다."라든가 "---은 가상적이다"라고 말할 때처럼, 4의 경우에는 사실 어떤 뜻이 들어 있을 수 있기 때문이다.[13] 그러나 만일 '존재한다'의 뜻이 일의적이었다면, 또 '존재한다'가 순전히 2로서만의 뜻을 의미한다면, 4는 무의미했을 것이고, 2′도 무의미해지고 말았을 것인데, 그렇지 않은 것이다.

이런 생각들을 바탕으로 무어는, 존재가 붉음이나 으르렁거림과 같은 그런 속성이 아니라고 일부 철학자들이 주장한 이유를 알 수 있다고 말한다. 또 다른 이유는 1′과 2′이 다음과 같은 점에서 다르다는 사실에 있다. 즉 전자는 명제 함수 "x는 온순한 호랑이**이고 으르렁거린다.**"의 어떤 값이 참임을 주장한다. 반면에 후자는 "x는 온순한 호랑이이다."의 어떤 값이 참이라는 것을 주장할 뿐이다. 2′은 그것이 주장하는 것을 주장할 뿐이다. 왜냐하면 그것은 "이것은 온순한 호랑이**이고 존재한다.**"를 말하기 위해서 사용되지 않기 때문이다. 무어가 말하듯이, "우리는 --- '이 것이 존재한다'라고 가리키거나 말함으로써 **전혀 어떠한 명제도 표현하지 않는다.**"라고 말한다. 그러나 "이것이 으르렁거린다."라고 가리키거나 말함으로서 우리는 명제를 표현한다.[14]

이런 것들이, '존재한다'가 '으르렁거린다'와 같은 표현과는 달리 술어적으로 가능하지 않으며, 따라서 존재는 속성이 아니라고 말하는 이유 일지라도, 무어는 이런 분석에 만족하지 못했다. 이것이 어떤 다른 고찰과는 상충되고 있기 때문이다. 그중 하나는 우리가 어떤 것에 대해서 "이 것은 존재하지 않았을 수도 있다."라고 말할 수 있다는 점이다. 이 표현이 의미가 있을 경우, 우리는 그 역에 해당하는 "이것이 존재한다."라는 표현도 정당하게 사용할 수 있다.[15] 그리하여 무어는 "이것이 존재한다." 가 어쩌면 "이것은 책이다."나, "이것은 붉다."는 주장이 의미하는 것의 일부가 되는 경우가 있을지 모른다고 제안하였다. 나아가서 '책이다', '붉다'와 같은 술어가 속성들을 나타낸다고 말하는 것이 의미하는 것의 일부는, "'x는 책이다.', 'x는 붉다.' 등의 어떤 값에 의해 주장되는 것의 **전부가 아닌 일부가** '이것은 존재한다.'일 것이라고 제안하였다. 이 경우, '존재한다'는 하나의 속성을 나타내지 않을 것이다. 왜냐하면 "그것이 주장하는 것의, 부분이 아닌, 전체가 '이것은 존재한다.'이기 때문이다."[16]

페어스의 지시적 동어반복이라는 개념은 이러한 두 생각 중 후자와 일치한다. 전자의 생각, 즉 술어의 지위는 그것의 주어가 어떤 양기호를 택하는가에 의존한다는 생각은 이하에서 논평될 스트로슨의 최근 논의에서 반복한다.

논리적 술어와 존재론적 수용

무어가 특히 자문해 보았던 주제는 '존재한다'가 **논리적** 술어의 기능을 가지는지 하는 것이었다. 논리적 술어를 문법적 술어와 구분한다는 것이 무엇을 의미하는지 그리고 '존재한다'가 논리적 술어라고 생각되어서는 안 되는 이유가 무엇인지 하는 문제는 아래와 같이 시작될 수 있다.[17]

동사 '존재한다'가 문법적 술어로 쓰인다는 점은 명명백백하다. 왜냐하면 "이 방은 따뜻하다.", "이 방이 존재한다."라는 두 문장은 문법적으로 정확히 같은 방식으로 분석될 수 있기 때문이다. '존재한다'를 비판하는 논증은 이것을 부정하는 데 있는 것이 아니라, 그것이 논리적 술어라는 것을 부정하는 데 있다. 그리고 사실 사람들이 그렇게도 열심히 지적하고 싶어 하는 것도, '존재한다'는 문법적 술어는 될 수 있을지언정 논리적 술어는 될 수 없다는 것이다. '존재한다'가 문법적 술어로 쓰임으로 해서, 흔히 사람들은 마치 그것이 논리적 술어이기도 한 양 혼동하는 오류를 범한다. 그러므로 문제는, '존재한다'가 논리적 술어가 아니라는 말은 무슨 의미인가? 라는 것이다.

'논리적 술어'란 1계 술어 논리(first-order predicate logic)의 해석에서 술어로 생각되는 것을 의미한다. 1계 술어 논리는 개체 상항, a, b, c, ---, 변항 x, y, z, ---, 술어 표현 F, G, H,---, 양기호 ($\exists$x), (x), 그리고 진리 함수적 연산자 → , v, ~, · 등으로 구성된다. 이런 기본 재료들로부터 적

형식(well-formed formulae)이 구성된다. 적형식의 예로서는 Fa(존은 행복하다), Gab(존은 캐더린을 사랑한다), (∃x)(Gxa)(어떤 사람이 존을 사랑한다) 등이 있다. 논리적 술어란 개념은 1계 논리라는 특수한 언어에서의 문법적 술어를 의미한다. 따라서 '존재한다'는 논리적 술어가 아니라고 말할 때, 이것은 1계 논리에 있어서의 술어로서 취급되지 않는다는 것을 의미한다. 일상 언어에서 '존재한다'라는 표현을 포함하는 진술은, 같은 내용을 포함하면서도 '존재한다'를 포함하지 않는 논리학의 언어로 번역될 수 있다. 그러므로 '존재한다'는 없어도 되는 표현이다. 우리들이 관행상 (문법적) 술어로서 '존재한다'를 포함하는 문장을 이야기할지라도, 그렇게 할 필요가 전혀 없다는 것이다. 예컨대 "둥근 사각형은 존재하지 않는다.(the round square does not exist)"라는 표현 대신 우리는 "어떠한 사각형도 둥글지 않다.(no square is round)"라거나 "어떤 도형에 대해서 그 도형은 사각형이면서 동시에 둥글 수 없다.(for any figure, that figure will not be both square and round)"라고 말할 수 있다. 기호로 표현하면, (x)(Sx → ~Rx), 또는 ~(Sx · Rx)가 된다. 이러한 해석은 러셀이 제창한 생각에 따른 것이다. 이 점은 이번 장 말미에서 보다 분명해질 것이다. 이러한 해석은 사실을 진술하는 문장의 문법적 형식 때문에 우리가 사실의 논리적 형식을 오해하게 될 수도 있다는 점을 보여준다. 바로 러셀은 이 점을 중요한 통찰로서 간주하였다.

'존재한다'를 외관상 이런 식으로 가볍게 다루는 것 자체가 잘못된 일인지도 모른다. 우리는 양기호 (x), (∃x)를 **대상적으로** 또는 **지시적으로** 해석할 경우, 존재 진술을 무사히 엄격한 형식(regimented form)으로 번역할 수 있다. 양기호에 대한 대상적 해석이란 속박 변항이 논의 영역 내의 대상을 지시한다고 해석하는 것을 말한다. 어떤 논리 철학자들은 대상적 해석을 못마땅해한다. 그래서 그 대안으로 주로 대입적 해석

(substitutional reading)을 주장한다. 대입적 해석이란 변항의 값이 대상이 아니라 이름(name)이라고 보는 입장이다.[18] 아래의 문장을 보자.

1. 페가수스는 날아다니는 말이다.

이것은 직접 2를 필연적으로 함축하는 듯이 보인다.

2. 날아다니는 말이 있다.

1은 참이다. 그러나 만일 2를 아래의 3과 같이 엄격하게 번역한다면,

3. $(\exists x)$ (x는 날아다니는 말이다)

2는 거짓이 될 것이다. 이 난점은 어떻게 극복될 수 있는가? 한 가지 해결책은 2를 아래의 4처럼 해석하는 것이다.

4. "x는 날아다니는 말이다"를 참이게 해주는 명사 x가 있다.

이런 해석 하에서 2는 참이 되며, 3도 1로부터 끌어낼 수 있다. 달라진 점은 3에서의 양기호와 변항에 대한 해석이다. 즉 $(\exists x)$는 "---인 대상이 있다"라고 해석되는 것이 아니라, "---인 명사가 있다"로 해석된다. 이처럼 대상적 해석보다 대입적 해석을 더 좋은 것으로 선택하게 되면 직관에도 맞는 결과를 얻게 된다.

그러나 재차 곰곰히 생각해 보면, 이 결과가 과연 직관에도 맞는 것인지는 그리 분명하지 않다.[19] 1의 논리적 형식이 무엇이든 간에, 그것은

지시적 단칭 명사(denoting singular term)와 1항(monadic) 술어로 구성된 문장이 아니다. 1과,

   1′. 알클은 말이다.

간에는 차이가 있다. 1′에서 '알클'이 지시적 단칭 명사인 반면, 1에서 '페가수스'는 그렇지 않다. (알클은 유명한 경주마였고, 페가수스는 신화에 나오는 날개 달린 말이다.) 이것은 중요한 차이이다. 그러면 '페가수스'는 무엇인가? 널리 이해되고 있는 — 아주 짧게 논의된다 — 러셀의 입장에서, '페가수스'는 하나의 **기술**이라고 생각되고 있고, 따라서 분석되어야 한다. 다시 말해서 통사론적으로 볼 때, '페가수스'는 '알클'처럼 하나의 이름이라는 사실이, 그것을 포함하는 문장들을 우리가 적절하게 내놓아야 하는 분석인 것으로 호도할 수도 있다. 1에 대한 대입적 재해석이 하는 한 가지 일은 3을, 결국 1과 같은 존재 주장이 **아니게** 하는 것이다. 반면에 직관적으로 3은 존재 주장의 전형으로 있는 것처럼 보인다. 따라서 3은, 다음과 같은 것을 분명하게 해주는 1의 처리(treatment)를 제안하고 있다. 즉, 1 속에서 '페가수스'의 통사론적 역할은 전체적으로 1의 처리가 수용해야 할 것을 홀로 결정할 수 없다는 것을 말이다.

   이러한 문제들과 그 중요성은, 오늘날 상당한 영향력을 발휘하고 있는 콰인의 존재론과 연관시켜 살펴보면 분명해진다.

   콰인의 입장에서, 존재에 관한 말을 양화 논리의 언어로 효과적으로 처리할 수 있다는 생각을 받아들이면, 존재론에서 의미 있는 성과를 거둘 수 있다. 우리가 우리의 존재론에 포함시키는 대상은 (대상적으로 해석된) 양화의 속박 변항의 모든 값, 그리고 그 값에만 한한다고 콰인은 주장한다. 이 점을 콰인은 "있다는 것은 변항의 값으로 있다는 것이다.(to be is to be the value of a variable)"라는 표어로 요약한다.[20] 콰인은 존재론적 수용이 이론에 상대적이라고 말한다. 이 이론에는 일상 세계에 관한 우리의 '내 곳적부터의(immemorial)' 이론도 포함되어 있다. 그리고 그 존재론적 수용은 우리가 사용하는 양화에 의해 밝혀진다. "한 (해석된) 이론이 할당받는 존재론은, 그 이론의 속박 변항들이, 그 이론에서 긍정된 진술이 참이 되기 위해서 다루고 있는(ranging) 것으로서 해석되어야 하는 모든 대상들 그리고 그 대상들만을 포함한다."[21] 보다 분명하게는 양기호들의 역할에 관한 것으로서, 콰인은 우리의 말을 양화 논리의 표준적 표기법으로 바꾸는(recasting) 것이 다음과 같은 점을 드러내 보인다고 생각한다.

"우리가 허용하는 것으로 보여지는 대상들은, 정확히 말해서 양화의 속박 변항들이 다룬다고 생각되는 것인 값들의 세계에서 우리가 계산하는(reckon) 대상들이다. 그것이 바로 양기호 '(x)'(모든 대상 x는 그러한 것이다)와 '$(\exists x)$'(그러그러한 대상 x가 있다)가 겨냥하고 있는 의미이다. 양기호는 일상 언어의 이런 특별히 선택된, 모호하지 않은 지시적 어휘들을 압축한 표현이다. 한 문장을 양화의 표준 표기법으로 재해석하는 것은 그 무엇보다도 그 문장의 존재적(ontic) 내용을 명확하게 해주는 것이다. 양화는 대상 일반을 말하는 장치인 것이다."[22]

콰인의 이론은, 우리가 "알클은 말이다."와 같은 문장으로부터 존재 일반화($\exists x$)(x는 말이다)를 추론하려 할 경우, 우리가 우리의 존재론에서 말과 관계한다는 한다는 것을 말해 준다. 그러나 이런 견해는, 페가수스의 경우와 같이, 이름 또는 단칭 명사가 지시하는 대상이 없을 경우에는 문제를 일으킨다. 왜냐하면 "페가수스는 날아다니는 말이다."라는 참된 문장으로부터 존재 일반화를 통해 ($\exists x$)(x는 날아다니는 말이다)가

철학적 논리학

추론될 수 있어야 하지만, 그러나 이 존재 일반화는 우리가 보았듯이 거짓이기 때문이다. 콰인은 단칭 명사들 — 이름은 이것의 부분 집합이다 — 을 두 단계를 거쳐 제거함으로써 이 문제가 해결될 수 있다고 주장한다. 첫 번째 단계는 단칭 명사들을 한정 기술로 풀어써주는 것이다. 그리하여 '페가수스'는 '페가수스임이라는 속성을 가진 유일한 대상' 또는 보다 간명하게 '페가수스스러운(pegasises) 유일한 대상'이라는 기술로 바뀌게 된다. 여기서 '페가수스스럽다'는 '페가수스임이라는 속성을 가짐'이라는 술어를 대신하는 술어 표현이다. 두 번째 단계는 거기에 러셀식의 분석을 가해서 기술을 제거하는 것이다. 이 분석에서는 양기호와 변항들이 제 일을 다 한다. "페가수스는 날아다니는 말이다"라는 문장은,

$$(\exists x)(x는\ 페가수스스럽다 \cdot [(y)(y는\ 페가수스스럽다 \rightarrow y = x)] \cdot x는\ 날아다니는\ 말이다)$$

가 된다. 논의 영역 속에 날아다니는 말이라는 대상이 전혀 없기 때문에, 다시 말해서 논의 영역 속의 어떠한 대상도 '날아다니는 말이다'라는 술어를 만족시키지 않기 때문에, 전체 문장은 거짓이 된다.[23] 이름을 기술로 바꾼 후, 다시 기술을 러셀식으로 분석하는 콰인의 방편은 익살맞은 표현으로 '이름을 콰인스럽게 함과 러셀스러운 기술 제거(Quinizing the name and Russelling away the description)'라고 일컬어졌다.

"페가수스는 날아다니는 말이다."는 일상 언어이고, $(\exists x)(x$는 페가수스스럽다$)$는 1계 논리학의 언어이다. 이렇게 일상 언어를 엄격한 형태인 1계 논리학의 언어로 상승시키는 것은 번역을 하는 작업이 아니다. 두 표현은 동의적이 아니기 때문이다. 콰인의 견해에서 일상 언어를 형식 언어로 상승(ascent)시키는 것은, 형식 언어를 가지고 일상 언어를 명료

하게 풀어 써주는 것이다. 철학적으로 본질적인 것은 모두 보존되고, 오해를 일으키는 것은 제거된다.[24]

이제 양기호에 대한 대입적 해석이 왜 중요한지가 분명해진다. 이런 대안적 입장을 채택하는 사람은 그로써 콰인의 결과에 이의를 제기하고 있는 것이기 때문이고, 만일 이것이 옳다면 우리의 존재론적 문제들 취급을 위해 분명히 중요할 것이기 때문이다. 따라서 대입적 해석을 다시 한 번 살펴보도록 하자.[25]

대입적 해석의 효력은 아래의 1과 같은 엄격한 형태의 불투명 문장을 해치는 어떤 난점들을 처리하는 데에서 드러난다.

1. 존은 헬렌 = 헬렌이라고 믿는다(John believes that Helen = Helen).

1의 존재 일반화는 다음과 같다.

2. $(\exists x)$ (존은 헬렌 = x임을 믿는다)

2를 대상적으로 해석하면,

3. 존이 헬렌 = x라고 믿는 그런 x가 있다.

가 된다. 만일 헬렌이 없었다면, 3은 1이 참임에도 불구하고 거짓이 되었을 것이다. 그러나 2가 대입적으로 해석된다면,

4. 어떤 예 x에 대해서, 존이 헬렌 = x라고 믿는다는 것은 참이다.

가 된다. 이렇게 되면 그럴 수밖에 없듯이, 1이 참일 경우 4도 참이라는 다행한 결과를 얻는다.[26]

그런데 대입적 해석은 언어의 존재론적 특징에 대한 대안적인 분석을 제공하지 않고 주안점을 다른 곳에, 특히 특수한 대입의 진리 조건에 중점을 두고 있다. 이제 주요 문제는 이 두 해석 중 어느 것이 더 선호되는가 하는 것이다. 어느 해석이 선택되어야 하는지를 결정해주는 이유 중 일부는 좀 더 일반적인 존재론적 문제들을 수반할 것이다. 한 가지 예로서 $(\exists x)(Fx \lor \sim Fx)$를 대상적으로 해석하는 것은 이상한 것처럼 보인다. 이를 대상적으로 해석할 경우, 도대체 어떤 것이 존재한다는 사실은 논리학의 문제인 것으로 보이기 때문이다.[27] 대입적 해석의 장점은 우리가 말하는 것을 표준적 풀어쓰기(paraphrase)를 통해 명료화하고자 할 때마다, 항상 존재론적 수용을 강요하지는 않는다는 데 있다. 대입적 해석은 분석에서 이름과 단칭 명사를 존재적 불합리성 없이 유지할 수 있게 해 줄 뿐만 아니라, 위의 예에서처럼 불투명 문맥을 양화시킬 수 있게도 해 준다. 이것이 대입적 해석 전략을 강력히 추천하는 것이다. 그럼에도 불구하고 문제는 미해결로 남아 있다.

이와 연관해서 콰인의 견해들 중 또 다른 측면이 비판을 받는다. 예컨대 스트로슨은, 콰인의 이론이 요구하는 것처럼, 단칭 명사들이 없어도 되는지에 관해 의문을 제기한다. 즉, 단칭 명사는 특수한 주장이나 담화의 주제를 확인하는 데 근본적인 역할을 하고 있는데, 이런 기능은 이러저러한 하나의 사물 그리고 오직 그 사물만이 있다고 주장하는 기능에 흡수되는 것이 아니라 완전히 구별되는 것이다.[28] 이 점은 이하에서 논의되는 러셀에 대한 스트로슨의 비판에서 확연하게 나타난다. 콰인의 견해는 이미 보았듯이 러셀의 견해로부터 도출된다. 어떤 경우에는 콰인 자신도 — 자신의 이론을 입중하기 위해 끌어들였던 — '페가수스스럽다'

와 같은 생소한 술어를 다음과 같이 설정한다. 즉 그것은 '---은 a와 동일하다'를 의미하는 것으로 생각될 수 있었다는 것이다. 여기서 'a'는 '페가수스'와 같은 하나의 이름이다. 따라서 '---페가수스스럽다'는 '---는 페가수스와 동일하다'를 의미하는 것으로 설명되어야 한다. 비록 콰인이 이런 묘책을, 새로운 양식의 술어에 대한 하나의 발견적 주석에 지나지 않는 것으로 생각했다 할지라도, 콰인이 실제로 단칭 명사에 호소하는 것이 불필요하다는 데 성공하는지, 또는 어떤 점에서 그의 설명에 있어서 불가결하게 단칭 명사를 언급해야 했을 것인지 하는 문제가 남아 있다. 또 반대의 방향에서도 문제가 있다. 단칭 명사가 콰인의 바람대로 처리될 수 있든지 없든지 간에, 양기호와 변항조차도, 커리(Curry)와 쉰핀켈(Schönfinkel)이 고안한 조합 논리(combinatory logic)에서 사용될 경우, 제거될 수 있는 것으로 드러난다.[29] 그러나 이런 전문적인 문제를 붙들고 있을 필요는 없다. 콰인의 제안이 논쟁을 일으킬 소지가 많다는 점을 보여주는 것으로 충분하다.

존재와 전제된 집합

논리학의 양화 장치를 통해 존재 주장과 존재의 부정을 분석하려는 것은 일상 언어로 '존재한다'는 말을 사용하는 것을 멀리하게 만든다. 좀 더 최근에 스트로슨은 '존재한다'라는 말을 양화 장치에 흡수시키지 않고도 논리적으로 나무랄 데 없는 술어임을 설명해 주려고 한다.[30] 그의 제안의 핵심을 이루는 생각 중, 일부는 무어의 몇 가지 지적으로부터, 다른 일부는 스트로슨 자신의 전제(presupposition) 개념으로부터 도출된다. 그 제안은 다음과 같다.

'존재한다'는, 어떤 문법적 술어를 논리적 술어로 만들어 주는 조건을 만족시킬 때는 언제나 논리적 술어가 된다.(여기서 '논리적'이라는 말은 '진정한(genuine)'이라는 의미이다.) 그 조건은 이렇다. 만일 한 문장의 문법적 주어가 그 앞에 온갖 양화 표현 '모든', '대부분(most)', '많은(many)', '어떤(some)', '소수의(a few), '전혀 --- 없는(none)', '적어도 하나' 등을 가지게 된다면, 그것은 논리적 주어일 것이다. 그리고 논리적 주어의 술어는 논리적 술어이다. 따라서 '존재한다'가 위와 같은 양화 표현을 그 앞에 가지고 있는 주어의 문법적 술어라면, 그것은 논리적 술어, 즉 진정한 술어이다.[31] 존재 주장 진술의 주어는 여전히 존재적 전제를 가질 것이다. 그러나 이에 대한 설명이 있을 수 있다.

스트로슨은 '전제된 집합(presupposed class)'이라는 개념을 고안해내고, 그것을 고전어 사전의 예를 통해서 설명한다. 고전어 사전에 수록된 인물들을 생각해 보라. 그중 일부는 허구의 인물이고, 일부는 실존했던 역사적 인물이다. 스트로슨의 입장에서, 우리는 이런 맥락에서, 임의의 상황에서 대화의 주제가 되는 덕분에 그 존재가 전제되는 인물들의 집합에 관해 이야기할 수 있다. 가령 어떤 사람이 사전 속의 인물들에 대해서, "이 중 일부는 허구적 인물이지만 그 대부분은 존재했었던 인물들이다"라고 말할 때처럼 말이다.[32] 그러나 이 인물들의 집합은 '존재론적으로 이질적인' 집합이다. 왜냐하면 그것은 역사적으로 실존했던 인물들이라는 부분 집합과 허구적 인물들이라는 부분 집합을 포함하고 있기 때문이다.

이제 "알프레드 대왕은 존재했었다."와 "아더 왕은 존재하지 않았다."라는 문장을 생각해 보라. 스트로슨의 입장에서 "우리는 이야기되고 있는 왕들의 이질적인 집합 — 즉 실재했던 왕과 설화 속의 왕을 동시에 포함하는 집합 — 속에서 그 집합의 특수한 구성원을 확인해 주는 데 쓰이는 것으로서의 이름들만을 보고 있을 뿐이다. 그러면 술어는 그 특수한 구성원을 적절한 부분 집합에 할당하는 데 쓰이는 것으로 보여진다.

따라서 '존재한다'는 하나의 술어처럼 보인다. 그러나 그것은 한 개념의 술어처럼 보이는 것이 아니라, 이질적인 집합의 다른 구성원이 아닌 어떤 구성원의 술어인 것처럼 보인다."[33]

이 점을 분명히 밝혀내기 위하여 스트로슨이 고안해 낸 장치가 속성 귀속(property-ascription)의 도표 제시라는 생각이다. 항목(item)들의 집합을 표현하기 위해서 하나의 원을 그린다고 가정해 보자. 그러면 이런 항목 일부에 대해서 그것이 어떤 속성을 가진다고 말하는 것은 원의 일부를 채색하는 것이다. 그 항목 모두가 어떤 속성을 가진다고 말하는 것은 원 전체를 채색하는 것이다. 원의 부분들을 더 채색하거나 덜 채색함으로써 우리는, 우리가 표준적으로 사용하는 어떤 양화 표현들의 의미를 파악할 수 있다. 어떤 것이 존재한다고 주장하기 전에는 전혀 아무 원도 없다. "적어도 하나의 x가 존재한다."는 말은 가능한 한 가장 작은 원을 그리는 것이다. "몇몇 x들이 존재한다"고 말하는 것은 약간 더 큰 원을 그리는 것이다 등등.[34] 그러나 '존재한다'를 위와 같이 항목을 부분 집합에 할당하는 데 사용할 경우, 이것은 전자의 작업보다는 후자의 작업과 더 유사한 것이다. 즉, 어떤 크기의 원을 그리기보다는 한 원의 일부나 전부를 채색하는 것이다. 그런 경우에 '존재한다'는 성격상 술어적이다.

이런 제안에서 먼저 눈에 띠는 것은 전제라는 개념이 통상적이지 않게 확대되었다는 점이다. 즉 단칭 표현을 사용하지 않고 **논의 문맥**을 사용함으로써, 주어 표현 지시체의 전제된 존재와 관계하는 전제 개념으로부터, 그 존재가 전제되는 집합들과 관계하는 전제 개념으로 확대되었다. 이것은 한 가지 문제를 일으킨다. 이런 확대된 의미의 전제에서, 전제되고 있는 것, 즉 이야기되고 있는 사물들의 집합은 구획되어야 할 방법을 요구한다. 상상할 수 있는 전제된 집합들의 경우들 모두 또는 대부분에 대해서, 어떻게 우리가 그것들의 외연을 결정할 것인지를 보기란 쉬운 일이 아니다. 보다 중요한 것으로, 주명사의 지시체를 적절한 부분 집합에 할당함으로써 그 주명사에 '존재한다'를 언제 붙여야 할지를 어떻게 우리가 아는 것인지는 미해결의 문제로 남아 있다. 왜냐하면 어느 한 항목이 다른 부분 집합이라기보다는 어느 한 부분 집합의 구성원이 될 만한지 하는 문제는, 그 구성원으로 선택되기에 앞서 미리 결정되어 있어야 할 것처럼 보일 것이기 때문이다. 그리고 이것은 ─ 우리가 한 문맥과 그것에 전제된 집합에 미리 호소하지 않고도 ─ '존재한다'를 이미 합법적으로 술어로 붙일 수 있을 때를 안다는 것을 의미할 것이다.

다른 각도에서도 같은 비판이 이루어질 수 있다. '존재한다'의 사용이 어떻게 실재하거나 존재하는 존재자들의 부분 집합을 구별해 주는지를 묻게 되면, 이 부분 집합이 외연적으로 결정되어야 하는지 내포적으로 결정되어야 하는지 하는 문제가 제기될 수 있다. 외연적으로 결정된다면, 그 부분 집합은 'x는 존재한다', 'y는 존재한다' 등과 같은 무한히 많은 단칭 진술들로 이루어질 것이다. 그리고 이것은, 무한 후퇴에 빠지지 않으면서 'x는 존재한다'라는 진술 형식의 논리를 어떻게 이해할 것인가 하는 문제를 앙갚음으로 재발시키는 것처럼 보인다. 내포적으로 결정된다면, 문제는 더욱 다루기 어려워진다. 왜냐하면 우리는 '존재한다'가 기본적인 개념 즉 정의되어 있지 않은 개념인지, 아니면 정의되어 있는 개념인지를 고려해 보아야 처지에 놓일 것이기 때문이다. 그 어느 쪽이 성립하든지 간에, '존재한다'를 부분 집합에 적용하였을 때나 그것을 부분 집합의 개별 구성원에 적용하였을 때나, 우리가 이해하는 내용은 마찬가지의 것이 될 것이다. 이것은 전체적으로 그 명사의 술어적 사용을 해명해 주지 못할 것이다.

그런데 외연적 해석이나 내포적 해석에서, 전제된 집합에 호소하는 것이 결국 하고 있다고 보여지는 것은, 어떻게 '존재한다'가 논리적 술어로서 사용되는지, 언제 논리적 술어로 사용되는지, 그리고 스트로슨 자신이 초기의 글들에서 확인했던 '불합리성(absurdity)' 문제에 대해 어떤 결과가 따라 나오는지 등을 결정하는 문제를 명료화해 준다기보다는 오히려 뒤로 미루는 것이다. 스트로슨은 그의 초기 글들에서 "x는 존재한다."라는 진술이 주어–술어의 형식이 아니라고 주장하였다. "x는 존재한다."에서 주어 표현 x가 x의 존재를 전제한다고 말하는 것은 명백히 불합리하다. 왜냐하면 그 x는 그것을 부분으로 하는 전체로서의 그 진술이 주장하는 것을 하나의 전제로서 가지고 있기 때문이다. 그러므로 x는 어떠한 특수한 지시 역할도 할 수 없다. 그리고 그것이 "x는 존재한다."가 주어–술어 형식이 아닌 이유이다. 이런 점에서 스트로슨은 "x는 존재한다."의 형식이 콰인이 제안한 양식에 따라서 양화 어휘들을 통해 보다 잘 처리된다고 느꼈었다. 스트로슨은 같은 논증을 다음과 같은 식으로도 표현한다. 우리가 "x는 존재한다."를 전통적인 네 가지 정언 명제에 포함시키려고 하거나, "주어–술어 진술로 간주하려고 했다면, 그것들이 참이었지 거짓이었는지 하는 문제는 그것들이 참이었을 경우에만 일어나거나, 또는 만일 그것들이 거짓이었다면, 그것들이 참이었지 거짓이었지 하는 문제는 일어날 수 없었다고 하는 불합리한 결과에 직면하게 될 것이다."[35]

전제된 집합을 통한 스트로슨의 해결책은 다음과 같은 전제에 의존한다. 즉 주어–술어 형식의 모든 단칭 진술은, 그것의 주어가 적어도 하나의 특수한 지시적 기능을 가지고 있거나 가지고 있는 것으로 보일 경우, 그 주어가 그 지시체의 존재에 관한 전제를 수반한다는 것이다. 이에 대해서 한 진술이 명백하게 그 주어의 지시체의 존재를 주장하는 경우에는 그러한 가정을 거부함으로써, 논쟁 전체를 무효화시킬 수 있으리라는 제안이 있다. 이 제안에 따르면, 우리는 '존재한다'가 술어의 자리를 차지하고 있을 경우에, 그것은 전제에 대한 반박 금지(estoppal)를 일으킨다고 말할 수 있었다. 그리하여 우리는, 존재를 주장하는 진술을 제외하고, 모든 주어-술어 형태의 진술이 그 주어의 지시체의 존재에 관한 전제와 관계한다는 식의 규칙을 가질 것이다. 따라서 우리는 불합리성(absurdity)의 불안에 시달리지 않고도 존재 주장에 관한 설명을 해나갈 수 있었을 것이다.[36]

위의 이야기는 전제의 문제를 풀어보려는 프로그램에 관한 가장 단순한 개관이다. 그러나 그것은 두 가지 장점을 시사하고 있다. 첫째, 담론 맥락에 의해 전제되는 존재자들의 이질적 집합에 호소하는 번거로운 작업을 피할 수 있을 것이다. 둘째, 어떤 것에 대해서 ― 알클과 같은 ― 그것이 존재한다고 말하고, 다른 것에 대해서 ― 페가수스와 같은 ― 그것이 존재하지 않는다고 말하는 것에는 목적과 요지가 있다는 취지에서, 그것은 전이론적 직관에 더 가깝게 의지할 것이다. 이것은 전제 개념의 가치를 부정하는 것이 아니다. 그것은 바로 우리가 때때로 우리의 존재론적 관심을 논쟁에 붙이고 있으며, 그렇게 하는 데 사용되는 말들의 형식들에 대한 설명을 필요로 한다는 것을 말하는 것이다.

어떤 점에서 스트로슨의 견해와 유사하지만 세부적으로는 다른 제안이 가레트 에반스에 의해 제공된다. 이것은 부정적 존재 문장 ―"페가수스는 존재하지 않는다."에서와 같이 어떤 것의 존재를 부정하는 문장 ― 을, 우리가 하고 있는 것이 가상 게임이라는 것을 우리가 보여주려 한다는 것만 빼고는, 가상 게임(a game of make-believe)에서의 발언인 것처럼 취급하는 것이다. "페가수스는 존재하지 않는다."라고 말하면서, 말하자면 우리는 마치 어떤 존재하는 사물을 지시하는 체하는, 술어 '---존재하지 않는다'에 의해 그 위장(pretence)을 드러내기 위해서만, 짐짓 '페가수스'라는 이름을 사용한다. 에반스는 다음과 같이 말한다. "나는 우리가 단칭 부정적 존재 문장을 가상 게임의 중요한 이용으로 간주할 것을 제

안한다. 그 일반적인 생각은 이러하다. 그런 문장을 발언하는 사람은 그
것이 위장이라는 사실을 표현하기 위해, 위장이 빌어지는 데에서 어떤
조치를 취하는 사람과 닮아 있어야 한다."[37] 만일 여러분이 극장 무대 위
로 뛰어올라 쥴리어스 시저를 연기하고 있는 배우를 가리키면서, "쥴리
어스 시저는 배우일 뿐이다."라고 말했다면, 이것은 여러분이 할 수도 있
을 것이다.(여러분이 무대로 뛰어올라 가리키면서 "이것은 단지 배우일 뿐이다."라고
말했다면, 여러분은 이것을 하지 못했을 것이다. 왜냐하면 여러분은 그것이 허구라는 것
을 보여주기 위해서 허구를 사용하고 있는 것이 아닐 것이기 때문이다.)

　　이것은 우리가 "페가수스는 존재한다."와 "페가수스는 존재하지 않
는다."와 같은 문장들을, 연산자 '실제로'를 암묵적으로 포함하고 있는
것으로서 취급한다는 것을 암시한다. 따라서 페가수스의 존재에 대한 주
장과 부정은 각각 "페가수스는 실제로 존재한다."와 "페가수스는 실제로
존재하지 않는다."라는 형식을 가진다. 이런 암묵적 연산자를 포함하는
문장들의 진리 조건을 설명하기 위해, 우리는 허구적 담화에 대한 진리
조건을 주는 — 소설 『엠마』 문맥에서 "엠마는 나이틀리와 결혼했다."와
같은 문장은 참이다. — 방법을 도입해야 한다. 또는 그것이 **이 소설에서
참**이라는 것을 보여주기 위해서 에반스는 그것을 *참*이라고 표현한다.
따라서 "엠마는 나이틀리와 결혼했다."는 소설 『엠마』가 그랬다고 우리
에게 말한다면, *참*이고, 그렇지 않으면 *거짓*이다. 다시 말해서 그 소
설은 그 문장에 대한 *진리 조건*을 명시해 준다. 이제 우리는 '실제로'를
포함하는 문장 S에 대해서, 다음과 같은 것을 말할 수 있다.

(1) S는 *진리 조건들*을 가진다.
(2) S는 진리 조건들을 가진다.
(3) S는 참이다. (그리고 한낱 *참*이 아니다.)

아주 소수의 문장들이 *진리 조건들*과 진리 조건들을 둘 다 가진다. 우리는 역사적 실존 인물의 생애를 소설화한 경우에서 그런 문장들을 찾아볼 수 있을 것이다. 거기에서는 그들이 실제 삶에서 가졌던 속성들이 그들에게 귀속된다.[38] 트랙커레이는 『허영의 시장』에서, 영국의 조지 4세가 실제 삶에서 정말로 가졌던 어떤 성격 성향을 가졌다는 것을 시사한다. 그래서 그런 속성을 표현하는 문장들은 *진리 조건*과 진리 조건을 둘 다 가지며, 따라서 그중 일부는 *참*이면서 참이다.

따라서 에반스의 제안에 따라, 우리는 "페가수스는 존재하지 않는다."와 같은 경우를 다음과 같이 취급해야 한다. "페가수스는 실제로 존재한다."는 "페가수스는 존재한다."가 진리 조건을 가질 경우에만 참될 수 있다. 그러나 그렇지 않다면, 그것은 거짓이다. 그러므로 "페가수스는 존재하지 않는다."는 참이다.

이 제안의 장점은 '존재한다'가 개별자의 진정한 술어가 되도록 해 준다는 점에 있다. 이것은 페어스의 것과 같은 분석에 의해서는 허용되지 않는다. 즉 앞에서 기술했던 페어스의 분석에 따르면, 어떤 개별자의 존재를 주장하거나 부정하는 것은 (언급된 예외와 함께) 각각 동어반복이나 모순에 빠져드는 것이다. 그러나 그런 견해에서는 단칭 부정적 존재자 (singular negative existentials)를 만족스럽게 설명하기가 어렵다. 문제는 그런 존재자들이, "페가수스는 존재하지 않는다."에서처럼, 흔히 참이 되는 장점을 가지면서 별 이상이 없는 것처럼 보인다는 점이다. 에반스의 처방은 그것들을 다룰 좋은 설명을 허용한다.

두 개의 다른 비판이 있을 수 있겠다. 하나는 고려 중인 것이 허구적 존재자가 아니라 가설화된(hypothesized) 존재자인 경우들을 설명하기 위해, 이 제안이 조정을 필요로 한다는 것이다. 두 양자 물리학자가 '끈 (string)'이 존재하는지에 관해 논쟁을 벌인다 하자. 여기서 끈은 소립자를 만들어내는 존재자이다. 세인스베리(Sainsbury)는, 화자가 말하는 것이, 그들이 허구를 만들어내려는 의도가 없었는데도 현실과 다른 경우들을 허용하기 위해 우리가 '고의가 아닌 허구(unwitting fiction)'라는 개념을 사용하자고 제안한다.[39] 그러면 만일 끈이 있지 않다고 판명된다면, 일어나게 될 것은 "끈이 있다."라는 문장이 고의가 아닌 허구에서 *진리 조건들*만을 가지지만 진리 조건들을 결여한다는 것이다. 이 경우에 "끈은 실제로 존재하지 않는다."는 참이 될 것이다.

또 다른 비판은 에반스의 제안이 스트로슨의 제안과 어떤 면에서 유사하다는 것이다. 스트로슨의 부분 집합 할당과 유사한 어떤 것을 제안할 뿐만 아니라 그렇게 하기 위해서 특별히 도입된 개념 — 스트로슨은 전제를 제의하고 에반스는 *진리 조건*을 제의한다 — 에 의존한다는 점에서 말이다. 에반스의 경우의 장점은 그것이 허구적 담론의 본성을 이해하기 위한 그럴싸한 성과와 부합한다는 점이다. 양 견해는 '존재한다'가 개별자들의 술어가 되게끔 해준다. '존재한다'를 '진정한' 술어로서 취급하는 데 있어, 이것이 얼마나 필수적인가를 추측해보는 것은 흥미로운 일이다.

기술 이론

이제 러셀의 한정 기술론(theory of definite description)을 설명할 차례가 되었다. '존재한다'에 관한 최근 논의들이 그 배경 어딘가에 가까이 놓여 있는 러셀의 이론과 함께 진행된다는 사실에서 볼 때, 전술한 내용과 러셀의 기술론이 맺고 있는 관련성은 이미 분명하게 밝혀졌다. 기술 이론은 보다 일반적인 철학적 문제의 맥락에서 보아야 제대로 평가될 수 있다. 따라서 기술 이론의 인식론적 결과와 더불어 그 일반적인 철학적 문제들을 개관하기로 한다.

　이미 1장에서 러셀의 '직접 인식에 의한 지식'과 '기술에 의한 지식' 간의 구분을 언급한 바 있다. (이하 '직접지'와 '기술지'로 줄임. 역주) 이 구분은 다음과 같이 이루어진다. 직접지는 파악하는 주관과 직접 인식의 대상 간의 2항 관계이다. "나는 어느 한 대상과 직접적인 인식 관계를 맺고 있을 때, 즉 그 대상 자체를 직접적으로 의식할 때, 그 대상을 **직접 인식** (acquaint)한다고 말한다."[40] 러셀에게 '직접 인식한다'는 것은 '어떤 추론 절차나 어떤 진리들의 지식을 매개로 하지 않는다'는 것을 의미한다.[41] 우리가 직접 인식할 수 있는 것 — 즉 직접 인식의 대상 — 에는 크게 두 가지가 있다. 하나는 감각 자료, 기억 및 대상에 관한 우리 자신의 의식과 같은 특수자들(particulars)이다. 다른 하나는 붉음, 둥글음, 러셀이 '파악함 (conceiving)'이라 부른 의식, 그리고 어떤 사람들이 실제로 개념들을 의식하고 있는 경우에 러셀이 '개념들'이라고 부른 의식 등과 같은 보편자들 (universals)이다. 러셀은 또한 관계들도 이런 부류에 속하는 직접 인식의 대상이라고 생각하였다.[42] 특수자와 보편자는 우리의 인식론적 직접 인식의 영역을 망라한다.

　물리적 대상과 타인의 정신은, 앞서 말한 것이 보여주듯이, 직접 인식의 대상에 속하지 않는다. 대신에 그것들은 **기술**에 의해 알려진다. 러셀에게 '기술'이란 〔불특정한〕 이러이러한 것(a so-and-so)' 또는 '〔특정한〕 이러이러한 것(the so-and-so)'과 같은 형태의 구를 의미한다. 러셀은 부정관사가 붙은 전자의 '이러이러한 것'을 모호한 기술이라고 불렀다.[43] 정관사가 붙은 후자의 '이러이러한 것'은 한정 기술로서, 러셀은 이것에 특히 주의를 기울인다. 왜냐하면 정관사 'the'는 그 기술을 존재론적으로 수용할 것의 지시 장치로 만들어주는 것으로 보이기 때문이다. "우리는 하나의 대상이 '〔특정한〕 이러이러한 것'임을 알 때, 즉 어떤 속성을 가진 특정한 하나의 대상이 있다는 것을 알 때, 그 대상이 '기술에 의해 알려진다'고 말할 것이다. 그리고 이것은 일반적으로 우리가 같은 대상에 대한 직접지를 가지지 못한다는 것을 의미할 것이다." 러셀에게 있어서는 '보통 명사, 심지어는 고유명까지도' 기술들이다. 왜냐하면 "고유명을 기술로 바꿔칠 경우에만, 일반적으로 고유명을 사용하는 사람의 정신 속에 있는 사고가 **명확하게** 표현"될 수 있다는 사실 때문이다.[44](이것은 그 이론에서 논쟁이 되고 있는 측면 중의 하나이다. 러셀의 견해에 대한 어떤 해석에서, 러셀은 이름이 숨겨진 기술이라거나 또는 모든 이름에는 고유의 확인 기술이, 심지어는 기술들의 집합이 부수되어 있다고 주장했던 것으로 받아들여지지 않는다. 이 점은 7장 이하 지시에 관한 논의에서 다시 다룰 것이다.)

러셀이 기술 이론을 만들어내는 작업 이면에는, 철학의 주요 관심 중 하나가 언어 분석이라고 하는 철학관이 깃들어 있다. 올바른 언어 분석은 문장들이 실제로 무엇에 관한 것인지를 — 또는 달리 표현해서, 우리가 문장들을 사용할 때 실제로 무엇을 말하고 있는지를 — 드러내 준다. 러셀의 입장에서 언어 분석은 일상 언어가 존재론적으로 오해를 불러일으키기 때문에 필수적인 것이다. 이것은 우리가 문장들이 말하는 것에 대한 좋은 근거를 가지지 못하기 때문이 아니라, 언어의 문법적 형식과 논리적 형식이 일치하지 않는 경우가 너무 많기 때문이다. 있는 것을 드러내 주는 것은 언어의 문법적 구조라기보다는 그 논리적 구조이다. 논리와 문법이 갈라지는 지점이 어디인지를 조심스럽게 살펴보지 않으면, 문법적인 범주와 논리적인 범주, 따라서 존재론적인 범주를 동질화할 위험에 빠진다고 러셀은 주장했다. 예컨대 상존적 존재자들의 존재를 요청해야 하기에 이르는 불운한 결과가 초래된다.

기술 이론의 직접적인 원천이 되었던 것이 바로 이런 관점에서 마이농의 입장에 대한 러셀의 거부였고, 이와 더불어 관념론 및 그의 초기 논리학 작업에 대한 그의 거부였었다.

러셀은 마이농 및 다른 사람들과 함께 지칭적 의미 이론(a denotative theory of meaning)을 신봉하였다. 노골적으로 말하자면, 지칭적 의미 이론은 한 낱말의 의미가 그것이 지칭하는 대상이라는 이론이다. 지칭적 의미 이론을 따를 경우, "현재의 프랑스 왕은 현명하다."라는 명제는 그 문법적 주어 표현이 지칭할 것이 전혀 없음에도 불구하고 확연히 의미 있는 명제가 되고 마는 심각한 문제가 발생한다. 마이농이 상존 개념 ― "어떤 의미에서 있지 않는 것은 있어야 한다. 그렇지 않으면 있지 않다고 이야기되고 있는 것은 무엇이란 말인가?"라고 주장했던 파르메니데스만큼이나 유서 깊은 개념 ― 을 받아들였던 것은 이 문제를 해결하기 위해서였다. 한때 마이농의 견해를 받아들였던 러셀은 곧 그것이 너무 과도하다는 것을 알게 되었다. 마이농의 견해는 러셀의 '강렬한 현실감(vivid sense of reality)'에 거슬렸던 것이다. 기술 이론은, 러셀에게는 옳은 것으로 보였던 지시적 의미 이론을 그대로 유지하면서도, 동시에 마이농의 결과에서 벗어나기 위하여 고안된 것이었다. 러셀의 해결책은, 양화에서 언급했듯이, 대부분의 보통 명사와 고유명들이 사실은 전혀 '논리적 고유명'(logically proper name)이 아니라 숨겨진 기술이라고, 또는 숨겨진 기술로 분석될 수 있다고 말하는 것이었다. 논리적 고유명만이 진정한 주어-술어 형태의 명제에서 주어의 자리를 차지하기에 적합한 것이다. 결국 이것은 (그리고 이것은 결정적인 묘수이다) 기술 또한 지시하는 표현이 아니기 때문이다. 그리고 러셀은 이것을 보여주기 위해서 기술을 분석했고, 기술을 포함하는 문장들의 논리적 형식을 밝혀 주었다.

따라서 러셀은 세계 속의 어떤 대상을 직접적으로 그리고 분명하게 지칭하는 것은 논리적 고유명뿐이라고 주장한다. 기술이 이름처럼 기능한다고 주장하는 것은 파르메니데스나 마이농식의 함정에 걸려들게 될 것이다. 그 함정은, 한 명제의 각 요소들이 세계 속의 어떤 것과 결부되어 있기 때문에, "일각수는 존재하지 않는다."와 같은 명제는, 일각수가 존재한다는 것을 부정하는 일을 의미 있게 하기 위해서 오히려 어떤 의미에서 일각수가 존재해야 한다고 주장하지 않을 수 없음을 받아들이게 만드는 함정이다. 러셀의 이론은 기술을 '불완전 기호(incomplete symbol)'로 변형시키는 데 초점을 맞춘다. 이 불완전 기호는 자체로는 아무 의미가 없고, 단지 문맥 속에서만 의미를 얻는다. 또한 분석해보면, 본래의 기술이 기술하려 한 대상들의 존재와 고유성에 관한 비기술적인 주장을 하는 것으로 보여질 수 있다. 이런 식으로 해서 오컴의 면도날을 무디게 하지 않고도 기술들이 나타나는 문장의 유의미성을 확보하고 있다. "명제를 잘 분석하면, 기술들은 분해되어서 사라진다." 따라서 기술들은 지시적 의미 이론이 수반하는 불쾌한 존재론적 함의를 가지지 않게 된다.[45]

러셀은 한정 기술을 포함하는 문장의 예로서 다음과 같은 것들을 들었다.

1. 스코트는 『웨이벌리』의 저자이다.
2. 현재의 프랑스 왕은 현명하다.
3. −1의 제곱근은 −4의 반 제곱근이다.

여기서 기술구들은 각각, '『웨이벌리』의 저자', '현재의 프랑스 왕', '−1의 제곱근', '−4의 제곱근'이다. 이것들을 포함하는 문장들에 대한 올바른 분석은 무엇일까? 이 물음에 대한 가장 분명한(그리고 소박한) 답변은 기술구들이 복합 이름들(complex names)이며, 복합 이름들로서 기능한다는 대답이다. 그러나 방금 위에서 본 이유 때문에 이것은 성공하지 못할 것이다. 러셀은 다음과 같이 성공하지 못하는 이유를 증명해 준다. "스코트는 『웨이벌리』의 저자이다"라는 동일성 진술을 생각해 보라.(이것을 편의상 "a는 D이다"로 기호화하겠다. 여기서 'D'는 기술을 나타낸다.) 만일 D가 스코트에 대한 다른 이름이라면, "a는 D이다" = "스코트는 스코트이다"라는 동어반복이 된다. 반면에 만일 우리가 D를 가령 '키츠'와 같은, '스코트'와는 다른 이름으로 대체하려 한다면, 그 결과 나타난 주장은 거짓이 될 것이다. 그러므로 D를 어떤 이름으로 대체하게 되면, "a는 D이다"는 동어반복이 되거나 거짓이 된다. "a는 D이다"는 그 어느 쪽도 아니기 때문에, D는 이름이 아니다.

둘째, 이름들은 자의적이다. 따라서 만일 D가 '스코트'와 동의적이라고 생각된다면, 스코트와 『웨이벌리』의 저자의 동일성은 명명법적인 결정과 같은 것이 되어 버릴 것이다. 그러나 우리는 러셀도 관찰했듯이 스코트가 『웨이벌리』의 저자인지의 여부를 명명법의 선택에 의해 결정할 수 없다.[46]

그러므로 기술은 이름이 될 수 없다. 러셀에 의하면, 기술구가 들어 있는 문장에 대한 올바른 분석은 다음과 같이 이루어진다. 즉, 기술을 포함하는 문장은 아무 기술구도 나타나지 않으면서 주장 내용의 논리적 구조를 분명히 드러내는 동치 진술들의 집합으로 분석되어야 한다. 위의 2, "현재의 프랑스 왕은 현명하다."라는 문장은 다음과 같이 분석된다.

2a. 하나의 프랑스 왕이 있다(There is a King of France).

2b. 적어도 하나의 프랑스 왕이 있다(there is not more than one King of France).

2c. 프랑스 왕인 어떤 것은 현명하다(anything which is King of France is wise).

기호로는 다음과 같이 표현된다.

$$(\exists x)\,[[Kx \,\cdot\, (y)(Ky \rightarrow y = x)] \,\cdot\, Wx]$$

2a가 거짓이므로, 2도 거짓이다.

문장 2a는 존재 일반화(existential generalization)에 의해 획득된다. 2b는 정관사 'the'로 상징된 유일성 조건이다. 2c는 유일하게 존재하는 x가 어떤 속성 ― 이 경우에는 현명함 ― 을 가진다는 것을 주장한다. 기술을 포함하는 문장들을 묘사하고 있는 형식적 기호 표현은 그 자체, 문장 2a-c의 집합보다 전체적으로 명료하다. 그것은 '완전한 언어'이다.

여기서 언어의 표면 형식이 오해를 불러일으킨다는 러셀의 말이 무슨 의미인지가 분명히 드러난다. 2에서 기술은 지시적 역할을 하는 것처럼 보이는 반면, 전체 문장을 형식 언어로 풀어썼을 경우에는 단칭 명사들이 사라지고 양기호-속박 변항들, 술어 문자, 그리고 동일성 기호만이 나타나기 때문이다. 이것은 공허한 기술 ― 아무것도 대응하는 것이 없는 기술 ― 이 일으켰던 난점을 제거해 준다. 그런 공허한 기술은, 지시 기능을 가진 이름, 따라서 단언의 논리적 주어로 쓰일 자격이 있는 논리적 고유명이 아니라는 것을 보여줌으로써 말이다.

이 목적이 러셀에게 당연히 중요한 것이라는 점은 강조해 둘 만하다. 왜냐하면 러셀은 모든 의미 있는 문장들이 확정적으로 '참'이나 '거짓'이라는 두 진리치 중 어느 하나를 가진다는 2치 원리(principle of bivalence)를 받아들였기 때문이다. 따라서 '현재의 프랑스 왕'이 문법적 주어 표현이면서 논리적 주어 표현이기도 했다면, 그것은 어떤 것 ― 마이농적인 상존적 대상 ― 을 지칭해야 했거나 아니면 그것이 들어 있는 문장은 무의미해져야 했을 것이다. 그러나 러셀은 어느 대안도 위에서 말한 이유 때문에 마음에 들지 않았다. 바로 기술 이론은 러셀에게 교묘한 탈출구를 마련해 준다. 이렇게 말하는 것이다. 주어의 자리에 기술을 가진 문장은 논리적인 주어-술어 문장이 아니다. 그리고 그 기술은, 한 형식 언어에서의 단칭 명사처럼 재현될 수 있기는커녕, 사실상 위장된 존재 주장이며 위장된 단일성 주장이다. 위에서 보여 준 바와 같이, 이런 후자들이 거짓일 때, 원 문장 전체도 거짓이 된다.

콰인이 존재론적 수용에 관한 자신의 입장을 직접적으로 이런 러셀의 전략으로부터 끌어내고 있다는 점은 주목할 만한 가치가 있다. 그러나 콰인은 논리적 고유명에 관한 러셀의 학설이나, 직접지와 기술의 상관적인 인식론적 개념들을 옹호하지는 않는다. 이에 관해서 러셀은 '이것', '저것'과 같은 표현 — 즉, 직접 인식의 대상을 가려내는 지시사 (demonstrative) — 만이 논리적 고유명이라고 주장하였다. 콰인의 전체론적인 인식론적 관점은, 논리적 형식에 대한 러셀의 견해에 의해 상당 부분 강제된 관점인 이 철저한 원자론과, 성격상 확연하게 대립된다.

러셀의 주안점은 한정 기술이 지시하는 장치가 아니라는 것이다. 이 이론에 대한 주요 비판은 기술이 실제로 지시 장치 — 또는 실제로 지시 장치로서의 용도를 가진다 — 라는 것이다.

기술에 대한 스트로슨의 입장

기술 이론에 대한 스트로슨의 비판은 그것을 밑받침하고 있는 의미 이론을 거부하는 데 있다. 그 뿌리에 도끼를 들이대고 있는 것이다. 비판은 어떠한 낱말이나 표현도 그 의미로서 어떤 지명된(designated) 대상을 가지지 않는다는 것에 있다. 스트로슨의 입장에서, 의미는 언어 사용자의 활동에 있다. 만일 의미가 외연(denotation)이 아니라면, 러셀적인 의미에서의 '논리적 고유명'도, 기술도 있을 수 없을 것이다. 왜냐하면 스트로슨의 입장에서 "현재의 프랑스 왕은 현명히다."와 같은 문장을 빌인하는 어느 누구도 프랑스 왕이 있다고 주장하고 있는 것이 아니기 때문이다. 스트로슨이 보았던 것처럼, 러셀은 고유의 지시를 하기 위해 표현을 사용하는 것과 어떤 특징을 소유하는 하나의 그리고 기껏해야 하나의 개별자가 있다는 주장 사이를 구별해 내지 못했다.[47]

스트로슨은 기술 이론을 고안하고 있는 러셀의 목적이 다음과 같은 논증의 결과에서 탈출하기 위한 것이었다고 본다. (1) '프랑스 왕'이라는 구는 문장 S의 주어이다. 만일 S가 하나의 유의미한 또는 의미 있는 문장이라면, S는 프랑스 왕**에 관한** 문장일 것이다. 그러나 만일 프랑스 왕이 존재하지 않는다면, S는 어떤 것에 관한 것이 아니며, 따라서 프랑스 왕에 관한 것이 아닐 것이다. 그러나 그것은 프랑스 왕에 관한 것**이고**, 그것은 의미 **있는** 문장이다. 그러므로 어떤 의미에서 프랑스 왕은 있어야(존재 또는 상존)한다. (2) 만일 S가 유의미하거나 의미 있는 문장이라면, 그 문장은 참이거나 거짓인 문장일 것이다. 그런데 만일 프랑스 왕이 현명하다면, 그 문장은 참이고, 현명하지 않다면 거짓일 것이다. 그러나 "현재의 프랑스 왕은 현명하다."와 "현재의 프랑스 왕은 현명하지 않다."는, 어떤 의미에서 프랑스 왕인 어떤 것이 존재할 경우에만 진리치를 가진다. 그러므로 어떤 의미에서 프랑스 왕이 있어야(존재 또는 상존) 한다.

스트로슨은 이런 잘못된 논증의 결과에서 벗어나 보겠다는 러셀의 욕구를 칭찬했다. 그러나 스트로슨은 러셀이 그 과정에서 논증 밑에 깔려 있는 가정을 잘못 받아들였다고 주장했다. 그것은 첫째, 의미가 외연이라는 가정이다. 그리고 둘째, 주어-술어 문장의 주어가 논리적 고유 주어 ─ 즉, 그저 문법적 주어가 아니고 ─ 이고 그 문장이 의미 있다면, 그 주명사가 지칭하는 어떤 대상이 있을 것이라는 가정이다. 스트로슨의 지적에 의하면, 러셀은 그 문법적 형식 덕분에 어떤 특수한 개인, 대상 또는 사건에 관계하고 있는 것처럼 보이는 문장들에 유의미성을 부여할 수 있는 단 두 가지 방식만을 인정하였다. 하나는 문장의 문법적 형식과 논리적 형식이 일치하지 않을 경우, 그것들은 특별한 종류의 존재 문장으로 분석될 수 있어야 한다는 것이다. 다른 하나는 그런 문장의 문법적 주어의 의미는 그것이 지명하는 개별적 사물이어야 한다는 것, 즉 논리적 고유명이어야 한다는 것이다.

자기의 입장을 이해시키기 위해서 스트로슨은 문장, 문장의 사용(use), 문장의 발언(utterance)을 구분했다.[48] 우리는 "현재의 프랑스 왕은 현명하다."라는 문장이 — 이 문장을 K라 하자 — 프랑스 왕들의 치세 기간 중에 발언된다고 상상해 볼 수 있다. 이때 K는 발언된 각 시간에 당연히 같은 문장이라고 보아야 할 것이다. 그러나 분명히 각 시간에 그 문장의 **사용 상황** 사이에는 차이가 있다. K의 사용자들은 서로 다른 왕에 관해 말했을 것이고, 또 해당되는 왕의 성격이 어떤가에 따라, 참인 말을 하거나 거짓인 말을 하게 되었을 것이다. 이런 것들이 K에 대한 다른 **사용**이다. 마찬가지로 만일 두 사람이 같은 치세의 기간 동안 K를 사용했다면, K에 대한 그들의 사용은 같은 것이 될 것이다.

스트로슨은 이러한 세 가지 구분으로부터, **문장**이 참, 거짓이 되는 것이 아니라, 그 문장을 사용해서 이루어진 진술이나 명제가 참 또는 거짓이 된다는 결론을 끌어낸다.

이와 유사하게 표현(expression), 표현의 사용, 표현의 발언도 서로 구분될 수 있다. 문제되는 표현은 '프랑스 왕'이라는 기술이다. 이것을 D라 부르자. K를 놓고 말하자면, 거기서는 D가 프랑스 왕을 지시하거나 언급한다고 할 수 없다. 특수한 발언 상황에서 D가 언급하거나 지시하는 데 **사용**될 수 있다고 해야 한다. "'언급함'이나 '지시함'은 표현이 수행하는 어떤 일이 아니다. 그것은 우리가 ---을 하기 위해 표현을 사용할 수 있는 그런 것이다. 〔그것은〕 '어떤 것에 관함'과 참-또는-거짓이 문장의 **한 사용**의 특징인 것처럼, 표현의 **한 사용**의 특징이다."[49]

스트로슨은, 배**와** 구두**와** 봉랍이 있는 것처럼, 문장과 기술들**과** 그것들의 사용과 그것들의 발언이 있다고 말하고 있지 않다. 그는 우리가 이런 언어적 형식들**과** 그것들의 사용**과** 그것들의 발언에 관해서 **같은 것들**을 말할 수 없다고 말하고 있다. 그러나 러셀은 우리가 이렇게 할 수 있었다고 생각했다. 스트로슨의 입장에서 볼 때, 러셀은 바로 이곳에서 잘못을 범했다. 그 이유는 다음과 같다. "한 표현의 의미를 준다는 것은 --- 지시하기 위해 그 표현을 사용하기 위한 **일반적 방향**을 제시하는 것이다 --- 〔그리고〕 한 문장의 의미를 준다는 것은 참이거나 거짓인 주장을 하기 위해 그것을 사용하기 위한 **일반적 방향**을 제시하는 것이다 --- 한 표현의 의미는 특수한 상황에서 그 표현이 지칭하기 위해 사용되고 있는 대상과 동일시될 수 없다. 한 문장의 의미는 특수한 상황에서 그 문장이 하기 위해 사용되고 있는 주장과 동일시될 수 없다." 그러나 러셀은 지시함(referring)이, 그런 지시함이 일어났다면, 의미라고 생각하였다. 러셀은 한편으로는 기술과, 다른 한편으로는 **특수한 문맥에서의 기술의 사용**을 혼동했다. 스트로슨은, "중요한 점은 문장이 의미가 있는지(significant) 없는지의 문제가 그 문장의 특수한 사용에 관해 제기될 수 있는 문제, 즉 그것이 진짜 사용인지 가짜 사용인지 하는 문제와는 전혀 무관하다는 점이다."라고 말했다.[50]

스트로슨의 입장에서 볼 때, 러셀은 K에 관해 두 개의 참된 말을 하기도 하고 두 개의 거짓된 말을 하기도 하였다. 두 개의 참된 것은, 하나는 K가 유의미하다는 것이고, 다른 하나는 현명한 하나의 프랑스 왕 그리고 기껏해야 하나의 프랑스 왕이 존재할 경우에만 K는 참이 된다는 것이다. 두 개의 거짓된 것 중 하나는, 지금 K를 발언하는 사람이 참이거나 거짓인 주장을 하고 있다는 것이고, 다른 하나는 K가 주장하는 것의 일부가 하나의 그리고 오직 하나만의 프랑스 왕이 있다는 것이다.

두 개의 거짓된 것이 거짓인 이유는 다음과 같다. 만일 어떤 사람이 지금 진지하게 K를 발언했다면, 우리는 "그 말은 거짓이야."라고 대답하지 못할 것이다. 대신 우리는 현재 프랑스 왕은 존재하지 않는다는 점을 그에게 지적해 줄 것이다. 따라서 전체적으로 K가 참인지 거짓인지 하는 문제는 일어나지 않는다. K는 진리치를 결여한다(truth-valueless). 둘째, "오직 하나의 이러이러한 것이 있다"와 같은 형태로 된 유일 존재 문장과, 특수한 상황에서 특수한 사람이나 사물을 언급하거나 지시하는 데 사용될 수 있는, D와 같은 표현을 포함하는 문장 사이에는 분명한 차이가 있다. 어떤 사람이 K를 사용할 때, 그는 유일하게 프랑스 왕인 사람이 있다는 것을 **주장**하지도 않으며, 그 표현에 대한 그의 사용도, (K에 대한 그의 사용이 진지해서 그가 그런 사람이 있다는 것을 **전제**한다 할지라도) 유일하게 프랑스 왕인 사람이 있다는 것을 **필연적으로 함축**하지도 않는다. 스트로슨이 말하듯이, "우리가 '이러이러한 것(the such-and-such)'이라는 표현을 가지고 문장을 시작할 때, 정관사 'the'의 사용은 우리가 어떤 특수한 --- '이러이러한 것(such-and-such)'을 지시하거나 지시하려 한다는 것을 보여주기는 하지만, 그것을 진술하지는 않는다."[51] 러셀은 한편으로는 특수한 지시를 하는 데 사용될 수 있는 문장과, 다른 한편으로는 유일 존재 문장을 하나로 혼동하였다. 이 실수는 그가 지칭적 의미 이론(denotative theory of meaning)을 받아들인 데에서 기인한다.

스트로슨이 제안한 이런 대안적 분석이 가진 중요한 특징이 있다. 그것은 그가 진술과 문장 사이를 구분하고 있다는 점이다. 앞에서 보았듯이, 진술은 어떤 특수한 상황에서의 문장의 실제 사용이다. 문장은 의미를 가진다. 그러나 지시하는 것은 문장이 아니라 문장의 한 요소이다. 지시는 임의의 문장이 임의의 상황에서 한 진술을 만들기 위해 사용될 때 일어난다. 그러므로 '프랑스 왕'이라는 표현은 의미 있기는 하나, 실제로 사용될 때 어떤 사람을 지시하지는 못한다. "프랑스 왕은 현명하다."와 같은 진술은 진리치를 결여한다. 즉 참도 거짓도 아니다. 따라서 스트로슨은 지시가 실패하는 경우에는 진술의 '진리치 공백(truth-value gap)'을 허용한다.

　이러한 설명에서 해명을 필요로 하는 점들이 있다. 해당 문장의 사용이 진술을 하고 있지 않다는 것이 스트로슨의 견해인지, 아니면 그것이 진술을 하는 것이기는 하되 그 진술이 진리치를 결여한다는 것이 그의 견해인지가 불분명하다. 이에 대한 해결은 나아가서 다음과 같은 문제의 해결과도 연관된다. 그 문제란 스트로슨의 입장에서 프랑스 왕이 있다는 전제를 그 문장의 발언자가 들여오는 것인지, 아니면 진술과 프랑스 왕이 있다고 주장하는 추가적인 숨은 존재 진술 사이에서 그 전제가 획득되는 관계인지 하는 문제이다. 스트로슨의 의도는, 그가 이후의 논문에서 보여 준 바와 같이, 전제를 전자와 같은 인식론적 관계로 해석하지 말고, 후자와 같은 논리적 관계로 해석해야 한다는 것이었다. 따라서 앞에서 보여준 개관에 비추어 볼 때, 전제란 전제된 진술 B가 참이라면 오직 그 때에만 임의의 진술 A가 진리치를 가지는 그런 관계이다.[52] 그러면 이것은 위의 첫 번째 문제를 해결해 준다. 한 문장의 사용은 진술을 하는 것이다. 그러나 K과 같은 문장을 사용한 경우에 하게 된 진술은 진리치를 결여한다.

　그러나 이제 다른 문제가 일어난다. 진리치 결여(truth-valuelessness)라는 개념은 논쟁이 되고 있는 개념이다. 스트로슨의 견해를 비판하는 사람들 중에는 2치(bivalence) 원리의 보존을 바라는 이들이 있다. 앞에서도 보았듯이, 2치 원리란 참, 거짓인 두 진리치가 있으며, 모든 진술이 확정적으로 참 또는 거짓인 진리치를 가진다는 원리이다. 진리치 결여는 2치 원리를 위반한다. 왜냐하면 진리치 결여가 제 3의 진리치가 되기 때문이다. 더군다나 2치는 배중률이라고 알려진 통사론적 원리에 대응하는 의미론적 원리이다. 배중률은 "모든 것은 A이거나 A가 아니거나 이다."라는 것을 말한다. 이 배중률은 아리스토텔레스가 말한 '사고의 세 법칙' 중의 하나로서 (다른 두 법칙은 각각 "A는 A이다."라는 동일률과 "A이면서 A아닌 것이 아니다."라는 무-모순율이다) 자명한 원리로 보인다. 그러나 직관주의 논리와 실재론적 의미 이론에 대한 반실재론적 비판에서(8장 이하를 보라.) 2치는 거부되며 그것과 더불어 배중률도 거부된다.[53] 간단히 말해서 2치의 포기로부터 다른 핵심적인 철학적 문제들에 대한 중요한 결과가 따라 나온다.

스트로슨의 견해는 프레게의 견해를 반향하고 있다. 프레게는 러셀과는 달리 논리적 고유명과 같은 것을 인정하지 않았지만, 그러나 뜻-지시체 구분을 통해서 그는 문장이 지시하지 못하는 표현을 포함하고 있어도 뜻을 가질 수 있다는 것을 인정할 수 있었다. 프레게의 이론에서, 한 문장이 뜻을 가진다고 말하는 것은 그것이 '사고'(명제)를 표현한다고 말하는 것이다. 문장의 지시체 — 즉 그 진리치 — 는 그 문장 요소의 지시체에 의존한다.[54] 따라서 임의의 문장 요소 표현이 지시체를 가지지 않을 경우, 그 문장 전체 역시 지시체를 가지지 않는다. 다시 말해서 그 문장은 진리치를 결여한다. 이것은 프레게의 설명을 스트로슨의 전제 이론과 얼마간 유사한 것으로 만들어 버린다. 한 문장은 그 문장의 요소인 단칭 명사들이 지시하는 대상이 있을 경우에만 진리치를 가질 것이라는 의미에서 말이다.

프레게는 공허한 단칭 명사(지시하는 데 실패하는 단칭 명사)가 자연 언어의 한 골칫거리라고 보았기 때문에, 완전 언어 — 논리학처럼 충분히 설명 가능한 형식 언어 — 에서는 모든 단칭 명사가, 필요하다면 인공적으로 만들어서라도, 지시체를 갖게 해 주어야 한다고 제안했다. 그는 수 0도, 그 지시체를 결여하는 다른 표현들에 의해 또는 그 지시체가 부여되기 어려운 표현에 의해 지시되는 대상으로 생각될 수 있다고 제안했다. 이러한 생각들을 놓고 체계적으로 작업을 한 사람이 바로 카르납이다.[55]

이쯤해서 스트로슨의 입장 중 약간 미진한 점을 알아두는 것도 좋겠다. 스트로슨이 러셀의 것보다 선호하는 의미 이론에 따르면, 한 표현의 의미를 주는 것은 그것을 지시하거나 언급하는 데 사용하기 위한 '일반적 방향'을 제시하는 것이다. 또 한 문장의 의미를 주는 것은 그 문장을 참이거나 거짓된 주장을 하는 데 사용하기 위한 '일반적 방향'을 제시하는 것이다. 그러나 이런 모양의 개관만으로는 그 의미 이론은 전혀 자명하지가 못하다. '방향을 제시한다'는 것은 도대체 무슨 말인가? 방향을 제시한다는 것은 정보의 전달, 심지어는 명시적 정보의 전달을 뜻할 수도 있다. 그럴 경우 이것은 그것이 물리치려 한, 외연적 의미 이론과 유사한 이론을 다시 은밀히 끌어들일 수도 있는 것이다. 왜냐하면 방향이라는 것이 너무 일반적이어서 어떤 언급하거나 지시하는 표현까지도 포괄한다면, 그것은 '우리 속의 돼지'와 '프랑스 왕'이라는 표현에 똑같이 적용될 수 있을 것이기 때문이다. 그러나 방향이 이런 식으로 양 표현에 똑같이 적용된다면, 그것은 두 표현 간의 차이를 설명해 주지 못할 것이다. 그러면 지시하기 위해 낱말들을 사용하는 방향은 사실상, 거의 논의할 가치가 없다고 하는 외연과 같은 것을 가지고, 다시 그것들의 의미를 설명하게 될 수도 있는 것이다.

스트로슨은 기술구의 사용이 문맥에서의 유일성만을 함의한다는 점을 지적한다. 아기들을 가진 많은 부부들이 살고 있는 아파트에서 그중 아기를 가진 한 부부가 '아기(the baby)'라고 말할지도 모른다. 그러나 이것은 분명히 세계에서 하나이자 오직 하나인 그러한 것이 있다는 것을 함의한다는 것을 의미하지 않는다. 이에 대해서 러셀은 다음과 같이 답했다. 해당 부부에게 어떤 아기가 유일하게 관심이 있는지는 문맥이 밝혀준다. 그리고 '바로 이러이러한 것(the so-and so)'의 사용은 이런 식으로 한 영역에 제한되는 것으로 생각될 수 있다. 그러면 영역의 한계를 정하는 체계적인 방법이 필요해진다.

기술의 지시적 사용과 속성적 사용

이상의 논의는 기술이 때때로 공허한 표현으로 나타날 경우, 기술 분석이 어떤 형식을 취해야 할지에 관계한다. 돈넬란에 따르면, 기술에 대한 러셀과 스트로슨의 분석은 둘 다 만족스럽지 않다. 그들은 기술이 두 가지 가능한 기능을 가진다는 것을 인식하지 못했고, 또 임의의 기술은 그 기술이 나타나는 문장 사용에 의존하는 기능을 가질 수도 있다는 점을 인식하지 못했기 때문이다.[56]

돈넬란은 기술이 가질 수 있는 두 가지 용법을 각각 '지시적(referential)' 용법과 '속성적(attributive)' 용법이라고 부른다. 화자가 기술을 속성적으로 사용할 때, 그는 어떤 것이 누구이든 또는 무엇이든 간에 그것에 관한 것은 '이러이러한 것(the so-and-so)'이라고 주장하고 있다. 여기서 기술은 불가피하게 발생한다. 왜냐하면 화자는 그 기술에 맞는 것이 누구이건 또는 무엇이건 간에 그것에 어떤 속성을 부여하고 있기 때문이다. 이 경우에 이러이러한 것임이라는 속성은 없어서는 안 되는 불가결한 것이다.

반면에 화자가 기술을 지시적으로 사용할 때, 그는 그가 말하고 있는 것이 무엇이든 또는 누구이든 간에 그것을 그의 청자가 가려내거나 확인할 수 있게끔 그 기술을 사용하고 있다. 여기서 기술은 그저 지시 효과를 일으키는 도구이다. 이러한 일은 이름이나 또 다른 기술과 같은 어떤 지시 장치를 통해서 똑같이 수행될 수도 있을 것이다.[57]

이 구분을 분명히 해 주는 예가 있다. 스미스라는 사람이 비참하게 살해되었을 경우에, 우리는 "스미스의 살인범은 미쳤다."라고 말할 것이다. 누가 살인범인지를 내가 모르고 있다 하더라도, 그럼에도 불구하고 나는 미침이라는 속성을 그 살인범에게 부여할 수 있다. 그러나 가령 존스라는 사람이 그 살인죄로 기소되었다면, 이 문장을 발언함으로써 나는 분명히 존스라는 사람을 가려내도록 그 기술을 지시적으로 사용하고 있다. 스미스가 살해된 것이 아니라 사실은 (우리에게 알려지지 않은) 우연한 사고에 의해 죽었다 하자. 이 경우 비교는 더욱 분명해진다. 이때 우리는 '스미스의 살인범'이라는 기술을 사용함으로써, 살인범이 있다는 것을 전제하거나[58] 함축한다. 그러면서 기술이 어떤 쪽으로 사용되는가에 따라 전혀 다른 결과가 도출된다. 속성적으로 사용된다면, '---은 미쳤다'라는 술어는 어느 누구에게도 적용되지 않는다. 미쳤다는 속성을 부여받을 사람이 전혀 없기 때문이다. 그러나 지시적으로 사용된다면, 우리는 비록 기술 '스미스의 살인범'이 존스나 다른 사람에 들어맞지 않는다 할지라도, 성공적으로 어떤 사람(가령, 부당하게 기소된 존스)을 가려낼 수 있다. 또한 청중 중의 누군가가 존스의 무죄를 알거나 믿고 있다 할지라도, 그는 여전히 그 기술이 사용되었을 때 그 기술이 누구를 지시하는지를 알 것이다.[59]

예를 바꿔 보자. 우리는 기술을 지시적으로 사용해서 성공적으로 '샴페인을 마시는 사람'이라는 기술에 맞는 어떤 사람을 가려낼 수 있다. 이것은 잔에 든 액체가 샴페인이 아니라 물이어서 그 기술이 들어맞지 않을 때조차도 가능하다. 그러나 금주 협회 회장이 파티에서 샴페인을 마시는 누군가가 있다는 말을 듣고 나서, 기술을 속성적으로 사용하면서

"어느 분이 샴페인을 마시는 사람이지요?"라고 묻는다 하자. 이 경우 그 기술에 들어맞는 사람이 없다면, 어느 누구도 그 물음의 대상이 되는 사람으로서 가려질 수 없다.[60]

이런 돈넬란의 구분으로부터 한 가지 중요한 결과가 따라 나온다. 그것은 기술에 수반되는 존재적인 전제나 함축의 문제에서 나타나는 차이이다. 일반적으로 기술을 지시적으로 사용하는 사람은, 그 누구든 또는 무엇이든 그것이 있으며, 그 기술이 그것에 들어맞는다고 믿는 전제가 있다. 그릇된 기술은 청자에게 대개는 오해를 일으킨다. 그럼에도 불구하고 실제로 아무것도 지시적으로 사용된 기술에 들어맞지 않는다 할지라도, 그 기술은 여전히 성공적으로 화자가 그의 청자에게 가려내 주려고 하였던 것을, 그것이 무엇이든 간에, 가려내는 데 쓰일 수 있다.

이와는 달리 속성적 사용의 경우, 위와 같은 그릇된 기술의 가능성은 없다. 속성적으로 사용된 '스미스의 살인범'은 그릇된 기술이 될 수 없다. 왜냐하면 그것은 존스나 그 밖의 다른 사람을 가려내는 데 사용되는 것이 아니라, 누구인지 알려지지 않는다 할지라도 그 기술에 들어맞는 **그 어떤 사람**을 가려내는 데 사용되기 때문이다. 오히려 속성적으로 사용된 기술은 전제나 함축을 수반한다. 왜냐하면 기술에 아무것도 부합하지 않는다면, 기술이 맡았던 언어 행위의 목적은 좌절될 것이기 때문이다. 따라서 기술이 한 진술이나 명령이나 물음에 등장할 수도 있을 것이다. 그런데 만일 그 기술이 어떤 사람이나 대상에 들어맞지 않는다면, 화자는 진술을 하거나 어떤 사람에게 어떤 일을 하라고 명령을 하거나 질문을 하는 데 실패했을 것이다.[61]

돈넬란의 입장에서 이것은 러셀과 스트로슨이 어떤 점에서 그릇되었는가를 보여준다. 러셀은 "그(the) φ는 Y이다"가 "하나의 그리고 단 하나의 φ가 존재한다."를 반드시 함축한다고 주장했다. 그러나 이것은 속성적 사용의 경우에는 성립할 수 있을지는 몰라도, 지시적 사용의 경우에는 그런 것으로 보이지 않는다. 여기에는 기술의 지시적 사용에서 정상적으로 참인 것에 깔려 있는 가정(presumption), 즉 φ인 어떤 것이 있다는 가정이 있다. 그러나 이로부터 기술을 포함하는 문장이 존재 주장 및 유일성 주장을 **반드시 함축**한다는 것이 따라 나오지 않는다. 결과적으로 러셀의 분석은 속성적 사용의 경우에만 적합한 것이다.

지칭하기(denoting)에 대한 러셀의 정의는, 한 명사가 가려내는 존재자가 있을 경우, 그 명사는 지칭한다는 것이었다. 이 정의는 기술의 양 용법에도 그대로 맞는다. 따라서 돈넬란의 입장에서 지칭하기(이는 양 종류의 기술이 다 할 수 있는 것이다)와 지시하기(refering)(이것은 한 종류의 기술만이 할 수 있는 것이다)는 다른 것이라는 점을 보여준다. 러셀은 단지 전자만을 인정하였다. 돈넬란은 지칭하기-지시하기의 구분이 퍽 유용하다고 주장한다. 왜냐하면 그 구분은 다음과 같은 경우들을 처리할 수 있는 방법을 제공하기 때문이다. 당연히 우리는 서기 3000년에 누가 수상이 될 지를 미리 알지 못한다. 그러나 누가 "서기 3000년의 수상은 노동당원일 것이다."라고 말한다 하자. 그런데 과연 그대로 그 해에 노동당원이 수상이 되었다고 하자. 그 기술은 바로 그 사람을 지칭한다. 그러나 우리는 그 기술을 속성적으로 사용했던 것이지 그 사람을 **지시**하지 않았다. 지시할 수 없었기 때문이다. 지칭하기-지시하기라는 구분은 이런 식으로 기술을 사용해서 어떤 일이 일어나고 일어나지 않는지를 분명히 해준다.[62]

스트로슨에 대한 돈넬란의 비판은 다음과 같다. 스트로슨의 이론은 기술을 너무 지시적으로 사용하는 방향으로 흘러서 그 속성적 기능을 가려놓고 있다. 돈넬란의 입장에서, 스트로슨의 이론은 아래와 같은 명제들에 있다.

1. 만일 어떤 사람이 φ는 Y이다라고 주장한다면, φ가 없을 경우 그는 참 또는 거짓인 진술을 하지 않았을 것이다.
2. 만일 φ가 없다면, 화자는 무엇인가를 지시하는 데 실패했을 것이다.
3. 그가 참이나 거짓인 그 어떤 것도 말하지 못했던 이유는 지시하는 데 실패했기 때문이다.[63]

첫 번째 명제는 속성적 사용의 경우에는 참일 수도 있다. 왜냐하면 스미스의 살인범이 전혀 없었다면, "스미스의 살인범은 미쳤다."는 전혀 참인 것을 말하지 않을 것이기 때문이다. 그러나 만일 그 기술이 존스를 가리키 위해 지시적으로 사용되었다면, 설령 존스가 무죄였더라도, 그는 그럼에도 불구하고 미친 사람이 되었을 것이고, 따라서 참인 무언가가 이야기되었을 것이다.[64] 이와 같은 이유 때문에 명제 2는 그대로 거짓이 된다. φ가 전혀 없을 수도, 즉 스미스의 살인범이 전혀 없을 수도 있으면 서도, 존스가 성공적으로 지시되었다.[65]

명제 3과 관련해서 문제는 한결 더 복잡해진다. 스트로슨은 3이 1과 2를 함께 묶은 것이라고 생각하였다. 그러나 3은, 적어도 속성적 사용의 경우에, 진술의 전제가 거짓일 때, 그 진술이 진리치를 결여한다는 것을 설명해 주지 못한다. 제시된 이유가 지시에 실패했다는 것이기 때문이 다. 이것은 또한 기술을 속성적으로 사용하는 화자가, 그 기술에 들어맞 는 것이 전혀 없을 때, 참이거나 거짓인 무언가를 진술하지 못하는 이유 를 설명해 주지 않는다.[66] 지시적 사용의 경우, 화자는 지각상의 오류나 보다 일반적으로 인식적 실수를 하게 되는 극단적인 경우에만 지시에 실 패하는 것처럼 보인다. 예컨대 그러한 경우는, 어떤 사람의 빛의 속임수 효과에 현혹되어, 사실은 아무도 없는 데도 "손수건을 든 저 사람은 형이 상학 담당 교수 에메리투스 웨인플레트 씨인가?"라고 말하는 경우이다.

이때에는 화자가 지시하려 한 것이 누구인지 또는 무엇인지를 말할 수 없다.

돈넬란은 이렇게 결론짓는다. "러셀의 이론도 스트로슨의 이론도 한정 기술의 용법을 옳게 설명해 주지 못한다. 러셀의 이론은 지시적 용법을 완전히 무시하고 있다. 스트로슨의 이론은 지시적 용법과 속성적 용법의 구분을 완전히 무시하고 각각에 있어 참인 것들을 (거짓된 내용과 함께)을 혼합하고 있다."[67]

돈넬란의 설명에도 몇 가지 난점이 있다. 그 난점들은 주로 각각 지시 개념에 관한 문제와, 화자의 지시와 의미론적 지시 간의 구분에 관한 문제로부터 일어난다. 예를 들어 그라이스는 화자의 **낱말**이 의미하는 것과 어떤 상황에서 **화자**가 그 낱말을 사용해서 의미하는 것 사이를 구분해야 한다고 제안하였다. 이를테면 "여기서 나가자."라는 의미로 "경찰이 왔다."라고 말할 때가 그런 경우이다.[68] (8장 이하를 보라.)

크립키는 돈넬란의 설명을 비판하기 위해서 유사한 개념을 사용한다.[69] 크립키의 입장에서, 한 지시 표현의 **의미론적** 지시체는 구체적인 상황에서 어떤 대상을 지시하려는 화자의 **일반적인** 의도에 의하여 주어진다. 만일 화자가 말하려는 대상이 자기가 사용하는 명사의 의미론적 지시체가 되기 위한 조건을 만족시킨다고 믿는다면, 그는 그의 일반적인 의도와 구체적인 의도 사이에 아무런 갈등도 없다고 믿을 것이다. 크립키는 이 점에 비추어서 돈넬란의 견해가 고찰되어야 한다고 생각한다. 왜냐하면 화자가 자기의 일반적인 의도와 구체적인 의도가 서로 합치한다고 믿는 것에는 두 가지 방식이 있기 때문이다. 하나는 — '단순한' 경우인데 — 화자의 구체적인 의도가 그의 일반적인 의미론적 의도일 때이다. 그가 '존스'를 존스의 이름으로 사용할 때가 그렇다. 다른 하나는 — '복잡한' 경우인데 — 화자가 자기의 일반적인 의도와는 다른 구체적인 의도를 가지면서 양 의도가 사실상 합치된다고 믿을 때이다. 이를테면 화자가 '저기 있는 사람'이 **존스**라고 믿으면서 '저기 있는 사람'을 지시하려고 할 때가 그러하다.[70]

크립키의 논증은 기술에 대한 돈넬란의 속성적 사용은 '단순한' 경우에 지나지 않으며, 지시적 사용은 '복잡한' 경우일 뿐이라는 것이다. 따라서 돈넬란이 기술의 지시적 사용을 고유명의 지시적 사용과 하나로 동화시키는 것은 잘못이었다는 것이다. 왜냐하면 단순-복합 구분은 기술에 못지않게 고유명에도 적용되기 때문이다.[71] 크립키의 논증은 돈넬란의 경우를 위해 사용된 언어(이 경우에는 영어)보다는 다소나마 특정적인 형태를 가진 언어를 가지고서 이루어진다. 이는 돈넬란이 가정한 지시-속성 모호성이 영어에서 유효한지를 보기 위해서이다. 크립키는 그것이 영어에서 반드시 유효하지는 않다는 결론을 내린다. 왜냐하면 영어를 좀 더 특정한 형태로 변형시켰을 경우에는 그런 모호성이 사라지기 때문이다. 그래서 기술에 대한 러셀의 단순한 설명이 더 바람직하다는 것이다.[72] 이 논증의 세세한 부분들은 지시의 본성과 관련된 특정한 문제들에 의존한다. 그 내용들은 이후의 장에서 다룰 터이기 때문에, 이제는 그만 그 문제에서 떠나기로 한다.

러셀의 관점에서 돈넬란의 관심을 다루는 하나의 방법은, 그것이 발언의 진리 조건을 밝히는 데 관심을 두는 의미론적 문제라기보다는 언어 사용에 관한 화용론적 문제에 의존한다는 점을 보여주는 것이다. 기술 이론은 의미론적 이론이다. 그러나 기술이 화용론적으로 사용될 수 있다는 것은 분명하다. 이는 러셀의 이론이 편안하게 인정할 수 있는 사실이다.[73]

미주

1   이런 탐구를 **존재론**(ontology), 즉 '존재에 관한 이론(theory of being)'이라 한다.

2   R. Descartes. *Meditations*, pp. 59-124.

3   Kant, *Critique of Pure Reason*, cf. A590/B618 이하 참조.

4   Ibid., A598/B626.

5   아리스토텔레스도 같은 결론을 이끌어 냈었다. "그러한 것이 있다는 것은 어떤 것이 있
다는 것이 아니다---존재는 류가 아니다." *Analytica Posteriora* II, 7, 92b 13.

6   D. F. Pears, 'Is Existence a Predicate?', in Strawson (ed.), *Philosophical Logic*, pp. 79-102.
여러 이유 때문에 문제를 이런 식으로 표현하는 것이 관행이 되었다. 보다 정확히 하자
면, 우리는 '존재한다'가 술어인지, 또는 존재가 속성인지라고 물어야 한다. '존재한다'는
말은 어떤 것의 속성이 될 수 없다. 존재는 언어적 존재자가 아니다.

7   Cf. Strawson, *Introduction To Logical Theory*, p. 175 이하.

8   전제적 함축이라는 개념이 문제가 없는 것은 아니다. 이하를 보라; G. Nerlich,
'Presupposition and Entailment', *American Philosophical Quarterly* 2, 1969와
'Presupposition and Classical Logical Relations' *Analysis*, XXVII, 1967. 참조. 또한 M. K.
Munitz, (ed.) *Existence and Logic*와 M. A. E. Dummett, *Truth and Other Enigmas* 참조.

9   *Proceedings of the Aristotelian Society*, 1936, pp. 175-188. 무어는 같은 주제에 대해 니일
(W. M. Kneal)이 쓴 논문에 대해 답변했었다.

10 Moore, 'Is Existence a Predicate?' pp. 177-178.

11 Ibid., pp. 178-179.

12 Ibid., p. 179.

13 Ibid., p. 180.

14 Ibid., p. 185. 무어 강조.

15 Ibid., p. 186.

16 Ibid., p. 187, 무어 강조.

17 J. Thomson, 'Is Existence A Predicate?', in Strawson, *Philosophical Logic*, 도처를 보라.

18 Cf. A. Orenstein, *Existence and the Particular Quantifier*, 도처.

19 M. R. Lipton, Review of Orenstein, in *Philosophical Review*, July 1980, p. 487 이하.

20 W. V. Quine, 'Designation and Existence', *Journal of Philosophy*, xxxvi,. 1939, pp. 707-
708; reprinted in Feigl and Sellars, *Readings in Philosophical Analysis*.

21 Quine, 'Ontology and Ideology', *Philosophical Studies* II, 1951, p. 11; reprinted in Feigl, et
al., *New Readings in Philosophical Analysis*.

22 Quine, *Word and Object*, p. 242.

23 러셀의 기술론에 대해서는 이번 장 이하 참조. 그리고 만족 개념에 대한 논의에 대해서 는 6장 이하 타르스키 부분 참조.

24 Quine, *Word and Object*, pp. 258-259.

25 A. Orenstein, 'On explicating Existence in Terms of Quantification' in M. K. Munitz, (ed.), *Logic and Ontology*, p. 73.

26 Cf. Ibid.; 이것은 힌티카의 예로서 불투명 문맥에 대한 양화에 있어서는 대상적 해석보 다는 대입적 해석이 더 유리하다는 점을 보여준다.

27 S. Haack, *Philosophy of Logics*, p. 50; 어떤 선택을 할 것인가에 관한 논의에 대해서는 pp. 50-55 참조. 하크는 도식을 좋아해서 그녀의 책에서 몇 가지 유용한 도식을 보여주기도 한다.

28 Strawson, 'Singular Terms and Predication' in Strawson, *Introduction to Logical Theory*, pp. 69-88; 특히 p. 77 참조.

29 Cf. Haack, *Philosophy of Logics*, p. 47 이하.

30 Strawson, 'Is Existence Never A Predicate?', *Freedom and Resentment*.

31 Ibid., pp. 193-194.

32 Ibid., p. 196.

33 Ibid., pp. 196-197.

34 Ibid., p. 194.

35 Strawson, *Introduction to Logical Theory*, p. 191 (ed.), *Logical and Ontology*, p. 85 이하.

36 Munitz, 'Existence and Presupposition'in Munitz (ed.), *Logic and Ontology*, p. 85 이하.

37 Evans, *Varieties of Reference*, Oxford 1982 Ch. 10 도처. 특히, pp. 369-372. 그리고 Sainsbury, 'Philosophical Logic' in Grayling (ed.) *Philosophy*, pp. 89-91.

38 Sainsbury, 'Philosophical Logic', p. 90.

39 Ibid.

40 B. Russell, *Mysticism and Logic*, p. 209, and *The Problem of Philosophy*, p. 25.

41 B. Russell, *Mysticism and Logic*, pp. 212-213.

42 러셀은 이것을 R. C. Marsh (ed.), 'Lectures on Logical Atomism5' *Logic and Knowledge*, London, 1956에서 논의하였다.

43 Russell, *The Problem of Philosophy*, p. 29.

44 Ibid.

45 Russell, *Logic and Knowledge*, pp. 247-248.

46 Ibid., p. 245.

47 Strawson, 'On Refering', *Mind*, 1950, pp. 320-344; reprinted in Feigl, *New Readings in Philosophical Analysis*. et al., pp. 35-50.

48 Ibid., p. 38.

49 Ibid., p. 39.

50 Ibid., p. 41.

51 Ibid., p. 42.

52 Cf. Strawson, 'A Reply To Mr Sellars', *Philsosophical Review*, 1954, reprinted in Feigl et al. *New Readings in Philosophical Analysis*. pp. 51-54; 그리고 'Identifying Reference and Truth-Values', *Theoria*, 30, 1964; reprinted in *Logico-Linguistic Papers*.

53 문제는 여기서 개관한 내용보다 퍽 복잡하다. 이 논의가 확장되고 있는 8장 이하 참조. 더밋이 전제 개념과 2치 원리를 공격하고 있음을 주목하라. cf. *Truth and other Enigmas*.

54 Cf. 2장.

55 Cf. R. Carnap, *Introduction To Semantics and Formalisation of Logic*.

56 K. S. Donnellan, 'Reference and Definite Descriptions', *Philosophical Review*, LXXV, 1966, pp. 281-304; reprinted in S. P. Schwartz, (ed.), *Naming, Necessity and Natural Kinds*, pp. 42-65. 주는 후자의 책에서 인용함. 이후의 '기술'이라는 표현은 '한정 기술'을 의미한다.

57 Ibid., p. 46.

58 이 선언(disjunction)의 사용은 기술이 살인자가 있다는 것을 전제하는지 아니면 함축하는지에 관한 러셀과 스트로슨 사이의 논쟁을 드러내 준다.

59 Ibid., pp. 47-48.

60 Ibid., p. 48.

61 Ibid., pp. 52-53.

62 Ibid., pp. 54-55.

63 Ibid., pp. 55-56.

64 Ibid., p. 56.

65 Ibid.

66 Ibid., pp. 56-57.

67 Ibid., p. 58.

68 H. P. Grice, 'Speaker's Meaning, Sentence-Meaning, and Word-Meaning', *Foundation of Language* 4, 1968, pp. 225-242.

69 S. Kripke, 'Speaker's Reference and Semantic Reference' in French, et al., *Contemporary Perspectives in the philosophy of Language*.

70 Ibid., p. 15.

71 Ibid.

72 Ibid., pp. 16-18.

73 다른 논의를 위해서는 C. A. B. Peacoke, 'Proper Names, Reference and Rigid Designation' in S. Blackburn (ed.), *Meaning, Reference, Necessity; New Studies in Semantics*, M. Sainsbury, 'Philosophical Logic' in A. C, Grayling, *Philosophy*, 그리고 특히 최근 이 논쟁에 가장 중요하게 공헌하고 있는 S. Neale, *Descriptions*를 보라.

5

진리: 실용론, 정합론, 대응론

서론

우리의 탐구가 올바른 물음으로부터 시작되지 않는 한, 한 개념을 이해하는 데 아무 진척도 볼 수 없다는 것은 철학적으로 진부한 상식에 속한다. "참이란 무엇인가?(what is truth?)"라는 물음은 다음과 같은 이유 때문에 참에 대한 그릇된 물음이다.

"바닷말이란 무엇인가?"라는 물음과 "합리성이란 무엇인가?"라는 물음 간의 차이를 생각해 보라. 전자에 대해서는 상대적으로 쉽게 그 답을 얻을 수 있다. 그 답은 "그것은 일종의 해초이다"가 될 것이다. 두 번째 물음에 답하기는 그리 쉽지 않다. 답하기 위해서는 그만큼 심사숙고가 요구된다. 후자의 물음은 복잡한 개념을 설명할 것을 요구한다. 그리고 그 답을 얻기 위해서는 우리가 그 개념을 가진다는 것이 무엇에 있는가를 탐구해 나가는 편이 더 좋은 것처럼 보인다. 이것은 부분적으로 우리가 어떻게 그리고 언제 그 개념을 사용하는가를 탐구하는 것과 같다. 따라서 후자의 물음에 대해서는, 좀 우회적이기는 하겠지만 보다 유익하게 "우리가 합리적 결정이나 선택을 한다는 것은 무엇인가?"와 같은 질문을 던져서 답을 찾는 것이 더 좋다. 이 방법은 이런 물음에 대한 답이

199

일반적으로 합리성 개념을 이해하기 위한 첫 단계를 제공한다는 착상에 의거한 것이다.

같은 이유에서 참에 관한 문제들도 이런 식으로 접근해 가는 것이 가장 좋다. "참이란 무엇인가?"라는 문제는 마치 깎아지른 벼랑과 같아서, 어떻게 올라가야 할지를 몰라서 난감하게 만드는 그러한 것이다. 질문의 모습을 그냥 그대로 보면, 마치 어떤 궁극적이고, 포괄적이고, 어쩌면 신비적인 의미에서 참이 무엇인지를 알기 위해 요청된 것처럼 보인다. 그러나 분명히 설령 이런 의미에서의 대진리(Truth)가 있다 하더라도, 적당한 목표를 세워서 시작할 필요가 있다는 점은 분명하다. 따라서 위의 물음 대신 "한 명제(진술, 문장, 또는 믿음)가 참이 된다는 것은 무엇인가?"라고 묻게 되면, 우리의 과제는 보다 쉬워진다. 이런 물음에 답을 내리는 주요 이론들을 탐구하는 것이 이번 장과 다음 장의 목적이다.

많은 '진리론들' — 또는 보다 정확히 말해서 진리에 관한 일단의 견해들 — 이 있다. 각 이론에 대한 대략적인 개념 규정은 다음과 같다. **실용론**(pragmatic theory)은 참된 믿음들이 효과적인 믿음, 유용한 믿음, 말하자면 경험 면에서 '현찰(cash-value)'과 같은 믿음들이라고 주장한다. **정합론**(coherence theory)은 참이 일단의 믿음 또는 명제 간의 정합 관계에 있다고 주장한다. 여기서 하나의 믿음은 그것이 다른 상호 정합적인 믿음과 상충할 때 거짓이 된다. **대응론**(correspondence theory)은 한 명제가 사실과 대응할 때 참이 된다고 말한다. 이 대응은 명제와 세계 속의 사물이 있는 방식 사이에 성립하는 관계이다. **수축론**(deflationary theory)은 참 개념에 편의성 외에 다른 것이 있을 수 없다고 말한다. 수축론은 여러 가지 형태로 제시된다. 예컨대 **잉여론**(redundancy theory)은 "p가 참이다"와 'p'는 같은 것을 의미하기 때문에, "---는 참이다"는 군말에 지나지 않는다고 주장한다. **최소주의 이론**(minimalist theory)은 잉여론보다 더 약하게, 'p는 참이다'와 'p'가 동치라고 주장한다. **의미론적 이론**(semantic theory)에서 참은, 한 언어의 문장과 한 영역 속 대상 간의 관계로서 해석되는 회귀적 **만족 개념**(recursive notion of satisfaction)을 통해 정의된, 문장들의 속성이다. 이러한 각 이론들은 이형의 모습으로 나타나기도 하고 정교한 모습으로 나타나기도 한다. 또 일부 이론들은 서로 겹쳐진 형태로 나타나기도 한다. 이런 특징들이 이하에서 드러날 것이다.

2장에서 명제와 문장 간의 차이를 논의한 바 있다. 여기서 그 구분의 유용성이 명확히 드러난다. 대응 관계가 (문장이 아니라) 명제와 세계 속 사태 사이에서 성립한다는 것은 대응론에 대한 전통적인 설명에서 대단히 중요하다. 반면에 의미론적 진리론에서 참은 문장들의 속성으로 여겨진다. 또한, 정합론을 문장들 간의 정합을 주장하는 것으로 표현하고, 실용론을 어떤 문장들을 받아들이는 유용성을 주장하는 것으로 표현하는 것은 난점들을 수반한다. 문장들은 문법적으로 적형인 형태로 발언되거나 표기된 (그러므로 시공 속에 있는) 소리나 기호열이지, **화자들이 전달하는 (하는 데 사용될 수 있는) 것**도 아니고, 가끔 화자들에 의한 그것들의 **사용**도 아니라는 점을 기억해 보라.

참의 문제는 두 가지 주요 문제에 달려 있다고 생각되어 왔다. 하나는 '참'이라는 말의 의미와 관계되는 문제이다. 다른 하나는 진리치(truth-value)가 진리 담지자들에 부여된다고 인정받을 수 있는 기준이나 기준들에 관계되는 문제이다.[1] 이 구분에 주목하는 것은 중요하다. 왜냐하면, 어떤 진리론은 '참'의 정의를 제공하고 있는 반면, 다른 진리론은 어떤 진리 담지자가 진리치를 가지는지를 확인하기 위한 시험을 제공할 수도 있기 때문이다. 예컨대 의미상 '참'은 '선'과 마찬가지로 평가어이나, 참의 기준은 유용성이라는 주장이 있을 수도 있다. 이것은 실용주의자 쉴러가 주장했던 견해였다. 브래들리는 '참'이 의미상 한 형태의 대응인 반면 —

"참이 참이 되기 위해서는 참이 되는 것이 있어야 한다." — 정합은 참의 기준이나 참의 시험을 제공한다고 생각한 것처럼 보였다.[2] 대부분의 실용주의자들은 참의 정의와 참의 기준을 동일시한다. 그들은 '참'의 적용 기준을 마련해 주는 것이 '참'의 의미를 주는 것이라고 말한다. 이런 견해는 후기 비트겐슈타인의 생각 및 일반적으로 의미 '사용'론과 친연성을 띠고 있다.[3] 또한 블랜샤드와 같은 일부 정합론자들도 참의 정의와 참의 기준이 같이 간다고 주장하였다. 이 경우 (그의 견해에서) 참은 정합성**이기** 때문이며, 따라서 이 개념은 참에 대한 시험과 '참'의 정의를 동시에 제공해 준다.[4]

이번 장에서는 철학적 논쟁에서 오랫동안 지배적인 주의를 받았던 세 개의 진리론, 즉 실용론, 정합론, 대응론을 살펴볼 것이다.

진리 실용론

실용론의 주요 독창적인 형태들은 19세기 후반에서 20세기 초에 걸쳐 미국 철학계를 주도했던 세 철학자 — 퍼스, 제임스, 듀이 — 에 의해서 명쾌하게 표명되었다. 이들의 철학적 견해 밑에 놓여 있는 공통적인 토대 덕분에, 그들은 '실용주의자들'로 분류되고 있고, 그로 인해서 그들의 진리론도 진리 실용론 — 보다 정확히 말하자면 실용론의 변형태들 — 이라고 불리고 있다. 그들의 영향은 콰인과 데이비슨 그리고 다른 최근의 사상가들의 저작에서 뚜렷하게 보인다.[5]

실용주의자의 입장에서, 한 개념의 의미는 그 개념의 실천적 또는 실험적(그러므로 '실용적') 적용 결과에 준거해서 확보된다. 제임스는 "아무 차이도 **일으키지** 않는 차이란 **있을 수** 없다.(there can **be** no difference that **makes** no difference)"고 말하였다.[6] 이 말은 직접적으로 퍼스의 다음과 같은 덜 격언적인 금언을 반향한다. "있을 만한 실천의 차이가 전혀 없을 만큼 미세해서 의미상의 아무 차이도 없다."[7] 이 말은 결국 참에 대한 올바른 접근은, 한 믿음이 참될 경우 어떤 **차이**가 생기는가를 탐구하는 데 있다고 말하는 것이다.

퍼스는 진리란 과학자들('과학적 방법을 사용하는 사람들'이라는 넓은 의미에서)이 탐구 끝에 최종적으로 합의에 이른 의견이라고 주장하였다. 그의 이러한 주장은 탐구의 심리학이란 무엇인가에 관한 그의 이전 견해의 결과였다. 퍼스에게 믿음은 행동하려는 성향들이고, 의심은 불규칙한 (unruly) 경험에서 기인한 그런 성향들에 미친 부정적 결과이다. 불규칙한 경험이란 우리의 이론을 뒤엎거나, 우리의 세계관에 의해 표출된 어떤 일반 패턴에 들어맞지 않는 경험이다. 퍼스는 그런 의심들이 탐구를 촉진시킨다고 말했다. 왜냐하면 의심은 불유쾌한 상태를 야기시키고, 그래서 우리는 안정된 믿음을 획득해서 그런 상태를 극복하려 하기 때문이다. 우리는 과학적 방법을 통해서 그와 같은 믿음들을 얻을 수 있다. 믿음 획득 방법 중에서 과학적 방법만이 사물들이 실제로 존재하는 방식 — 즉 실재 — 에 제약을 받기 때문이다. 그리고 사물들이 존재하는 방식은 우리의 믿음과는 독립적이기 때문에, 이 제약은 탐구자들 간의 최종 의견 수렴에 이르게 해준다. 이 최종의 합의가 진리이다. 참은 전체적으로 믿기에 만족스러운 것이 될 것이다. 참은 의심이라는 방해물의 영향을 받지 않기 때문이다. 그뿐만 아니라 참은 실재와의 대응에 있을 것이다. 실용론에 대한 퍼스의 설명은 이런 식으로 대응론의 요소를 포함한다.

제임스의 각색본은 퍼스의 견해를 세련되게 다듬은 면도 있고, 퍼스의 견해와 다른 면도 있다. 제임스는 참된 믿음을 가지는 가치가 불규칙한 경험의 영향권에서 벗어나게 해 주는 데 있다고 주장하였다. 참된 믿음은 결국 경험에 의해 확증되는 믿음, 즉 검증 가능한 믿음이다. 제임스는 우리 믿음 체계의 내적 무모순성을 최대한 보존하게끔 하는 식으로 믿음 체계를 조절함으로써, 우리가 곤란한 경험들을 수용한다고 믿었다. 그 믿음 체계 안에다 다루기 힘든 경험적 결과들을 위한 자리를 찾으면서 말이다. 이것은 콰인이 얘기했던 '믿음의 거미줄(web of beliefs)'에 대한 전조쯤으로도 볼 수 있으며,[8] 정합론의 요소들을 담고 있다.

퍼스가 실재론자였던 반면에, 제임스는 유명론적인 분위기가 강했다. 따라서 제임스는 검증 가능성 개념을 인정할 경우, 아직 어느 누구도 검증하지 못한 참들 — 즉, 가능하지만 아직 실현되지 않은 검증의 존재 — 이 있다는 것도 수용해야 한다는 사실 때문에 곤란을 겪었다. 이것은 유명론자의 양심에서 볼 때 난처한 것이었다. 결국 제임스는 종종 참들이 믿음을 검증하는 과정에 의해 **제조된다**(manufacture)는 것을 의미하는 양, 글을 썼다. 이 전략이 쉴러에 의해 채택되었으며, 최근에는 포이에르아벤트와 (전형적으로 같은 상대주의적 이유들 때문에) 몇몇 '포스트모더니즘' 사상가들에 의해 채택되었다.[9] 그러나 참이 탐구에 의해 창조된다는 생각은 믿음들이 검증 방법에 의해 참으로 수렴된다는 견해와 모순된다. 따라서 이런 면에서 제임스의 이론에는 긴장이 있다.

제임스의 견해 중 많은 비판을 받았던 한 특징은, 그가 참을 '좋은', '유용한', 또는 믿는 '수단(expedient)'이라고 말하는 경향이다. 예컨대 그는 "옳음이 우리가 행동해 가기 위한 수단에 지나지 않는 것처럼, 참은 우리가 생각해 가기 위한 수단에 지나지 않는다."라고 말하였다.[10] 러셀과 무어는 바로 제임스의 이 점을 비난하였다. 제임스는 참이 마음에 드는 믿음과 같은 것이라는 조야하면서도 도덕적으로도 불쾌한 주장을 했다는 근거에서였다. 그러나 제임스 옹호자들의 주장에 따르면, 제임스는 거짓된 믿음보다 참된 믿음이 우월한 것은 후자가 반증에 견뎌 왔던 점에 있음을 보여 주려 했던 것이며, 또 경험적 증거는 흔히 그 자체로는 경합하는 이론을 두고 판정하는 데 도움이 되지 않기 때문에, 유용성에 대한 고려가 결정을 돕기 위해 발동될 수 있고 또 되어야 함을 보여주려 했던 것이다.[11]

듀이는 참이란 '완전히 정착된 믿음(absolute fixity of belief)'이라는 퍼스의 정의를 받아들였다. 퍼스와 더불어 듀이는, 우리의 관념들을 이해하기 위해서는 그 관념들이 사용의 맥락에서 어떻게 작용하고 있는지를 연구해야 할 필요가 있다고 믿었다.[12] 이런저런 관념들이 성공적으로 작동하고 또 의문이나 문제를 해결해 준다 — 즉, 실제로 확증된다 — 는 것을 우리가 인정할 때, 비로소 우리는 그런 관념들을 주장할 때 보증을 받는다. 다시 말해서 그런 관념들을 참으로 수용하기 위한 보증을 받는 것이다. 따라서 듀이는 진리란 우리가 주장할 때 보증받은 관념들에 붙어 있는 속성이라고 기꺼이 말했다.

그러나 참이란 믿음들이 실제로 검증됨으로써 소유하게 되는 속성이라고 말하는 것은, 명백히 반직관적인 결과를 초래한다. 화이트가 화요일에 브라운을 살해했다고 하자. 그리고 형사가 화이트의 살인죄를 목요일에 검증했다 하자. 그러면 "화이트가 브라운을 살해하였다."라는 명제는 목요일 이전에는 참이 아니었고, 목요일에 와서야 **참이 되었던** 것처럼 보일 것이다. 그러나 확실히 "화이트가 브라운을 살해하였다."는 화이트가 브라운을 살해한 순간에 참이었다. 만일 듀이의 견해가 옳다면, 브라운이 살해된 후 이틀 동안 "화이트는 브라운을 살해하였다."가 참이 **아니었기** 때문에, 우리는 화이트의 유죄를 선고할 수 없었을 것이다. 이것은 확증 개념과 참 사이에 중요한 차이가 있으리라는 점을 시사한다. 왜냐하면 확증은 시간과 관련하여 발생할 수 있는 개념인 것으로 보이는 반면(형사는 목요일에 화이트의 유죄를 확증하였다), 참은 보통 다음과 같은 명제의 모습인 것처럼 여겨지기 때문이다. 즉, 한 명제는 검증되거나 파악된다고 해서 참이 되는 것이 아니라, 어떤 관점에서는 그 명제가 참인지 아닌지를 누군가가 안다고 할지라도 그것과는 상관없이, 그대로 참이거나 참이 아닌 것이다. (그와 같은 견해는 종종 '실재론적'인 것으로 기술된다.)

바로 앞의 이런 생각은 2치 원리의 지지자 측에서도 비판이 이루어질 수도 있다는 점을 암시한다. 말하자면 '참'을 '확증'으로서 정의하는 것은 2치 원리를 위배한다는 것이다. 왜냐하면 '참'이 '확증'을 의미할 경우, 2치 원리는 모든 명제에 대해서 그것이나 그것의 부정이, 그러나 둘 다는 아니고, 참이어야 할 것을 요구하므로, 모든 명제나 그것의 부정이 확증된다는 것이 따라 나올 터이기 때문이다. 그러나 이것은 분명히 거짓이다. 예컨대 2치 원리에 따라 "BC 10000년에 옥스포드 주에 눈이 왔다."가 참이거나 "BC 10000년에 옥스포드 주에 눈이 오지 않았다."가 참일지라도, 확실히 각 명제가 확증되어 있다는 것은 사실이 아니기 때문이다.

러셀, 무어 그리고 카르납에 의해 시작된 실용주의에 대한 공격은 한때 실용주의와 연관된 진리론에 대한 노골적인 오해를 불러일으켰다. 그 오해의 중핵은 실용론이 '참'을 그저 '효과가 있는 것(what works)'으로 정의한 데 있다. 분명히 많은 거짓된 것들도 '효과가 있는' 경우가 있는 반면(종교적 믿음이 거짓임에도 불구하고, 그 믿음이 훌륭한 행위의 유인이 되기 때문에, 일반 대중은 그 종교적 믿음에 고무되고 있다는 플라톤의 견해를 생각해 보기만 하면 된다), 예컨대 "아리스토텔레스의 부친은 의사였다."와 같은 많은 진리들은 전혀 실질적인 '효과'를 일으키지 못하고 있기 때문이다(그런 진리들은 '빵을 만들어 주는 진리가 아니다'라고들 해 왔다). 그러나 위의 개관을 통해서만 보아도 실용론이 '참 = 효과가 있는 것'이라는 어설픈 등식이 암시하는 것보다 훨씬 더 치밀한 이론이라는 것은 의심할 여지가 없을 것이다.

제임스의 옹호

제임스의 견해를 좀 더 세밀히 고찰해 보자. 제임스는 실용주의자들 중에서도 가장 두드러지게 실용론에 대한 오해에 의의를 제기하고 또 종종 글로써 그 점을 알렸던 인물이었다.[13] 제임스 자신의 글보다 그의 견해를 더 잘 전해 주는 것은 없기 때문에, 그의 글을 좀 길게 인용해 보는 것도 좋을 것 같다.

"참은 우리의 관념들이 가진 특정한 속성이다. 참은 실재와 관념 간의 일치를 의미하고, 거짓은 관념과 실재 간의 불일치를 의미한다 --- 실용주의는 흔히 다음과 같은 질문을 던진다. "하나의 관념이나 믿음이 참이라고 인정하자. 그것이 참일 경우 우리의 실생활에 어떤 구체적인 차이가 나타나는가? 그 믿음이 거짓이었을 경우와 비교해 볼 때, 어떤 경험적인 차이가 생기는가? 간단히 말해서 경험적인 표현으로 참의 현찰 가치는 무엇인가?" 실용주의가 이렇게 물을 때, 곧 다음과 같은 답이 예상된다. **참된 관념들은 우리가 이해할 수 있고, 정당화할 수 있고, 확인할 수 있고, 검증할 수 있는 관념들이다. 거짓된 관념들은 그렇게 할 수 없는 관념들이다.** 이것이 우리가 참된 관념들을 가짐으로써 얻게 되는 실제적인 차이이며, 따라서 참의 의미가 되는 것이다. 이것이 우리가 참에 대해서 알고 있는 것 다이다.

한 관념의 참은 관념 속에 내재한 움직일 수 없는 속성이 아니다. 참은 관념에서 **생긴다.** 관념이 참이 **되는** 것이고, 사건에 의해 참으로 **만들어지는** 것이다. 참이 가진 진리성(verity)은 사실상 하나의 사건, 하나의 과정에 **있다.** 말하자면 관념이 그 자체를 검증해 가는 과정, 관념의 **검증** 과정에 있다. 실제적으로든 지적으로든 간에, 현실을 다루는 데 도움을 주는 관념, 우리의 진보를 가로막지 않는 관념, 그리고 현실이라는 전체 무대에 우리의 삶을 적응하게 해 주고 실제로 거기에 **들어맞는** 관념은, 그것이 참이 되기 위한 요건을 충분히 나 갖추고 있을 것이다. 그런 관념은 그 현실에 대해서 참이 될 것이다. 간단히 말해서 **옳음이 우리가 행위해 가기 위한 수단에 지나지 않는 것처럼, 참은 우리가 생각해 가기 위한 수단에 지나지 않는다.** 그것은 거의 어떤 식에서도 수단이고, 또 물론 궁극적으로 그리고 전체적으로 수단이다. 왜냐하면 면전의 모든 경험들을 편의상 충족시켜 주는 것이, 앞으로 있을 모든 경험을 반드시 똑같이 만족시켜 줄 것 같지는 않기 때문이다. 잘 알다시피, 경험은 **끓어 넘치는** 액체와 같은 것이어서, 우리가 현재 가지고 있는 법칙들을 계속 수정하게 만들어 주는 그러한 것이다."[14]

이미 언급했듯이, 무어와 러셀은 이런 견해를 진리와 유용성이 같은 것임을 말하는 주장으로 해석하였다. 그리하여 그들은 어떤 거짓된 것(some falsehoods)이 유용할 수도 있으며, 반대로 어떤 참들은 불편하다는 이유로, 제임스의 견해를 거부하였다. 무어는 "사실상 참된 관념들이 유용하지 않은 데도, 때때로 어떤 면에서는 오히려 적극적으로 그런 관념들을 가지기도 한다는 것은 분명하지 않은가?"라고 물었다.[15] 그러나 이런 반론은 핵심을 놓친 적절치 못한 반론이다. 왜냐하면 참이 만족스러운 믿음 또는 유용한 믿음이라는 제임스의 주장은, 참을 — 어떻게 우리가 우리의 사물 체계에 우리의 모든 차후 경험을 조화시키는가 하는 이론을 고려할 경우 — 전복으로부터 안전한, '궁극적으로(in the long run)' 확실한 믿음과 동일시하는 것이기 때문이다.[16] 무어-러셀의 비판이 먹혀들어간다 해도, 그것은 종교적 믿음에 관한 제임스의 의견과 관련해서만 먹혀들 뿐이다. 제임스에게 있어 종교적 믿음은 우리 경험과 우리 가치의 정합성을 함께 극대화하기 때문에, (그 말이 가진 일상적인 의미에서) 편리

한 수단이다.[17]

　한편으로는 제임스의 의미에서의 수단이나 유용성과, 다른 한 편으로는 경험 전체를 아우르는 정합성 극대화(maximizing coherence)라는 개념 간의 연관이 파악될 때, 유용성과 검증 가능성 간의 관계가 분명해진다. 무어와 러셀은 이 연관을 보지 못하였다. 그러나 그들은 참을 유용성과 동화시키는 것에 반대하였듯이, 참을 검증 가능성과 하나로 동화시키는 것에도 강하게 반대하였다. 그들이 반대한 이유도 위와 유사했다. 즉, 참임에도 불구하고 불편한 진리가 있을 수도 있는 것처럼, 마찬가지로 참임에도 불구하고 결코 검증되지 못했던 진리들이 있을 수도 있다는 것이다. 만일 제임스가 참을 검증과 동일시했다면, 이 반론은 효과가 있었을 것이다. 그러나 사실상 그는 좀 더 미묘하게 참을 **검증 가능성**과 동일시하였다. 따라서 그는 아직 검증되지 않은 참들이 있을 수 있지만, 그럼에도 불구하고 그것들은 검증 가능하기 때문에 참이 된다는 것을 인정하였다.[18] 그러나 위에서 보았듯이 이러한 방법은 제임스의 견해에서 한 가지 알력을 초래하였다. 그것은 한편으로는 일군의 개별적인 믿음들에 부착되어 있어서 그 각각이 검증되는 진리들과, 다른 한편으로는 검증되기 전에 검증 가능하다는 사실 덕분에 검증에 앞서 항상 참이 되었던 것으로서의 진리 간의 알력이다. 제임스는 이러한 알력을 해결하지 못했다.

　진리 실용론은 인식론적 이론이다. **진리와 한 믿음이 참이 된다고 생각하기 위한 근거를 가짐**이 동화되거나, 또는 적어도 긴밀하게 연결될 때 전형적으로 등장하는 물음은, 그런 견해에 어떤 형이상학적 그림이 연관되어 있는가? 하는 것이다. 결국 퍼스는 지각의 대상에 관한 가류주의적 실재론(fallibilist realism)을 채택하였다. 그러나 제임스는 반실재론자(이런 개념들은 8장과 9장에서 길게 논의된다.)로 남아서 어려움에 봉착하였다. 그는 '초경험적' 실재('trans-empirical' reality)라는 개념, ─ 즉 경험과 독립적인, 그리고 경험으로 접근할 수 없는 실재라는 개념 — 을 거부하면서, 위에서 확인된 압력을 해결하기가 어렵다는 것을 알았다.[19]

그러나 이상의 이야기는 실용론에 대한 일반적인 여러 비판 중 하나일 뿐, 다른 비판을 보여주지 않는다. 실용론은 참을 인식 주관의 관점에 의존하게 만든다는 의미에서, 주관주의적이라는 비판도 있다. 비록 실용주의자들이 쓸모있는 객관성 개념을 제공해야 할 의무를 지고 있었고, 또 그것을 만족스럽게 하지 못했다 할지라도, 그럼에도 불구하고 그들은 한 믿음이 참이 된다는 것이 무엇에 있는가 라고 묻고 그 답의 일부로서 그것은 믿음과 실재와의 대응에 있다고 말하였다. 제임스는 다음과 같이 말한다. "방종한 사고를 놓고 우리가 가지는 유일한 **실질적인** 보증물은 실재 자체에서 오는 전방향적인 압력(circumpressure)이다. 초경험적 실재가 있든 없든 간에, 그 실재야말로 현실의 오류에 넌더리 나게 만드는 것이다."[20] 요점은, 믿음들이 인식론적으로 유아론적인 방식으로 믿는 자에게 적합하기 때문에 참이 되는 것이 아니라, 그 믿음들이 경험과 일치하고 그 믿음을 가진 자가 경험을 잘 다룰 수 있도록 도와주기 때문에 참이 된다는 것이다. 그러면 그것은 경험이 아우르는(range over) 실재를 설명해야 하는 또 다른 문제가 된다. 그러나 하여간 무어와 러셀이 그러했듯이, 실재의 본성에 관한 가정을 근거로 해서 실용적 진리 개념을 철저히 거부하는 것은 불가능하다. 특히 여기서의 가정은 논의된 의미에서 '실재론적'이다. 왜냐하면 실재론은, 명칭이 시사하는 바대로 진리를 두고 제임스의 것과 같은 반실재론적 이론과는 매우 대립되는 고유의 관점(inbuilt slant)을 가지고 있기 때문이다.

진리 정합론

정합론과 대응론은 일반적으로 참에 관한 두 주요한 전통 학설로 간주되고 있다. 고대에서 대응론은 늘 영예로운 승리를 얻어 온 진리론이다. 이미 플라톤이 『소피스트』편에서 그것을 논의하고 있다. 반면 정합론이 인정받을 수 있는 이론이 되기까지는 상당히 오랜 시일이 걸렸다. 정합론은 사고와 사물 간의 적합(adeqaequatio intellectus et rei) 또는 대응이라는 개념을 칸트가 비판하고 난 후 등장하였다. 칸트의 입장에서 본체계의 실재(**물자체**(Ding an sich) 또는 소위 제임스의 '초경험적 실재')는 인간의 직관을 가지고는 접근할 수 없는 것이기 때문에, 한편으로는 사물에 대한 인간 정신의 파악과 다른 한편으로는 물자체 사이에 대응이 있다는 생각은 의심스럽다는 결론이 나와야 한다.[21]

일반적으로 말해서 진리 정합론은 17세기의 라이프니츠와 스피노자, 그리고 19세기 초와 말에 각각 헤겔과 브래들리의 합리론적 사상 속에서 찾아볼 수 있다. 그러나 정합론은, 앞으로 보겠지만 기묘하게 유사한 동기에서, 노이라트와 헴펠 등과 같은 20세기의 몇몇 논리 실증주의자들에 의해서도 주장되었다. 보다 최근에는 레셔와 워커가 정합론을 길게 논의한 바 있다.[22]

정합론의 기본 개념은 단순한 것이다. 한 명제는 그것이 하나의 체계내에서 다른 명제들과 정합하면 참이고, 그렇지 않으면 거짓이다. 때로는 다음과 같은 식으로 표현되기도 한다. 참이란 일단의 믿음들의 구성원들 간의 정합 관계에 있다.

정합론은 그것을 사용해왔던 형이상학적 견해나 인식론적 견해의 맥락에서 가장 잘 설명된다. 예컨대 브래들리는 실재란 하나의 통일되고 정합적인 전체라고 주장했었다. 그는 그 실재를 절대자(the Absolute)라고 불렀는데, 하나의 전체로서 생각된 이 전체만이 진정으로 실재한다는 것이다. 이로부터 그 전체의 부분**들**에 관해 이야기된 것은 겨우 부분적으로만 참이 될 뿐이라는 결론이 나온다. 만일 우리가 전체의 한 부분 또는 한 측면만을 생각한다면, 일정 정도의 참에 도달할 수도 있을 것이다. 그러나 어떤 경우에 우리는, 실재(절대자)와는 달리 모순으로 차 있는 **현상들**을 통해서 전체의 부분들을 파악하기 때문에, 진리에 대한 이런 부분적인 파악은 불만족스럽다. 현상은 모순적이기 때문에 적어도 얼마간 우리를 속이고 있다는 브래들리의 주장이 옳다면, 지식(그러므로 진리)은 지각 판단에서 전혀 뿌리 깊은 기초도 가질 수 없다는 점을 주목하는 것이 중요하다. 이것이 바로 브래들리를 방법에 있어 합리론자로 만들어 주는 것이다. 감각 경험이 지식의 기초를 마련해 준다는 것이 부정되고 대신 숙려(熟慮, excogitation) ― 합리적 추리 ― 만이 참을 얻게 해 주는 것이라면(이는 플라톤, 라이프니츠, 스피노자 그리고 브래들리 자신이 택했던 입장이다), 진리 정합론은 우리의 인식론에 본질적인 것이 될 것이다. 왜냐하면 합리적으로 연역된 믿음 체계의 맥락에서, 한 믿음의 참을 위해 이용할 수 있는 유일한 시험은 그것이 믿음들의 체계와 정합하는지 하는 것이기 때문이다. 합리론적 인식론에서, 우리의 사고 앞에 서 있는 분리된 사실들이 있다고 말하는 것은 받아들일 수 없다. 따라서 어떠한 대응 관계도 믿음들에 대한 참을 상세한 기초 위에서(blow-by-blow basis) 설명하기 위해 소환될 수 없다.

정합론의 이론적 기초는 체계라는 개념에 있다. 브래들리는 정합성과 체계 간의 연관을 다음과 같은 말로 요약하였다. "진리란 바로 정합적이고 포괄적인 우주(the Universe)에 대한 하나의 이상적 표현이다. 그것은 그 자체와 상충해서는 안 되며, 어떠한 제안이라도 그 안에서 포용될 수 있어야 한다. 간단히 말해서 완전한 진리는 하나의 체계적 전체라는 이념을 실현해야 한다."[23] 이 제안은 일단의 믿음이 정합적이 되기 위해서,

그것의 요소 믿음들은 서로가 무모순적이어야 하며, 어떤 식으로든 명시되어야 할 것으로서, 그 안의 다른 믿음들에 의존해야 한다는 것이다.

의존성으로서의 정합성

무모순성(consistency)은 최소한의 그리고 문제없는 요청이다. 주요 난점은 믿음 집합의 구성원들 사이에 또는 그것들을 표현하는 판단들 사이에 어떤 의존 관계가 있는지를 명시하는 일이다. 한 가지 제안은, 어떤 판단은 나머지 다른 모든 판단을 필함(entail)해야 하고, 다른 모든 판단에 의해 필함되기도 해야만 한다는 것이다. 바로 브랜샤드가 이런 주장을 해왔는데, 그는 이런 설명이 성립하는 체계의 전형 중 가장 가까운 것으로서 기하학을 인용하였다.[24] 그는 다음과 같이 말했다. "완전히 만족스러운 체계에서는, ---어떠한 명제도 임의적인 성격을 가지지 않을 것이다. 모든 명제는, 묶여 있는 명제들이든 단독으로 있는 명제든 간에, 다른 명제들에 의하여 필함될 것이다. 체계에서 벗어나 있는 명제란 있을 수 없을 것이다."[25] 그러나 이러한 설명은 통하지 않을 것이다. 이렇게 이야기된 관계는 너무 강한 관계여서 정합론을 주장 과잉론(theory of assertive redundancy)으로 만들어 버린다. 다시 말해서 그런 판단들의 체계에서 각각의 판단은 다른 나머지 판단과 같은 것을 말하는 셈이 되어 버린다.[26] 그러면 "알렉산드로스는 마케도니아의 왕이었다."라는 참된 진술은 가령 "이웃집 사람이 오늘 흰 조끼를 입고 있다."라는 진술을 필함하기도 하고 그 진술에 의해 필함되기도 한다는 것을 의미하는 것처럼 보일 뿐만 아니라, 심지어는 두 진술이 내포적으로 동치라는 것을 의미하는 것처럼 보인다. 모든 진술은 절대자에 관한 가장된 서술이라고 보는 절대적 관념론자들이 선호하는 표현에서, "절대자는 마케도니아의 알랙산더 대왕이다."와 "절대자는 흰 조끼를 입은 이웃 사람이다."는 따라서 서로의 반복이 되는 셈이 될 것이다. 이는 어느 기준으로 보아도 받아들이기 어려운 견해이다.

에윙(Ewing)은 이보다는 더 전망이 있는 설명을 하는 편이다. 그는 정합성이 한 집합 내의 명제들 사이에서 성립하는, 좀 더 분산된 논리 관계로서 이해되어야 한다고 제안한다. 이를테면 "그 집합 내의 어떤 하나의 명제는, 그 집합의 다른 모든 명제가 참일 경우, 논리상 필연적으로 따라나온다." 또한 "전체 집합 내의 어떠한 명제들의 집합도 그 집합 내의 나머지 모든 명제와 논리적으로 독립적이지 않다."[27] 이 설명에서는 주장의 과잉으로 빠져들지 않고도 집합 성원들이 상호 연관되어 있다는 생각이 잘 보존되고 있다. 그러나 이 상태만으로는 정합성의 성격이 아직 모호하다. 정합성은 집합이 완결되어 있어야 할 것을 요구하는 것처럼 보인다. 그러나 그렇다면 명제들의 전체 집합에 첨가되는 어떤 명제는 그 집합을 비정합적이게 할 것이다. 그리고 이것들은 만족스럽지 못한 결과인, 그 집합 구성원들 자체의 논리적 결과들을 포함한다. 게다가 똑같이 중요한 사실이 있는데, 언제 명제들의 한 집합이 완결되어 있는지를 어떻게 우리가 알 수 있었는지가 불분명하다는 점이다. 특히 이것은, '집합'이라는 개념이 여기서 의미가 있다면, 우주에 관한 명제들의 집합과 관련하여 그러하다. 즉, 형식적 체계에서는 문제가 다를지도 모른다.

실증주의와 정합성

정합론은 어느 한 집합 내의 한 명제의 가치를 다른 명제와의 관계에서 시험함으로써 참이 결정된다는 이론이다. 따라서 맥락(context) 또는 체계(system)라는 개념이 설명에서 중요한 역할을 한다. 결국 체계라는 개념은 무모순성(consistency), 연관성(connectedness), 완전성(completeness) 등에 의해 이해될 수도 있다. 그런 개념을 위한 유망한 기초를 제공해 주는 하나의 견해가 전체론(holism)이다. 지식론에서 말하는 전체론은 우리의 전 믿음 체계가 결속해 있거나 함께 같이하며, 보다 작은 단위의 믿음들 — 개별 이론, 특수한 판단 — 은 그것들이 배경 체계에 적합하느냐 않느냐에 따라서만 확증되거나 무효화(infirm)된다는 견해이다. 다른 장에서 보겠지만 콰인의 견해가 바로 이런 입장을 대표한다. 이 점에서 그는 일부 논리 실증주의자들보다 앞섰고, 또 데이비슨이 그 뒤를 따랐다.

실증주의자들을 갈라놓았던 참에 관한 논쟁은 퍽 시사적이다. 그들은 직접적인 지각 경험을 보고하는 진술들이(기본(basic) 진술 또는 '기록(protocal)' 진술) 직접적으로 사실들에 대응하기 때문에, 수정 불가능하고 또 확실하다는 대응론의 한 형태를 받아들임으로써 출발하였다. 반면에 다른 (비기록적인) 진술들의 참은 기본 진술들과의 논리적 관계에 의해 결정된다. 카르납은 그의 영향력 있는 논문에서 과학적 지식이 기록(protocol) 문장에 의존한다고 주장하였다. 이 기록 문장은 성격상 그 이상의 검증이 필요 없는 문장이다.[28] 마찬가지로 슐릭도 기록 문장들은 "지식과 실재 간의 확고한 접점을 이룬다."고 주장하였고, 또 "우리는 그것들의 개별성에서 이러한 절대적으로 고정된 접점, 확증들을 알게 된다. 그것들은 가설들이 아닌 유일한 종합적 진술들이다."[29]라고 주장하였다.

이 견해는 고전적 대응론의 한 출발점을 이룬다. 왜냐하면 이 견해들은 어떤 부류의 명제들만이 사실들과의 대응에 의해 참이 되고, 나머지 명제들은 — 정합론 류의 학설처럼 — 다른 명제들 간의 관계에 의해 참이 된다고 말하고 있기 때문이다. 따라서 노이라트와 같은 일부 논리 실증주의자들에게 있어서는 이런 입장으로부터 성숙한 정합론으로 넘어가는 것이 크게 어려운 일은 아니었다. 노이라트는 기록 진술들이 수정 불가능한 것일 수 없다는 결론을 내렸다. 그가 이렇게 결정한 이유는 명제들을 '기본적'인 것으로 삼는다는 것이 고작해야 규약적인 문제일 따름이기 때문이라는 것이다. 따라서 기록 진술들과 '사실들' 간의 대응을 직접적으로 검증하는 작업은 불가능하다.[30] 그리하여 노이라트는 참에 대한 시험이 진술들 간의 관계에 있다고 단정하였다. 그럼으로써 그는 슐릭으로 대표되는 논리 실증주의의 정통 교설에서 이탈하였다. 그 후 그는 이 문제를 가지고 슐릭과 논쟁을 벌였다.

노이라트의 견해는 어떠한 진술들도 수정받지 않을 수 없다는 것이었다. 왜냐하면 모든 진술은 "검증을 받아야 하는 것으로서 --- 그로 인해 어쩌면 폐기될 수도 있는" 것이기 때문이다.[31] 노이라트에 의하면, "과학의 출발점으로서 결정적으로 입증된 순수한 기록 문장을 얻을 수 있는 길은 없다. 그 어떤 백지(tabula rasa)도 존재하지 않는다. 우리는 망망 대해에서 배를 수리하느라 바쁜 선원과도 같다."[32] 이 말은 우리가 아무 제약 없이 탐구해 가는 것이 아니라, 우리의 탐구 조건을 이루는 이론이라는 장치와 가정을 가진다는 것을 의미한다. 우리는 그 이론 장치와 가정을, 탐구해 감에 따라 조금씩 개선하거나 변화시키지 않을 수 없다는 것이다. 목적은 관찰 진술과 이론 진술 — 기록 진술과 비기록 진술 — 의 무모순적인 체계를 구성하는 데 있기 때문에, 그 체계의 성원이 될 수 있는 후보자로서 새로운 진술을 끌어들인다고 할 때 그 문장을 검사하기 위한 유일한 방법은 "그것을 체계와 비교하고 --- 그것이 그 체계와 상충되는지의 여부를 결정하는 것이다. 만일 그 새로운 문장이 체계와 상충된다면, 우리는 그것을 무용(또는 거짓)한 것으로서 폐기할 수도 있다 --- 다른 한편, 우리는 그 문장을 받아들이면서 그 문장이 체계 안에서 무모순적으로 남아 있을 수 있게끔 체계를 변화시킬 수도 있다---그러면 그 문장은 '참'이라고 일컬어질 것이다."[33] 이것은 다 성장한 정합론의 모습이다.

앞에서 언급했던 합리론적 형이상학자들과 마찬가지로, 노이라트에게 있어서도 정합론을 받아들이기 위한 일차적인 동기가 있다. 그것은 실재가 어떤 면에서 우리의 사고나 언어 자체에 의해 제약을 받는 것은 아니지만, 그래도 사고나 언어를 떠나서는 실재에 이르는 것이 불가능하다는 점이다. 이런 견해는 우리가 판단의 대상인 실재와 판단을 비교할 수 있는 특권적인 지점에서 벗어날 수 없다는 것을 말한다. 그리고 어떠한 낱말-세계 관계도 참을 위한 토대로서 쓰일 수 없기 때문에, 참은 진술들 자체 간의 정합 관계에 있지 않으면 안 된다는 것이다. 이때 이 진술들 간의 정합 관계는, 대체적으로 — 위에서 확인한 바와 같이 — 무모순성, 연관성 및 완전성의 기준을 만족시키는 체계 또는 믿음 집합을 구성하고 있는 것으로서 보여진다.

정합성 기준

이미 언급했듯이, 정합 체계 기준에 관한 문제는 중요한 것이다. 왜냐하면 이런 기준을 명료화함으로써만 우리는 그 이론의 모호성을 해소할 수 있기 때문이다. 레셔는 이런 문제들을 풀어 보려고 노력한다.[34]

우리는 이용할 수 있는 자료들로부터 참이라고 주장하게끔 보증해 주는 믿음들의 집합을 선택하는 방법을 필요로 한다. 이용 가능한 자료 속에는 하나 이상의 무모순적인 믿음 부분 집합이 있고, 그것들 중 어느 것을 선택해야 할지를 도와 줄 외적 기준은 없기 때문에, 레셔는 적합한 부분 집합의 수를 줄이기 위해 '타당성 여과기(plausibility filter)'를 사용하자고 제안한다. 레셔의 이 '타당성 여과기'란 어떤 자료가 일단 보기에 타당한지를 판별하는 절차를 의미한다. 그런데 이런 절차조차도 최대한 무모순적인 믿음이라는 고유의 부분 집합을 가려내는 데 불충분할지도 모르기 때문에, 레셔는 여과기를 통과한 모든 부분 집합의 선언(disjunction)

으로부터 우리의 믿음 체계를 구성하자고 제안한다.

정합론의 비판자들이 정합론에 대해서 제기한 기존의 비판에 대처하기 위해서 여과기와 같은 것이 필요한 것이다. 정합론의 비판자에 의하면, 내적으로 정합적인 여러 믿음 체계들이 있을 수 있다는 것이 논리적으로 가능하면서도, 동시에 그것들 중 어느 하나를 선택하기 위한 외적 기준이 전혀 없기 때문에, 어느 것이 '옳은' 믿음 체계인지를 우리가 알 수 없다는 것이다. 러셀은 이 비판을 다음과 같이 표현하였다. 즉 정합론은 진리와 무모순적인(consistent) 동화를 구별할 수 없게 만든다는 것이다.[35] 실증주의적 정합론자들은 "우리 문화권의 과학자들이 받아들인 믿음 체계"가 옳은 체계라고 대답하였다. 그러나 이런 답변은 분명히 만족스럽지 못하다. 왜냐하면 이것은 외적 기준에(즉 그 참이 외부로부터 결정될 수밖에 없는 믿음 체계에 **관한** 사실에) 호소하는 것인데, 이는 정합론 자체와 맺은 계약을 파기하는 것 때문이다.

난점과 반론들

정합론을 받아들였던 일부 철학자들이 수학에 탄복해서 그들의 철학적 관점을 형성한 인물들이었다는 점은 결코 우연한 일이 아니다. 17세기 합리론자들 및 그들 이전에 이미 플라톤도 세계에 관한 진리를 얻는 데 감각 경험의 힘에 의심을 품었었다. 대신 그들은 형식적 연역이 가진 힘에 큰 인상을 받았다. 바로 수학과 기하학에서 형식적 연역은 소수의 자명한 가정을 기초로 하여 지식을 산출해 내는 데 쓰이고 있다. 스피노자의 주저『윤리학』의 라틴어 원 제목도『기하학적으로 증명된 윤리학(Ethica Ordine Geometrico Demonstrata)』이다. 제목에서부터 스피노자 자신의 그리고 이런 일반적 태도의 근거가 명확히 드러나 있다.

정합성이 수학 및 논리학과 같은 형식 체계에서 참의 기준이라고 생각하는 것은 그럴듯한 면이 있다. 어떤 진술이 '한 체계 내에서 참'이라는 말은 그 진술이 그 체계의 정리라고 하는 말이나 같다. 다시 말해서 그 진술이 체계의 공리와 규칙들에 근거해서 증명될 수 있다는 말이다. 그러나 이런 식의 표현은, 특히 **간단히** 참에 일반화시키면, 오해를 일으키기 쉽다. 왜냐하면 앞에서도 언급했듯이, 좀 넓은 의미로 쓰인다고 할 때 '정합성'은 소극적으로는 한 집합 내 진술들 사이에 모순이 없다는 의미로 설명되기도 하고, 긍정적으로는 한 집합 내 진술들 사이에 후원 관계가 있다는 의미로 설명되기도 하기 때문이다. 만일 '정합성'이 소극적으로 이해된다면, 그것은 공허하다는 점에서 크게 도움이 되지 않을 것이다. 반면에 정합성이 긍정적으로 이해된다 해도, 그것은 여전히 참을 위해 충분하지 못할 것이다. 왜냐하면 아무리 진술들의 집합이 무모순적이라 하더라도, 그것이 적어도 세계를 올바르게 기술하는 데 실패할 수 있다는 사실 때문이다. 이 후자의 문제를 처리하기 위해서, 이론은 진술 집합과 독립적으로 존재하는 세계는 없다든지, 또는 그런 세계가 있다 해도, 그 세계는 접근 불가능하다는 식의 견해들에 의해서 보충되어야 할 필요가 있다. 정합주의적 실증주의자들과 어떤 관념론자들이 다양하게 주장하는 것처럼 말이다.

　게다가, 포괄성(comprehensiveness)이 어떤 진술 집합에 대해 요구될 수 있다는 것도 부정될 수 있다. 어떤 근거에서 현재 이용할 수 있는 진술들이 세계 또는 그 일부에 관해서 이야기될 수 있는 것 전부라고 말할 수 있단 말인가? 실제로 포괄성은 어떤 집합에 대해 요구하기란 원리상 불가능한 특징이라고 주장될 수 있었다. 그리고 만일 그렇다면, 무모순성만으로는 아무 보장도 받을 수 없을 것이다.

　더군다나 정합성에 대한 소극적 해석이 참에 대한 필요조건(충분조건은 아니다)을 진술하는 반면, 적극적 해석은 결코 그렇게 안 된다는 점도 주목해 볼 만하다. 적극적 설명에서 요구된, 진술들 간의 '지지(support)' 이라는 개념이 일으키는 난점들은 제쳐두기로 하자.(필함은 너무 강하다. 다른 후보자는 무엇일까?) 그러면 관련 집합의 일부 모두는 더더구나 아니고 구성원에 대한 논리적인 관계나 심지어 미학적인 관계가, 우리에게 불명료한 진술들의 참에 대해 이야기하는 것은 자연스러운 일일 것이다. 어떻게 그렇게 될 수 있는지는, 정합론으로 설명되지 않은 것보다 더 나쁜 채로 있다.

어떤 비판자들은 정합론에 대한 이런 반론을 다음과 같이 표현한다. 그들은 정합성이 선험적인(a priori) 명제에 대해서는 참을 위한 시험을 제공하는 반면, 세계에 관한 모든 명제가 선험적이라는 (그릇된) 견해만이 정합성을 참 일반을 위한 시험으로 보게끔 한다는 사실에 정합론의 단점이 놓여 있다고 본다. 어떤 합리론자들은 모든 명제가 수학 명제처럼 선험적이라고 생각하였기 때문에, 자연히 이런 진리관을 채택하였다. (이런 형태의 비판 이면에는 후험적인 명제가 있다는 가정이 깔려 있다. 이 후험적인 명제들은 개별적으로 세계의 부분이나 경험의 단편들에 관계할 뿐만 아니라, 그것들 각각에 대해서 개별적으로 시험될 수 있는 명제들이다. 다시 말해서 대응이 참을 결정한다. 그런 가정은 노이라트의 비판과 상충된다. 따라서 대립적(the dialectic)이다.)

이번에는 정합성이 아예 참의 성격을 규정하는 데 쓰일 수 없다는, 정합론에 대한 또 다른 비판을 보기로 하자. 정합성은 참의 성격을 규명해 주지 못한다. 왜냐하면 정합성의 요소를 이루는 무모순성, 판단이나 진술의 상호 의존성 등과 같은 개념들에 대한 이해는 논리학에 의존하고 있고, 따라서 그 이해는 순환적으로 참에 대한 선이해에 의존하고 있기 때문이다.[36] 이에 대한 정합론자들의 응수는 논리학이 규제적(regulative)이라고 말하는 것이다. 즉 논리학은 참으로서 해석된 논제들에 있는 것이 아니라 추리 규칙이나 원리들에 있다는 것이다. 그리고 결국 이 추리 규칙이나 원리들은 참에 호소하는 것과 관계하는 것이 아니라 화용론에 호소하는 것과 관계하는 문제에 기초해서 판단되어야 한다는 것이다.[37]

아마도 좀 더 그럴싸하게 정합론자들은 다음과 같이 말할 수도 있을 것이다. 정합성은 논리학 밖의 사실과 가치 문제에 관한 참의 시험을 제공한다. 논리학에서 참은 그와는 다르게 결정되며, 논리학은 정합론 자체의 토대의 일부를 형성한다. 여기에는 정합론이 좀 더 실체적인 기초를 제공받는다는 장점이 있다. 그러나 희생도 뒤따른다. 이번에는 정합론이 국지적인 성격을 띠게 되고 더 이상 근본적인 이론이 되지 못한다. 또한 여기서 요구된 근본적으로 새로운 의미에서의 참을 어떻게 이야기해야 할지 하는 문제도 등장한다.

하여간 이러한 고찰이 보여주는 것 중 하나는 바로 두 문단 앞에서 이야기했던 것, 즉 정합성이 당연히 선험적 진술들의 집합과 연관된다는 생각과 모순된다는 점이다. 여기서 정합성은 일차적으로 경험적 참을 위한 시험으로서 간주되고 있는 것으로 보이기 때문이다. 만일 그렇다면, 앞에서 개관했던 반론, 즉 똑같이 정합적이지만 차이나는, 그리고 아마도 상호 모순되는 많은 믿음이나 명제들의 집합이 있을지도 모른다는 반론은, 정합론자를 특별히 더 당황스럽게 할 것이다.

언급할 만한 가치가 있는 정합론에 대한 마지막 비판은 정합성 개념의 모호성과 관계하는데, 그러나 이번에는 앞에서와는 다른 방향에서의 비판이다. "**무엇과의** 정합성인가?"라는 물음이 있을 수 있다.[38] 하나의 명제가 **모든** 다른 진술과 정합할 경우에만 그 명제는 참이라고 주장하는 것은 어불성설일 것이다. 왜냐하면 모든 의미 있는 진술들의 집합은 필연적으로 모순을 포함하기 때문이다. 이는 적어도 의미 있는 진술들 대부분이 똑같이 의미 있는 부정 진술을 가진다는 사실에 기인한다. 따라서 모든 의미 있는 진술들의 집합은 "신(deity)이 있다고 믿는 것은 합리적이다."와 "신이 있다고 믿는 것은 불합리하다."를 동시에 포함한다. 다른 한 편, 한 진술은 참이 되는 **몇몇** 다른 명제와 정합해야 한다고 말하는 것도 너무 적은 것을 말하는 것이다. 어떤 진술은 그것이 무엇이든 간에 다른 진술들과 정합적이다. 이런 입장에서 점성술은 일련의 진리체계(a body of truth)이다. 『니벨룽겐의 반지』도 마찬가지이다. 그리고 물론 하나의 진술이 다른 참들과 정합할 경우에 그 진술은 참이 된다고 말해서는 안 될 것이다. 이것은 선결 문제 요구의 오류(beg the question)를 범하는 것이기 때문이다.

정합론자의 답변이, 정합성이 참의 시험으로서 사용되는 맥락에서, 레셔가 말한 것처럼, 진술들의 '대상 영역(target domain)'를 명시하는 것일 수도 있다.[39] 그런 영역을 위한 한 후보자는 우리의 경험을 기술하거나 보고하는 진술들의 집합이다. 그러나 다시 한번 우리의 경험을 기술하는 하나 이상의 정합적인 진술들의 집합이 있을 수 있다는 난점이 생겨난다. 이 점은 (예를 들어) 콰인이 그의 번역 불확정성 논제(thesis of the indeterminacy of translation)에서 주장한 것이다. 게다가 정합론 자체의 관점에서 어떻게 우리가 '올바른' 집합을 골라낼 것인지도 불분명하다. 이 '올바른' 집합을 골라내는 작업은, 상대적인 의미 이상의 것에서의 **참**이 있다고 한다면, 가능해야 할 것이다.

정합성 개념이 모호한 한 가지 이유는 그것이 전혀 논리적 개념이 아니라 인식적 개념 — 그리고 심지어는 어떤 전략적인 의미에서 이해될 것을 요구하는 개념 — 이라는 데 있을 수도 있다. 따라서 아마도 '정합성'이라는 말의 모호성은, 그 말이 (너무 강한) 필함과 (너무 약한) 모순(inconsistency)의 부재 사이의 어느 불확정적인 위치에 있다는 것에서 유래하는 것이 아니라, 정합적 체계라고 생각되는 것은 바로 **합리적** 체계라고 생각되는 것이라는 견해로부터 유래하는 것 같다. (헤겔주의의 구호를 채택하자면, "참된 것은 이성적인 것이다.") 만일 그렇다면, 합리적인 믿음 체계라고 생각되는 것은 전적으로 어떤 그러한 체계가 연결하려는 가정과 목적들에 의존하기 때문에, 결과적으로 정합성은 정말로 필수적인 시험(required test)이 될 것이다. 이것은 결코 받아들이기 어려운 생각만은 아니다. 정합성 시험을, 특히 합리론의 맥락에서 그리고 전형적으로 합리론에 부수하는 형이상학의 맥락에서, 이런 전략을 세우는 것으로서 보는 것은 해명적 가능성을 띠고 있다. 그러나 그러면 참 개념의 내용은 이론들에 의해 결정되는 것이지, 이론이 받아들일 수 있는 것으로 확인되는 진술에 그 용어를 적용하게 위해 허용하는 시험에 의해 결정되지 않는다.

진리 대응론

이미 언급했듯이 대응론은 대단히 유서 깊고 오랫동안 지속되어 온 진리론이다. 이미 플라톤이 『소피스트』편에서 진리를 논의하였고, 아리스토텔레스도 진리란 "있는 것에 대해서 그것이 있다고 말하고, 있지 않은 것에 대해서 그것이 있지 않다고 말하는 것"이라고 정의한 바 있다.[40] 아리스토텔레스의 진리관이 현대판 대응론과 얼마나 밀접한 관계에 있는지는 『범주론』의 한 구절을 보면 잘 알 수 있다. "한 인간이 존재한다는 사실은 그가 있다는 명제가 참이 된다는 것을 수반한다 --- 왜냐하면 만일 한 인간이 있다면, 그가 있다고 우리가 주장하는 명제는 참이기 때문이다 --- 그 인간이 존재한다고 하는 사실은 그 명제가 참이 되는 이유인 것처럼 보인다. 왜냐하면 그 명제의 참, 거짓은 그 인간이 존재하느냐, 존재하지 않느냐 하는 사실에 의존하기 때문이다."[41] 이 구절은 대응론의 토대라 할 수 있는 것을 잘 포착하고 있다. 말하자면 참은 명제와 사물이 존재하는 방식 간의 대응 관계에 있다는 것이다. 사실이 이러저러할 때, 그 사실이 실제로 이러저러하다고 말하는 명제는 참이다. 그리고 한 명제는, 그것이 그런 사실에 대응할 때, 성공적으로 사실이 이러저러하다고 말한다.

진리 대응론은 직관적으로 볼 때 물리치기 어려운 진리론이다. 한 명제가 성립되어 있는 것(what is the case)을 진술할 경우에, 다시 말해서 상용구로 '있는 그대로의 것을 말할(tells it like it is)' 경우에 참이 된다는 것은 명백한 것처럼 보인다. 그러나 처음 보았을 때 그럴듯하게 보였던 대응론의 호소력은, 대응론을 밝혀주는 데 사용되는 다음의 세 가지 주요 개념을 고찰해 보자마자 곧 사라져 버린다. '명제', '대응', '사실'(또는 그 유사물)이 바로 그 세 가지 개념이다. 1장에서 나는 명제가 지닌 몇몇 난점들을 살펴본 바 있다. '대응'과 '사실'도 그에 못지않게 문제가 많은 개념이다. 명제와 사실을 짝짓는다(marry)는 '대응' 관계란 무엇인가? '사실'이란 무엇인가?

대응과 원자론

그 전통적인 형태에서 볼 때 대응론의 경험적 성격은 상당히 중요하다. 만일 우연적 지식의 원천과 시험 중 어느 하나 또는 둘 다가 경험이라면, 참을 우리가 말하는 것(what we say)과 우리가 이야기 삼고 있는 것(what we are talking about) 사이의 대응 관계로서 보는 것은 자연스러운 일일 것이다. 이것은 로크의 다음과 같은 말에서 잘 드러난다. "참은, 낱말의 고유한 의미에서, 기호들에 의해 의미된 사물들이 서로 일치하거나 불일치함에 따라, 기호들의 결합과 분리를 의미하는(signify) 것에 불과한 듯이 보인다."[42] 로크의 이론에서, 낱말은 '관념'을 의미하며, 관념은 결국 '사물'을 의미한다. 관념은 결합되어 '심적 명제(mental proposition)'가 된다. (낱말은 결합되어 ─ 여기서 우리를 지체시킬 필요가 없는 많은 문제들과 더불어 ─ 결국 심적 명제를 표현하는 '언어적 명제(verbal proposition)'가 된다.) 언어적 명제는, 만일 참이라면 의미되는 사물(things signified)이 결합되어 세계가 되는 방식에 대응한다. 로크가 자신의 견해를 표명한 진술에는 모든 점에서 문제가 있다. 낱말들은 관념의 '기호들'이 됨으로써 '의미하는(mean)'가? 기호들은, 참일 경우, 그 요소의 낱말들이 의미하는 사물들과 '일치하는' 것'처럼' 있게끔, 그 기호들이 '결합'되어 명제가 된다는 것은 무엇인가?

러셀이, 그리고 간접적이면서도 다르게 비트겐슈타인이 이것을 좀 더 체계적으로 설명한다. 이들은 논리적 원자론이라는 형태로 그 견해가 중첩된 시기가 있었다.

『논리철학논고』에서 비트겐슈타인은 명제가 요소 명제로부터 진리 함수적으로 합성된 복합물이며, 요소 명제는 결국 이름들의 배열에 의해 구성된다고 주장하였다. 이 구조는 세계가 배열되는 방식을 반영한다. 사태로부터 건축된 사실들이 있고, 사태는 결국 대상들이 일정하게 배열되어 구성된 것이다. 이름은 직접적으로 대상을 지시한다. 그리고 요소 명제는 대상들이 사태 속에서 배열되는 방식으로 배열된 이름들로 구성된 것이기 때문에, 요소 명제는 그러한 사태를 '그린다.' 따라서 요소 명제로부터 합성된 명제들은 사태로부터 구성된 사실들에 대응한다. 이 상황을 도식적으로 분해해 표현해 보면 다음과 같다.

『논고』에서 비트겐슈타인의 목적은, 세계를 기술하는 것에 있다고 그가 말했던, (방금 개략된) 언어의 구조와 언어의 기능을 해명하는 데 있었다. 인식론적 관심은 그 목적에 들어 있지 않았다. 따라서 비트겐슈타인은 이름과 대상들, 또는 요소 명제와 사태들에 해당하는 아무 예도 제공하지 않았다. 비트겐슈타인과 러셀은 1차 세계 대전 이전 짧은 조우가 있고 난 이후에 독립적으로 자신들의 원자론적 견해들을 개발하였다. 그리고 러셀은 인식론적인 문제들에 좀 더 치중하였다. 따라서 러셀의 대응 해석이 좀 더 유익하다.

러셀에게 논리적 원자 또는 단순자들(『논고』의 대상에 대한 그의 설명)은 ─ 가령 시야에 들어온 색의 반점과 같은 ─ 감각 자료들이다. 이것들은 직접지의 대상들이다. 명제를 만들어내는 이름들은 직접지의 단순한 대상들을 지시한다. 명제들은, 그 명제의 요소들과 우리가 지각 속에서 직접 인식하는 원자적 단순자들과의 관계로부터 그 유의미성을 확보한다. 기술적 지식은 직접 인식이라는 사건으로부터 추리되거나 정당하게 그것으로 환원될(refer back to) 수 있다. 여기서 단순 명제 ─ 예컨대 '이 초록색'이나 '지금 이 초록색' ─ 는 직접적으로 사건 속에 나타난 사태와 연결된다.

러셀과 비트겐슈타인의 견해에서 공히 핵심적인 것은 대응이 명제와 사실 사이의 **구조적 동형성**(structual ismorphism)의 관계라는 것이다. 이 관계된 구조는 상대 관계자에 관한 정보를 제공한다고 한다. 이는 마치 찢어진 종이 반쪽의 모습에 관한 정보가 다른 반쪽으로부터 재구성될 수 있는 것과 같다.

그럼에도 불구하고, 대응 개념을 구조적 동형성으로 해석함으로써 그 개념이 해명될 것인지는 의심스럽다. 왜냐하면 우리가 간단히 보았듯이 명제와 사실들 속의 '구조'라는 개념도, 그것들 사이에 있다고 생각되는 '동형성'이라는 개념도 분명하지 않기 때문이다. 어쨌든 동형성 자체는 구조와 대응으로 설명해야 할 필요가 있는 것처럼 보인다. 왜냐하면 우리는 자연스럽게 동형성 개념을, 사전이 하는 것처럼, '정보-보존적 유사성, 또는 둘이나 그 이상의 항들을 유지하고 관계시키는 구조의 대응'으로 정의할지도 모르기 때문이다. 그리고 이것은 순환성이라는 망령을 불러일으키는 것이다.

일례로 "매트 위에 고양이가 있다(the cat is on mat)."가 표현하는 친숙한 명제를 생각해보자. 이 명제는 적어도 세 요소로 되어 있다. — 고양이, 매트, 그리고 그것들 간의 관계. 그러나 그 세계 속에는 고양이와 매트라는 두 사물만이 있다. 그리고 그것들 간에 획득되는 공간적 관계가 제3의 사물이라면, 그것은 고양이, 매트와 같은 종류의 사물이 아니다. 우리는 명제의 구조와 사실의 구조가 동형적이라고 확신하는가? 실제로 하나의 명제가 얼마나 많은 요소를 가지는가를 말하기란 매우 어렵다. 우리말과 다른 언어에서는 "매트 위에 고양이가 있다."와 같은 것을 말하는 데 단 하나의 낱말로 표현될 수 있는 명제가 있을 수도 있기 때문이다. 어떻게 우리는 그러한 명제의 '요소들'을, 고양이가 매트 위에 있다는 사태에 있다고 여겨지는 요소들과 짝짓기 위해서 셀 것인가?

이것은 단순한 경우의 예이지만, 그것이 보여주는 난점은 충분히 당황스러운 것이다. 더 심각한 것은, "날씨가 나쁘다."라는 명제나 "정치적 상황이 복잡하다."와 같은 명제와, 그것과 관련된 사태 사이의 구조적 동형성을 분명히 밝혀주기가 어렵다는 점이다.

오스틴과 규약

대응이 명제의 구조와 세계 속의 사실 사이의 동형성이라는 견해는 논리적 원자론의 특징인 원자론적 형이상학 및 이상적으로 명료한 언어를 향한 추력에 의해 영향을 받은 것이다. 그런 것들을 수용하는 것과는 무관하게 대응론을 표명하려는 시도는 오스틴에 의하여 이루어졌다.[43] 오스틴은 대응을 순전히 낱말과 세계 간의 규약적 관계(conventional relation)를 통하여 설명하려고 하였다. 그의 주장에 의하면, 낱말과 세계 간의 관계는 다음과 같은 두 가지 방식에서 상호 관계(correlate)되어 있다. (a) 낱말들(=문장들)을 세계 속에서 발견되는 상황의 **유형들**(types)과 상호 관계시키는 '기술적(descriptive)' 규약을 통해서. (b) 낱말들(=진술들; 즉 실제로 공표된 문장들)을 특수한 경우에 세계에서 실제로 발견되는 상황과 상호 관계시키는 '예시적 규약(demonstrative conventions)'을 통해서.

어떤 사람 s가 t 시에 "식사하고 있는 중이야."라고 말한다고 하자. 그러면 기술적 규약은 낱말들을 사람들이 식사하는 상황과 상호 관계시키고, 예시적 규약은 낱말들을 t 시에 s의 실제 활동과 상호 관계시킨다. s가 t 시에 말하는 것은, 만일 예시적 규약에 의해 s가 발언한 낱말들과 상호 관계되어 있는 실제 상황이, 기술적 규약에 의해 s가 발언한 낱말들과 상호 관계되는 유형의 것이라면, **참**이 될 것이다. 오스틴이 사용하는 '규약(convention)'이라는 말은 진지하게 계획된 것이었다. 즉, 임의의 낱말들은, 상호 관계가 의사소통을 성공적으로 일으키는 데 충분히 무모순적인 한, 어떤 상황과 상호 관계될 수 있었다. 그리고 이것은 상호 관계가 분명히 어떤 식으로도 동형성 관계와 같은 것으로 대체되거나 하여간 그와 닮은 것이 결코 아니라는 것을 보여준다.

오스틴의 견해가 지닌 한 가지 직접적인 문제는, 그 상태로는 그것이 특수한 발언자와 발언 시간에 매인 진술인 지표적 진술(indexical statement)을 위해서만 작동하는 것처럼 보인다는 점이다. 왜냐하면 그 진술은 일반 진술이나 애매한 진술들이 그런 것처럼, 명시적으로 지시되어 있지 않은 덕분에, 다른 상황에서는 적용될 수 없는 진술들이기 때문이다. 따라서 예시적 규약들은 그런 진술들의 참을 결정하는 데 아무 역할도 하지 못한다. 그리고 오스틴의 설명은 본질적으로 양 종류의 상호 관계에 모두 의존한다. 오스틴은 이런 진술들의 참이, 기술된 식으로의 두 규약에 의해 결정되지 않는다 할지라도, 그럼에도 불구하고 그 참이 그렇게 결정되어 **있는** 다른 좀 더 기본적인 진술들의 참에 의존할 수도 있다고 답변할지도 모른다.

다른 좀 더 심각한 반대는, 한 진술을 참이라고 표명하면서 (에이어가 말하는 것처럼) 우리가 "그 진술이 의미 있기 위한 조건들에 관한 의미론적 연구(semantic disquisition)를 하고 있다."는 것을 오스틴의 설명이 함축하고 있다는 것이다.[44] 확실히 오스틴이 기술한 식으로 한 진술이 참이 되기 위해서는, 그것이 가진 의미를 가져야 한다는 것이 필요하다. 그러나 이것은 우리가 어떤 진술이 참이라고 말할 때 — 스트로슨의 말로[45] — 우리가 "의미론적 규칙을 주는 좋은 기회를 얻는" 것과 같은 것이 되지 않는다. 그것은, 그 진술의 발언자가 그 진술을 하는 데 그의 낱말들을 올바르게 사용했다고 말하는 것도 아니다. 따라서 우리는 "오스틴에 의해 기술된 의미론적 조건들이 충족될 때 '참'이라는 낱말을 사용"하기는 하지만, "--- 우리는 그 낱말을 사용하면서 그 조건들이 충족된다는 것을 **진술**하지 않는다."[46] 그리고 만일 에이어가 오스틴 이론의 '의미론적 첨가물'이라고 불렀던 것이 제거된다면, 남겨진 것은 — 말하자면 한 진술이 진술하는 것이 사실이라면, 그 진술은 참일 것이라는 텅 빈 주장 — 거의 대응론을 옹호하는 것이 되지 못할 것이다. 더더구나 대응론의 매력적인 재구성은 아닐 것이다.

이런 비판은, 주로 스트로슨이 제기했던 것으로, 오스틴이 다음과 같은 두 가지 점 사이를 근본적으로 혼동했다고 주장한다. 하나는 어떤 진술 S_2에 대해서 S_2가 참임을 진술하는 진술 S_1의 참을 위해 만족되어야 하는 의미론적 조건들이고, 다른 하나는 S_2가 참이라고 진술될 때 주장되는 것이다. 왜냐하면 만일 한 진술이 참이라고 말하는 것은 관련된 예시적 조건 및 기술적 조건들이 만족된다고 말하는 것이라는 오스틴의 주장이 옳다면, 어떤 진술의 참에 대해서 서술하면서 우리들은 화자에 의해 사용된 낱말들의 의미에 관해 말하고 있거나, 아니면 우리는 그 화자가 낱말들을 올바르게 사용했다고 말하고 있다는 결론이 나올 것이기 때문이다. 하지만 스트로슨의 견해에서, "우리가 이것들 중 어느 하나를 말하고 있다는 것은 명백히 **거짓**이다." 왜냐하면 우리는 전혀 사용된 낱말들에 관해 말하고 있는 것이 아니라, 말해졌던 것(what was said)을 확증하거나 그것에 동의하고 있는 것이기 때문이다.[47] 스트로슨은 다음과 같이 말했다. "**어떻게** 우리가 '참'이라는 말을 사용하는가? 라고 묻는 대신, **언제** 우리가 '참'이라는 말을 사용하는가? 라고 묻는 바람에" 벌어진 일이다.[48]

상호 관계와 합동

'대응' 개념 자체는 어떠한가? 피처는 그의 저서 『진리』의 서론에서 유용하게 대응 개념에 대한 두 개의 가능한 해석을 제시하고 또 논의한다. 여기서는 그의 접근 방법을 빌려 쓴다.

　　대응을 두고 경합하는 해석이 있는데, 그 하나는 '약한' 관계인 **상호 관계**(correction)로 보는 것이고, 다른 하나는 '강한' 관계인 **합동**(congruity)으로 보는 것이다. 상호 관계는 일대일에 기초한 항목들의 쌍으로 예화될 수 있을 것이다. 다음과 같이 정수 열을 짝수 열과 1 대 1 대응시킨다고 가정해 보자.

```
정수 열:    1    2    3    4    5    6    ---    n
           |    |    |    |    |    |      |     |
짝수 열:    2    4    6    8   10   12    ---    2n
```

　여기서 정수 열의 1은 짝수 열의 2에 대응하고, 정수 열의 4는 짝수 열의 8에 대응하고, 이하도 같다. 분명히 우리는 대응 규칙이나 원리를 명시해야 한다. 맥락과 규칙이 없이 "5는 10에 대응한다."라고 말하는 것은 무의미할 것이기 때문이다.

　반면에 합동은, 우리가 찢어진 종잇조각의 재접합 부분이 '합치한다'거나 정확하게 '맞는다'고 말할 때처럼, 합치(fit) 또는 맞음(match)이라는 표현을 통해서 가장 잘 이해되는 듯싶다. '상호 관계'와 '합동'이 '대응'이라는 말이 가진 다른 의미를 판별케 해준다는 것은 다음과 같은 사실을 보면 분명해진다. 즉 우리는 찢어진 종이 반 조각에 대해서는 그것들이 접합된 부분에서 **정확하게** 또는 **완전하게** 합치(대응)한다고 말할 수 있다. 반면, 정수열의 3에 대해서는 그것이 정확하게 또는 완전하게 6에 대응한다고 말할 수 없을뿐더러, **불**완전하게 6에 대응한다고도 말할 수 없다. 그와 같은 형용은 전적으로 잘못된 것이다.

　화이트는 그 차이를 '**---와의** 대응(correspondence with)'과 '**에의** 대응(correspondence to)' 사이에 있는 것으로 표현한다. 전자는 합동으로서의 대응이고, 후자는 상호 관계로서의 대응이다.[49] 따라서 "열쇠가 그 열쇠의 구멍**과** 대응하고, 우표의 반쪽이 나머지 반쪽**과** 대응하지만, 원장의 기재 사항(entry in a ledger)은 판매**에** 대응하고, 육군의 한 계급은 해군의 다른 계급**에** 대응한다"는 것이다.[50]

　그러면 대응 중 어느 것이 대응 이론에서 요구된 관계를 가장 잘 해석하는지라는 문제가 일어난다. 전통적으로 그것은 항상 '**와의** 대응', 즉

'**합동**'이었다. 예컨대 비트겐슈타인과 러셀의 견해에 따르면, 사실 및 명제의 요소들 사이의 대응은 '합치'에 해당하는 대응이다. 이는 요소 명제와 사실 사이에 '그림' 관계가 성립한다는 비트겐슈타인의 말을 보면 잘 증명된다. 그러나 대응 관계를 이렇게 해석하더라도 만만치 않은 난점들이 있다.

우선 이미 언급했듯이, 한 명제가 얼마나 많은 요소를 가지는가를 결정하는 데 어려움이 있다. 그리고 그것을 결정해 주는 규칙이 있었더라도, 모든 명제가 그것에 대응하는 사실과 같은 수의 요소를 가진다는 것은 결코 분명하지 않다. 요소들에 관해 말할 때처럼 똑같은 난점이 '사실'에도 적용된다. 어떤 사람이 "고양이가 매트 위에 있다"라는 예의 경우에, 고양이, 매트, 그것들이 처해 있는 공간적 배열, 이 세 요소가 실제로 있다고 주장한다고 가정하자. 이런 식으로 말하는 것은 관계를 사물화(reify)하는 것이다. 즉 관계를 고양이와 매트처럼 세계의 실제 요소로 삼는 것이다. 그리고 이것은 옹호를 필요로 하는 형이상학적 논제이다. 그러면 대응이 이해가 될 것인지는, 우리가 사고의 요소와 사실의 요소를 어떻게 셀 것인지 하는 문제에 달려 있을 뿐만 아니라, 어떻게 우리가 사고와 사실을 이런 셀 수 있는 요소들로 분할할 것인가 하는 문제에도 의존한다.

"이 차는 푸른색이다"와 같은 1가 술어 문장의 예는 또 다른 측면에서의 난점을 예시해준다. 사실의 요소들이 '차'와 '푸른' 둘 다에 '합치'하므로 합동으로 해석할 경우, 우리는 푸름과 같은 속성들이 그것을 예화하는 사물들로부터 분리될 수 있다는 견해를 수용해야 한다. 몇몇 꽤 괜찮은 견해들이 우리에게 속성들을 — 플라톤적인 의미에서 존재하고 있는 것으로서 — 그렇게 분리될 수 있는 것으로서 제공한다. 그렇게까지 안 해도 좋다. 우리는 사유 속에서 차와 차의 색깔을 '분리'할 수 있으며,

사실의 구조를 유명론적으로 생각할 수 있다. 그러나 이런 분할의 행위가 세계에 의해 제공되는 것이 아니라 우리에 의해 일으켜지는 것이라면, 그런 행위를 결정하는 것은 무엇인가? 사실이 명제의 편의에 따라 분절된다고 하는 그런 사실과 명제 사이의 관계는 흥미롭지 않다.

　이런 반론들은 가장 덜 복잡한 경우들을 다루고 있다. "고양이가 매트 위에 있다."와 "이 차는 푸른색이다."와 같은 아주 간단한 명제들은, 고양이가 매트 위에 있고 차가 푸른색이라는 사실들과 관련하여 성립된다고 여겨지는 관계이다. 그러나 참된 부정 진술, 조건 진술 또는 선언 진술들 사이에 어떻게 합동 관계로서의 대응이 있을 수 있는가 라고 묻는다면, 그리고 그것들을 참으로 만들어 주는 것이 무엇이든 그것이 무엇이냐고 묻는다면, 어려움은 급속도로 그리고 결정적으로 늘어날 것이다. 다시 말해서 "만일 고양이가 매트 위에 있다면, 고양이는 따뜻할 것이다."라는 조건 진술에는 무엇이 대응하는가? 또는 "고양이가 매트 위에 있지 않다."라는 부정 진술에는 무엇이 대응하는가?[51]

의미와 진리

요약하자면, 대응을 합동으로 해석하도록 미혹시키는 문제들은 주로 명제의 '구조화(constitualization)'와 문제가 많은 '사실'의 성격과 관계한다. 그것의 실패는 일부 사람들이 선호한 약한 '상호 관계' 해석을 재고하게끔 해줄 수도 있을 것이다.[52] 한 설득력 있는 제안이 정수와 짝수를 상호 관계시키는 예에서 이미 주목했던 것에서부터 나온다. 즉 한 언어의 표현들은 규칙에 따라 세계 속의 상황과 짝을 이룬다는 것이다. 따라서 오스틴의 견해는 상호 관계로서의 대응관이다. 그것의 장점은, 어떤 기호나 부호가 세계의 어떤 것을 의미하기 위해서 낱말-세계 관계가 합의될 수 있다는 최소한 의미에서, 적어도 임의적이라는 사실을 고려한다는 데 있으며, 또한 그런 상호 관계, 그리고 그것을 결정하는 규약들이 그것들의 적용 상황에서 적절하게 해석될 수 있다는 사실을 그것이 이용한다는 데 있다. 그러나 이에 대한 반론은 — 반복해서 말하자면 — 우리가 참에 관해 말할 때, 의미에 관해 이야기하고 있지 않거나, 또는 화자가 낱말을 올바르게 사용하고 있는지에 관해 이야기하고 있지 않다는 것이다. 막스 블랙은 하나의 어려운 개념인 참 개념을 다른 개념, 즉 여기서는 의미를 통해 설명하는 것이 성공하지 못하리라는 것을 알았다. 우리는 아무 진전도 보지 못한 채 모호한 것으로 모호한 것에 호소하고 있다.[53] 이상의 이야기가 대응론의 가능성을 다 소진시킨 것은 아니다. 다음 장에서 논의될 진리관들에서 한번 더 고찰된다.

미주

1   Cf. B. Russell, 'James' Conception of Truth', *Philosophical Essays*, 그리고 J. L. Mackie, *Truth, Probability and Paradox.*
2   F. H. Bradley, *Essays on Truth and Reality*, p. 325.
3   7장 이하 참조.
4   B. Blanshard, *The Nature of Thought*, p. 268.
5   Haack의 책, *Philosophy of Logics*, p. 87에 나오는 도표 참조.
6   W. James, *Pragmatism*, 특히 Lect. vi, p. 197 이하.
7   C. S. Peirce, 'How To Make Our Ideas Clear', *Collected Papers*, Hartshorne et.al., (eds.)
8   Cf. Quine, 'Two Dogmas of Empiricism', in Feigl, et. al., *New Readings in Philosophical Analysis.*
9   Cf. P. Feyerabend, *Against method.*
10 James, *Pragmatism*, p. 222.
11 Cf. S. Haack,, 'The Pragmatist Theory of Truth', *British Journal for the Philosophy of Science*, 27, 1976, pp. 234-235.
12 Cf. Dewey, 'A Short Catechism Concerning Truth' in *The Influence of Darwin on Philosophy.* 그리고 *Experience and Nature* 참조.
13 Cf. 진리에 관한 논문을 모아 놓은 James, *Pragmatism.*
14 Ibid., pp. v-vii.
15 G. E. Moore, 'Professor James' Pragmatism', *Proceedings of the Aristotelian Society*, 1908, p. 110.
16 Haack, 'The Pragmatist Theory of Truth', p. 234.
17 Cf. James, 'The Will To Believe' in *Selected Papers in Philosophy*, 도처.
18 James, 'Pragmatism's Conception of Truth', in *Pragmatism*, p. 197 이하.
19 Haack, 'The Pragmatist Theory of Truth', pp. 242-244.
20 James, 'Humanism and Truth', *The Meaning of Truth*; 그리고 *Pragmatism*, Lect. VII, p. 239 이하.
21 Cf. G. E. Moore, 'Truth', in Baldwin's Dictionary.
22 N. Rescher, *The Coherence Theory of Truth*, R. C. S, *Walker The Coherence Theory of Truth: Realism, Anti-Realism, Idealism.*
23 Bradley, *Essays on Truth and Reality*, p. 223.
24 Blanshard, p. 264. 이보다 강한 유형의 다른 정합주의자로서는 H. H. Joachim, *Logical Studies*, 참조.

25 Blanshard, *The Nature of Thought*, 5-6.

26 Rescher, *The Coherence Theory of Truth*, p. 35.

27 A. C. Ewing, *Idealism: A Critical Survey*, pp. 229-230.

28 Cf. R. Carnap, *The Unity of Science*, p. 47ff.

29 M. Schlick, ,'The Foundations of Knowledge' in A. J. Ayer, *Logical Positivism*, pp. 209-227.

30 O. Neurath, 'Protocol Sentences', in Ayer, *Logical Positivism*, pp. 201-204.

31 Ibid.

32 Ibid.

33 Ibid. 결과적으로 카르납은 노이라트의 견해에 승복하였다. 그리고 콰인은 노이라트의 이런 노선을 분명하게 지지하는 사람이다. 여기서도 또한 실용주의에 대한 반항이 있다. 이 문제들을 둘러싼 실증주의자들의 논쟁에 관한 논의에 대해서는 G. C. Hempel, 'On the Logical Positivists', 'Theory of Truth' *Analysis* 2, 1935, pp. 49-59; 그리고 I. Scheffler, *Science and Subjectivity*, 특히 5장 도처를 보라.

34 Rescher, *The Coherence Theory of Truth*, 특히 IV장 S3, p. 78ff.

35 Russell, *The Problems of Philosophy*, p. 190.

36 Cf. Ewing, *Idealism*, pp. 237, 241.

37 Cf. Rescher, *The Coherence Theory of Truth*, p. 45.

38 Cf. Ibid., p. 49.

39 Ibid., p. 50.

40 Aristotle, *Metaphysics*, 1011 b 26.

41 Aristotle, *Categories*, 14b 14-21.

42 Locke, *Essay Concerning Human Understanding*, iv., v., § 2.

43 J. L. Austin, 'Truth' in G. Pitcher, *Truth*, p. 18 이하.

44 A. J. Ayer, *The Concept of a Person*, p. 184.

45 P. F. Strawson, 'Truth' in Pitcher, *Truth*, p. 44.

46 Ibid.

47 Ibid., pp. 43-44.

48 Ibid., pp. 47-48, and cf. G. J. Warnock, 'A Problem About Truth', in Pitcher, *Truth*, p. 55 이하.

49 A. R. White, *Truth*, p. 105.

50 Ibid.

51 Ibid., pp. 106-107.

52 Cf. 예컨대, G. E. Moore, *Some Main Problems of Philosophy*, 14장 도처; 그리고 White, *Truth*, pp. 108-109.

53 M. Black, 'The Semantic Definition of Truth', *Analysis*, 8, 1948, p. 52.

6

진리: 의미론적 진리론, 수축론, 정의 불가능성과 평가

서론

진리론은 두 부류로 대별된다. 하나는 진리 담지자가 무엇이든 간에 참은 그 진리 담지자의 **실질적 속성**(substantive property)이라고 말하는 이론들이다. 그 속성은 관계적인 것일 수도 있다. 여기서 관계는 대응이나 정합의 형태이거나, 예컨대 실용론에서처럼 인식적 유용성과 같은 기능적인 것이다. 이 부류에 속하는 일부 철학자는 참이 실질적이지만 **정의 불가능한** (indefinable) 속성이라고 주장한다. 데이비슨이 그런 견해를 표명한다.

다른 한 부류는 참이 실질적 개념이 아니라고 말하는 진리론들이다. 참에는, 어떤 논리적이고 수사적인 목적을 위한 편의로서 술어 '---는 참이다'가 사용되는 것 이외에는 **아무것도 있지 않다.** 그런 견해는 명백한 이유 때문에 '수축'론(deflationary theory)이라고 일컬어진다.

이번 장에서는 전 장에서 탐구했던 것과는 다른 수축론과 실질적 진리관을 고찰한다. 그러나 나는 다른 진리론과 같은 의미에서의 진리론이 아님에도 불구하고 (엄밀하게 말해서 그것은 형식 언어를 위해서만 술어 '---는 참이나'의 정의를 제공하기 때문인데) 철학적으로 폭넓게 적용되기 때문에 특별

·

히 큰 영향을 미쳐 왔던 한 이론부터 논의해 가기로 하겠다. 그것은 알프레드 타르스키가 고안했던 의미론적 진리론(Semantic Theory of Truth)이다.[1]

의미론적 진리론

타르스키는 만족스러운 진리 정의를 내리는 작업에 착수한다. 만족스러운 진리 정의란, 참에 대한 **실질적으로 적합하면서도 형식적으로 올바른**[2] 정의이고, 소위 '아리스토텔레스의 고전적 진리 개념[3] 즉 "있는 것을 있지 않다고 말하거나, 있지 않는 것을 있다고 말하는 것은 거짓이고, 있는 것을 있다고 말하거나, 있지 않는 것을 있지 않다고 말하는 것은 참이다."[4]는 글에서 표현된 직관을 정당화시켜 주는 진리 정의이다. 이것은 전장에서 보았듯이 현대적인 용어로 말한다면 대응론으로 표현할 수 있을 것이다. 그러나 타르스키의 입장에서 볼 때, 아리스토텔레스의 표현(formulation)이나 현대의 대응론들은 모두 부정확하며 오해의 원천이 되고 있다. 따라서 타르스키는 다음과 같은 구체적인 요구들을 충족시킴으로써 이런 직관들에 대한 보다 정확한 표현을 제공하고자 하였다. "우리는 정의의 형식적 올바름이 무엇에 의존하고 있는지를 결정해야 한다. 따라서 참 개념을 정의하기 위해 우리가 사용하고자 하는 낱말이나 개념들을 명시해 주어야 한다. 또한 정의가 따라야 할 형식적 규칙들도 마련해야 한다. 좀 더 일반적으로 말해서, 우리는 정의를 얻을 언어의 형식적 구조를 기술해야 한다."[5]

　타르스키의 제안을 보여주는 한 방법은 거짓말쟁이의 이율배반(거짓말쟁이 역설)의 한 해결책에 주목하는 것이다.[6] 역설의 해결은 대상 언어의 문장에서 이야기된 것과 '메타언어'에서 그 문장에 관해 이야기된 것 사이의 구분에 의존한다. 메타언어란 '대상 언어'에 관해 논의하는, 항상 그 대상 언어보다 고차적인 언어를 말한다. 다음과 같은 거짓말쟁이 역설의 한 변형을 생각해 보자.

이 페이지에서 밑줄 쳐 있는 문장은 거짓이다.

이 예에서 밑줄 그어진 문장이 거짓이라면 그것은 참이 되고, 참이라면, 거짓이 된다. 따라서 역설이다. 타르스키는 이렇게 역설을 일으키는 원천이 그 문장의 **자기 지시**(self-reference), 즉 문장이 자기 자신에 대해 말한다는 사실에 있다고 진단했다. 엄밀하게 말해서, 잘못은 그 문장이 '의미론적으로 닫힌 언어(semantically closed language)'에 속한다는 사실에 놓여 있다. 의미론적으로 닫힌 언어란 그 언어의 정상적인 표현뿐만 아니라 그 표현에 대한 이름 및 그 언어의 문장을 지시하는 '참'과 같은 의미론적 명사를 포함하는 언어를 말한다. 나아가서 묵시적으로 '참'의 사용을 결정하는 모든 문장이 그 언어 자체에서 주장될 수 있다고 가정된다.[7] 따라서 타르스키는 이러한 자기 지시를 금지하기 위해 대상 언어와 메타언어를 구분하고, 문장에 참이나 거짓을 붙이는 것은 메타 언어적인 작업이라고 주장했다. 따라서 "'뉴욕은 대도시이다'는 참이다."는 "뉴욕은 대도시이다."라는 문장에 관한 메타 언어적 주장이다. 참은 그 메타언어의 대상 언어 문장에 적용될 수 있는 메타언어의 술어로서 해석된다. 참은 대상 언어 문장의 의미론적 속성으로서, 대상 언어 문장이 실제로 성립되어 있는 것을 가리킨다는 것을 메타언어가 진술할 때에는 언제든지 술어화되는 것이다.

문장들은 임의의 한 언어의 요소로서만 참 또는 거짓이 될 수 있을 뿐이다. 가상의 언어 앙글리쉬에서 '검다'는 우리 언어에서 '희다'가 일반적으로 가리키는 것을 가리키기 때문에, 앙글리쉬에서 '눈은 검다'가 우리 언어 표현에서 '눈은 희다'가 의미하는 것과 같은 것을 의미할 수도 있을 것이다. 그러면 "눈은 검다."는 앙글리쉬에서 참이다. '검다'의 외연이 우리말 '희다'의 외연과 동일하고 또 눈이 희기 때문이다. 따라서 한 문장 S가 참이라고 말하는 것은, 그것이 어떤 언어 L에서 참이라고 말하는 것이다. 그러나 그렇다면 "S는 L 내에서 참이다."라고 말하는 것은 L 자체의 문장일 수 없다(역설을 일으키므로). 하지만 그것은 L을 자기의 대상 언어로 삼고 있는 메타언어의 문장이다. 또한 L의 문장들은 그 메타언어에서 **언급**되고 논의될 뿐이지, **사용**되지 않는다. 이것은 **사용**과 **언급** 구분의 중요성을 가장 분명하게 예시해 주는 경우라고 볼 수 있다.

타르스키는 임의의 대상 언어 L의 메타언어 M에서, L에서의 '참된 문장'이라는 표현에 대한 정의를 제공하려고 했다. 그런 정의는 "S는 만일 p라면 오직 그때에만 L에서의 참인 문장이다(S is a true sentence of L if and if only p)."라는 형식의 모든 메타언어 문장을 수반할(entail) 것이다. 여기서 'S'는 L 문장의 이름 또는 구조 기술(structural description)이고, 'p'는 그 문장을 M으로 번역한 문장이다.[8] M은 L을 그 자신의 부분으로서 포함할 수도 있기 때문에, 그런 L의 문장들은 그 자체로 M으로 번역된다. 정의가 이런 형식의 문장들을 수반해야 한다는 요구는 만족스러운 진리 정의를 위한 실질적 적합 기준이 된다. 그것은 '규약(T)'라 일컬어지고 있다.

규약(T)가 진리 정의를 위한 적합 조건을 제공한다고 말하는 것은 다음과 같은 것을 말하는 것이다. 즉, 어떤 허용할 수 있는 진리 정의는 결과적으로 도식,

(T) S는 만일 p가 참이라면 오직 그때에만 L에서 참이다.

의 모든 예들을 가진다. 이 도식의 한 사례의 예는 아래와 같다.

철학적 논리학

"눈은 희다"는 만일 눈이 희다면 오직 그때에만 우리말에서 참이다.
("Snow is white" is true in English if and if only snow is white).

여기서 '쌍조건(if and only if) 왼쪽의 "눈은 희다"는 오른쪽 문장의 '이름'이다. 규약(T)가 진리 정의가 아니라 **필수적인 충족 조건**(material adquacy condition)이라는 점을 다시 한번 주목하라. 즉 (T)의 모든 사례는, 만일 어떤 진리 정의가 최소한도로 만족되려면, 그 진리 정의에 의해 수반되어야 한다는 것을 요구하는 것이다. 따라서 도식 (T)는 참 개념의 **내포**(낱말 '참'의 의미)를 결정하는 것이 아니라, 그것의 **외연** 즉 참의 범위를 결정한다.

진리 **정의**를 제공하기 위해서는 충족 조건에 무언가가 더 첨가되어야 한다. 그것은 참이 정의되는 언어의 구조 및 정의에서 사용되는 개념들과 관련한 형식적 올바름(formal correctness)의 증명이다. 진리 정의들은 L의 메타언어 M에서 제시된다. 이것이 바로 L이 M에 포함되거나 M으로 번역되어야 하는 이유이다. (T)형식의 모든 동치 문장이, 충족 조건이 요구하는 바대로 진리 정의에 의해 함축되어 있어야 하기 때문에, M은 L을 포함해야 하거나 모든 L 문장의 번역을 자체 속에 포함해야 할 뿐만 아니라, L 문장들을 지시할 장비를 포함해야 한다. (T)의 사례들은 L 문장들을 가지며, 또 쌍조건 오른쪽과 왼쪽에서 각각 그 문장들을 지시하는 표현들을 가지기 때문이다. 나아가서 타르스키는 M과 L이 모두 '형식적으로 조건화(formally specifiable)'될 수 있어야 할 것을 요구했다. 우리는 L-에서의-참을 정의하기 위해 L의 적형식(well-formed-formulae)을 조건화할 수 있어야 한다. 그런 것들이 술어 'L-에서의-참'을 한정시켜주는 품목들이기 때문이다. 그러나 어떠한 자연 언어도 (예컨대 영어, 스와힐리어, 일본어 등) 형식적으로 조건화될 수 없기 때문에, 타르스키는 이 요구가 사실상 자연 언어를 위한 '참'의 정의를 배제하는 것으로 생각하였다. 이 점은 논쟁을 유발시키는데, 어떤 사람들은 타르스키 이론이 자연 언어에까지 또는 적어도 자연 언어 일부에 확장될 수 있다고 믿기 때문이다. 이 문제는 나중에 살펴보겠다.

타르스키의 진리 정의는 '만족(satisfaction)' 개념에 의지하고 있다. 만족이란 한편으로는 대상과, 다른 한편으로는 "x는 희다", 또는 "x는 y보다 크다"와 같은 '문장 함수(sentrntial function)' 표현 간의 관계이다. 이런 표현들은 문장이 아니라 문장 **함수들**이다. 왜냐하면 그것들은 빈 부분을 표현하는 자유 변항을 포함하고 있어서 그 부분에 적절한 명사가 삽입되어야만 하나의 완전한 문장이 되기 때문이다. 문장 함수에 대한 정의는 '회귀적 절차(recursive procedure)'라는 개념을 수반한다. 먼저 가장 단순한 문장 함수가 기술된다. 이어서 그 문장 함수들로부터 연산을 통해 복합 함수가 구성되는 과정을 보여준다. 그런 연산의 예는 각각 '또는'과 '그리고'에 의해 어떤 두 함수의 논리적 선언(disjunction)이나 연언(conjunction)의 구성이다.

따라서 하나의 문장은 아무 자유 변항(free variable)도 포함하지 않는 문장 함수로서 정의될 수 있다. 만족 개념은 알기 쉽게 다음과 같이 설명될 수 있다. 한 임의의 대상은, 만일 임의의 문장 함수 속에 있는 자유 변항에 그 대상의 이름을 대입해서 그 함수를 참인 문장으로 만들어 줄 수 있다면, 그 문장 함수를 만족시킨다. 그러므로 예컨대 눈(이것은 이름 '눈'이 아니라 실제의 눈이다)은 'x는 희다'를 만족시킨다. "눈은 희다."는 문장이 참이기 때문이다. 그러나 이것은 고작 만족 개념을 설명하는 발견적 방법에 지나지 않는다. 왜냐하면 여기서는 '참'이 **사용**되고 있기 때문이다. 또한 우리는 '참'을 정의하려는 것이기 때문에, '참'을 포함하지 않는 설명을 찾아야 한다.

이 작업은 다시 회귀적으로 이루어진다. 먼저 어떤 대상이 가장 단순한 문장 함수를 만족시키는지를 지적해주고, 이어서 어떤 조건 하에서 주어진 대상들이, 단순한 문장 함수들로부터 구성된 복합 함수를 만족시키는지를 기술해준다. 예컨대 우리는 어떤 수에 대해서 그 수가 함수 "x는 y보다 크다."나 함수 "x는 y와 같다."를 만족시킨다면, 그 수는 선언 "x는 y보다 크거나 x는 y와 같다."를 만족시킨다고 말한다.

이렇게 정의된 만족 개념은 자동적으로 아무 자유 변항도 포함하지 않은 문장 함수들, 즉 문장들에 적용된다. 형식을 세부적으로 살펴보면, 문장에 대해서는 오직 두 가지 경우만이 가능하다는 것이 드러난다. 하나는 문장이 모든 대상에 의해 만족되는 경우이고, 다른 하나는 아무 대상에 대해서도 만족되지 않는 경우이다. 전자의 경우 문장은 참이 되고, 후자의 경우는 거짓이 된다.[9]

이상의 이야기는 타르스키가 참을 정의하기 위해 사용한 중심 개념들을 비형식적으로 소개한 것이다. 이번에는 같은 내용을 응축해서 형식적인 설명을 해보도록 하겠다. 이 전문적인 내용에 관심이 없는 사람은 이 부분을 무시하고 넘어가도 좋다.[10]

형식적 개관

Fx와 같은 열린 문장은 진리치를 가지지 않고, 대상들의 수열(sequence)에 의해 ─ 대상들의 짝, 또는 대상들의 세 짝 등을 말하는데 ─ 일반적으로 정렬된 n조의 대상(ordered n-tuple of objects)에 의해 만족된다(또는 만족되지 않는다). 따라서 "x는 인간이다"는 소크라테스에 의해 만족된다. "x는 y의 스승이다"는 〈소크라테스, 플라톤〉에 의해 만족된다. 그리고 "x는 z를 가르쳤던 y를 가르쳤다"는 〈소크라테스, 플라톤, 아리스토텔레스〉에 의해 만족된다. 그러므로 만족이란 열린 문장들과 정렬된 n조의 대상 간의 **관계**이다.

n은 그 어떤 수도 될 수 있었기 때문에, 타르스키는 만족을 열린 문장과 관행적인 **무한** 수열 간의 관계로 정의했다. 즉 $F(x_1, x_2, ---x_n)$은, 그것이 수열의 첫 n개의 수에 의해 만족되는 경우, 수열 $\langle O_1, O_2, ---O_{n+1}, ---\rangle$에 의하여 만족된다(여기서 'O'는 대상이다). 나머지 수열은 무시된다. 열린 문장 S_1의 부정은 S_1을 만족시키지 않는 모든 수열에 의하여 만족된다. S_1과 S_2의 연언은 S_1, S_2 모두를 만족시키는 수열들에 의하여 만족될 것이다. 열린 문장의 존재 양화는, 기껏해야 i번째 항에서 첫 번째 수열과 다른 또 다른 수열이 있는 경우, 그 대상들의 수열에 의하여 만족될 것이다. 여기서 i번째 항은 양기호에 속박된 변항으로서, 양기호를 떼어냈을 때 열려진 문장을 만족시킨다. 예컨대 $(\exists x)(x는 y와 z 사이에 있는 나라이다)$는 수열 (b) 〈프랑스, 네덜란드, 스페인〉이 "x는 y와 z 사이에 있는 나라이다."를 만족시키기 때문에, 수열 (a) 〈런던, 네덜란드, 스페인〉에 의해 만족된다. 여기서 수열들 간의 차이((a)에서의 '런던'과 (b)에서의 '프랑스')는 속박 변항 x의 항에 지나지 않는 것으로서 나타난다. 그리고 수열 (b)는 "x는 y와 z 사이에 있는 나라이다." 앞에 있는 존재 양기호를 떼어냈을 때 나타나는 열린 문장을 만족시킨다.

아무 자유 변항도 가지지 않은 문장들, 다시 말해서 모든 변항이 양기호에 의해 속박된 문장들은 '닫힌' 문장들이다. 닫힌 문장은 결국 열린 문장의 한 특수한 경우이다. 즉 닫힌 문장은 아무 항도 가지지 않은 열린 문장이다 (그것은 0항 열린 문장이다). 이제 한 수열의 첫 번째 그리고 그 뒤의 모든 후속 구성원들은 그 수열이 0 자리 열린 문장을 만족시키는지와는 무관하다. 따라서 타르스키는 한 문장이 모든 수열에 의해 만족되는 경우에 그 문장을 참이라고 정의했고, 아무 수열에 의해서도 만족되지 않는 문장을 거짓이라고 정의했다. 예컨대 2항 열린 문장 "x는 y의 스승이다"는, 그 세 번째, 네 번째, 그 이상의 성원이 무엇이든 간에, 〈소크라테스, 플라톤, ---〉라는 형태의 모든 수열에 의하여 만족된다. 1항 열린 문장 "x는 선생이다"는 그 두 번째 이후의 구성원과는 무관하게 〈소크라테스, ---〉 형태의 모든 수열에 의하여 만족된다. 그리고 0항 열린 문장, 즉 닫힌 문장 (∃x)(x는 선생이다)는, 그 첫 번째부터 이후의 성원이 무엇이든 간에, 〈---, ---, ---〉에 의해 만족된다. 왜냐하면 〈소크라테스, ---〉라는 수열이 있기 때문이다. 이 수열은 기껏해야 첫 번째 항에서 당신이 선호하는 어떤 다른 수열과 다른 것이며, (양기호를 떼었을 때 나타나는) 문장 "x는 선생이다"를 만족시키는 수열이기 때문이다. 닫힌 문장들은 이러한 수열이나 어떤 다른 수열에 의해 만족될 수 없다. 닫힌 문장들은 모든 수열에 의해 만족되거나 아무 수열에 의해서도 만족되지 않는 문장이다.

그리하여 타르스키의 정의에서는 "참 = df. 모든 수열에 의하여 만족됨"이 되고, "거짓 = df. 어느 수열에 의해서도 만족되지 않음"이라는 정식이 성립한다. 그 이유를 알아보기 위해 다시 닫힌 문장 (∃x)(x는 선생이다)를 생각해 보자. 그리고 대상들 A의 수열이 있다 하자. 전술한 바대로 이 문장은, 기껏해야 하나의 항에서 A와는 다른, 양기호를 떼낸 "x는 선생이다"라는 문장을 만족시키는 어떤 다른 수열 B가 있을 경우 오직 그때에만 만족된다. 이 문장은 대상 O가 선생일 경우 그 O에 의해 만족될 것이다. 따라서 선생인 어떤 대상이 있다면, 그러한 수열이 있다. 그러므로 (∃x)(x는 선생이다)는, 선생인 대상이 있을 경우, 모든 수열에 의해 만족된다.

형식적 정의는 다음과 같이 제시될 수 있다. 타르스키는 형식화된 메타언어를 사용하는 집합 계산을 위한 참을 정의했다. 그러나 콰인과 하크를 따라서, 표준적인 1차 술어 계산에 대한 약식 절차를 보여주는 것이 보다 더 간단할 것이다.[11] 우선 일상적인 변항과 술어 기호들이 주어진다. 두 개의 문장 형성 연산자 ~와 ·, 존재 양기호와 괄호도 주어진다. 이로부터 통사론이 만들어진다. 원자 문장들은 n개의 변항을 가진 n항 술어들로 이루어진 일련의 기호들이다. 원자 문장 A, B --- 이외에 다른 어떠한 것도 적형식이 아니다. 그리고 ~, · 및 (∃---)를 사용해서 원자 문장들로부터 만들어진 것은 무엇이든지 적형식이 될 수 있다. 따라서 ~A, (A · B), (∃x) A 등은 모두 적형식이다.

그러면 회귀적(recursive) 정의는 다음과 같다. A와 B가 우리의 약식 1차 언어 문장에 배열된다 하자. 또 표현 X와 Y는 대상들의 수열에 배열된다 하자. 여기서 표현 'X$_i$'는 어떤 수열 X의 i번째 구성원을 지시한다. 그러면 만족은 원자 문장들에 대해서 아래와 같이 정의된다.

I.i. 모든 i와 X에 대해서:
X는 X$_i$가 F라면, 오직 그때에만 'Fx$_i$'를 만족시킨다.

이것은 1항 술어를 위한 약관을 제공한다.

I.ii. 모든 i와 X에 대해서:
X는 만일 X$_i$와 X$_j$가 G 관계에 있다면, 오직 그때에만 'Gx$_i$x$_j$'를 만족시킨다.

이것은 2항 술어를 위한 약관을 제공한다. 모든 술어에 대해서도 이와 같다. 그런 후 같은 양식으로 부정, 연언, 양화에 대해서도 정의가 이루어진다.

2. 모든 X와 A에 대해서:

X는 만일 X가 'A'를 만족시키지 않는다면, 오직 그때에만 '~A'를 만족시킨다.

3. 모든 X, A, 그리고 B에 대해서:

X는 만일 X가 A를 만족시키고 또 X가 B를 만족시킨다면, 오직 그때에만 'A · B'를 만족시킨다.

4. 모든 X와 i에 대해서:

X는 만일 모든 j≠i에 대해서 X_i=Y_j이고, Y가 A를 만족시키는 그러한 수열 Y가 있다면, 오직 그때에만 $(\exists x_i)$ A를 만족시킨다.

아무 자유 변항도 가지지 않는 적형식, 즉 닫힌 문장은 모든 수열에 의하여 만족되거나 아무 수열에 의해서도 만족되지 않을 것이다. 따라서 이 약식 1차 언어 L에 있어서 '참'은 이렇게 정의된다. L의 닫힌 문장은 그것이 모든 수열에 의하여 만족된다면, 오직 그때에만 참이다. 이것이 '참'에 대한 타르스키 정의 방법의 핵심이다.

타르스키, 중립성과 물리주의

앞에서 언급했듯이 타르스키는 그의 형식적 올바름 조건이 의미론적으로 닫힌 언어에 대한 적절한 진리 정의를 배제한다고 주장하였다. 의미론적으로 닫힌 언어는 그 자체 속에 '참', '지시하다' 등과 같은 의미론적 명사를 포함하며, 형식적으로 조건화될 수 없는 언어이다. 따라서 자연 언어를 위한 적절한 진리 정의란 있을 수 없다. 의미론적으로 열려 있음이라는 속성과 형식적 기술 가능성이라는 특성을 갖춘 언어는 형식 언어뿐이기 때문이다.

간단히 말해서 자연 언어는 자체의 메타언어를 포함하고 있다. 그리고 타르스키가 볼 때 바로 그것이 자연 언어에서 역설이 일어나는 원천이다. 더군다나 자연 언어는 살아있는 생물과 같이 항상 변화하고 발전해 가고 있으며, 모호성(vagueness), 지표성(indexicality), 애매성(ambiguity)과 같은 특징에 오염되어 있다. 이러한 것들 때문에 타르스키는 자연 언어가 진리 정의에 따르지 않는다고 생각하였다.[12] 또한 타르스키는 그의 진리론이 형식적 맥락에만 적용되기 때문에, 그 이론은 전통적인 인식론적, 형이상학적 논쟁과 관련해 중립적이라고 믿었다. 그의 입장에서 우리는 의미론적 진리론을 받아들이면서도, 우리가 이전부터 품어왔던 철학적 확신이 어떤 것이든 간에 그것을 유지할 수 있었다.[13]

그러나 자기 이론의 의미와 적용에 대한 타르스키 자신의 평가는 받아들여지지 못했다. 중요한 철학적 결과가 그로부터 따라 나온다는 주장도 있고, 또 그것은 철학적으로 중요한 가정에 의존하고 있다는 주장도 있다. 먼저 다음과 같은 세 가지 사실을 고찰해보자. a) 타르스키의 설명은 양기호에 대한 대상적 해석 — $(\exists x)Fx$는, F인 대상이 있다면, 참이 된다 — 을 이용한다. b) 변항들에 배열되는 대상들은 모델 영역이나 가능 세계에 위치하는 것이 아니라 세계 속에 위치한다. 예컨대 "x는 희다"는 (이름 '눈'이 아닌, 물질) 눈에 의해 만족된다. c) 필수적 충족 조건은 모든 비이치적(non-bivalent) 진리론을 배제한다. 이는 다음과 같은 사실에 의해 증명된다. 즉 "만일 p라면, 오직 그때에만 'p'는 참이다."에서 'p'가 진리치를 가지지 않는다면, "'p'는 참이다"는 거짓이 되며, 그 결과 "만일 p라면, 오직 그때에만 'p'는 참이다." 전체는, 거짓이 아니라 하더라도 적어도 참이 되어서는 안 된다는 점이다. a)-c)를 묶었을 때 나타나는 결과는, 타르스키의 이론이 특수한 형이상학적 견해, 즉 '물리주의'를 강하게 가정하고 또 조장하는 것으로 보인다는 점이다.[14]

이 점은 필드가 잘 지적한다.[15] 타르스키의 의도는 다음과 같은 그의 말에서 잘 드러난다. 즉 진리는 의미론적인 무정의 용어(semantic primitives)에 호소하지 않고 정의되어야 한다. 무정의 용어에 호소하는 것은 애매함을 초래하고 "이 방법을 과학의 통일 및 물리주의의 요청과 조화시키기 어렵게 만들기" 때문이다.[16] 타르스키는 의미론을 과학의 관점에서 훌륭한 탐구로 만들고 싶어 했다.[17] 그리고 모든 현상이 물리적 법칙에 포섭될 수 있게끔 환원될 수 있다는 것이 통일 과학 개념 — 타르스키의 의미에서 '물리주의' — 의 가정이기 때문에, 타르스키는 자기가 참을 적절하게 물리주의적으로 규정해 주는 것으로 생각했다.

이렇게 타르스키의 의도적인 목적을 확인하고 난 후, 필드는 타르스키가 그 목적을 실현하지 못했다고 주장한다. 타르스키는 수용할 수 있는 물리주의적 용어로 의미론적 무정의 용어를 설명하는 데 성공하지 못했다고 필드는 말한다. 왜냐하면 그의 정의는 그 무정의 용어에 의지한 것으로 드러나기 때문이다. 타르스키는 참을 만족 관계로, 그리고 만족을 원초적 지시 관계로 환원하는 법을 증명한다. 그러나 이것은 의미론적 개념들을 다른 의미론적 개념들로 환원시킨 것이며, 물리주의적인 용어로 정의에 이른 것이 아니다. 목표 개념을 비의미론적인 용어로 정의하는 환원을 성취하기 위해서, 우리는 그것들의 사용 상황에 관한 사실들에 호소해야 한다. 따라서 필드는 타르스키의 이론을 재구성한다. 이 재구성 작업은 주로, 외연적 동치가 의미론적 용어를 물리적 용어로 성공적으로 환원하기 위해 충분하지 못하므로 좀 더 강한 어떤 것이 요구된다는 주장에 의존한다.[18] 필드의 제안은 지시 관계를 물리적 사실과 그것을 떠받치는 의미론적 사실 사이에서 획득되는 인과 관계로서 정의함으로써 우리가 참된 환원을 얻게 된다는 것이다. (지시 관계에 대한 인과적 설명은 7장 이하에서 논의된다.)

타르스키의 이론은 대응론인가?

의미론적 이론은 어떤 점에서 진리 대응론의 본질적인 직관을 지지하거나 보존하는가 또는 심지어 진리 대응론을 구성하는가? 포퍼는 타르스키의 이론이 마침내 지금까지 대응론에서 부족했던 면, 즉 대응 관계에 관한 올바른 성격 규정을 제공한 것으로 보고 반갑게 맞아들인다. 타르스키 이론에 대한 포퍼의 수용은 세 번째 가능성을 암시한다.[19] 타르스키 자신의 논평은 기껏해야 첫 번째와 두 번째 가능성을 제안할 뿐이다.[20] 포퍼의 주장은 매우 강한 주장이다. 타르스키는 "절대적 또는 객관적 진리 대응론을 복원"시켰고 또 "사실과의 대응이라는 의미에서의 직관적인 진리 개념을 자유롭게 사용하는 것을 옹호했다."는 것이다.[21] 이 주장은 연구해볼 만한 가치가 있다.

"'눈은 희다'는, 눈이 희다면 오직 그때에만 참이다."와 같은 도식 (T)의 예들을 바라보는 한 가지 방법은, 쌍조건 왼쪽이 언어적 표현 — 문장 — 을 지시하고, 쌍조건 오른쪽은 언어 외적 대상 — 사실이나 사태 — 을 지시한다고 생각하는 것이다. 그러면 마치 도식 (T) 자체 — 즉 "만일 p라면 오직 그때에만 'p'는 참이다" — 는 언어적 표현과 언어 외적 대상 사이의 대응을 위한 방법(recipe)을 진술하는 것처럼 보인다. 그러나 사실 이것은 타르스키 자신의 설명에 의해서 충분하지가 못하다. 왜냐하면 (T)는, 어떤 진리론을 위해 제안된 충족 조건에 지나지 않는 것으로서 대응론을 유독 올바른 것으로서 명시하는 것이 아니라, 다른 진리론과도 조화되는 것이기 때문이다. 예컨대 그것은 "(p)(p라면 오직 그때에만 참이다)"와 같은 형식의 잉여론도 필수적으로 충족시켜 준다는 것을 보여준다. 그리고 하크가 말하는 바와 같이, 심지어 그것은 "'p'는 참이다"가 가령 "'p'가 철학자에 의해 주장된다."로서 정의될 경우, 우리가 얻을 수도 있는 별난 진리론들과도 양립될 수 있다. 왜냐하면 "'눈은 희다'는 만일 눈이 희다면 오직 그때에만 철학자에 의해서 주장된다."는, "'p'는 참이다"의 이런 정의를 받아들였던 사람이 각각 쌍조건 오른쪽을 받아들이거나 거부하는 경우에 쌍조건 왼쪽을 받아들이거나 거부할 것이라는 의미에서, (T)의 한 예이기 때문이다.[22]

대신 우리가 타르스키의 진리 정의 자체를 바라본다면, 문제는 자못 더 전망적이 된다. 그 정의는 만족에 대한 정의를 통해서 진행되고, 만족은 문장들과 대상들의 수열 간의 관계라는 의미에서, 타르스키의 정의는 대응 해석을 지지하기 위한 재료를 포함하는 것처럼 보인다. 그러나 난점은 참된 문장과 거짓된 문장이, 전혀 **특정한** 수열에 호소하지 않고, 각각 모든 수열에 의해 만족되거나 아무 수열에 의해서도 만족되지 않는다고 타르스키의 정의가 말하고 있다는 데 있다.[23] 더군다나 하크가 지적하듯이, "타르스키의 이론은 종합적 진리뿐만 아니라 분석적 진리도 포괄하는 듯한 낌새를 보인다. 종합적 진리가 '사실과의 대응'에 있다고 가정하는 것은 그럴듯하지만, 분석적 진리도 그렇다고 가정하는 것은 확실히 그럴듯하지 못하다."[24]

여기서 문제가 되는 것 중 일부는, 만족스러운 대응론들이 없기 때문에, 만족스러운 대응론으로 생각되기 위해서 타르스키의 이론이 어떤 특징을 드러내야 하는지를 보기 어렵다는 점이다. 예컨대 대응에 대한 오스틴의 설명과 타르스키의 이론 간에는 상당한 차이가 있다. 하지만 오스틴의 설명은 여러 가지 면에서 러셀의 것과 같은 '합동' 견해가 보지 못한 여러 가지 면들을 개선해 가면서, 그런 견해에 대한 대안으로서 제공되었다. 따라서 오스틴의 설명에서는 (문장이 아니라) 지표적 진술이 중앙 무대를 차지한다. 반면, 타르스키는 지표성을 무시하고 (진술이 아니라) 문장을 진리 담지자로 삼는다. 타르스키가 문장을 진리 담지자로 채택하는 이유는 만족을 통해 참을 정의하기 위해서는 문장의 통사론적 구조가 결정적으로 사용되고 있기 때문이다. 반면에 오스틴은 기술적 규약 — 즉 표현들을 세계 속에서의 상황 유형들에 상호 관계시키는 규약 — 들이 **전적으로** 규약적이라고 주장했다. 즉, 어떤 말이라도 괜찮다. 구조가 무너지도록 내버려두기로 하자.[25]

그러므로 오스틴의 이론이 적어도 대응론을 꾀하려는 좋은 예라면, 타르스키의 이론은 결국 대응론과 다른 것일 것이다. 만일 타르스키의 이론이 구조에 의존하고 있는 러셀의 이론과 유사하기 때문에 대응론이라고 생각되는 것이라면, 첫째, 그 유비는 대응론에 대한 실패한 해석이 될 것이고, 둘째, 그 유비는 '구조' 개념에 의존하는 허약한 것일 것이다. 왜냐하면 첫 번째 경우에는 동형 관계에 호소하는 것이고 두 번째 경우에는 대상언어 문장의 통사론적 특징에 호소하는 것이기 때문이다.

타르스키의 이론을 두고 제기된 물음은 "그것이 대응론의 본질적인 직관을 지지하는가 또는 적어도 보존하는가?"이다. 그리고 우리는 만일 그것이 이 중 어느 하나라도 한다면, 이는 그것이 (적어도 그것은 다른 진리론들이 포함하는 직관들에 이의를 제기하지 않는다고 말하는 것이어야 하는) 다른 진리론들과도 양립할 수 있기 때문이라고, 따라서 그것은 어떤 특별히 유의미한 방식으로 그렇게 하지 않기 때문이라고 우리는 답변하고 싶다. 여기서는 타르스키 자신의 주장 중 한 요소, 즉 그의 정의가 중립적이라는 주장은 옹호되지만, 그 대가로 그의 이론이 대응 개념의 직관을 명확히 해준다는 그의 다른 주장은 희생된다.

이 결과는 타르스키 이론의 **객관성**에 관한 주장을 문제로 만든다. 언뜻 보기에, 타르스키의 진리론은 참을 본질적으로 언어 상대적인 것으로 보기 때문에, 그의 진리관을 '절대적이고 객관적인' 것으로서 규정하는 것은 부적절한 것처럼 보일 것이다. 정의는 보편적인(simpliciter) '참'에 대한 정의가 아니라 'L-내-에서의 참'에 대한 정의이다. 타르스키는 다음과 같이 말했다. "정의되고 있는 개념의 외연은 본질상, 참작하고 있는 특수한 언어에 의존한다. 같은 표현이 한 언어에서는 참된 진술이 될 수 있고, 다른 언어에서는 거짓되거나 무의미한 표현이 될 수 있다. 여기서 용어에 대한 단일한 일반적 정의를 주는 데 문제는 전혀 없을 것이다."[26] 타르스키의 관점에서 왜 그래야만 하는지에 대한 두 가지 좋은 이유가 있다. 정의는 본질적으로 통사론적인 구조에 의존하고, 언어 상대성은 역설을 피하기 위해 요구되기 때문이다.

　타르스키에게 답변을 들은 한 비판자는, 의미론 자체가 '무차별한 실재론(uncritical realism)'에 말려들어 있다고 불평했다. "눈은 희다."와 같은 문장은 "만일 눈이 **실제로 희다**"면 오직 그때에만 참이 되기 때문이라는 것이다.[27] 타르스키는 '참'에 대한 정의가 "눈은 희다."가 주장될 수 있는 조건들에 관해서는 그 어떠한 것도 함축하지(imply) 않는다고 응수함으로써, '실제로'라는 표현에 반대하였다. 그 대신 그것은 우리가 "눈은 희다."를 주장하거나 거부할 때는 언제든지, 우리가 상호 관계된 문장 "문장 '눈은 희다'는 참이다."를 주장하거나 거부할 수 있어야 한다는 것만을 함축할 뿐이다.[28] 그리고 타르스키는 즉시 다음과 같이 언급한다. "그러므로 우리는 우리가 가졌을 수도 있는 어떤 인식론적 태도를 포기하지 않고도, 의미론적 진리 개념을 받아들일 수도 있을 것이다. 우리는 — 전과 다름없이 그 어떤 것이든 — 소박 실재론자로도, 비판적 실재론자나 관념론자로도, 경험론자나 형이상학자로도 남아 있을 수 있을 것이다. 의미론적 개념은 모든 이런 문제들에 대해서 완전히 중립적이다."[29]

　타르스키의 정의가 경합하는 진리관들과 양립 가능하기 때문에 — 참에 대한 다른 정의를 제공하기도 하고 또 참 부여에 대한 다른 기준이나 시험들을 제공하기도 한다는 의미에서 경합한다 — 의미론적 이론이 특수한 철학적 입장과 독립적이라는 타르스키의 말은 나무랄 데 없는 것처럼 보인다. 그러나 이 주장은 앞에서 타르스키 견해의 물리주의적 성격이라고 확인되었던 것과 상충된다. 타르스키 자신의 공언에도 불구하고 실재론이 가정되어 있다는 비난에는 결국 어떤 근거가 있다고 할 수 있지 않을까?

두 가지 제안이 이런 가능성을 지지해주는 것으로 보인다. 하나는 결국 다른 언어들이 있다는 것을 부정하자는 것이다. 만일 그렇다면, 타르스키의 이론은 순수하게 상대적이 되지 못하고 전반적으로(across the board) 적용된다. 예컨대 데이비슨은 상호 이해 불가능하거나 접근 불가능하다는 뜻에서의 아주 다른 언어가 있다는 생각은 전혀 의미가 없다고 주장했다. 왜냐하면 바로 언어다움(languagehood)의 기준은 '익숙한 언어에로의 번역 가능성'이기 때문이다.(상대주의에 대한 논의는 9장 이하를 보라.)[30] 이와 유사한 생각이 포퍼의 견해 밑에도 깔려 있다. 포퍼에 따르면, p가 L의 참인 문장이고, 다른 언어 L_1에서 p에 대한 번역 p_1이 있다면, p와 p_1은 같은 진리치를 가진다.[31]

그러나 비록 이것이 옳다고 하더라도, 타르스키의 이론이 '절대적(absolute)'이라는 — 즉 보편적으로 적용될 수 있다는 — 주장을 지지하는 한에만 그럴 것이다. 왜냐하면 어떻게 이것이 타르스키 이론이 객관적이라는 것을 수반하는지를 보여주는 것은 또 다른 문제이기 때문이다. 대체로 우리가 주장할 만한 것으로 보이는 것은, 한 개념의 절대성이, 그것의 객관성을 위한 필요조건이라는 것이다. 충분성을 위해서는 그 이상의 것이 요구된다.

또 다른 제안은 타르스키의 견해가 2치 진리론들만을 용인한다는 사실에서 일어난다. 2치가 실재론과 밀접하게 연관되어 있다는 것은 더밋 논증의 한 교의이다. 더밋에 따르면, 문장이 결정적으로 참이거나 거짓이라면, 우리 및 우리의 지식과 독립적으로 그 문장을 참이거나 거짓이 되게 해주는 것이 있어야 한다. (이 점은 8장 이하에서 논의된다.) 참에 관한 실재론자가 된다는 것은, 사실상 참을 어떤 강한 의미에서 객관적이라고 간주하는 것이다. 만일 이런 생각들이 옳다면, 그것들은 위에서 기술된 바와 같이 타르스키에 대한 필드의 설명을 후원할 것이다.

형식적 대 자연적

그러나 위에서 언급했듯이 타르스키 자신의 한정은, 자연 언어 문맥에서의 '참'을 이해하기 위해 의미론적 이론을 개조하는 것을 배제한다. 이것은 자연 언어를 타르스키 식의 이론에 맞추기 위해 자연 언어를 합리적으로 개선함으로써 해결될 난점이 아니다. 일상 회화에서 이야기되는 것의 진리치는 크게 화자, 시간 및 발언 맥락과 연동되어 있다. 그래서 발언된 단순한 **문장**은 너무 얇은 판자라서 진리라는 짐을 지지 못할 것처럼 보이며, 또 지시화된 전체의 문장도 **너무** 복잡해서 단순히 규약(T)를 통한 한정으로는 설명되지 않는 것으로 보인다. 이런 점에서 타르스키의 비관주의는 정당화되는 것처럼 보인다. 그리고 이 고찰은 지표성만을 다루었을 뿐이다. 사실상 문제는, 자연언어에 애매성, 모호성, 생략(ellipsis), 아이러니 및 다른 복잡한 특징들이 나타나기 때문에 더 복잡해진다.

자연 언어에 대해서는 타르스키 식의 진리 정의를 내릴 수 없다고 말하는 것은, 물론 참이 자연 언어로 설명될 수 없다는 것을 말하는 것이 아니다. 자연 언어로 표현되거나 표현될 수 있는 아무 참도 없다고 말하는 것은 더더욱 아니다. 이것이 의미하는 바는 타르스키 식의 참이, 형식적 맥락에 조건화된 것이기 때문에, 전혀 참이 아니라는 것이 아니라 형식적-맥락-내에서의-참(truth-in-formal-contexts)라는 것이다. 이것은 전혀 다른 문제이며, 따라서 보편적인(simpliciter) 참 — 만일 그런 것이 있다면

— 과는 무관하다. (타르스키는 '참'이라는 명표 아래 많은 **다른** 것들이 오해를 일으킬 만큼 뭉쳐져 있을 가능성을 생각한다.) 타르스키는, 필요하다면 자기의 참 설명을 'fruth'를 대신하는 설명이라고 부를 것을 제의하면서, 위와 같은 것을 기꺼이 인정하려고 하였다. 여기서 'frue'는 대략 '형식적으로-조건화된-언어-내에서의-참'을 의미한다. 그러나 이것은 참이 자연 언어와 관계하고 fruth는 형식 언어에 관계한다는 것을 암시했다면 그랬을 것처럼, 오해를 불러일으키게 해서는 안 된다. 다시 말해서, 유비의 목적을 검토해 보아야 한다. 왜냐하면 우리는 'frue' 이론이 형식적 유사물이 될 수 있는 진리론을 가지지 못하기 때문이다.

더구나 스트로슨이 주장했던 것처럼, 타르스키 식의 진리 개념이 자연 언어에 확장될 수 있었다 할지라도, 그것은 실제로 '참'의 의미를 설명하는 것이 아니라 고작해야 '---라면 오직 그때에만 참'의 의미를 설명하는 것이 될 수도 있다. 왜냐하면 "만일 뉴욕이 대도시라면 오직 그때에만 '뉴욕은 대도시이다'는 참이다."와 같은 동치 문장은, 예컨대 "뉴욕이 대도시라면 오직 그때에만 'New York est grande cité'는 참이다."에서와 같이, '---임을 의미한다'를 '---라면 참이다'로 읽을 수 있는 동치 문장의 변질된 경우로서 해석될 수 있었기 때문이다. 앞으로 보겠지만, 데이비슨은 이러한 비판이 전혀 비판이 아니라 오히려 한 장점의 설명으로 받아들인다(이 역시 8장을 보라).

그런데 분명히 (엄격하게 형식적 적절성과 반대되는 의미에서의) 일반적 적절성은 그리고 만일 적절하다면, 타르스키 진리론의 중요성은, 그것을 자연 언어의 맥락에서 운용해 온 데이비슨 것과 같은 작업을 살펴봄으로써만 결정될 수 있는 것이다. 타르스키의 작업이 형식적 배경에서는 상당한 장점을 가진다는 점은 명백하다. 진리 조건적 의미론(truth-conditional semantics)은, 만일 성공적이라면, 그 장점을 철학 일반에까지 확장시킨다.

진리 잉여론

전 장에서 기술했듯이, 스트로슨은 오스틴을 비판하는 가운데 다음과 같은 대안적인 진리관을 표명한다. 즉 한 진술이 참이라고 말하는 것은 결과적으로 그것을 지지하거나, 그것에 동의하거나, 또는 '그렇다'라고 말하거나, 또는 동의의 표현으로 그저 고개를 끄덕이는 것이라는 것이다. 그래서 이 견해는 종종 '수행적' 진리론(performative theory of truth)이라 일컬어진다. 스트로슨은 참에 관해 물어야 할 '올바른' 물음은 **어떻게 '참'**이 사용되는가?"이며, 그 답은 막 언급된 동의, 인정의 수행이나 강조 이외에 진리에는 아무것도 없다는 것을 의미한다고 주장했다. 이 견해는 램지가 공표한 진리 '잉여'론과 유사한 것이다.[32]

판단에 관해 논의하던 중, 램지는 "참의 문제는 그저 언어적 혼란일 뿐 실제로는 아무런 별개의 문제도 없다는 것을 보여주기 위해서", 참에 관해 몇 가지 논평을 했다.[33] 그의 논증은 다음과 같다. 참과 거짓은 우선 명제들에 귀속되는 것이다. 그리고 명제들은 명시적으로 제시되거나 기술될 수 있다. 램지의 입장에서, "시저는 살해되었다."와 같은 분명하게 제시된 명제의 경우, "시저가 살해되었다는 것은 참이다."는 "시저는 살해되었다."와 정확히 같은 것을 의미하고, "시저가 살해되었다는 거짓이다."는 "시저는 살해되지 않았다"와 정확히 같은 것을 의미한다는 것은 분명하다. 따라서 이런 경우에 명제에 붙은 참과 거짓이라는 말은 한낱 군말에 불과하다. 고작해야 그것들은 강조를 한다거나, 논증 속에서 명제가 가지는 자리를 표시하거나, 양식적인 이유 때문에 거기에 놓여지거나 하는 것이다.[34] 우리는 똑같이 "시저가 살해되었다는 것은 사실이다.", 또는 "시저가 살해되었다는 것은 사실과 상반된다."라고 말할 수 있었다. 그렇지만 '사실들'에 호소하는 것은 참과 거짓에 호소하는 것과 마찬가지로 잉여적인 것이다.

마찬가지로 '참이다'와 '거짓이다'라는 표현도, 문제가 약간 더 복잡하기는 하지만, 기술된 명제의 경우에서는 잉여적이다. 만일 내가 "그는 항상 옳다."라고 말한다면, 이것은 "그가 주장하는 명제들이 항상 참이다."를 의미한다. 그리고 언뜻 보기에는 이 점을 표현하는 데 '참'이라는 말을 없애버릴 방법이 없는 것처럼 보인다. 그러나 램지는 '참'을 제거하기 위한 하나의 분석을 제안한다. 첫 번째 단계는 "그가 주장한 명제들은 항상 참이다"를 "모든 p에 대해서, 만일 그가 p를 주장한다면, p는 참이다."라고 고쳐 쓰는 것이다. 그러면 위의 시저의 예에서와 같이 명제 함수 "p는 참이다"가 단순히 p와 같다는 것을 알게 될 것이다. 즉 "모든 p에 대해서, 만일 그가 p를 주장한다면, p이다".[35]

램지는 문장 'p'가 이미 동사를 가지고 있다는 것을 우리가 잊어버리고 그것에 동사를 부여하기 위해 '참이다'라는 표현을 덧붙이는 것이라고 말했다. 이 점은 우리가 명제의 관계적 형식 aRb를 고찰한다면, 더 분명해진다. 그러면 "그는 항상 옳다"는 "모든 a, R, b에 대해서, 만일 그가 aRb를 주장한다면, aRb이다."로 표현될 수 있다. '참이다'를 덧붙이는 것은 명백히 남아도는 것이다.

일반적으로 램지는 이런 연관에서 우리의 진짜 관심은 참과 거짓의 성격에 있는 것이 아니라, 판단 또는 주장의 성격에 있는 것이라고 생각하였다. 왜냐하면 바로 위의 예에 있어서 문제는 "그가 aRb를 주장한다."를 분석하는 방법에 있기 때문이다.

그러면 잉여론은 결국 '참'과 '거짓'이 문체의 역할이나 그 밖의 실용적 역할이나 할 뿐, 의미론적 손실 없이 떼어낼 수 있는 술어라고 말하는 셈이 된다. 이런 견해에는 그 나름의 어떤 장점이 있다. 우선 그것은 대응론이 가진 모든 난점에서 벗어난다. 왜냐하면 대응론에서 사용되는 세 명사 — 사실과 명제라는 관계항 그리고 대응 자체의 관계 — 에 관한 어

철학적 논리학

떠한 문제도 일어나지 않기 때문이다. "---임은 사실이다"라는 표현도 사실을 제거한 "---임은 참이다"라는 표현과 마찬가지로 잉여적이다. 그리고 '참이다'는 제거 가능한 술어이기 때문에, 주장되는 것이 무엇이든 그것에 붙을 수 있는 진정한 속성으로 도입되지 않는다. 따라서 진리 담지자로서의 명제에 호소할 필요가 전혀 없다. 소지될 진리가 없다면, 진리 담지자도 필요 없기 때문이다. 그리고 사실도, 명제도, 그림 속에서 본질적으로 나타나지 않는다면, 그것들 간의 관계도 밝혀줄 필요가 없다. 따라서 대응론이 부딪쳤던 모든 난점에서 벗어난다.

그럼에도 불구하고 램지의 제안의 표면적인 단순성 밑에는 난점이 도사리고 있다. 그의 설명은 명제들이 기술되는 사례를 위해 — 즉 주장되는 것이 명시적으로 제시되지 않고 간접적으로 도입되는 사례를 위해 — 2차 양화를 적절하게 다룰 것을 요구한다. 램지는 그런 사례로서 '참'이 전혀 사용되지 않는, "모든 p에 대해서, 만일 그가 p를 주장한다면, p이다."의 분석을 제시했다. 그러나 이제 보편 양기호 '모든 ---에 대해서'가 대상적으로 이해되어야 할 것인지 대입적으로 이해되어야 할 것인지 하는 문제가 일어난다.[36]

만일 대상적으로 이해된다면, 우선 명제들은 마치 양화되어 있는 대상으로서 사용되어야 하는 것처럼 보인다. 그리고 이런 해석이 요구하는 바와 같이, 속박 변항 'p'가 단칭 명사의 통사론적 기능을 하게 되는 것이라면, "모든 p에 대해서, 만일 그가 p를 주장한다면, p이다(for all p, if he asserts p, then p)."에서 맨 뒤의 p는 'p는 참이다'에 대한 생략 표현으로 간주되어야 할 것이다. 왜냐하면 그것이 조건문의 후건으로 쓰이기 위해서는 충분히 문장처럼 되어 있어야 하기 때문이다. 그러나 그렇다면, '참이다'는 결국 잉여적이 아닌 것으로 판명된다.

다른 한편, 양기호가 대입적으로 해석된다면, "모든 p에 대해서, 만일 그가 p를 주장한다면, p이다."는 "'만일 그가 p를 주장한다면, p이다'의 모든 대입 사례는 **참이다.**"로 분석된다. 따라서 '참'은 다시 분석된 문장 속에 단단히 자리 잡고 있다.

대용 형식과 잉여성

'참'이 양기호에 대한 이런 표준적인 해석 어느 쪽에 대해서도 잉여적이지 않기 때문에, 다른 대책이 요구된다. 그로버는 이에 대처하는 기발한 생각을 제안했다.[37] 다른 문법적 범주와 관련하여, 명사(noun)와 기술들을 대신해 대명사('그', '그것')가 하는 것과 똑같이 유용한 양식으로 쓰이는 낱말과 표현들이 있다는 사실이 종종 주목되어왔었다. 따라서 동사 '하다(do)'는 대부분의 능동형 동사를 대신해서 쓰이며, '멋진(nice)'도 긍정적 의미의 혼성 형용사이다. 대명사와 비교해서 그러한 낱말들을 각각 대동사(proverb)와 대용 형용사(pro-adjective)라고 부를 수 있다. 그로버는 대용 명사, 대동사, 대용 형용사 등을 모으기 위해서 **대용 형식**(proform) 일반 범주의 조건을 제시한다. 그리고 이 범주는 그 구성원 모두가 앞서 나온 어구(anaphoric)를 대신해서 사용될 수 있어야 하는 특징을 가진다. 즉 "**톰**은 그것을 사고 싶었다. 그러나 **그**는 돈이 부족했다.", 또는 "만일 **폭탄**이 떨어진다면, **그것**이 미치지 않는 곳으로 피하라."에서와 같이 대명사가 쓰이는 방법처럼 종횡-지시적으로(cross-referentially) 쓰일 수 있다.

그로버가 주로 소개하고 싶어 한 대용 형식은, 앞에 나온 어떤 문장의 대용으로 사용될 수 있는 '그문장(tthat)'이라는 **대용 문장**(prosentence)이다. 그의 제안에 따르면, "모든 p에 대해서, 만일 그가 p를 주장한다면, p이다."는 "모든 명제에 대해서, 만일 그가 그문장(tthat)임을 주장한다면, 그문장(tthat)이다."로 재구성된다. 이는 램지의 이론이 부딪쳤던 난점이 대명사가 명사를 대신하는 것처럼 문장들을 대신할 수 있는 낱말이나 구가 없어서 양기호에 대한 보다 풍부한 해석을 봉쇄하기 때문에만 일어난다는 것에 착안한 것이다. 대용 문장을 보충해주면 이 난점이 제거된다. 이 제안의 한 장점은 순수하게 형식적인 관점에서 이런 해석이 양기호에 대한 대상적 해석과 대입적 해석 모두와 양립 가능하다는 데 있다.

그러나 그로버의 방법도 두 가지 난점에 부딪친다. 첫째, 이런 식으로 영어를 보충하기 위한 강력한 이유가 있어야 한다. 또는 적어도 다음과 같은 점이 성립되어야 한다. 즉 언어에서 이미 활용 가능한 다른 대용적 장치와 유비적으로 유사한 대용 문장을 활용할 수 있게 만들어 주는 공간이 있어야 한다. 말하자면 이런 종류의 대용 형식을 언어에 채우기 위해 끌어들일 공간이 있어야 한다. 그 공간은 자연적으로 존재하지 않는다(영어는 대용 문장 없이 잘 쓰여 왔다). 따라서 문제는 무엇이 우리에게 그러한 공간을 만들게끔 강요하는가? 라는 문제가 된다. 여기서 대용 문장을 고안하기 위한 주요 동기는 필수적으로 '참이다'와 '거짓이다'를 사용하는 것에서 벗어나자는 데 있다. 그러나 이런 식으로 우리가 자유로워져야 한다는 것은 확실한가? 램지의 논증 자체는, 적어도 그대로 놓고 볼 때, 참과 거짓이라는 개념이 진정으로 잉여적이라는 것을 보여주지 않으며, 더군다나 (그가 주장했듯이) 오해를 불러일으키는 것도 아니다. 그렇다면 왜 먼저 '그문장(tthat)'이라는 신조어를 받아들이는가? 그 목적이 그저 램지의 견해에 순응할 양기호의 해석을 강요하는 데 있다면 말이다.

그로버와 그녀 이전에 프라이어가 주목했듯이, 그 답은 다음과 같은 사실에 놓여 있다.[38] 즉 2차 양기호를 위한 적절한 표현 없이, 우리가 '모든 것(everything)', '어떤 것(something)'과 같은 명사와 닮은 어휘를 대상적 의미와 함께 사용하지 않을 수 없는 것처럼 보인다는 점이다. 프라이어 자신은 적합한 해석으로서 '-whether'라는 표현을 사용하자고 제안하였다. 따라서 (∃p)는 'somewhether', (p)는 'anywhether'가 될 것이다. 또 '(p) (p → p)'와 같은 기호는 "if anywhether, then thether"로 해석될 것이다.[39] 그로버의 제안은 같은 노선을 보다 세련화한 것이다. 그 생각은 다시 말해서 다음과 같다. 램지는, 우리가 명제 양기호에 대한 적절한 설명을 이해할 수만 있었다면, '참', '거짓'이라는 술어는, "시저가 살해되었다는 것은 참이다."가 "시저는 살해되었다."는 말에 지나지 않는다는 사실에서 볼 수 있었듯이, 불필요한 것으로 인식될 것이라는 점을 말하는 방법을 모색했다는 것이다. 프라이어와 그로버가 제시한 새 해석은 그런 설명을 위한 재료를 제공한다.

아직 두 번째 난점이 있다. 그리고 그것은 더욱 큰 난점이다. 그로버와 또 다른 사람들은, "그것은 참이다(that is true)"가 그 자체로 대용 문장으로 간주되어야 한다고 제안함으로써, 대용 문장이라는 개념을 잉여론에 적용하였다.[40] "그것은 참이다(it is true)"를 원자적 대용 문장으로 사용하는 것은 참이라는 말을 붙일 필요를 없애버린다. '참' 자체는 대용 문장의 분리 불가능 부분으로서 단지 잔재로서만 남아 있게 된다. 그러나 이만하면 충분한 것인가? 하크는 그렇다고 생각하지 않는다. 시키는 대로 "'참'은 제거될 수 있다. 그러나 분명히 영어로부터가 아니라 영어+'tthat'로부터 제거될 수 있다. 그러나 어떻게 우리는 'tthat'를 이해할 것인가? 영어에는 그것과 **정확히** 같은 것은 전혀 없다. 그러나 그것은 복합 표현이 아니라 원자적 표현이라는 점 이외에는 '그것은 참이다'와 같은 일을 한다."[41] 그리고 그렇게 '참'은 여전히 남아 있다.

철학적 논리학

수축과 최소주의

그러나 그렇게 남아 있는 참은 무엇인가? 모든 수축론(deflationary theory)
이 잉여론인 것은 아니다. 수축론은 참 개념에 하나의 역할을 남겨둔다.
그러나 그것이 최소적인(minimal) 것이라고 주장한다. 수축론이 부정하는
것은 참이 **실질적** 속성이라는 것이다. 램지의 이론(그리고 그것에 대한 스트
로슨의 수행적 해석)은 어떤 의미에서 너무 수축적이다. 왜냐하면 그들은 참
개념이 추론에서 하는 중요한 역할을 빼앗아 버리기 때문이다. 잉여론에
서 "p는 참이다."(it is true that p.)와 'p'는 같은 것을 의미한다. 그러나 이것
은 어떻게 우리가 "S는 p를 말했다."와 "S가 말했던 것은 참이다."로부터
"P는 참이다."라는 결론을 내릴 수 있는가에 대한 이해를 가로막는다. 그
추론은 참이 속성이지 않으면 우리가 할 수 없는 라이프니츠의 법칙 ―
만일 x와 y가 동일하다면 그것들은 모두 그리고 오직 같은 속성들을 가
진다 ― 을 사용하는 데 달려 있다. 그러나 홀위치가 '최소주의
(Minimalism)'라 부른, 수축론에 대한 홀위치의 해석에 따르면, 참은 속성
이지만, (그리고 명제의 속성이지만) 실질적인 속성은 아니다. 그러나 막 예
시된 논리적 역할에서의 용도 외에 참에는 아무것도 있지 않다. 홀위치
는 그 예시가 보여주는 이유 때문에, 수축적 입장을 "p는 참이다."와 'p'
가 동치라는 더 약한 주장에 한정하는 것이 더 낫다고 말한다.[42]

홀위치는 진리 술어의 유일한 **존재 이유**가 위의 예에서 보여진 논리
적 요구를 만족시키는 데 있다고 주장한다. 그 주장은 다음을 보면 보다
잘 이해된다. 우리는 가끔 한 명제에 대한 태도를 가려내야 할 때가, 예컨
대 그것을 믿거나 가정해야 할 때가 있다. 그러나 우리는 정확하게 그 명
제가 무엇인지를 알지 못한다. (우리는 어떤 사람이 그것을 표현할 때 그가 말했
던 것을 분명히 듣지 못했을 수도 있다.) 아마도 우리는 그것이 "오스카가 생각
한 것"이라는 것을 알지도 모른다. 홀위치는 다음과 같이 말한다. "그런

상황에서, 참 개념은 대단히 소중하다. 왜냐하면 그것은 우리가 확인할 수 없는 명제와 긴밀하게 관계된 다른 명제를, 우리 태도의 대안적 대상으로서 아주 적절한 다른 명제를 구성할 수 있게 해 주기 때문이다. 예를 들어 다음의 것을 생각해 보라.

(1) 오스카가 말했던 것은 참이었다.

여기서 우리는

(2) x는 F이다.

라는 형식을 가지는데, 그 의미는 다음과 같다. x의 동일성에 관한 추가적인 정보를 얻으면, 즉,

(3) x = p라는 명제

라는 형식의 추가적인 전제를 얻으면, 우리는 다음의 (4)를 추론할 수 있다.

(4) p.

그리고 참을 수반하는 명제들의 유용성은 정확히 이런 추론적 속성에 있다.[43]

참 개념은 이런 역할을 수행할 수 있다. 왜냐하면 어떤 서술문 p에 대해서 우리는 동치 문장 "p는 참**이라는** 명제"를 줄 수 있기 때문이다.

여기서 문장 'p'는 명사구 'p라는 명제'에 의해 교체될 수 있었고, 또 진리 술어 '---는 참이다'도 단순히 하나의 문장 구조(그것은 그저 탈 명사기능자 **de-nominalizer**로서 작용한다고 홀위치는 말한다.)를 유지하기 위해 사용되었다.[44] 참에 관한 그 이상의 어떠한 것도 가정될 필요가 없다. 이것은 참 개념을 망라한다. 그럼에도 불구하고, 홀위치는 최소주의 견해가 너무 명백하지도 않고 또 너무 약하지도 않기 때문에 의미 있는 철학적 함축을 가지지 않는다고 주장하고 또 그 점을 보여주기 시작한다. 참을 포함하는 일반적 원리와 관련해서도 — 예컨대, 검증은 참을 보여준다는 것, 참된 믿음은 성공적인 행동에 이바지한다는 것 — 또 모호성과 과학적 실재론에 관한 문제들의 해결과 관련해서도, 최소주의 견해는 충분하다고 홀위치는 주장한다.[45] 그의 주장은 다음과 같이 요약해 볼 수 있다. 진리 개념은 이견의 여지가 없는 아래의 동치 도식의 사례들에 의해 표현되는 것 이상의 것을 포함하지 않는다.

(王) 만일 p라면 오직 그때에만 p는 참이다.

이런 취지의 이론이 '최소주의 이론'이다. 이 이론의 동기, 결과 및 옹호에 대한 설명을 홀위치는 '최소주의 개념(minimalist conception)'이라고 부른다. 그리고 모호성과 과학적 실재론에 관한 문제들을 논의하기 위한 자료들은 이론 자체라기보다는 이 최소주의 개념에서 나오는 것이다.

따라서 수축론에 대한 많은 반론들을 생각해 볼 수 있다. 그 하나는 동치 도식 (王)에 대한 분명히 거짓된 사례가 있다는 것이다. 홀위치는 한 예로서 '고딕 문자 문장이 표현하는 명제는 참이 아니다'(THE PROPOSITION EXPRESSED BY THE SENTENCE IN CAPITAL LETTERS IS NOT TRUE)라는 문장을 든다. 이것을 (王)에 대입하면 거짓말쟁이 유형의 역설이 발생한다. "고딕 문자 문장이 표현하는 명제는 참이 아니다라는 명제는, 고딕 문자 문장이 표현하는 명제가 참이 아니라면 오직 그때에만 참이다."는 분명히 모순이다. 따라서 (ㅌ)의 모든 사례가 진리론에 포함될 수 있는 것은 아니다. 그러나 그것들이 어떤 것인지를 조건화하기란 어렵다. 홀위치는, 수축론을 옹호하면서도, 수축론이 이런 딜레마에서 벗어나 있지 않다는 점을 주목한다.[46]

또 다른 반론은, 그 이론이 기술될 수 있다 할지라도, 명확하게 형식화될 수 없다는 것이다. 왜냐하면 그것은 무한히 많은 공리들을 가지기 때문이다. 홀위치는 어떻게 명제들의 참이 그 요소들의 지시적 속성에서 나오는가를 보여주는 이론들의 구성 형식에서, 이에 대한 응수가 두 가지 난점에 직면한다고 주장한다. 하나는 모든 명제가 이런 식으로 그 참을 얻는다는 것을 우리가 확신할 수 없다는 것이고, 또 하나는 하여간 어떠한 만족스러운 유한 지시론도 가까운 장래에 나타날 것 같지 않다는 점이다.[47]

홀위치의 몇몇 비판자들은 명제가 갖고 있다고 여겨지는 불만족스러운 성격에 근거해서, 홀위치가 명제를 진리 담지자로 삼은 것에 반대한다. 대신에 그들은 수축적 설명을 **문장**에 적용한다. 그 도식은 "s라면 오직 그때에만 's'는 참이다."라는 형태가 될 것이다. 이런 모양으로 인해 잉여론은 '탈인용 이론(disquotational theory)'이라고 일컬어진다. 왜냐하면 콰인이 말하듯이 "'눈은 희다.'에 참의 속성을 부여하는 것은 바로 인용부호를 지워버리고 눈은 희다고 말하는 것이기 때문이다. 참은 인용부호 벗겨내기이다."[48] 홀위치의 입장에서, 탈인용 이론은 지표어('지금', '여기')와 대명사('그것')처럼, 사용 상황에 따라 그 지시체가 변하는 명사들을 다루는 데 실패한다. 예를 들어 "나는 따분하다."의 모든 사례는, 만일 **내가** 따분하다면 오직 그때에만 참이다라는 것은 참이 아니다. 이런 경우들을 조정하기 위해서 탈인용 도식을 개조하기란 어렵다. 대신에 홀위치는 명제들을 옹호할 것을 권고한다. 그렇게 하면 일상 언어에 충실할 수 있으며, 또 믿음에 대한 그럴듯한 부수적 설명도 가능하다는 장점이 있다.[49]

최소주의 이론이나 어떤 수축적 이론이 가지는 주요 난점이나 난점들은, 참이 사고에서 설명적 역할을 하는 실질적 개념이라는 생각을 **고집**하는 데서 생겨난다. 램지는, 그리고 램지 이후의 스트로슨도 마찬가지로, '---는 참이다'가 그저 확인하는 데(corroborately) 사용되는 예들을 인용했다. 그리고 이야기된 것을 되풀이하기 위해서 '그것'은 참이다라고 말하거나 '---는 참이다'를 붙이는 것에 의해서보다 동의하거나 시인하는 더 좋은 방식들이 있다는 것을 지적하였다. 그리고 참에 호소하는 것이 잉여적이라고 생각하기 위한 이유들 중에서 이것을 채택하였다. 그러나 '---는 참이다'가 그런 용도를 가지고 있을 수도 있지만, 또한 다른 전형적인 용법에서는 실질적 속성이 도입될 수도 있을 것이다. 그것은 홀위치가 기술한 식의 용도로 작용할 수도 있지만, 또한 실질적 속성을 도입할 수도 있다. 그것은 's'는, 만일 s라면 오직 그때에만 참이다라는 사소성을 탈인용적으로 포착할 수도 있고, 다른 전형적인 용법에서 실질적 속성을 들여올 수도 있다. 간단히 말해서, 수축론자들이 참에 관해 말하는 것은 모두, **참에는 이런 용법들 이상의 것은 없다는 것을 제외하고는** 참이 될 수 있었다. 이것이 수축론 주장의 본질이다. 그리고 그것이 참에 관한 고질적인 생각이 저항하는 것이다.

고질적인 생각은, 중요한 어떤 것이 어떤 명제가 참인지 아닌지에 달려 있을 때에는 언제든지 일어난다. 탐이 딕에게 딕의 생명, 자유, 재산에 관한 대단히 중요한 무언가를 말한다고 하자. 딕은 탐이 말했던 것이 탐이 말했던 그대로인지를 급히 알고 싶을 것이고, 따라서 해리와 함께 확인해본다. 해리가 "탐이 말했던 것은 참이다."라고 말한다면, 딕이 크게 관심을 두는 것은, 해리가 "탐이 말한 바대로 사정이 실제로 그렇다."를 의미한다는 것이다. 왜냐하면 해리가 의미했던 것이 "탐이 말했던 것에 나는 동의하거나 인정한다."였다면, 그것은 탐에게 별 흥미가 없었을 것이기 때문이다. 참에 대한 흥미를 — 또는 수수께끼를 — 일으키는 "그것이 성립하고 **있다**.(That is the case)"라고 말하는 것과, "찬성이야(hear, hear)." 라고 말하는 것 사이에 차이가 있다는 것은 사실이다. 그리고 어떤 경우에 우리는 확인과 동의 개념들이 부분적으로 '참으로 받아들임'에 대한 설명, 따라서 다시 '참'에 대한 설명에 의존하리라고 짐작한다. 램지가 주장했던 것처럼, 참이 인식론적이거나 의미론적인 문제들과 불가분 연결되어 있는 것으로 나타날 수도 있다는 의미에서, '**따로 분리된** 참의 문제는 없을지도' 모른다. 그러나 이것이 어떤 형태의 수축을 수반하는지는 즉각 분명하지는 않다.

이런 이유 때문에, 수축론에 대한 시험은 참이 실질적 역할 — 탐구의 목표로서, 설명적으로 강력한 것으로서, 이론의 경험적 성공을 위한 이유로서, 참과 검증 간의 구분에 의존하는 실재론적 개념들을 유지하기위해 요구되는 것으로서, 타당한 추론을 설명하기 위해 등장하는 것으로서, 등등의 실질적 역할 — 을 하는 것처럼 보이는 일련의 문제에서 우리를 만족시킬 수 있는지 하는 것이다. 홀위치가 이런 점들을 고찰하는데, 앞에서 보았듯이 그는 자기의 견해가 그런 역할들에 적합하다고 생각한다. 만일 옳다면, 그는 참이 — 우리가 참의 숨은 구조를 발견할 수 있었다면 — 근본적인 철학적 원리들을 설명하고 많은 문제들을 풀어줄 숨은 구조를 가진다고 생각하는 것이 사실은 오해라는 것을 보여줄 것이다.[50] 그는 오해의 원인이 혼란을 일으키는 언어적 유비에 있다고 진단한다. "술어 '자성이 있는'이 양자 물리학에 의해 그 구조가 드러나는 세계의 특징인 **자성**을 가리키고, '당뇨병이 있는'이 생물학적으로 규정될 수 있는 일단의 현상 **당뇨병**을 기술하는 것처럼, '참이다'는 하나의 복잡한 속성을 **참** — 그 밑에 놓여 있는 본질이 철학적이거나 과학적인 분석에 의해 언젠가 드러나게 될 실재의 성분 — 에 귀속시키는 것처럼 보인다." 참이 있지 않다는 것에 대한 이런 성격 묘사는, 참이 그것의 담지자들의 실질적 속성이라고 말할 때 의미되는 것에 관한 다른 오해를 암시한다. 이 점은 이하에서 논의하겠다. 그전에 먼저 참은 정의될 수 없는 **원초적인** 실질적 속성이라는 생각에 주의를 돌려보자.

참과 정의 불가능성

참이 정의 불가능한 실질적 속성이라는 생각은 데이비슨에 의해 표명된다. 참은 의미 및 다른 문제들에 관한 그의 견해에서 결정적인 역할을 한다.(8장과 9장 이하를 보라.) 따라서 그렇게 근본적이고 중대한 개념이 정의나 분석을 필요로 하지 않고도 **이용될 수 있다**는 생각은 매력적인 것이다. 이런 견해에서는 부담이 진리 개념 자체에 지어지는 것이 아니라 정의 불가능성 주장에 지어지는 것이다. 이 주장이 이하에서 논의된다.

　데이비슨은 "참은 믿음과 정합성과 비교해볼 때 미적으로 투명하다. 나는 참을 기본적인(primitive) 것으로 받아들일 것이다."라고 주장한다.[51] 이런 비교가 이루어지는 이유는, 믿음과 정합성이 믿음들 간의 정합성으로서의 참의 정의를 위해 필요하다고 생각되는 반면, 데이비슨은 참을 그렇게 정의하려는 의도가 없기 때문이다. 참을 기본적인 것으로 받아들인다는 것은 그것이 정의 불가능하다고 말하는 것이다. 일반적으로 데이비슨은 철학에서의 대부분의 중요한 개념들을 다루는 방법으로서 이런 전략을 권고하고 있다.

　"참을 정의하려는 어리석음에 관하여"[52]라는 논문의 도입부에서 데이비슨은 참 개념과 더 나아가서 믿음, 기억, 지각, 인과성과 같은 다른 주요 개념들을 다루는 법에 관해 말하고 있다. 그 제안은 결과적으로 철학적 방법에 관한 제안에 해당하는 것이다. 그의 제안은 우리가 그 어떤 **정의들**을 찾는 전략을 회피해야 한다는 것이며, 대신 개념들 간의 연관을 추적하는 소위 스트로슨의 전략(데이비슨의 용어가 아니다.)을 따라가야 한다는 것이다.

데이비슨은 경고조의 이야기로부터 시작하는데, 그것은 말하자면 아름다움, 용기, 정의 및 다른 중요한 개념들의 정의를 다루는 플라톤의 초기 대화편에서 소크라테스가 그런 정의들을 찾는 일에 도달하지 못했다는 이야기이다. 소크라테스의 탐구는 실패하지 않을 수 없는 것처럼 보인다. 왜냐하면 소크라테스는 "X다움(Xness)이란 무엇인가?", "X인 사물들을 X이게 하는 것은 무엇인가?"(여기서 X는 정의이거나 아름다움 등이다.)라는 물음들에 대한 **분명한** 답을 찾으려고 하기 때문이다. 그리고 소크라테스는 외적인 표준에 의한, 즉 아름다운 사람이나 정의로운 행동과 같은 제시된 예들에 의한 정의를 받아들이지 않는다.

데이비슨은 소크라테스가 그릇되게 찾는 정의를, 목표 개념들을 '좀 더 단순하고 분명하고 기본적인 다른 개념들'에로 **환원**시키는 일과 동일시하는 것처럼 보인다.[53] 데이비슨은 또한 이런 양식의 정의를 어떤 개념의 분석에서 등장해야 하는 요소들에 대한 '좀 더 분명하고 보다 기본적인 어휘로의 구성'이라고 기술한다.[54] 데이비슨의 입장에서, 플라톤은 몇몇 철학적으로 중요한 개념들이 그런 정의 방법에는 맞지 않는다는 것을 눈치채지 못했다. 예컨대 지식과 같은 하나의 개념을 논의하면서, 철학자들이 전형적으로, 필요한 다른 개념들 — 이 경우에는 적어도 참과 믿음 — 을 자기들이 이해하고 있는 것으로 가정한다는 사실을 덧붙이고 나면, 여러분은 교훈을 얻을 수 있다. 데이비슨의 말로 "이런 다양한 기본적 개념들을 서로 관계시키려는 우리의 시도가 아무리 허약하거나 결점이 있더라도, 이런 시도는, 좀 더 분명하거나 근본적인 개념들을 통해 기본적인 개념들에 대한 올바르고 계발적인 정의를 산출하려는 우리의 노력보다 더 나을 뿐만 아니라 우리에게 더 많은 것을 가르친다."[55]

나아가서 데이비슨은 이것이 우리가 기대할 수 있는 유일한 것이라고 말한다. 왜냐하면 철학적 주의를 끄는 개념들 — 참, 행위, 지식, 믿음, 원인, 선과 옳음 — 은 '우리가 가지는 가장 기본적인 개념들'로서, 그것들 없이 우리는 다른 개념들을 가지지 못할 것이기 때문이다. 따라서 왜 우리는 그런 개념들이 정의적으로 보다 단순하고 보다 기본적인 개념들로 환원될 수 있다고 가정하는가? 데이비슨은 다음과 같이 결론을 내린다. "우리는 이런 개념들을 그처럼 중요하게 만드는 것이, 그것들에 대한 더 깊은 반석에 이르는 토대를 발견하는 가능성도 배제해야 한다는 사실을 받아들여야 한다."[56]

그리고 이런 통찰은 참 개념에 적용되어야 한다. 우리는 "참을 좀 더 투명하거나 좀 더 파악하기 쉬운 어떤 것을 가지고 뒷받침해 줄" 것을 바랄 수 없다. 참은 정의 불가능하다.[57] 그럼에도 불구하고, 참이 — 중요한 개념들과 나란히 — 정의될 수 없다고 말하는 것은, 참에 관해 이야기될 수 있는 계발적인 것이 전혀 없다고 말하는 것이 아니다. 또는 참이 '신비스럽고, 모호하거나, 신뢰할 만하지 못하다'고 말하는 것이 아니다. 왜냐하면 참과 (믿음, 욕구, 행동과 같은) 다른 개념들과의 연관을 추적하는 전략은 그렇지 않다는 것을 보여주기 때문이다.[58]

이 점에 관해서는 할 말이 많다. 데이비슨이 선호하는바, 개념들 간의 연관을 추적하는 전략은 『개별자들(Individuals)』에서의 스트로슨의 '기술적 형이상학'을 상기시킨다. 데이비슨은 문제가 되는 것을 좀 더 분명하고, 좀 더 단순하고 또는 좀 더 근본적인 것을 통해 이해하려는 전략을,

아마도 소크라테스적이라기보다는 러셀적이라고 불려야할 전략과 비교한다. 그것은 소크라테스적이라는 칭호를 받을 만한 것이 못 된다. 왜냐하면 데이비슨은 정의를 결국 분석으로서 취급하기로 했는데, 러셀이 분석을 정의와는 뚜렷하게 구분했기 때문이다. 소크라테스적인 정의는, 그것이 형상론과 연합된 플라톤적인 정의와 구별될 수 있는 한, 어떤 것 — 전형적으로 경건이나 선과 같은 추상적 실재 — 의 **본질에 대한 엄밀한 상술**이다. 플라톤은 소크라테스에게는 없는 형상론이 이것에 대한 설명을 제공한다고 생각하였다. 『테아이테토스』에서 그가 지식을 논의할 때처럼, 비록 그의 절차도 때때로 사물이라기보다는 **개념들에 대한** 정의로서 해석될 수 있음에도 불구하고 말이다.

데이비슨이 설정한 정의와 분석 간 대립의 역사적인 예시를 언급하는 목적은, 그것이 그의 논증을 이해하는 데 우리를 도와주기 때문이다. 데이비슨은 개념을 좀 더 분명하고 좀 더 단순한 것들로 분석하는 러셀식의 전략을 정의와 동일시하고, 어떻게 이것이 실패하는가에 대한 예들을 인용한다. 그리고 대신에 개념적 연관들을 추적하는 스트로슨 식의 전략을 권고한다. 나는 두 전략이 배타적이 아니라는 것, 러셀 식의 전략이 상당히 쓸모가 있지만, 정의를 진술하는 것이 아니라는 것(러셀은 **분명히** 분석하는 것과 정의하는 것이 다르다고 생각했다.), 또 스트로슨 식의 전략이 데이비슨의 목적을 위해 전적으로 만족스럽지는 않으며, 하여간 심각한 제약을 받는다는 것 등을 말하기 위한 이유를 제시할 것이다. 이 모든 것을 간단히 다루겠다.

철학적으로 의미 있는 대부분의 개념이 '우리가 지니는 가장 기본적인 개념들'이라는 데이비슨의 언급은 문제를 일으킨다.[59] 예컨대, 참, 행동, 지식, 믿음, 원인, 선, 옳음 등을 상기해 보라. 이것들이 철학에서 가장 중요한 개념들이라는 점에 대해서는 거의 합의가 되어 있을 것이다. 그것들이 가장 기본적이라는 전혀 다른 주장은 — 그것들이 어떤 관점이나 어떤 담론에 대해서 가장 기본적이라는 보다 약한 의미에서조차 — 정확히 많은 철학적 논쟁의 실체를 이루지만, 단순히 그것들이 기본적이라고 **주장하는** 것은 문제를 구걸하는 것이다. 한 예로서, 참이 담론에 의해 개별화된 좀 더 구체적인 평가적 개념들을 위한 혼성적 개념(portmanteau concept)이라고 주장하는 진리관을 생각해 보라.[60] 그런 입장은 참 개념이 기본적이라는 것을 부정하지만, 수축적 입장에 반대해서 참의 중요성을 긍정한다. 그것은 참이 비실질적인 것이 아니라 저마다 실질적인 것으로서, 그 각각이 서로 다른 방식에서 일반적(generic) 개념보다 더 근본적이라고 말한다. 현재의 논쟁점 — 즉, 임의의 한 개념이 기본적인지의 문제는 종종 논의의 여지가 있다는 것, 그리고 그런 모든 경우에 그것이 실제로 그렇다는 주장은 논증을 필요로 한다는 것 — 이 예시하는 것은 그런 이론의 장점들이라기보다는 그런 이론의 가능성이다.

어느 것이 더 기본적이고 덜 기본적인지를 우리가 밝힐 수 있는 것은 개념들 간의 의존 순서에 대한 스트로슨적인 탐구의 결과일 수도 있다. 그러나 이미 가정된 순서와 함께 그런 탐구를 시작하는 것은 그런 탐구를 무의미하게 만든다.

그러나 여기에는 스트로슨적인 전략이 — 그리고 좀 더 구체적으로 스트로슨 자신의 전략 — 어떤 경우에는 데이비슨에게 들어맞지 않는 것처럼 보이는 면이 있다. 앞에서의 언급들이 암시하는 것처럼, 스트로슨에게 있어 추적 작업의 주요 부분은 표적 또는 적어도 주도적인 목표를 가지고 개념들 간 의존의 순서를 확인하는 것인데, 이는 엄밀하게 볼 때 논리적 공간의 어떤 선점자가 다른 것보다 근본적이라는 것을 발견하는 것이다. 이 전략은 당연히 선험적 논증을 근본적 개념을 확인하기 위한 유용한 장치로 보는 사람에게 적합하다. 왜냐하면 그들의 목적은 임의의 다른 개념을 가지기 위한 조건으로서 우리가 어떤 개념을 가져야 하는가를 보여주는 데 있기 때문이다. 이 전략은 성공할 경우, 논증에 의해 좀더 근본적이 될 어떤 개념들에, 따라서 근본적이지 않은 개념에 대한 분석이나 심지어 정의를 위한 원천이 되는 어떤 개념들에 정착할 것을 제안한다. 비록 그 개념들이, 가지고 있는 다른 개념들보다 더 단순한 것으로 나타나지 않을지도 말이다. 다시 말해서, 연관의 추적이 더 근본적이고 덜 근본적인 것의 순서를 정해준다는 것은 스트로슨적인 전략에 암묵적인 것처럼 보인다. 그리고 분석(또는 소위 데이비슨의 정의)도 그럼으로써 가능해진다.

　하나의 개념이 기본적인지 하는 문제는 그것이 요소적인지 또는 단순한지의 문제와는 전혀 다르다. 기본 개념들은 복잡할 수 있으며, 거의 틀림없이 많은 기본 개념들은 복잡하다. 이것이 바로 우리가 그것들에 대해 분석이나 해명 또는 심지어 정의가 필요하다고 생각하는 이유이다. 요소 개념이나 단순 개념들은 정의상 **더 이상 분석할 수 없는** 개념들이다. 그러나 이것만으로는 — 그리고 나는 나중에 이 점을 다시 거론할 것이다 — 그것들이 **정의할 수 없다**는 것을 의미하지 않는다. 하나의 개념에 '요소적'이라는 명표를 붙이는 것은, 그 목적이 그것의 정의 불가능성을 보증하는 데 있는 것이라면, 다시 문제를 구걸하는 것이다. 왜냐하면 그 둘은 같은 것이 아니기 때문이다.

　한 개념을 '요소적'이라고 부르는 것은 그것에 어떤 개념적 건축 속에서의 특출한 역할 — 결과적으로는 토대적인 역할 — 을 허용하는 것이다. 문제의 토대가 우리 사고의 토대일 때, 우리는 그 요소가 구조의 덜 요소적인 부분보다, 즉, 체계 내의 의존적인 개념들보다 더 엄밀하고 명확할 것을 요구한다. 그러나 이것은 분명히, 실제로 악명 높게도, 데이비슨이 요소적이라고 기술한 개념들에 대해서는 그렇지 않다.

데이비슨은 다음과 같이 말한다. "우리는 이런 개념들을 그처럼 중요하게 만드는 것이 그것들을 위한 더 깊은 반석에 도달하기 위한 토대를 발견하는 가능성도 배제한다는 사실을 받아들여야 한다." 우리는 소위 '무능력에 의거한 논증(argument from impotence)'이라는 설명을 경계해야 한다. 이 논증은 심신 문제가 인간 이해를 좌절시키기 때문에, 심신 문제는 그냥 무시해야 가장 잘 해결된다고 말한 데카르트가 사용했던 것이다. 또 이 견해는 맥귄에 의해 반복되었는데, 맥귄은 어떻게 의식이 뇌 작용으로부터 일어나는가를 아는 길이 구조적으로 가로막혀 있다고 주장한 바 있다. 무능력에 의거한 논증은 철학자들이 이용하기에는 못마땅한 자원이다. 즉, 그런 논증은 우리가 **해야만** 하는 것과 반대의 것으로, 해결할 수 없다고 여겨지는 문제들에 관해 생각하는 일에서 우리를 벗어나게 만든다. 현재의 목적을 위해서 이런 언급은 데이비슨 판 스트로슨의 전략이, 그 논증을 같은 인식적이고 논리적인 수준에서 개념적 연관들을 추적하는 것으로서 본다는 것을 암시한다. 그것은 전략에 대한 하나의 반토대적인 해석이다. 그리고 이것은 하여간 그 전략의 가장 심각한 한계인 것과 타협하는 것일 것이다. 즉 데이비슨의 다른 유명한 반상대주의 논증들(9장 이하를 보라.)에서는 관찰되지 않는 상대주의의 한 형식으로 초대하는 것이다.[61] 이에 관해 잠시 더 이야기해보자.

정의 불가능하다고 여겨지는 개념들이 그런 것처럼, 요소적이라고 여겨지는 개념들이 지닌 가장 나쁜 문제는 그것들이 지나치게 묵인될 (over-permissive) 수 있다는 점이다. 사용 조건을 명확히 밝혀주지 않으면서 한 개념을 요소적이라거나 정의 불가능하다고 말하는 것은 위험을 수반한다. 이는 그런 개념들이 추론 과정에서 너무 많은 것을 허용한다는 데 있다. 이런 비유를 생각해보자. 당신이 전능한 신이라는 개념을 당신의 체계(scheme)에 끼워 넣는다고 가정하라. 그러면 거의 어떤 일이든 일어날 수 있을 것이다. 왜냐하면, 예를 들어, 자연법칙이 어떤 때에 중지될 수 있으며, 따라서 실천적으로 일어날 수 있는 것과 일어날 수도 있는 것에 관해 아무것도 배제되지 않기 때문이다. 나는 "거의 어떤 일이든 다 일어난다."라고 말한다. 왜냐하면 우리는 전능한 신이 논리적으로 불가능한 사물일 수 있는지, 또는 스스로 아침 식사를 할 수 있는지 등등을 알지 못하기 때문이다. 그러나 거의 모든 일이 다 일어난다. 따라서 우리는 모순을 하나의 전제로서 받아들이는 것과 비슷하다. 여기서의 전제는 절대적으로 무슨 일이든 허용된다는 것이다. 단순 개념이나 정의 불가능한 개념은, 무제약적이거나 또는 적용조건들의 지배를 받지 않을 경우, 사고되거나 추론될 것에 그 무엇이든 허용하거나 또는 적어도 너무 많이 허용하면서, 이런 식으로 지나치게 관대해진다. 그러나 위험은, 어떤 개념의 사용에 의해 그 무엇이든 허용되거나 지나치게 허용될 경우, 아무것도 사용될 수 없거나 거의 사용될 수 없다는 점이다. 이것은 만일 한 이론이 모든 것을 설명하고 모든 경우들을 수용한다면, 그것은 아무것도 설명하지 못한다는 생각과 거의 같은 것이다.

이 문제를 처리하기 위해 데이비슨은, 비록 참이 정의 불가능하다 할지라도, 이는 참에 관해 이야기함으로써 드러내 보일 것이 아무것도 없다는 것을 의미하지 않는다고 말한다. 그것들은 개념적 연관들을 추적하면 드러나게 된다.

그러나 이것은, 진술된 바대로, 심각한 한계를 노출하는 전략이다. 하나의 예로, "그는 떠오르는 궁수자리와 함께, 중천에는 목성을, 그리고 제7궁의 화성을 가진다."라는 문장을 생각해보라. 이 문장은 그 상호 관계가 일단 파악되면 서로 명확해지는 다수의 개념들을 도입하고 있다. 그러나 문제는 천문학적 개념들이 그것들의 상호 관계에 의해 서로 명료해지는지 하는 것이 아니라, 어떤 종류의 실재들이 그것들과 합치하는가

하는 점이다. 또는 좀 더 약하게 말해서, 그 개념들이 내적인 관점에서 아무리 잘 밀착되어 있다 하더라도, 그것들이 정밀한 경험적 검사에 견딜 수 있는지 하는 점이다.

이제 데이비슨은 이것이 요점을 놓치고 있다고 말할 수도 있을 것이다. 말하자면, 이런 개념군은 그 자체가 아직 더 넓은 담론 속의 다른 개념들과 관계해야 하며, 그것들의 가치에 대한 우리의 판결은 그런 더 넓은 관계를 이해하는 데에서 내려진다는 것이다. 예를 들어, 신학적 주장들은 우주의 기원과 같은 주제나, 또는 물이 포도 없이도 포도주로 변할 수 있는지와 같은 문제에 대해 과학적 주장들과 진리의 문제를 두고 경합한다. 그리고 각각에 거주하는 개념들이 얼마나 다른 개념들과 좀 더 넓게 서로 관계하는가를 우리가 볼 때, 우리는 어느 쪽이 좀 더 받아들일 수 있는 것인지를 안다.

그러나 이런 답변은 난점의 범위만 확대할 뿐이다. 스트로슨의 전략을, 개별 개념들을 이해하려는 적법한 야심처럼 보이는 것과 비교해 보라.(어떻게 각 개념의 성격이 다른 것들과 맺을 수 있는 관계에 영향을 미치는가를 확인하는 과제조차도 무의미한 문제가 아니다.) 그리고 어떻게 사물들이 세계 속에 또는 경험의 한계 속에 또는 논리학의 제약이나 아니면 적어도 합리성의 제약 속에 있는가에 비추어서, 개념 이해를 위한 최대한으로 안정적인 기초를 찾으려는 적법한 야심처럼 보이는 것과 비교해보라. 이 모두는 물론 개념들에 대한 객관성을 보증하려는 희망에서 또는 객관성에 가장 가까이 근접하려는 희망에서 하는 것이다. 이것은 스트로슨의 전략이 제공하려는 것이 아니다. 그 전략은 **개념들 사이의 관계**에 대한 설명만을 제공한다. 그러므로 하나의 가족으로서 신학적이거나 점성술적인 개념들에 — 말하자면, 그 개념군이 내적으로 그 자체에 대해서 주장하는 것을 넘어서, 스트로슨의 전략은 그것들의 합법성이나 정당화에 대한 아무

안내도 해 주지 않는다는 것 — 적용되는 것은 우리의 모든 개념들의 전체 가족에 적용된다.[62] 우리는 전체 체계가 교구라고 주장함으로써 교구주의와 상대주의에 있어서의 그릇된 점에서 탈출하지 못한다. (로티는 이런 이유 때문에 데이비슨의 입장에 동의할 수 있다고 생각하는데, 이런 이유에 대한 몇몇 친숙한 형태의 비판을 제안하기도 한다.) 탐구의 종착점이 그저 연관들의 내적인 사상(mapping)일 뿐이라면, 어떤 것이 얼마나 명료화되었는지가 의문시될 수도 있을 것이다.

정의

사람들은 소크라테스가 정의를 외연적 패러다임에 의해 받아들이길 거부한 것이 심각한 실수라고 말할 수도 있을 것이다. 이런 정의의 형식은 중심적인(focal) 예들을 제시함으로써 작동된다. 정상적인 지력을 가진 사람들이 그 후에 그 개념을 그들의 동료-개념 정립자(fellow-conceptualizers)와 일상적으로 합치되게 적용할 수 있는지를 파악하면서 말이다. 색깔 개념과 같은 많은 일반적 개념들은, 그 적용을 위한 필요충분조건들의 진술에 의한 정의에 따르지 않는다. 오히려 그것들은 중심적인 사례들, 중심적인 비사례들에 관한 일치에 기초해서, 그리고 가장자리의 경우에는 같은 주저함에 기초해서 학습되고 또 사용된다. 올바른 적용 기술을 보여주는 능력과, 모호한 경우에 다른 개념 정립자와 아주 유사한 방식으로 행동하는 능력은, 어떤 사람이 소정 개념을 숙달했는지를 판별하는 우리의 시험 기준이 된다. 필요한 부분만 약간 수정해서, 같은 것이 일반명사를 지칭하는 숙달에도 적용된다.

이것은 여러 종류의 정의가 있다는 것을 우리에게 상기시켜준다. 이 자리는 세세하게 분류할 자리는 아니다. 그러나 물론 불완전하기는 하지만 다음과 같은 분류를 돌이켜보는 것이 도움이 된다. 무어의 의미에서의 '분석적 정의'가 있다. 여기서 '분석적'이란 화학적인 내포를 (요소나 성분에 대한 분석) 지닌다. 그리고 무어가 철학적으로 고유한 정의로서 선호하는 견해가 있는데, 그 정의는 의미론적인 의미에서 분석적이다. 사전으로 익숙한 사전적(lexical) 정의가 있다. 여기서 대략적인 뜻풀이는 동의어들을 공급하는 것과 마찬가지 일을 하는 것이다. 직시적(ostensive) 정의도 있는데, 이는 실제로는 보여줌(showing), 표출함(manifesting), 전개해 보임(displaying) 또는 피정의항을 설명함으로써 정의하는 일군의 절차들이다. 아마도 골라낸 사물의 이름을 부르면서 손가락으로 가리키는 행위인 지칭적 정의(denotative definition)가 이것의 중심적인 경우일 것이다. 용례에 따른(in use) 정의도 있으며, 범례(paradigm)에 의한 정의도 있다. (이것들은 직시적 정의들과는 기법상 다르다. 왜냐하면 그런 정의들을 이해하기 위해서 그런 정의의 수혜자는 상대적으로 비슷한 경우에도 그것들을 확장 적용시킬 수 있어야 하기 때문이다.-이용하는 쪽(take-up side)에서 절차의 복잡성은 상당하다.) 약정적(stipulative) 정의와 축약적(abbreviating) 정의가 있다. 후자는 러셀과 화이트헤드의 『수학원리』의 의미에서이다. 그리고 이 모든 정의들은 — 그것들이 긴밀히 관련되어 있다 하더라도 — 표준적인 러셀적 의미에서의 설명, 기술, 분석과 구분되어야 하며, 스트로슨의 전략에서처럼 개념 간 연관의 추적과도 구분되어야 한다.

　이런 많은 종류의 정의 중에서 데이비슨은 두 가지 것만을 고려한다. 하나는 막 언급된 외연적 범례이고, 또 하나는 그가 '정의적 환원(definitional reduction)'이라고 기술한 것으로, 이는 목표 개념을 더 단순하고 더 분명하고, 더 기본적인 개념들로 환원하는 것을 말한다. 이미 주목했듯이, 이런 정의의 정의는 문제가 있다. 러셀은 정의와 분석이 다르다고 주장했다. 또 정의가 제시될 수 없는 곳에서는 때때로 분석이 제시될 수 있고 제시되어야 한다고 주장했다.[63] 다시 앞에서 언급했듯이, '분석'으로 러셀이 의미했던 것은 정확하게 '정의'로 데이비슨이 의미하는 것이다. 러셀은, 그와 화이트헤드가 『수학원리』에서[64] 그것을 정의했듯이, 분석을 정의와 대조시켰을 뿐만 아니라 ─ 형식적 문맥 밖에서 문제를 다루는 것이 더 적절한 것으로 그가 인식했던 경우들을 위해서 ─ 무어가 이해했던 것으로서의 정의와도 대조시켰다. 첫 번째 종류의 것은 약정적이다. 그것은 어떤 식으로 기호를 사용하자는 결정을 기록한다. 무어의 유명한 설명은 개념들에 초점을 맞춘다. 그는, 현재의 목적을 위해서, 그가 '분석적 정의들'이라고 혼동해서 부르는 것, 말하자면 사물들의 부분과 배열을 통한 **사물들**의 정의를 철학적으로 무관한 것으로 거부한다. 개념들에 대해서, 그는 정의가 분석적이어야 할 것을 요구한다. 정의항과 피정의항은, 만일 전자가 우리에게 후자에 대해 우리가 원하는 것을 제공하는 것이라면, 동의적이어야 한다.

그러나 러셀에게 분석은 일반적으로 피분석항에서 분석의 표적을 해체하고 소멸시키기 때문에, 그 표적은 분석항에서 나타나지 않는다. 한 덩어리의 바위가 하전 입자들의 구름 속으로 사라진다. 문법적 주어의 자리에 한정 기술이 들어 있는 문장은, 완전 언어에서는 논리적으로 고유한 자리에 들어가는 속박 변항과 더불어 3분된 연언 명제로 분해된다. 한정 기술도 사라졌다.[65] 따라서 러셀의 분석과 무어의 정의는 선명한 대조를 이룬다. 데이비슨은 은연중에 그가 염두에 둔 환원에서 무어 쪽의 조건들을, 정의를 정의하는 것으로 가정한 것은 아니었을까? 이렇게 우리가 묻지 않을 수 없다는 사실은 그가 정의라고 생각하는 것을 두고 좀 더 충분한 설명을 우리가 필요로 한다는 것을 암시한다. 우리는 중요한 개념들이 정의를 가질 때까지 그런 정의에 저항한다는 주장을 적절하게 평가할 수 없다.

그러나 정의와 분석은 그 다른 구성원이 설명, 기술, 분류를 포함하는 한 가족 안에서, 그리고 철학자들이 대략 '의미를 줌(making sense)', '설명을 함(giving an account)'이라고 부르는 것을 포함하는 한 가족 안에서, 밀접하게 관계한다. 이 중 마지막 두 가지는, 다른 구성원들로서의 나머지 다른 것들과 함께, 포괄적인 개념들을 전달하는 것일 수도 있다. 제임스가 '명료성을 성취하려는 끈질긴 투쟁'이라고 묘사했던 것을 수행할 때, 따라서 우리는 이것들에 제한되어 있다 할지라도, 의지할 곳이 없는 것이 아니다. 그러므로 우리는 각각 형식적 맥락과 자연 과학에서 가능한 **엄밀하고 정확한** 정의들이, 이것들 밖의 맥락에서 일반적으로 사용될 수 없다는 것을 알았다고 해서 걱정하지 말아야 한다. 확실히, 철학에 중요한 개념 중 일부 소수는 그런 종류의 정의를 허용한다. 데이비슨의 정의 이해의 엄격한 성격과는 상관없이, 그는 확실히 그 점에 관해 옳다.

그러나 그런 개념들이 **엄밀하게** 또는 **정확하게** 정의될 수 없다고 말하는 것은, 그것들이 정의될 수 없다고 말하는 것이 아니다. 잘못은 정의가 명확해야 한다는 생각에서 일어난다. 그 말의 어원을 생각해보라. 정의하려 한다는 것은 한계를 찾거나 그으려 한다는 것이며, 경계를 설정하려는 것이며, 적용의 가장자리를 감지하려는 것이다. 종종 우리는 이런 일들을 수행하고 또 재수행해야 한다. 모호한 경계는 그것이 모호하기 때문에 경계가 되지 않는 것이 아니다. 이미 보아왔듯이, 그랬다면 우리는, 매우 빈곤한 일반 개념들을 가질 것이다.

확실히 데이비슨의 고찰은 그가 의도하지 못한 함축을 담고 있다. 그것은 정의들을 진술하기, 개념적 연관들을 추적하기가 철학적 방법을 위한 대안들을 샅샅이 다룬다는 것이다. 그러나 이미 시사했듯이, 이것들은 서로 배타적인 절차들이 아니다. 그리고 이것들과 별도로 — 분석 및 설명과 함께 — 철학을 위한 다른 많은 특징적 전달 수단이 있다. 예를 들어, 증명과 논증, 이론 구성, 조언집(assembling reminders), 설득, 분류화 (taxonomizing), 비평 등이 그것이다. 그것은 암묵적으로라도 한계를 긋기 위해서 하는 것이 아니다. 따라서 철학에서의 중요한 개념들, 특히 그중에서 참과 같은 개념을 이해하려는 우리의 야심은 ― 많은 정의 방식 중 어느 하나에서 그것에 대한 정의에 도달할 때조차도 ― 결국 그렇게 어리석은 짓을 저지르는 것이 아닌 것처럼 보인다.

참과 객관성

앞에서 남겨두었던 문제 중에서, 개념적 연관을 추적하는 전략이 제공하지 않는 것처럼 보이는 **객관성**의 문제는 어떠한가? 여기서는 데이비슨 입장의 한 특징 ― 그의 '외연주의' ― 이 도움이 될 것처럼 보인다.

데이비슨은 언어 사용자가 상대방 발언의 해석자가 됨으로써 서로를 이해한다고 주장한다. 가장 단순한 경우에서의 해석은 세계 일부의 경험을 공유하고, 그 세계 일부에 관한 각자의 믿음을 참이라고 주장하는 두 화자의 상호 활동이다. (상대방의 믿음이 대체로 참이라는 해석적 원리는 '관용의 원리(Principle of Charity)'라고 일컬어진다.) 두 화자와 양자에게 이용 가능한 세계의 일부분은 삼각형을 형성한다. 상호 해석을 보증하는 삼자 간의 관계는 '삼각관계(triangulation)'라고 일컬어진다. 스트로슨의 전략이 제공하지 못하는 것은, 바로 객관성을 보증한다고 하는 이것이다.

우리는 삼각관계에 관한 데이비슨의 입장으로부터 이런 본질적으로 관계적인 해석 조건이, 믿음에 그 내용을 부여하는 데 있어 세계의 인과적 역할과 묶여 있다는 것을 알게 된다. 데이비슨은, 세계 속의 사건이 감각 자극에 의해 '아주 직접적으로' 믿음을 일으킨다고 말한다. 우리는 믿음을 그것의 경험 내용과 관련해 그것들이 관계하고 있는 것과 연결시켜야 한다. 진리치와 경험 내용은 지각으로부터 또는 보다 정확히 말하면 지각 상황들로부터 온다.

여기까지 이런 말들은 안심할 정도로 친숙한 울림을 가지고 있다. 그러나 그 취지는 전통적인 이론에서 제공된 것과 같은 정신 외적(extramental) 의지처를 우리 믿음에 주지 않는 것에 있음이 밝혀진다. 우리의 믿음을 일으키는 데 한 부분을 담당하는 '환경, 공유된 말초적 자극'에 관한 데이비슨의 언급은 우선, 믿음에 대한 정당화를 제공하는 것에 관한 이야기가 아니다. 믿음들만이 믿음들에 대한 증거가 될 수 있을 뿐이다. 믿음들을 일으키는 것은 증거가 될 수 없다. 우리의 개념과 그것이 관계하는 것 — 그것의 내용 — 사이의 이원론은 거부된다. 왜냐하면 애당초 내용이 있을 수 없기 때문이고, 또 그것이 명제적으로 분절되지 않기 때문이며, 따라서 경험론자들이 하고 싶어 하는 것, 즉 체계(scheme)를 보증하는 일을 할 수 없기 때문이다. (8장 이하를 보라.)[66] 이것은 감각적 의식이 우연적 지식의 유일한 믿을 만한 원천이라는 경험론적 주장을 거부하는 것이다.

지각과 그것의 대상, 사물과 사고, 침과 참을 만들어 주는 것, 언급된 것(reference)과 세계의 추출될 수 있는 조각과 같은, 일군의 다양한 관계로 연결되어 있는 것으로서 이해되는, 3각 측량에서의 삼각형의 정점과 그것의 밑각 사이의 관계란 있지 않다. 데이비슨은 이 모든 것들을 거부한다. 또는 적어도 — 언급된 것의 경우에 — 개념적으로 유독한 해석이나 내용-체계 이원론의 부산물로서, 심하게 오므라든 해석으로서만 받아들인다.[67]

따라서 우리는 데이비슨의 '세계'라는 말에서 무엇이 의미되지 **않는**지를 알며, 또 그것이 특별한 종류의 강조와 잘 조화를 이룬다는 것을 알아차린다. 데이비슨이 '사회적 또는 외재주의적 입장'이라고 부른 것에서 우리 개념들의 객관성은 상호 해석의 함수이다. 이런 입장을 표명하면서 데이비슨은 환경에 오류-또는-일탈-조정 역할을 부여한다. 그러나 "자연은 우리에게 말하지 않는다." 자연은 자체로는 의미에 대한 공헌자가 아니다. 의미를 위해서 우리는 상호 해석을 살펴보아야 하며, 해석은 **본질적으로** 사회적이다. 그러므로 데이비슨에게 해석은 상호주관성이다. 그리고 이것은 데이비슨이 말하는 ― "문장들 밖에서 바라볼 그 어떤 지점도 없다." ― 정합성의 정취와 크게 일치하며 또 스트로슨식 전략에 대한 그의 지지와도 일치한다.

「참과 지식의 정합론」이라는 논문 제목에도 불구하고, 데이비슨은 정합성이라는 명칭을 싫어한다. 그리고 스트로슨의 전략에서의 결점으로서, 위에서 확인된 이유 때문에, 즉 그것이 믿음에 대한 내적인 정당화만을 제공한다는 것 때문에 싫어한다. 요점은 다음과 같이 표현될 수 있다. 믿음들 사이의 연관을 보는 것 이외에도, 우리는 그것들 대부분이 참이라고 생각할 이유를 필요로 한다. 그리고 이 보증을 제공할 외부 의지처를 찾는 대신, 데이비슨은 우리가 관용의 원리에서 그것을 얻는다고 생각한다. 다른 사람들이 믿는 것을 우리가 해석하기 위해, 우리는 그들의 믿음 대부분이 참이라고 생각해야 한다. 따라서 우리 자신도 같은 좋은 성향을 갖고 있다고 치고, 우리 자신 체계 내의 대부분의 믿음도 참이라고 생각하자. 원리는 "믿음은 본성상 진실하다."는 것이다. 그러면 이것은 객관성을 산출하는 해석적 고려의 또 다른 특징이 된다.

두 가지 큰 반론이 자체 내에서 암시된다. 첫째, 믿음의 내용을 결정하는 데 인과적 역할을 담당하는 것으로서 우리가 '세계'에 호소할 수 있다는 주장, 그리고 그 관계들이 의미와 인식적 정당화의 문제들과 아무 관계가 없다고 말하면서도, 동시에 언급된 것을 설명하는 데 쓰기 위해 '세계의 조각'에 우리가 호소할 수 있다는 주장은 상당히 불만족스러운 것으로 느껴진다. 이 불만족은 '말단(distal)', 또는 '의사소통 환경', 또는 그냥 '세계'의 개념이 그것들에 대해 아무 실질적 역할도 하지 못하는 이론의 경계를 정돈하기 위해 호소될 때 촉발되며, 우리가 — '세계' 또는 '의사소통 환경'과 관련하여 — 어떻게 지식, 참, 의미 개념들이 '세계'에 대한 우리의 관심과 — 이는 결코 직관적으로 잘못 놓인 관심이 아니다 — 조우하는가에 관한 무언가를 우리가 알고 싶을 때에도 촉발된다. 결국, 우리는 언어가 사건들을 포함해서 시공적 항목들의 독립적인 현존 영역 위에 배열되어 있다고 생각한다. 그리고 우리는 이 영역에 관한 어떤 문장들이 참인가를 알고 싶어하므로 — 즉, 인식하는 버릇 — 우리는 우리가 알 수 있는 것을 알 수 있다. 왜냐하면 우리에게는 상당한 실천적 이해관계가 걸려 있기 때문이다.

이 불만은 데이비슨이 꿩먹고 알먹고 식의(eat several cakes at once) 일을 하려는 것처럼 보이기 때문에 생겨나는 것이다. 그 불만은 예를 들어 「참과 지식의 정합론」 서두에서부터 촉발된다. 거기에서 그는 이렇게 말한다. '의미는 만족될 수 있는 **객관적 진리 조건**'(즉, 사고 독립적인 세계)에 의해 주어진다. 하지만 **믿음과 실재 사이의 대면에 대해 말하는 것을 불합리하다.** 우리는 **실재론자**가 될 수 있고 또 "**지식은 우리 사고 및 언어와 독립적인 세계에 관한 것이라고 주장할 수 있다**". 그러나 **체계-내용 이원성**에 관해 말하는 것은 아무 의미도 없다.(한편으로는 사고 및 언어와 다른 한편으로는 객관적 세계 사이의 이원성)[68]

둘째, 정합성 문제에 대한 데이비슨의 해결책이 의문을 불러일으킨다. 그것은 "정합적 믿음이 본성상 진실하다."는 주장에 의존한다.[69] 그러나 과학사는 이 주장이 거짓이라는 것을 암시하며, 또 원초적 해석을 **시작**하게 하기 위해 어떤 유용성을 가진 하나의 가설인 것을 넘어서는, 그것이 한결같이 좋은 안내자가 아니라는 것을 암시한다. 타인들을 이해하면서 우리는 종종 그들이 말하고 있는 것이 거짓이라는 것을 이해해야 하며, 또는 적어도 그들이 우리가 거짓이라고 생각하는 어떤 믿음들을 참이라고 주장한다는 것을 이해해야 한다. 아마도 이런 이유 때문에 그들은 실수를 하거나 거짓말을 하는 것일 것이다. 이 두 가지 점이 함께 고려되어야 할 필요가 있다. 과학사는 우리 믿음들의 — 한계 내의 — 참과 유용성이 반드시 일치하지 않으며, 역사적으로 때로는 고의적으로 분리되어왔다는 것을 가르친다. 그리고 허위성(falsehood)에 관한 지적은 다음과 같은 것을 암시한다. 즉, 거짓된 믿음들, 무지, 이익, 심지어 타인들의 악의는 그들이 신뢰성 있게 참을 말하는 자들이라는 우리의 확신을 손상시킬 수 있다는 점이다. 그래서 타인들의 말에 대한 해석은 무효화될 수 있는 여지가 상당히 많은 것일 것이다. 이를 묶어서 생각해보면, 우리는 관용의 원리가 그 발견적 적용을 넘어서서 의문시될 수 있다는 것을 보게 될 것이다.

객관성에 관한 이런 불만들은 직접적인 의의 제기를 촉발한다. 데이비슨은 스트로슨의 전략을 역설하며, 편의상 우리가 정합성 더하기 관용 입장(믿음의 내적 진실성 원리에 의해 구원되는 정합주의)이라고 부름직한 것을 수용하고 있다. 그는 또한 세계가 우리 믿음을 일으키는 데 한 부분을 담당한다고 말한다. 그러나 그러면서도 그는 우리에 대한 세계의 인과적 활동이 우리 믿음을 정당화하는 일에 관계하지 못하며, 따라서 믿음의 객관성의 원천이 아니라고 말한다. 믿음의 정당화는 사회적인 문제라는 것이다. 의미들은 — 정합성의 방법으로 복귀하면서 — 상호 해석의 함수들이다. 그러나 세계는 우리 믿음의 경험적 내용에 공헌하며, 지각적 믿음은 경험적 지식에 기본적인 것이다.

이런 입장들은 일관된 것처럼 보이지 않는다. 그것들이 일관적이라면, 그것들은 자기들을 후원해줄 만큼 세부적으로 좋은 논증에 근거해서 그래야 할 것이다.

참과 평가

참이 수축적이지도 않고, 정의 불가능하지도 않지만, 대신 참은 일군의 인식적으로 유의미한 개념들에 있다는 것을 암시하는 하나의 개략적인 논증이 여기 있다. 그 일면적 이익 중 하나는, 이 논제가 왜 전통적 진리론이 불만족스러운지에 대한 진단을 내려준다는 것이다. 그러나 그것은 또한 전통적 이론의 옳은 점도 보여준다. 그밖에도 그것은 램지가 어떤 관점에서 참에 관해 옳다는 것도 보여준다. 말하자면, 참의 중요한 과제는 주장 이론을 진술하는 데 있다는 것이다. 그러나 그의 잉여적 설명의 후임 개념들은 여기서 위안을 얻지 못한다. 왜냐하면 그 논제는 참이 비실질적인 것이 아니라, 꽤 실질적인 것들이고, 그중 어떠한 것도, 전통적으로 그것을 이해하기 위한 시도가 있어 왔지만, 참이 아니라고 말하고 있기 때문이다.

먼저 우리는 어떤 표현들이 기능하는 방식을 좀 주목해 볼 필요가 있다. 다시 **것**(thing), **하다**(do), **멋진**(nice)과 같은 낱말을 생각해 보라. '것'은 일반적으로 어떤 명사의 역할을 하고, '하다'는 어떤 또는 적어도 많은 능동 동사의 역할을 하며, '멋진'은 일반적으로 긍정적 취지의 형용사 역할을 한다. 이 각각을 '대체(substitute)' 또는 '대역(dummy)' 명사/동사/형용사라고 부르면 그 의미가 분명해질지도 모르겠다. 왜냐하면 그 각각은 발언자가 덜 서두르거나 느슨할 때, 좀 더 명확한 표현이 들어갈 문장 속의 자리들을 나타내기 때문이다. 사실, '느슨한 대명사들(pronouns of laziness)'을 향해 고개를 끄덕이면서,(왜냐하면 그것들이 본질적으로 선행 어구를 가리키지(anaphoric) 않을지라도, 그것들은 그런 용도로 사용될 수 있기 때문이다.) 우리는 이런 표현들을 '느슨한(lazy)'이라는 말로 기술할 수도 있을 것이다. 그리고 이 표현들은 보다 정확하고 특수한 작업을 하는 '부지런한 표현들(busy expressions)'과 유익한 대조를 이룬다.

이제 이런 목적들을 위해서 우리는 '느슨한 술어'라는 개념을 도입할 필요가 있다. 이런 표현들은 문장 속에서 좀 더 정확한 속성 지칭 표현을 위한 자리를 나타내는 것으로 이해된다. 막 인용된 느슨한 표현들에서처럼, 느슨한 술어는 그것을 대신할 보다 부지런한 대리물들의 범위와 종류에 관한 무언가를 우리에게 말해준다. 그 사용은, 그것들이 무엇이든 간에, 그것들을 술어로 사용하는 것이 어떤 조건들의 준수 또는 적어도 어떤 절실한 요구를 실현하려는 열망을 시사한다는 것을 의미한다. 따라서 느슨한 표현들은 한낱 대역품이 아니다. 사실 상당히 많은 느슨한 표현들이 있으며, 그것들은 경제적으로 사고하는 데 중요한 역할을 한다. 이에 대해서는 나중에 좀 더 말할 것이 있다. 이 시점에서의 과제는 다음과 같이 참에 관한 현재의 논제를 진술하기 위해 느슨한 술어라는 개념을 사용하는 것이다.

술어 '---는 참이다'는 느슨한 술어이다. 그것은 평가적 속성을 가진 담론이 평가될 때 그 담론에 특유한 평가적 속성들을 지칭하면서, 좀 더 정확한 술어들을 위한 자리를 대신 차지하고 있다. 그 속성들은 명백히 담론에 민감한 속성들이다. 그 예로서 우리는 관련된 논쟁의 역사로부터 그 후보자들을 인용할 수도 있을 것이다. 시공 영역에 관한 담론의 경우에는 검증(verification), 수학에 관한 입장의 경우에는 구성 가능성(constructability), 그리고 윤리적 주장에 관한 입장의 경우에는 보편화 가능성(universalizability). 이것들은 단지 좀 더 구체적인 속성들의 예들이다. 이런 후보자들에 관한 유명한 논쟁들은 그것들이 올바른 후보자들이라는 것을 확신시켜 주지 않는다. 그리고 적어도 그것들 일부에 불만족을 부언하기 위해서, 우리는 하여간 다른 하위 담론들 자체가, '---는 참이다'라는 말을 대신하는 평가를 (그리고 연관된 평가적 절차들을) 다양하게 할 것 같다고 말할 수도 있을 것이다. 이 점을 보기 위해, 우리는 퀘이커(Quakers)라는 말과 쿼크(quarks)라는 말 사이의 차이만을 생각할 필요가 있다. 어떤 의미에서 이 둘은 우리가 설명적으로 연속적인 영역이라고 생각하는 것 속에 있는 지시체들이다. 사실, 상황은 좀 더 복잡하다. 어떻게 우리가 지각적 주장, 시제 주장, 이론적 주장, 사회적 대상에 관한 주장들(그리고 그 외 많은 것들)을 평가하는가는 상당히 서로 다른 문제이다. 그렇지만 어떤 의미에서 그런 주장들은 시간적 사물들과 시공적 사물들의 통일된 세계와 관계한다. 따라서 이것은 그런 평가들 및, 순수하게 형식적 영역에 적용될 수 있는 평가들 간의 차이들과 ─ 그리고 또 다시 다른 ─ 다른 가치 영역들 간의 차이들과 독립적이다.

논제는 소정 담론을 위한 어떤 특정한 가치와 평가적 절차들을 논증할 필요가 없다. 논증하는 것은 적절한 철학적 탐구에 종사하는 일일 것이다. 관심은 좀 더 일반적이다. 왜 똑같은 느슨한 술어 '---는 참이다'가 그것들 모두를 모으는지를 드러내 줄, 평가 조건들을 찾고 진술하는 것.

따라서 진리론은 (a) 포괄적으로는 평가 이론이며, (b) 국지적으로는 하나의 담론을 위한 주제 조건적인 평가 이론인 것으로 보여진다.

평가는 많은 경우에 인식적 문제이지만 전부가 그런 것은 아니다. 미학적 경우와 도덕적 경우의 측면들은 그렇지 않다 ─ 그리고 이 관찰은 중요하다. 평가가 가치를 확인하고 측정하는 것에 관한 것인 한, 한편으로는 '---는 참이다'의 부지런한 대체자(busy substituends)와 다른 한편으로는 '---는 좋다', '---는 아름답다' 사이에서 끌어낼 생산적인 비교가 있다고 생각하는 것이 자연스러울 것 같다는 이유 때문이다. 그러나 비교는 순조롭게 되지 않는다. 그리고 이것은 평가의 일반적 조건이 선언적으로(disjunctively) 이해되어야 할 것임을 암시한다. 어떤 평가들은 조건들의 한 부분 집합에 의해 제한되며, 다른 평가들은 다른 것에 의해 제한된다. 그리고 통상적으로 우리의 주요 관심은 부분 집합들이 어떤 공통적인 구성원을 공유하는지를 보는 데 있다.

평가 조건

그런데 '---는 참이다'의 부지런한 대체물은 **검증, 구성 가능성, 보편화 가능성**과 같은 종류의, 또는 적절한 경우에 이런 것들보다 더 잘 구체화된 평가적 속성을 지칭하는 술어들이라는 주장이 있다. 방금 언급했듯이, 과제는 어떤 특별한 국지적 평가 이론을 이해하는 것이 아니라, 평가에 관한 일반적인 어떤 것을 말하는 것이다.

　우리는 명제, 주장, 믿음, 이론들을 평가하기를 원한다. 나는 일반적으로 명제들을 평가하는 것에 관해 말할 것이다. 어떤 것을 평가한다는 것 — 어떤 것의 가치를 사정하는 것 — 은 무엇인가? 양을 지키는 개를 생각해 보라. 우리는 무엇을 위해 그 개를 필요로 하는지를 안다. 그리고 개가 그렇게 되기 위해서 무엇을 필요로 하는지를 안다. 그리고 만일 그 개가 우리의 요구에 부응한다면, 또 요구하는 대로 수행한다면, 우리는 그 개를 평가한다. 그리고 그 개가 그렇게 하지 못한다면, 우리는 그 개를 양을 지키는 개**로서** 평가하지 않는다. 우리는 그 개에게 양을 지킬 것을 요구하며, 양을 잡아먹거나 놀라게 하지 않을 것을 요구한다. 따라서 우리는 그 개가 유순하고, 명령에 복종하며, 알맞은 기질을 가질 것을 요구한다. 이런 것들은 그 개가 만족시켜야 할 요구 사항 속에 들어 있으며, 다음과 같은 말로 요약될 수 있다. **그 개는 우리가 그 개가 하도록 원하는 일에 적합해야 한다.** 이제 명제들과 관련하여 우리는 당연히 명제들이 참이기를 원한다. 왜냐하면 그럴 경우 우리는 추론하는 데 명제들에 의존할 수 있고, 사정이 어떤지에 관한 정보를 전달하기 위해 그것들을 신뢰할 수 있고, 다른 주장들을 시험하기 위해 그것들을 사용할 수 있고, 그것들에 동의할 수 있기 때문이다(적어도 결과적으로 우리가 모을 수 있는 안정적인 지점을 제공하는 것으로서). 그리고 명제들은 우리에게 합리적인 권위를 행사할 수 있고, 따라서 합리성 기준(norm)을 위한 시험을 제공하기 때문이다. 더군다나, 우리는 그것들을 주장할 자격을 얻으며 그것들은 일반적으로 거짓된 것들보다 훨씬 더 유용하다.

이제 이 참을 위한 요구 사항의 목록을 우리가 평가에 관해 말하고자 하는 것과 비교해 보라. 그 영역에 고유한 평가 절차에 기초해, 우리가 주장들에 '가치'를(반의어: 무시, disvalue) 부여한다면, 우리가 의미하는 것은, 우리가 적어도 명제들이 다음과 같은 것이기를 요구한다는 것이다.

1. 추론의 신뢰 가능성
2. 우리가 평가하는 다른 명제들과의 무모순성
3. 다른 명제들을 평가하는 데 있어서의 유용성
4. 일치 요청/촉진
5. 영역에서 우리에게 권위 있음
6 그것들을 주장할 자격을 줌
7. 그것들의 수용이 합리성 기준이 됨
8. 그것들은 경쟁자들보다 더 효과적으로 — 효과에 대한 적절한 그리고 합의된 표준에 의해 — 그것들이 관계하는 주제를 체계화하도록 우리를 도와줌

이 목록은 참을 위한 목록과 일부 겹치기는 하지만, 좀 더 포괄적이

다. 그 어떤 목록도 쓸모없지 않다(non-redundant). 양자 속의 일부 항목은 다른 쪽에 대한 하나 이상의 재진술들이다. 요구 사항의 측면들을 분명히 하기 위해 나는 이런 식으로 그것들을 열거한다. 양자(both)에서 평가목록의 6처럼 나타나는 것 — 즉 주장 가능성 — 은, 가치가 분석되지 않는 참이라고 생각되는 경우를 포함하여, 가치의 주요 특징이자 주된 목적으로서 다른 것들이 구성되는 것이 될 수도 있을 것이다.

이런 요구 사항들을 만족시킴으로써 평가된 명제는 따라서 다음의 속성들을 지닌다.

(a) 수용 가능성(acceptability): 그것은 증거, 목표, 문맥이라는 삼각관계에서 일치를 최대화하는 합의된 방식들을 수반한다는 이유에서 수용을 요청한다. 이것은 4만이 아니다. 그것은 요구 사항의 목록에서 1-7 전부 다이다.

(b) 충족성(adequacy): 즉, 그 관심 영역에서 요구를 충족시키는 작업을 위한 합당성(fittingness) 또는 적절성(appropriateness); 1, 5

(c) 유용성(utility): 유용성은 정보를 제공하고, 예측을 하고, 추론을 보증하고, 논쟁을 해결하는 일을 한다; 1, 3, 5

(d) 안정성(stability): 안정성은 그것에 대한 시험과 다른 요구에서 설득력 있고, 안정적이고, 확고한 (그 영역에 대한) 한 견해의 요소가 된다.; 2, 6, 7; 따라서 그것은 그 영역에 있어서 하나의 '사실'이다. 1, 5, 6

무시된(disvalued) 명제들은 적어도 (a)와 (c)를 가지지 못하는 명제들이다. 그것들은 요구 사항들을 만족시키지 못하기 때문이다. (그러나 4와 8이 새로운 생각들에 의해서 — 한동안 — 실격될 수 있다는 점을 주목하라.) 무시된 명제들은 거부된다. 일상 어투로 우리는 그것들을 '거짓'이라고 부른다. 그러나 우리가 느슨한 술어 '참'을 사용하고 있을 때조차도, 그것들이 거짓됨에 의해서라기보다는 참이 되기를 실패하는 (예를 들어 무의미해짐, 그 영역에 적절하지 않음, 참도 거짓도 아님 등등) 다른 방식들이 있다는 사실을 보여주기 위해, 그것들을 '참이 아님'이라고 부르는 것이 더 올바를 것이다.

우리는 참인 명제에 의해 전달되는 정보를 이야기하는 데 열심이다. 이 일은 참인 명제가 '대응한다'고들 하는 것인 사실 개념과 결합되어 있다. 참인 명제의 주요한 사용은 추론에 있다. 정보를 가지는 것은 우리로 하여금 또 다른 정보를 얻게 해줄 수 있다. (또 그저 그것을 아는 것으로 만족할 수도 있을 것이다.) 평가 이론에서는 정보나 사실들에 대한 언급이 없다. 그럼에도 불구하고 우리는 요구 사항 1, 5, 6과 관련하여, 평가된 명제가 영역을 확고히 하는 속성을 가진다는 의미에서, 하나의 사실이라고 말할 수 있다.

이제 요점은 만일 당신이 시공의 경우, 또는 형식적 경우, 또는 윤리적이거나 미학적인 경우와 같은 하위 영역을 택한다면, 그것들과 관련된 평가와 절차의 내용은 해당 주제에 특정적이 될 것이라는 점이다. 우리는 양치는 개를 평가할 수 있고, 그랜드 피아노를 평가할 수 있다. 그러나 우리가 찾고 있는 것에 관한 일반적인 것들을 우리가 말할 수 있을지라도(1-8이 아니다. 왜냐하면 여기서 우리는 주장이나 이론들이 아니라 사물들을 평가하고 있기 때문이다), 그 세부 사항들은 다를 것이다. 만일 우리가 모든 평가가 있거나 평가가 나올 하나의 것이 있어야 한다고 생각했다면, 우리는 예컨대 스타인웨이스 개가 양을 물어뜯는지를 보기 위해서 시험하게 될 것이다. (스타인웨이스 개가 양을 물어뜯지 않는다는 것이 확실히 참일지라도, 이것은 우리가 그 개들에 대해 원하는 것이 될 수 없다. 이렇게 말하는 것은 참이 일의적인 개념이라는 것을 부정함으로써 의미되는 것이다.)

'---는 참이다'가 '---는 구성 가능하다', '---는 검증 가능하다' 등
등의 경우를 위한 대역이라고 말하는 것은, 문자 그대로 주제에 의해 개
별화되는 다른 종류의 참들이 있다고 말하는 것이다. 이미 언급했듯이,
타르스키는 그럴 수도 있지 않은지 하고 생각했다. 그리고 그의 암시에
따라, 이 이론은 형식 언어에서의 '참'이 하여간 아주 따로 생각되어야 한
다는 입장과 모순되지 않는다. 이는 형식 언어의 **의미론**이라는 말이 실
제로는 은유적이라는 생각이다. 그래서 소위 '참'(또는 '구성 가능성')은, 사
실상 형식 언어들이 가지는 속성들뿐인, 통사론적 속성에 대한 메타 언
어적 기술이라는 것이다.

그러나 문자 그대로 다른 종류의 참이 있다고 말하는 것은 상대주의
적인 발언을 하고 있는 것이 아니다. 이 논의는, 같은 주제에 관한 다른
관점이 그것을 표현하는 온 명제에 합법적으로 다른 진리치를 배분할 수
있다고 하는 주장과는 아무 관계가 없다. 그런 미심쩍은 주장은 다른 논
쟁의 주제이다. (9장을 보라.)

이상은 한 이론에 대한 가장 단순한 개관이지만, 그러나 그것은 '참'
으로써 지칭되는, 설명할 구조를 가진 속성이 있다고 생각하는 것은 오
해라는 수축적 사고에 반대한다. 이 이론은 그런 속성들이 있다는 것을
말하는데, 이는 전반적인 필요성이 속성들의 인식적 역할 덕분에 그것들
모두에 적용되기 때문에, '---는 참이다'가 느슨하게 그것들 모두에 쓰
일 수 있게끔 해준다.

미주

1 A. Tarski, 'The Concept of Truth in Formalised Languages', in *Logic, Semantics, Metamathematics*, pp. 152-278; 그리고(매우 좋은 개론인) Tarski, 'The Semantic Concept of Truth', in Feigl et al. *Readings in Philosophical Analysis*, pp. 52-84. 나는 이 글들을 이하에서 언급할 때 각각 1, 2로 부를 것이다.

2 Tarski, 2, p. 52.

3 Ibid., pp. 53-54; 1. p. 155.

4 Arisotele, *Metaphysics* 1011b 26; 앞에서 제시된 것보다 더 나은 번역이다.

5 Tarski, 2, p. 54; cf.1, p. 155.

6 Tarski, 1, pp. 157-165; 2, pp. 58-59.

7 cf. Tarski, 2, p. 59.

8 Tarski, 2, p. 60; 1, pp. 162-165.

9 이 비형식적 표현은 타르스키 자신의 2, p. 63을 가까이 따랐다.

10 수열과 회귀에 의한 만족 개념에 대한 설명은 Quine, *Philosophy of Logic*, 3장 도처, 특히 pp. 35-40에 의하여 주어진다. 또한 Haack, *Philosophy of Logics*, pp. 108-109를 보라. 나의 표현은 그녀를 따른다.

11 Quine, *Philosophy of Logic*, pp. 40-42; Haack, *Philosophy of Logics*, pp. 108-109. 여기서도 나는 하크를 따른다.

12 Cf. Tarski, 1. p. 153; 2, p. 54.

13 Tarski, 2. pp. 70-74.

14 타르스키는 '물리주의'가 유물론, 이를테면 세계는 물리적 대상과 그 속성만을 포함한다는 이론을 의미하는 것으로 사용하였다. 현대 철학에서 '물리주의'는 보통 정신-뇌 동일성에 관한 테제를 가리킨다. 두 해석은 분명히 서로 밀접하게 연결된다. 이 문제는 만일 우리가 맥도웰처럼 물리주의를 다음과 같은 테제로서 생각한다면, 분명해진다. 즉 물리주의란 1. 모든 사건은 물리적 사건이라는 것, 다시 말해서 모든 사건은 물리적 기술을 가지며, 2. 그 물리적 기술 하에서 모든 행위자는 물리적 법칙을 통하여 물리학에 의해 전형적으로 제공된 것들을 전체적으로 설명할 수 있다는 테제이다. J. McDowell, 'Physicalism and Denotation in Field on Tarski' in Platts, M. (ed.), *Reference, Truth and Reality*, p. 128.

15 Field, H., 'Tarski's Theory of Truth', *Journal of Philosophy*, lxix,. 13, 1972, reprinted in Platts, *Reference, Truth and Reality*, pp. 83-110; cf. esp. Siii, pp. 91-94.

16 Tarski, 1, p. 406.

17 Ibid., and cf. 2, pp. 56-57.

18   Field, 'Tarski's Theory of Truth', 특히 pp. 84-90, 94-103을 보라.; and McDowell's reply, 'Physicalism and Denotation in Field on Tarski'.

19   K. Popper, *Conjectures and Refutations*, p. 223. 또한 Popper's *Objective Knowledge*, p. 320 을 보라.

20   Tarski, 1, p. 155; 2, pp. 53-54.

21   Popper, *Conjectures and Refutations*, p. 224.

22   S. Haack, 'Is True What They Say About Tarski?' *Philosophy* 51, p. 325.

23   Ibid. 또한 Haack's Philosophy of Logics, p. 113도 보라.

24   Ibid.

25   Ibid., pp. 326-327.

26   Tarski, 1, p. 153.

27   Tarski, 2, p. 71. 비판자는 *Review Thomiste* XLIV 1938에 글을 게재한 곤세트(Gonseth)였다.

28   Ibid.

29   Ibid.

30   D. Davidson, 'On The Very Idea of a Conceptual Scheme' *Proceedings of the American Philosophical Association*, 1974; in *Inquiries into Truth and Interpretation*.

31   Popper, *Objective Knowledge*, p. 45.

32   F. P. Ramsey, 'Facts and Propositions', *Proceedings of the Aristotelian Society*, supp. vol., 1927; reprinted as excerpt in Pitcher, pp. 16-17.

33   Ibid., p.16.

34   Ibid.

35   Ibid., p.17.

36   Cf. chapter 4 above.

37   Cf. D. L. Grover, 'Propositional Quantifiers' *Journal of Philosophical Logic*, 1, 1973.

38   Cf. A. N. Prior, *The Objects of Thought*, p. 37 이하.

39   Ibid., p. 37.

40   D. L. Grover, J. Camp ,and N. D. Belnap, 'A Prosentential Theory of Truth', *Philosophical Studies* 27, 1973. 또한 D. L. Grover, *A Prosentential Theory of Truth*, 특히 pp. 3-45를 보라.

41   Hacck, *Philosophy of Logics*, p. 133. 다른 논의들을 위해서는 B. Loar, 'Ramsey's Theory of Belief and Truth', in D. H. Meller, *Prospects for Progmatism*, p. 49f 이하를 보라.

42   Paul Horwich, *Truth*, 특히 1장을 보라.

43   Ibid., p. 3.

44   Ibid., p. 5.

45   Ibid., p. 7.

46   Horwich, 'Theories of Truth' in J. Dancy and E. Sosa, *A companion to Epistemology*, p. 513.

47   Ibid.

48   Quine, 'Truth' in *Quiddities*, p. 213, 그리고 *The Pursuit of Truth* 도처를 보라.

49   Horwich, *Truth*.

50 Ibid., p. 2.

51 D. Davidson, 'The Coherence theory of Truth and Knowledge' in LePore 뜨. (ed.), *Truth and Interpretation*, p. 308.

52 Davidson, 'The Folly of Trying to Define Truth', *Journal of Philosophy*, vol. xciii, 1996, pp. 263-278.

53 Ibid., p. 263.

54 Ibid.

55 Ibid., p. 264.

56 Ibid., pp. 264-265.

57 Ibid.

58 Ibid.

59 Ibid.

60 이하를 보라.

61 데이비슨의 'On the very idea of conceptual scheme' in *Inquires into truth and interpretation*, 그리고 'The Myth of Subjective' in M. Kraus (ed.), *Relativism: Interpretation and Confrotation*을 보라.

62 그러나 우리는 어떤 선험적 논증들이 구출될 수 있는지에 대해 진지하게 생각한다면, 인식적 순환을 깨트릴 수 있을 것이다. 스트로슨 자신은 그것들이 충분히 구출될 수 있다고 생각하지 않는다. 그는 우리의 체계에 객관성을 주거나 그것에 가장 가까이 접근하려는 것이 아니라, 기껏해야 그리고 잘해야 그 논증들에 순서들을 확인하는 역할을 부여한다. 내가 보기에 선험적 논증은 사실 이것을 허용할 수 있다. 나의 *Refutation of Scepticism*과 9장 이하에서 관련된 논의를 보라.

63 *Lectures on Logical Atomism*에서의 러셀을 보라.

64 Russell and Whitehead, *Principia Mathematica*, vol. i, p. 11.

65 이하에서 평가를 위한 '느슨한(lazy)'으로서의 참에 관한 고찰들을 보라.

66 Davidson, 'On the very idea of conceptual scheme' in *Inquires into truth and interpretation*.

67 데이비슨의 'Reality without Reference', 'A Coherence theory of Truth and Knowledge', 'The Content of Truth', 'The Folly of Trying to Define Truth' in *Inquires into truth and interpretation*을 보라.

68 'A Coherence theory of Truth and Knowledge' in *Inquires into truth and interpretation*, p. 307, 나의 강조.

69 Ibid., p. 309.

7
의미, 지시, 검증과 사용

서론

이번 장과 다음 장에서는 의미 이론에 대해 논의한다. 의미 개념의 해명은 언어 철학의 중심 과제이다. 언어에 대한 관심은 앞에서도 여러 번 지적되었듯이, 언어 이해가 사고와 세계의 이해를 위해 많은 것을 가져다준다는 생각에 의해 촉발된다. 의미의 문제는 이전 장들 전체에 걸쳐서 이러저런 형식으로, 또 직간접적인 방식으로 제기되어 왔는데, 이는 중요한 철학적 문제들이 얼마나 다양하게 언어관 및, 언어가 정신과 세계와 맺는 관계를 가정하고, 거기에 의존하거나, 그로부터 일어나고 있는가를 예증해준다.

언어에 대한 **철학적** 관심과 언어에 대한 또 다른 두 종류의 관심을 구별해줌으로써, 전자의 본성에 관해 분명히 해 두는 것이 중요하다. 후자의 두 관심 중 하나는, 철학적으로 관심을 끄는 문제들을 일으킬 수 있음에도 불구하고, 전혀 철학적이 아니다. 다른 하나는 확실히 철학적이기는 하지만 일반적인 의미에서라기보다는 좁은(sectarian) 의미에서 철학적이다. 이 관심 중 첫 번째 것은 언어학이 대표하고, 두 번째 것은 철학의 본성에 관한 비트겐슈타인의 견해가 대표한다.

먼저 언어학을 고찰한다. 언어는 그 자체만으로도 흥미 있는 것으로 경험적 탐구의 주제로서 많은 미묘한 난점들을 보여준다. 언어학의 목표는 언어의 구조와 작용을 설명하는 데 있다. 언어학 이론은 철학적으로 중요한 결과를 일으킬 수 있다. 예컨대 (그리고 다른 그 무엇보다도) 촘스키의 견해는 '본유 관념(innate ideas)'에 관해 로크, 라이프니츠 및 17세기 케임브리지 플라톤주의자들이 벌였던 논쟁을 재고하게 해 준다. 촘스키는 어린이들이 언어의 단편적이고 변질된 예들에 방치되어 있음에도 불구하고 — 실제로 너무 단편적이고 변질되어 있기 때문에 어린이들은 그것들로부터 언어의 심층 구조를 도저히 추리해 낼 수 없었을 것 같았는데도 — 유년 시절부터 언어의 심층 구조를 통달한 모습을 보여 준다는 점에 주목하였다. 촘스키는 언어 능력이 본유적이어야 한다고 결론지었다. 유아를 어떤 언어 사회에 데리고 가보라. 그 사회의 언어가 중국어이든, 스와힐리어이든, 그리스어이든, 스웨덴어이든, 어린이는 빠른 속도로 배워갈 것이다. 따라서 유아의 언어 능력은 본유적이어야 할 뿐만 아니라 모든 언어는 그 본유적인 능력으로부터 생겨나는 공통적인 보편 요소들을 공유해야 한다.[1] 이런 입장은 만일 옳다면, 일련의 중요한 철학적 물음들을 일으킨다.

더구나 어떤 철학자들은 구체적으로 이론 언어학의 관점에서 의미론에 접근한다. 카츠와 포도의 초기 공동 작업이 그 한 예이다.[2] 다른 철학자들은 비록 스스로는 이런 류의 의미론에 종사하지는 않지만, 그럼에도 불구하고 그것이 언어를 탐구하는 올바른 길이라고 믿는다.[3] 아드리엔느 레러와 케이트 레러가 또 다른 공동 작업에서 그 예들을 제공한다.

그러나 언어에 대한 철학적 관심은 언어학에 의해 만족될 수 없다. 언어의 구조, 기능, 역사를 기술적으로 취급하는 것만으로는, 의미의 탐구로 일어나는 형이상학적, 인식론적 문제에 답하지 못할 것이다. 철학자들은 이런저런 관점에서 언어를 바라보는 철학적 가정과 결과들, 그리고 지시(reference), 참과 **논리적** 형식의 문제를 두고 고민한다. 철학자들은 음성학, 어형론에는 관심이 없다. 그리고 통사론과 문법에 대한 그들의 관심도 통사론과 문법 자체에만 머물러 있지 않다.[4] 따라서 언어학과 언어 철학은 별개의 학문이다.

언어에 대한 철학적 관심이 전체적으로 확인되지 않고 있는 두 번째 것은, 철학적 문제들이 일상 언어의 통용에 주의함으로써 해결 — 또는 비트겐슈타인이 표현한 바와 같이 '해소(dissolve)' — 되어야 한다는 식의 견해이다. 비트겐슈타인은 철학적 문제들이 언어의 오용, 언어의 다른 용법 간의 그릇된 유비 보기, 또는 다른 종류의 표현을 서로 융합시킴으로부터 발생한다고 주장했다. 이런 입장에서 우리는 철학적 문제들을 해소한다. 우리가 언어를 개혁하거나 이상적인 철학적 어휘를 가지고 그것에 대한 명료한 대용 표현들을 찾아내기 때문이 아니라, 그저 어떻게 언어가 실제로 그리고 다양하게 작동하는가를 보기 때문이다. 이는 결국 철학적 방법에 관한 하나의 입장이다. 말하자면 철학은 혼란스러운 언어 사용을 풀어 주기 위한 '치유(therapy)', 그리고 어떻게 그런 언어 사용이 철학적 난제들이 있다는 환상을 창조하는가를 보여 주기 위한 '치유'라는 것이다.[5] (비트겐슈타인의 입장은 아래에서 상세히 논의된다.)

철학적으로 위험한 언어의 오용이 언제 어디에서 일어나는가를 주목하라는 견해와 더불어, 언어가 사용되는 방식을 살펴보는 것은 유익하고도 효과적인 작업이다. 플라톤 시대에서부터 철학자들은 그 가치를 의식하고 있었다. 그러나 그것이 전부라고 말하는 것은 문제가 있다. 이런 취지의 비트겐슈타인의 주장은 폭넓은 동의를 얻지 못한다. 왜냐하면 특히 이미 주목했듯이, 언어에 대한 탐구는 어떻게 우리가 세계에 관해 생각하며, 따라서 — 결국 — 세계가 어떤 모습인가에 관해 좀 밝혀줄 것이라는 희망이 있기 때문이다. 실제의 언어적 실천에 주의를 기울이는 것은 종종 계발적이라는 것이 입증될 수도 있을 것이다. 그러나 그것은 철학적 반성에서 사용할 수 있는 전략 중의 하나이지 전략 전체가 아닐 것이다.

언어에 대한 철학적 관심이 아닌 것에 대해서는 이쯤 해두기로 하다. 이번 장과 다음 장에서 나는 다음과 같은 절차를 따르면서, 언어에 대한 철학적 관심이 무엇인가를 기술할 것이다.

이번 장에서는 '전통적' 이론에서 다루어져 왔던 의미의 문제들과 그것들의 현대적인 확장이라 할 수 있는 것들을 공정하고 폭넓게 다루겠다. 첫째, 지칭적 이론(denotative theory)을 다시 살펴본 다음 그것을 지시(reference)에 관한 최근의 논의를 살펴보는 출발점으로 사용할 것이다. 그런 후 ― '관념 형성' 이론(the 'ideational' theory)이라고 불렸던 ― 다른 전통 이론에 주의를 돌린다. 이어서 초기 행태주의적 의미관과 그것에 대한 콰인의 변형을 논의하겠다. 다시 그 후에는 검증적 의미 이론과, 주로 비트겐슈타인과 연관된 의미 '사용'론을 고찰하겠다. 이상의 것은 의미에 접근하는 세 개의 주요 방법에 대한 거의 모든 조망을 그것들의 발전과 더불어 제공하며, 이하 8장, 9장을 위한 배경적인 소론의 역할을 한다.

그 전통 형식대로 이런 이론들 일부를 논의하기 위한 주된 이유는 말하자면 예방하는 데(prophylactic) 있다. 이는 그것들의 불충분성을 주목하는 데 있다. 따라서 의미에 대한 보다 전망적인 접근을 해가려고 하면서, 우리는 그 이론들의 결점에서 벗어날, 그리고 그 이론들을 마치 자연스러운 것처럼 보이도록 유혹하는 것에서 벗어날 예방주사를 맞는 것이다.

8장에서는 의미에 대한 두 주요 접근 방법을 집중적으로 다룬다. 이 이론들은 최근에 많은 논쟁을 일으켰던 것이다. 그라이스의 견해와 진리 조건적 의미론(truth conditional semantics)이 그것이다. 이 중 후자는 한층 더

한 그리고 훨씬 폭넓은 철학적 문제들을 일으킨다. 그런 문제들을 8장과 9장에서 논의하겠다.

의미

의미(meaning)를 설명하기 위해 우리가 설명하려는 의미가 어떤 것인지에 대한 예비적인 견해를 보자. 다음과 같은 사전적 정의를 생각해 보라.

1. 지스터(xyster). 명사형. 외과용 뼈 깎는 칼.

1을 다음 문장들과 비교해 보자.

2. 그는 언젠가는 백만장자가 될 뜻을 품고 있다(He means to be a millionaire one day).

3. 뻐꾸기가 출현했다는 것은 여름이 다가왔다는 징조이다(The arrival of the cuckoo means summer is at hand).

4. 프랑스어 plume는 '연필'을 의미한다(the French word plume means 'pen').

1-4는 '의미한다(means)'가 우리의 담론과 자연히 관계하는 다양한 방식들을 남김없이 다 보여주는 목록이 아니다. 또 2-4에서의 '의미한다'의 뜻은 서로 독립적이지 않다. 그러나 우리가 주로 찾고 있는 '의미한다'의 뜻은 4에서와 같은 뜻의 것이다. "'지스터'는 '외과용 뼈 깎는 칼'을 의미한다."와 같이 1의 사전적 정의를 확장시키면, 1은 4에서의 '의미한다'와 가까워지는 것으로 볼 수도 있을 것이다. '의미'를 이런 식으로 놓

고 볼 때 어떻게 의미가 이해되어야 하는가 하는 것이 우리의 당면 문제이다. 당연히 우리는 또한 의도(2에서의 '의미한다'는 '의도한다'라는 뜻이다)와 관계하게 되며, 기호의 성격 및 기호가 의미하는 사물과 기호 간의 관계에도 관심을 가지게 된다. (3에서의 '의미한다'는 '징조이다'라는 뜻을 가진다.) 그것들 자체로서뿐만 아니라 그것들은 1과 4에서의 의미가 뜻하는 것과 상당한 관계를 맺고 있기 때문이다. 이처럼 2와 3과 같이 포괄적인 문제에도 이바지할 만큼 '의미한다'가 가진 많은 다른 뜻이 있다. 그러나 1과 4의 뜻이 충분한 출발점을 제공한다.

지칭적 의미 이론

이 이론은 앞 장들에서 빈번히 등장했던 것이다. 라일은 이 입장을 잘 보여주는 예에서 어색하게 '"피도"-피도' 이론이라고 불렀다. 얼핏 보기에 이 이론은 가장 단순하고 설득력 있는 견해인 것처럼 보인다. 이 이론은 '톰', '딕', '마가렛' 등과 같은 고유명을 패러다임으로 삼는다. 이런 고유명은 세계 속에 있는 어떤 대상을 나타내는 단순한 명표로서 기능한다. 한편으로는 '딕'이라는 이름이 있고 다른 한편으로는 그 이름으로 통하고 있고 그 이름에 대답하는 사람이 있다. 이로부터 사람들은 낱말이 세계 속의 대상을 지칭함으로써 의미한다는 보다 일반적인 견해에로 이동해 간다. 러셀의 기술론이, 표면적으로 지칭하는 단칭 기술구가, '그리고', '만일', '그러나' 등과 같은 결합어가 그러한 것처럼, '불완전하다'는 것을 보여주기 위해 분석될 수 있다는 것을 보여주려고 고안되었다는 것을 상기해보라. 그럴 경우 우리는 그것들을 의미 있게 하기 위해 이런 구들의 외연(denotation)으로 상존하는 대상(subsistent entity)들을 가정하지 않아도 되는 것이다. 러셀은 지칭적 이론을 고수하면서도 거기에서 파생되는 바람직하지 않은 결과들을 제거하는 방법으로서 기술론을 고안하는 길을 선택하였다. 이런 입장에서 바람직하지 못한 결과들이란 무엇보다도, '날개 달린 말'과 같은 표현이 무엇인가를 지칭할 경우에만 날개 달린 말이 존재한다는 것을 부정하는 것이 의미 있게 된다고 하는 사실에 있다. 그럼에도 불구하고 러셀은 지칭 이론(denotative theory)이 강력하게 권장되고 있기 때문에 포기되어서는 안 된다고 생각했다. "모든 낱말은 그것들이 그 자체가 아닌 다른 어떤 것을 가리키는 기호라는 단순한 뜻에서 의미를 가진다."[6]

물론 지칭 이론가들은 **모든** 낱말이 대상을 지칭하기 때문에 의미를 가진다고 생각하는 진부한 실수를 범하지 않았다. 예컨대 결합어 (syncategorematic word)들은 '문맥' 속에서만 의미를 가진다. 확실히 '만일'과 '그러나'와 같은 이름에 해당하는 만일과 그러나가 세계 속에(책상과 나무들이 있는 것처럼) 있을 리 없기 때문이다.

그러나 한 낱말의 의미가 바로 그것의 지시체(referent) 또는 외연이라는 생각은 이미 앞의 장들에서 주목했듯이 두 가지 고찰에 의해 거짓임이 드러난다. 하나는 직시(ostention)에 관한 비트겐슈타인의 지적이고 다른 하나는 프레게의 뜻-지시체 구분이다.

첫 번째 고찰은, 직시적 정의가 처할 수밖에 없는 난점 때문에 애초부터 표현의 사용을 지배하는 확장적이고 비명시적인 규약에 의지하지 않고는, 대부분의 낱말 심지어는 명표나 붙이는 관계마저도 어떻게 성립될 수 있는지를 아는 데 문제가 있다는 것을 보여준다. 명시에 붙어 따라다니는 모호성은 차치하고라도, (내가 무엇을 가리키면서 '책상'이라고 말할 때, 어떻게 언어 학습자는 내가 책상의 용도, 색깔, 결 등과 같은 것이라기보다는 책상이라는 대상을 의미한다는 것을 아는가?) 다음과 같은 문제가 더 있다. '책상'은 지시사('저 책상') 또는 정관사(문맥에 의해 개별화된 '그 책상')와 연결되어서 특수한 경우에 특수한 책상을 추출하는 데 사용된다. 그러나 그 낱말 자체는 이 특수한 책상이나 저 특수한 책상을 지칭하는 것이 아니라, 책상 집합의 어떤 구성원에 무차별적으로 적용될 수 있다. 그것은 일반 명사(general term)이다. 그러나 한 일반 명사가 고유명처럼 기능한다고 말하는 것은 무엇을 의미하는가? 그것이 지칭하는 어떤 것 — 사물 집합 또는 개념, 또는 '추상적 관념' — 이 있는가? 나는 잠시 후 이 문제들로 돌아올 것이다.

두 번째 고찰은 결정적이다. 프레게의 뜻과 지시체 구분은, '샛별'과 '개밥바라기'와 같은 두 낱말이 그 대표적인 예인데, 두 낱말이나 구가 같은 것을 지시하면서도 다른 뜻을 가질 수도 있음을 보여 준다. 따라서 한 낱말의 의미를 그것의 지시체와 동일시하는 것은 불가능하다. 이는 지칭론에 대한 지금까지의 성격 규정이 소박하거나 조잡한 것임을 증명한다.

이런 형태의 지칭론에 대한 가장 호된 공격 중의 하나는 러셀의 기술론에 대한 스트로슨의 논의에서 나타난다. 스트로슨의 입장에서 한 명사의 의미가 그것이 지칭하는 대상이라는 러셀의 믿음은, 참일 경우, 우리의 호주머니에서 손수건이 나올 때 '손수건'이라는 낱말의 의미를 얻게 해 줄 것이다. 그러나 이는 터무니없는 생각이다. 따라서 '손수건'의 의미가 과거에 존재했었고 현재 존재하고 앞으로 존재할 모든 손수건이라는 생각도 무의미하다.[7] 러셀은 지칭적 이론을 주장했기 때문에, 오로지 지시적 용법만을 가진 표현들이 있었다면, 그것들의 의미는 그것들이 지시하는 특수한 대상이어야 한다고 생각했고, 따라서 논리적 고유명이라는 골치 아픈 신화가 나타났다. 그러나 어떤 사람이 우리에게 '이것' — 논리적 고유명의 예로서 러셀이 선호한 것이다 — 이라는 표현의 의미를 묻는다면, 우리는 그 낱말의 의미가 매번 사용될 때마다 동시에 변화한다는 점을 지적하면서, 우리가 그 표현을 사용해서 지시하는 대상을 그에게 건네주지 못할 것이다. 우리는 그에게 그 낱말이 지시해왔거나 지시했었을 그 어떤 대상도 건네주지 못한다.[8] 따라서 의미와 명사의 외연을 결합시키는 것은 잘못이다.

그러나 이러한 비판에 맞서서 지칭적 이론의 옹호자들은 의지할 만한 좀 더 세련된 대안을 제시한다. 그것은 한 명사의 의미를 그 명사와 그 지시체 간의 **관계**로 확인하는 것이다. 따라서 의미는 한 명사와 그것이 가려내는 대상 간의 지시 또는 지칭 관계이다. 나중에 러셀은 다음과 같이 말했다. "무엇이 의미를 이루는가라고 우리가 물을 때, 우리가 묻고 있는 것은 의미하는 개인이 누구인가 라는 것이 아니라 이것을 저것으로 의미하게끔 해주는 개인과 낱말 간의 관계가 무엇인가라는 것이다."[9]

이 관계는 무엇인가? 먼저 한 가지 구분이 필요하다. 지시하는 것은 낱말이 아니라 그 낱말을 사용하는 사람이라고 보자는 제안이다. 따라서 내 연필에 관해 이야기할 때, 내 연필을 지시하는 것은 '연필'이라는 **낱말**이 아니다. **내가** 그 낱말을 사용해서 내 연필을 지시하고 있는 것이다. 따라서 지칭적 이론의 옹호자들이 빠져나갈 수 있는 가능한 탈출구는 지시함(referring)과 지칭함(denoting) 간의 구분을 강조하는 것이다. 지칭은 사람이 할 수 있는 것이고, 지시함은 낱말의 몫이다. 이런 입장에서 '연필'은 (어떤 적절한, 지적된, 기술된) 연필을 **지칭**하지만, **나는** '연필'을 사용함으로써 나의 연필을 **지시**한다.

이것은 어느 한 기본 개념을 흥미 있게 강조한다. 만일 지시(reference)가 화자가 지칭하는 표현을 사용할 때 발생하는 것이라면, 그리고 낱말의 의미가 그것과 관련된 대상 간의 관계 — 지칭(denotation)관계 — 에 의하여 설명되어야 하는 것이라면, 그 이론은 구체적으로 지시적 의미 이론(referential theory of meaning)이라기보다는 사실 지칭적 의미 이론(denotative theory of meaning)일 것이다. 그러면 '책상'이 일반 명사라는 사실에서 일어나는 문제를 처리하는 방법이 있다. 엄밀하게 말해서 '책상'은 책상들의 집합을 **지시하지** 않는다. 그것은 책상들의 집합을 **지칭한다**. 그리고 이 것은 책상들의 집합이 바로 그 구성원에 '책상'이라는 낱말이 올바르게 적용될 수 있는 집합이라고 말하는 것과 다름이 아니다.[10] 지시-지칭 구분이 가치 있는 다른 이유들이 있다. 그중 몇몇 것은 4장 중 돈넬란에 관한 논의에서 분명히 보여진 바 있다.

그러나 이렇게 구분한 조처는 만족스러운가? '지시한다'-'지칭한다' 간의 구분은 동기는 좋은 구분인 것처럼 보일 수도 있다. 그러나 지칭적 이론의 옹호자들에게는 문제가 해결되지 않는다. 우리는 단순히 "어떤 사람이 지칭하는 표현을 사용할 때 그는 지시한다."라고 말할 수 없다. 왜냐하면 지칭하는 표현을 통해 어떤 사람이 어떤 것을 지시한다는 것이 무엇인지를 설명해야 하고, 또 지칭하는 관계가 무엇인지를 설명해야 하고, 또 어떻게 그것이 낱말과 사물 사이에서 성립하는가를 설명해야 하기 때문이다. 어느 점에서 보나 난점이 있다. '지칭함'에 대해서는 친숙한 문제들이 제기되며, 화자의 활동으로서의 '지시함'에 대해서도 우리는 설명을 필요로 한다. 화자의 의도, 청자의 식별 지식, 그리고 전자를 표현하고 후자에 호소하기 위해 사용될 수 있는 낱말에 적합한 규약들을 말이다.[11]

그러나 이런 식으로 이론을 구하기 위해 재단된 지시론 및 지칭론을 전부 다 설명할 필요는 없다. 어떤 일반적인 문제가 그것을 받아들이기 어렵도록 만들어 버리기 때문이다. 예컨대 연결어, 전치사, 관사, 양상 보조사 등과 같은 명사들은 외연을 가지는 것이 아니라 **기능**을 가진다. 따라서 기능이 그것들이 나타나는 표현들의 의미에 본질적으로 공헌하기 때문에, 그런 표현들의 의미는 결코 전적으로 그 주요 부분들의 어떤 외연으로 환원될 수 없었다. 사실 전형적으로 지칭하는 것으로 보이는 명사(term)들의 집합 중에도 지칭하지 못하는 많은 구성원들을 포함하기 때문에(또는 적어도 '책상'과 같은 구체 명사만큼 명료하게 지칭하지 못한다. '일각수'처럼 아예 존재하지 않는 대상의 이름은 차치하고라도, '희망', '관념', 또는 '역사'와 같은 추상 명사는 무엇을 지칭하는가?), 적어도 많은 표현의 의미가 외연에 호소해서 설명될 수 있다는 것은 분명하지 않다. 그 부분들의 어느 것도, 그것이 주요한 것이든 그렇지 않든 간에, 직접적인 의미에서 전혀 지칭하지 못할 수도 있기 때문이다.

이런 생각들은 중요하게 고려해야 할 하나의 사항을 지적해준다. 즉 의미의 기본 단위는 지칭적 이론이 주장하는 것과는 달리 낱말이 아니라 문장이라는 것이다. 특히 오스틴은, '한 낱말의 의미'라는 구를 '일반적으로 --- 위험한 무의미한 구'라고 간주하면서, 낱말-의미가 기본적이라는 생각을 강력히 공격했다. 이를 나중에 논의하겠다.

지칭적 이론의 주목할 만한 특징 중의 하나는 그것이 자신의 지지자들을 거북한 철학적 입장으로 몰고 간다는 것이다. 그중 한 가지 결과는 다음과 같다. 만일 이론이 요구하는 바대로 모든 의미 있는 표현이 외연을 가지기 때문에 의미 있게 된다면, 의미 있는 한 완전한 문장 역시 외연을 가져야 할 것이다. 그러나 이것은 특히 반직관적이다. 문장을 통해서 어떤 것을 기술하고 또 많은 경우에 확인하는 것은 자연스러울 수도 있을 것이다. 그러나 한 지시어(designator)가 하는 것처럼, 전체로서의 한 문장이 '어떤 것을 가려내는' 것으로 생각하는 것은 자연스럽지가 못하다. 그러나 이 이론의 신봉이나 이 이론의 몇몇 특징은 우리를 그렇게 생각하도록 이끌어 간다. 그래서 우리는 '사실'이나 명제 또는 '의미'를 문장의 지시체라고 말하는 것을 본다. 그런 제안들은, 만일 지칭적 이론이 그 제안 배후에 있는 동기라면, 그것은 당연히 잘못이라고 생각하게끔 해준다.[12]

외연은 의미가 **될** 수 없다. 그럼에도 불구하고 고유명이 기능하는 방식과 관련한 본래의 직관은, 그리고 지시(reference)가 언어활동에 중심적이라는 사실은 중요한 문제들을 일으킨다. 분명히 세계 속의 품목들을 지시하거나 지시하기 위해 사용될 수 있는 표현들이 있다. 지시는 어떻게 작동하는가?

지시와 인과적 이론

지시하는 것은 낱말이 아니라 사람이라는 생각은, 어떻게 어떤 부류의 명사들 — 지시하는 명사들 — 이 세계 속의 품목에 적용되거나 적용하기 위해 사용되는가를 설명하기 위해서 계획된 제안 중 하나에 속하는 생각이다. 일반적으로 지시적 용도를 지닌 명사들을 그 자체로 지시 장치인 것으로 보는 것은 나무랄 데가 없는 것으로 생각되어 왔다. 따라서 그것들에 대한 탐구는, 화자 및 청자의 의도와 지식과 같은 요소들을 좀 더 포괄적이거나 대안적인 설명에서 처리하도록 남겨두고, 그런 요소들을 본질적으로 언급하지 않는 용어들을 가지고 진행할 수 있다. 따라서 이하의 개관에서 나는 지시하는 명사(referential term)라는 표현을 채택한다.[13]

많은 의미 이론의 공통적인 특징은, 특히 지칭적 이론과 같은 전통적 이론이 그러한데, 일반 명사 및 이름의 내포(뜻)와 외연(지시체) 간의 구분을 신뢰한다는 점이다. 보통 한 명사의 내포 — 개념 또는 의미 — 는 그 명사가 적용되는 사물의 집합 — 외연 — 을 결정한다고 생각되고 있다. 이 구분은 2장에서 논의되었다. 전통 이론들은, 이름과 일반 명사가 내포하는 속성들을 가진 사물이 있을 때 그 이름과 명사는 그 사물을 지시한다는 생각을 이용하고 있다. 이 점에 대한 프레게와 러셀의 다른 견해를 고찰해보자.

프레게는 한 이름의 뜻을, 충분히 언어를 숙달한 사람에 의해 파악된 '지시된 사물의 표현 양식(the mode of presentation of the thing designated)'이라고 간주하였다. 뜻은 지시체를 결정한다. 만일 두 표현이 같은 뜻을 가진다면, 그것들은 같은 대상을 지시한다.(물론 그 역은 성립하지 않는다. 그래서 뜻-지시체 구분은, 어떻게 "샛별은 개밥바라기이다."가 여전히 정보를 전달하면서도 참된 동일성 진술이 될 수 있는가라는 '프레게의 수수께끼'를 해결해 준다.) 그러나 프레게의 설명에는 난점이 있다. 그것은 이름으로 지시된 대상이 다른 사람에게는 다르게 표현될 수도 있다는 점이다. 한 사람은 '아리스토텔레스'라는 이름에 '플라톤의 수제자'라는 뜻을, 다른 사람은 '알렉산더 대왕의 스승'이라는 뜻을 부여할 수도 있다. 프레게는 이런 차이가 완전 언어에서는 허용되어서는 안 되지만, 자연 언어에서는 받아들여야 한다고 말한다.

러셀의 기술론을 논의하면서 언급했듯이(4장), 러셀은 **논리적** 고유명으로 생각되는, 따라서 명제의 주어 자리를 차지하기에 적합한 유일한 표현은 그것이 사용될 때마다 지시를 보증해주는 지시사('이것', '저것')와 같은 표현이라고 생각하였다. 그 외의 나머지 외관상 지시하는 표현들은 — 보통 명사와 '나폴레옹'과 같은 고유명 — '통상적으로 실제로는 기술들'이다. 러셀의 전반적인 주장은 다음과 같다. "보통 명사, 심지어 고유명도 통상적으로 실제로는 기술이다. 즉, 고유명을 올바르게 사용하는 사람의 정신 속에 있는 사고는 일반적으로 우리가 고유명을 기술과 교환할 경우에만 분명하게 표현될 수 있다. 게다가 사고를 표현하는 데 필요한 기술은 사람에 따라 또는 같은 사람에게도 다른 시간에 따라 변화할 것이다. 변함없는 것(그 이름이 올바르게 사용되는 한)은 그 이름이 적용되는 대상뿐이다." 어떤 사람은 이것을, 러셀이 한 이름을 어떤 기술이나 기술의 집합과 **동의적**이라고 생각했음을 의미하는 것으로 받아들였다. 그러나 그가 주장하는 것처럼 보이는 것은 대체로 하나의 이름이 다양한 기술과 **연합되어** 있다는 것이다. 한 이름과 연합된 다양한 기술이, 사람들이 이름을 사용할 때, 그 기술들을 보고하는 사람의 사고 속에 들어 있다고 한다면, 그리고 그 이름이 '변함없는 어떤 것', 즉 그것의 담지자를 지시한다고 한다면, 위의 프레게의 입장에서 나타나는 긴장을 피할 길이 발견되어야 한다. 이 제안은, 이름의 여러 사용자들이 그들의 대화 상대자들에게, 그들이 사용하는 이름의 담지자에 관한 사고를 확인할 **어떤 것을** 가져야 할 것을 원해야 한다는 것이다. 비록 그것이 이름의 사용자의 정신 속에 있는 것과 같은 사고는 아닐지라도 말이다.

그러나 지시에 관한 이런 사유 방식들은 돈넬란, 크립키, 퍼트남 등의 작업에 의해서 도전을 받게 되었다.[14] 이들의 주요 입장은 이름과 외연을 가진 명사 — 특히 금, 물과 같이 자연적으로 존재하는 물질을 지시하는 자연류 명사 — 가 전통 이론가들이 이해한 바처럼 내포를 가지지 않는다는 것이다. 따라서 그런 명사들은 '표현 양식'에 의해 고정된, 또는 그것과 연합된 기술에 의한 지시체를 가지지 못한다. 그러나 그런 명사의 지시는 그 명사와 그것의 지시체를 연결시켜 주는 인과적 고리(또는 그와 같은 어떤 것)에 의해 결정된다. 앞으로 나는 이 견해를 지시 '인과론'('causal theory' of reference)이라 부르겠는데, 이 견해는 철학 논쟁 도처에서 상당히 중요한 의미를 가지고 있다.

전통 이론에서 내포-외연 구분이 하는 일을 생각해 보라. 한 명사의 내포는 속성들의 목록을 열거함으로써 제시된다. 퍼트남의 예에 따르면, '레몬'의 의미는 속성 P_1---P_n의 연언을 늘어놓음으로써 제시된다.[15] 이 때 "속성 P_1---P_n을 가지는 것은 레몬이다."라고 말하는 것은, "레몬이 속성 P_1을 가진다."가 분석적인 것과 마찬가지로 분석적이다. 그러면 '레몬'의 의미나 내포를 이루는 속성들의 연언은 그 명사의 외연을 결정한다는 것이다. 속성 P_1---P_n을 가진 모든 사물 그리고 오직 그런 사물만이 레몬이다.

이와 같은 입장과 그 변형된 입장들이 폭넓게 수용되어 왔다. 인과적 이론의 제안자들이 해야 할 첫 번째 작업은 이것을 논박하는 것이다. 돈 렐란은 우선 고유명과 관련해서 지시가 기술과는 무관하게 일으켜진다는 것을 보여줌으로써 그 작업을 수행한다. 이를 위해서 그는 4장에서 논의되었던 바 있었던, 기술의 지시적 사용과 속성적 사용 사이를 구별한다.[16]

이 구분을 재요약해 보는 것이 도움이 될 것이다. 속성적 사용(attributive use)이란 어느 한 기술에 맞는 것이 누구인지 또는 무엇인지에 관해 한 화자가 전혀 아무 개념도 가지고 있지 않을지라도, 그 기술에 맞는 것이 누구든 또는 어떤 것이든 아무래도 좋은 그 어떤 것을 말하려고 기술을 사용하는 것을 말한다. 전과 같은 예에 따라 스미스가 살해되었다고 하자. 우리는 누가 스미스를 살해했는지에 대해 알지 못하고 있으면서도 "스미스의 살해자는 미쳤다."라고 말할 수도 있을 것이다. 이것과 비교되는 지시적 사용(referential use)이 있다. 지시적 사용에서 화자는 마음속에 어떤 분명한 개인이나 대상을 가진다. 존스가 스미스의 살인자로 기소되었는데 재판 중에 약간 미친 듯이 행동했다 하자. 만일 우리가 존스를 가리키면서 "스미스의 살인자는 미쳤다."고 말한다면, 우리는 '스미스의 살인자'라는 기술을 지시적으로 사용했던 것이다. 그런데 브라운이 자백을 해서 존스가 스미스의 살해자가 아니라고 판명된다면, 존스가 그 기술에 맞지 않는다 할지라도, 그래도 지시는 여전히 그 기술에 영향을 받는 것으로 남아 있었을 것이다.

이것은 지시가 기술과 무관하게 일어날 수 있고 또 일어난다는 것을 보여주는 것으로 생각된다. 탈레스는 만물의 근원이 물이라고 주장했던 철학자이다. 그런데 사실 탈레스가 전혀 철학자가 아니라 우물 파는 사람이었다고 가정하자. 그가 '만물의 근원이 물이라고 주장했던 철학자' 라는 기술에 들어맞지 않는다는 사실은 우리가 탈레스에 관해 전혀 이야 기할 수 없다는 것을 의미하는가? 오히려 그 반대이다. 우리가 기술과 무 관하게 지시할 수 있다면, 한 기술이 어떤 사람이나 어떤 것에 들어맞거 나 맞지 않는다고 말하는 것도 말이 될 것이다. 그렇지 않으면 우리는 탈 레스가 그에 관한 기술에 들어맞지 않을 경우, 그는 존재하지 않았었다 고 말할 수밖에 없었을 것이다.

크립키도 역시 같은 주장을 하고 있다.[17] 크립키에 따르면, 이름은 고 정 지시어(rigid designator)이다. 즉 그 개별자가 존재하는 모든 가능 세계에 서 같은 개별자를 지시하는 명사이다. 개별자가 다른 가능 세계에서 다 른 속성들을 가질 것이기 때문에 — 그 개별자가 **다른** 가능 세계에 있다 는 것은 어떤 경우에는 임의의 특정한 개별자가 그런 세계에서 다른 기 술과 대응하고 있다는 가정에 의한 것이다 — 그 개별자의 이름이 어떤 기술 집합과 동의적이라는 것은 성립될 수 없다. (걱정할 필요는 없는데, 크립 키는 자기가 '이름의 기술 이론'이라고 부르는 것을 부정확하게 프레게와 러셀의 것으로 돌렸다.) 현재와는 다른 있을 수 있는 세계에서, 아리스토텔레스는 중장 보병일 수도 있었고, 의사일 수도 있었고, 또는 그 무엇으로도 있을 수 있 었을 것이다. 그러나 그의 이름은 여전히 그가 존재하는 모든 세계에서 고정적으로 그를 지시한다. 그는 **모든** 가능 세계에서 아리스토텔레스가 되는 데 본질적인 그런 속성만을 소유할 것이다.

이것은 어떤 기술이 개별자에 맞지 않는다는 것을 우리가 발견할 수 있다는 것도 분명히 맞다는 것을 허용해준다. 예컨대 사실은 베이컨 이 『오델로』, 『햄릿』 등과 같은 작품을 썼다는 사실이 확증되었다고 해 보자. 그럼에도 불구하고 '세익스피어'라는 이름은 지시하기를 멈추지 않을 것이다. 왜냐하면 『햄릿』의 작가'라는 기술이 세익스피어 개인에 적용되는 것을 그칠 것이기 때문이다. 왜냐하면 만일 우리가 '세익스피어'에 의해 지시되는 사람이 누구이든지 간에 그 사람을 무조건 『햄릿』의 작가'와 **동일시**한다면, 그가 『햄릿』을 쓰지 않았다는 것을 발견하기란 불가능할 것이기 때문이다.

고정 지시어는 비고정 지시어(non-rigid designator)와 구별되어야 한다. 『햄릿』의 작가'라는 기술은 비고정적이다. 왜냐하면 베이컨이나 말로 또는 버몬트가 그것을 썼을지도 모르기 때문이다. 또는 전혀 그런 희곡이 쓰이지 않았을 수도 있기 때문이다 ― 이 경우, 어느 누구도 그 기술에 합치하지 않을 것이다.

그런데 일상 고유명이 고정 지시어라는 사실은 인과적 이론의 가장 중요한 특징이다. 한 가지 흥미 있는 결과가 동일성 진술과 관계되어 따라 나온다.[18] "샛별은 개밥바라기이다(Hesperus is Phophorus)."와 같은 동일성 진술은 우연적 진술이라고 생각될 수도 있을 것이다. 두 별이 하나라는 사실은 후험적으로(a posteriori) 입증되어야 했던 것이기 때문이다. 그러나 크립키는 "샛별은 개밥바라기이다."가 참이라면, 양 이름이 고정 지시어이고 그 행성이 존재하는 모든 가능 세계에서 동일한 행성을 지시하기 때문에, 동일성 진술은 **필연적으로** 참이라고 주장한다. 지금까지 철학자들은 "샛별은 개밥바라기이다."가 분석적이 아니기 때문에 동일성 진술이 우연적으로만 참일 뿐이라고 생각해 왔다. 그러나 이런 혼동을 하게 된 원인은 필연성이라는 형이상학적 개념을 인식론적 개념인 선험성 및 의미론적 개념인 분석성과 구별한 데 있다. 크립키의 입장에서 '필연적 참'은 '모든 가능 세계에서 참'을 의미한다.[19] 따라서 "샛별은 개밥바라기이다."는 후험적임에도 불구하고 필연적이다. 만일 이것이 옳다면, 필연적이면서도 후험적인 참이 있다는 것이 입증될 것이다.(앞의 3장을 보라.)

인과적 이론의 또 다른 중요한 특징은 우리가 '자연류(natural kind)' 명사를 이해하는 데 있어서 그것이 일으킨 결과이다.[20] 자연류 명사란 처녀, 교수, 자전거와 같은 인공물의 범주에 속하는 것과는 달리, 금, 물처럼 자연적으로 존재하는 물질을 가리키는 명사를 말한다. 크립키는 자연류 명사도 이름과 마찬가지로 고정 지시어와 같은 일을 한다고 주장한다. 말하자면 '금'은 외견상 나타난 특징이 어떻든지 간에 항상 같은 재료를 지시한다는 것이다.[21] 원자 번호 79의 원소가 되는 것이 금의 본질이라고 하자. 그러면 그것이 노란색을 띠든 늘어나는 성질(mallable)이 있든 간에 만일 그것이 원자 번호 79의 원소라면, 그것은 금일 것이다. 전통적으로 금이 노란색을 띠고 늘어나는 성질이 있다는 것이야말로 금이 가진 특징을 정의해 주는 것으로 주장되어왔다. 그러나 전혀 그러한 특징을 가지지 않았으면서도 원자 번호 79의 원소가 되는 물질을 우리가 발견할 수 있다는 것이 확실히 가능하기 때문에 "금은 노랗다."나 "금에는 늘어나는 성질이 있다."는 분석적 진술일 수 없다.

이것은 한 명사가 어떤 사물에 적용되는지의 여부를 확정하는 데 우리가 그 사물에 공통적으로 연결시키는 기술만 가지고는 부족하다는 점을 강화해 준다. 황철광은 금처럼 보이지만 금이 아니다. 이것은 '유명적 본질'이 '실질적 본질'을 가리켜 주지 않는다는 것을 보여주는 적절한 사례이다. 기술은 어떤 것을 확인하기 위한 일반적인 지침으로서는 유용할 수도 있다. 그러나 기술은 한 사물이 바로 그러한 종류의 사물이 된다는 것이 무엇인지를 결정해 주지 않는다. 어떤 것이 금인지 아닌지를 결정해 주는 것은 그것의 원자 구조이다. 꼭 마찬가지로 물은 그것에 맞는 화학 구조, 즉 H_2O를 가질 경우에만 물이다. 어떤 것은 무색, 무취, 무미의 액체라는 성질을 만족시키고 있다고 해서 물이 되는 것이 아니다(악취가 나고 탁하고 소금기가 있는 물도 그것이 H_2O이기 때문에 여전히 물이다). 요점을 좀 더 정확히 말하자면 어떤 것이 H_2O이면서도 물이 아닌 그 어떤 가능 세계도 존재하지 않는다.

그러면 이제 지시가 (대략적으로 말해서) 뜻을 통해 일어나지 않는다면, 지시는 어떻게 일어나는가 하는 문제가 제기된다. 문제는 여기서 약간 덜 분명해진다. 한 가지 제안은, 한 명사의 지시체가 고정되었던 상황과 그 명사의 현 사용을 역사적으로 연결시키는 인과적 고리(caual chain)를 통해 지시가 작용한다는 것이다. '톰'이라는 이름이 '톰'이라고 명명되어서 그 이후로 그 이름이 계속 톰을 가려내 주었기 때문에 톰을 지시하는 것과 마찬가지로, 이런 입장에서는 대상들도 '명명된(baptized)' 후 그 이름들이 여러 화자를 거쳐 전승되었다. 그 전승의 고리에서 맨 마지막에 서 있는 화자가 그 이름을 가지고 원래 그 이름이 지시하려 했던 대상을 지시하려 하는 한, 인과적 고리는 올바른 고리이다.

이러한 견해에 대한 보다 세련된 설명이 돈넬란에 의해 제공되었다. 돈넬란은 '인과적 고리'라는 말을 쓰지 않고 고리 내의 모든 연결(link)이 인과적이지는 않다는 것을 인정하는 '역사적 설명 이론(historical explanation theory)'이라는 말을 쓴다.[22] 반면에 에반스는 인과적 연결이 지시체와 명사의 현행 사용 간의 연결이 아니라, 지시체와 그것에 관한 현행 지식 체계 간의 연결이라고 제안한다.[23] 이와 같은 보다 세련된 설명 — 특히 돈넬란의 설명 — 은 '페가수스', '유니콘'과 같이 지시하는 데 실패하는 명사들을 처리하기 위해 요구된다.[24]

인과적 이론이 지닌 명백한 결점은, 지시를 위해 기술에 의존하는 이론들이 이름의 사용에 관한 우리의 직관을 성공적으로 설명하는 한 측면에 관해 의문을 남기고 있다는 점이다. 말하자면 이름의 사용에 있어서의 우연적이지 않은 성공은, 그 이름의 사용자가 **이** 이름이 **저** 지시체를 가려낸다는 식으로 그만한 확인할 수 있는 지식을 가져야 하며, 그런 한 지식은 성격상 기술적이라는 것을 요구하는 것처럼 보일 것 같다는 것이다. 해당 지식은 전래적인(derivative) 것일 수도 있다. 즉 누군가가 이름의 지시체를 확인하는 일정한 방법을 가지고 있는 한, 그 이름의 모든 사용자가 그 지시체를 확인하는 방법을 가질 필요는 없다는 의미에서 전래적인 것일 수도 있을 것이다.[25] 또 이름의 사용자가 아는 것이 지시체에 관한 일부의, 심지어는 하나의 우연적 사실일 뿐일 수도 있을 것이다. 그러나 우리는 이름의 사용자가 그 이름을 진지하게 사용한다고 주장하기 위해서는 그 사용자가 그에 관한 어떤 정당화를 가지고 있으리라고 기대할 것이다. 만일 그렇지 못했다면, "그는 누구(또는 무엇)에 관해 말하고 있는지를 알지 못한다."라는 표현은 문자 그대로 참이 될 것이기 때문이다.

그러나 이것은 사실 인과적 이론에 대한 심각한 난점이 되지는 못한다. 크립키는 우리가 기술을 제시함으로써 한 명사의 지시체를 결정할 수도 있다는 것을 인정하지만, 이것이 의미를 주는 것과 같은 것은 아니라는 점도 인정한다. 이것은 이름과 자연류 명사가 지시체를 가지나 뜻은 가지지 못한다는 문제의 핵심을 되풀이해서 이야기하는 것이다. 따라서 어떤 명사의 **의미**를 묻는 것은 잘못된 것이다. 어느 면에서 이 이론은 고유명이 내포는 가지지 않고 외연만 가진다는 밀의 입장에 대한 현대판 각색이다. 밀에게 있어 이름은 "어떤 성질을 지적하기 위해서 또는 개별자에 공통적으로 속하는 어떤 것을 지적하기 위해서" 개별자에 부여되는 것이 아니며 "전혀 어떤 **의미**에서 그 개별자에서 확인된다고 말할 수 없는" 것이다.[26]

그러나 인과적 이론에 물어볼 필요가 있는 두 가지 관련된 물음이 있다. 정확히 무엇이 고정 지시어의 지시체를 이루는가? 그리고 예컨대 비자연류를 가려내주는 일을 하는 다른 지시적 명사들은 어떠한가? 고정 지시어는 어떤 품목이 존재하는 모든 가능 세계에서 같은 품목을 가리키는 명사라고 정의된다. 그러나 그 품목은 무엇인가? 그것은 그 명사의 외연일 수 없다. 왜냐하면 바로 가능 세계라는 개념은 외연이 세계를 건너가며 변화할 수 있다는 사실을 전제로 하고 있기 때문이다. 예를 들어 아리스토텔레스가 아버지가 아닌 가능 세계가 있다면, 그 세계에서 '아버지'의 외연은 아리스토텔레스가 자식을 가진 세계에서의 그것의 외연과 다를 것이다. 한 명사의 외연이 완전히 분리되어 있는 두 세계가 있다는 것이 가능하다. 따라서 한 명사의 외연은 그 명사가 가리키는 것이 될 수 없다.

다른 대안은 고정 지시어가 그 류나 종 자체를 가리킨다고 말하는 것이다. 이것은 보다 그럴듯하기는 하지만, 비자연류를 가리키는 '선생', '처녀'와 같은 명사에 고정성을 부여한다는 결점을 지닌다. 그렇게 되면 '선생'은 전 세계에 걸쳐 (아마도 체계적으로) 남을 가르쳤던 모든 개인 그리고 오직 그러한 개인만을 가려낼 것이다. 퍼트남은 실제적으로 모든 류 명사들이 고정적이라는 입장에 선다.[27] 그러나 문제는 비자연류 명사들의 경우에 우리가 마음속에 일반적으로 한 종류의 사물을 염두에 두지 않는다는 점이다. 오히려 사실상 우리는 어떤 것이 비자연류에 대한 최소한의 요건을 만족시킬 경우, 그 명칭을 붙이는 그런 어떤 일반적인 설명(specification)을 이용하고 있다. 우리는 먼저 자연류를 명명한 후 나중에 그것이 무엇인지, 원소인지 동물인지를 찾으러 갈 수 있다. 반면에 비자연류를 명명하는 것은 바로 그것이 무엇인지를 말하는 것이다. 그러므로 여기서는 기술적 이론이 적용되는 것으로 보인다. 왜냐하면 비자연류는 생물학적이거나 물리학적인 본질을 가지지 않고 소위 로크의 '명목적(nominal)' 본질만을 가지는 것으로 보이기 때문이다.

만일 우리가 자연류 명사와 비자연류 명사 각각을 서로 다르게 설명해야만 한다면, 어떤 것이 자연류에 속하는 것인지 비자연류에 속하는 것인지에 관한 논쟁이 불가피하게 일어날 것이다. 특히 그중에서도 심적 사건과 감각과 같이 다루기 어려운 경우들에서 말이다.[28] 예컨대 고통은 한 표현 체계의 본질적 성질과 관련하여 변별되어야 하는 것인가, 아니면 본질적 관점에서는 임의적이어서 우리 자신의 사회적 편의를 위해 우리가 만든 분류를 가지고 변별되어야 하는 것인가?

이 바로 앞의 생각들은 본질주의의 문제에 대해 생각한 것과 관련되어 있으면서, 가능 세계 개념에 관한 문제, 특히 어떤 가능 세계 이론에서 중심적인 역할을 담당하는 본질 개념에 관한 문제들이 있다면, 그런 문제들은 인과적 지시론에 대한 문제 — 상당히 중대한 문제 — 이기도 하다는 사실을 보여준다. 3장에서 그와 관련한 몇 가지 난점들이 개관되어 있다.[29]

관념 형성적 의미 이론

우리는 과거에 의미에 관해 주장된 견해들을 거의 견학할 기회가 없는데, 이는 적어도 교육적으로는 잘못이다. 왜냐하면 그 견해들은 주입받고 싶을 만큼 유혹적인 것을 유지하고 때문이다. (더구나 그 견해들은 더 고도의 기술적인 형식을 띠고 다시 돌아오려는 경향이 있다. 그리고 적어도 기록에서는 신축적인 해석이 있어야 한다.) 이번 절과 다음 절에서 나는 그런 이론들을 간략히 설명한다.

역사적으로 유력한 이론은 한 표현의 의미가 그 표현이 나타내는 (stand for) 관념(idea)이라고 주장한다. 로크는 이 이론의 전형을 다음과 같이 진술한다. "낱말들의 --- 사용은 관념들을 감각적으로 표시(mark)하는 것에 있다. 그리고 낱말들이 나타내는 관념들은 그 낱말 고유의 직접적인 의미(significance)이다."[30] 이 입장을 지지해 주는 이론은 언어가 사고를 보고하기 위한 도구이며, 사고는 관념 연속으로 이루어져 있다고 본다. 관념들은 사적(private)이다. 나만이 내 사고에 접근해 갈 권리가 있다. 그러므로 우리는 서로 우리의 관념을 전달하기 위해, 상호 주관적으로 사용할 수 있는 소리와 표시의 체계를 필요로 한다. 이 소리와 표시는 관념들과 연결되어 있으므로, 어느 한 사람이 그것을 올바르게 사용하면, 그것은 다른 사람의 정신 속에 그에 맞는 적절한 관념을 일으킬 것이다. 따라서 한 낱말이 의미하는 것은 그 낱말과 일정하게 연결된 관념이다.

이런 입장이 가지는 첫 번째 난점은 사고와 언어가 서로 독립적이라는, 논쟁거리인 가정을 하고 있는 것처럼 보인다는 점이다. 언어 없이 어떻게 초보적인 차원을 넘어선 사고가 가능할 수 있었는가? 이것은 풀기 쉬운 문제는 아니지만 그래도 어떤 의견들은 타당하다. 첫째, 언어 이전 시기의(prelinguistic) 인간이 아주 풍부한 사유 생활(thought-life)을 영위했고, 언어에 대한 사회적 요구가 긴박해졌을 때 그것을 전달하고 보고하기 위해 언어를 고안했다고 생각하는 것은 어쩐지 그럴듯하지 못하다. 그 어느 쪽이든 이 문제에 관한 철학적 사변은 최악의 선험적 인류학이다. 그러나 체계적 사고와 같은 것이 언어를 가지고 있을 때에만 가능하다는 것은 분명한 것처럼 보인다. 언어 없이 원시 혈거인이, 자기의 경험에 대한 이론을 가질 만큼 풍부하게, 자기 경험의 특징을 깊이 생각하는 능력을 발휘한다고 보는 것은 믿을 수 없는 것처럼 보인다. 왜냐하면 그 가설에 따라서 그는 사고를 분절하기 위한 매체를 가지고 있지 못하기 때문이다. 그가 내적이고 사적인, 발언 이전의 (pre-spoken) 언어를 가지고 있을 수도 있다는 생각도 똑같이 믿을 수가 없다. 『철학적 탐구』에서 비트겐슈타인이 표명한 사적 언어 고찰은 어떤 형태든 언어는 분담된 공적인 사업이어야 한다는 것을 암시한다.[31]

게다가, 언어가 풍부해지면 풍부해질수록 언어의 사용자가 세계를 세부적으로 생각할 수 있는 가능성도 더 커지는 것으로 보인다. 다음과 같은 고찰이 이러한 생각을 지지해 주고 있다고 볼 수 있다. 두 친구가 숲속을 거닐고 있다고 생각하자. 그중 한 사람은 나무와 관목의 이름에 모두 능통한 식물학자이다. 반면에 다른 사람은 자기 친구와는 달리 식물학에 대해 무지하기 때문에, 전체적으로 숲에 대한 그의 경험은 고작 나무와 잎을 구별하는 수준에 머물러 있을 따름이다. 분명히 전자가 식물학에 관한 언어를 소유하고 있다는 것과 또 그가 그 언어를 배워왔던 과정 전체는 후자가 숲을 경험하는 것보다 한결 더 풍부하고 세밀하고 뜻있는, 숲으로서의 숲에 대한 경험을 하게 해 줄 것이다. 후자는 식물학적 지식이 없음에도 불구하고, 숲속을 거닐면서 전자의 따분한 과학적 경험을 무색하게 하는 미학적 경험을 할 수도 있을 것이다. 그러나 이 지적의 요지는 양자가 숲을 숲으로서 경험하는 데 다소간이라도 미세하게 차이가 나는 데에는 그들 특유의 상대적인 언어 구사력이 관련되어 있다는 점이다.

그 밖에도 관념 형성 이론이 가진 보다 중대한 철학적 문제가 있다. 하나의 낱말이 (로크의 용어대로) 관념을 '표시'한다는 것은 무엇인가? 그리고 도대체 '관념'이란 무엇인가?

'관념'이라는 말은 17세기에 철학으로부터 그 일상 용법을 들여왔다. 철학적 전통에서는 그것의 의미에 대한 아무 합의도 없다. 그것은 사고나 경험에서 정신 앞에 놓여 있는 것이다. 예컨대 감각 자료나 느낌 (feeling), 내성(introspection), 기억, 상상의 대상으로서, 경험하는 정신에 남아 있는 잔여물이나 인상으로서, 특수한 경험이나 반성으로부터 일반성에로까지 도달하는 추상 작용으로서, 마치 하나의 정의와 같이 낱말에 부착된 개념으로서, 낱말에 의해 환기된 주관적 연상으로서(이것은 프레게의 용법인데 낱말의 뜻과 **대립**되는 것으로서), 세계의 사물에 대한 인간 정신의 표상, 즉 심상(image) 등등으로서 말이다. 영국 경험론자들(로크, 버클리, 흄)

은 그것들을 감각과 반성의 단순 관념 및 복합 관념으로 분류하고, 그것들의 관계를 설명했다.(이를테면 감각의 복합 관념은 감각의 단순 관념으로 이루어져 있다.)

로크는 상당히 명민했기 때문에 '관념'을 그저 '심상'(즉, 정신 속의 한 그림)으로만 해석하지도 않았고 또 모든 낱말의 의미가 그것들이 '의미하는(signify)' 관념들이라고 주장하지도 않았다. 왜냐하면 로크는 분명히 '만일', '그러나'와 같은 낱말이 의미를 가지는 것이 아니라 기능 — 낱말과 문장을 결합하는 기능, 그리고 '전체적으로 정신이 관념이나 명제들에 부여하는, 연결을 의미하는 기능' — 을 가지고 있다는 사실을 잘 알고 있었기 때문이다.[32] 그럼에도 불구하고 낱말의 의미로서의 '관념'이라는 로크의 용법은 불분명하다. 가장 그럴듯한 해석은 '관념'을 **개념**, 즉 정의나 모종의 설명(specification)으로 보는 것이다. 이런 입장에서 개에 대한 나의 '관념'은 일정한 모습, 크기, 행동 패턴을 가진 4족 포유류이자 집짐승이라는 개념이 될 것이다. 그렇다고 해서 개에 대한 나의 개념이, 이상하게 아무 특정한 형태나 색깔이나 크기도 가지지 않은 불확정적인 개의 심상이라는 것을 의미하는 것은 아니다. 왜냐하면 버클리가 지적했듯이, 우리가 정신에 떠올리는 개의 심상은 특수한 특징을 띠고 있는 개일 것이기 때문이다. 오히려 내가 의미하는 바는 다음과 같은 것이다. 내가 '개'라는 말을 잠시 잊었다고 가정하자. 그러면서도 내가 개에 관해 무엇인가를 말하려 한다고 생각해 보자. 나는 다음과 같이 말할 것이다. "알지? 애완용으로도 기르고 양떼들을 돌보게 하기 위해서도 기르는 네 발 짐승 말이야. 짖기도 하고 기분이 좋을 때는 꼬리를 흔들기도 하는 동물." 나는 '개'에 대한 나의 개념을 드러내 보이고 있다. 그러나 그러면 이제 문제는 '개념'이란 무엇인가? 라는 문제로 변하게 된다. '개념'의 정의 자체가 은연중에 '관념'에 대한 우리의 선이론적 파악에 의존하지 않고 있는, 그런 식의 '개념'에 의해 '관념'을 정의하는 길이 있을까?

전 절에서 했던 것처럼 '정의'에 호소하는 것은 성공하지 못할 것이다. 왜냐하면 정의는 우리가 일상적으로 관념 또는 개념이라고 분류할 것 같은 것이 아니기 때문이다. 우선 '개'에 대한 동물학자의 정의는 내 정의보다 훨씬 더 세밀하고 정확할 것이고, 내 정의는 어린아이의 정의보다 더 정확하고 분명할 것이다. 그런데도 나와 어린아이는 개에 관한 관념들을 가질 것이다. 도움이 되는 예를 보기로 하자. '사전 편찬자'라는 낱말은 '사전을 편찬하는 사람'을 의미한다(정의된다). 그 유명한 존슨 박사는 사전 편찬자였다. 그런데 그는 자기의 사전에서 '사전 편찬자(lexicographer)'를 '순진하게 힘들고 단조로운 일을 꾸준히 하는 자(harmless drudge)'라고 정의했다. 사실 사전 편찬자들은 힘들고 단조로운 일을 꾸준히 해내야 할지도 모른다. 그러나 그런 일을 해낸다는 것이 사전 편찬자의 본질은 아니다. 다 알다시피, 어떤 사람은 위험한 선동자이면서도 사전 편찬자일 수도 있을 것이다. 존슨은 사전 편찬자를 힘들고 단조로운 일을 꾸준히 해내는 사람으로 파악했을 수도 있을 것이다. 그러나 사실 그의 그런 정의는 사전을 편찬하는 데 자기가 바친 희생을 빗대어서 비꼰 농담에 지나지 않는다. 따라서 관념과 개념은 구분되어야 한다. 비록 설명의 대상이 되는 개념에 호소해서 순환적으로 그 구분이 이루어져야 했더라도 말이다.

이런 식으로 '관념'을 해명하려고 할 때 드러나는 결과는, '의미'의 개념 자체가 그런 것처럼, 한 개념에 유익한 정보가 없다는 것이 드러난다는 점이다. 따라서 낱말의 의미가 그 낱말이 나타내는 관념이라고 말하는 것은 애매모호한 것을 가지고 더 애매모호한 것을 설명해 가는 것(abscurum per obscuris)이나 마찬가지이다. 그 이상 나아갈 길이 없다. 그러나 이제 '관념'이란 우리가 의식적으로 무엇인가를 생각하고 있을 때, 그것이 무엇이든 우리의 정신 앞에 놓여 있는 것들을 의미한다 치고, '관념'이라는 말을 그냥 이렇게 애매한 채로 남겨두기로 하자. 그러면 다음과 같이 이야기될 수 있는 방법은 없는가? 즉, 낱말들은 이런 것들을 가리키거나 환기시킴으로써 또는 이런 것들이 '공적인 표시로 번역'됨으로써 의미한다고 말이다.

이런 형식으로 문제를 제기하는 것은 언어가 사고를 부호화(encode)하고 있다는 것을, 즉 우리의 관념들을 표현하면서 우리가 하고 있는 일은 관념들을 부호로 표현하고 — 즉, 언어로 — 그 부호를 가지고 관념들을 어떤 사람에게 전달하고 있다고 제안하는 것이다. 그러나 이런 부호화 과정에 있다고 여겨지는 관념과 언어 간의 관계는 무엇인가?

한 언어를 다른 언어로 번역하는 작업을 예로 끌어들이는 것이 도움이 될 것이다. 번역은 외국어 낱말을 우리가 이미 이해하고 있는 언어의 낱말과 대응시키는 번역 교범을 통해서 수행될 수 있다. 번역 교범에 숙달해 있다는 것은 다른 언어에 숙달해 있다는 것을 설명해준다. 또한 적어도 원리상 '의미'를 거치지 않고 한 언어를 다른 언어로 번역할 수 있어야 한다. 이렇게 해서 우리는 두 개의 다른 언어의 낱말들을 서로 결합시킨다는 것이 무엇인지를 안다.

그러나 관념과 낱말을 결합시킨다는 것이 무엇인지를 우리가 안다는 것은 분명한 것인가? 우선 관념이 그것과 낱말 사이를 매개하는 표상(representation)을 가진다고 말하는 것은 그럴듯하지 않은 것처럼 보인다. 관념이 그와 같은 표상을 가진다면, 우리는 퇴행의 문제에 빠질 것이다. 왜냐하면 무엇이 관념과 관념의 표상 사이를 중재하는가 하는 문제, 그리고 무엇이 관념의 표상과 낱말 사이를 중재하는가 하는 문제가 제기되기 때문이다. 그러므로 문제는 어떻게 관념과 낱말이 '부호화' 관계를 대신할 수 있는가 하는 것이다.

이와 관련된 또 다른 문제가 있다. 낱말이나 관념이 '정신 속에 들어온다'거나 '우리의 마음에 떠오른다'고 말하는 것은 자연스럽고 이해가 가는 것으로 보이는 반면, 의미가 '정신에 들어온다'고 말하는 것은 그렇지 못하다는 점이다. 만일 관념이 낱말의 의미라면, 우리는 의미가 우리의 마음에 떠오른다거나 잠깐 우리의 정신에 나타난다고 말해야 할 것이다. 이 어색한 표현은 낱말과 의미를 따로 떼어 놓고 이 중에서 의미를 관념과 동일시하는 것이 잘못이라는 점을 암시한다. 그대로가 의미인 낱말과 독립적으로, 우리에게 떠오르는 의미라는 개념은 거의 의미가 없다. 그러면 언어 속에 내재적으로 분절되어 있는, 사고의 요소로서의 관념이나 개념은, 낱말에 앞서 있기는커녕 낱말의 사용이 표출하는 것인 복합물로서 더 적절하게 보여지게 된다.

이렇게 해서 우리는 낱말과 관념(언어와 사고)이 서로 분리되어 있다든지, 전자가 후자를 전제한다든지, 또 양자 간에 획득되는 어떤 관계가 있어야 한다는 따위의 생각을 포기한다. 이런 식의 관계 문제는 사라진다. 사고와 언어가 전달자-부호 간의 관계라는 개념으로 대체된다고 보는 입장에서, 언어는 사고를 나르는 매개체이다. 이런 의미에서는 한 발언자가 한 낱말을 사용한다는 것은 그 발언자가 관념이나 개념을 가지고 있다고 보기 위한 충분한 근거가 된다.

이와는 반대로 부호 개념에서 우리는, 언어에 앞서서 또는 언어와 독립적으로 관념을 가질 수 있다고 가정해야 한다. 얼핏 보기에 그런 입장은 개나 다른 지능을 가진 생물을 정당하게 다루는 것처럼 보일 수도 있을 것이다. 이따금 우리는 그런 생물들이 관념을 가지고 있는 것처럼 "저 짐승이 문 앞에 있는 제 주인을 알아 본다."고 말한다. 그러나 이런 사실들에 호소하는 것은 기껏해야 언어 없는 초보적인 사고가 있을 수 있다는 것을 보여주는 데 지나지 않는다. 전체적으로 볼 때 언어 소유란 그런 차원을 넘어선 사고를 가지기 위한 조건이다. 개가 하나라는 관념을 가질 수 있다고들 하지는 않는다. 왜냐하면(프레게가 지적했듯이) 개가 한 마리의 개에 의해 공격당하고 있다는 것과 여러 마리의 개에 의해 공격당하고 있다는 것을 구별할 수 있다 할지라도, 한 마리의 개에 의해 공격당하고 있다는 상황과 한 마리의 고양이를 뒤쫓고 있다는 상황 속에서 하나라는 공통적인 것을 볼 수는 없기 때문이다. 비트겐슈타인도 이와 비슷하게 다음과 같은 점을 지적하였다. 즉 우리는 개가 자기 주인이 집에 돌아오리라고 예상한다고 말할 수는 있을지라도, 다음 주에 주인이 집에 돌아오리라고 예상한다고 말할 수는 없다는 것이다. 이것이 차이이다.

관념 형성론자는, 적어도 감각적 심상(또는 심상으로서 해석된 관념)과 밀접하게 연관된 낱말의 경우에 있어서는 관념이 낱말의 의미라는 것을 지적함으로써, 자기 이론을 얼마간 유지하려 할 수도 있을 것이다. 그러나 이것도 역시 성공하지 못할 것이다. 당신이 생각하고 싶은 어떤 심상이 여러 낱말과 연관되어 일어날 수도 있을 뿐만 아니라, 역으로 특수한 낱말이 그 낱말을 보고 듣는 사람의 정신 속에 많은 심상을 환기시킬 수도 있을 것이다. 첫 번째 가능성의 예로서, 나는 화롯불 앞의 매트에 앉아 있는 고양이를 상상하면서 '잠', '난로', '얼룩무늬 고양이', '따스함' 등과 같은 낱말을 연상할 수 있을 것이다. 두 번째 가능성과 관련된 경우로서 '총'이라는 낱말은 권총이나 장총 또는 사냥터에 있는 사냥꾼, 카우보이, 심지어는 대포 등의 심상을 환기시켜 줄 수도 있다. 이 경우에는 연상할 수 있는 심상이 다수이다. 정신분석학자는 임상에서 환자에게 '자유-연상'을 시키는데, 이것은 부분적으로 우리가 수행할 수 있는 낱말과 심상 간의 아주 다양한 결합을 전제로 하고 있다. 이런 사실은 분명히 이런 식의 관념 형성 이론에 대한 신뢰성을 감소시킨다.

관념 형성 이론의 주목해볼 만한 한 가지 특징은, 지칭적 이론처럼,

그것이 한 낱말의 의미를 어떤 존재자와 동일시한다는 점이다. 양 이론은 공통적으로 의미를 대략 명표 붙이기(labelling)와 같은 것으로 간주한다. 그 표준 형태를 놓고서도 그 어느 쪽 이론도 설득력이 없다는 사실은, 아마도 명표 붙이기라는 숨어 있는 개념 — 소위 콰인의 의미의 '박물관 신화' — 이 그릇되어 있다는 것을 지적해 주는 것 같다.

행태적 의미 이론

이 이론은 과학적 심리학에 기초해서 의미를 설명하려는 것이다. 이런 성격 규정을 놓고 매번 재판할 때마다, 행태적 이론은 아주 논란이 많다.

물리 세계의 성격과 관련된 철학의 제 영역에서 사변적 기술과 대립되는 경험적 기술의 사용은, 17세기와 그 이후 자연 과학에서 일어났다. 자연 과학의 성공은 특히 심리학과 같은 사회 과학의 종사자들을 고무시켰는데, 그들은 자기들의 학문에 ('정성적' 기술과 반대되는) '정량적' 기술을 모방해 적용함으로써, 자기들의 학문을 보다 엄밀하게 만들고자 했다. 그 결과 — 어쨌든 심리학에서는 — '실험' 심리학과 '사회' 심리학이라는 분과가 분립되었다.

이 개요는 약간 경솔한 면이 있다. 자연 과학자가 연구하는 현상들은 반복될 수 있고 또 공적이기 때문에, 쉽게 중요한 부분에서 정량적 탐구가 이루어진다. 그것들은 관찰, 측정될 수 있다. 반면에 사회 과학자에 의해 연구되는 현상들은, 개인들의 감수성이나 의도의 경우에서처럼, 흔히 일회적이고 사적이다. 또는 그것들은 사회적 제도의 경우가 그러하듯이, 역사적으로 제약을 받으며, 변동하기 쉽고, 미묘하고 또 복잡하다. 그래서 어떤 사회 과학 철학자들은 자연 과학의 방법론과 판이한 사회 과학만의 방법론이 있다고 주장한다. 딜타이, 베버 등과 같은 해석학자들은

이해(Verstehen) 이론이 사회 과학 방법론의 기반을 제공한다고 주장했다.[33] 모든 사회 과학자들이, 사회 과학이 자연 과학과는 별개로 성립되어야 한다고 보는 **이해** 이론가들의 주장에 동조하는 것은 아니다. 그 사람들은 사회 과학에 알맞은 방법이 공적 현상에 대한 정량적 경험적 탐구라고 주장한다. 논쟁의 이쪽 진영에서 큰 두각을 나타내고 있는 자들이 실험 심리학자와 행태주의자들이다.

일찍부터 익히 알려진 실험 심리학의 한 예가 파블로프 박사의 조건반사 실험이다. 파블로프 박사는 개가 종소리만 듣고도 그에 대한 조건반사로서 침을 흘리게 만드는 실험에 성공하였다. 이런 식의 작업에 고무되어[34] 행태주의 심리학파가 발흥하였다. '행태적 이론(behavioural theory)'의 지지자들은, 인간과 동물의 정신생활이 자극-반응의 테두리 안에서 해석된 그들의 외부 행동을 통해서만 설명되어야 하며, 인간의 머릿속에서 일어나는 내부적이고 내밀한 정신적 과정('의도들')에 호소하는 것은 낡고 비과학적이라고 주장했다. 한 개인의 중추 신경계 내의 세포 발화(firings of cells)를 넘어서서 정신적 존재자가 거주하는 유령 세계가 있다고 주장하는 자들은, 행태주의자의 사전에서는 무의미한 말인 '정신주의자(mentalist)'라는 딱지로 괄호 쳐진다. 행태주의의 창시자 중의 한 사람은 사고가 '미세한 후두 경련', 즉 소리 없이 자기에게 말을 거는 대화라는 입장을 취했다. 행태주의적 입장에서 어떤 사람이 자기가 행복하다고 말하는 것은 그에게 어떤 정신적 상태를 돌리는 것이 아니라, 그가 만면에 웃음을 띠고, 경쾌하게 걷고, 일반적으로 활달하고 좋은 기분을 가지는 등 그런 식으로 행위하거나 행위하려 한다고 말하는 것이다.[35]

이런 식의 분석이 의미 개념에까지 확장되었다. 말하기와 쓰기 — 일반적으로 의사소통 — 는 행동의 발전된 형태이기 때문에, 그것은 자극-반응 용어로 설명될 수 있다고 생각되었다. 행태주의자들의 입장은 다음

철학적 논리학

과 같다.[36]

넓게 말해서 어떤 의사소통의 상황에는 세 가지 요소가 있다. 우리가 그 의미를 설명해야 할 의사소통의 원인(발언이나 표기물), 의사소통의 맥락, 그리고 청자에게 일으키는 효과가 그것이다. 행태주의자들에게는 이 중 마지막 것이 의미를 설명하는 데에는 가장 전망이 좋은 곳으로 보여졌다. 특별히 의사소통의 목적이 그것의 청자 지향성에 있기 때문이다. 우리는 타인들에게 정보를 전달하고 타인의 행동을 수정하고 방지하거나 강제하기 위해서 의사소통하는 것이다.

따라서 초기 형태의 행태적 이론은, 한 발언의 의미가 특수한 상황에서 그 발언이 청자를 불러내는 반응이라고 주장했다. 이것은 파블로프의 개를 상기해보면 가장 잘 예시된다. 종소리는 개에게 음식물을 '의미했다'. 개가 종소리를 듣고 침을 흘리는 반응을 보였다. 따라서 행태적 이론은 사람들이 언어의 요소들에 대해 일으키도록 조건화된 반응 덕분에, 언어의 요소들이 의미를 가진다고 주장한다.

이것은 행태적 이론에 대한 가장 단순한 설명이다. 그것은 의미를 설명하는 것으로서는 그것은 대단히 불충분하다. 내가 두 사람과 얘기를 나누는데 한 사람은 거미 애호가이고, 다른 한 사람은 거미 공포증을 가진 사람이라고 해보자. 내가 "저기 벽에 거미가 있다."고 말한다 하자. 이때 두 사람의 반응은 상당히 다를 것이다. 어떻게 내가 말한 것의 의미가 내 발언이 일으킨 두 개의 크게 다른 효과에 있을 수 있는가? 실제로 나의 두 청자가 먼저 그 문장을 이해하고 있지 았았더라면, 어떻게 그들은 그들이 반응하는 대로 반응할 수 있었을까?

이번에는 신경이 날카로운 내 친구가 거미뿐만 아니라 쥐까지도 싫어한다고 해보자. 내가 "저기 쥐가 있다."라고 말하든 "저기 거미가 있다."고 말하든 간에 이에 대한 그의 반응 — 불안과 '회피 행동' — 은 같을 것이기 때문에, 그의 반응은 이런 문장들에 대한 의미가 될 수 없을 것이다. 그의 반응은 양 문장에 대해서 같으면서도 그 문자들은 의미상 분명히 다르기 때문이다. 사실 한 발언에 대한 반응이 그것의 의미를 결정한다면, 예를 들어 "풀은 푸르다.", "노란색은 색깔이다.", "사람들은 음식을 먹는다.", "대부분의 개는 네 개의 다리를 가진다." 등과 같은 많은 진술들은 ─ 이런 문장들은 주장하기에는 따분한 것들이며 청자에게 지루함을 불러일으킬 것이다 ─ 동일한 '의미'를 가질 것이다. 즉 지루함이라는 청자의 반응으로 이루어진 같은 '의미'를 가질 것이다.

한 발언의 의미를 결정하는 요소 중 최소한 어느 부분은 그 발언이 청자에게 일으키는 의도된 효과이지만, 이 효과는 청자에게 어떤 개념을 환기시키는 데, 즉 청자의 반응을 결정하는 청자의 연상에 있다고 말하는 것이 ─ 그리 분명한 것 같지는 않을지라도 ─ 자연스럽기도 하고 또 그럴듯하기도 하다. 그러나 이것은 관념 형성 이론과 비슷해지면서 정신주의적 개념을 재도입하는 것이다. 그것은 행태주의자에게는 저주나 다름없다. 그러나 행태주의자가 의사소통이 청자에게 일으키는 효과를 가진다고 본 점에 있어서는 옳은 한, 일부 그런 설명 ─ 지향적 개념에 호소하는 것을 수반하는 ─ 은, 표면상일 뿐일지라도 적어도 그것의 단순한 형식에 있어서는 순수한 행태주의적 이론보다는 더 의미를 온당하게 다루는 것처럼 보인다.[37]

행태적 이론을 약간 더 정련한 설명은 청자의 반응 이외에 의미의 요소로서 발언 맥락을 첨가한다. 그러나 이 설명도 크게 향상된 것은 아니다. 한 특수한 명사나 문장이 같은 의미를 가지면서도, 그것들이 발언될 수 있는 무한히 다양한 상황이 있다. 그러나 아마도 그런 상황은, 그 모든 상황에서의 청자의 반응과 함께 표현의 의미를 이루는 공통적인 맥락적 요소로서 우리가 확인할 수 있는 어떠한 것도 포함하지 않을 것이다.

그러나 행태적 이론에 대한 앞에서의 두 설명보다 한결 더 세련된 설명이 있다. 이 설명은 '내밀한 반응(implicit responses)'(특히 무언가를 들으면서도 청자가 예컨대 계속 태연하게 앉아 있는 경우처럼, 전혀 아무것도 하지 않는 경우들), 또는 보다 미묘하게 여전히 '성향(disposition)'이라는 개념을 이용한다. 행태주의 이론에 대한 이런 정교한 해석이 작동하는 방식은 다음과 같다.[38]

'내밀한 반응'이라는 개념을 사용하는 입장에서, 한 발언은 사람에게 어떤 '미소한(fractional)' 반응을 일으킬 것이다. 따라서 '전화'라는 낱말은 청자의 근육을 수축시키고 땀을 분비케 하고 미세하게 귓불을 충혈시키게 할 것이다. 그러나 이런 반응들은 청자가 실제로 전화를 거는 총괄적인 외부 행동의 '부분(fraction)'만을 이룰 것이다. 그러므로 반응은 '내밀하다'. '성향'이라는 개념을 사용하는 입장에서 한 발언은 이런 피하의 근육 수축이나 생리 작용을 나오게까지는 하지 않을 것이나, 청자의 유기 조직을 다음과 같이 처리할 것이다. 즉 어떤 다른 조건이 충족되었거나 금지가 철회되었을 경우, 그런 생리학적 반응이 나타날 것이고, 전반적으로 실제 전화를 거는 행위를 일으키리라는 것이다.

그 조잡한 형태로부터 세련된 형태에 이르기까지 행태적 이론의 이러한 모든 변형들이 깔고 있는 기본적인 전제는, 언어가 기호(sign)들의 체계로서 기능한다는 것이다. 그리고 이 기호 체계로서의 언어는, 새의 지저귐이나 토끼의 발구름 소리와 비교해볼 때 그 복잡성의 정도에 있어서만 (인간이 가진 더 복잡한 신경 구조에 맞먹는) 차이가 날 뿐이라는 것이다. 새 울음소리는 부분적으로 영역 표시의 의미를 띤다. 토끼는 위험을 알리기 위한 신호로서 발을 구른다. 토끼는 그 소리를 듣고 자기 보존적인 신경 반사 행위로서 자기 굴속에 몸을 숨긴다. 그렇다면 이제 이 행태적 이론의 보다 세련된 설명과 연관되어 일어나는 물음은 과연 인간 언어가 토끼의 위험 신호나 이른 아침 새의 지저귐보다 훨씬 더 복잡한 신호 체계에 불과한 것인지 하는 것이다. (그럴 수도 있다고 생각하는 것은 인간이 동물보다 우월하다는 감정을 손상시킨다. 그러나 그것이 그런 입장을 물리치는 논증이 되지는 못한다. 임상 심리학에 있어서의 행태적 전문 기술이 대단히 효과적이었다는 것을 상기하라. 이것은 인간에 대한 행태적 해석을 지지해주는 것으로 생각된다.)

이것에 부정적 답변을 내리게 만드는 첫 번째 요소는 행태적 이론이 언어를 신호 체계로서 해석한다는 사실이다. 이것이 주요 난점이다. 언어를 이루고 있는 요소 중 비례적으로 상당히 적은 부분만이 그와 같이 해석될 수 있었다. 그리고 이 부분에 대해서 지칭적 이론을 괴롭혔던 것과 유사한 문제들이 일어난다. 둘째, '내밀한 반응'이라는 개념도 '성향'이라는 개념도 도움이 되지 못한다. 가령 '집'이라는 말의 의미를 밝혀내기 위해, 대략 두 살 이상의 모든 화자가 그 말을 들었을 때 드러내 보이는 미세한 생리학적 반응 가운데 어떤 공통적인 요소들을 가려내어야 했을 것인데, 이런 식으로 말의 의미를 밝혀내기란 사실 어떤 초인적인 신경외과 의사가 있었다 하더라도 해낼 수 없었을 것이다. 다른 식으로 흄을 표현해볼 수도 있다. '집'이라는 말의 의미와 묶여 있는 것, 즉 근육의 움직임이나 분비 작용과 같은 것들을 확인해 내기란 대단히 어렵다. 그것들은 전혀 그 낱말의 의미로서 쓰일 수 있을 만큼 적절히 분포하지 않는다.

'성향'이라는 개념에 대신 호소해도 마찬가지 문제가 생긴다. 성향 용어로 낱말의 의미를 설명하기 위해서 우리는 그 성향이 실현되지 않고 있을 경우, 성향의 실현을 방해하는 모든 가능한 제약 조건들을 설명해야 하는 거의 무한에 가까운 작업을 해야 하기 때문이다. 또는 그 성향이 내밀한 반응을 거쳐 명시적인 반응으로 성공적으로 분출된다 하더라도, 어떤 임의의 맥락에서 임의의 화자에게 꼭 맞게 만족되는 모든 조건을 설명해 주어야 하기 때문이다.

콰인, 행동과 언어

그러나 콰인이 주창한 행태적 언어 습득 이론(behavioural theory of language-acquisition)은 고찰해볼 만한 가치가 있다. 콰인은 통상적인 의미의 문제에 대해서는 관심이 없다. 왜냐하면 그는 지시와 같은 외연적 개념이 의미보다 더 다루기 쉽고 따라서 연구하는 데 더 생산적이라고 생각하기 때문이다. 일찍이 콰인은 의미론적 개념을 두 부류로 나누었다. 하나는 ('가리킨다', '만족시킨다'와 같은 개념들을 중심으로 하는 외연적 이론들인) 지시론들이고, 다른 하나는 (동의성과 같은 개념들을 중심으로 하는 내포적 이론들인) 의미 이론들이다. 콰인의 입장에서는 모호성에 몹시 오염되어 있는 의미 이론보다는 지시론이 철학적으로 더 전망이 밝고 '보다 나은 형편'에 있다.[39] 그럼에도 불구하고 그의 견해가 깔고 있는 가정은 언어에 대한 철학적 이해가 언어 숙달의 원천들을 탐구함으로써 이루어져야 한다는 것이다.

콰인은 특히 — 앞에서 보았듯이 — '관념'에 호소하는 고전적 경험주의에 의해 유포되었던 정신주의(mentalism)를 멀리한다. 콰인의 입장에서 '관념의 길'이 파산한다는 것은 그것이 흄의 회의론, 버클리의 관념론, 문제가 많은 로크의 실재론, 그 밖에 이와 동류의 것들에 이르게 되었다는 사실에서 분명해진다.[40] 이런 것들은 그 어느 것도 지지받지 못하고 있다. 따라서 공인된(standard) 인식론은 거부되어야 하고, 새로운 접근 방법을 택해야 한다. 이것은 현대 과학의 공식 의견(deliverance)을 받아들이는 것을 수반한다. 과학을 의문의 여지가 없는 것으로 받아들일 경우 제기되는 문제는, 어떻게 우리가 과학적 지식에 도달하는가 하는 점이다. 언어는 그런 지식의 획득에 근본적이고 또 지시가 언어에 근본적이기 때문에 최종적으로 과제는 '지시의 뿌리(the roots of reference)'에 대한 탐구로 환원된다.[41]

콰인의 입장에서 '자연주의(naturalism)'(우리는 과학의 공식 의견을 받아들여야 하며, 철학을 하는 데도 거기로부터 나아가야 한다는 입장)는 행동이라는 출력을 통해서 지식을 보는 것을 수반한다. 이 행동의 출력은 인간의 외부 감각에 환경의 충격이 가해져서 나온 반응이다. 정신 내부에서 일어나는 일에 대한 어떠한 추측도 있어서는 안 된다. 유일한 증거는 "밖에서 우리가 볼 수 있고 들을 수 있는" 낱말들의 발언이어야 하며, 따라서 '인간 과학에 이용할 수 있는' 것이어야 한다.[42] 간단히 말해서 언어는 훈련 (conditioning)에 의해 학습된다. 교사는 알맞은 관찰 가능한 상황에서 어린이가 이러저러하게 반응하도록 훈련시킨다. 언어 학습은 '동물 조련이라는 일반 영역에 포섭된다'. 즉, 자극에 따라 선택적인 반응을 하게끔 내부 조정을 일으키는 데 있는 것이다.

간단한 명사의 학습으로부터 과학의 학습으로 넘어가는 정신 발생학적인 발전 과정에서, 결정적인 단계는 객관적 지시의 성취에 있다. 콰인은 언어 학습자가 양화에 의한 서술화(predication)를 숙달했을 때 이런 성취가 일어나는 것으로 간주한다. 자연 언어의 지시 장치는 논리학의 그것보다 덜 치밀하다. 논리학에서의 지시는 양기호 ($\exists$x)와 (x), 그리고 이 양기호들이 묶는 변항들에 의해 이루어진다. 그럼에도 불구하고 일단 언어 학습자가 서술화를 학습했다면, 그는 원초적인 차원인 '사건 문장 (occasion sentences)'과 '관찰 명사'의 수준을 넘어서 충분히 올바르게 과학의 길에 도달했을 것이다.[43]

술어와 지시로 가는 길은 여러 단계의 선서술적(prepredicative) 언어 사용 단계를 거친다. 관찰 명사들은 다음과 같은 세 부류로 나뉘어진다.

1. 붉은, 설탕, 눈, 물, 백색의
2. 피도(Fido), 엄마(mama)
3. 개, 죔쇠, 사과, 여자

우선 이 세 부류는, 명사들의 발언을 한 낱말(one-word) 사건 문장처럼 보게끔 해주는 어떤 인식 가능한 상황의 재현(recurrence)이라는 점에서, 학습자에게는 모두 비슷하다. 그러나 이 셋은 서로 상당히 다르기도 하다. 첫 번째 부류의 품목들은 동시적으로 산포되어 있는 덩어리로서 존재할 수 있다. 반면에 두 번째 것의 경우에는 형태가 중요하다. 어머니는 산포된 채로 있는 것이 아니라 하나의 육체를 가지고 있다. 그럼에도 불구하고, 1과 2에 속한 명사들은 3과 비교해 보았을 때 어떤 의미론적 단순성을 가지고 있다. 왜냐하면 세 번째 부류의 명사들은 그런 식으로 되어야 할 개별성을 가지기 때문이다. 말하자면 언어 학습자가 그 부류의 명사들을 숙달하기 위해서는, 학습자는 개별화 원리(principle of individuation)를 파악해야 한다. 이 사실을 주목하는 것은 복잡한 회상으로 이루어진다. 그때까지 학습자 자신은 이런 식으로 이 부류들 사이를 구별하지 못한다. 왜냐하면 그는 양화의 수준에 도달하지 못했기 때문이다. 따라서 이런 명사들은 그저 선일반적(progeneral)이고 선단칭적(prosingular) 명사들일 뿐이지, 고유한 의미의 일반 명사와 단칭 명사가 아닌 것이다.

세 번째 부류에 속한 명사들은 그것들에 개별화가 부여되기 때문에 지시적 명사에 가까이 가 있다. 그러나 이 단계에서도 학습자는 그 명사들을 한 낱말 사건 문장들로 사용하고 있기 때문에, 그것들은 여전히 아무 술화(predication)도 수반하지 않는다. 학습자가 '노란'과 '종이'와 같은 한 낱말 문장을 가지고 '노란 종이'라는 말을 만들 때처럼, 그런 낱말들로부터 '관찰 복합어(observation compounds)'를 만들어내는 능력을 개발할 때조차도 상황은 변함이 없다. 이것도 술화를 수반하지 않는다. '노란 종이'에 대한 동의(assent)는 여전히 이 단계에서 관련된 자극이 있어야 할 것을 요구하기 때문이다. 따라서 아직 사건 의존적이다.

엄밀한 의미에서의 술화와 지시에로의 이행이라 할 수 있는 다음 단계로 넘어가기 위해서는, 하나의 커다란 간격을 넘어야 한다고 콰인은 말한다. 그 간격은 다른 학습의 메커니즘에 의해 메워진다.[44] 관찰 문장들이 사건 의존적인 데 반해 '불변(standing) 문장들'(콰인은 가끔 이것을 '영속(eternal) 문장'이라고도 부른다)은 전혀 사건 의존적이지 않다. 콰인의 입장에서 이처럼 간격을 뛰어넘어 언어의 서술적 사용 단계로 넘어 가는 과정은 좀 불가사의하다. 그러나 그는 이 과정이 다음과 같은 본질적인 특징을 수반한다고 말한다. 즉 거기에는 관찰 자극으로부터 언어적 자극으로 넘어가는 '이동'이 있다. 예를 들면 '눈(snow)'이라는 낱말의 출현이, 눈의 현존이나 부재와는 무관하게 충분히, '흰'이라는 낱말에 대한 동의를 일으킬 것이라는 것이다. 이 이동은 훈련의 한 이동, 다시 말해서 사물로부터 낱말로 넘어가는 반응의 이동이다. 따라서 언어 학습자는 "눈은 희다.", "피도는 개다."와 같은 영속 문장에 반응할 수 있다.

여기서 콰인이 보여주는 그림은 영속 문장과 사건 문장 사이의 어떤 간격과 더불어, 술화와 지시가 영속 문장에 속한다는 것이다. 얼핏 보면 이런 그림에는 그럴듯한 면이 있기는 하다. 특히 이런 그림은 과학의 색깔로 꾸며져 있어서 권장되고 있다. 그럼에도 불구하고 그것을 의문시하기 위한 좋은 이유가 있다.

첫째, 콰인의 설명이 처음의 학습으로부터 과학적 지식의 획득이 가능해지는 보다 복잡한 개념적 수준에까지 발전해 감에 따라, 생리학적 매카니즘에 대한 호소는 뒷전으로 물러서고 있다. 콰인은 그저 아마도 언젠가는 이야기 중 빠진 부분이 채워질 것이라고만 말한다. 그러나 이런 낙관주의는 심리학이 생리학으로 환원될 것임을 허용하면서, 의도적 개념이 물리적 개념에 의해 분석될 수 있다는 기대에 의존한다.[45] 이것은 매우 강한 논제로서 심적 사건에 관한 진술의 진리치가, 환원된 물리적 진술 의 진리치에 의존한다는 것 이상의 주장을 하는 것이다. 왜냐하면

이 전자는 심적 진술이 남김없이 물리적 진술로 번역될 수 있다는 것이 참이 아니었을지라도 성립될 수 있었기 때문이다. 강한 환원적 논제는 바로 그러한 번역이 가능하다는 주장에 있다. 만일 우리가, 생물학적 설명이 언어 획득 현상을 설명할 수 있고 앞으로 설명하리라는 것이 가능하다고 주장한다면, 우리는 이 강한 환원적 논제에 관여하는 셈이 될 것이다.

그런 논제들은 요구된 환원이 경험적으로 뿐만 아니라 **원리적으로도** 불가능하다는 것을 암시하는 여러 가지 이유에서 의문시될 수 있다. 심적인 기술과 물리적인 기술은 통약 불가능하기 때문이다. 이는 부분적으로 두 담론의 술어들이 외연에 있어 극단적으로 일치하지 않는다는 것을 말하는 것이다. 한 예가 이 점을 보여줄 것이다. 물리학자와 사회학자가 같이 어떤 사건을 바라보고 있다고 하자. 물리학자는 그 사건을, 일정한 빈도로 방사하는 양, 속도 등을 가진 물체들로 기술한다. 사회학자는 그 사건을 미식축구 시합으로 기술하고, 그 사건을 어떤 규칙에 의해 지배되는 일정한 목표, 전략, 희망을 가진 두 팀으로 설명한다. 두 기술은 같은 역사적 사건을 두고 하는 기술이지만 상호 환원될 수는 없는 것이다. 물리학의 언어에는 '팀', '목표', '전략', '벌칙' 등을 번역할 말이 없고, 또 사회학의 언어에는 '양', '속도'를 번역할 말이 없기 때문이다. 따라서 양 기술은 (어떤 의미에서) 같은 사건에 대한 서로 환원될 수 없는 판연히 다른 기술이다. 각 기술은 각자의 이론적 목적에 상대적으로 무모순적이고 완전한 것이다.

그런데 이것이 시사하는 바는 뇌 생리학의 언어와 우리의 심리학적 담론의 언어가 이와 마찬가지로 서로 환원될 수 없다는 것이다. 그럼에도 불구하고 물리학자와 사회학자는, 그들이 하나이자 같은 사건**으로서** 기술하고 있는 사건을 '탐색하는(locate)' 수단을 가진다. 바로 마찬가지로 생리학자와 심리학자는 적어도 한동안 같은 현상에 그들이 둘 다 주의를 집중하고 있음을 입증하는 어떤 연관성에 동의할 수 있다.

콰인의 논증에서 첫 번째 단계 중 하나는, 언어가 공적으로 관찰할 수 있는 상황에서 학습된다고 하는, 표면상 해가 없는 그림을 이용하고 있다. 그러나 어떻게 이론가는 어떤 종류의 상황이 언어 학습 상황으로서 생각되는지를 알 것인가? 이런 식으로 상황을 규정하는 것은 그 상황 속에서 학습자가 상당한 개념적 장비를 갖추었다고 인정될 수 있을 경우에만 이해가 된다. 학습자가 '붉은'이라는 말을 숙달해 가고 있다고 해보자. 그러면 그는 그에게 가리켜진 것을 '붉은'에 대한 올바른 자극이 되는 환경의 특징으로서 인식해야 한다. 또한 그는 자기가 보는 것이 붉게 보여진다는 사실을 이해하거나 미리 이해하고 있어야 한다. 명시의 빈곤성에 대한 비트겐슈타인의 논평이 여기서 완전히 적용된다. 마찬가지로 교사도 — 훨씬 더 많은 — 개념적 장비를 갖추고 있다고 보아야 한다. 왜냐하면 그는 의식적으로 그가 명명하고 싶은 특징으로서 기능이나 기원 또는 예술적 범주 대신에 단순한 감각적 질을 선택하고 있기 때문이다. 그러나 그렇다면 어떻게 우리는 방금 했던 식으로 지향적 개념들에 기대지 않고 학습 상황을 규정지을 수 있을 것인가? 확실히 이론가는 모종의 정신주의적 장치에 호소하지 않고는 일을 시작할 수가 없다.

스트로슨은 콰인이 제시한 세 부류의 명사 중 두 번째 것과 세 번째 것, 즉 단칭 명사와 일반 명사 간의 우선성의 순서를 문제 삼는다.[46] 콰인의 입장에서 '피도', '엄마'와 같은 단칭 명사는 세 번째 부류의 명사보다 더 기본적이다. 후자는 그것의 숙달을 위해서 개별화 원리를 파악해야 할 필요가 있고, 그런 파악은 유사성을 비교하는 능력과 그 비교로부터 관련된 의미론적 일반화를 수행하는 능력에 있기 때문이다. 그러나 콰인은 학습자가 '피도'를 원생 단칭 명사(protosingular term)로 숙달해 가면서 그 낱말의 복수성을 배제해야 한다는 것을 인정한다. 그렇지 않으면 '피도'는 의미론적으로 '개'와 구별될 수 없기 때문이다. 스트로슨은 바로 이 점을 붙들고 늘어진다. 그리고 피도가 하나이자 유일한 피도라면, '피도'는 오히려 '개'보다 더 복잡하다는 점을 지적한다. 왜냐하면 그것은 개별화와 유일성을 모두 포함하기 때문이다. 따라서 2와 3 간의 우선성의 순서는, 그런 순서가 있다고 한다면, 뒤바뀌어야 한다.

그런데 스트로슨은 다음과 같은 점을 지적한다. 즉 학습자가 1-3 부류의 명사들을 숙달했을 때까지는 완전한 양화 장치를 획득하지 못했고, 또 학습자가 그 명사들을 사건 문장처럼 사용할 수 있다고 주장한 점에 있어서는 콰인이 옳다고 하더라도, 그 학습자가 그중 일부를 숙달하지 못했다는 결론은 나오지 않는다는 것이다. 왜냐하면 스트로슨의 입장에서 한 낱말 사건 문장조차도 술화를 강하게 예시하는 어떤 이중성을 가지고 있기 때문이다. 그런 문장들은 발언된 한 낱말 문장 자체 이외에도, '여기-지금'이라는 내재적인 요소가 있지 않는 한, 진리치가 될 수 없을 것이기 때문이다. 따라서 학습자가 '개'라고 말할 때, 그는 사실 '지금 여기의 개(dog here now)'라고 말하고 있는 것이다. 다시 말해서 그는 결국 그의 지각적 환경의 한 특징에 관한 관찰 판단을 표현하고 있는 것이다. 그리고 이 관찰 판단은 그의 대화 상대자에 의해 동의되거나 부인될 수 있는 판단이다. 이런 식으로 사건 문장들은 최소한 원-술어적 성질(pro-predicative quality)을 가지는데, 이것은 콰인이 말한 언어 숙달의 전서술적(pre-predicate) 차원과 서술적 차원 사이의 불가사의한 간격을 좁히거나 좁히는 데 도움이 된다.

의미 검증 이론

'검증(verification)'이라는 개념을 포함하는 의미관들은 두 범주로 대별된다. 그중 하나는 의미의 성격을 밝혀내려고 하기 때문에 '의미 검증 이론(the verification theory of meaning)'이라는 이름을 붙여줄 만 하다. 다른 하나는 문장의 **유의미성 기준**(criterion of meaningfulness)을 마련해 주고자 하는 것으로서, '검증 원리'라는 익숙한 명칭으로 보다 더 잘 기술된다. 전자의 입장은 "한 명제의 의미는 그것의 검증 방법이다."라는 슐릭의 구호로 요약된다.[47] 후자는 "한 문장은 그 문장이 표현하고자 하는 명제의 검증 방법을 어떤 사람이 알 때, 오직 그때에만 그 사람에게 사실적으로 유의미하다."라는 에이어의 언명에서 잘 요약된다.[48] 양 경우에 '검증'은 관찰에 의한 검사를 의미한다. 다시 말해서 한 명제는 그것의 진리치가 결정될 수 있는 경험적 방법이 있다면 오직 그때에만 검증 가능하다. 의미 검증 이론이 옳다면, 검증 원리도 참이라는 것을 주목하는 것이 중요하다. 그러나 그 역은 성립하지 않는다. 왜냐하면 내가 한 명제를 검증할 수 있을 경우에만 그 명제는 나에게 사실적 의미를 획득한다는 것이 참이라 할지라도, 이것만으로는 명제를 검증하는 **방법**이 그것의 의미가 된다는 것은 따라 나오지 않기 때문이다.

논리 실증주의자들은 의미 이론을 위한 핵심 개념으로서 검증을 선택하였다. 왜냐하면 그들은 의미 없는 명제로부터 진정으로 의미 있는 명제를 구별하기 위한 방법을 갖기를 원했기 때문이다.[49] 에이어는 '실증주의 입장을 탁월하게 진술'해준 자로서 흄을 인용한다.[50] 흄은 다음과 같이 말한 바 있다. "우리가 이런 원리들에 설득되어 장서들을 훑어볼 때, 우리는 무엇을 해야 하는가? 예컨대 우리가 신학이나 강단 형이상학에 관한 책을 한 권 집어 들었다면 이렇게 물어보자. 그것은 양이나 수에 관한 추상적 추리를 포함하는가? 아니다. 그러면 그것은 사실 문제나 존재에 관한 실험적 추리를 포함하는가? 아니다. 그러면 그 책을 태워버려라. 그것은 궤변이나 환상에 지나지 않는 내용을 포함하고 있을 뿐이기 때문이다."[51] 같은 근거에서 논리 실증주의자들은 유의미한 명제가 두 부류로 나뉜다고 생각했다. 하나는 논리학이나 순수 수학의 명제들과 같은 형식적 명제인데, 그것들은 항진 명제들이다.[52] 다른 하나는 경험적으로 검증될 수 있을 것을 요구했던 사실적 명제들이다.

검증 원리는 2장에서 논의된 이유 때문에 필요한, 문장과 명제 간의 구분을 수반한다. 한 **문장**은 그것이 표현하고자 하는 **명제**가 검증 가능할 경우에만, '사실적으로 유의미'하다고들 한다. 따라서 검증 가능한 명제를 표현하지 않는 문장은 전혀 아무 명제도 표현하지 않는다. 그것은 통상적으로 무의미하다. 따라서 이런 입장에서 한 문장의 의미는 그것이 표현하는 명제이다. 다음의 두 문장을 생각해 보자.

(1) 신은 하늘에 계신다.
(2) 비둘기가 둥지에 있다.

비둘기가 둥지에 있는지를 검증할 방법이 있기 때문에 (가서 볼 수 있다), 2는 명제를 표현하며, 따라서 의미가 있다. 그러나 1이 말하는 것의 참, 거짓을 검증할 방법은 없기 때문에 그것은 아무 명제도 표현하지 않으며, 따라서 무의미하다. 또는 좀 더 정확히 말해서 '사실적으로 의의가 없다(factually insignificant)'. 왜냐하면 검증주의자들은 1이 세계에 대한 특수한 비인식적 태도를 표현하는 것으로서의 정서적 의미(emotive meaning)를 가질 수도 있다는 것을 인정하기 때문이다.(이것은 모든 도덕적, 미학적, 종교적 발언들에 적용된다. 그런 발언들은 '사실적으로 의의가 없다'. 그것들의 진리치를 결정하기 위한 검증 방법으로서 생각되는 것이 전혀 없기 때문이다. 그러나 그것들은 그것들을 발언한 자들에게 정서적 의미를 가진다.)

지금까지 검증 원리는, 어떤 사람이 한 문장이 진술하는 것을 검증할 방법이 없을 경우에는 사실적으로 의의가 없다고 하는 제한된 형태로 제시되었다. 그러나 이 원리는 이렇게 일반화될 수 있다. 만일 한 문장이 말하는 것이 누군가에 의해 검증될 수 없다면, 그 문장은 제한 없이 사실적으로 의의가 없다. 이런 형식에서 원리 자체는 제한을 필요로 한다. 사실적으로 의의가 없는 문장들은 **원리상** 아무 검증 방법이 없는 문장들이다. 만일 사람들이 이처럼 이 입장을 제한하지 않았다면, 한 특수한 문장은 그 문장이 말한 것을 누군가가 검증했을 경우 의미가 있게 되었을 것이지만, 어느 누구도 지금까지 그것을 검증하지 못했다는 우연적인 사실 때문에 무의미한 것으로 생각될 것이다. 이런 한정은 실용적 진리론(5장)이 그 한 변형에서 만나게 되는 난점을 피하게 해준다.

그런데 이 입장은 한 문장이 말하는 것이 원리상 검증 가능하다면, 오직 그때에만 그 문장은 의미 있다는 것이다. 그런데 이 입장에도 문제가 있는데, 그 문제들은 이론의 지지자들 자신도 인정했던 것이다.[53] 첫째, 과학의 일반 법칙은, '검증함'이 그것의 참에 대한 증명을 제공하는 것을 의미한다면, 원리상으로도 검증 가능하지 않은 것으로 판명된다. 역사도 또 하나의 희생물이 된다. 어떤 식으로 과거에 관한 주장의 참이 현재나 미래의 관찰에 의해서 검증될 수 있는가? 그렇지만 과학과 역사는 모두 사실적으로 의의 있는 문장들의 체계이다. 설상가상으로 지금까지 관찰되었던 물리적 대상에 관한 주장조차도 결정적으로 검증될 수 있는 것이 아니라는 생각도 있다. 그 검증과 관련된 관찰의 수가 무한할 수도 있기 때문이다. 그리고 대상에 관해 우리가 말하는 것을 논박할 단 한 번의 미래 관찰이 있을 가능성이 있는 한, 그 진술은 검증되지 않거나 검증되었다고 생각될 수 없다.

검증주의자들의 응수는 원리를 자유화시키자고(liberalization) 제안하는 것이다. 그럴 경우 그것은 가능한 모든 것이 한 진술의 참과 관련된 증거가 되는 경우들을 허용한다. 이런 입장에서 한 문장은, 경험적 절차가 그 문장의 진리치를 결정하는 데 관련된다면, 사실적으로 의의가 있다.[54] 그럴 경우 방금 얘기된 난점들이 극복되면서도 1과 2 사이의 구분이 보존된다. 그러나 이것은 다른 구역에서 — 특히 '관련성(relevance)'의 성격과 관계하여 — 문제를 재발시킬 뿐이다.

이 난점을 보여주는 한 가지 방법은 다음과 같다. 경험적 사실의 문제에 관한 주장을 지지 또는 반대하는 '관련된' 증거가 무엇인지는, 5장에서 노이라트의 입장과 연관되어 논의된 의미에서, 크게 정책의 문제이다. 그러므로 관련된 증거라고 생각되는 것은 관찰자의 개념적 전략에 따라 크게 변화할 수도 있을 것이지만, 그러나 (포이에르아벤트와 같은[55]) 상대주의자의 입장에서만 명사들의 의미는 관련 검증 맥락에 따라 변화할 것이다. 예를 들어, 오랫동안 가뭄이 들었던 어떤 나라에서 비를 내리게 만들었다고 하자. 관계한 과학자들에 따르면, 비가 내린 직접적인 원인은 비행기로 구름에 화학적 씨를 뿌렸기 때문이었다. 그러나 그 지역 사회에 따르면, 그 원인은 기우제 춤을 춰서 비를 내리게 한 주술사였다. 각 사회 집단은 "화학적 씨가 비를 내리게 했다."라는 문장과 "기우제 춤이 비를 내리게 했다."라는 문장이 말하는 것을 검증하는데, 관련된 증거라고 여겨지는 것을 두고 다른 입장에 선다.

이것은 극단적인 예이다. 그러나 관련성에 관한 이런 식의 논쟁은 특수한 체계 내에서 일어날 수 있고 또 일어나고 있다. 준항성(quasar)이 우주론적인 거리에 있는지 아니면 은하 간(intergalactic) 현상인지 하는 문제에 관한 천체 물리학적 논쟁을 생각해 보라. 만일 전자라면, 준항성이 드러내는 적색 편이는 뉴튼적이며, 거대한 속도와 거리를 보여주는 증거이다. 그러나 그렇다면 준항성이 방사하는 에너지는 대단히 크기 때문에 그것을 설명하기 위해서는 현재 우리가 가지고 있는 물리학의 이해에 대한 수정이 요구된다. 만일 후자라면, 현행 이론을 가지고는 설명될 수 없는 비뉴튼적인 적색 편이에 대한 설명이 요구된다. 증거가 어느 정도 양 가설과 관련이 되어 있기는 하지만, 어느 한쪽의 선택을 보증해 줄 만큼 충분히 강하지는 않다. 그럼에도 불구하고 양 가설은 사실적으로 의의가 있다.

검증 원리를 유의미성 기준으로서 입증하려는 보다 정교한 작업은, 한 문장이 어떤 특정한 방식에서 관찰 진술들을 수반(entail)한다면, 그 문장은 검증 가능할 것이라는 생각에 달려 있었다. 그러나 그런 작업에 대한 강력한 반론은, 어떤 물리적 사태에 관해 무엇인가를 진술하는 문장의 참이 그것과 연결된 어떤 관찰 보고의 거짓과 무모순적이라고 주장하는 것이다. 와이즈맨이 그 예를 보여준다.[56] 어떤 사람이 "길가 저쪽에 존스가 있다."고 말한다고 하자. 내가 건너다보지만 존스는 눈에 띄지 않는다. 아마 존스가 상점으로 들어가 버렸거나 트럭이 앞으로 지나가서 시야를 방해했기 때문이었을 것이다. 이때 내가 존스를 보지 못했다는 것 ― 즉 "길가 저쪽에 존스가 있는지가 보이지 않는다."라는 진술의 참 ― 은 "길가 저쪽에 존스가 있다."의 참과 모순되지 않는다. 관찰의 실패가 후자 진술의 참을 무효화한다고 생각하는 것은 불합리할 것이다. 만일 한 문장이 말하는 것이 참이면서 그것이 수반한다고 여겨지는 관찰 진술이 거짓이라면, 우리는 주체하기 어려운 모순에 빠질 것이다. 그러나 이 예에는 전혀 그 안에 모순되는 것이 없다.

검증주의의 반대자들이 곧바로 제기했던 반론은, 검증 원리가 구획해 왔던 그 어느 유의미한 명제의 범주에도 자기 자신은 속하지 못한다는 것이었다. 그것은 항진 명제(tautology)도 아니고, 경험적으로 검증 가능한 것도 아니다. 비판자들은 검증 원리 자체의 지위는 무엇인가? 라고 물었다. 에이어는 검증주의자들이 검증 원리를 규약(convention)으로 받아들였을 것이라고 말한다. 경험적으로 유익한 명제에 의해 실제로 만족되는 조건과 일치하는 의미의 정의를 그들이 제의하고 있었다는 의미에서 말이다.[57] 이것은 논리학과 수학의 선험적 명제에 대한 그들의 설명과 더불어 유의미한 명제들의 집합에 대한 기술이 되었다. 그런데 그들은 여기에다 규범적(prescriptive) 요소를 첨가하였다. 이런 집합의 진술들만이 진리치를 가지는 것으로 간주되어야 하며, 또 진리치를 가지는 진술들만이 문자 그대로 의미 있는 것으로 간주되어야 한다고 말한 것이다.[58]

여기에는 이중적인 어려움이 있다. 규범적 요소는 그냥 임의적인 입법인 것으로 의심받을 수 있다. 그리고 기술적 요소는 기껏해야 형이상학, 윤리학, 미학, 신학의 진술들이 실증주의자가 선호하는 진술 집합 속에 포섭되지 않는다는 것을 보여주는 것으로 의심받을 수 있다. 그로부터 그런 진술들이 진리치를 가지지 못한다거나 의미가 없다는 결론이 나오지 않는 것이다. 검증 원리의 기술적 요소는 기껏해야 이미 인정된 것을 긍정하고 있다. 즉, 의미에 대한 설명 그리고 — 만일 그 개념이 따로 적용될 수 있다면 — 진술들의 진리치 또는 세계나 인간 경험의 본성에 관한 지극히 일반적인 진술의 진리치에 대한 설명은, 관찰할 수 있는 현상에 관한 주장을 설명하는 것과도 그리고 형식 언어의 성격을 기술하는 것과도 다르게 취급되어야 할 것을 요구한다는 것을 말이다. 자연히 이 것은 자연 과학에서 사용될 수 있는 것 편에만 서 있어서, 형이상학이나 어떤 다른 탐구를 배제할 근거를 주지 못한다.

유의미성 **기준**으로서의 검증 원리가 난점에 봉착한다면, 의미 검증 이론이 보다 전망적인 대안이 될 수도 있을 것이다. 이 이론 — "한 명제의 의미는 그것의 검증 방법이다." — 은 모종의 존재자로서의 '의미'관을 전제하지 않는다는 사실을 장점으로 가진다. 대신 이 이론은 의미를 하나의 방법(method)으로서 해석한다. 슐릭은 다음과 같이 말했다. "한 문장의 의미를 진술한다는 것은 그 문장이 사용되어야 할 규칙들을 진술하는 것이며, 이것은 그 문장이 검증(반증)될 수 있는 방식을 진술하는 것과 같은 것이다."[59]

이것은 설명을 필요로 하는데, 그 설명은 유사한 견해인 과학 철학에 있어서의 '조작주의(operationalism)'를 고찰할 때 가장 잘 제공된다. '길이(length)'라는 낱말에 대한 브릿지맨의 예를 생각해 보라.[60] 만일 우리가 한 대상의 길이를 결정할 수 있다면, 우리는 '길이'가 무엇을 의미하는지를 알 것이다. 한 대상의 길이를 결정하는 것은 어떤 물리적 조작의 수행을 수반한다. 그리고 이런 일련의 조작이 '길이'의 의미가 되는 것으로 보여질 수 있다. 이것은 검증주의적 용어로 다음과 같이 표현될 수 있다. 즉 '길이'의 의미는 "이러이러한 길이는 x 단위이다."라고 주장하는 문장들을 검증하는 방법이다.

그러나 이런 설명의 타당성은 다른 경우에까지 확장되지 않는다. "우주선이 캘리포니아에서 이륙했다."와 같은 문장은 이것이 참인지를 우리가 검사해 가는 상황을 의미하지 않는다. 그것은 우주선이 캘리포니아 공군 기지에서 이륙했다는 것을 의미한다. 오히려 진술을 검증하는 (즉, 진술이 참인지 아닌지를 결정하는 것) 일에 착수하는 작업은, 우리가 이미 그것의 의미를 알고 있지 않는 한, 불가능할 것이라고 말하고 싶다.

슐릭은 노이라트와는 달리, 관찰 보고로서 경험에서 직접적으로 검증되는 기록 문장(protocol sentence)이 있으며, 기록 문장에서 나타나는 관찰 명사는 명시적으로 정의된다고 믿었다. "궁극적으로 명시적 정의와 관계하지 않고는 의미를 이해할 길이 없다. 이것은 명백한 의미에서 '경험'을 참조하는 것 또는 '검증'의 가능성을 의미한다."라고 슐릭은 말했다.[61] '경험'과 '검증 가능성'을 동등시한 것은 흥미롭다. 기록 문장이 보고하는 경험을 가진다는 것은 바로 검증 가능성을 실현 — 실제로 검증함 — 한 것이다. 바로 이런 의미에서 관찰이나 시험 절차는 경험적 진술의 의미가 된다. 기록 문장의 명사를 관찰되는 것과 명시적으로 연결시켜 주는 절차가 있다는 가능성은, 정확히 이 입장에서는 그런 명사의 의미가 되기 때문이다.

슐릭의 설명에는 두 가지 문제가 있다. 이 문제들은 기록 문장에 대한 이론과 명시적 정의(ostension)에 의존하고 있기 때문에 생겨난다. 기록 문장에 대한 이론은 노이라트에 의해 공격받고, 명시적 정의는 비트겐슈타인에 의해 비판되었다. 이미 앞에서 양 공격이 성공적이라고 생각하기 위한 이유가 제시되었다. 기록 문장과 명시의 개념이 없어도 좋다고 보는 것은, 관찰이 이론 의존적(theory-laden)이라는 콰인 식의 이론에 자리를 양도하는 것이다.[62] 이것은 관찰이 우리의 선행 이론에 의해 유도되기 때문에 이 선행 이론이 우리가 관찰하는 것을 결정한다는 것을 말한다. 따라서 이론에 잘 들어맞지 않는(recalcitrant) 관찰들은 무시되어야 하거나, 변종으로 처리되어야 하거나 아니면 관찰상의 오류 탓으로 돌리기 쉬우며, 그에 못지않게 그런 관찰들을 이론에 맞추기 위해서 우리의 이론 체계를 바꾸지 않을 수 없게도 되는 것이다. 그러나 만일 이론이 관찰에 실려 있다면, 관찰 명사의 '의미'와 관찰을 통한 이론의 확증이라는 개념 자체는 — 논리적으로 말해서 — 관찰에 앞서서 확립되어 있을 것이다.

그럼에도 불구하고 슐릭의 도구주의적 의미 개념에는, 대체로 후기 비트겐슈타인의 작업과 연결되어 있는 한 가지 중요한 생각이 암시되어 있다. 한 낱말이 그것의 검증 방법을 '의미한다'고 말하는 것은, 이것이 조작주의의 노선에서 해석된다고 할 때, 그 낱말의 의미가 그것의 사용의 작용이라고 말하는 것이다. 이제 이런 통찰에 기초한 이론들을 고찰할 차례이다.

의미 사용론: 후기 비트겐슈타인과 방법

의미 사용론에서는 "의미를 찾지 말고 사용을 찾아라."라는 기치를 내건다. 비트겐슈타인의 금언은 "문장을 도구로 보고, 문장의 쓰임새를 그 의미로 보라"는 것이다.[63] 이런 입장이 가진 아주 명백한 강점은, 의미가 언어의 단 하나만의 특징에 의해 설명된다는 생각 — 비트겐슈타인 자신이 전기에 『트락타투스』에서 사로잡혀 있었던 입장 — 에 반대하고, 그 대신 언어가 다양한 용법을 가진다는 사실에 촛점을 맞춘다는 점이다. 따라서 이제 의미는 자연 언어에서 이루어지는, 소위 비트겐슈타인의 다양한 '말놀이'의 맥락에서 이해되어야 한다는 것이다.

지금까지 고찰해 왔던 의미 이론 중 일부는, 의미란 표현이 나타내고 재현하거나 환기하는 것에 있다는 생각에 의존했다. 이런 입장들의 한 결과는, 만일 옳다면, 다음과 같은 것에 있을 것이다. 즉 한 표현의 '의미를 주는' 것은 그 표현을 언어 밖의 품목이나 사건과 짝지어 줌으로써 수행될 수 있다는 것이다. 사용론은 이런 식으로 표현들이 별개로 의미를 가진다는 것을 부정한다. 대신 한 표현의 의미를 결정하는 것은 언어 내에서의 그 표현의 역할이라고 주장한다.[64] 따라서 한 표현에 '의미를 준다'는 것은 어떻게 그 표현이 자기가 맡고 있는 말놀이와 관계하는가를 보여주는 것이다. 그러므로 표현들이 구사될 수 있는 다양한 용법과 본질적으로 관계하지 않고는 전혀 '의미를 주지' 못한다.

『철학적 탐구』의 서두 몇몇 절에서 비트겐슈타인은 지칭적 모델에 입각한 의미의 일반 원리를 공격한 후, 그 대신 '다양한 종류의 낱말과 문장'이 있다는 것을 우리가 인정해야 한다고 주장하였다.[65] 이런 다양성을 파악하지 못하는 것은 여러 종류의 표현을 지칭적 모델에만 동화시키는 결과에 이르게 된다. 그래서 우리는 너무 쉽게 이 지칭적 모델이 가장 기본적인 것이라고 간주한다. 왜냐하면 우리는 사람들이 다음과 같은 상황에서 '낱말의 의미를 학습한다'고 생각하기 때문이다. 즉 이미 상당 수준의 언어 구사력을 갖춘 학습자는 정의나 명시를 통해 설명될 하나의 낱말을 가진다. 예컨대 교사는 '── 는 ---을 의미한다'라고 말한다. 여기서 뒷부분의 공란은 앞부분의 공란에 채워져야 할 것의 동의어나 번역으로 채워지거나, 대상이 명시될 경우에는 '이것'이라는 말로 채워진다.[66] 그러나 비트겐슈타인의 입장에서 이런 학습 방법은 이미 학습자가 상당 수준의 언어 구사 능력을 가지고 있다는 데 의존한다. 왜냐하면 그것은 이미 개발된 말놀이로 되어 있기 때문이다.

중심 개념은 '사용'과 '말놀이(language game)'이다. '사용'이 건드리지 못할 신성불가침한 것은 없다. 비트겐슈타인은 낱말과 문장의 여러 가지 **기능,**[67] **목표, 목적**에 관해서[68] 심지어는 그것들의 **임무,**[69] **역할, 직업**[70]에 대해서도 다양하게 이야기한다. 언어-숙달은 여러 다른 맥락에서 표현들을 ── 진술하고, 기술하고, 묻고, 명령하고, 약속하고, 평가하고, 부정하는 등 ── 사용할 수 있다는 데 있다. 이런 각각의 활동이 말놀이가 된다.

"우리가 '놀이(game)'라 부르는 행위들을--- 생각해 보라. 장기, 카드 놀이, 공놀이, 올림픽 게임 등을 말이다. 이것들 모두에 공통된 것은 무엇인가? 다음과 같이 말하면 안 된다. "공통적인 무언가가 있어야 한다. 그렇지 않으면 그것들을 '놀이'라 부를 수 없었을 것이다."라고. 그러나 모두에 공통된 것이 있는지를 찾아보아라. 왜냐하면 당신이 그것을 본다면, 당신은 모두에 공통된 것은 보지 못할 것이겠지만, 유사성, 친족 관계, 이런 것들의 전체 시리즈 등은 볼 것이기 때문이다--- 그리고 이런 조사의 결과는 다음과 같다. 우리는 서로 겹치고 교차되어 있는 유사성이라는 복잡한 그물망을 본다--- 나는 이런 유사성의 성격을 기술하는 데 '가족 유사성'이라는 표현보다 더 좋은 것은 없을 것이라고 생각한다. 왜냐하면 한 가족의 여러 구성원 간의 여러 가지 닮은 모습들, 가령, 신체의 골격, 얼굴의 생김새, 눈의 색깔, 걸음걸이, 기질 등은 바로 같은 방식으로 겹치고 교차되어 있기 때문이다. 그래서 나는 '놀이들'이 하나의 가족을 이룬다고 말하겠다."[71]

따라서 '한 표현의 의미를 준다'는 것은 어떻게 그 표현이, 진술하기, 명령하기 등과 같이 다르면서도 관계된 '놀이들'에서 사용되는가를 보여 주는 것이다.

의미가 사용과 밀접하게 관계되어 있다는 생각에는 시사적인 무언가가 있다.[72] 사용 개념이 전적으로 분명하지는 않지만, 그러나 모든 사람을 괴롭히지는 않았다. 퀸톤은 다음과 같이 말했다. "의미를 한 낱말이 사용되는 방식과 동일시하는 것은 모호하기는 하지만 어쩔 수 없는 일이다. 왜냐하면 낱말들이 매우 다른 방식으로 사용되고 또 많은 다른 의미를 가지기 때문이다."[73] 그리고 스트로슨의 입장에서도, "이 중심 개념이 즉시 그리고 전체적으로 분명하지 않다고 말하는 것은 불평이 아니다." 왜냐하면 "일반적인 목적은 아주 분명하기 때문이다. 그 목적은 명명이라는 모호한 관계에 매달려 있었던 우리를 미혹에서 벗어나게 해 주는 것이고 --- 또 언어를 무엇보다도 타인과 교제하는 하나의 인간 활동으로서 바라보게 해 주는 데 있다."[74] 그럼에도 불구하고 여기서 문제되는 것을 들여다볼 만한 가치가 있다.[75]

우선 사용이라는 말 자체가 다양하게 쓰이는데, 그 모두가 의미를 설명하는 데 요구되는 것은 아닐 것이다. 사람들이 어떻게 망치나 올리브 기름과 같은 대상 또는 재료의 사용에 대해서 이야기하는지를 생각해 보라. 우리는 망치가 어떻게 사용되는지,('--- 손으로 잡아라') 그리고 무슨 목적으로 사용하는지(못을 박기 위해서 --- 문진으로서 --- 개회를 선언하기 위해서 등등)를 말할 수 있다. 우리는 올리브 기름이 어떤 용도로 사용되는지(샐러드, 드레싱용으로), 무엇을 **위해서** 사용되는지(튀김 요리를 위해서)에 관해서 이야기할 수 있다.[76] 이런 품목들의 사용에 대한 설명 ― 어떻게, 무엇에, 무엇을 위해서 ― 은 해당 물건의 성질을 설명하거나 설명하는 데 도움이 된다. 낱말의 사용에 대해서도 이와 유사한 식으로 말할 수 있다. 우리는 어떻게 한 낱말이 사용되는지, 언제 그 사용이 적절한지, 또 그것이 어떤 일을 할 수 있는지를 설명할 수 있다. 그러나 어떻게, 언제, 무엇을 위해서와 같은 설명이 모두 다 의미에 대한 설명이 되지는 않을 것이다. 예컨대 "그는 그 말을 빈번히/효과적으로/무례하게 사용했다."라는 표현은 어떻게 화자가 그 말을 사용했는가를 말해 주기는 하지만, 그 말의 의미와는 아무 관련도 보여주지 않는다.[77] 이와 마찬가지로 호랑이가 나타났을 때, 보통 "살려줘요!", "도망가자!", "저거 봐!", "쏴라!" 등과 같은 표현을 사용하는 것이 적절하다고 말하는 것만 가지고는, 이런 표현들이 무엇을 의미하는지가 설명되지 않는다. 이런 표현들은, 좀 더 긴 이야기가 주어지면, 관련된 말놀이에서 자기들의 자리를 설명하는 데 공헌하는 면에서 이런 명사들의 사용을 예화해 줄 수 있을지라도 말이다. 또한 욕설과 같은 낱말이 타인을 욕하거나 화를 일으키는 데, 또는 우리의 감정을 누그러뜨리는 데 사용될 수 있음을 지적하는 것도, 그것이 무엇을 하는 데 사용될 수 있는지를 말해 주기는 하지만, 그 낱말의 의미를 주는 것이 아니다.

그러나 이런 비평들은 사용론자들이 의도했던 요지를 흐리게 하지는 않는다. 언어를 배울 때 우리가 배우는 것은 어떤 맥락에서의 표현의 사용 효과와 적절성인데, 사용론의 입장에서는 상당 부분 이것이 '의미를 설명하는' 것이 되는 것이다. 말하자면 언제 어떻게 무슨 목적으로 한 표현이 사용되고 있는지를 보여주고 나서, 마치 '의미'가 **추가적인** 어떤 것이었던 것처럼 의미를 설명해 가는 것이 아니라는 말이다.

특히 비트겐슈타인에게 있어 이렇게 해석된 사용 개념은 근본적으로 행동과 연결되어 있다. 그의 입장에서 말놀이는 하나의 '삶의 형식 (form of life)'이다.[78] 표현들의 사용은 인간의 행위와 연결되어 있으며, 따라서 한 언어를 숙달한다는 것은 의도와 믿음들을 숙달하는 것이고, 하나의 세계관을 공유하는 것이다. 이것은 "사자가 말할 수 있었다 해도 우리는 사자를 이해할 수 없었을 것이다."라고 한 비트겐슈타인의 언급을 설명해준다.[79] 사자의 세계관과 우리의 세계관은 너무 다르기 때문에, 사자가 문법적으로 맞는 문장을 만들어냈다 할지라도 우리는 사자가 의미하는 것을 이해할 수 없었을 것이라는 말이다.[80] 모든 사람이 다 이런 입장에 들어 있는 상대주의에 동의하지는 않을 것이다. 그러나 요점은 분명하다. 한 표현은 '서로 엮어져 있는 언어와 행동'의 한 요소로서만 의미를 가진다.[81] "한 표현은 삶의 흐름 속에서만 의미를 가진다."[82]

사용론을 평가하면서, 비트겐슈타인이 사용 개념과 밀접하게 연합되어 있는, 철학적 방법에 대한 특별한 입장 — 보다 정확히 말해서 철학의 목표에 관한 견해 — 을 가졌었다는 점을 기억해 보는 것이 좋다. 그것은 철학적 수수께끼가 언어의 **오용** 또는 언어의 본성에 대한 오해에서 일어난다는 것이다. 만일 우리가 언어-작용에 대한 잘못된 모델을 가지고 있다면, 우리는 쉽게 혼란에 빠질 것이다. 예컨대 우리는 표현의 어느 한 사용을 전혀 다른 종류의 사용과 동화시키거나, 한 표현을 그것의 정상적인 맥락에서 분리해서 이해하려 할 것이고, 그래서 오류에 빠질 것이다. "우리를 점거하고 있는 혼란은 언어가 일을 하고 있을 때가 아니라

공회전하는 엔진처럼 있을 때 일어난다."라고 비트겐슈타인은 말했다.[83] "철학적 문제들은 언어가 휴가 중일 때 일어난다."[84] 이런 상황을 치유하기 위해서는 언어가 실제로 어떻게 작용하는가를 보아야 한다. 비트겐슈타인이 표현하듯이, "물론 [철학적 문제들은] 경험적 문제들이 아니다. 오히려 철학적 문제들은 우리 언어의 작동을 살펴봄으로써 해결되며, 그리고 그렇게 해서 우리에게 그런 작동들을 인식하게끔 해 줌으로써 해결된다. 그 작동을 오해할 충동이 있음에도 **불구하고** 말이다."[85]

이런 입장에서 철학적 문제들은 우리가 언어의 작동을 오해하기 때문에만 일어난다는 것을 보게 될 때 사라질 것이다. 그런 치료가 적용될 때까지 철학자는 병 속에 빠져 있는 파리와 같다. 비트겐슈타인은 이렇게 말한다. "철학에서 당신의 목표는 무엇인가? — 병 속에 빠져 있는 파리에게 출구를 가르쳐주는 것이다."[86] 그러므로 비트겐슈타인의 입장에서 우리는 소위 그의 '표층 문법(surface grammar)'과 '심층 문법(depth grammar)' 간의 차이를 파악해야 한다. 철학자들을 혼란에 빠트리는 것이 단지 전자에 집중되어 있기 때문이다. "말을 사용하면서 '표층 문법'과 '심층 문법'을 구별해야 할 것 같다 --- '의미하는 것(to mean)'이라는 말의 심층 문법을, 그것의 표층 문법이 의심스러운 것으로 우리를 인도할 것과 비교해보라. 당연히 우리는 비교해 내는 것이 어렵다고 느낄 것이다."[87] 따라서 비트겐슈타인은 언어 고유의 작동에 대한 그의 탐구를 '문법적' 탐구라고 불렀다. "그러므로 우리의 탐구는 문법적인 것이다. 그런 탐구가 오해를 씻어줌으로써 우리의 문제를 해명해 준다."[88]

비트겐슈타인은 『철학적 탐구』에서 의미에 관한 난점들뿐만 아니라 예컨대 타자 마음의 존재에 관한 문제를 '해소하기(dissolving)' 위해 자기의 방법을 적용하였다.[89] 다른 철학자들 중에서 사용에 호소한 예는 누구보다도 스트로슨과 오스틴에 의해 제공된다. 스트로슨은 러셀에 대한 논의에서,[90] 오스틴은 에이어의 현상주의에 대한 논의에서[91] 사용에 호소했다. 이 중 후자의 경우 — 많은 점에서 행동 이론의 전형인 — 에서, 오스틴은 에이어가 다룬 문제가 언어의 오인에서 비롯되었으므로, 현상주의자들이 제안했던 해결을 논의할 필요가 없다는 점을 보여주고자 하였다. 해결이 아예 쓸데없기 때문이라는 것이다. 해당 문제들은 '환상', '보고 있음(seeing)' 등과 같은 명사들의 고유한 작동을 오해한 데서 일어난다.

사용론의 가치를 해치는 난점들은 이미 언급했듯이 그 개념의 모호성에서 일어난다. 사용에 호소하는 것은 상당히 계획에 따르는(programmatic) 것이다. 표현들이 쓰일 수 있는 다수의 사용이 있기 때문에, 의미에 대한 일의적인 설명을 전혀 기대할 수 없다. 따라서 유용한 무언가가 이야기될 수 있을까?

우선 의미와 사용을 **동일시**하는 것은 잘못이라고 할 수 있다. 우리는 한 낱말의 사용을 알지 못하고도 그 낱말의 의미를 알 수 있으며, 역으로 한 낱말의 의미를 알지 못하고도 그 낱말의 사용을 알 수 있다. 예를 들어 어떤 사람은 라틴어 어휘 jejunus의 의미가 '배고픈'이라는 것을 확실하게 전해 들었기 때문에 알 수도 있을 것이다. 그러면서도 그는 라틴어 문장에서 그것을 사용하는 법을 모를지도 모른다. 이와는 반대로 많은 사람들은 '아멘'이라든가 'QED'라는 표현이 무엇을 의미하는지를 모르면서도, 그런 표현들을 사용할 줄 안다.[92] 어떤 지시론에서 이름은 의미를 가지지 않고 사용을 가진다. 전치사, 접속사 등도 이와 마찬가지이다. 그러므로 일반적으로 의미는 사용에 **있다**고 주장하는 것은 잘못이다. 이것은 적어도 많은 경우에 의미와 사용 간에 중요한 연관이 있다는 것을 부정하는 것은 아니다. 왜냐하면 한 명사의 의미를 아는 사람은 대개 그 사용을 알 것이고, 그 역도 마찬가지일 것이기 때문이다. 다만 여기서 지적하는 바는 사용에 호소하는 것만으로는 의미와 관련된 모든 것이 다 설명되지는 않는다는 점이다.

이에 대해 사용론자들은 두 가지 답변을 내놓을 수 있다. 하나는 한 표현의 사용을 설명하는 것이 실질적으로 그것의 의미를 주었다고 생각될 만큼 의미를 주는 데 충분하다고 말하는 것이다. 다른 하나는 이렇게 말하는 것이다. 우리는 의미의 문제를 제쳐놓을 수 있다. 중요한 것은 어떻게 표현들이 사용(오용)되는가 하는 것이다. 그리고 그것이 사용론이 중점을 두는 것이다.

철학적 문제들을 없애기 위한 자원으로 생각된 것으로서, 사용에 주의하는 것은, 그렇게 이해되었다 하더라도 만족스럽지 않은 것으로 보인다. 왜냐하면 분명히 우리는 어떤 종류의 표현들이 ― '선', '정신'과 같은 낱말들을 생각해 보라 ― 쓰이는 용법을 탐구할 수 있으면서도, 여전히 우리가 해결해야 할 철학적 난점들을 가진다는 것을 알기 때문이다. 이 점은 사용론에 필수적인 다음과 같은 생각에 주의를 집중함으로써 설명될 수 있다. 즉 한 표현의 사용(그러므로 의미)을 설명하는 데 있어 주요한 요소는 그 표현이 무엇을 하는 데 사용되는가를 보는 것이다. 이것은 '발화-행위' 개념에 주의를 돌리는 것이다.

발화-행위

"멈춰라!"는 일반적으로 명령을 하는 데 사용되며, "그것은 어디에 있느냐?"는 묻는 데, "그것은 탁자 위에 있다"는 진술을 하는 데 사용된다. 명령하기, 질문하기, 진술하기 등은 발화-행위들이며, 약속하기, 칭찬하기, 동의하기, 부정하기, 비판하기, 명령하기 등도 마찬가지이다. 오스틴은 이와 관련해 '말하면서 하는 행위(illocutionary)'와 '말을 통한 행위(perlocutionary)'를 구분했다.[93] 말하면서 하는 행위는 한 발화-행위가 한 표현의 사용에 의해(in virtue of) 수행되는 행위를 말한다. — 예컨대 "약속한다"는 말은 약속하기의 행위가 되고, "그대와 결혼하겠다"는 말은 '그대'가 누구를 가려내든 간에 그 사람과 결혼하겠다는 행위가 된다. 말을 통한 행위는 한 표현의 사용을 통해서(through) 수행된 행위이다. — "나가라."라는 표현을 사용함으로써 명령이 이루어지고, "나는 그것을 좋아한다."나 "좋다"라는 표현을 사용함으로써 평가나 칭찬이 수행될 수 있다. 더 좋은 예로는 다음과 같은 것이 있다. "그는 그녀의 행위에 의의를 제기했다.", "그녀의 행위에 의의를 제기함으로써 그는 그녀의 행위를 중지시켰다." 이 중 전자는 말하면서 하는 행위의 한 예이고 후자는 말을 통한 행위의 한 예이다.[94]

　　이는 어떻게 한 표현이 어떤 발화-행위를 수행하기 위해 사용되는가를 보여주는 것이 그 표현의 의미에 관한 무언가를 진술하는 것과 같다는 생각이다. 예컨대 해어는 '좋은'이라는 낱말의 기능을 칭찬하기와 평가하기라는 발화-행위와 연결시켰다. "'좋은'이라는 낱말의 일차적인 기능은 추천하는 것이다."[95] 마찬가지로 스트로슨도 오스틴의 진리관을 비판하면서, 낱말 '참'이 '어떤 사람이 말한 것을 확증하기, 보증하기, 허용하기, 동의하기' 등의 용도를 지니며, 참의 문제는 바로 어떻게 '참'이라는 낱말이 사용되는가 하는 문제라고 주장했다.[96]

　　이런 식의 분석 패턴은 누구보다도 썰(Searle)에 의해 비판되었다.[97] 문제의 패턴은 아래와 같은 형식으로 되어 있다. 어떤 낱말 W에 대해서

　　(1) W는 발화-행위 A를 수행하기 위해 사용된다.
　　(2) W의 의미는 (1)에 의해 제시되거나 설명된다.

는 것이다. 이것은 다음과 같은 점을 시사하는 것처럼 보인다. 즉 적어도

W의 의미 중 일부는, W가 문장 속에서 문자 그대로 발생할 경우 화자가 그것을 사용함으로써 발화-행위 A를 수행할 수 있다는 사실에 의존한다. 이 입장은 현재로서는 쉽게 거짓인 것으로 보여진다. 손쉬운 반례들을 찾을 수 있기 때문이다.[98] W를 '좋은'이라고 하고 그 표현이 발생하는 "이것은 좋은 차다."라는 문장을 생각해 보자. 그러면 해당 발화-행위는 차를 추천하거나 시인하는 행위가 될 것이다. 그러나 '좋은'이 "이 차는 좋은 차인가?"라는 문장에서 나타날 때, 문자 그대로 나타났음에도 불구하고 우리는 분명히 차를 추천하고 있지 **않다**. 이것은 (1)에 들어맞지 않는다. 따라서 (2)에도 타당하지 않다.

그러나 이것은 조금 성급한 비판일 것이다. 왜냐하면 위의 분석을 옹호하는 자는 그 분석이 좀 더 일반적인 것을 의도한 것이라고 말할 것이기 때문이다. 말하자면 요점은 '좋은'이 추천하는 **모든** 경우에 사용되는 것이 아니라, 문장 속에서 그 표현이 나타났을 때 그것은 관련된 발화-행위, 즉 추천이 '목전에 나타나는(in the offing)'을 보여 준다는 것이다. 예컨대 "이 차는 좋은 차인가?"는 "당신은 이 차를 추천하는가?"라는 효과를 가지는 것으로 보여질 수 있는데, 이 후자의 문장이 "이 차는 좋은 차인가?"에서 '좋은'이 하고 있는 일('좋은'이 의미하는 것)을 설명한다는 것이다.[99]

그러나 이런 설명도 성공하지 못할 것이다. 썰은 문장 속에서 문자 그대로 '좋은'이라는 말이 나타나도 추천하기라는 발화-행위가 수행되지도 않고 목전에 나타나지도 않는 다음과 같은 문장을 제시한다.

(3) 만일 이것이 좋은 전기담요라면, 우리는 그것을 사야 할 것이다.

(4) 나는 이것이 좋은 전기담요인지 궁금하다.

(5) 나는 그것이 좋은 전기담요인지를 알지 못한다.

(6) 그것이 좋은 전기담요이기를 바래보자.

(3)-(6) 그 어느 것도 추천하는 발화-행위나 추천을 목전에 나타내는 언이 행위가 되지 못한다. 이것들을 다음과 같은 문장과 비교해 보면 알 수 있다.

(3a) 만일 내가 이 전기담요를 추천한다면, 우리는 그것을 사야 할 것이다.
(4a) 내가 이 전기담요를 추천할지 싶다.
(5a) 내가 이 전기담요를 추천하는지를 알지 못한다.
(6a) 내가 이 전기담요를 추천할거라고 바래보자.[100]

이 비교는 "이것은 좋은 전기담요다."와 "나는 이 전기담요를 추천한다." 사이에서 보여지는 기능의 유사성에 의존하고 있다. 그렇지만 이 비교는 언어 행위를 통한 의미 분석이 잘못이라는 점을 보여준다. 왜냐하면 "요소어들의 문자 그대로의 의미를 변경시키지 않고 이들 각 표현에 배치될 수 있는 언어적 문맥을 교환했는데도, 기능의 유사성이 보존되지 않기" 때문이다.[101] 그러므로 우리가 발화-행위를 통한 말의 분석을 어떤 식으로 해석하려 하든지 간에, 그것은 그 말의 의미를 설명하는 데 실패한다.

이 논증은 다음처럼 매우 일반적이다. 한 낱말의 의미를 한 발화-행위('추천하다'와 같이 그 자체가 발화-행위 낱말들이 되는 낱말들과는 다른)와 동일시하는 것은 성공하지 못할 것이다. 다른 예를 생각해 보자. 스트로슨의 입장에서, "p는 참이다"는 대략 "나는 p임을 확인한다."를 의미한다. 그러나 "만일 p가 참이라면, q도 참이다."는 "만일 내가 p임을 확인한다면, 나는 q임을 확인한다."를 비슷하게라도 의미하는 면이 없다. 따라서 이런 예가 보여주는 분석 패턴은 일반적으로 배격된다. 이것은 '좋은', '참'

과 같이 철학적으로 문제가 되는 낱말이 '추천하다', '확인하다'와 같은 수행적 동사와의 연관에 주의를 기울임으로써 설명될 수 없다는 점을 보여준다. '좋은'이 칭찬하기 위해 사용되고 '참'이 확인하기 위해 사용되는 뜻은, '칭찬하다'가 칭찬하기 위해 사용되고, '확인하다'가 확인하기 위해 사용되는 뜻과는 뚜렷하게 다르기 때문이다.[102]

이런 비판들이 어떤 일을 하고 하지 않는지를 분명히 해 두는 것이 중요하다. 부정되어서는 안 될 한 가지 것은, 낱말들이 때때로 발화-행위를 수행하기 위해 사용된다는 점이다. 또는 낱말의 사용에 대한 설명은 그 낱말이 어떤 언어 행위를 수행하기 위해 사용될 수 있는지를 보여줌으로써 이루어지기도 하는 구체적인 경우가 있다는 것이다. 반면에 부정되는 것은, 한 화자가 낱말 W를 사용해 어떤 언어 행위를 수행하는지를 보여줌으로써 W가 의미를 얻는다는 것이다. 비판은 개략적으로 다음과 같다. 사용론에 의하면 한 낱말의 의미는 그것의 사용(또는 **적어도** 상당 부분 사용에)에 있다고 여겨진다. 따라서 "W는 무엇을 의미하는가?"라는 형식의 물음은 "어떻게 W가 사용되는가?"라는 물음으로 재기술되어야 한다고 생각된다. (이는 오스틴의 진리관에 대한 스트로슨의 비판에서 분명하게 보여진다.) 그 다음 단계는 W의 사용을 통해서 어떤 행위가 수행되는가를 묻는 것이다. 그러나 위의 논의는, W의 사용을 통해서 어떤 언어 행위가 수행되는가라는 물음에 대한 답변이, 비록 옳다 하더라도, W의 의미 문제에 대한 답변이 아니라는 것을 보여준다.[103] 다시 말해서 '좋은'과 같은 낱말은 다른 상황에서 발언된 다른 문장에서, 다르게 공헌한다. 그중 어떤 문장은 다른 발화-행위를 수행하기 위해 사용될 수도 있다. 그중의 어느 하나를 '좋은'의 의미를 설명하는 것으로 선택하는 것은 잘못이다.

사용론의 옹호자는 이 비판을 받아들이면서도, 발화-행위 분석이 사용, 즉 의미에 관한 모든 이야기를 말하지는 않는다는 입장으로 만족할 수도 있을 것이다. 그러나 그렇다면 그는 그런 분석이 사용 — 그러므로 의미 — 일반을 설명하는 데 있어 **일부의** 역할밖에 하지 못한다고 말해야 할 것이다. 그러나 이것은 그저 논의를 출발점으로 되돌리는 것이다. 그 출발점에서 불평은 사용에 호소하는 것이 너무 일반적이라는 것이었다. 다시 말해서 사용론은 너무 기획의 차원을 넘어서지 못하고 있기 때문에, 어떻게 우리가 세부적인 내용을 채워가야 할지조차도 분명하지 않다는 것이다.

이론의 모호성에 대한 퀸톤과 스트로슨의 옹호는, 체계적 의미 이론을 구성하는 것은 불가능하다고 하는 비트겐슈타인 자신의 입장을 지지한다. 그러나 비트겐슈타인의 입장은 사실과 모순된다. 한 언어를 사용할 줄 아는 사람은 바로 그 사실로 인해 잠재적으로 무한히 많은 문장들을 이해할 수 있다. 그리고 그것들 대부분은 그가 전에 들어보지도 못했던 것인데, 그는 그것들을 듣고 이해한다. 이 점은 이론 언어학자뿐만 아니라 바로 비트겐슈타인 자신에 의해서도 강조된 것이다. 그리고 이 사실은 화자가 언어에서 낱말 사용을 지배하는 규칙들을 내재적으로 숙달해 가지고 있다고 가정해야 설명될 수 있을 뿐이다. 그러나 만일 그런 규칙들이 있다면, 그것들은 확실히 발견되고 진술될 수 있을 것이다. 그런 작업이 누리게 될 성공은 그 언어를 위한 완전한 의미 이론의 설명에 있을 것이다.[104] 이런 그럴듯한 생각은 적어도 그 본래 상태로서의 사용론의 정신과는 어긋난다. 왜냐하면 거기에는, 특수한 맥락에서의 표현들의 사용을 무체계적이고 단편적으로 증명하는 것이 의미의 문제를 해결하는 올바른 방법이라는 생각이 들어 있었기 때문이다. 지금까지의 고찰을 통해 이런 접근 방법이 잘못이었음을 알 수 있다. 그러나 그것은 사용의 문제가 의미와 무관하다는 것을 보여주는 것은 아니다. 전혀 그렇지 않다.

한 언어에 대한 체계적이고 일반적인 의미 이론이라는, 막 제안했던 개념은 다음 장 논의와 관계된다. 이번 장에서 논의된 의미 이론 중에서 특히 의미 검증 이론과 사용론은 다음 장으로 넘어가기 위한 유용한 재료를 제공한다.

미주

1   Cf. N. Chomsky, *Cartesian Linguistics Language and Mind*.
2   Cf. J, Katz. *The Philosophy of Language*.
3   K. Lether, and A. Lether, *Theory of Meaning*.
4   레러나 버나드 해리슨과 같은 철학자들은 이러한 나의 규정에 동의하지 않을 것이다.
5   L. Wittgenstein, *Philosophical Investigations*, 55, 119, 133.
6   B. Russell, *The Principles of Mathematics*, p. 47.
7   P. F. Strawson, 'On Refering', in Feigl et al. *New Readings in Philosophical Analysis*, p. 40.
8   Ibid.
9   Russell, *The Analysis of Mind*, p. 191.
10 Cf. Alston, 'Meaning and use' *Philosophical Quarterly*, 1963, p. 2.
11 Strawson, 'Identifying Reference and Truth Values', in *Logico-linguistic Papers*, 도처.
12 J. L. Austin, 'The Meaning of a Word', in Feigl et. al., *New Readings in Philosophical A nalysis*, p. 232.
13 즉 나는 이하의 토론을 위해서 명사들이 지시한다고 말해도 좋다고 생각한다. 명사들이 오직 지시적 용법을 가지고 있기 때문에 가능한 것이긴 해도 말이다. (즉 화자들만이 지시하지만 그것은 명사들의 사용에 의해 가능한 것이다).
14 예컨대 K. Donnellan, 'Reference and Definite Descriptions' and 'Speaking of Nothing' in S. P. Schwartz, *Naming, Necessity and Natural Kinds*, p. 13 이하, p. 216 이하; Kripke, 'Identity and Necessity', in Schwartz, p. 66 이하; H. Putnam, 'Is Semantics Possible?' and 'Meaning and Reference', in Schwartz, p. 102 이하 and p. 119 이하 참조.
15 Putnam, 'Is Semantics Possible?', p. 103.
16 Donnellan, op. cit., p. 46 이하.
17 Kripke, 'Identity and Necessity', p. 62 이하, 특히 pp. 72-74.
18 Cf. Ibid., p. 88 이하.
19 3장 논의 참조.
20 Putnam 'Meaning and Reference', p. 119 이하. 특히 pp. 127-129 참조.
21 Kripke, 'Identity and Necessity'.
22 Donnellan, 'Speaking of Nothing', p. 119 이하.
23 G. Evans, 'The Causal theory of Names', in Schwarz, *Naming, Necessity and Natural Kinds*, p. 192 이하.
24 Donnellan, 'Speaking of Nothing'
25 Cf. M. A. E., Dummett, *Frege*, p. 40.

26 J. S. Mill, *A System of Logic*, I. ii. 3.

27 Putnam, 'The Meaning of "Meaning"' in K. Gunderson, (ed.), *Language, Mind and Knowledge*, pp. 104-105.

28 Cf. Schwartz, 'Introduction' in Schwartz, *Naming, Necessity and Natural Kinds*, pp. 39-40.

29 지시에 대한 좋은 설명은 G. McCulloch의 *The Game of the Name*에서 찾아볼 수 있다.

30 J. Locke, *Essay Concerning Human Understanding*, iii. 2. 1.

31 Cf. Pitcher, (ed.), *Wittegnstein: Critical Essays* 중 관련 논문.

32 Locke, *Essay*, iii. 7. 1.

33 Cf. P. Winch, *The Idea of a Social Science*.

34 파블로프 박사에 의한 것만은 아니다. 그의 실험은 비교적 늦게 외부 세계에 알려졌었다.

35 이러한 견해는 행태적 심리학 — 특히 초기의 — 의 문헌에서 찾아볼 수 있다.

36 Cf. 예컨대 L. Bloomfield, *Language*.

37 청자에게 어떤 것을 의사 전달하는데 특히 발언자의 의도에 주의를 돌리는 의미에 대한 설명은 그라이스의 'Utter's Meaning, Sentence Meaning, and Word Meaning' in J. Searle, (ed.), *Philosophy of Language*에서 보여진다. 다음 장도 보라. 스트로슨도 의미에 대한 이러한 접근을 옹호하였다. 그의 *Logico-Linguistic Papers*, 특히 'Meaning and Truth' the Inaugural Lecture at Oxford, reprinted in T. Honderich, and M. Burnyeat, *Philosophy As It Is*, pp. 519-539를 참조할 것.

38 CF, C. Morris, *Signs, Language and Behaviour*, 특히 1장; 그리고 C. Osgood, *Method and Theory in Experimental Psychology*, 16장 참조.

39 W. V. O. Quine, *From A Logical Point of View*, Essays ii, iii. and vii.

40 Cf. 8장 이하.

41 Quine, The Roots of Reference; 또 *Word and Object* 3장을 보라.

42 Cf. *Word and Object*, pp. 3-4; pp. 35-37.

43 Ibid., pp. 37-49; pp. 62-68.

44 Ibid., p. 67 이하; pt iii 도처.

45 Cf. K. Wilks, *Physicalism*.

46 P. F. Strawson, *Analysis and Metaphysics*, Oxford University Press, 1992.

47 M. Schlick, 'Meaning and Verification' in Feigl et al, *Readings In The Philosophical Analysis*.

48 A. J. Ayer, *Language, Truth and Logic*.

49 Ayer, 'Introduction', in Ayer (ed.), *Logical Positivism*, p. 10.

50 Ibid.

51 D. Hume, *Enquiry Concerning Human Understanding*, § XII Pt. III.

52 엄밀하게 말해서 비트겐슈타인은 수학 명제를 동일성 명제라고 보았다. 그러나 이 견해도 같은 범주에 든다.

53 Cf. Ayer, *Language, Truth and Logic*, Preface to the 2nd. edn, 도처.

54 Ibid.

55 P. Feyerabend, *Against Method*.

56 Waismann, F., 'Verifiability', *Proceedings of the Aristotelian Society*, 1945.

57 Ayer, *Logical Positivism*, p. 15.

58 Ibid.

59 Schlick, 'Meaning and Verification' in Feigl et al., 1949.

60 P. W. Bridgeman, *The Logic of Modern Physics*.

61 Schlick, 'Meaning and Verification'.

62 Quine, 'Two Dogmas' in *From a Logical Point of View* 참조.

63 Wittegnstein, *Philosophical Investigations*, 421.

64 Ibid., 43.

65 Ibid., 23.

66 Ibid., 10, 27, 30, 32 참조.

67 Ibid., 예컨대 11, 17, 274, 556, 559 참조.

68 Ibid., 예컨대 5, 6, 8, 398 참조.

69 Ibid., 예컨대 402.

70 Ibid., 예컨대 (각각) 103, 108, 421.

71 Ibid., 66 ff.

72 W. P. Alston, 'Meaning and Use', Philosophical Quarterly, 1963, reprinted in Feigl et al., *New Readings*, p. 243 참조.

73 A. M. Quinton, 'Contemporary British Philosophy', in D. J. O'Connor, (ed.), *A Critical History of Western Philosophy*, p. 525 ff.; reprinted in Pitcher, *Wittgenstein*, pp. 11-12.

74 Strawson, 'Review of the *Philosophical Investigations*', *Mind*, lxiii, 1954; reprinted in Pitcher *Wittgenstein*.

75 Cf. Alston, 'Meaning and Use' in Feigl et al. 1972, 도처: and G. Pitcher, *The Philosophy of Wittgenstein*, 10장 도처.

76 Pitcher, *Philosophy of Wittgenstein*, p. 230.

77 Alston, 'Meaning and Use' in Feigl et al. 1972, p. 245.

78 Wittgenstein, *Philosophical Investigations*, 19, 23, p. 226.

79 Ibid., p. 223.

80 Cf. Pitcher, *Philosophy of Wittgenstein*, p. 243.

81 Wittgenstein, *Philosophical Investigations*, 7.

82 N. Malcolm, *Wittgenstein: A Memoir*, p. 93에서 인용.

83 Wittgenstein, *Philosophical Investigations*, 132.

84 Ibid., 38.

85 Ibid., 109.

86 Ibid., 309.

87 Ibid., 664.

88 Ibid., 90.

89 Ibid., 243-315, 350-1, 398-421.

90 4장 참조.

91 J. L. Austin, *Sense and Sensibilia*, 도처. 에이어는 이 저서에서 비판의 유일한 표적이 아니라 주요 표적일 뿐이다; 프라이스와 워녹도 표적이 된다.

92 Pitcher. *Philosophy of Wittgenstein*, p. 252 참조.

93 J. L. Austin, *How To Do Things With Words*, cf. Lecture viii 도처, p. 94 et seq.

94 Ibid., p. 102.

95 R. M. Hare, *The Language of Morals*, p. 27.

96 6장을 보라.

97 Cf. J. Searle, e. g., 'Meaning and Speech-Acts', *Philosophical Review*, 71, 1962; reprinted in Lether and Lether *Theory of Meanings*, p. 149 et seq.

98 Ibid.

99 Ibid., pp.151-152.

100 Ibid., 썰은 '칭찬하다'가 많은 동사들의 대용이 되지만, "'좋은'이 칭찬하는 데 사용된다"는 "---칭찬하다, 찬양하다, 시인하다, 만족을 표명하다" 등을 의미한다는 점을 지적한다. 따라서 여기서 '칭찬하다'는 '칭찬하다 등'으로 간주되어야 한다.

101 Ibid.

102 Ibid., p. 153.

103 Ibid., p. 154.

104 Cf. M. A. E. Dummett, 'Can Analytic Philosophy be Systematic, and Ought it to be?', *Truth and Other Enigmas*, pp. 450-451.

8
진리, 의미, 실재론과 반실재론

서론

7장에서는 의미와 지시체에 대한 몇몇 '전통 이론들' 및 같은 내용의 여러 측면을 다룬 좀 더 최근의 이론들의 비형식적인 논의들을 다루었다. 이번 장에서는 의미 이론에 다가가는 두 주요한 최근의 접근 방법을 살펴본다. 하나는 의사소통-의도 이론(communication-intention theory)이고, 다른 하나는 진리 조건적 의미론(truth-conditional semantics)이다. 후자에 대한 논의는 참을 객관적인, '실재론적' 의미로 이해하는 접근 방법에 대한 '반실재론적' 비판 논의로 이어진다.

의미와 화자의 의미

정상적인 상황에서 정상적인 능력을 발휘하는 한 화자가 한 문장을 발언하고, 정상적인 능력을 발휘하는 청자가 그 화자를 이해한다고 말하는 것은 진부한 말이다. 왜 우리가, 그의 청자가 그가 발언한 **말**이라기보다는 **그**를 이해한다고 말하는 쪽을 택하는지를 설명해보라고 재촉받았을 때, 우리는 우리의 주장을 바로잡아야 할 것이지 의아해하면서 다음과 같이 말할 수도 있을 것이다. 그의 청자는 그가 발언한 문장의 의미를 알기 때문에 그가 의미하는 것을 이해한다고 말이다. 그리고 이것은 부분적으로 옳다. 하지만 부분적으로만 옳을 뿐이다. 조금만 생각해보면, 종종 한 화자의 청자는, 비록 화자가 전달하려는 것과는 그 **문자적** 의미가 다른 문장 ― 아마도 심지어는 아이러니나 풍자의 경우에서처럼 반대 의미의 문장 ― 을 그 화자가 사용할지라도, **그**를 이해한다(즉, 청자는 '그가 알고 있는 것'을 이해한다. 청자는 그가 전달하려는 의미를 이해한다.)는 것이 보여지기 때문이다. 화자의 의미와 그가 사용하는 표현의 의미 간의 관계는 무엇인가? 양자 중에서 어느 쪽이 더 우선적인가?

한 화자의 발언의 의미가 그가 사용하는 낱말에 의해 의미된 것의 문제가 아니라고 말할 때, 또는 적어도 그 문제만이 아니라고 말할 때, 우리는 의미가 근본적으로 화자의 발언을 촉발하고 형성하는 심리적 태도들 ― 말하자면, 믿음, 욕구, 의도 ― 에 의존한다고 말하고 있는 것이다. 가장 일반적인 경우에, 청자는 화자가 사용하는 표현의 의미를 이해함을 **통해** 화자의 의도를 파악한다. 화자는 결국 어떤 의미를 전달하려는 그의 의도를 충족시키기 위해, 정확히 그 표현을 사용하기로 결정한다. 그러나 두 종류의 의미 사이에는 확실한 차이가 있기 때문에, 따라서 그 관계에 관한 진지한 물음도 있기 때문에, **화자 의미**(speaker meaning)와 **의미론적 의미**(semantic meaning) 사이를 구별하는 것이 유용하다. 후자는 표현들의 문자 그대로의 의미이다.(우리가 그것들을 사전에서 찾아볼 수 있는 것처럼.)

많은 표현들은 그 발언자의 의도를 명확하게 전달하는 규약적 용법을 지닌다. "실례지만, 몇 시입니까?"가 한 예가 될 수 있겠다. 여기서조차도, 조급한 승객이 버스 운전사에게 버스 운행의 지연을 못마땅해 하는 의미로 물을 때처럼, 다른 또는 그 이상의 화자-의미를 전달하는 물음으로 사용될 여지가 있지만 말이다. 이 경우에 그리고 일반적으로 청자들은 발언 상황에 관한 사실들과, 낱말-의미에 대한 그들의 지식을 결합시켜서 화자의 의도를 파악한다. 이 방법은 틀림없는 것은 아니지만, 보통은 성공한다.

화자의 의미와 의미론적 의미 중 어느 것이 우선인가 하는 논쟁에서 언어의 본성에 관한 두 개의 폭넓은 입장이 활동하고 있다. 화자의 의미가 의미론적 의미의 기초가 된다고 생각하는 자들은 언어를, 화자의 의도를 전달하기 위해 화자에 의해 사용되는 기호들의 정교한 체계로 간주한다. 따라서 **의사소통-의도** 이론(communication-intention theory)이라는 이름이 붙는다. 의미론적 의미가 화자의 의미와 독립적이라고 생각하는 자들은 — 새나 다른 동물들의 신호와 같은 — 한갓 신호의 체계로부터 자연 언어를 구분해주는 (인간의) 자연 언어의 중요한 특징을 강조한다. 즉 인간의 자연 언어는 유한한 규칙을 적용해서 유한한 요소로부터 잠재적으로 무한한 문장을 허용하는 **구조**를 가지는 것이다. 이것은 **합성성**(compositionality)이라는 자연 언어의 속성이다.(이하에서 이에 관한 입장들을 살펴볼 것이다.)

최근의 의사소통-의도 이론의 주요 주창자는 그라이스이다. 1957년에 출판된 독창적인 논문에서, 그는 화자의 의미가 우선적이라는 것을 보여주는 방법을 개관함으로써 — 그 이후 많이 수정되고 확장되었다 — 그 이론의 토대를 마련했다.[1] 핵심적인 생각은, 반점은 홍역을 '의미한다'나 또는 구름은 비를 '의미한다'고 할 때처럼 — 즉, 각각 홍역이나 비의 징후, 전조이거나 그것을 가리키는 — '자연적 의미(natural meaning)'와 '비자연적 의미(non-natural meaning)' 사이를 구분하는 것이다. 후자는 의미 NN이라는 약호로 표현되는데, 어떤 사람은, 소리나 표지의 방출자가 다른 사람(청중)에게 믿음을 전달하려 한다는 것을 앎으로 인해서, 청중에게 그 믿음을 형성하게 하려는 의도와 함께 소리나 표시를 만든다. 예를 들어, 버스 차장은 운전기사에게 버스가 만원이라는 것을 알리기 위해 종을 세 번 울린다. 차장은 **그 사실을 알리겠다는 자기의 의도를 운전기사가 알아챌 것임을 통해**, 운전기사에게 그 믿음을 일으키기 위해 종을 세 번 울린다. 따라서 차장이 종을 세 번 울림은 버스가 만원이라는 NN을 의미한다. 만일 차장과 운전기사가, 규칙적인 세 번의 종소리는 버스가 만원이라는 것을 가리키는 것으로 약속한다면, 세 번의 종소리 자체는 버스가 만원이라는 NN을 의미한다. 그들은 협정으로 버스 차장이 진달하려는 메시지 ─ 명제 ─ 를 구체적으로 표현한다.

자연적 의미는, 반점이 홍역을 의미한다고 사람들이 믿든 말든 간에, 반점이 홍역을 의미한다는 사실에 의해서 의미 NN과 구별된다. 반면, 의미 NN은 한 발언을 듣는 청중이 그 발언을 하는 발언자의 의도를 인식해야 한다는 것을 요구하며, 또 그가 그렇게 하기 위해 사용하는 매체 ─ 즉, 그가 발언하는 문장들 ─ 에, 그런 문장들이 의사소통하는 데 사용될 수 있는 것에 대한 규약적으로 고정적인 이해가 있어야 할 것을 요구한다.

이것은 그라이스의 프로그램이 두 단계의 분석에 있다는 것을 보여준다. 첫 번째 단계는 화자 의미의 개념을 진술하고, 두 번째 단계는 규약적 규칙성(conventional regularity)이라는 개념을 사용한다. 이 양자가 함께 묶여지면, 그것들은 한 문장의 의미론적 의미를 다음과 같이 정의하게 될 것이다. 한 문장의 의미론적 의미는 그 문장이 전달하기 위해 규약적으로 사용되는 명제이다. 따라서 그라이스는 다음과 같이 말한다.

"A는 x를 통해 청중에게 하나의 믿음을 유발하려고 해야 한다. 그리고 그는 또한 그런 그의 발언이 그렇게 의도된 것으로 인식되어야 하도록 의도해야 한다. 그러나 이 의도들은 독립적이지 않다. 인식은 믿음을 유발하는 데 일정 역할을 하는 A에 의해 의도된다. 그리고 그것이 그렇게 하시 못한다면, A의 의도들을 충족시키는 데 무언가 잘못된 일이 일어날 것이다. 더구나, 그 인식이 이런 역할을 담당해야 한다고 A가 의도함은, 내가 생각하기에, 그것이 실제로 이 역할을 담당할 어떤 가능성이 있다는 것을 그가 가정한다는 것을 함축하며, 발언 이면의 의도가 인식되든 않든 간에 그 믿음이 청중에게서 유발될 것이라는 것을 기정 결론으로서 간주하지 않는다는 것을 함축한다. 간단히 말해서, 아마도 우리는 'A가 x에 의해서 어떤 것을 비자연적으로(NN) 의미했다'가 대략 'A가 이 의도의 인식에 의해 하나의 믿음을 유발하려는 의도를 가지고 x를 발언했다'와 동치라고 말할 수도 있겠다."[2]

A가 청중에게 그의 의미를 전달하는 것을 결정하는 세 조건이 여기서 기술된다. A는 (1) 그의 청중에게 p임을 믿게 하려는 의도로 x를 발언한다. (2) A는 그의 청중에게 그가 (1)을 의도한다는 것을 인식시키려는 의도로 x를 발언한다. (3) 그의 청중이 p임을 믿기 위한 이유 중 일부는 적어도 (1)이 그렇다는 인식에 있어야 한다. 여기에는 A가 자기의 의미를 자기 청중에게 전달하면서, A에 의해 사용되는 표현들(또는 동작들이나 다른 매개물)이 문자 그대로의 의미를 가져야 한다는 것을 요구하는 어떠한 것도 없다. 또는 만일 그렇다면, 문자 그대로의 의미와 화자의 의미는 일치해야 할 것이다. 이것은 앞으로 보겠지만, 아이러니라든지 다른 경우들을 위한 여지를 남긴다. 그러나 핵심적인 요지는, 이 분석이 하여간 화자의 의해 사용되는 매개물의 의미론적 의미에 의존하지 않는다는 점이다. 그래서 이 후자를 설명하기 위한 비순환적인 근거로서 활용될 수 있다.

잘 살펴보면, 그라이스가 제공한 처음 분석이 의사소통이라는 직관적 개념을 위해 필요하지도 충분하지도 않다는 것은 분명하다. 결과적으로 그것은 그 이후 그라이스 자신과 다른 사람들에 의해 확장 수정되고 발전되어 왔다.[3] 그것은 **필요**하지 않다. 왜냐하면 조건들로 설명되는 범주에 들어오지 않는 문장들이 많이 사용되고 있기 때문이다. 그라이스 자신의 예들 중에서는 시험에 대답하는 것, 죄를 고백하는 것, 어떤 사람에게 어떤 것을 상기시키는 것, 잘 알려진 사실들을 재고하는 것 등이 그것이다. 다른 사람들은 또 다른 예들을 — 데이비슨은 거짓 칭찬, 패러디, 우화, 속임수(charade)를 든다 — 제시했다.[4] 그 분석은 **충분**하지도 않다. 그것은 A가 자기의 의도를 전달하기 위해 사용하는 매개물이, 그가 의도하는 것을 올바르게 인식하게끔 그의 청중을 이끌 어떤 속성을 소유해야 한다는 것을 설명하지 않는다. 그리고 하여간 그 분석의 의미에서 직접적으로 전달되지 않는, 사람의 믿음들에 영향을 줄 수 있는 다른 방식들이 있다.[5]

그라이스의 제안의 중요한 특징은 그것이 규약(convention) 개념에 의존한다는 데 있다. 이 개념에 대한 설명이 데이비드 루이스에 의해 제공되어왔다. 루이스는 규약을 다음과 같은 조건을 만족시키는 행동과 믿음에 있어서의 규칙성이라고 분석한다. 모든 사람이 규칙성 R에 따른다. 그리고 모든 사람은 또한 그 규칙성을 따른다고 믿는다. 이 후자는 그것을 따르기 위한 이유 중의 하나이다. 일반적 준수보다 덜한 어떤 것보다는, R에 대한 **일반적** 준수를 일반적으로 선호한다. 사용될 수 있는, 적어도 하나의 만족스러운 대안적인 규칙성이 있다. 그리고 이상의 모든 것은 R의 준수자(observer)들에게 공통적인 지식이다.[6] 이 개념을 그라이스의 설명과 결합시키면, 우리는 화자 의미와 규약의 공동 산물로서의 의미론적 의미에 대한 분석을 얻는다. 따라서 임의의 문장 s는, p를 전달하는 데 s를 사용하기 위한 규약이 L-화자들 사이에서 있다면 오직 그때에만 L 내에서 p임을 의미한다. 여기서 의사소통은 위에서 기술된 방식으로 청중에게 화자의 의미를 전달하는 것이다.

이 이론을 완전하게 표현하기 위해서는, 지시성 및 애매성과 같은 특징을 설명하기 위한 조정이 필요할 것이다. 또한 화자 의미의 개념이나 규약 개념 중 어느 하나를 또는 양자를 다 약화시켜야 할 것이다. 이 상태만으로는 위의 설명이 너무 강하기 때문이다. 표현들이 루이스의 의미에서 규칙성이 있는지와는 관계없이 의미론적 의미를 가질 수 있다는 것은 명백하다. 왜냐하면 그렇게 가지기 위해, 한 특수한 임의의 문장을 사용하지 않고도 같은 메시지를 전달하는 다양한 방식이 있기 때문이다. 따라서 그 문장의 문자 그대로의 의미는 그 메시지를 전달하는 데 규칙적으로 사용된다는 것에 의해 결정될 수 없다. 예를 들어, "음악에는 거친 심정을 달래 주는 매력이 있다."라는 문장을 사용하는 것 말고도, 음악이 긴장을 풀어준다고 말할 수 있는 많은 방법이 있다. 따라서 이 문장의 의미는 그 사고를 전달하는 데 그것이 규칙적으로 사용된다는 것으로는 결정될 수 없다.

그라이스 자신은 p를 전달하는 데 주어진 문장을 사용하기 위해, '규약'을 L의 일부 화자나 많은 화자가 '할 수 있는 온갖 수단(procedure in their repertories)'을 가짐이라는 생각으로 약화시킬 것을 제안했다.[7] 이 대안은 화자 의미라는 개념이 분석이 지금까지 허용한 것보다 더 많은 것을 포함하게끔, 화자 의미라는 개념을 넓히는 것이다. 이는 아마도 다음과 같은 것을 요구함으로써 이루어질 것이다. 즉, A는 그의 청중이 p를 믿도록 **적극적으로** 의도한다, 또는 **그 자신이** p를 믿는다는 것을 청중에게 믿게 한다, 또는 — 가장 일반적으로 — A가 그의 청중에게 야기시키려고 의도하는 **어떤** 심리적 상태가 있다는 것을 요구한다 등등. 위에서 개관된 그라이스의 조건들 하에서, 바로 이런 것들이 화자 의미에 대한 약한 개념을 제공하는데, 이것이 규약 개념과 결합될 때, 의미론적 의미를 적절히 수정해서 설명하기 위한 근거로서 좀 더 전망이 밝다.[8]

대화적 함축

화자의 의미를 의미론적 의미와 구별하면서, 화자가 한 표현을 그것의 의미론적 의미와 다른 — 심지어는 그 반대 의미로 — 어떤 것을 의미하기 위해 사용할 수 있다는 것이 위에서 언급되었다. 의미의 이런 측면은 탐구할 만한 가치가 있다. 무엇보다도 그것은 발언이 표명되는 상황, 어떤 것이 이야기되는 어조(tone of voice)와 같은, 화용론적 특징에 주의를 돌린다.

그라이스는 이런 문제에 다가가는 방법을 명확히 표현한 최초의 인물이었다. 그것들을 분석하기 위해 그는 기술적인 용어로 **함축하다**(implicate)라는 동사와 그와 관계되는 명사 **함축하는 것**(implicature)과 **함축되는 것**(implicatum)을 도입하였다. 전자는 함축의 발생을 가리키고, 후자는 함축되는 것(what-is-implied)을 가리킨다.[9]

그라이스는 처음에 지각 철학이라는 다른 철학적 논쟁 영역에 관심을 쏟았다. 거기에서 그는 '감각-자료' 이론을 옹호하려고 했었다.[10] 일부 학자들은 사물이 세계 속에서 어떻게 존재하는지와는 독립적으로 사물이 경험에서 어떻게 보여지는지만을 언급하는 '감각-자료 어휘'를 고안하려고 했다. 그들은 예컨대 우리가 붉은 대상을 볼 때, 그것에 관한 말을 좀 더 세심한 양식의 말로, 즉 주관적인 시각 경험 현상에 관한 말로 바꾸어야 한다고 말함으로써 그 작업을 수행하였다. 후자의 시각 경험 현상은 그것을 일으키는 붉은 대상이 없을지라도 우리가 가질 수도 있는 것이다. 어떤 외부의 붉은 대상과 독립적으로 '붉은 감각-자료'를 확인하기 위해서, 우리는 "그것은 마치 내게 붉은 대상이었던 것처럼 보인다."와 같은 식으로 말해야 한다. 이것은 오스틴의 비판을 받았다. 왜냐하면 감각-자료 이론은 "그것은 내게 붉게 보인다.(it looks red to me)"에서처럼 '보인다(look)'를 비합법적으로 사용하고 있기 때문이다. 이렇게 말하는 것은 그것이 붉지 않다는 것을 함축하는 것이다.[11]

그라이스는 "저것이 내게 붉게 보인다.(that looks red to me)"가 그 대상이 실제로 붉을 때조차도 참될 수 있다고 주장했다. 그것을 밑받침하기 위해 그는 한 발언에 의해 함축된 것의 **분리 가능성**(detachability)과 그것의 **취소 가능성**(cancellability)을 구별했다. 이 구분은 다른 경우들을 분석하는 데 도움을 준다. 예를 들어, 일상 언어에서 '그리고'의 사용이 시간적인 순서를 함축하는 곳의 경우가 그러하다.("그는 풀장으로 뛰어들었다. 그리고 그의 수영복을 입었다.") 반면에, 논리학에서는 시간적인 순서를 함축하지 않는다. 비교를 함축하는 '그러나'의 경우 ("그는 가난했지만 정직했다."), 어떤 선언지가 참이지를 알지 못함을 함축하는 '또는'의 경우 ("그는 파리에 있거나 로마에 있다.") 및 그 밖의 다른 경우들이 그에 해당된다.[12]

'보인다(look)'의 경우에, 같은 함축을 지니지 않는 "그것은 내게 붉게 보인다."로 이야기된 것을 말하는 다른 방식은 없다. ― "저것은 내게 붉은 것으로 보인다.(that appears red to me)", "저것은 내게 붉은 것처럼 보인다.(that seems red to me)"는 똑같이 해당 사물이 붉은지를 의심스러워한다 ― 따라서 그 함축은 분리 불가능하다. 그러나 그 함축은 취소될 수 있다. 우리는 일관되게 "그것은 내게 붉게 보인다, 그리고 그것은 실제로 붉다."라고 말할 수 있다. 같은 것이 '그리고'와 '또는', 그리고 사실 대부분의 일반적인 대화적 함축의 경우에 적용된다.

'그러나'에 대해서는 그 반대가 참이다. 그 함축은 분리될 수 있지만 취소될 수 없다. 왜냐하면 "그는 가난했지만 정직했다."의 진리 조건들에

'그러나'와 같은 식으로 공헌하되, 가난과 정직 사이의 비교를 함축하지 않는, 다른 표현 — '그리고' — 이 있기 때문이다. 따라서 '그러나'의 사용의 함축들은 전적으로 그것의 규약적 의미에 의해 결정되는 것처럼 보인다. 반면에, 다른 표현들은 그라이스가 다음과 같이 진술한 일반적인 대화적 원리에 또 다르게 종속되어 있는 것처럼 보인다. "우리는 좋은 이유가 없는 한, 더 강한 진술보다는 더 약한 진술을 만들지 말아야 한다."[13]

그라이스는 나중에 또 다른 '준칙들'이 대화적 함축을 지배한다는 것을 보여주기 위해 이 분석을 확장했다.[14] 대화에 참여하는 사람들은 서로 '협동 원리(Cooperative Principle)'를 준수할 것으로 기대한다. 이 협동 원리는 다음의 것을 말한다. 대화에서 우리의 의견 제시(contribution)는 "대화가 일어나는 단계에서 수락된 목적이나 우리가 나누는 대화 교환의 방향에 의해 요구되는 그러한" 것에 있어야 한다는 것이다. 그라이스의 준칙들은 이 원리를 보다 상세히 진술한다. 첫째, 당신의 의견 제시를 현재의 의견 교환 목적을 위해 요구된 것만큼 유익하게(informative) — 그보다 더 유익할 필요는 없다 — 하라. 둘째, "당신의 의견 제시를 참인 것으로 만들려고 노력해라." — 당신이 거짓이라고 믿는 것, 또는 주장하기에 충분한 증거를 결여하는 것을 말하지 말아라. 셋째, "명료하게 하라." — 애매성과 모호성을 피하라. 넷째, 간명하고 정연하게 하라.(그 목록은 다 망라되지 않는다.) 협동의 일반 개념은 그라이스의 입장에서 대화에만 특정된 것이 아니다. 그것은 어떤 사회적 활동이나 공동 활동에 적용된다. 언어 사용의 경우에, 그 준칙들 자체는 어떤 발언 사용에 의해 함축되는 것을 파악하는 청자에게 충분한 것도 아니다. 왜냐하면 그는 사용된 낱말의 문자 그대로의 의미뿐만 아니라 발언 상황도, 그리고 올바른 해석을 내리도록 도와주는 또 다른 문제들도 다 고려해야 하기 때문이다.

그라이스의 이론이 얼마나 적절하게 아이러니와 은유라는 두 중요한 문제를 다루는지가 의문시되어 왔다. 그의 입장에서 한 청자는, 한 발언의 목적을 파악하기 위해서 그가 그것을, 그 발언이 주장하는 명제와는 모순되는 것을 의도하는 것으로 이해해야 할 때, 아이러니임을 알아챈다. 그리고 그는 "당신은 내 인생의 햇살이다."와 같은 은유에서, 언급된 주어('당신')가 언급된 실체('햇살')와 닮은 것으로 화자가 의도한다는 것을 볼 때, 그 은유를 간파한다. 양 설명은 유치하다. 그리고 적지 않은 문헌이 이것들보다 나은 설명과 대안들을 제공한다.[15] 그 설명이, 어떻게 협동 원리가 임의의 발언에서 준수되는가에 대한 다양한 가능한 설명이 있을 수 있다는 사실 — 다시 말해서, 그 함축들이, 그라이스 자신이 인정하는 것처럼, 불확정적이거나 제한이 없을 수 있다는 사실 — 을 만족스럽게 처리하는 것도 아니다. 이것은 하나의 난점이다. 왜냐하면 불확정성(indeterminacy)이나 개방성(open-endedness)은 의사소통을 좌절시키기 때문이다. 그리고 의사소통은 의도되는 것이다. 따라서 불확정성은 화자의 의도를 좌절시킨다.

또 그라이스는 준칙들이 상충할 때, 어떤 것을 중시할 것인지 또는 중시한다면 어떻게 중시할 것인지에 대해 아무 설명도 하지 않는다. 예를 들어, 정보가 부족한 결과로 한 화자가 "의사 교환의 목적을 위해 당신의 의견 제시를 가급적 유익하게 하라."라는 준칙보다는 오히려, "주장하기에 불충분한 증거를 갖고 주장하지 말아라."라는 준칙을 더 선호해서 준수하는 일이 간혹 일어날 것이다. 어떤 체계적인 이론은 의사소통할 의도들이 좌절되지 않는다는 것을 보증하는 준칙들에 더 무게를 둘 원칙적인 방법을 제공해야 한다. 그라이스의 입장은 그것을 결여한다.[16]

그러나 대화적 함축에 대한 그라이스의 설명이 가진 문제들은 의미 이론으로서의 의사소통–의도 이론에서 앞에서 확인했던 주요 난점보다는 덜 심각하다. 말하자면, 그 주요 난점은 의미의 **합성성**(compositionality),

즉 문장의 의미는 그것의 요소 표현의 의미에 의존하며, 또 그것이 결합되는 방식에 의존한다는 것을 설명하지 못한다는 것이다. "이 산속에 네 개의 호수가 있다."의 의미는 '호수'를 '도회지'로 바꿈으로써 생긴 문장의 의미와는 전혀 다르다. 화자의 의도를 통해서만 진행되는 의미에 대한 설명은, 규약을 따르는 문장들의 발언으로 이해될 때조차도, 분명히 매우 중요한 현상인 이 현상을 다루지 못한다. 그것을 다루기 위해서는 전혀 다른 종류의 이론이 요구되는 것처럼 보인다. 그것은 바로 진리이론적 의미론이 제공하고 싶어 하는 이론이다. 그런 이론 중에서 많이 논의된 이론은, 이제 곧 살펴볼 데이비슨의 입장에 신세 지고 있다.

진리-이론과 의미

프레게 이래 통례가 된 생각은 한 문장의 의미가 그것이 참이 되는 조건을 진술함으로써 제시될 수 있다는 것이다. 프레게 이외에도 이런 입장은 누구보다도 비트겐슈타인, 카르납, 콰인 그리고 — 그에 대한 최근의 주요한 지지자인 — 데이비슨에 의해 주장되어 왔다.

이름이 뜻과 지시체를 가지며, 문장도 복합 이름의 일종으로서 참인 것(tht true) 또는 거짓인 것(the False)을 그 지시체로 가진다고 프레게가 생각했다는 점은, 이전의 논의로부터 다시 기억해 낼 수 있을 것이다.

한 문장에 의해 표현된 사고 또는 뜻(sense)은 그 문장이 참인 것(The true)을 지적하는 조건에 의해 결정된다. 그리고 그것의 뜻은 "이런 조건들이 충족되는 뜻 또는 사고이다."[17] 『논리철학논고』에서 비트겐슈타인은 이런 생각을 좀 더 직접적으로 표현한다. "한 문장의 의미를 안다는 것은 그것이 참이라면 성립되어 있는 것(what is the case)을 아는 것이다."[18] 그리고 카르납도 마찬가지로 "한 문장의 의미를 아는 것은 어떤 가능한 경우에 대해 그 문장이 참이 되고 참이 되지 않는가를 아는 데 있다."고 말한다.[19] 데이비슨은 바로 이런 기본적인 생각을 좀 더 세 부적으로 사용한다.

이전 장들에서 자주 되풀이되었던 한 주장은 우리가 언어를 탐구함으로써 세계를 탐구할 수 있다는 것이다. 데이비슨도 "우리 언어의 큰 특징들을 드러내 보이면서 우리는 실재의 큰 특징들을 드러내 보인다."[20]고 말함으로써 같은 점을 지적한다. 따라서 데이비슨의 입장에서 "우리가 세계의 일반적 특징들을 부각하고 싶다면, 우리가 언어에서 주의를 기울여야 할 것은 일반적으로 그 언어의 한 문장이 참이 된다는 것이 무엇인가 하는 것이다."[21]

프레게는 문장의 의미론적 요소가 어떻게 문장의 진리치를 결정하는지를 보여주는 것이 중요하다는 점을 강조했다. 프레게는 자연 언어가 결점이 있다고 생각했기 때문에 자연 언어를 위한 일반적인 진리-이론에 관해서는 생각하지 않았다. 따라서 그는 개량된 언어의 구성을 제안했고 실제로 그 일을 해냈다. 이를 위해서 프레게는 하나의 기호 체계를 고안했는데, 그것의 통사론은 분명하게 그 기호에 대한 의도된 해석을 반영하고 있었다. 프레게는 이 기호 언어가 자연 언어의 일부와 똑같은 표현력을 가진다고 믿었다. 그러나 데이비슨의 관점에서 프레게의 작업은, 부분적으로는 자연 언어에 대한 그의 비관주의 때문에, 부분적으로는 — 예컨대 문장을 이름으로 취급하는 것처럼 — 그의 혁신의 어떤 인위성 때문에, 자연 언어를 위한 의미 이론을 제시하기 위해 직접적으로 적용될 수 없다.[22]

데이비슨의 이론의 본질적인 재료는 콰인에 의해 제공된다. 그것은 데이비슨이 보고 있듯이, 언어 이해의 문제에 대한 전체론적 접근 방법(holistic approach)이 어떻게 이론이 요구하는 경험적 토대를 공급하는지를 설명하는 것이다. 데이비슨은 "형이상학적 결론이 내가 제안한 식의 진리론으로부터 도출된다고 한다면, 언어에 대한 접근 방법은 전체론적이어야 한다."고 말한다.[23] 콰인은 전체론이 이런 의의(import)를 가진다고 보지 않았다. 왜냐하면 콰인은 언어의 존재론적 의의에 대한 문제에 있어서도, 언어의 논리적 형식을 탐구하는 문제에 있어서도, 진리-이론을 중심적인 것으로 삼지 않았기 때문이다. 게다가 콰인은 엄격히 통제된 (regimented) 언어를 고안하는 목적이 자연 언어를 탐구하기 위한 도구로 쓰기 위한 것이라기보다는, 자연 언어를 개량하기 위한 것이라는 하는 프레게의 입장과 의견을 같이 했다. 따라서 콰인의 형이상학은 그의 논리학과 결부되어 있는 것이지, 자연 언어와 결부되어 있는 것이 아니다. 반면에 데이비슨은 논리학을 자연 언어 자체를 탐구하기 위한 하나의 장치라고 본다.[24]

　데이비슨의 제안은 참에 대한 타르스키의 작업에서 영감을 받은 것이다. 타르스키 이론의 특징은 어휘에 있어 유한한 항목들의 의미론적 속성을 매거한 후, 반복적 정의(recursive characterization)를 거쳐 그 어휘로부터 무한히 많은 문장을 만들어낼 수 있다는 데 있다. 이런 반복적 정의는 "문장과 비문장 표현 모두를 세계 속의 대상과 관계시키는 절묘하고도 강력한 개념(만족)"에 의존한다.[25] 데이비슨이 타르스키의 이론을 어떻게 응용했는지, 또 자연 언어에서의 지시성 및 그 밖에 문제가 되는 특징들을 설명하기 위해 어떻게 타르스키의 이론을 확장시키고 수정했는지에 대한 세밀한 논의가 이하에서 기술된다. 데이비슨의 목적을 위해서 중요한 것은 타르스키의 이용이, 자연 언어의 구조를 드러내고 명확하게 하기 위해서 자연 언어를 위한 진리-이론을 ― 바로 의미의 설명을 위해 요구되는 것 ― 허용한다는 점이다.

데이비슨의 제안

데이비슨은 직합한 의미 이론이 다음과 같은 4가지 조건을 만족시켜야 한다는 점을 관찰함으로써 일을 시작한다.

(i) 의미 이론은 우리에게 (자연) 언어 L의 각 문장에 대한 "의미를 줄 수 있게" 해 주어야 한다.[26]

(ii) 의미 이론은 어떻게 L의 문장들이 L의 유한개의 낱말로부터 L의 규칙들에 의해 의미론적으로 합성되는가를 보여주어야 한다.[27]

(iii) 의미 이론은 어떻게 L의 문장들이 의미하는가를 설명(demonstration)하려 할 때 그 설명이 L문장 자체와 같은 군의 개념들에 기초해 있다는 것을 보여주어야 한다.[28]

(iv) 의미 이론은 경험적으로 시험 가능해야 한다.[29]

이러한 요구들은 그 어느 것도 논쟁의 여지가 없다. 이는 L에 대한 진리론이 이 조건들을 만족시킬 것이며, 또한 L의 논리적 형식에 대한 이론도 될 것이라는 점을 주장하는 것이다.

데이비슨은 어떤 의미 이론은 언어 L의 문장의 의미가 어떻게 문장의 요소에 의존하는가를 보여주어야 한다고 주장한다. 문장 의미가 낱말 의미의 함수가 아닌 한, 사람들이 어떻게 언어 L을 배울 수 있는가를 알기 어렵다. L의 화자들은 그들이 이전에 전혀 만나보지도 못했던 문장들을 구성하고 이해하는 창조적 능력을 가지고 있다. 다시 말해서 L의 화자들은 유한한 수의 L의 낱말과 규칙을 가지고 (적어도 잠재적으로) 무한한 수의 문장을 생산할 수 있고 또 이해할 수 있다. 데이비슨의 입장에서 한 의미 이론이 이것을 설명해 주어야 한다고 말하는 것은, 그런 이론이,

(1) s는 m을 의미한다(s means m).

라는 형식의 모든 문장을 산출해 주어야 한다는 것을 말한다. 여기서 's'
는 어떤 문장의 구조를 명기하는(specify) 그 문장의 기술이고, 'm'은 그 문
장의 의미를 지칭하는 표현이다. 그러나 데이비슨은 (1)을,

(2) s는 p임을 의미한다(s means that p).

와 같이 재구성하는 것이 그런 것처럼 ((2)에서 'p'는 's'에 의해 기술된 문장이
다) 한 문장의 의미라는 개념에 호소하는 것은 도움이 되지 않는다고 말
한다. '---임을 의미한다(means that)'는 한 문장의 '의미(the meaning)'라는
개념 못지않게 문제가 많기 때문이다. 따라서 데이비슨은 임의의 술어
'T'를 사용하면서, '---임을 의미한다'를 '만일 ---라면 오직 그때에만
T이다(is T iff)'로 바꿔치기 위해서 다시 (2)를 재구성한다. (2)에서는 'p'
가 's'로 기술된 문장과 같은 것을 의미하는 문장이라고 생각되고 있다.
그러나 의미라는 표현에 호소하는 것은 모호하기 때문에, 좀 더 분명한
대용 표현이 요구된다. 만일 방금 제시된 것으로서 's'와 'p'에 대한 조건
들이, (즉 's'는 문장 'p'에 대한 구조 명기 기술이라는 것), 임의적인 술어 'T'를 사
용하는 경우에도 유지된다면, (2)는 다음과 같이 재표현될 수 있다.

(3) s는 p라면 오직 그때에만 T이다(s is T if and only if p).

이제 이 조건을 만족시키는 술어는 타르스키식의 필수 충족 진리 술
어이다. 그리고 이것은 정확히 데이비슨이 원하는 것이다.[30] 이것은 한 문
장의 의미가 그 문장의 진리 조건을 진술함으로써 제시된다고 말하는 것

이 된다. 차이는 이런 진리 조건에 타르스키 식의 제약이 추가되어 요구가 이루어진다는 점이다.

데이비슨의 접근 방법에 대한 모델이 타르스키의 이론이라 할지라도, 이 접근 방법은 타르스키의 모델과 딱 들어맞는 것은 아니다. 데이비슨의 목적을 위해서는, 채택된 진리-이론이 L의 모든 문장이 참이 되는 조건들에 대한 진술을 수반하는 것으로 족하다. 가장 단순한 경우로, 색인사나 지시사 없는 (특수한 시간, 장소, 발언자와 관계없는, 또는 '이것', '저것'과 같은 명사에 의해 예증적으로 분간되는 대상과 관계없는) 명확한 서술문을 예로 잡아보라. 데이비슨의 요구는 다음과 같은 형태의, 무한히 많은 쌍조건 진술을 수반할 이론을 위한 것이다.

(4) s는 만일 p라면 오직 그때에만 참이다(s is true if and if only p).

어떻게 이것이 (3)을 달리 표현한 것인지를 주목하라. 임의의 술어 'T'는 사라졌고 그 자리에 '참'이 들어섰다. 그리고 우리는 명백한 진리 조건적 형식을 가진다. 's'가 한 문장의 구조 기술이고, 'p' — 여기서 대상 언어는 기술 's'로 나타나는 메타언어에 포함되어 있다 — 는 그 문장 자체라는 것을 명심하라.

데이비슨의 목적을 위해서는 한 진리론에서의 비논리적 공리의 수가 유한하다는 것이 중요하다. 그렇지 않을 경우, 다시 말해서 (4)의 모든 예를 이론의 공리로 생각한다면, 의미 이론의 요구 중 (ii)가 위배될 것이기 때문이다. 이것은 무한 공리 체계(infinite axiom schemata)를 가진 사소한 이론들을 배제하고, 타르스키 식의 진리론에 주의를 국한시킨다.

'---라면 오직 그때에만 참이다(is true if and if)'가 그저 '---임을 의미한다(means that)'에 대한 명료한 대안적 해석으로만 의도된 것이 아니라는 점을 보는 것이 중요하다. 우선 '---라면 오직 그때에만 참이다'와 '---임을 의미한다'는 동의적이지 않다. '---라면 오직 그때에만 참이다'를 따르는 문맥은 진리 함수적이나 '---임을 의미한다'를 따르는 문맥은 진리 함수적이 아니다. 이 차이는 중요하다. 만일 '---임을 의미한다'가 진리 함수적이었다면, 모든 참인 문장은 같은 것을 의미했을 것이다. 데이비슨은 의미라는 '애매한' 표현을 **제거**하고, 그것을 참과 진리 조건이라는 보다 다루기 좋은 외연적 표현으로 대체하자고 주장하고 있는 것이다.

이것은 의미론적 개념을 두 종류로 분류한 콰인의 입장을 반영하는 것이다. 그중 한 종류는 지시론에 있는 것으로서, '지시한다(designates)', '만족한다(satisfies)', '참이다(is true)'와 같은 개념에 의존하거나, 그런 개념을 본질적으로 포함하는 외연적 이론이다. 다른 한 종류는 의미 이론에 있는 것으로서 동의성(synonymy), 분석성(analyticity)과 같은 개념 등에 의존하거나 그런 개념들을 본질적으로 포함하는 내포적 이론이다. (콰인의 입장은 내포적 이론보다는 지시론 쪽이 철학적으로 더 '좋은 상태'에 있다는 것이다.)[31] 데이비슨은 다음과 같이 말한다.

"의미 이론은 만일 그것이 연구 중인 언어의 모든 문장 's'에 대해서 's'의 의미를 주는, 어떤 면에서는 아직 명확해지지 않은, ('s는 p를 의미한다'에서 'p'에 들어갈) 상대 짝 문장을 제공해 준다면, 제 역할을 다하게 되었을 것이다. 그 상대 짝 문장이 될 하나의 확실한 후보자는, 대상언어가 메타언어에 포함되어 있을 경우에는, 바로 's' 자체이다. 그렇지 않은 경우는 메타언어에서의 's'의 번역이다. 마지막 대담한 조치로서 'p'가 자리 잡고 있는 곳을 외연적으로 처리해 보기로 하자. 이 작업을 하기 위해서 모호한 '---임을 의미한다'라는 표현을 지워 버리고, 적절한 문장 결합어와 함께 'p'를 대신하는 문장을 제공하라. 또 그것의 고유한 술어와 함께 's'를 대신하는 기술을 공급하라. 그러면 그 결과는 아래의 (T)문장이다.

(T) s는 p라면, 오직 그때에만 T이다(s is T iff p).

한 언어 L을 위한 의미 이론에 대해서 우리가 요구하는 것은, 어떤 (그 이상의) 의미론적 개념에 호소하지 않고, 's'가 한 문장의 구조 기술에 의해 대체되고 'p'는 그 문장에 의해 대체될 때, 그 의미 이론은 도식 (T)로부터 얻어질 모든 문장에 수반하는 술어 'T이다'에 충분한 제한을 가해야 한다는 것이다."[32]

'모호한 "---임을 의미한다"를 지워버려라'라는 표현은, 데이비슨의 프로그램에서 콰인의 것을 연상시키는 개정주의를 함의한다. 콰인은 일상 담론을 좀 더 정확한 논리학의 어휘로 '상승(ascent)'시켜 가는 것이, 그 상승이 일상 담론에 포함되어 있는 것을 모두 보존시켜주지 못한다는 사실에도 불구하고, 철학적 문제들을 해결하는 데 보다 나은 수확을 가져다 준다고 주장한다. 데이비슨은 '의미한다'라는 말을 버려두고 진리-이론에 기대는 것이 그와 같은 상승을 이룬다고, 이 상승은 의미라는 말을 대체할 뿐만 아니라, 해당 문제들을 다루는 데 다르면서도 좀 더 손쉬운 방법을 제공한다고 말하고 있다. 그러므로 '"p"가 자리잡고 있는 곳을 외연적으로 처리'하라는 '대담한 조치'는, 콰인의 분류 중 첫 번째 외연적 그룹의 개념에만 주의를 집중함으로써 부적당한 두 번째 그룹의 내포적 개념에 내재한 난점들을 극복하려는 시도인 것이다.

그러나 의미라는 말을 참이라는 말로 대신하는 것이 만족스러운 의미론적 이론을 생산할 것이라고 생각하기 위한 어떤 이유들이 있는가? 앞서의 논의를 몇 단계 되짚어 보자.

위에서 인용된 데이비슨의 구절은, 하나의 의미 이론이 모든 (T)-문장을 수반하게끔 술어 'T이다'에 제약을 가해야 한다고 결론짓는다. 따라서 하나의 의미 이론에 요구되는 것은 타르스키의 필수 충족 조건에 의해 공급되는 것처럼 보인다. 술어 'T이다'와 진리 술어는 공외연적(coextensive)이다. 'T이다'는 단지 L의 모든 참인 문장에 불과한 것에 적용될 뿐이다. 따라서 데이비슨의 입장에서 "한 언어 L에 대한 의미 이론은, 만일 그것이 'L-에서-참'에 대한 (반복적) 정의를 포함한다면, "어떻게 문장의 의미가 낱말의 의미에 의존하는지."를 보여준다."[33] 우리는 어떻게 문장의 진리 조건이 결정되는지를 그 문장 구조의 의미론적 의의와 더불어, 그 문장 요소의 의미론적 특징들에 의해 설명한다.

이 요구는 의미 이론이 대상언어 문장의 '의미를 주게끔' 대상언어 문장과 메타언어 문장 간의 짝을 공급해야 한다는 것에 있음을 상기하라. 만일 우리가 어떻게 내포성을 없애버리고 문맥을 외연적으로 만들 것인지를 묻는다면, 분명한 답은 쌍조건 형식을 사용하라는 것일 것이다. 우리의 목표는 s와 p 간의 적절한 짝 맺기에 도달하는 것이고, 사용될 수 있는 외연적인 짝은 쌍조건이기 때문이다. 우리는 이 목적을 위해서 무리하게 's if and only if p'를 사용할 수도 있었다. 그러나 이것은 비적형적인 표현이다. 왜냐하면 's'는 **이름** ― 한 문장의 이름 ― 을 대신하는 기호이므로, 그렇게 되면 이 쌍조건은 "눈이 희다면 오직 그때에만 로저(Roger iff snow is white)"와 같은 것을 말하기 때문이다. 쌍조건은 문장 결합어이다. 따라서 's'에 어떤 술어를 붙여서 's'를 문장으로 변형시켜야 한다. 임의의 술어 'X'를 택해 's'에 붙여 보도록 하자. 그러면 쌍조건은 이제 적형 표현인 's is X if and only if p'가 된다. 바로 여기에서 재주넘기가 이루어진다(the trick is turned). 메타언어 문장 p가 s의 '의미를 주려고' 한다. 만일 그렇다면, '---는 X이다'와 타르스키의 진리 술어는 적어도 공외연적이다. 또 그러므로 '---는 X이다'에 대한 다른 해석이 쉽사리 떠오르지 않기 때문에 그것을 편의상 '참이다'라고 해석하는 것이 편리하다.[34]

그러나 이런 식으로 의미라는 말을 참이라는 말로 대체하는 것만으로는 표면상 그럴듯하기는 할지라도, 아직 데이비슨의 제안이 의미 이론을 주기 위한 올바른 방법이나 최선의 방법임을 입증해 주는 논증은 되지 못한다. 사실 제안은 그 상태만으로는 성공하지 못할 것이다. 왜 그런지를 보기 위해서는 해석 개념과 관련한 데이비슨 입장의 중요한 보충적 요소를 살펴볼 필요가 있다.

데이비슨은 다른 사람의 말을 해석하면서, 그 사람의 말이 외국어이든 우리말이든 간에, 언제 메타언어 문장 'p'가 그 사람에 의해 발언되고 's'에 의해 기술된 문장이 가진 의미를 가지는지를 우리가 식별할 방법을 필요로 한다고 주장한다. 예컨대 "눈이 희다면 오직 그때에만 Schnee ist weiß는 참이다."와 같은 문장이 타르스키의 조건을 충족시키는지를 판정하는 경험적 시험은, 독일어 화자가 눈이 희다면 오직 그때에만 "Schnee ist weiß"가 참이라고 간주(holds true)하는지를 검사하는 것이다. 우리는 화자가 참이라고 간주하는 것이라는 개념에 호소해서 화자의 발언의 의미를 찾아낼 수 있다는 말이다. 의미는 화자의 믿음을 불변적인 것으로 간주함으로써 발견된다. 여기에는 '관용의 원리(principle of charity)'라는 것이 적용된다. 다른 사람들을 해석하면서 우리는 그들의 믿음 대부분이 참이라는 것을 인정한다. 그리고 그것은 해석의 기본 단위가 전체로서의 언어라는 것의 필연적인 결과이다. 데이비슨의 입장은 전체론적이다.

이제 한 가지 난점이 있는 것처럼 보인다. 번역이라는 개념은 타르스키의 진리 술어 정의에는 사용될 수 있는 개념이지만 (p가 s의 번역이라는 것은, 가장 단순한 경우로서 동음으로의, 즉 같은 언어로의 번역이라 할 때, "s는 p라면 오직 그때에만 참이다"에서 하나의 조건이다), 의미 이론을 위해서는 그렇게 사용될 수 없다는 점이다. 우리는 의미를 설명하려 하고 있다. 그리고 번역은 그 이론의 가정이 아니라 결과이어야 할 것이다. 따라서 타르스키의 진리 술어가 요구된 작업을 한다고 생각하는 것은 잘못인 것처럼 보인다. 어쨌든 아직 우리는 의미 이론에서 참을 중심 개념으로 선택하기 위한 이유를 가지지 못한다. 그러므로 왜 참이냐? 라는 문제가 등장한다.

나는 좀 더 일반적인 방식으로 이 문제로 곧 돌아올 것이다. 데이비슨의 제안 중 먼저 살펴볼 다른 문제들이 있다.

역설과 다른 문제들

6장을 보면 떠오를 것인데, 타르스키는 자기 이론을 자연 언어에 적용시키는 작업에 비관적이었다. 그러나 데이비슨은 비관적이지 않다. 타르스키를 괴롭힌 자연 언어의 두 가지 특징이 있다. 하나는 역설을 일으키는 자연 언어의 의미론적 폐쇄성(semantic closedness)이고, 다른 하나는 자연 언어가 성격상 무정형적이고, 가변적이어서 형식적 기술을 적용하기에는 부적절하다는 점이다. 그러므로 이러한 문제들에 관해 데이비슨이 뭐라고 말하는지를 알아보는 것이 중요하다.

자연 언어가 역설을 일으킨다는 것에 대해서 데이비슨은 다음과 같이 답한다. 타르스키의 문제(point)는 "진지하게 답할 가치가 있으며, 나도 그런 답을 가졌으면 한다." 그럼에도 불구하고 여러 이유 때문에 "나는 우리가 이런 특수한 개념적 걱정거리의 원천을 소독하지 않고도 계속 일을 해도 좋다고 생각한다."[35] 데이비슨은 이렇게 말한다. 역설은 자연 언어 양화사의 범위를 너무 관대하게 잡기 때문에 일어난다. 그러나 첫째, 이런 사실은 우리가 어떤 자연 언어 L에 대해서 L-에서의-참에 대한 명시적 정의를 줄 수 있다는 것을 배제하지 않는다. 그리고 둘째, 하여튼 자연 언어 중 역설의 위험이 거의 없는(minimal) 부분에 주의가 국한될 수 있다.[36]

타르스키의 두 번째 지적 — 형식적 조건화 — 에 대해서 데이비슨은, 만일 자연 언어에 형식적 기술을 적용할 수 있기 위해서 자연 언어가 알아볼 수 없을 만큼 개량되어야 할 것이라는 것이 참이었다면, 그런 사실은 자신의 기획에 '치명적'일 것이라는 점을 인정한다.[37] 왜냐하면 의미이론의 과제는 L을 개선하는 것이 아니라 기술하는 것이기 때문이다. 데이비슨의 응수는 비관주의를 버리는 것이다.

"긍정적 측면을 보도록 하자. 타르스키는 여러 종류의 해석된 언어들을 위한 진리론을 제시하는 방법을 보여주었다. 가급적 우리말과 많이 닮은 한 언어를 골라라. 이 새 언어가 우리말로 설명되어 왔고 우리말을 많이 포함하는 한, 우리는 그것을 이해하는 사람들을 위해서 그 언어를 우리말의 부분으로 볼 수도 있을 뿐만 아니라 그렇게 보아야만 한다고 나는 생각한다. 우리말의 이러한 단편에 대해서 우리는, 가설에 따라서, 요구된 부류의 이론을 가진다."[38]

타르스키의 의심은 자연 언어가 변하기 쉬우며, 모호성, 지표성(indexicality), 애매성과 같은 형식화하기 어려운 많은 특징을 포함한다는 사실에 집중되었었다. 데이비슨은, 타르스키의 진리론이 적용될 수 있기 전에 어느 정도 '정돈(tidying up)'이 필요할 것이지만, 그럼에도 불구하고 다룰 수 있는 부분들로부터 시작해서 밖으로 확장시켜 나감으로써, 난점들이 극복될 수 있다고 생각한다. (데이비슨은 "일거리가 떨어지지 않으리라는 것을 아는 것은 즐거운 일이다"고 말한다.)[39]

예컨대 데이비슨의 프로그램이 당면하는 문제 중의 하나인 지표성의 문제는 다음과 같이 처리될 수 있을 것이다. 자연 언어에서 나타나는 지표사를 다루기 위해서는 참을 문장이 아니라 발언의 술어로 보고, 화자와 시간에 상대화시켜 적용할 필요가 있다. 그러면 확장된 T-도식은,

"'나는 피곤하다(s, t)'는, 만일 s가 t시에 피곤하다면, 오직 그때에만 참이다."

와 같은 문장들을 수반하는 이론을 요구할 것이다.[40] 지시사('이것', '저것')에 대해서도,

"'이것은 X이다'는 화자의 '이것'의 사용으로 식별되는 대상이 발언 시간에 '---는 X이다'를 만족시킨다면, 오직 그때에만 참이다."

라는 식으로 설명된다.[41] 다른 유사한 경우들도 마찬가지이다.

그럼에도 불구하고 데이비슨은 곧 그의 제안에 저항하는 과제의 범위도 인정했다. "그러나 당황스러울 정도로 난점과 수수께끼 같은 문제들의 목록이 남아 있다는 점도 인정해야 한다."[42] 데이비슨은 자신이 열거한 여러 문제 중 특히 명제 태도, 인용, 부사,[43] 고유명,[44] 명령문,[45] 질량 명사와 비교급[46] 등과 관련하여 진보가 있었다고 주장한다. 그럼에도 불구하고 그 진보는 근본적인 접근 방법이 타당하리라는 가정에 의존하며, 데이비슨의 '당황스러운 목록' 중에서 몇 가지 항목에 대한 성공이 그런 접근 방법을 옹호하는 데 도움을 준다 할지라도, 여전히 참을 중심 개념

으로 채택하는 것이 성공할 것인지 하는 문제가 남아 있다. 이제 그 문제로 되돌아간다.

왜 참인가?

참이 쓰일 수도 있는 한 이유는, 표면상으로 참이 경험적으로 시험 가능한 이론으로 이바지하기 때문이다. 이것은 만족스러운 의미 이론이 갖추어야 할, 위에서 열거된 네 번째 조건이다. 데이비슨은 자신의 접근 방법이 최선을 다하는 곳이 바로 여기라고 주장한다. 이 주장은 평가해볼 만한 가치가 있다.

데이비슨은 진리 조건적 접근 방법이 "각각 한 문장의 진리 조건을 제공하는 다량의 문장들을 발부하는 것이라고 할 수 있었다."고 말한다. 따라서 이론을 시험하기 위해 "우리는 선택된 사례에서, 한 문장의 진리 조건이라고 이론이 주장하는 것이 실제로 있는지를 물어보기만 하면 된다."[47] 절차는 아주 간단하다. 요구되는 것은 그 이론에 의해 수반된 T-문장들을 참으로 인식하는 능력뿐이다. 가장 단순한 경우에, 이론의 "경험적 적절성을 시험하는 것은 우리말의 정상적인 화자가 "눈은 희다는 눈이 희다면 오직 그때에만 눈은 희다."인지를 결정하는 것이 쉬운 만큼이나 쉬운 일이다."[48] 데이비슨에게 이것은 생성 문법 이론에서 사용될 수 있는 경험적 검사와 유사하다. 하나의 문법은 's는 문법적이다'라는 형식의, 잠재적으로 무한히 많은 수의 문장을 수반한다. 그리고 문법의 올바름을 검사하기 위한 주요 방법은 화자의 '언어적 직관'에 의지해서 그것이 구제(deliverance)되는지를 검사하는 것이다.[49] 의미론적 이론에 있어서 동음일 경우는 시험이 간단하다. 메타언어와 대상언어가 다를 경우, 이론의 시험은 쌍조건의 오른쪽과 왼쪽이 같은 진리치를 가지는지를 결정하는 것이다. 이미 언급했듯이, 이 작업을 위해 데이비슨이 채택한 기술이 바로 '근본적 번역(radical translation)'이라는 방법이다.

> "우리는 외국인 화자가 어떤 조건에서 자기의 여러 가지 발언에 동의하거나 부인하는지를 알아내려 할 것이다. 물론 관련 조건들은 우리가 그 사람의 문장의 진리 조건이라고 생각하는 것일 것이다. 우리는 그의 동의가 대부분 참인 문장에 대한 것이고, 부인은 거짓인 문장에 대한 것이라고 가정해야 할 것이다. 다른 대안은 이해될 수 없을 것이기 때문에 이는 불가피한 가정이다."[50]

경험적으로 시험가능한 의미 이론이 동의와 부인(assent and dissent)이라는 패턴에 호소해서 가장 잘 그 근거를 얻는다고 생각하는 것은 사실 그럴듯한 것처럼 보일 것이다. 왜냐하면 그런 패턴들은 상대적으로 거의 이론적 부담을 지지 않는 것으로 보이기 때문이다.[51] 그리고 참과, 동의 및 부인의 개념 사이에는 분명한 연관이 있다. 따라서 이 연관이 참과 제안된 부류의 의미 사이를 연결시키기 위한 좋은 이유로 생각된다고 주장될 수도 있을 것이다.

그러나 그것이 좋은 이유가 될 수 있을까? 첫째, 그것은 해당 진리-이론이 타르스키 식 진리-이론일 경우에만 좋은 이유가 될 것이라는 점을 우리는 주목해야 한다. 데이비슨이 주장하는 것 중의 일부는 진리-이론이 대상 언어의 논리적 진리, 동치, 수반을 설명해야 한다는 것이다. 공교롭게도 실제로 소정 언어의 각 문장에 대해서 T-문장들을 수반하는 어떤 이론은, 대상언어의 논리적 진리들이 참이라고 (메타언어에서) 말할 것이다. 그러나 이것은 하찮은 것이거나, 또는 적어도 거의 대상언어의 논리적 형식의 이론이 되지 못할 것이다. 그러나 타르스키식 이론들은 어떻게 문장의 진리 조건이 그 부분의 조건에 의존하는가를 보여준다. 그리고 그렇게 하면서, 어떤 문장들이 참이라는 것을 수반할 뿐만 아니라, 한 주어진 형식의 모든 문장이 참이라는 것을 수반하며, 따라서 그런 문장의 집합은 대상언어의 논리적 진리들로서 명시될 수 있다. 타르스키식 진리-이론들의 장점은 문장 구조라는 개념에 기초해서 참인 문장들에 관한 일반화를 수반한다는 점이다. 바로 이것으로 인해 타르스키식 진리-이론은 논리적 형식의 이론들을 위한 그럴싸한 후보자의 자격을 얻는 것이다. 따라서 데이비슨은 그의 이론 선택이 "[임의의] 문장들이 참이라는 것을 수반할 뿐만 아니라, 그 문장들의 비-논리적 부분들을 모두 유의미하게 고쳐 써 놓아도 그 문장들이 여전히 참이 될 것이라는 점을 수반한다."고 주장한다.[52] 그러면 시험 가능성과의 연결이 성사된다. "어떻게 하나의 의미 이론이 하나의 논리학을 그것의 대상언어로 이 정도로 해석할 수 없었을 것인지를 상상하기는 힘들다. 그리고 의미 이론이 그렇게 하는 한에서, 논리적 진리, 동치 및 수반에 대한 우리의 직관은 이론을 구성하고 시험하는 데 요구될 수도 있다."[53]

그러나 화자의 직관이 이론을 위한 유일한 시험인 것으로 판명된다는 사실로 인해 하나의 의문점이 떠오른다. 다른 어떤 것이 없을 때, 이론은 화자의 직관들에 관한 이론이라고, 즉 직관들을 기술하거나 설명하기 위해 제시된 이론으로 재해석될 수도 있을 것이다. 그러나 그렇다면, 왜 그런 이론이 데이비슨이 제안하는 특이하고 제한된 형식을 가져야 하는지를 알기가 어려울 것이다. 특히 얼핏 보기에는 의미론적 직관의 이론이 ― 데이비슨이 선호하는 종류의 진리-이론과는 어울리지 않을 것 같은 짝인 ― 통사론적 직관의 이론과 더 잘 제휴할 것처럼 보일 때 말이다. 확실히 그런 이론은 화자의 직관에 대한 가장 단순한 또는 가장 자연적인 이론으로 제안될 수 없었다. 그리고 이것은 데이비슨의 접근 방법

이 가진 현실적인 문제이다.[54]

　타르스키 식의 이론에 호소하면 요구된 일을 잘 해낼 것이라고 생각하기 위한 다른 제안된 이유는 다음과 같은 것들이다. "문장의 의미가 그것의 진리 조건에 의해 제시된다,"는 주장이 매우 모호하다 할지라도, 실제로 어느 논평자가 말하듯이 "너무 모호해서 그 상태로는 사용하지 못한다."[55] 할지라도, 다른 확실한 대안이 있는지가 분명하지 않다. 타르스키식 진리 이론은, 특히 문장의 진리 조건이 어떻게 구조에 의해 결정되는가를 보여준다는 의미에서, 엄밀성이라는 자신만의 독자적인 장점을 가지고 있다. 요구되는 것은, 문장의 의미가 어쨌든 그 부분의 의미의 함수로서 설명되어야 한다는 점임을 잊지 말아야 할 것이다. 그리고 이 요구는 의미를 타르스키식 참 개념으로 대체함으로써 실현 가능해진다. 게다가 만일 우리가 타르스키의 개념들을 사용한다면, 엄밀성에 체계까지도 부가할 수 있다. 왜냐하면 타르스키의 장치를 갖추고 나면, 우리는 논구 중인 언어의 잠재적으로 무한한 문장을 다룰 수 있기 때문이다. T-문장 형식의 진리 조건 진술이 단독으로는 사소하다는 사실에도 불구하고 (데이비슨은 그것들을 '눈에 묶인 사소성(snow-bound triviality)이라 부른다), 타르스키의 장치는, 임의의 문장의 진리 조건이 무엇인지를 보여줄 것뿐만 아니라, 어떻게 그 조건이 결정되는가를 보여주면서, 거의 사소한 모든 T-문장을 증명하는 방법을 제공해 준다.[56] 따라서 우리는 타르스키의 참에 호소하는 것이 쓸모 있을 것이라는 생각에 의해 고무되는 것 같다.

　이런 것들은 편향적인 이유들일 뿐이다.[57] 아마도 충분히 설득력 있는 이유가 없는 것은 과도하게 참 개념 자체에만 주의를 집중한 데서 기인할 것이다. 대신에 그보다는 의미 이론이 무엇과 같은 것이어야 하는가 하는, 보다 일반적인 조망에서 참 개념이 어떤 역할을 하는가를 살펴보아야 할 것이다. 의미를 풀기 위한 열쇠로서 참에 대한 초기의 열광에도 불구하고, 적어도 분명한 사실은 한 문장 s에 대해서 's는 만일 p라면 오직 그때에만 (L 내에서) 참이다'는, '(L 내에서) p임을 의미한다'에 대한 충분조건이 아니라는 점이다. 더 이야기되어야 할 점이 있는 것이다.

참과 언어 행태 이론

참에 호소하는 것이 옹호될 수도 있는 한 가지 방법은, 얼마나 그 호소가 보다 일반적인 이론에 적합할 것인지를 보는 데 있다. 맥도웰이 그러한 접근 방법을 제공한다.[58] 맥도웰의 생각은 보다 포괄적인 행동 이론 안에 의미 이론의 자리를 잡아주면서 시작하자는 것이다. 이 방법의 한 장점은 참과 함께 출발하는 이론에서 나타나는 불편한 요구를 제거해서, 이론의 부담을 떠맡을 수 있도록 처음부터 참에 풍부한 특성을 부여하는 것이다. 이것은 쉬운 일이 아니다. 첫째, 방금 앞에서 보았듯이 왜 우리가 참과 함께 시작해야 하는지에 대한 설득력 있는 이유가 없다. 둘째, 참에 대한 공리적 정의나, 임의의 언어 이해를 위해 상대화된 참 개념과 함께 시작하는 것은 만족스럽지 못할 것이다. 왜냐하면 순환성의 위협이 의미를 설명하기 위해 그런 개념의 사용 가치를 떨어뜨리기 때문이다.[59]

따라서 맥도웰의 제안은 다음과 같은 생각에서부터 출발한다. 즉 L의 문장과 그것의 메타언어 문장 쌍은 '언어 이해와 관계되어 있는 것'[60]을 기술하는 이론의 한 요소로서 취급되어야 한다는 것이다. 이해론에서의 그런 요소가 뜻론(theory of sense)일 것이고, 그것은 효과론(theory of force)[61]과 연결시켜서 수행할 필요가 있을 것이다. 효과론의 목적은 우리에게 언어적 행동(주장하기, 명령하기, 묻기 등) 및 그것이 수행되는 명제적 행위의 유형(주장, 명령, 의문 등)을 확인하는 수단을 제공하는 데에, 그리고 그 밖에도 명령, 의문 등의 명제적 내용이 분명해질 수 있도록, 서술문을 각각 명령, 의문 등과 관계시키는 일을 하는 데에 있다. 그런데 뜻론과 효과론은 그 어느 것도 우선적인 위치를 차지하는 것이 아니고 함께 결합되어, 화자의 행동이 화자의 믿음, 욕구 및 다른 명제적 태도들에 비추어서 이해될 수 있게끔, 화자의 언어적, 비언어적 행위라는 보다 폭넓은 그림에 맞춰져야 할 것이다. "언어적 행동을 이해한다는 것, 따라서 언어를 이해한다는 것은, 일반적으로 행동이 수반하는(involve) 것을 이해하는 특별한 경우에 불과한 것을 수반할 뿐이다"[62]라고 맥도웰은 말한다.

통합된 뜻론에서 s와 p 간의 관계는 다음과 같은 역할을 한다고 볼 수 있다. 즉 'p'는 's'의 사용으로 수행된 행동의 명제적 내용을 드러내 주는 데 공헌한다. 따라서 's'와 'p'가 짝을 이루는 방식에 주의가 요청된다. 이론은 'p'가 어떻게 's'의 명제적 내용을 말하는지를 보여주어야 한다. 그리고 분명히 짝짓기(pairing) 장치에 우리가 요구하는 것은, 'p'가 's'와 같은 것을 말하고 또 's'와 같은 명제적 행위를 수행하는(또는 같은 것을 수행하는 데 사용될 수 있는) 것이어야 한다는 것이다. 's'와 'p' 사이에 '만일 ---라면 오직 그때에만 참이다(is true iff)'를 집어넣으면 그것이 가능해진다.[63] "진리-술어가 삽입될 수 있다는 것은 하나의 발견이다. 진리-술어의 적합성이 인식되기 전에, 행동에 관한 설명 안에서 의미 이론의 역할에 대한 일반적인 숙고가 먼저 인식될 수 있다."[64] 탈인용 장치(disquotation device)로서의 진리 술어라는 최소한의 관념은 "참은 뜻론이 이론으로 삼는 것(truth is what a theory of sense is a theory of)"임을 보여주기 위해 요구되는 것뿐이다. 이것은 "뜻은 진리론이 이론으로 삼는 것(sense is what a theory of truth is a theory of)"이라고 말하는 것이 아니라는 점을 주목하라.[65]

왜 여기서 진리 술어가 호출되어야 하는가? 그것은 짝 's'와 'p'를 이용할 수 있는 유일한 방법인가? 이런 물음들은 다르게 제시될 수 있다. 왜 (다른 술어라기보다는) '만일 ---라면 오직 그때에만(if and if only)'인가?

왜 '---는 참이다(---is true)'인가? 그 답은 '만일 ---라면 오직 그때에만'
이 외연적 결합어로서 증명론을 문제가 없는 것으로 만들어 준다는 데
있다. 왜냐하면 우리가 찾고 있는 것은, 결국 뜻에 있어서나 또는 (보다 앞
선 단계인) 수행된 명제적 행위에 있어서나, 's'와 'p' 간의 올바른 짝이기
때문이다. 그리고 플라츠에 따르면 '---는 참이다'도 소환된다. 왜냐하
면 "(a) 사실 이것은 우리에게 한 문장의 의미는 그것의 진리 조건들을
진술함으로써 제시된다는 이론을 제공한다--- (b) 우리는 이론적으로
가장 부담이 적은 증거를 기초로 해서 다리를 건설하므로, 그만큼 경험
적 의미 이론에로 가는 길이 쉬워진다. (c) 우리는 참에 대한 타르스키의
작업과 연결된다. 이 연결에서 모호성이 엄밀성으로 교체되며 --- 그리
고 --- 의미 이론 안에 필수적인 체계적 구조를 제공하기." 때문이다.[66]

맥도웰의 제안에서 's---p' 간의 간격을 무엇으로 채워야 하는지의 문
제는 미정된 술어 'F'를 사용함으로써, 따라서 's는 만일 p라면 오직 그때
에만 F이다(s is F if and only if p)'라는 표현에서와 같이, 열어둔 채로 남겨
놓을 수 있었다. 그러나 뜻론이 효과론과 상호작용해야 한다는 요구는,
수용 가능한 뜻론이 'F'가 '참'에 의해 교체될 경우, 여전히 수용될 것이
라는 점을 보증할 것이다.[67] 그럼에도 불구하고 맥도웰이 지적하듯이, 참
개념 자체는 뜻론을 수립하는 데 관계해서는 안 되며, 효과론도 's'와 'p'
간의 간격을 채우는 표현의 통사론적 형식에 '민감할(sensitive)' 필요가 없
다. 따라서 일반적인 언어적 행동 이론으로 표현된 의미 이론은 참의 해
명을 일차적인 의무로 삼지 않는다.[68] 하지만 타르스키의 진리 술어는 'F'
에 대한 교체물로서의 요구를 만족시키며, 그것과 더불어 플라츠가 열거
한 모든 장점들을 가져다 준다. 실제로 이 이론에 의해서 '참'이 'F'를 대
체할 것이기 때문에, 프레게가 생각했던 것처럼, 직접적으로든 'F'를 '참'
으로 '정당하게 전환'시킴에 의해서든 간에, 뜻론이 문장의 진리 조건을

밝혀 줄 것이라는 점은 여전할 것이다.[69]

이러한 고찰들은 참에 호소하는 것이 적절하다는 생각에 힘을 더해준다. 그러나 그것이 강요되는 것은 아니다. 우리는 위의 고찰들로 인해 참 개념을 사용하도록 강요받지 않는다. 주목할 만한 점은 이런 논증들이, 참 개념이 사용될 수 있는 이유를 그 개념이 사용되어야 하는 이유와 뒤섞어 놓고 있다는 사실이다. 아마도 그 논증의 일부는 다음과 같을 것이다. 참 개념이 사용**될 수 있다**는 사실은, 그 개념이 잘 정의된 타르스키의 개념에 의해 제공된 엄밀성과 체계를 고려할 때 사용**되어야 하는** 이유라고 생각된다.

참과 실재론

더밋의 입장에서, 임의의 문장 집합에서 문장의 의미가 진리-조건에 의해 명시되어야(specify) 한다고 주장하는 이론은, 그 문장 집합의 주제에 관한 **실재론**과 동치이다.[70] 실재론은 세계가 존재하고 또 성격상 그것에 대한 어떤 지식이나 경험과 독립적으로 존재한다는 논제, 그리하여 세계에 관한 문장들은 어떻게 세계 속에서 사태가 있는지를 우리가 알거나 알게 될 수 있든지 없든지 간에, 따라서 우리가 그런 문장들의 진리치를 알 수 있는지 없는지와는 무관하게, 세계 속에서 사태가 있는 방식 덕분에 확정적으로 참이거나 거짓이라는 논제이다. 이런 실재론적 논제에서, 임의의 문장 집합에서의 문장의 진리-조건은 그것들이 획득되는지 않는지를 인식하는 우리의 능력을 초월할 수도 있다.

더밋은 의미가 실재론적 진리 개념으로 설명되어야 한다는 생각에 반대한다. 그런 생각은 언어의 많은 문장을, 그것들의 진리치를 아는 우리의 능력에서 벗어난 곳에 두기 때문이다. 의미 이론이 우리에게 말해

주어야 하는 것은, 한 언어의 화자가 자기의 언어를 알 때 (즉 이해할 때) 그 화자가 아는 것이다. 그리고 화자가 아는 것을 우리에게 말해주면서, 의미 이론은 화자가 어떻게 그 지식을 가지고 그 문장의 뜻을 결정하는 조건으로부터, 그 조건이 무엇이건 간에, 문장 사용의 모든 측면을 도출하는가를 보여주어야 한다. 더밋의 입장에서 실재론적 이론은 지식과 언어 사용 간의 이런 연관을 설명해 주지 못한다. 대략적으로 그의 논증은 다음과 같다 (좀 더 자세한 설명이 곧 이어진다).

만일 한 의미 이론이, 한 언어 L의 화자가 L의 문장이 의미하는 것을 알 때 그 아는 것을 우리에게 말하는 것을 의미한다면, 의미 이론은 L의 화자가 잠재적으로(implicitly) 갖고 있는 명제적 지식을 이론적으로 설명하는 것(a theoretical representation of propositional knowledge)이어야 할 것이다. 또한 의미 이론은 어떻게 그 지식이 L의 화자로 하여금 L의 문장을 사용할 수 있게끔 해 주는지도 보여주어야 한다. 만일 참이 의미 이론에서 기본 개념이라고 생각된다면, 의미 이론은 어떻게 진리 조건에 관한 지식이 언어 사용이라는 실천 능력과 연결되는가를 설명해 주어야 할 것이다. 이런 연결을 분명하게 해두어야 한다는 요구는, 수용할 수 있는 의미 이론이 되기 위해 필요한 두 가지 조건에 의해 정당화된다. 하나는 화자가 한 언어 L의 문장의 의미에 대한 지식을 가질 때, 그 지식에 대한 화자의 표출(manifestation)이라고 생각되는 것을 우리가 식별할(tell) 수 있어야 한다는 것이다. 다른 하나는, 언어가 의사소통의 도구이기 때문에 뜻은 공적이어야 한다는 것이며, 따라서 화자들이 자신들의 언어를 알 때 그들이 아는 것은, 그들의 언어 행위 속에서 공적으로 관찰될 수 있어야 할 뿐만 아니라, 공적인 맥락에서 획득될 수 있어야 한다는 것이다. 실재론적 (즉 초월적) 참 개념에 기초한 의미 이론에 더밋이 반대하는 것은, 이런 조건들이 충족되어야 한다는 요구를 그런 이론이 만족시키지 못하기 때문이다.

그 이유는 다음과 같다. 만일 진리 조건에 관한 지식이, 임의의 문장이 참 또는 거짓일 때를 아는 능력에 있다고 — 즉, 그 문장의 진리 조건이 획득되는지 않는지를 인식하는 데 있다고 — 여겨진다면, 지식과 언어 사용 간의 연결은 문제가 되지 않을 것이다. 왜냐하면 이것은 문장의 뜻의 조건들(결정 가능하거나 인식 가능한 것으로서 해석된 그것의 진리-조건들)과 그런 문장의 사용을 연결시키는 **실천적** 능력이기 때문이다. 진리 조건이 획득되는지 않는지를 인식할 수 있다는 것이 한 문장이 어떤 진리치를 가지는가를 결정하기 위한 절차의 실천적 숙달이기 때문에, '한 문장을 이해하는 것'은 이러한 인식적 능력을 가지는 것이 되는 셈이다. 한 문장의 뜻에 대한 이해(grasp)는 그 문장에 충당될 수 있는 가능한 사용을 결정하며, 또 그 사용에 의해 결정된다. 따라서 **의미에 대한 지식**과 언어 **사용** 간의 연결은 분명하다.

그러나 만일 진리치가 문장의 인식 초월적 속성인 것으로 여겨진다면, 우리는 그것의 초월적 진리-조건에 대한 이해를 그것의 진리치인 것을 인식하는 능력의 소유와 연결시킬 수 없을 것이다. 그러므로 그런 문장에 대해서 우리는 그 진리-조건에 대한 화자의 지식이 어떻게 표출될 수 있는가를 말할 방법이 전혀 없다. 그러나 우리가 이것을 말할 수 없다면, 그 이론은 어떻게 뜻과 사용이 서로를 결정하는가를 보여주지 않을 것이다.

이것은 진리 개념이 의미 이론과 무관하다고 말하는 것이 아니다. 그러나 다른 진리 개념이 요구된다. 참은, 진리치를 입증하는 우리의 능력을 발휘하면서 우리가 사용하는 검증 절차의 산물로서 생각되어야 한다. 이런 식으로 참을 해석하는 것은 실재론을 거부하는 것이다.

이렇게 더밋이 제안한 대안에 대해서 맥도웰은 다음과 같이 말한다.

(이 대안은) "하나의 새로운, 반실재론적인 세계 개념을 요청할 것이다. 만일 참이, 우리가 그것을 발견하는 것과 무관하지 않다면, 우리는 세계를 우리 자신의 창조물로서 이든가, 아니면 적어도 우리의 탐구에 응해 생겨나고 있는 것으로 묘사해야 할 것이다. 따라서 진리-조건적 뜻 개념에 대한 검증주의적 반론은 광범위한 형이상학적 의미를 가질 것이다."[71] 따라서 더밋의 논증들은, 특히 그것들이 맥도웰이 시사하는 결과들을 함의한다면, 좀 더 많은 대우를 받을 것을 요청한다.

한 문장의 진리-조건들을 안다는 것은 무엇인가?

더밋은 의미에 관한 철학적 문제가 "이해에 관한 문제로 보면 가장 잘 해석된다."고 말한다. "한 표현의 의미가 무엇에 있는가 하는 하나의 금언 (dictum)은, 그 표현의 의미를 안다는 것은 무엇인가에 관한 논제로서 해석되어야 한다."[72] 따라서 참을 중심 개념으로 삼는다면, 진리-조건 이론은, 한 문장의 의미를 아는 것은 그것이 참이 되는 조건을 아는 것임을 진술하는 이론이다. 한 문장의 진리-조건을 안다는 것은 무엇인가?

한 문장의 진리-조건을 아는 것이 무엇이든 간에, 그것은 문장을 구성하는 낱말들의 이해 및 낱말 배열 의의(significance)에 의존해야 한다. 그러므로 문제는 이것이다. "한 화자가 한 언어를 알 때 그가 아는 것이 무엇인가, 특히 그가 그로 인해 그 언어의 임의의 문장에 대해 무엇을 아는가?"[73] 그 답으로 제공된 이론은 **실천적** 기량, 즉 언어 구사 능력을 이론적으로 제시(theoretical representation)해주는 데 있을 것이다. 그 이론은 일군의 연역적으로 연관된 명제들로 되어 있을 것이고, 또 화자의 언어적 지식을 **명시적**으로 피력(setting-out)하는 것일 것이다. 화자 자신이 그런 명제들에 관한 명시적 지식을 가진다고 여겨지지는 않을 것이다. 그러나 일정한 언어 기량을 숙달한 사람은 그에 관한 **내재적(implicit)** 지식을 가지고 있다고 보는 것으로 충분하다. 우리는 어떤 사람이 어떤 것을 할 줄 안다 — 예컨대 자전거 타기나 말하기 — 고 할 때, 그가 그 기량의 바탕을 이루는 이론을 설명할 수 있을 경우에만 그것을 할 줄 안다고 요구해서는 안 된다.[74]

화자가 지니고 있는 지식이 내재적 지식이라면, 의미 이론은 "그 화자가 알아야 하는 것이 무엇인지를 명시해 주어야 할 뿐만 아니라 --- 그 지식의 **표출**이라고 생각되는 것도 명시해 주어야 한다."[75] 따라서 적어도 그 이론의 어떤 개별 명제들은 특정한 언어 사용 능력과 관련되어 있어야 한다.(그 이론의 모든 명제가 이것을 해야 한다고 요구하는 것은 너무 강하다.)

그런 의미 이론에는 **뜻**(sense)과 **효과**(force) 간의 구분이 내재되어 있다. 한 발언의 '효과'는 발언이 일으키는 언어적 행위 — 주장하기, 묻기, 명령하기 등 — 에 있다. 뜻-효과 구분 없이 우리는 체계적인 설명을 구성하는 법을 알지 못할 것이다.[76] 더밋의 입장에서, "임의의 한 문장이 참이 되기 위해 어떤 조건이 획득되어야 하는가를 아는 사람은 그 문장 발언의 의의(significance)를 파악하기 위해 알아야 할 것을 아직 다 알지 못한다."[77] 만일 우리가 진리-조건을 아는 것으로 충분하다고 생각했다면, 우리는 한 문장의 진리-조건이 그것의 규약적 의의(conventional significance)를 결정하는 방법을 화자들이 이해한다는 생각을 몰래 들여오게 될 것이다. 그러나 의미 이론의 목적은, 한 문장의 진리-조건과 그 문장을 사용해서 수행된 언어 행위 사이에 있다고 여겨지는 연결을 명확히 해 주는 데 있다. 한 문장이 다른 상황에서 다른 언어적 행위를 수행하는 데 사용될 수 있다. 그리고 어떻게 진리-조건이, 각 사용의 의의와 관계하는지를 분명히 해 줄 필요가 있다. 이론은 어떻게 한 문장의 의미가 그것의 진리-조건에 의해 제시되는지를 진술하는 것 이외에도, 한 문장의 사용이 그것의 진리-조건에 대한 지식으로부터 도출되기 위해 요구되는 원리들도 보충적으로 설명해 주어야 한다.[78]

따라서 참을 기본 개념으로 삼는 의미 이론은 두 부분으로 이루어져 있어야 한다. 하나는 (a) 뜻론(theory of sense) 내에서 표현된 지시 관계들에 관한 이론이고, 다른 하나는 (b) 그 언어의 문장을 발언함으로써 수행될 수 있는 다른 언어적 행위를 우리에게 설명해주는 효과론(theory of force)이다. 더밋이 지시론이라 일컫은 것으로, (a)의 핵심은 더밋이 '지시론(theory of reference)'이라고 부르는 것으로서, 진리론(a theory of truth)일 것이다. 이것은 한 언어의 문장들의 진리-조건들에 대한 귀납적 설명(inductive specification)에 있다. 진리론을 지시론(a theory of reference)이라고 부르는 편이 더 좋다. 왜냐하면 그것의 정리 일부는 문장들의 진리-조건들을 진술하는 반면, 그것의 공리들은 개별 낱말들을 결정하는 것으로서 그런 낱말들에 지시체를 할당하기 때문이다. 지시론을 둘러싸고 있는 뜻론은 한 화자의 실제적인 언어 능력을 그 이론의 어떤 명제들과 관계시킴으로써, 그 화자가 지시론을 알 때 그가 아는 것을 설명한다.[79]

의미 이론의 성격에 대한 이러한 기술은 진리-조건들에 대한 지식이 화자가 알아야 할 전부가 아님을 보여 준다. 그러나 그것은 한 화자가 어떤 임의의 문장과 관련해서 구체적으로 알아야 할 전부이다. 왜냐하면 화자가 알아야 할 것의 나머지 부분은 성격상 일반적이기 때문이다. 즉 그 나머지 것은 문장의 진리 조건으로부터 그 문장 사용의 모든 측면을 도출해 줄 수 있게끔 해 주는 일반 원리들이기 때문이다. 문장의 단 한 특징 — 이 경우에는 그것의 진리-조건 — 이 있고, 그 특징을 인식하는 것이 문장 의미의 이해에 이르게 된다고 주장하는 의미 이론은 이 모델을 따라야 한다.[80]

이제 문제는 "참 개념이 의미 이론의 **중심 개념**을 위한 올바른 선택인지--- 아니면 우리가 이 역할을 하는 다른 개념을 사용해야 할 것인지" 하는 것이다.[81] 더밋에 따르면, 참 개념이 당연한 것으로 간주되는 한, 참 개념은 올바른 개념임이 분명한 것처럼 보인다. 그러나 참을 당연한 것으로 받아들이지 않는 순간, 그것의 직관적인 적합성은 사라져 버린다.[82]

이 점은 우리가 언어 숙달 과정 중 어디에서 참 개념의 파악에 이르게 되는가? 라고 물을 때 분명해진다. 우리는 참이 약정적으로(stipulatively) 도입되어 있는 것이라고 생각할 수 없다. 왜냐하면 참을 그렇게 도입하기 위해서는 우리는 이미 한 언어의 큰 부분을 숙달하고 있어야 하기 때문이다. 만일 우리가 언어를 학습하는 것은 그 언어의 각 문장이 참이 된다는 것이 무엇인지를 학습하는 것이라고 말하고자 한다면, 우리는 순환성을 불러오게 되는 그 문장에 대한 선이해를 가정하지 않고, 한 문장이 참이 된다는 것을 아는 것이 무엇인가를 진술할 수 있어야 할 것이다.[83] 물론 문장의 의미는 많은 경우에 순전히 언어적 수단(verbal means)에 의해 제시될 수 있다. 그러나 여기서 문장의 진리-조건에 대한 화자의 지식은 명시적인(explicit) 지식이다. 그리고 화자가 이런 식으로 한 문장을 이해하는 능력은, 화자가 이미 앞서서 언어를 숙달했다는 것을 전제한다. 화자의 이해가 한 문장의 의미를 다른 말로, 즉 같은 언어의 동치 문장에 의해 설명하는 능력에 있다고 말하는 것은 순환적일 것이다. 그러므로 보다 하층이거나 보다 원초적인 차원의 언어 숙달은 이런 식으로 설명될 수 없다.[84]

현재의 난점은 한 문장의 진리-조건이 만족된다는 것을 화자가 인지한다고 할 때, 그에 대한 화자의 인지라고 생각되는 것을 어떻게 명시할 것인지에 있지 않다. 왜냐하면 — 한 문장의 진리 조건이 충족되는 것으로 화자에 의해 인식될 수 있다고 하는 조건에서 — 우리는 그 사실에 대한 화자의 인식(appreciation)이라고 여겨지고 있는 것을 말할 방법을 발견할 수 있기 때문이다. 그러나 이것은 한 문장의 진리-조건이 인식 가능하게 획득되는 상대적으로 아주 소수의 경우에 국한된다. 다시 말해서 그 경우란 한 문장이 참인지 거짓인지를 결정하게 해주는 효과적인 절차를 유한한 시간 내에 화자가 가지는 경우이다. 차라리 난점은 자연 언어가 효과적으로 결정될 수 없는 많은 문장들을 가지고 있다는 사실에 있다.[85] 무한 영역 또는 조사할 수 없는 영역에 대한 양화(quantifications over infinite or unsurveyable domains) 등이 바로 그러한 경우들이다. 이런 문장들에 대해서는 그 진리-조건이 만족되는지 않는지를 결정할 효과적인 절차가 없다. 그런 문장들에 대해서 우리는 그 진리-조건이 만족되는지를 인식할 방법을 발견할 수도 있을 것이다. 그러나 그것이 문제가 아니다. 문제는 그런 문장들에 대해서 "우리는 그 문장이 참이 되기 위한 조건의 만족이나 비만족을 인식하는 능력을, 그 조건이 무엇인가에 대한 지식과 동일시할 수 없다."는 점이다. 왜냐하면

> "가정에 의해 그 조건은, 우리가 사실을 인식할 수 없는 어떤 경우에 획득될 수도 있는 것이거나, 또는 우리가 그 사실을 인식할 수 없는 어떤 경우에 획득되지 않을 수도 있는 것이거나, 또는 양자 모두이기 때문이다. 따라서 그 조건이 유지되거나 유지되지 않는다는 것이 무엇인지에 대한 지식은, 우리가 그렇게 할 입장에 있을 때에는 언제든지 이러저러한 사태를 인식할 능력을 요구하기는 하겠지만, 그런 능력에 의해 남김없이 설명될 수 없다. 사실 한 문장의 진리 조건이라는 것이, 그것이 획득될 때는 언제든지 획득되는 것으로서 우리가 인식할 방법이 전혀 없을 때에는 언제나, 그 조건이 무엇인가에 대한 잠재적 지식을 가지고 있다고 보는 것에는 아무 내용도 없는 것이 분명해 보인다. 그런 지식을 표출시켜 줄 실천 능력이 없기 때문이다."[86]

여기서 문제는, '핵' 이론 즉 지시론(진리론)을 둘러싼 '표피(shell)'로서 생각되는 뜻론과 관계한다. 앞에서 언급했듯이 뜻론의 과제는 핵 이론을 화자의 언어 숙달과 관계시키는 것이다. 화자가 언어를 학습하면서 학습하는 것은 하나의 기량(practice)이다. 그리고 문장들을 참 또는 거짓으로 인식하는 것도 그 기량의 일부이다. 화자가 자기 언어를 알면서 아는 것은, 그의 기량에서 표출될 수 있어야 한다. 그러나 "한 문장이 참이 되기 위해 가져야 할 조건을 아는 것은 [화자가] 아는 것이 아니며, 그가 아는 어떤 것이 직접적으로 표출되는 것도 아니다."[87] 따라서 어떤 경우에 우리는 화자에게 진리-조건에 대한 지식을 귀속시킬 수 있을지라도, 중요한 경우에 우리는 그럴 수 없다. 결과적으로 우리는 "화자의 언어 숙달을 제대로 설명해 내는 데 실패한다."[88] 이것이 실재론적 진리 개념 또는 초월적 진리 개념에 기초한 의미 이론에 대해 더밋이 반대하는 요점이다.

반복해서 말하지만 지금 우리의 과제는, 한 문장의 진리-조건을 안다는 것은 무엇인가? 또 참을 의미 이론에서 중심 개념으로 삼는 것은 올바른 선택인가? 라는 문제에 답하는 것이다. 답변을 더 진척시키기 위해, 더밋은 우리가 진술에 참 개념을 붙일 때 수반되는 것을 명료히 해 줄 필요가 있다고 제안한다. 문제 해결을 위해 우회로를 걷는 것이다.

"만일 한 진술이 참이라면, 그 진술이 참이 되게끔 해 주는 어떤 것이 있어야 한다."라는 원리(이것을 '원리 C'라 부른다)를 생각해 보라.[89] 원리 C는 진리 대응론의 기초가 된다. 그리고 이 원리 C는 다양한 진술 집합에 대해서 우리의 참 개념을 선택하면서, 그로부터 우리가 실재의 성격을 결정짓는다는 의미에서 규정적(regulative)이다. (즉 우리는 세계 속에 무엇이 있는가를 먼저 결정한 **후**, 그것을 바탕으로 해서 무엇이 진술들을 참이게 해 주는가를 결정하는 것이 아니라, 그 반대의 과정을 택하는 것이다.) 더밋의 입장에서 C의 효과는, 예컨대 우리가 반사실적 조건문의 참을 보증해 줄 근거로서 수용해야 할 것이 아무것도 없는데도 불구하고, 그 반사실적 조건문이 참이라고 여겨지는 경우처럼, C를 명백히 위반하고 있는 경우를 고찰할 때 드러난다. 더밋이 인용하고 있는 예는, 신이 자유 의지를 가진 존재를 창조했었을 수도 있었지만, 그러나 창조했을 경우 신은 그 존재가 어떻게 행동했을지를 알기 때문에 창조하지 않기로 한, 그런 존재의 행동에 대한 신학적 주장이다. 사람들은 그런 반사실적 조건문을 참으로 만들어 줄 수 있는 것이 전혀 없다는 이유에서 그러한 생각에 반대할 것이다. 이런 반론의 귀결은 반사실적 조건문이 '곧이곧대로(barely) 참'일 수 없다는 주장이다. 다시 말해서 반사실적 조건문은, 그것을 참으로 만들어 주는, 가정법 조건문을 포함하지 않는 어떤 다른 진술이 없는 한, 참일 수 없다는 것이다.[90]

왜 어떤 사람은 반사실적 조건문이 곧이곧대로 참일 수도 있다고 생각하게 되는 것일까? 아마도 그는 반사실적 조건문이나 그것의 부정이 참이 되기 위해서 일상적으로 그 각각을 받쳐줄 어떤 근거가 있어야 하는 것이 아닌데도 불구하고, 그 반사실적 조건문이나 그것의 부정이 참이어야 한다는 것이 논리적으로 필연적이라고 생각하기 때문일 것이다. 이제 반사실적 조건문의 모든 쌍이 확정적으로 참이거나 거짓이라고 생각하는 것은 잘못이겠지만, 그런데도 우리는 그중 일부의 쌍은 참이거나 거짓이라고 생각하는 경향이 있다. 왜냐하면 우리는 쉽사리 어떤 일상적 진술의 참을 그와 연관된 가정법 조건문의 참과 동일시하기 때문이다. 예컨대 사람들에게 어떤 능력을 부여하는 경우를 생각해 보라. 모국어 외에는 전혀 언어를 배워 본 적이 없는 사람인 마이클에 대해서 "마이클은 언어 학습에 능숙하다"(이 진술을 'A'라 부르겠다.)라고 우리가 말한다 하자. "A는 참이어야 하거나 거짓이어야 하는가?"라는 물음에 대해서 3가지 가능한 태도가 있다. (i) 그것은 참이거나 거짓이어야 하는 것이 아니다. (ii) 언어 학습 능력은, 그 특징이 무엇인지를 우리가 알든 모르든 간에, 뇌 구조의 어떤 특징과 관계되거나 그런 특징에 있어야 한다. 마이클은 그 특징을 가지거나 가지지 않거나 이다. 그러므로 A는 우리가 참, 거짓 중 어느 쪽인지를 알 수 없을지라도, 참이거나 거짓임에 틀림없다. (iii) 언어 능력이 뇌 구조에 의존할 필요는 없다. 그러나 그럼에도 불구하고 사람들은 그런 능력을 가지고 있거나 가지고 있지 않거나이다. 따라서 A는 참이거나 거짓이어야 한다. (i)-(iii)의 지지자들은 모두 A의 진리치가 그와 관련된 가정법 조건문, "만일 마이클이 언어를 배우려 했었다면, 그는 쉽게 성공했을 것이다."(이를 'B'라 부르겠다.)의 진리치에 의존한다는 데 동의한다. A는 B가 참이라면 참이고, B가 거짓이라면 거짓이다. 따라서 "B는 참이거나 거짓이어야 하는가?"라는 물음은 2치 법칙이 A 자체에 대해서 유효한가 하는 물음과 일치하는 것이다. (iii)의 지지자는 B가, 만일 참이라면, 곧이곧대로 참이 된다고 믿는 입장이다. (ii)의 지지자는 A에 대해 2치를 주장한다. 그러나 반사실적 조건문이 곧이곧대로 참이 된다는 생각을 싫어하므로, A의 참이 뇌 구조에 관해 무언가를 이야기해 주는 다른 진술에 의해 결정된다고 본다. (i)의 지지자는 A의 진리치를 결정할 것이 전혀 필요하지 않다는 믿음을 (iii)의 지지자와 공유한다. (ii)의 지지자와 함께 그들은 반사실적 조건문이 곧이곧대로 참이 된다는 것을 인정하지 않는다. 따라서 "그들은 2치 법칙을 거부함으로써 딜레마에서 탈출한다."[91]

시험 가능한 속성 및 측정 가능한 양을 위한 모든 표현들을 포함해서, 우리 언어의 많은 표현은 조건문과 관련해서 도입된다. 우리는 시험과 측정이, 그 시험과 측정이 수행되거나 수행될 수 있었는지와는 무관하게, 어떻게 사물이 있는 그대로 있는가를 드러내 준다고 간주한다. 그리고는 속성 — 또는 양 — 이 들어 있는(ascribing) 문장들이, 해당 시험과 측정이 수행되었는지 또는 수행될 수 있었는지와는 상관없이 결정적으로 참이 된다고 가정하기에 이른다. 이렇게 가정하면서 "우리는 해당 속성이나 양에 대한 실재론적 태도를 취하고 있다." 이것은 어떻게 "우리가 우리의 진술들을 지배한다고 여겨지는 참 개념이, 원리 C를 통해 얼마나 우리가 실재를 구성된 것으로 간주하는지를 결정하는지를 보여준다. 사실 우리는 임의의 진술 집합에 대한 실재론을, 그 집합의 각 진술이 결정적으로 참이거나 거짓이라는 가정이라고 묘사할 수도 있을 것이다."[92] 따라서 논제 (ii)와 (iii)은 인간 능력 실재론에 대한 다른 두 설명이며, (i)은 그런 실재론에 대한 거부이다.

(ii)는 환원주의적 논제이다. 환원주의(reductionism)는 어느 한 진술 집합 M이 다른 진술 집합 R로 번역되어야 할 것을 요구하는 강한 논제일 필요는 없다. 그것은 M 진술의 진리치가 다음과 같이 R 진술의 진리치와 관계되어 있다는 논제이기만 하면 된다. 즉 M에 속한 어떤 진술 A에 대해서, A가 참이 되기 위해, R에 속한 진술 집합의 족 $\bar{A}$ 중 일부 집합이 참이라는 것이 필요하고 충분한 그런 진술 집합의 족 $\bar{A}$이 있다.[93] 이런 환원 가능성 개념에서 '곧이곧대로 참'은 다음과 같이 기술될 수 있다. 진술 A는 만일 (a) A가 참이고 (b) A를 포함하는 어떤 집합이 환원될 수 있는 어떠한 진술 집합(이 진술 집합은 A나 A의 사소한 변형을 포함하지 않는 진술 집합이다)도 없다면, 곧이곧대로 참이다. (ii)는 환원주의적 실재론(reductionist realism)을 표현하는 반면, (iii)은 소박 실재론(native realism)이다. '소박실재론'은 임의의 진술 집합 *M에 대해서, *M 내의 진술들이 곧이곧대로 참이라는 생각을 *M에 관한 실재론과 결합시키는 논제이다. (즉 *M 내의 진술들이 환원될 수 있는 아무 진술 집합도 없다는 논제이다.) 그리하여 더밋은 "실재의 구성에 대한 우리의 입장 — 우리의 형이상학적 입장 — 은, 우리가 실재론적 입장을 취할 진술들의 집합이 어떤 것인지에 의존

한다."고 말한다.[94]

이제 드디어 우리는 한 화자에게 한 문장의 진리-조건에 대한 지식을 귀속시키면서 무엇이 수반되는가를 볼 수 있다. 만일 한 문장 s가 곧이곧대로 참일 수 없는 진술들을 만드는 데 사용될 수 있다면, s의 어떤 발언은 R의 일부 적절한 하위 집합의 구성원이 참이 되는 그런 진술들의 집합 R이 있을 경우에만, 참이 될 것이다. s의 진리-조건들에 대한 이해는, 어떻게 s의 참이 R의 그런 하위 집합과 관계하는가를 전적으로 이해하는 데 의존할 것이다. 이 관계는 진리론(지시론)으로 제시될 수 있었다. 만일 이론이 대상 언어의 확장인 메타언어에서 표현된다면, s에 대한 (T)-문장은 사소하지 않을 것이다. (쌍조건의 오른쪽에 s를 가지지 않을 것이다.) 다른 한편, 대상 언어로 s를 번역하는 데 장애가 있다면, s가 R에 의존하고 있다는 것을 뜻론(진리론에 대한 화자의 이해가 무엇에 있는가를 설명하는 이론)이 명확히 해 주어야 할 것이다. 어느 쪽이든 여기서 s의 진리-조건의 이해라는 개념에는 전혀 문제될 것이 없다.

그러나 s가 곧이곧대로 참인 어떤 것을 말하는 데 사용될 수 있는 경우, 그와 관련된 (T)-문장은 사소해질 것이다. 따라서 이 경우에 뜻론은 s의 진리-조건에 대한 화자의 이해를 설명하는 부담을 모두 지게 된다. 그런 경우에 우리가 사용하는 모델이 관찰 보고이다. 만일 어떤 사람이 관찰을 통해서 이 나무가 저 나무보다 크다는 것을 구별할 수 있다면, 그는 이 나무가 저 나무보다 크다는 것이 무엇인지를 알며, 따라서 "이 나무는 저 나무보다 크다."가 참이 되기 위해 어떤 조건이 만족되어야 하는지를 알 것이다.[95] 그러므로 진리-조건을 이해한다는 것이 무엇인지를 설명하기 위한 두 가지 기본 모델이 있다. 하나는, 별 문제가 없는 것으로, 명시적 지식의 소유, 즉 어떤 s의 참을 위한 조건을 진술하는 능력과 관계한다. 그러나 이 모델은, 우리가 진리-조건의 이해라는 생각에 의미 이론을 기초하려 한다면, 앞에서 제시된 이유 때문에 쓰이지 못할 것이다. 다른 모델은 그 문장이 참인지 아닌지를 인식하는 능력의 소유와 관계한다. 그러나 이것은 충분하지 않다. 왜냐하면 우리가 한 문장의 진리치를 결정할 수 없는 많은 경우들이 있기 때문이다.[96]

더밋의 입장에서, 우리는 때로는 은밀하게 때로는 대놓고 관찰 모델에 호소함으로써 효과적으로 결정 불가능한 문장(예컨대 반사실적 조건문, 접근 불가능한 시공 영역에 대한 지시 등)을 숙달하는 것으로 생각하곤 한다. 즉 우리는 "결정 불가능한 문장이 참이 된다는 것이 무엇인가에 대한 우리의 이해가, 직접적인 관찰 보고를 하기 위해 그런 문장들을 사용할 수 있다는 것이 무엇인가를 우리가 파악하는 데 있다고 확신하려 한다."[97] 물론 우리는 그런 보고들을 할 수 없다. 그러나 우리는 그런 경우에 초인적인 관찰자가 어떤 힘을 필요로 할 것인지를 안다. 따라서 우리는 결정 불가능한 문장의 진리-조건에 대한 우리의 이해가 바로 그 초인적인 관찰자가 어떤 힘을 필요로 하는지를 우리가 아는 데 있다고 은연 중에 가정한다. 이러한 사고 경향은, 참 개념을 규제하는 원리 C와 나란히 자리 잡고 있는 다른 규제 원리와 연합된다. 그것은 "만일 한 진술이 참이라면, 그것은 그것이 참이라는 것을 원리상 알 수 있어야 할 것이다."라는 원리(이를 '원리 K'라 부른다)이다. C와 K는 밀접하게 관련되어 있다. 왜냐하면 만일 우리가 임의의 한 진술의 참에 관한 지식으로 생각될 것이 아무것도 없었다면, 어떻게 그 진술을 참이게 해 주는 것이 있었을 것이겠는가? 따라서 "가장 완고한 실재론자까지도, 어떻게 한 진술이 참이라고 알려질 것인지에 대한 그 어떤 개념도 우리가 가지고 있지 않다면, 그 진술이 참이 된다는 것이 무엇인가를 이해했다고 말하기는 어렵다는 사실을 인정해야 한다."[98] 그래서 실재론자는 결정 불가능한 문장의 경우를 다루기 위해 어쩔 수 없이 관찰 모델(즉 결정 가능한 문장들을 위한 모델)을 확장시키

철학적 논리학

는 것이다.

이 설명은, 기본적 차원에서의 진리-조건의 이해라는 생각을, 덜 기본적인 차원에서 이루어질 것으로 보이는 진리-조건에 대한 이해에로까지 확장하기 위해 우리가 가지는 이유(motive)에 대한 '진단'으로서 더밋에 의해 제공된 것이다. 그러나 이런 이유들은 그 확장을 정당화시켜 주지 않는다. 그러므로 초월적 참 개념의 사용은 "우리의 문장에 적용할 수 없는 사용에 의존하는 의미를, 어떻게 우리가 우리의 문장에 할당할 수 있게 되는가 하는 물음에 답하지 못한다."[99] 사실 그런 설명은 다음과 같은 것을 주장하는 설명과 구별될 수 없다. 즉 "우리는 우리의 어떤 문장을, 마치 그것들의 사용이 어떤 면에서 사실은 닮지 않은 데도 다른 문장의 사용과 닮았던 것처럼 취급한다. 즉 우리는 우리 자신의 언어를 구조적으로 오해하고 있다."[100]

더밋은 "참 개념이 한 의미 이론의 중심 개념을 위한 올바른 선택인지 --- 또는 이 역할을 하는 어떤 다른 개념을 사용할 필요가 있는지."를 물었다. 앞서 말한 내용에 비추어 볼 때, 그 답은 실재론적으로-이해된 참은 그릇된 선택이라는 것이다. 다른 대안이 요구된다. 그것은 무엇이어야 할까?

반실재론적 대안

전절에서 확인된 난점들은 우리가 우리 언어의 모든 문장을 실재론적으로 해석한 데서 일어났다. 다시 말해서 난점은 문장 사용으로 만들어진 모든 진술이 결정적으로 참이거나 거짓이 된다는 것을 우리가 알 수 있는지와는 상관없이, 그 진술들이 결정적으로 참이거나 거짓이 된다고 가정한 데서 일어났다. 이것은 "한 진술이 참 또는 거짓으로서 입증되었을

때를 인식하는 능력을, 그것의 진리-조건과 동일시할 수 없게" 만드는 섯이다.[101]

해결책은 지식-초월적 참이라는 생각을 포기하고 다른 용어로 형식화되는 의미론을 만드는 데 있다.[102] 더밋의 입장에서 그런 의미론을 위해 사용될 수 있는 하나의 원형(prototype)이 있다. 그것은 수학 진술의 의미에 대한 직관주의적 설명이다. 기본적인 생각은 다음과 같다. 수학 진술의 이해는 어떤 수학적 구성과 관련하여 그것이 한 주어진 진술에 대한 증명인지 아닌지를 우리가 인식할 수 있음에 의존한다. 따라서 수학 진술에 대한 주장은 그 진술이 참이라는 주장으로서 해석되어야 하는 것이 아니라, 그에 대한 증명이 있다는 주장으로서 해석되어야 한다. 이와 관련해서 우리는, 어떤 수학적 표현이 나타나는 진술에 대해서 그 진술의 증명이라고 생각되는 것을 결정하는 데 어떻게 그 표현이 공헌하는가를 안다면, 그 수학적 표현을 이해한다. 그 때문에 어떤 수학적 표현에 대한 이해는, 수학 언어의 사용에서 충분히 표출될(manifestable) 수 있다는 것이 보장된다.[103]

이것은 모든 이해할 수 있는 진술이 효과적으로 결정될 수 있어야 한다는 것을 의미하지 않는다. 한 진술의 이해는 그 증명이 제공될 때 그 증명을 발견할 수 있다는 데 있는 것이 아니라, 그 증명을 인식할 수 있다는 데 있다. 그리고 한 진술의 부정에 대한 이해도 마찬가지로 그 부정의 증명을 발견하는 데 있는 것이 아니라, 그 부정의 증명을 인식할 수 있다는 데 있다. 진술들의 이해 가능성은 우리가 그것들에 대한 결정 절차를 가진다는 것을 보증하지 않기 때문에, 그것들에 대한 우리의 이해는 증명들이 발견될 때 증명들을 인식하는 능력에 있다. (배중율은 수학 진술에 대해서 일반적으로 타당하지 않다는 결과가 따라 나온다.)[104]

더밋의 주장에 따르면, 이 이론은 "쉽게 수학 이외의 경우에까지 일반화된다. 증명은 수학에서 진술을 참으로 입증하기 위한 독점적인 수단이다. 그러므로 요청되는 **일반** 개념은 **검증** 개념이다."[105] 그런 입장에서 한 진술을 이해하는 것은 그 진술을 참으로 입증하는 것을 인식할 수 있다는 것에 있다. 이것은 우리가 모든 경우에 진술들의 진리치를 결정하는 방법을 가져야 한다는 것을 의미하지 않는다. 그것은 다만 한 진술의 참이 입증되는 일이 벌어질 때, 그것을 우리가 인식할 수 있어야 한다는 것을 의미할 뿐이다. 이것의 장점은 실재론적으로 생각된 진리-조건과는 달리 검증-조건은, 그것들이 획득될 때를 인식하는 능력이 우리에게 있는 것으로 여겨져야 하는 그런 것이라는 점에 있다. "그러므로 그런 조건에 대한 전적인 지식이 무엇에 있는가를 진술하는 데 아무 어려움이 없다. 왜냐하면 그것은 우리의 언어적 실천에 의해 직접적으로 전개되기 때문이다."[106]

만일 우리가 이 검증주의적 대안에 마음이 끌린다면, 명심해 두어야 할 몇 가지 점들이 있다. 첫 번째 점은, 그런 이론은 전체론적인 연구를 감안해야 한다는 것이다. 콰인은 한 문장의 검증이 감각-경험의 발생에 있다는 (실증주의적) 개념에 반대하였다.[107] 이것은, 콰인의 비유에 의하면, 언어가 세계와 충돌하는 곳인, 언어의 '거미줄' 주변부에 놓인 문장들에만 적용된다. 거미줄 내부에 있는 문장들을 검증하는 경우에는 추리 절차가 수반될 것이다. 그리고 수학적 정리들은 결과적으로 순전히 추리에만 관계하는 극한적인 경우일 것이다. 따라서 비주변부 문장들의 검증에는 정합성의 정취가 깃들어 있을 것이다. 거기에서 관련 절차들은 그 문장들의 연관을 인식하는 것을 수반할 것이기 때문이다.[108]

또 다른 점은, 검증주의적 의미 이론이 직관주의적으로 이해된 수학으로부터 언어에까지 일반화시킨 이론이라는 것이다. 따라서 언어와 수학간의 차이가 고려되어야 한다. 한 가지 차이는, 수학에서 한 진술을 이해함이라는 개념이 그 진술의 증명을 인식하는 능력과 그 진술을 반박하는 능력을 동시에 다 수반하지 않는다는 점이다. 왜냐하면 그 이론은 부정(negation)을 설명하는 일률적인(uniform) 방법을 제공하기 때문이다. 언어에서는 그와 유사한 절차가 전혀 없다. 따라서 한 문장의 의미는, 그것이 동시에 검증되면서 반증될 수 없다는 조건 하에서, 그것의 검증과 반증을 모두 다 인식하기 위한 수단을 동시에 대비해 놓음으로써 제시되는 것으로 간주되어야 한다. 그 밖에 또 다른 차이점들이 있다. 그러나 더밋은 이렇게 말한다. 일반적으로 "각 문장의 의미가, 그 문장으로 만들어진 진술을 결정적으로 입증한다고 여겨지고 있는 것 및 결정적으로 반증하는 것을 설명함으로써 제시되는 한, 그리고 이것이 화자가 인식할 수 있는 조건들에 의해서만 체계적으로 수행되는 한, 전체 내용은 검증주의적 정신 내에 머물러 있을 것이다."[109]

검증주의를 채택하는 것은 참 개념을 배제하는 것이 아니다. 참은 중요한 것으로 남아 있다. 왜냐하면 참은 연역 추론을 설명하기 위해 요구되기 때문이다. 우리는 연역 추론이 진리-보존적(truth-preserving)일 경우에 그 추론을 타당한 것으로 인정한다. 어떤 의미 이론에서 문장의 뜻이 그 문장의 구조에 의존한다는 것은, 그 문장의 참을 입증하는 가장 직접적인 방법이라고 우리가 생각하는 것을 보여줄 것이다. 그러나 그 이론은 많은 진술이 비결정적인 근거들 위에서 주장된다는 사실뿐만 아니라, 진술들의 참을 결정적으로 입증하는 간접적인 방법들도 있다는 사실도 — 연역 추론의 결론들이 이 점을 예증한다 — 고려해야 한다. 따라서 한 진술의 참이라는 개념은, 진술을 입증하기 위한 결정적이면서도 간접적인 절차들이 있다는 가능성을 허용하기 위해 요구된다. 그리고 분명히 그런 개념은 검증과 동일시될 수 없다.[110] 더밋은 검증주의 하에서의 참에 대해 어떤 설명이 주어져야 할지를 설명하기가 쉽지 않다는 것을 인정한다. 우리가 아는 것은, 참 개념이, 인간 능력을 초월하는 조건에 의해서가 아니라 진술을 참으로서 인식하는 우리의 능력에 의해서 설명되어야 한다는 것뿐이다.[111]

반실재론: 몇 가지 반론과 옹호

더밋의 반실재론적 제안에 대한 한 가지 반론은 그것이 수정적(revisionary)이라는 점이다. 우리가 실재론적으로 생각된 참을 포기한다면, 고전 논리의 포기를 수반하게끔 우리의 의미론적 이론(semantic theory)을 짜야 할 필요가 있는 것처럼 보인다. 우리의 관행은 고전적인 추론 형식을 받아들이는 것에 있다. 따라서 대안적인 논리학으로 대체할 것을 요구하는 이론은 우리의 언어 관행을 깨끗하게 기술해 내지 못할 것이다. 이것은 반실재론적 대안의 약점인 것처럼 보일 것이다. 왜냐하면 만일 우리가 경합하고 있지만 똑같이 생존력 있는 이론들을 가진다면, 분명히 보수적인 이론이 더 선호될 것이기 때문이다. 그러나 "우리는 우리의 언어가 모든 면에서 완전하게 알맞게 있다고 미리 가정할 아무 근거도 없다."라고 더밋은 말한다.[112] 프레게는 자연 언어의 많은 특징들 — 모호성, 지시체를 가지지 않은 단칭 명사 — 때문에 그 상태로는 자연 언어에 대한 정합적인 의미론을 만들어 내기란 불가능하다고 주장했다. 타르스키도 자연 언어의 의미론적 폐쇄성이 모순을 일으킨다고 주장했다. 자연 언어에 대한 그들의 평가는 언어가 조정을 필요로 할 수도 있다는 것을 암시한다. 결국 이것은 규약적으로 인정된 추론 원리들이 재평가되어야 할 수도 있다는 가능성을 함의한다. 더밋은 "실제 의사소통에서 감지된 필요에 반응하면서, 점진적인 역사적 진화 과정에 의해 성장해 온 복잡한 언어적 관행이, 어떤 체계적인 이론을 따를 것이라는 보장은 있을 수 없다."라고

말한다.[113]

그러므로 수정주의라는 비난은 그다지 큰 손상을 입히지는 않는다. 그리고 앞에서 보았듯이, 어떤 면에서 데이비슨식의 진리-조건적 의미론 자체도, 자연 언어의 일부 '정돈'을 요구하면서, 수정적인 성격을 지니고 있다.

다른 반론이 맥귄에 의해 제공된다.[114] 맥귄은 전반적인(global) 반실재론은 불가능할 것이라고 더밋이 인정한 부분에 주의를 집중한다. 더밋은 이렇게 말한다.

> "전반적인 반실재론이 정합적인지를 의심하기 위한 여러 이유들이 있다. 예컨대 행태주의는 일종의 반실재론, 즉 심적 상태와 과정에 관한 실재론의 거부이다. 현상주의도 또 다른 유형의 반실재론으로서, 물리적 대상과 과정에 관한 실재론의 거부이다. 여기서 양 측면에서 동시에 반실재론적이 되는 입장을 일관되게 주장할 수 있을 것인지 하는 의구심이 곧 생겨난다."[115]

맥귄은 더밋이 언급한 반실재론들이 묶였을 때(jointly) 서로 모순된다고 주장한다. 어느 한 경우에 있어서의 반실재론을 다른 경우에 있어서의 실재론과 연결시키는 것도 마찬가지로 모순이 된다. 그러므로 유일한 대안은 양자 모두에 관한 실재론자가 되는 것이다. 그의 논증은 다음과 같다.

물질적 대상에 관한 진술과 심적 사건에 대한 진술을 각각 'M-진술'과 'P-진술'이라 부르기로 하자. (이런 용법은 스트로슨이 그의 책 『개별자들』에서 쓴 '물질 술어'와 '인격 술어'라는 말을 떠올리게 해 준다.) 맥귄에 따르면, M-진술과 P-진술에 관한 반실재론이란 다음과 같은 입장이다. 즉 그런 진술들은 "먼저 주어진 원(진술)과 사소하게 다르지 않은 어떤 다른 진술 집합으로부터 도출된 진술들의 진리치 덕분에, 자기들의 진리치를 가진다."[116] M-진술들에 대한 반실재론적 태도는 **현상주의**로, P-진술들에 대한 한 실재론적 태도는 **행태주의**로 묘사될 수 있다.[117] 그러므로 M-진술 및 P-진술은 다음과 같은 의미의 환원적 논제(reductive thesis)에 예속된다. 임의의 집합 K의 한 문장 s는, 만일 s'이 참(또는 거짓)일 경우 필연적으로 s가 참(또는 거짓)이 된다면 오직 그때에만 집합 R의 어떤 문장 s'으로 환원될 수 있다.(s' 덕분에 참이 된다.) R의 어떤 문장이나 문장 집합이 참이 된다는 것은 K의 문장이 참이 되기 위한 논리적으로 필요 충분한 조건이다.[118] 문제의 환원적 반실재론적 논제들은, M-진술이 경험에 관한 진술(이를 E-진술이라 부른다)의 진리치에 따라 참, 거짓이 되며, P-진술도 마찬가지로 행동에 관한 진술(이를 B-진술이라 부른다)의 진리치에 따라 참, 거짓이 된다고 주장한다. E-진술 및 B-진술들은 각각 M-진술 및 P-진술들에 대한 '기초 진술들(basal statements)'이다.[119] 그러므로 **곧이곧대로 참**이 되는 진술들이다.[120] 이제 맥귄 논증의 첫 번째 단계는 현상주의와 행태주의가 동시에 긍정될 수 없다고 말하는 것이다. 그것들은

> "어떤 진술들이 기초적 진리들을 포함하는가에 대한 대립되는 제안들을 제공한다. 현상주의는 P-진술의 부분 집합인 E-진술을 기초적인 것으로 삼는 반면, 행태주의는 M-진술의 부분 집합인 B-진술을 기초적인 것으로 삼는다---한 반실재론에 대해 기초가 되는 진술이 다른 반실재론에 대해서는 이차적(derivative)이기 때문에, 양 이론의 결합이 악성 후퇴(vicious regress)를 일으킨다는 것은 아주 분명하다. 그리고 물론 이것은 사실상 각 반실재론적 논제에 필수적인 환원 작업도 좌절시킨다."[121]

다음 단계는 각 진술 집합에 대한 반실재론적 태도를 다른 진술 집합에 대한 실재론적 태도와 연결시키는 것이 가능한지를 보는 것이다.

맥퀸에 따르면 그 답은, 그 어떤 연언(conjunction)도 '독립성 논제(independence thesis)' 때문에 가능하지 않다는 것이다. 독립성 논제는 '실재론의 근본 논제'로서, M-사실이 E-사실로 환원될 수 없고(즉, E-사실들과 독립적이고), P-사실이 B-사실로 환원될 수 없다고 주장한다.[122] 왜냐하면 실재론은 정확히 인식 초월적 사실들이 있을 수 있다는 입장을 표명하는 데 있기 때문이다. 그러므로 실재론적인 용어로, M-사실을 얻기 위해 가져야 할 어떤 경험이 없이도 M-사실을 얻는 것이 가능하다. 이는 어떤 M-진술의 참을 위해 어떤 E-진술이 참이라는 것이 필요하지 않다고 말하는 것이다. 더구나 E-진술의 어떠한 집합도 M-진술의 참을 수반하지 않기 때문에, 어떤 관련된 E-진술이 참이 된다는 것은 M-진술의 참을 위한 충분조건도 아니다. P-진술과 B-진술들에 대해서도 마찬가지의 것이 성립한다.[123]

이렇게 M-진술과 E-진술의 독립성과 P-진술과 B-진술의 독립성은 두 가지 상반된 효과를 일으킨다. E-사실이 M-사실을 위해 필요하지 않다고 말하는 것은 후자가 전자를 위해 충분하지 않다고 말하는 것이며, 전자가 후자를 위해 충분하지 않다고 말하는 것은 후자가 전자를 위해 필요하지 않다고 말하는 것이다. 그러므로 독립성은 대칭적이며, "어느 한쪽이 실재론을 함의하는(imply) 만큼 다른 쪽도 실재론을 함의한다."[124] 맥퀸은 다음과 같이 말한다.

"그리하여 독립성 공식에 따라 M-진술과 P-진술에 관한 실재론은 E-진술과 B-진술에 관한 실재론을 함의하는 것처럼 보이기 시작한다. 그러나 현재 E-사실들과 B-사실들은 각각 P-사실들과 M-사실들의 부분 집합이다. 그리고 만일 우리가 환원되지 않는 실재론적 양식에서 이것들을 허용해 줄 각오가 되어 있다면, 일반적인 원칙에 있어서 나머지 것도 허용하는 것에는 아무 이의도 있을 수 없을 것이다."[125]

맥귄 논증의 요점은 그가 반실재론을 환원주의로서 규정하고 있다는 데 있다. 그러나 이것은 잘못이다. 우리는 반실재론자가 되기 위해 어떤 종류의 환원주의를 고수해야 하는 것이 아니다. 사실이 그렇기 때문에 눈에 보이는 난점은 사라진다.[126]

환원주의를 "우리가 실재론적 해석을 받아들이거나 논박하기 위한 시금석"[127]으로 간주하기 위한 이유는, 환원주의가 종종 또 다른 수단을, 즉 임의의 집합의 어떤 진술이 참 또는 거짓이라고 결정해 주는 환원 집합의 진술이 없을 수도 있다는 관찰을 예상하기 때문이다. 이것을 깨닫는 것은 실재론을 거부하기 위한 한 이유가 된다. 그러나 이것이 요점을 밝히는 친숙한 방법이라 할지라도, 그것이 유일한 방법은 아니다. 왜냐하면 어떤 진술 집합에 대해 환원적 논제를 받아들인다고 해서, 반드시 그 집합에 대한 실재론이 거부되는 것은 아니기 때문이다. 우리는 사례들을 살펴보아야 한다. 예컨대 어떤 사람에게 심적 상태를 귀속시키는 진술이 참이라면, 그것은 그의 신경 생리학적 상태 덕분에 참일 것이라고 주장하는 사람은, 그 심적 상태 귀속 진술에 실재론적 해석을 내릴 것 같다. 반대로 실재론을 거부하는 것은 미리 환원주의의 입장에 개입할 것을 요구하지 않는다. 왜냐하면 우리는 인식 초월적 참 개념이 임의의 진술 집합에 적용되지 않는다는 것을, 그리고 그것이 환원 불가능하다는 것을 주장할 수도 있기 때문이다.[128]

더밋의 입장에서 다음과 같은 4가지 조합이 모두 가능하다. (1) 한 진술 집합에 대해 실재론적 견해를 취하면서도 그것의 환원 가능성을 인정하는 입장('정교한 실재론 sophisticated realism'). 또는 (2) 진술 집합을 실재론적으로 해석하면서도 환원 가능성을 부정하는 입장('소박 실재론') 또는 (3) 환원주의 논제 때문에 진술 집합에 대한 실재론을 부정하는 입장('환원적 반실재론 reductive antirealism') 또는 (4) 진술 집합의 환원 불가능성을 주장하면서 동시에 실재론을 부정하는 입장('전면적인 반실재론 outright antirealism')[129]

'환원주의'라는 용어 자체가 신중하게 취급되어야 한다. 왜냐하면 그 말은 종종 임의의 진술 집합에 속한 진술들의 진리치가 환원 집합의 진술들의 진리치에 의존할 뿐만 아니라, 전자가 깨끗하게 후자로 번역될 수 있다는 것이 적어도 원리상 가능하다는 논제를 의미하기 때문이다. 이제 우리는 이런 강한 의미에서의 환원주의자가 되지 않고도 환원주의의 어떤 형식을 받아들일 수도 있다. 첫째, 우리는 모종의 환원적 논제를 주장하면서도, 환원적 집합의 진술들이 원(given) 집합의 진술들과 독립적으로 이해 불가능하다고 주장할 수도 있다. 또는 우리는 환원적 집합의 어떤 진술이, 원 집합의 어떤 진술들의 진리치를 결정하는가를 결정할 아무 방법도 없다는 것으로 생각할 수도 있다. 다른 한편 우리는 원 집합의 진술들의 진리치가, 환원적 집합의 무한히 많은 진술들의 진리치에 의존하거나, 또는 환원 집합의 무한히 많은 진술들 중 오직 한 진술의 참과 관계한다는 ― 그래서 각 경우나 양 경우에 있어서 번역이 불가능할 수도 있다 ― 입장 중 어느 한쪽이나 양쪽의 입장을 모두 주장할 수도 있다.[130]

이러한 고찰들은 M-진술 및 P-진술과 관련한 반실재론을, 아무 제한 없이 환원적 논제라고 정의하는 것이 불충분하다는 사실을 보여준다. (맥권은 '각 반실재론적 논제에 결정적인 환원적 야심'이라고 말한다.) 왜냐하면 반실재론자에게 환원에 대한 이런저런 해석으로 나아갈 길이 열려 있거나,

아무 해석도 하지 않는 길이 열려 있기 때문이다. 그리고 그가 어느 방식을 따르느냐에 따라 해당 두 진술 집합 간의 관계를 설명하는 데 영향을 미칠 것이기 때문이다. 어쨌든 논쟁을 무효화하는 연합 작전이 있는 것처럼 보인다.[131] 이것은, 예컨대 세계의 근본 원자로서의 감각 자료가 물질적 대상과 심적 사건 모두의 요소라고 보는 러셀의 '중성적 일원론(neutral monism)'의 경우에서처럼, 현상주의자들이 E-진술을 항상 P-진술의 부분 집합으로서 해석하지 않았다는 것을 보면 된다. 진술 중 어느 것이 기본적이고 어느 것이 의존적인지에 대한 다른 배치는, 맥귄이 확인한 갈등의 현상을 제거한다. 다시금 그것은 사례들에 의존한다. 그런 생각들은 어떤 반실재론자가 그의 입장들에 관한 전면적인 해석과 관련해 의지할 곳이 없는 것이 아니라는 점을 암시한다.

더구나 — 맥귄이 인정하는 점인데 — 실재론에 본질적인 '독립성 논제'가 회의론을 초래한다. 회의론은 M-진술 및 P-진술들과 그것들을 주장하기 위해 우리가 가지는 증거 사이에 적어도 틈이 있는 것처럼 보인다는 관찰에 의존한다. 그래서 어느 한쪽의 주장을 위한 최선의 증거를 갖고 있는 것조차도 그것의 거짓과 모순되지 않는다는 것이다. 실재론은 이 간격이 있다는 것을 전제한다. 이와는 반대로 반실재론적 입장에서 M-진술과 P-진술들의 뜻은, 그것들을 주장하는 것과 관련된 증거와 그 진술들의 관계에 의해 구성된다. 따라서 회의론이 끼어들 틈도 사라진다. 이것은 반실재론적 설명을 선호하기 위한 좋은 이유인 것처럼 보인다.[132]

끝으로 아주 중요한 것이 있다. 자기 입장에 관한 초기 진술에서 더밋은 임의의 진술 집합에 관한 실재론의 성격을 2치 원리가 그 진술 집합에 적용된다는 논제로 묘사하였다. 또한 그는 실재론이란, 임의의 진술 집합이 그것들이 참인지 거짓인지를 인식하는 우리의 능력과 독립적으로 그것들의 진리치를 가진다는 논제라고도 진술하였다. 그는 이 두 논제를 동일시했다. 분명히 2치를 수용했던 사람은 바로 그 사실만으로 어떤 진술들의 진리-조건이 인식 초월적이라는 입장을 수용할 것이다. 그러나 맥도웰은 그 역이 성립되지는 않는다고 지적해왔다.[133] 라이트를 따라서 2치 원리를 주장하는 자를 '고전적 실재론자(classical realist)'로, 그리고 진리치가 인식 초월적일 수 있다고 주장하는 자를 '곧이 곧대로의 실재론자(bare realist)'라 부르기로 하자.[134] 그러면 맥도웰의 입장은, 고전적 실재론의 입장이 고전적 실재론자를 곧이 곧대로의 실재론을 수용하게 할지라도, 곧이 곧대로의 실재론자는 적어도 분명히 고전적 실재론을 수용하지 않는다는 것이다. 맥도웰의 입장에서 곧이 곧대로의 실재론과 고전적 실재론이 그렇게 분리될 수 있다는 것을 주목하는 것은, 인식 초월적 참이 담당하는 실재론적 뜻 개념의 활용가능성을 보존하면서도, 2치에 대한 반실재론자의 제한이 용인될 수 있는 가능성을 허용한다.

그러나 이것은 반실재론적 입장에서는 문제가 되지 않는다. 우선, 곧이 곧대로의 실재론과 고전적 실재론 간의 명백한 독립성에도 불구하고, 곧이 곧대로의 실재론자가 고전적 실재론에서 반대하려고 하는 것이 무엇인지를 보기가 어렵다. 왜냐하면 고전적 실재론은 곧이 곧대로의 실재론자의 입장과 무모순적이라는 것을 넘어서서, 곧이 곧대로의 실재론자가 인식 초월적 참에 관해 말하는 것이 무엇을 의미하는가를 드러내 주는 하나의 강력한 방법을 제공하기 때문이다. 그럼에도 불구하고, 반실재론자가 고전적 실재론에서 반대하는 것은 정확히 그것의 곧이 곧대로의 실재론의 핵심이다. 그것이 궁극적인 표적이다. 더밋의 공격도 주로 거기에 있다.

과거의 문제

의미에 관한 실재론적 태도와 반실재론적 태도 사이의 갈등을 뚜렷하게 지적하고, 또 양 입장에 대한 우리의 이해를 개선시켜주는 문제는, 과거에 관한 진술(statement about past)과 관계한다. 실재론자는 과거에 관한 진술을, 우리가 참 또는 거짓이라고 알거나 앞으로 알 수 있는지와는 무관하게 참 또는 거짓이라고 간주하고, 반실재론자는 그 가능성을 부정한다. 논쟁의 이해는 양 입장의 특징들을 분명히 해 준다.

앞에서 분명히 밝혀진 바와 같이, 더밋의 두 주요 논증은 다음과 같은 것을 설명해보라고 실재론자에게 도전하는 데 있다. 첫째, 한 화자가 자기 언어를 습득하는 것이 인식 초월적 사태를 획득한다는 것이 무엇인가에 대한 개념을 가지는 것에 의존한다면, 어떻게 화자가 자기 언어를 습득할 수 있었는가? 둘째, 자기 언어에 대한 화자의 내재적 지식이 그의 인식 능력을 초월하는 것이라는 개념을 포함한다면, 무엇이 그 지식의 표출이라고 생각되는가? 전자를 '획득 요구(acquisition challenge)'라고 부르고, 후자를 표출 요구(manifestation challenge)'라고 부르자. 표출 요구는 좀 더 근본적인 것이다. 만일 반실재론이 획득 요구에만 의존했다면, 실재론자의 언어 이해관이 독립적으로 최고의 방법임을 실재론자가 보여줄 수 있었을 경우, 우리는 어떻게 그 이해가 이루어지는가를 수수께끼로 남겨두는 것으로 만족해야 할 것이다. 그러나 표출 요구는 실재론자를 직접적으로 그 자리에서 몰아낸다. 이것은 앞 절의 "반실재론적 대안"에서 제시한 논증들이 잘 증명해 준다.

그럼에도 불구하고 획득 요구는, 특히 표출 요구와 나란히 할 때 여전히 중요하다. 왜냐하면 하나의 개념을 가진다는 것(개념을 소유하고 있음을 보이는 것)이 무엇인가를 보여 주는 한 방법은 개념을 획득하게 되었음을 보여 주는 것이기 때문이다. 과거 진술에 관한 반실재론을 옹호하는 더밋의 논증은 이 점에 의존한다.

과거에 관한 반실재론 논증은 다음과 같다.[135] 우리는 과거 시제 진술의 주장을 정당화하는 것을 배움으로써 그 진술의 사용을 배운다. 예컨대 우리는 어떤 사건을 기억한다. 또 우리의 이전의 과거 시제 사용 훈련은 어떻게 과거 시제 진술이 기억의 표현으로서 작용하는지를 학습하는 것을 포함한다. 그런 진술을 이해해가기 시작하는 것으로부터, 지금이나 나중에 그런 진술의 주장을 정당화할 수 있는 것과 독립적으로, 그런 진술이 참이 된다는 것이 무엇인가에 대한 개념에로 비약해 가는 길은 있을 수 없다. 따라서 우리가 과거 시제 진술의 사용법을 배우는데 얻을 수 있는 그 진술을 위한 유일한 참 개념은, 그러한 진술을 정당하게 주장하기 위한 조건이라는 개념과 일치하는 개념이다. 더밋은 다음과 같이 말한다. "우리가 할 수 있는 것은 --- 우리가 인식하기 위해 교육받았던 어떤 조건들의 존재(occurrence)를, 〔과거에 관한〕 임의의 진술의 주장을 결정적으로 정당화하는 것으로 받아들이는 것이며, 또 어떤 다른 조건들을 그것의 부정을 결정적으로 정당화하는 것으로 받아들이는 것이다. 사례의 성격상 우리는, 그 진술의 참을 입증하는 것으로 여기기 위해 배웠던 것과 무관하게, 그 진술이 참이 된다는 것이 무엇인가를 이해하게 될 수 없었을 것이다. 정말 우리에게 이것을 보여줄 수 있는 방법은 전혀 없었다."[136]

더밋이 실재론자의 것으로 돌리는 논제가 '진리치 연결 실재론(truth-value link realism)'이다. 진리치 연결 실재론은 현재 발언된 과거 시제 진술이, 그 과거의 시간에 발언된 해당 현재 진술이 그 시간에 참이었다면, 오직 그때에만 참이 된다는 주장이다. 실재론자는, 과거 시제 진술에 대한 우리의 이해(과거 시제 진술을 우리가 사용할 수 있는 것)가 이런 진리치 연결을 우리가 이해한 데에 있다고 주장한다. 반실재론자는, 더밋이 시인하는 것처럼, 진리치 연결 개념이 '시제 진술에 대한 우리 이해의 근본적인 특징'이어서, 그것을 부정하거나 그것이 비정합성을 수반한다고 주장하는 것은 시제 진술에 대한 우리의 사용이 비정합적이라는 주장에 이를 것이라는 점을 용인해야 한다.[137] 그러나 그는 진리치 연결이 담당하는 역할로부터 "과거 사실'이 과거 시제 진술을 참이라고 우리가 인식할 수 있게 하는 것과는 다른 어떤 것을 의미할 경우, 현재 만들어진 과거 시제 진술이 어떤 과거 사실 덕분에 참이 된다."는 결론을 끌어내지 않으려 한다.[138]

　모델을 통해서 보면, 논쟁의 요지를 볼 수 있다. 더밋은 이렇게 말한다. "실재론자가 하려고 할 것은 머릿속으로 전체적인 시간의 흐름 밖에서 있으면서, 전혀 아무 시간 위치도 없는 시점에서 세계를 기술하는 것이다." 이런 특권적인 시점에서 실재론자는, 다른 시간 시점들이 특권적인 시간 기술 시점과 아무 관계도 맺지 않은 채, 그 다른 시간 시점들이 자기들끼리 선후의 위계를 맺고 있는 것으로 간주하면서, 시간을 '단 한 눈에' 조망하려 한다.[139] 이와는 반대로 반실재론자는 "우리가 시간 속에 잠겨 있는 존재라는 사실을 좀 더 진지하게 고려한다. 그렇게 잠겨 있기 때문에 우리는, 세계가 시간 속에 머물러 있지 않은 자에게 보여질 것 같은 것처럼 세계를 기술할 수 없다."[140] 각 입장을 다음과 같이 — 그러나 오해의 소지가 있는 — 표현하고 싶다. 즉 반실재론자는 과거가 "현재 남겨둔 흔적들 속에서만 존재할 뿐이다."라고 말하는 반면, 실재론자에게 "과거는 그것이 출현할 때 그렇게 있었을 것처럼 여전히 과거로서 존재한다."고 말이다. 그런 까닭에 실재론자의 입장에서 사태를 '실제로 본래 있는 그대로' 기술하는 것은, 시간 속에 잠겨 있는 관찰자가 취하지 않을 수 없는 특수한 관점과 떨어져서, 모든 시간 시점을 같은 것으로 취급함을 수반하는 것이다.[141] 더밋의 입장에서 반실재론적인 생각(consideration)들은 우리가 시간에 얽매인 존재라는 사실에 충실하다. 반면에 실재론적 논제는 어떻게 우리가 시제 진술을 숙달하는지를 설명하기에는 부적합한 것처럼 보인다.

실재론자는 부분적으로 진리 조건으로 이해되는 진술 집합에서, 진술 진리 조건의 인식 초월성을 수용하는 것과 함께 받아들이게 된 진리치 연결 개념을 옹호함으로써, 답변하는 것이 자연스러운 것처럼 보일 것이다. 그러나 더밋에 대한 맥도웰의 답변은 그렇게 하지 않는다. 오히려 맥도웰은 반실재론뿐만 아니라 진리치 연결의 이해 가능성을 거부한다. 대신 그는 중도의 길을 올바른 설명으로서 제공한다.[142]

이 입장에서, 연결-실재론자(link-realist)는, 화자들이 어떤 진술의 사용을, 훈련 과정 중 그들에게 활용될 수 있는 적절한 상황을 가짐으로써만 배울 수 있을 뿐이라는 반실재론자의 입장을 존중하려 하면서, 진리 조건들이 얻기 어렵다는 것을 수용한다. 그러나 그는, 훈련생에게 이용될 수 있는 상황이 그 사람이 만들어 낼 수 있는 발언의 진리 조건들이라는 것을 허용하기를 거부함으로써 그렇게 한다. 즉, 연결 실재론자는 주장 가능성 조건과 진리 조건 사이를 구별한다. 그리고 전자가 아니라 후자가 훈련 중에 이용될 수 있어야 한다는 것을 허용한다. 따라서 연결 실재론자는 진리 조건의 획득을 "본래부터 의식에 접근될 수 있는 것을 초월하는 어떤 것"으로서 바라본다.[143] 그러나 그런 연결 실재론은 그것의 지지자가 그것에 대해 요구하는 것을 하기에는 '무력하다'고 맥도웰은 말한다.

그 이유를 보기 위해, 먼저 과거에 관한 진술과 타인 정신에 관한 진술 사이의 유사성을 주목하는 것이 유용하다. 연결 실재론의 입장에서 타인의 고통은 본질상 행동이라는 장막 뒤에 숨겨져 있다. 타인들의 행동은, 심적 상태를 그들에게 귀속시키는 법을 배우는데 훈련받는 사람에게 이용될 수 있는 상황들에 포함될 것이다. 그러나 그것은 심적 상태 귀속의 진리 조건들이 되지 못한다. 과거 시제 진술의 경우에서와 마찬가지로, 여기서도 진리 조건들은 얻기 어렵다.[144] 반실재론자의 주장은 얻기 어려운 사태가 언어 숙달에 대한 설명과 관계할 수 없다는 것이다. 연결 실재론자는 다음과 같이 답변한다. "당신은 어떻게 한 사람이, 어떤 사람이 고통을 느낀다는 것이 무엇인가 하는 생각을 가질 수 있는지를 알 수 있다. 그 경우는 그 어떤 사람이 바로 자기 자신일 때이다. 따라서 대명사 '그'에 대한 지시체를 확정한 상황에서 발언된 '그는 아프다'라는 문장은, 그 타인이 바로 그와 같이 아픈 상태에 있음을 말하는 것으로 이해되어야 한다."[145] 과거 시제 진술에 대한 설명도 유사하다. 연결 실재론자는 이렇게 말한다. "당신은 비가 오고 있다는 것이 무엇인가를 알 수 있다. '비가 오고 **있었다.**'와 같은 문장은 어떤 과거의 시간에 바로 그런 상황이 벌어졌음을 말하는 것으로 이해된다."[146] 결국 일종의 이해의 '투사(projection)'가 진리치 연결에 의해 이루어진다.

연결 실재론에 대한 맥도웰의 반대는, 그것이 반실재론자가 제기한 문제를 해결하기는커녕 그냥 무시해 버린다는 것이다. 만일 어떤 사람이 과거 어떤 상황의 획득이 어떻게 한 진술의 의미와 관계되는가를 알 수 없다면, 또는 어떻게 우리가 알 수 없는 타인의 고통이 일정한 낱말의 의미와 관계되는가를 알 수 없다면, 그 사람의 의심은 과거 상황이나 타인의 심적 상태가 그런 진술들의 의미와 관계한다는 공허한 주장에 의해서 해결되지 않을 것이다. 하지만 연결 실재론자가 제시하는 것은 이것뿐이다.

맥도웰의 입장에서 만일 연결 실재론과 반실재론이 유일한 경합자들이었다면, 반실재론이 승리를 거두었을 것이다. 그러나 진리치 연결에 호소하지 않고도 반실재론자의 요구에 대처할 또 다른 실재론이 대안으로 있다.[147] 이 중도적인 실재론(middle-way realism, 간단히 표기하면, 'M-실재론')은 다음과 같다.

우리가 과거 시제 및 타인 정신 진술의 진리 조건들을 충족시킬 수 있다고 주장하는 점에서, M-실재론은 연결 실재론과 다르다. 또 M-실재론은 양 종류의 진술이 우리가 접근할 수 없는 사태의 획득 덕분에 참이 될 수 있다는 가능성을 우리가 이해한다고 주장한다는 점에서 반실재론과도 다르다. (인식 초월적 상황 덕분에 한 진술이 참이 된다는 '곧이곧대로의 실재론자'의 언급은, 물론 M-실재론을 뚜렷하게 실재론으로 만들어 주는 것이다. 위를 보라.)[148] 따라서 맥도웰은 감각의 타자 귀속에 대한 M-실재론적 입장의 성격을 다음과 같이 기술한다. "어느 한 관련된 경우에 타인이 아프다는 주장을 보증하는 것은, 그 사람이 아픈 상황을 탐지해 내 얻는 것이다. 이런 상황 — 타인이 아프다고 하는 상황 — 의 예는, 다른 경우에 다른 예들의 입수가 감지될 수 없다 하더라도, 어떤 경우에는 이것을 포함하여 그 자체만으로도 그리고 행동적인 대용물을 통해서도 의식에 들어올 수 있는 것이다."[149] 마찬가지로 과거에 관한 M-실재론은 다음과 같은 입장이다. "어느 한 관련된 경우에 예컨대 어떤 특정한 사건이 과거에 일어났다는 주장을 보증하는 것은, 그저 그런 사건이 일어났음이라는 상황의 획득이다. 그런 상황의 예는, 다른 경우에는 다른 예들의 획득이 우리의 범위에서 벗어나 있을지라도, 이것을 포함하여 어떤 경우에는 그 자체만으로도 그리고 그것을 대신하는 흔적을 통해서도 의식에 이용될 수 있는 것이다."[150]

이것이 보여주는 것처럼, M-실재론에 본질적인 것은, 문제의 이런 진술에 대한 통상 비효과적으로 결정 가능한 진리 조건이 가끔 우리에게 입수될 수 있어서, 그런 진리 조건이 만족된다는 것이 무엇인가에 대한 곧이곧대로의 실재론의 개념을 허용한다는 생각이다. M-실재론자는 주장의 표명을 정당화해 주는 상황이 때로는 우리의 의식에 이용될 수 있고 때로는 이용될 수 없는 상황이라고 말한다. "따라서 [M-실재론자 자신이 그러한 상황을] 실재론적으로 생각된 실제의 진리 조건인 것으로 생각할 수 있게 해 주는" 것이다.[151] 연결 실재론자는 진리 조건들을 전적으로 접근 불가능한 것으로 표현했다. 반실재론자는 주장을 정당화해 주는 문제의 상황이 획득될 때는 언제든지, 우리의 의식에 입수될 수 있어야 한다는 것을 요구한다. M-실재론자는 실재론자로 남아 있으면서도 반실재론자의 획득 요구를 만족시키면서, 중도 노선을 걷는다. 왜냐하면 그는 관련된 문장의 용법을 배우기 위해 그 학습자가 그런 문장의 사용을 정당화하는 상황에 도달해야 한다는 것을 용인하기 때문이다. 그러나 그는 그런 상황이 그 문장의 진리 조건들이며, 때로는 우리의 의식에 파악되기도 하지만 때로는 그렇지 못한 것이라고 주장한다. 따라서 인식 초월적 진리 조건이라는 개념은 그대로 유지되며, 그것과 더불어 실재론적으로 의미에 접근한다.

게다가 맥도웰은 M-실재론이 반실재론자의 획득 요구도 충족시킬 뿐만 아니라 표출 요구도 충족시킨다고 주장한다. 반복된 얘기지만 이 후자의 요구는, 언어 능력이 하나의 실천적 기량이기 때문에 그것은 언어 행위에서 관찰될 수 있어야 한다는 것이다. 더밋은 그것이 남김없이 그렇게 표출될 수 있어야 할 것을 요구한다. 맥도웰의 입장에서 이 요구는 '남김없이'라는 표현이 빠져야 온당해진다. 임의의 문장의 진리 조건을 이루는 상황이라는 개념은, 언어적 행동이, 일반적으로 그런 상황이 발견될 수 없다 할지라도 발견될 수 있을 경우, 그것들의 발생에 대한 반응일 때, 그런 경우에서 스스로 표출된다. '적절한 상황'이라는 개념은 일종의 상황 개념이다. M-실재론자는, "그런 종류의 어떤 예들에 대한 반응이라고 해석할 수 있는 행동에 근거해서 [발언을 정당화하는 상황이라는 개념의 소유를] 부여할 권리를 주장한다. 그의 입장에서 다른 예들은 그 개념의 소유자로부터 어떤 반응을 끌어낼 수 없다는 사실이 인정됨에도 불구하고 말이다."[152]

연결 실재론에 대해 맥도웰은 공정한가? 그리고 그의 M-실재론은 반실새론자의 획득 요구 및 표출 요구를 성공적으로 충족시키는가? 라이트는 그렇지 않다고 생각한다. 라이트의 입장에서 맥도웰은 여러 면에서 연결 실재론에 대해 불공정하다. 특히 맥도웰은 연결 실재론자가 M-실재론이 주장하는 것을, 말하자면 우리가 종종 어떤 상황이 실제로 획득된다는 것을 추론에 의거하지 않고도 알 수 있다는 것을, 아무 방해 없이 인정할 수 없다고 주장한다. 연결 실재론자는 관련 진술의 진리 조건이 접근될 수 없다고 주장하기 때문에, 그러므로 그런 진술의 이해는 진리치 연결에 의해 과거나 타인의 정신에로의 '투사'가 수반된다고 주장하기 때문에, 진리치 연결에 호소한다. 그러나 때로는 접근할 수 있는 상황을 인정하는 M-실재론적 입장에서조차도 바로 그러한 투사가 있어야 한다. 왜냐하면 학습자는 발견될 수 있는 상황에 의해 주장이 정당화되는 경우들로부터, 그 상황이 발견될 수 없는 경우들에로 다가가야 하기 때문이다. 이곳은 그런 투사를 이해할 수 있게 하기 위해 정확히 진리치 연결이 차지할 자리가 아닌가? M-실재론자의 노선에서 모종의 증거를 관찰하는 것이 (말하자면, 부상당해 피를 흘리고 있는 자의 찡그린 얼굴) 타인이 아프다는 것을 관찰하는 것이라고 생각된다면, 어떻게 우리는 그러한 경우로부터 예컨대 금욕주의가 가능하다는 것에 대한 이해로 건너가는 틈의 공백을 메울 것인가?"[153]

　　따라서 진리치 연결에 호소하는 것이 문제의 관련 진술의 진리 조건이 항상 인식 초월적임을 **전제한다**고 가정하는 것은 잘못인 것처럼 보인다. 맥도웰은 이것을 생각하고, 따라서 연결 실재론을 거부한다. 그러나 연결에 호소하는 것은, 한편으로는 그런 조건의 실현과 다른 한편으로는 그것이 실현된다는 것을 인식하는 화자의 능력 사이에 전혀 아무런 본질적인 연관도 없다는 것만을 전제할 뿐이다. 그러나 이 전제는 라이트가 보는 바와 같이, "정확히 곧이 곧대로의 실재론 특유의 믿음이다." 따라서 연결 실재론과 M-실재론은 맥도웰이 생각하는 것보다 훨씬 더 가깝다. 이것은 맥도웰이 M-실재론에 대해 주장하는 장점을 감소시킨다.[154]

M-실재론적 입장에서 그 진리 조건이 어떤 상황에서 의식에 이용될 수 있는 진술 집합이 얼마나 확장되는지를 보는 것이 중요하다. 맥도웰은 '대용물'을 통하지 않고 '그 자체만으로', 즉 추론에 의거하지 않고 입수될 수 있는 상황들에 대해 말한다. 그런 입장은 비트겐슈타인의 의미에서의 기준(criteria) 개념과 일치한다. 기준은 어떤 사태가 추론될 수 있는 전조(symptom)나 흔적(trace)이 아니며 진리 조건도 아니다. 왜냐하면 그것은 파기 가능하기 때문이다. 즉 고통의 귀속을 위한 기준이 제시되어 있다(얼굴 표현, 피나는 상처)는 것을 우리가 인정할 수 있지만, 또한 실상은 아무 고통도 없다(고통스러워하는 행동이 연기일 수도 있다)는 것을 인정할 수 있다는 의미에서 파기될 수 있기 때문이다.[155] 기준 개념에는 M-실재론자의 '이용 가능한 진리 조건'이라는 개념보다 더 나은 장점이 있다. 왜냐하면 기준에 기초한 우리의 주장은 그 기준이 만족되었다고 계속 주장하는 것과 모순되지 않게 철회될 수 있기 때문이다. 그러므로 M-실재론자는 한 진술의 사용이 정당화될 때 대용물을 통한 추론이 항상 수반되지 않는다는 것을 주장해야 할 뿐만 아니라, 더 강하게 그런 진술의 사용을 가르치기 위해 가장 적합한 경우들이 기준의 단순한 만족 이상의 것을 수반한다고 주장해야 한다. 그것들은 진리 조건의 실질적인 실현을 수반해야 한다. 왜냐하면 그렇지 못했다면, 관련된 상황들의 경험은, 그 상황의 발생이, 그 용법이 학습되고 있는 진술의 거짓과 일치하는, 그런 상황의 경험이 될 것이기 때문이다.[156]

이것은 M-실재론자가, 과거나 타인의 정신에 관한 어떤 것을 주장하는데 어떤 사람이 무를 수 없을 만큼 보증받는 상황들이 있을 수 있음을 믿고 있다는 것을 암시한다. 그러나 이것은 받아들이기 어렵다. 어떻게 우연적인 진술에 대해서 무를 수 없는 보증을 해 줄 수 있는가? 우리가 판단, 지각, 이해에서 항상 실수를 범할 가능성이 있는 한 말이다. 우리는 진리 조건들이 감지 가능하게 획득될 수 있다는 M-실재론자의 생각을 포기하거나, 또는 우리가 그 진술의 진리 조건을 그대로 무를 수 없게 확인하는 것을 수반하지 않는, 그 조건들이 감지 가능하게 획득된다는 것이 무엇인가에 대한 설명을 구성하는 것이 더 나을 것이다.[157]

이 후자와 같은 것에 대한 설명은, 어떤 진술 집합 — 예컨대 효과적으로 결정 가능한 수학 진술들 — 은, 올바르게 전개될 경우 진술의 올바름을 결정하는, 우리가 따를 수 있는 절차가 있는 그런 것이라는 사실을 본보기로 들 수도 있을 것이다.[158] 그러나 이 경우에 우리가 도달한 것은 무를 수 없는 확실성이 아니다. 그리고 이것은 우리가 진리치 부여 상황에 접근하지 못하기 때문이 아니라, 일반적으로 관련된 절차 — 즉, 추론에 영향을 미치는 지각의 오류, 추리상의 오류 및 그 밖의 오류를 범하지 않고 — 들을 완전히 이행했다고 확신할 수 없기 때문이다.[159]

하여간 이 모형에서 '감지 가능하게 진리-조건들을 획득하는(detectably obtaining truth-conditions)'이라는 개념은, 그 진리 조건이 그대로인 진술을 결정하기 위해 이용할 수 있는 절차가 있다는 개념이다. 이제 설명된 바대로 감지 가능하게 진리 조건이 획득될 수 없는 진술 중 한 분명한 경우는, 사실 문제에 관한 **무제한적으로** 보편 양화된 진술(unrestrictedly generally quantified statement)들의 집합이다. 여기서 우리가 수행하는 절차가 무엇이든 간에, 그것은 항상 우리가 그것들의 진리치에 대한 그릇된 의견을 형성할 수도 있는 우리의 최고의 노력과도 모순되지 않는다. 그리고 고민은 과거와 타인의 정신에 관한 진술들이 바로 이 범주에 들어 있다는 점이다.[160]

사정이 이렇기 때문에, M-실재론자는 심각한 난점에 봉착한다. 그의 설명에서, 진술의 진리 조건이 일반적으로 그것의 획득 여부를 인식하는 우리의 능력을 초월해 있는 경우, 그런 진술의 사용을 배운다는 것은 그 조건들이 우연히 감지 가능하게 획득되는 경우에 기초되어 있다는 것을 뜻한다. 그러나 그런 경우에 학습자에게 이용될 수 있는 무를 수 없는 보증이 전혀 없다면, 진술의 진리 조건에 대한 화자의 이해가 무엇에 있는가가 불분명할 뿐만 아니라, 그 화자는 연결 실재론자처럼 투사를 통해 감지 불가능한 경우들로 비약해 가는 것과 같은 일도 해야 할 것이다.

다른 고찰들이 이 점을 강화해 준다. 표출 요구에 답하면서 맥도웰은, 화자의 언어 사용 능력을 보증해 주는 지식이 남김없이 표출될 수 있어야 한다고 요구하는 것은 온당하지 못하다고 말한다. 화자가 그렇게 할 기회를 가지는 경우에서, 그의 지식을 표출해야 하는 것으로도 충분하다. 그러나 이것은 M-실재론자가, (a) 화자가 전혀 발휘할 기회를 얻지 못했을지도 모르는 인식 능력이 화자에게 있다고 믿고 있다는 것을 말한다. 동시에 M-실재론자는 (b) 진리 조건들이 감지 불가능하게 획득된다는 것이 무엇인가에 대한 이해가 화자에게 있다고 믿고 있다는 것을 말한다. 표출 요구에 대한 맥도웰의 답변은 결국 (a)와 (b)의 동일시로 귀착된다. 그러나 라이트의 입장에서 맥도웰은 이 동일시의 경우를 이해하지 못했다. 제시된 M-실재론자의 논증에서, 할 수 있는 최대의 것은 화자들에게 (a)를 귀속시키는 것이다. 하지만 반실재론자가 표출 요구로 요구하는 것은 (b)에 대한 정당화이다.[161] 다시 말해서 (a)로부터 (b)로 넘어가는 예측(projection)의 문제가 해결되지 않은 채로 있다.

획득 요구에 대한 M-실재론자의 답변은 이 이상 좋아지지는 않는다. 다시 한번 그것은 감지 가능한 진리 조건들의 획득이 있느냐에 달려 있다. 그러나 어떻게 학습자가 그것들로부터 감지할 수 없는 경우들에 이르는지는 여전히 불분명하게 남아 있다. 라이트는 이런 예를 제시한다. 당신이 언어 학습자라고 가정하라. 당신은 타인이 얼굴을 찡그리고 신음하고 피를 흘리고 있는 등, 여러 가지 경우에 직면한다. 그리고 당신은 각 경우에 실제로 그 사람이 아프다는 말을 듣는다. 그러나 당신은 전혀 다르게 행동하는 사람에 대해서도 그가 아프다거나 아플지도 모른다는 말을 듣는다. 여기서 라이트는 다음과 같이 묻는다. "당신은 본래의 예를 오해했다고, 즉 특유한 행동이 고통과 아무 관계도 없다고 생각하고 싶은 유혹을 느끼지 않을까? 그리고 만일 당신이 그것에 관해 다시 자신을 가지게 되었다면, 이번에는 [고통] 속에 있다는 개념이 본래의 예가 분명히 하지 못했던 더 넓은 외연을 가졌다고 생각해야 하지는 않을까?"[162]

이 논쟁은 현재 논의 중인 입장들에서 문제되는 것이 무엇인가를 명료하게 드러내 준다. 그러나 의미와 이해가 집중적으로 조명되고 있는 반면, 중요한 어떤 문제가 탐구되지 않은 채로 있다고 생각할 이유가 있다. 특히, 실재론자와 반실재론자 사이에서 벌어지는 논쟁에서 근본적으로 문제되는 것이 참과 언어-이해라고 주장하는 것이 옳은 것인지를 물어볼 수 있을 것이다. 다음 장에서는 그렇지 않다고 생각할 이유를 보여 주겠다. 결과적으로 다른 논쟁들이 진행될 것이다.

미주

1 H. P. Grice, 'Meaning', *The Philosophical Review*, 1957, R. M. Harnish (ed.), *Basic Topics in the Philosophy of Language*, p. 26, 그리고 *Studies in the Ways of Words*에서 재발행됨.

2 Grice, 'Meaning', op. cit.

3 Grice, ibid.; P. F. Strawson, *Logico-Linguistic Papers*, S. Shiffer, *Meaning*.

4 Grice, ibid., pp. 105-109, D. Davidson, *Inquires into truth and interpretation*, p. 111.

5 Grice, ibid., p. 94; Strawson, ibid.; Shiffer, ibid., pp. 17-18.

6 D. Lewis, 'Languages and Language' in K. Gunderson, (ed.), *Language, Mind and Knowledge*, pp. 164-166.

7 Grice, ibid., p. 127.; 또한 M. Davies, *Meaning. Quantification, Necessity*, 1장, S. Blackburn, *Spreading the world*, 4장; C. Peacocke, 'Truth Definitions and actual Languages' in G, Evans and J. McDowell (eds), *Truth and meaning*, *Shiffer*, Meaning 5장도 보라.

8 Peacocke, ibid.; M. Davies, ibid.

9 Grice, 'Logic and Conversation' in Harnish (ed.), *Basic Topics*.

10 Grice, 'The Casual Theory of Perception' *Proceedings of Aristotelian Society*, 35, 1961, G. Warnock, (ed.), *The Philosophy of Perception*, pp. 85-112에서 다시 인쇄됨.

11 Cf. J. L. Austin, Sense and sensibilia.

12 Cf. P. F. Strawson, *Introduction to Logical Theory*, pp. 80-92.

13 Grice, 'The Causal Theory of Perception.'

14 Grice, 'Logic and Conversation' in Harnish (ed.), *Basic topics*, pp. 61-65.

15 특히, Davidson, *Inquaries*, 'Metaphor' in A. Ortony (ed.) *Metaphor and Thought*; D. Sperber and D. Willson, 'Loose Talk', *Proceedings of Aristotelian Society*, 86, 1986, reprinted in S. Davis (ed.), *Pragmatics; A Reader*를 보라.

16 의미론적 이론에 대한 다른 실용론적 접근에 대해서는 A. C. Grayling, 'Perfect Speaker Theory' in J. Hill and P. Kokatko (eds), *Karlovy Vary Studies in Reference and Meaning*, pp. 43-59를 보라.

17 G. Frege, *Grundgesetze der Artimetik*, trans as *The Basic Laws of Artimetic*, 1. 32.

18 L. Wittgenstein, *Tractatus-Logico-Philosophicus*, 4.024.

19 R. Carnap, *Meaning and Necessity*, p. 10.

20 D. Davidson, 'The Method of Truth in Metaphysics' in P. A. French. et al., *Contemporary Perspectives in the Philosophy of Language*, p. 294.

21 Ibid.

22 Ibid.

23 Ibid.

24 Ibid., pp. 296-297.

25 Ibid., p. 297.

26 Davidson, 'Truth and Meaning', *Synthese*, 17, 1967, p. 308: 'Theories of Meaning and Learnable Languages', *Proceedings of the 1964 Congress for Logic, Methodology, and Philosophy of Science*, Amsterdame, 1964, p. 387: 'Semantics for Natural Languages', *Linguaggi Nella Societe e Nella Technica*, Milan 1970, p. 179.

27 Davidson, 'On Saying That', *Synthese* 19, 1968, p. 131, reprinted in Davidson and Hintikka, *Words and Objections*, 'Theories of Meaning and Learnable Languages', *Proceedings of the 1964 Congress*, p. 387: 'Semantics for Natural Languages' *Linguaggi Nella Societe e Nella Technica*, p. 177.

28 Davidson, 'Semantics for Natural Languages', pp. 178-179.

29 Ibid., p. 183: 'Truth and Meaning', *Synthese*, p. 311.

30 Cf. 'Truth and Meaning' p. 309 이하.

31 Quine, *From A Logical Point of View*.

32 Davidson, 'Truth and Meaning', p. 309.

33 Ibid., p. 310.

34 Cf. M. Platts, *Ways of Meaning*, pp. 54-56.

35 Davidson, 'Truth and Meaning', p. 314.

36 Ibid.

37 Ibid.

38 Ibid., pp. 318-320.

39 Cf. ibid.

40 Ibid., p. 319.

41 Ibid., pp. 318-320.

42 Ibid., p. 320.

43 Ibid., 그리고 'The Logical Form of Action Sentences', in Recher, N., (ed.), *The Logic of Decision and Action*, 또한 Davidson의 'On Saying That', *Synthese*, 1968 참조.

44 T. Burge, 'Reference and Proper Names', *Journal od Philosophy*, 70, 1973.

45 G. Harman, 'Moral Relativism Defended', *Philosophical Review*, 1975.

46 J. Wallace, 'On the Frame of Reference', *Synthese*, 22, 1970, and 'Positive, Comparative, Superlative', *Journal of Philosophy*, 69, 1972.

47 Davidson, 'Truth and Meaning' *Synthese*, p. 311.

48 Davidson, 'Semantics for Natural Languages', *Linguaggi Nella Societe e Nella Technica* 1970, p. 185.

49 Ibid., pp. 185-186.

50 Ibid., p. 184: cf. 'Truth and Meaning' p. 313.

51 사실 (나중에 보여 줄 참이지만) 동의와 부인이라는 개념들은 콰인과 데이비슨이 생각

하는 것보다 더 복잡한 개념이라고 주장할 수 있다. 실제로 콰인과 데이비슨의 것과는 매우 상반된 결과들을 낳는다는 점에서 그렇다. 이하 참조.; 또 Grayling, *The Refutation of Scepticism*, 4장 참조.

52 Davidson, 'Truth and Meaning', p. 318.

53 Ibid.

54 S. P. Stich., 'Davidson's Semantic Program', *Canadian Journal of Philosophy* Vol. vi, 2, 1976, ∫ 7.

55 Platts, *Ways of Meaning*, p. 57.

56 Ibid.

57 보다 상세한 논의를 위해서는 J. A. Foster, 'Meaning Truth theory', B. Loar, 'Two Theories of Meaning' in G. Evans and L. McDowell, Truth and Meaning을 보라.

58 J. McDowell, 'Truth-Conditions, Bivalence, and Verificationism' in Evans and McDowell *Truth and Meaning*, p. 42 이하. 몇 가지 관점에서 맥도웰과 유사한 이론에 대해서는 Loar, 'Two Theories of Meaning' 참조.

59 McDowell, 'Truth-Conditions,' p. 43.

60 Ibid., p. 44.

61 Ibid.

62 Ibid., pp. 44-45.

63 Ibid., p. 46. and cf. Platts, *Ways of Meaning*, p. 61.

64 Platts, *Ways of Meaning*.

65 McDowell, 'Truth-Conditions,' p. 47; cf. Platts, *Ways of Meaning*.

66 Platts, *Ways of Meaning*, p. 62.

67 McDowell, 'Truth-Conditions,' p. 46.

68 Ibid., pp. 46-47.

69 Ibid., p. 47.

70 M. A. E. Dummett, 특히 'What Is A Theory of Meaning?'(II), in Evans and McDowell in *Truth and Meaning*, 그리고 *Truth and other enigmas* (이하에서는 TOE로 표기함)을 보라.

71 McDowell, 'Truth-Conditions,' p. 48.

72 Dummett, 'What Is A Theory of Meaning?'(II), p. 69.

73 Ibid.

74 Ibid., pp. 69-70.

75 Ibid., pp. 70-71. 나의 강조.

76 Ibid., pp. 72-73.

77 Ibid., p. 73.

78 Ibid., pp. 73-74.

79 Ibid., p. 74.

80 Ibid., pp. 74-75.

81 Ibid., p. 76. 나의 강조.

82 Ibid., p. 78.

83 Ibid.

84 Ibid., pp. 79-80.

85 Ibid., pp. 80-81.

86 Ibid., pp. 81-82.

87 Ibid., pp. 82-83.

88 Ibid., p. 83.

89 Ibid., p. 89.

90 Ibid., pp. 89-90.

91 Ibid., p. 91.

92 Ibid., p. 93.

93 Ibid., p. 94.

94 Ibid.

95 Ibid., p. 95.

96 Ibid., pp. 96-98.

97 Ibid., p. 94.

98 Ibid., p. 100.

99 Ibid.

100 Ibid., p. 101.

101 Ibid.

102 Ibid., p. 103.

103 Ibid., Cf. pp. 103-110, 이곳에서 더밋은 수학 언어를 위한 직관주의적 의미론을 설명해 준다. 또 이 모든 문제를 보다 분명하게 설명해 주는 'The Philosophical Basis of Intuionistic Logic', *TOE*, pp. 216-226을 보라.

104 Dummett, 'What is a Theory of Meaning(II)?' p. 110.

105 Ibid., 나의 강조.

106 Ibid., p. 111.

107 Cf. Quine, 'Two Dogmas' in *From a Logical point of view*.

108 Dummett, 'What is a Theory of Meaning(II)?'

109 Ibid., p. 114.

110 더밋이 진리 개념이 필요하다고 생각하는 다른 이유에 대해서는 9장 이하 참조. 그리고 더밋의 'What Does the Appeal to Use Do for the Theory of Meaning?' in A. Margalit (ed.), *Meaning and Use*, p. 123 이하 참조.

111 Dummett, 'What is a Theory of Meaning(II)?' pp. 115-116. 더밋은 이어서 반증을 중심 개념으로 삼는 의미 이론을 고찰한 다음(pp. 117-126), 효과 개념에 관해 상세히 이야기 한다. 그리고 어떻게 의미의 지식으로부터 사용에로의 이행이 이루어지는가에 관해 말 한다. (pp. 127-137) 진리에 관한 그의 논의는 'Truth' in *TOE* 그리고 *Frege*의 13장, 또한 M. Dummett, *The Logical Basis of Metaphysics* 참조.

112 M. Dummett, *The Logical Basis of Metaphysics*, p. 103.

113 Ibid., p. 104.

114 C. McGinn, 'An A Priori Argument for Realism', *Journal of Philosophy*, 1979, p. 113 이하.

115 Dummett, *TOE*, pp. 367-368.

116 McGinn, 'An A Priori Argument for Realism', p. 116.

117 Ibid.

118 Ibid.

119 Ibid.

120 Ibid., p. 118.

121 Ibid., pp. 118-119.

122 Ibid., p. 119.

123 Ibid., pp. 119-120. 이런 관찰들은 감각 자료 논쟁 및 현상주의 일반에 관한 논쟁을 상기시켜 준다.

124 Ibid., pp. 121-122.

125 Ibid., p. 122.

126 그 밖의 세부적인 논의도 흥미로우며 논증의 두 번째 단계를 보다 상세히 설명한다.

127 Dummett, 'Common Sense and Metaphysics', in G. Macdonald (ed.), *Perception and Identity*, p. 4. Cf. *TOE*, pp. 361-362.

128 Dummett, 'Common Sense and Metaphysics', pp. 4-5.

129 Ibid., pp. 5.

130 Ibid., pp. 5-6.

131 이하의 제안은 Michael Luntley에 의한 것이다. 그의 *Language, Logic and Experence*, 1장 참조.

132 Cf. Grayling, *Refutation of Scepicism*, 특히 3-5장.

133 McDowell, 'Truth-Conditions, Bivalence, and Verificationism' pp. 54-55.

134 C. Wright, 'Realism, Truth-value, Other Minds, and the Past', Ratio, vol. xxii, 2, 1980, pp. 112-132.

135 Dummett, *TOE*, pp. 362-32.

136 Ibid., p. 362.

137 Ibid., p. 364.

138 Ibid., p. 373.

139 Ibid., p. 369.

140 Ibid.

141 Ibid., p. 370.

142 J. McDowell, 'On "The Reality of the Past"', in P. Pettit and C. Hookway (eds), *Action and Interpretation*.

143 Ibid., p. 132.

144 Ibid.

145 Ibid.

146 Ibid., p. 133.

147 Ibid., p. 135.

148 C. Wright, 'Realism, Truth-value, Other Minds, and the Past', *Ratio*, 1980, p. 139.

149 McDowell, 'On "The Reality of the Past"', pp. 135-136.

150 Ibid., p. 136.

151 Ibid., p. 135.

152 Ibid., p. 139.

153 Wright, 'Realism, Truth-Value Links, Other Minds and Past', Ratio, 1980, p. 139.

154 Ibid.

155 Ibid., p. 123.

156 Ibid.

157 Ibid., pp. 123-124.

158 Ibid., p. 123.

159 Ibid., pp. 122-124.

160 Ibid., pp. 122-124.

161 Ibid., pp. 126-128.

162 Ibid., pp. 129-130.

9
실재론, 반실재론, 관념론, 상대주의

서론

이전 장들은 거기서 논의된 논쟁들을 대체로 공정하게 설명하려고 했다. 그것은 개론서로서 알맞은 작업이다. 이번 장에서 나는 논의된 주제들 중 일부에 집중하기 위해서 중립성에서 떠날 것이다. 주로 나는 아주 많은 중요한 문제들을 일으키고 있는 실재론 논쟁에 대해 논평을 하겠는데, 이 실재론 논쟁은 철학적 논리학에서 중심적인, 따라서 철학에서 중심적인 논쟁이기도 하다. 먼저 퍼트남의 입장을 알아보는 것으로부터 시작해서, 퍼트남과 더밋의 입장에 답하면서, 논쟁에서 근본적으로 문제되는 것이, 일부 사람들이 생각하는 것처럼 형이상학의 문제도 아니고, 또 다른 사람이 생각하는 것처럼 의미론적인 문제도 아닌, 인식론의 문제라는 점을 논증해 가도록 하겠다.

퍼트남과 실재론

퍼트남은 소위 '형이상학적 실재론(metaphysical realism)'이라는 입장을 알아본 후, 이 형이상학적 실재론과 그리고 그것의 대립물이라고 생각하는

441

개념인 것으로서 그가 종종 '실증주의/상대주의'라고 부른 입장을 둘 다 거부한다. 우선 그는 '내적 실재론(internal realism)'이라고 일컬어지게 되었던 중도의 길을 제공하려고 해왔다. 그러나 그 후 그는 한 입장을 긍정하려는 태도를 철회하고, 대신에 논쟁에서 다른 사람이 과거에서도 또 현대에서도 말한 것에 대해 답하는 견지인, 비판적인 자세를 선택하였다. 이하에서는 퍼트남의 형이상학적 실재론 개념과 그것에 반대하는 그의 주요 논증, 그리고 그가 이후 선호했던 견해들을 개관하겠다.

퍼트남은 형이상학적 실재론을, 세계가 정신 독립적 대상들로 구성되어 있다는 논제로 기술한다. 사실 그는 이를 좀 더 강하게 세계가 전체적으로 확정되어 있는 정신 독립적 대상으로 구성되어 있다는 입장으로 기술한다. 그리고 퍼트남은, 이런 입장을 받아들이는 사람이, 정확히 하나의 참되고 완전한 세계 기술이 있으며, 따라서 참은 세계와 그 기술 사이의 대응 형식에 있다는 것을 따라가는 것으로 생각된다고 주장한다.[1] 부분적으로 실재론의 성격에 대한 더밋의 규정에 영향을 받은 후, 퍼트남은 이런 점들을 다른 식으로 다음과 같은 입장으로 표현한다. 즉, 형이상학적 실재론은 일단의 참에 관한 논제들이다. 말하자면, "참은 큰 대응(Correspondendence)의 문제이며, 그것은 (인간이 발견하고 발견할 수 있었던 것의) 전적인 독립성(Independence) 및 (실재에 대한 하나의 참된 또는 완전한 기술 이외의 다른 것은 있을 수 없다는) 전적인 2치(Bivalence), 전적인 유일성(Uniqueness)을 표명한다."[2]

실재론을 특징짓는 더밋의 방법 중의 하나는, 한 명제의 참을, 사람들이 그 명제를 참이라고 생각하기 위해 가지는 근거와 뚜렷하게 구별하려는 프레게의 주장에 주의를 돌리는 데 있다. 이 구분과 관계하는 사람은 실재론자이다. 이 입장에 반대하는 자들은 그런 구분 없이 전제된 참을 설명해 주어야 한다. 퍼트남은 이런 분석을 공유한다. 그의 용어로, 실재론적으로 파악된 참을 판별하는 속성 — '독립성' — 은 그것의 '근본적으로 비인식적인' 성격에 있다. 참이 독립적이라는 주장은 "우리가 받아들이기에 가장 정당한 이론이 실제로 참이 아닐 수도 있는 그런 세계가 있을 수 있었으며, --- 합리적 수용 가능성(rational acceptability)과 참은 별개이다."[3]라는 주장이다.

퍼트남은 자신이 형이상학적 실재론자로 출발했었다고 말한다. 이 형이상학적 실재론은 퍼트남이 '과학적 유물론'이라고 기술하는 것에서 '그것의 가장 최근의 설득력 있는 형태'를 유지하고 있다.

> "나는 존재하는 모든 것이 단 하나의 이론으로 설명되고 기술될 수 있을 것이라고 믿었다. 물론 우리는 결코 그 이론을 소상히 알지 못할 것이다. 심지어는 일반 원리들에 관해서도 우리는 항상 어느 정도 오류를 저지를 것이다. 그러나 그런 이론의 일반적인 윤곽이 어떤 모습이어야 할 것인지를 우리가 오늘날의 과학에서 볼 수 있다고 나는 믿었다. 특히 나는 최선의 형이상학은 물리학이라고 믿었다. 또는 보다 정확히 말해서, 최선의 형이상학은 실증주의자들이 '통일 과학(unified science)'이라고 불렀던 것, 즉 기초 물리학 법칙의 적용에 의해서 통일되고 또 거기에 기초하는 것으로 묘사된 과학이라고 믿었다. 우리 시대에, 버나드 윌리엄스는 우리가 적어도 현대의 물리학에서 '절대적 세계 개념'의 골격을 가진다고 주장해왔다."[4]

퍼트남은 형이상학적 실재론이 '역설과 혼동'에 빠지게 한다는 이유에서 그것을 거부한다.[5] 이에 대한 그의 주요 논증의 하나가 그 유명한 '통 속의 뇌' 논증이다.[6] 그 논증은 다음과 같이 전개된다. 데카르트의 악마 가설에 대한 현대판 해석을 생각해보라. 우리 경험의 모든 증거와 상반됨에도 불구하고, 우리 뇌가 적출되어 방부제 통에 담겨 있고, 이 뇌는 일상생활의 경험을 똑같이 느낄 수 있도록 전극으로 연결되어 있다고 가정하는 것이다. 퍼트남의 논증은 이 가정이 자기 논박적(self-refuting)이기 때문에 도저히 참될 수 없다는 것이다. 그 가정은 자기 논박적이다. 왜냐하면 우리가 통 속의 뇌였다면, 우리는 우리가 통 속의 뇌라고 말하거나 생각할 수 없었기 때문이다. 그리고 우리는 이것을 말하거나 생각할 수 없었다. 왜냐하면 그렇게 하기 위해서 우리는 뇌와 통을 **지시**할 수 있어야 하기 때문이다. 그러나 통 속의 뇌**로서** 우리는 우리의 뇌 또는 우리의 뇌가 들어 있는 통을 지시할 수 없다. 다만 우리가 통 속에 갇혀 있는 내적인 관점에서 우리가 생각하고 있는 것으로서의 뇌, 그리고 우리가 생각하고 있는 것으로서의 통만을 지시할 뿐이다.[7]

다시 말해서 이 논증은 만일 우리가 통 속의 뇌였다면, 우리의 낱말 '뇌'와 '통'은 우리의 뇌나 우리가 그 속에 들어 있는 통을 지시하지 않고 다른 것을, 즉 우리의 통 속의 뇌 경험이라는 상상적인 세계에서 나타나는 뇌와 통을 지시할 것이라는 것이다. 이 논증은 두 전제로 이루어져 있다. 하나는 ─ 퍼트남이 쓰는 말로 ─ '마술적(magical)' 지시론이 틀렸다는 것이고, 다른 하나는 우리가 사물과 올바른 인과 관계에 있지 않는 한, 사물을 지시할 수 없다는 것이다.[8] 마술적 지시론은 낱말들(또는 보다 일반적으로 표상들)이 그 사용자들과는 무관하게 그것들의 지시체들과 **본래적인**(intrinsic) 관계에 있다고 말하는 이론이다. 이는 마치 '어떤 신비한 빛 ─ 그것을 '영지적 빛(noetic ray)'이라고 부르자 ─ 이 낱말과 사고 기호를 그것의 지시체와 연결시키는 것과 같은 것이다. 그러나 분명히 이것은 성공하지 못할 것이다. 왜냐하면 그것은 엉뚱하게 "통 속의 뇌가 '나는 통 속의 뇌이다.'라는 **말**을 생각하며, 또 그럴 때 낱말 '통'은 (영지적 빛의 도움으로) 실제 외부 세계의 통에 대응하고, 낱말 '안에'도 (영지적 빛의 도움

철학적 논리학

으로) 실제의 공간적 포함 관계에 대응한다고 주장하기 때문이다.[9] 그러나 지시는 이런 식으로 표상과 그것의 지시체들을 연결시킬 수 없다. 주어진 대상들을 지시하기 위해 그 사용자들에 의해 사용되는 기호들은 실제로 '그 사용자의 개념 체계 내에서'만 지시하는 것이다.[10]

두 번째 전제는 그 자체로 위의 가설을 충분히 논박한다고 퍼트남은 생각한다. 왜냐하면 우리는, 실제의 뇌 및 통과 올바르게 인과적으로 연결 — 정보 전달적인 인과적 연결 — 되어 있을 경우, 실제의 뇌와 실제의 통만을 지시할 수 있기 때문이다.[11] 그러나 우리는 그것들과 정보 전달적인 인과적 연결을 맺고 있지 않다. 그러므로 그것은 자기 논박적이다.

이 논증은 그 중심에 해결할 수 없는 갈등을 드러내 보임으로써 형이상학적 실재론에 반대한다. 실재론은 참을 '근본적으로 비인식적(radically non-epistemic)'인 것이라고 생각한다. 참은 우리가 알거나 알 수 있는 것과 독립적이다. 따라서 실재론자는 우리가 참을 알지 못하고 모두 통 속의 뇌일지도 모른다고 주장한다. 그러나 우리의 말들과 그것들이 지시한다고 생각되는 것을 연결시키는 어떤 '영지적 빛'이 있지 않는 한, 우리가 통 속의 뇌라는 식의 주장은 거짓이다. 따라서 갈등이 생겨난다. "우리는 통 속의 뇌일지도 모른다. 그러나 우리가 통 속의 뇌라는 취지의 주장은 거짓이다."

통 속의 뇌 예와 그 예가 보여주는 것에 관한 많은 논쟁들이 있었다. 일부 논쟁 가담자의 목표는 우리가 통 속의 뇌일지도 모른다는 생각의 이해 가능성을 옹호하는 것이었다. 만일 그들이 옳다면, 그들은 적어도 이런 식의 공격에 반대해서 형이상학적 실재론의 이해 가능성을 옹호하는 셈이 될 것이다.[12] 그중 한 논증은, 사고와 능력이라는 통상적인 기술(repertoire)을 가진 통 속의 뇌가 그 자신의 마음 상태와 그 마음이 외부 세계에 있는 것으로 생각하는 것 사이를 구별한다고 말한다. 따라서 통 속의 뇌는 외부 세계의 경험과, 환상 및 다른 비표준적인 경우들 간을 구별한다. 그러므로 통 속의 뇌는 자기가 통 속의 뇌일지도 모른다는 가정을 완전히 잘 이해할 수 있다.[13] 또 다른 공격은 마음이 획득할 수 있는 지식과 관련된, 또는 그 마음이 생각할 수 있는 사고들과 관련된, 마음의 곤경을 묘사하는 많은 다른 방식들이 있다고 말하는 것이다. 퍼트남의 **예는 가정에 의해** 통 속의 뇌가 자기들이 통 속의 뇌라고 생각할 수 없게 만든다. 그러나 만일 우리가 그 예의 말들을 바꾼다면 — 예컨대 정상적인 감각 기관이 피부 밖의 환경에 관한 정보를 전달하는 것처럼, 뇌에 꽂힌 전극이 인과적으로 통 밖의 환경에 관한 정보를 전달한다는 것을 우리가 허용한다면 — 통 속의 뇌가 자기의 뇌와 통을 지시한다는 것은 전혀 마술적일 필요가 없을 것이다. 따라서 통 속의 뇌 가설은 이해될 수 있을 것이다.[14]

그렇지 않다면 이런 논증들의 장점이 무엇이든 간에, 그것들 대부분이 하고 있는 것은, 만일 옳다면, 퍼트남이 통 속의 뇌 가설의 비정합성을 입증하지 못했다는 점을 보여주는 것이다. 따라서 그 논증들은, 실재론의 근본적으로 비인식적인 참 설명의 수용이 정합적임을 입증하지 못한다. 이하의 논의는 이것이 이루어질 수 없다는 것을 보여주려는 데 있다. 그러나 우리는 퍼트남이 실재론을 '형이상학적 실재론'이라고 규정지은 데 대해서는, 곧바로 굳은 반대를 진술할 수 있다. 이것이 가정하거나 함의하는 것은 실재론이 '실재' 즉 존재하는 것에 관한 논제라는 것이다. 실재론이 그런 논제라면, 사실 그것에 '형이상학적'이라는 형용어구를 붙여줄 만도 할 것이다. 그러나 존재하는 것에 관한 문제들은 이하의 긴 논증이 보여주겠지만, 문제가 되는 사안이 아니다. 실재론자와 그 반대자들은 존재하는 것에 관해 불일치하는 것이 아니라, 어떻게 우리가 존재하는 것에 인식적으로 관계하는가에 관해 불일치한다. 실재론자는 존재하는 것이 **정신-독립적으로**, 즉 **지식이나 경험과 독립적으로** 존재한다고 말한다. 그러므로 실재론자의 논제는 존재하는 것에 대한 우리 지식의 범위와 그것의 관계에 관한 논제이다. 반실재론자는 존재하는 것이 ― 같은 존재하는 사물들임을 주목하라 ― 어떤 면에서 그것들에 관한 우리의 지식과 내적으로 관계된다(다시 아래를 보라.)고 말한다. 물론, 관심 중 일부는 **다른** 종류의 의존성 관계, 말하자면 어떤 사물이 다른 사물들에 의존해서 존재한다고 하는 방식을 이해하는 데 있다. (예를 들어 의자는 그것을 구성하는 기본 입자에 의존한다.) 그러나 이것 또한 궁극적으로 어떻게 우리가 세계를 우리 자신에게 표상하는가(우리 이론들의 문제)의 문제이며, 따라서 인식론적인 문제이다.

이 지적은 실재론을 형이상학적 논제로 받아들이는 것이 실재론을 잘못 기술하는 것이라는 점을 말해준다. 퍼트남의 묘사에서 보이는 또 다른 불만족스러운 점은 이 잘못된 기술의 결과이다. 우리는, 퍼트남이 실재론을 구성한다고 생각하는 모든 다른 요소들, 즉 2치, 고정된 전체로서의 사물이 있다는 생각, 사물들에 대한 유일한 올바른 기술이 있다는 생각, 심지어는 대응으로서의 참이라는 생각 등을 거부하거나 모른다고 하면서도, 어떤 부류의 존재자들이 그것들에 대한 경험이나 사고와 독립적으로 존재한다는 것을 유지하는 기본적인 의미에서, 실재론 논제를 주장할 수 있다. 실재론자가 헌신해야 할 유일한 것은 어떤 부류의 존재자들이 **사고**(또는 경험이나 언어 등)**와 독립적으로** 존재한다는 논제이다. 따라서 독립성과는 다른 이런 특징들의 일부나 전부의 비정합성을 보여주는 논증을 펼치면서, 퍼트남은 탄약을 소진하고 있다. 그는 정신 독립성 논제가 그의 묘사에서 나머지 것들이 의존하는, 기본적인 수용 요소(commitment)임을 인정한다. 우리는, 나머지 다른 수용 요소들이 독립성 논제를 수용하는 사람이 요구하지 않는 여분적인 것이기 때문에, 또 그 논제를 먼저 받아들일 때에만 이해될 수 있을 뿐이기 때문에, 그것들에 대한 논의는 핵심적이지 않다고 결론지을 수 있다.

　방금 말한 이런 생각들은 퍼트남의 다른 논증들, 그의 '모델 이론적' 논증에 관해 말할 필요성을 없애버린다. 요약하자면 그 논증은 다음과 같다. 그 각각이 모든 관련된 '조작적이고 이론적인 조건(operational and theoretical constaints)'을 만족시키는, 우리 언어에 대한 많은 다른 가능한 모델이 있다. 이 모델들을 구성하는 존재자들이 실재론적으로, 즉 정신-및-담론-독립적 존재자들로서 생각된다면, 왜 그것들 중의 하나가 유일하게 올바른 모델로 확인 — 실재론이 분명히 하는 일이라고 퍼트남이 주장하는 — 되어야 하는지는 '매우 불가사의'할 것이다. 지시 관계가 각각의 모델에 대응하고 있다. 따라서 "무한히 많은 허용 가능한 지시 관계가 있다." 무슨 근거에서 실재론은 다른 것보다 어느 하나에 특권적인 지위를 부여하는가?[15] 그 논증의 초점은, 퍼트남이 형이상학적 실재론자에게 전가한 것으로서, 세계에 대한 오직 하나만의 올바른 기술이 있다는 주장이다. 방금 언급했듯이, 이것의 수용은 독립성 논제에 의존하고 있는데, 그 논제에 대한 논박은 그것에 의존하고 있는 모든 것을 논박하는 것이 된다. 그러나 그것은 별개로 치더라도, 독립성 논제를 수용하는 사람이 이러저러한 여분적인 것들을 받아들여야 할 의무가 있는지는 분명하지 않다. 아무리 그것들이 실재론의 부속물인 것처럼 보이는 것이 **자연스럽다** 하더라도 말이다. 왜냐하면 그것들은 독립성 논제로부터 **따라나오지도** 않고, 언급했듯이 독립성 논제를 요구하지도 않기 때문이다. 따라서 '모델 이론적' 논증은 이런 더 풍부한 수용 요소들을 받아들였던 형이상학적 실재론자에게만 적용될 뿐, 여기서 우리와 관계할 필요가 없는 것이다.

내적 실재론, 참 그리고 비판

퍼트남이 처음에 형이상학적 실재론과 대립시킨 입장은 '내적 실재론 (internal realism)'이라고 일컬어졌다. 참 개념을 가지고 표현하면, 내적 실재론은 '충분히 좋은 인식적 입장'에 있는 능력 있는 화자가 한 진술을 '충분히 합리적으로 보증'될 만큼 사용한다면, 오직 그때에만 그 진술은 참이라는 논제이다.[16] 퍼트남이 내적 실재론을 지지했을 당시에, 그의 관심은 참 개념, 언어 사용, 합리적 수용 가능성, 그리고 '충분히 좋은' 인식적 상황을 연결시키는 것이었다. 그리고 그는 여전히 이런 측면의 입장들을 유지하고 있다. 그가 이후 거부하게 되었던 것은, 내적 실재론이 검증주의에서 인정한 것 — 그것은 참이 결코 전체적으로 인식-초월적이지 않다는 것인데, 그는 이것이 상식적 실재론과 모순되지 않게 제시될 수 있다고 생각했다 — 과, 낱말의 사용이 마치 일군의 알고리듬에 의해서 고정된다는 생각에 대한 그것의 수용이다. 지금까지 그가 유지하고 있는 것은 — 그리고 이것은 사실 어쨌든 처음 제시되었던 내적 실재론과 차이 나는 것인데 — 우리의 언어 사용과 독립적으로 "세계가 그 자체로 '대상들'(또는 '존재자들')로 나눠진다고 생각하는 것은 무의미하다."는 입장이다. "'세계' — 즉, 사건, 사태, 그리고 우리가 말하는 물리적, 사회적 체계 — 를 '대상', '속성', '관계'로 나누는 것은 **우리**이다. 그리고 우리는 이 일을 다양한 방식으로 하고 있다."[17] 간단한 예는 우리가 방의 내용물을 우리의 관심과 목적의 의존하면서, 가구로 생각하거나, 소립자의 집합으로 생각하기도 한다는 것이다. 이런 입장의 결과는 같은 사태에 대해 다른 존재론이 채택될 수 있다는 것인데, 이것은 명백히 모순되는 진술들의 짝이, '그 각각이 속하는 말하기 방식에서' 참되다는 의미에서 둘 다 참이 될 수 있다는 것을 의미한다. (따라서 모순은 표면적일 **뿐**이다.) 퍼트남은 이것을 '개념 상대성(conceptual relativity)'이라고 부른다.[18]

좀 더 최근의 저작에서, 언급했듯이, 퍼트남은 한 입장을 진술하기보다는 형이상학적 실재론을 낳은 관련 요소(commitment)들을 비판하는 데 더 초점을 맞추고 있다. 퍼트남의 입장에서, 형이상학적 실재론에 대한 주요한 현대판 옹호는 '의미론적 물리주의(semantic physicalism)'이다. 의미론적 물리주의란 우리의 심적 개체(token)들이 그것들이 외부 세계에서 지시하는 대상들과 물리주의적으로 관계된다는 입장이다. 이 입장의 주요 요소는 "x는 적절한 유형의 '인과적' 고리에 의해 y와 연결된다면 오직 그때에만 y를 지시한다."고 하는 지시 인과론(causal theory of reference)이다.[19] 지시 인과론을 거부하기 위한 퍼트남의 이유는 '적절한 유형'의 인과적 고리가 '환원되지 않는 의미론적 개념들'을 사용함으로써만 설명될 수 있다는 것이다. 즉 거지 논법이 되기 때문이라는 것이다. 더구나 물리주의는, 어떻게 의미론적 사실들이 생리학이나 컴퓨터 과학 또는 행태 심리학과 함께 시작하는, 아래로부터 위로 올라가는 절차에 의해 물리적 사실들에 수반하는(supervene)지를 보여주려 한다. 그러나 그것은 '위로부터 살펴봄으로써', 즉 언어 사용자의 관심, 관점, 상황과 더불어 출발함으로써만 보여줄 수 있을 뿐이다.[20] 간단히 말해서, 형이상학적 실재론에 대한 물리주의적 옹호는 지향성(intentionality)을 불필요하게 만들려고 하거나, 지향성을 환원적으로 설명하려 한다. (지향성은 일반적으로, 그러나 퍼트남의 입장에서는 **그릇되게**, 정신과 세계 사이의 관계로 묘사되고 있다.) 그리고 퍼트남은, 일단 우리가 어떻게 지향성을 새롭게 이해할 것인가를 보기만 하면, 이것이 이루어질 수 있거나 이루어져야 한다고 믿지 않는다.[21]

지향성을 새롭게 보는 한 가지 방법은, 형이상학적 실재론과 (퍼트남의 입장에서) 그것의 매력적이지 못한 대립적 견해들, 말하자면 믿음들이 세계와의 관계로써 정당화되지 않는다는 견해인 반실재론의 어떤 형식들 모두를 거부하는 것이다. 예들 들어 로티의 입장처럼, 이 후자의 입장

철학적 논리학

에 대한 어떤 해석에 따르면, 표상이라는 관념은 내용을 상실한다. 로티가 말하듯이, 만일 사물이 우리가 그것에 관해 말하는 방식과 독립적이지 않다면, 진술들이 세계 속의 사물에 의해 참이 된다고 어떻게 우리가 말할 수 있는가?[22] 퍼트남의 응수는 이분법 자체를 밑받침해주는 가정들을 거부하는 것이다. 대상들에 관한 말과 떨어진, 대상들의 '독립적 현존'이라는 생각은 일상적이지 않은 인과적 독립성 또는 논리적 독립성이라는 개념을 사용한다고 퍼트남은 주장한다. 우리가 일상적으로 '독립적'이라는 말을 사용할 때, (퍼트남은 이런 접근 방법에 들어 있는 비트겐슈타인적인 영감을 드러내 보여주면서, '내가 이해할 수 있는 유일한 방식에서'라고 말한다.) 푸른 하늘이 우리가 말하는 방식과 독립적이라는 것은 의심의 여지가 없다.[23] 따라서 우리는 퍼트남 자신의 '개념적 상대주의'에 의해 이해될 수 있는 표상 개념을 유지할 수 있다. 여기서 개념적 상대주의란 같은 사태에 대한 다른 기술이 있다는 입장, 즉 우리가 사태들에 대해 채택할 수 있는 다른 존재론들이 있다는 입장이다. 이런 생각에서 우리는 대상들을 지시한다고 말할 수 있지만, 어떤 형이상학적으로 특권을 부여받은 방식으로 그렇게 하는 것은 아니다. 왜냐하면 대상을 지시하기 위한 다양한 방식들이 있기 때문이다. "(우리가 말하고 있는 '대상들'과 우리가 사용하고 있는 어휘들이 어떤 종류의 것인가가 분명할 때) 우리는 우리의 낱말과 사고들이 대상을 확정적으로 지시한다고 생각할 수 있다. 그러나 결코 하나의 고정된 의미의 '지시'라는 것은 없다."[24] 이것은 형이상학적 실재론의 거부가 표상 개념의 와해를 수반하지도 않고, 또 그 거부가 내적 실재론이라는 개념이 어느 정도 조장해야 했던 어떤 의미의 **한정**(confinement) — 언어나 사고 내의 함정에 빠지는 — 을 부추기지도 않는다는 것을 보여준다.[25]

퍼트남은 이런 고찰들이, 사고들은 세계에 관한 것이고, 언어는 세계를 표상하며, 우리의 믿음은 어떻게 세계가 있는가에 의해 정당화된다고 하는 것을 생각하기 위한 형이상학적으로 무해한 방법을 제공한다고 생각한다. 왜냐하면 그것들은 '표상한다', '정당화된다'. '사고', '세계'와 같은 말들의 일상적인 '소박한(humble)' 의미를 되찾는 것이기 때문이다. 그는 비트겐슈타인을 긍정적으로 인용한다. "만일 '언어', '경험', '세계'라는 말들이 하나의 용법을 가진다면, 그것은 '책상', '등잔', '문'과 같은 말의 용법만큼이나 소박한 것이지 않으면 안 된다."[26]

만일 이런 논쟁에서 퍼트남, 데이비슨, 로티에게 공통적인 한 가지 것이 있다면, 그것은 데카르트 이래 수많은 방식으로 그 모습을 드러내 왔던 정신-세계 이분법에 대한 거부에 있을 것이다. 정신 현상과 물리적인 현상 간의 관계에 관한 문제는, 전통적인 정신-육체 문제와 근대(17세기와 그 이후) 인식론에서 생각되었던 회의론의 문제와 같은, 그것의 두 원천적인 출현보다 더 많은 형태를 취하고 있다. 그것을 더 심화시키고 또미묘한 차이를 주면서, 논쟁은 참, 지시, 표상, 의미와 실재론에 초점이 맞춰지게 되었다. 몇몇 학자들이 채택했던, 그리고 다양한 방식으로 많은 사람이 좋았던 해결책(로티가 듀이, 하이데거, 비트겐슈타인에게서도 확인했던 해결책)[27]은, 문제의 원천이라고 보여진 이분법을 거부하는 것이다. 즉, 한편으로는 표상하기, 생각하기, 지시하기, 지각하기, 경험하기, 논의하는 정신과, 다른 한편으로는 그것이 표상하고, 생각하거나 논의하는 것, 지시하는 것, 경험하거나 지각하는 것 사이의 구분을 거부하는 것이다. 대문자 실재론(Realism) — 퍼트남의 용어로 '형이상학적 실재론' — 은 이 구분의 존재를 옹호하는 데 있는 것으로 여겨진다. 그러나 그 구분을 포기하는 것은 — 적어도 퍼트남과 데이비슨의 관점에서, 그러나 로티는 다르게 생각할 수도 있다 — 아마도 관념론이라고 알려진 형이상학적 논제로 자연스럽게 귀결될 듯한, 강한 형태의 반실재론을 선택하는 것이 아니다.(이하에서 정당화하겠지만, 내가 여기서 관념론이라고 하는 **형이상학적** 논제로부터 반실재론이라고 하는 **인식론적** 논제를 구별한다는 점을 주목하라.) 그러나 비트겐슈타인의 후기 작업에서처럼, 이런 학자들의 비반실재론적 반실재론(non-anti-realistic anti-realism)이 무엇에 이를지가 전혀 분명하지 않다. 그들은 다음과 같은 주장으로 후퇴한다. 즉 우리는 철학적으로 문제없는 의미로 좋아든 '참', '지시'를 마음대로 쓸 수 있다. '표상하다', '정당화' 등에 대한 일상적인 '소박한' 용법들이 있다. 이것들이 철학적으로 문제가 되는 것처럼 보이는 유일한 이유는 철학자들이 마음대로 그것들을 그렇게 만들었기 때문이다. 우리가 우리 개념들에 관해 반성적으로 생각하지 않을 때 그냥 그렇게 있는 것처럼 (퍼트남은 비트겐슈타인이 이런 주장을 한다고 본다), 우리 개념들로 모든 것이 다 잘 이루어진다.

그 장막을 걷었을 때, 이런 입장은 결국 세계와 사고(등)와의 관계를 반성함으로써 일어난 철학적 문제들이 그냥 아무 내용도 가지지 않는다고 말하는 것이 되고 만다. 그리고 이 주장을 위해 제공된 근거란, 그렇지 않다고 생각하는 것은 너무 많은 난점들을 일으킨다는 것이다. 이것은 참과 표상의 문제에 관해 더 이상 생각하기를 거부하기 위한 **이유**가 될 수는 있을지 몰라도, 그 문제가 내용이 없다고 주장하기 위한 근거는 아니다. 우리가 일상 대화에서 '표상하다'와 '참'을 사용하기 때문에, 그것들은 철학적으로 문제가 없어야 한다는 비트겐슈타인식의 주장으로 후퇴하는 것은 대단히 불만족스럽다. 나는 그것들을 진지하게 고려할 것을 제안하며, 또 이하에서 문제되는 것이 참, 의미 및 형이상학의 바탕이 되는 인식론에 의존한다는 것을 보여줌으로써, 다른 각도에서 새롭게 그 문제들에 접근할 것을 제안한다.

반실재론과 형이상학

맥도웰은 우리가 검증에 의한 뜻이라는 입장을 받아들일 경우 그것은 "세계에 대한 하나의 새로운 반실재론적 개념을 받아들이도록 요구할 것이다. 만일 참이 그것을 발견하는 우리의 능력과 독립적이지 않다면, 우리는 세계를 우리 자신의 창조물로서 이든가 아니면 적어도 우리의 탐구에 대한 반응으로서 발생한 것으로 묘사해야 할 것이다. 따라서 진리 조건적 뜻 개념에 대한 검증주의적 반론은 광범위한 형이상학적 의미를 가질 것이다."라고 말했다.[28] 이 말 중 맥도웰이 한 가지 잘못한 말이 있는 데, 그것은 세계에 대한 요구된 반실재론적 개념이 '새로운' 것이라는 표현이다. 왜냐하면 그가 설명하는 선택 중 어느 것도 새로운 것이 아니라, 관념론의 모습으로 익히 보여졌던 것이기 때문이다. 그러나 반실재론이 형이상학적으로 당연히 따라나오는 논제라고 주장하는 데 있어, 그가 옳은지는 의심스럽다. 이것을 주장하면서 그는 물론 유명한 전례를 따르고 있다. 더밋은 "나의 방법의 전 목적은---의미 이론이 형이상학의 기초가 된다는 것을 보여주는 데 있었다."고 말한다.[29] 이제 나는 이것이 근본적인 실수임을 논증하겠다.

왜 그런지를 보기 위해서, 위에서 퍼트남이 인용한 과학적 실재론자의 그림과는 달리, 일상 담론에 무반성적으로 전제되어 있는 것에 더 가까운, 일반적인 실재론적 그림에 대한 진술을 인용하는 것이 유익하다. 플라츠가 제공한 것보다 더 좋은 예는 없으므로, 그 글을 길게 인용하겠다. 그는 다음과 같이 말한다.

> "실재론은 (적어도) 우리 현재의 실제 이해를 넘어서는 면에서, 외부 세계에 도달하고 외부 세계와 연결시키는 우리의 언어상(picture of language)을 포함하고 있다. 또 실재론은 (적어도) 세계에 대한 기술이 참

인지 아닌지를 결정하는 우리의 현 능력을 초월하는 면에서, 우리의 언어로써 기술될 수 있는, 독립적으로 존재하는 완강한 세계상을 포함하고 있다. 실재론은 고집스럽게 자신을 드러내려 하지 않는 실재와 씨름하고 있는, 우리의 언어상, 우리의 이해 상을 포함하고 있다. 아마도 우리는 그 세계를 이해하는 능력과 그 세계에 대한 우리의 묘사가 참이라는 것을 아는 능력을 꾸준히 향상시킬 수 있을 것이다. 그 일에 성공한다면, 우리는 그 세계를 만들어내는 것이 아니라, 그냥 내내 거기에 있었던 것을 **발견**할 것이다. 그러나 그 실재는 항상 우리의 능력을 능가할 것이다. 우리는 그 실재에 대한 **근사적으로 참**인 믿음을 얻기 위해, 우리와 독립적으로 그 실재를 구성하는 존재자들과 그 특징들에 관한 근사적으로 참인 믿음을 얻기 위해 고투할 수 있다. 그러나 우리는 근사적인 믿음에 머물러 있어야 하며, 궁극적으로 (만족할 수 없는) 무지에 자신을 내맡기는 수밖에 없다. 왜냐하면 우리 언어에 의해 간소하게 묘사되는 세계는 항상 우리의 인식 능력에서 벗어날 것이기 때문이다.

나는 이런 세계 개념이 심원하고 공감적이고 또 (건강한 의미에서) 풀이 죽게 만든다고 생각한다."[30]

실재론에 대한 이런 묘사는 확실히, 우리의 상식적인 세계관의 기초를 이루는 것이다. 실재론자가 일상 담론을 수용한다는 것이 쉽게 예시되어 있다. "책상 위에 컵이 있다."고 말하는 발언자가 어떻게 세계를 묘사하는가를 설명하는데, 그 현존과 성격이 대상에 대한 담론과 독립적으로 존재하는 그런 대상이 있다는 믿음을 그 화자가 가진다는 것 이외에 더 좋은 방법은 전혀 없다. 그리고 그 사람처럼 우리는 언어가 뜻을 가지는 것(그 사고가 그런 성격을 가진다는 것)도 대상들이 그렇게 존재하고 있는 덕분이라고 생각한다. 그리고 퍼트남의 의미에서 '형이상학적 실재론'은 바로 이런 언질들의 이론적 정교화로 보여질 수 있다.

그러나 생각해보면, 이 그림이 우리에게 믿게 했던 것과, 우리가 그 그림을 소유하고 그 숙달을 보여줄 수 있었던 방식 사이에, 불가사의한 간격이 있다는 것이 분명해진다. 언어의 경우와 직접 유비해 볼 때, 이것은 정확히 플라츠가 인지하고 있듯이, '획득'과 '표출' 요구가 보여주려는 것이다. "그것을 촉발하는 실재론적 참에 기초한 의미론과 같은 그림은 〔반실재론으로부터〕 심각한 도전을 받는다."[31] 7장에서 다룬 논의가 부분적으로 그 요구에 관한 논의이다. 그러나 거기에서의 논의는 언어 숙달에 초점이 맞춰져 있으며, 또 실재론 논쟁에서 성패가 달려 있는 것에 관한 전제를, 어쩌면 거부되어야 할 것인데도 받아들이고 있다. 올바른 길로 가기 위한 그림을 다시 그리기 위해서 우리는 처음부터 다시 시작하지 않으면 안 된다.

실재론 논쟁을 오염시키는 혼동은 임의의 영역의 존재자들을 두 개의 다른 방식으로 생각하는 데서, 또는 보다 정확히 말해서 생각하는 두 방식을 융합하는 데에서 일어난다. 첫 번째 것은 막 언급했듯이, 그 여러 모습에서 역사적으로는 어떤 실체 개념에 대한 수용으로서 표현된, 하나의 형이상학적 수용으로서 아주 친숙하다. 그러나 정확히 진술하기가 어렵다. 그것은 임의의 영역의 존재자를 자체적으로 존재하는 것으로 생각하는 데 있다. 그것의 원인이 되는, 또는 보다 약하게 말해서 그것을 계속 존재하게 하는 다른 사물과 독립적으로 말이다. 그런 존재자들은 아리스토텔레스가 말하는 '기체(primary being)'의 지위를 가지는 것으로, 또는 하여간 존재하는 사물들(또는 단원론자들에게는 사물)로 생각되는 실체들로 생각될 것이고, 또 어떤 의미에서 '본래적으로 그리고 스스로' 존재하고 있는 것으로서 이해될 수 있을 뿐이다. 만일 어떤 것이 '형이상학적 실재론'이라는 이름으로 불릴만한 자격이 있다면, 이것이 그런 것일 것이다. 나는 그것을 논제 A라고 부를 것이다. 철학사에서 좀 더 모험적인 시기들은 그것을 명료화하려는 노력에 있다. 왜냐하면 결국 문제되고 있는 것은 다름 아닌 존재의 형이상학이기 때문이다. 그러나 나는 손쉬운 해명이 있는지는 확신하지 못한다. 다음의 이야기가 난점들이 있음을 암시한다.

논제 A를 이해한다는 것은 적어도 두 개의 넓은 범주로 나누어 볼 수 있다. '자체적인 존재(existence in its own right)' 그리고 '절대적이고 궁극적인 존재(absolute and ultimate existence)'와 같은 표현은 전적으로 아리스토텔레스의 제1 **실체**(ousia)라는 개념을 암시한다. 이것은 다른 파생적인 존재보다 더 기본적인 존재이다. 적어도 그것은 스스로를 설명하며, 또 아마도 — 그 개념을 신학적으로 사용하는 경우에서처럼 — 스스로를 원인으로 삼는다. 또 다른 분류 없이 후자의 더 강한 개념이 필연적 존재의 개념과 매우 유사한 것인지는 분명하지 않다. 그러나 변증자들은 어쨌든 그것을 일반적으로 그렇게 해석한다. 그 이유는, "우주에 관한 다른 사실들이 그것들의 현존을 반드시 필요로 하지 않는다는 의미에서, 우연적으로 자기 원인적인 존재라는 개념은 있을 수 없었는가?"라는 물음에 부정적인 답을 내리는 것은, 분명히 그 물음 자체의 조건에 의해 요구되지 않기 때문이라는 것이다. 왜냐하면 거짓이든 아니든, 어떤 자기 원인적 존재의 현존이 부정되는 우주의 기술에 모순적인 것이 전혀 없을 수도 있기 때문이다. 그리고 그 역은, 해당 존재자가 순수한 필연적 현존을 위한 후보자였다면, 참이 되어야 할 것이기 때문이다. 그러나 어느 누구도 '자체적인 존재'의 개념을 얻기 위해서 이런 식으로 존재론적인 위험을 무릅쓸 필요가 없다. 항상 모험할 인식론적인 가지(limb)가 있다. 이것은, 어떤 사물이 이런 기본적이거나 우선적인 방식으로 존재한다는 것이 원초적인 것으로 받아들여야 할 맹목적인 사실이라고 말하는 것이다. 이렇게 이해된 논제를 형이상학적 **실재론**으로 만들기 위해서는, 맹목성(bruteness) 주장을 문자 그대로의 참을 위한 후보자로서 받아들여야 한다. (설명적 자기 충족성이라는 개념은 인식적 개념임을 주목하라. 이는 인식적 독립성에 대한 설명이라고 여겨지는 것으로서의 이런 개념들과, 이하에서 논의될 것으로서 그 논제 자체(thesis itself) 간의 밀접한 연결을 보여준다.)

혹은 논제 A는 보다 약하게, 다음과 같은 것을 의미하는 것으로 생각될 수도 있다. 즉, 생겨난 한 사물 X는, 예컨대 X가 동물이라면 음식이 공급되는 것처럼, 다른 사물에 대한 그 의존성이 물리법칙의 의미에서만 필연적일 뿐, 따라서 형이상학적으로 우연적인 순수한 개별자로서 존재한다고 말이다. X가 이런 식으로 그 자신에 외적인 사물에 의존한다는 것은 사실일 수도 있을 것이다. 그러나 요점은 어떤 적절한 외적인 것이 용납된다는 것이고, 따라서 X의 의존성이 **형이상학적으로** 부수하는 어떠한 것도 없다는 것이다. 물론 X가 사물들의 집합이나 집합들 ― 즉, 식량 ― 에 의존한다고 주장될 수 있었다. 그러나 이것은 X를 개별화할 수 있는 존재자로 취급하는 기술적 적합성을 변경시키지 않는다. 한 개의 조약돌을 생각해 보라. 일단 그것의 인과적 내력이 ― 즉, 용암이 냉각되어 만들어졌다는 것 ― 무시되었다면, 어떤 의미에서 그것은 의존적인 개별자로서 이해될 수 있는가? 이런 식에서, 그 논제는 X가 그것의 질료인과 작용인에로 환원 불가능하다는 것을 주장하려는 것이며, 또 세계를 통과하는 자신의 경로를 가진 것으로, 또는 별도로 셀 수 있는 구성원을 가진 것으로, 사물들의 체계 내에서 X의 존재론적 정의 가능성을 주장하려는 것이다. 그 개념의 이런 두 번째 측면은 풍부한 것이다. 왜냐하면 그것은 그것의 다른 주제들이 ― 개별화(individuation), 동일성, 특수성 (particularity) ― 흔히 다루어지고 있는 이야기에서 하나의 역할을 담당하기 때문이다. 개별적 실체라는 관념이 정확히 여기에서 가장 바쁘게 사용된다. 두 측면 간의 연결은, 이런 의미에서 X의 독립성 주장이 다음의

철학적 논리학

것을 의미한다는 것에 있다는 것이다. 즉, X는 본질적으로나 내적으로 어떤 것에 관계되지 않는 것으로 이해되어야 하며, 따라서 그것은 부분으로 생각되어야 하거나, 또는 개별화되어 있어야 한다는 것이다. 따라서 그것은 참된 개별자이다.

논제 A에 대한 이런 두 이해가 어떻게 관계되는가의 문제는 논쟁거리이다. 우리는 다른 쪽 해석을 수반하지 않고서도, 각각에 대한 어떤 해석을 유지할 수 있다. 그 주요 이유는 한 존재론이 개별화할 수 있는, 지속하는 따라서 재확인할 수 있는 특수자들의 범위를 선택할 수 있기 때문이다. 이 특수자들의 지위는, 하여간 이런 사물들이 궁극적이라는 것을 부수적으로 주장하지 않고도, 그것들을 다루기 편리한 것으로 보이는 이론이나 관점과의 관계에 의해 전적으로 결정되는 것이다. 이것은 일상 경험의 존재론을 구성하는 중간 크기의 굳은 물건들에 대해서 성립한다. 어느 누구도 이제, 그것들에 따라서 우리 체계에서 기본적인 특수자들의 지위가, 그것들이 궁극적으로 **단순히** 존재하는 존재자들이라는 것을 의미한다고 주장하지 않을 것이라고 나는 생각한다.[32] 우선 이것은 물리학에 관한 새로운 체제의 도구주의를 의미할 것이다. 한 체계의 기본적인 특수자들이 인식론적으로 기본적이지만 존재적으로 기본적이지 않을 수도 있다고 한다면, 그리고 후자로부터 전자를 얻는 데 따르는 어려움들을 인식할 때, 어떤 철학자들 — 심지어 일부 현대 철학자들 — 은 후자의 장막이 불가해하다고 주장하며, 우리는 어떻게 사물들이 실제로 존재하는가에 관해 무지할 수밖에 없다고 주장한다.[33]

그러나 좀 더 낙관적인 형이상학자들이 언제나 있었다. 그들의 야심은 논제 A에 대한 첫 번째 이해의 의미에서 기본적인 것이거나 기본적이어야 하는 것을 확인하는 데 있으며, 그런 후 논제 A의 두 번째 이해에서 기본적인 것으로 보이는 것이 무엇이든 간에 그것이 어떻게 그것과 연결되는가를 ― 이것은 아마도 아주 깔끔하게 그것에로 환원시킴으로써 이루어질 것이다 ― 설명하는 데 있다. 예를 들어 어떤 사람들은 일상 심리학에서 지시하는 명사의 지칭체(denotata)가 전형적으로 혼란을 일으키는, 미래 완전한 과학에서 지시하는 명사에 대한 한낱 모조물로 생각한다.[34] 왜냐하면 미래의 완전한 과학에서 지시하는 명사는 현재의 설명이 목표로 하는 생리학적 차원보다 궁극적이고 더 깊은 어떤 것을 가려낼 것이기 때문이다. (경쟁하는 후보자들이 있다. 라이프니츠의 모나드가 한 역사적 예이다. 물리학이 형이상학이라고 납득했던 사람들만이 양자 장이나 초끈 ― 또는 그 다음 이론이 무엇이든 간에 ― 에서의 파동이 그런 종류의 존재론적 지위를 가진다고 생각할 것이다.)

논제 A가 지닌 심각한 난점은 '궁극적 존재'나 '자체적 존재'라는 개념을 이해할 수 있게 해주는 정확한 방법이 전혀 없는 것처럼 보인다는 데 있다. 이미 보았듯이, 그것은 궁극적인 사물들이 **무원인적**이라든지, **자기 원인적**이라든지, 또는 **필연적**이라든지, **원초적**이라든지, **맹목적인 사실**이라고 말하기 위해 도움이 되기보다는 오히려 애매하게 한다. 형이상학자들의 논증은 어떤 것이 있기 때문에, 궁극적인 어떤 것이 있어야 한다는 것이다. 이때의 '궁극적'의 의미는 방금 말한 표현에서는 모호한 내포를 지닌다. 그리고 그들은 이런 결론을 끌어낸다. 왜냐하면 그들은, 있는 것에 대해서 존재의 '근거'가 요구된다고 생각하기 때문인데, 이는 그 자체 아무 근거도 필요로 하지 않거나 그 자체가 근거이기 때문이다. (바로 이 목적을 위해서 인과성과 우연성의 개념을 사용하는 우주론적 논증의 양식들을 비교해 보라.)

또 다른 연관된, 문제의 증상은, 이런 개념군 ― **기본적, 자기 원인적, 궁극적** 등등 ― 에 내용을 주려는 노력이 곧 매우 다른 개념에, 즉 인식론적 독립성에 호소하는 길로 미끄러져 들어간다는 데 있다. 이 개념

철학적 논리학

을 곧 논의할 것이다. 이런 활주는 '설명적' 궁극성이라는 기존의 언급에 의해 보여지는데, 이것은 적어도 종종 순수한 존재적인 설명이 추구했던 것을 대체한다. 그러나 설명의 문제들은 진정한 문제의 논리적 공간을 표시하는 반면, 원장(ledger)의 형이상학적 측면은 뚜렷하게 빈 채로 남아 있다.

논제 A에 대한 두 번째 이해와 관련하여, 무엇인가가 한 세계(한 영역)를 위한 체계의 기본 교점들(nodes)로서 쓰여야 한다는 것은 진부한 것처럼 보이며, 또 나무랄 데 없는 것처럼 보인다. 거기에서는 지시가 이루어질 수 있으며, 또 그 영역의 역사-지리학적 지형선이 ─ 문자 그대로 직물(dry goods) 세계의 경우에 ─ 그려질 수 있다. 그러나 이런 세계의 경우에서 우리가 보는 바와 같이, 그런 존재론은 체계 설계자(schemer)들과 그들의 욕구에 의해 결정되며, 우리는 일상생활 속에서 때때로 오직 부분적으로만 통약 가능한 그런 여러 체계와 더불어, 그리고 그것들의 어휘들과 더불어 친숙하게 살아간다. 예를 들어, 중간 크기의 직물을 지각하는 체계, 생물학과 물리학이 제공하는 설명 체계, 대인 해석을 위한 일상 심리학적 체계, 그리고 사회적 설명을 위한 사회학적 체계 등과 같은 것들과 함께 말이다. 일부 체계나 모든 체계가 이런 체계 중 어느 하나로 환원되거나, 완전한 상태로 환원될 것이라고 말한다든지, 또는 존재론적으로 우선적인 어떤 것의 완전한 기술이 있어서 우리가 그것을 인식하는 법을 알았을 경우, 그 기술에 의해서 모든 것이 순조롭게 구조된다고 말하는 것은 대담한 논제이다. 물론 상식적 믿음은 우리가 직물 세계를 부과하기보다는 직물 세계가 그 자체를 우리에게 부과한다는 것이며, 또 우리의 체계는 그것이 독립적으로 존재하는 마디이기 때문에, 그 마디대로 그것을 자른다는 것이다. 그러나 우리는 다만, 우리의 인식적 필요로부터 우리가 끌어내려는 A-유형의 논제가 무엇이든 간에, 정확히 그런 것이 되지 않는 것이 낫다는 것을 인식하기 위해, "상식은 과학을 발생시키고, 과학은 상식이 거짓이라는 것을 보여준다."는 러셀의 말을 상기할 필요가 있다.

그런 말들은 곧바로 상대주의의 망령을 불러내기 쉽다. 형이상학적 실재론을 의문시했을 때에 대한 첫 번째 반응이 이런 망령의 소생임을 발견하는 것은 통례적이고 또 적절하기도 하다. 상대주의는 논란의 여지없이 나쁜 것이다. 이하에서는 그 이유를 보여주겠다. 그리고 보다 중요한 것으로서 실재론의 거부가 상대주의를 수반하지 않는다는 것도 보여주겠다. 이 점은 중요하다. 반실재론적 태도가 결국 상대주의와 같은 것에 이른다고 하는, 심지어는 일부 반실재론자도 그렇다고 믿고 있는, 널리 퍼져 있지만 잘못된 입장이 있다.

그러나 우리는 아직 '독립성' 문제를 처리하지 못하고 있으며, 따라서 실재론 논쟁에서 무엇이 진정으로 문제되는 것인가라는 문제도 처리하지 못하고 있다. 따라서 상대주의는 자기 차례를 기다려야 한다.

'독립성'의 두 번째 의미, 그리고 실재론 논쟁에서 내가 진정한 문제로 생각하는 두 번째 의미는 인식적 독립성이다. 어떤 이는, 어떤 영역에서의 존재자들이 어떤 사고, 말, 지식, 또는 그것들에 대한 경험과 독립적으로 존재한다고 그가 생각할 경우, 그 개념을 적용한다. 이것을 논제 B라고 부르자. 종종 B는 임의의 존재자들의 '정신-독립성'에 의해 표현된다. 실재론을 논의하는 자들이 실수로 실재론을 관념론과 비교할 때, 그들이 실재론의 주요 특징으로서 정신-독립성을 염두에 두고 있다는 것은 분명하다. 그러나 실재론을 기술하는 이런 방식은 좀 더 익숙하게 증거-초월적 참으로써 그 입장을 진술하는 것과 잘 일치한다.

B가 실재론 논쟁에서 실제로 문제되는 것이라는 주장을 이해하기 위해서, 또 동시에 문제를 제시하는 좀 더 친숙한 방식들을 고려해 문제

들을 설정하기 위해, 논의의 범위가 확장될 필요가 있다.

반실재론과 인식론

더밋의 입장에서, 실재론 논쟁은 언어, 참 및 논리학에 관한 논쟁이다. 그가 보기에 실재론 논쟁을 **일차적으로**, 존재하는 것에 관한 논쟁으로 생각하는 것은 잘못이다. 우리는 그 대신 실재론 논쟁을 다음과 같은 두 입장 간의 대립에 대한 판결로서 보아야 한다. 즉, 한 문장을 이해하는 것은 그것의 진리 조건을 — 여기서 참과 거짓은 우리가 말하거나 생각하는 것에 대한 인식적으로 무제약적인 속성들로서 이해된다 — 파악하는 것이라는 입장과, 한 문장을 이해하는 것은 그것의 주장 조건을 파악하는 것이라는 입장 사이의 대립에 대한 판결로서 말이다. 그래서 그는, 앞으로 우리가 보겠지만, 논제 A의 관심이 의미론적 문제인 것으로 밝혀짐으로써 (말하자면, 자동적으로) 결정된다고 생각함에도 불구하고, 논제 A가 논쟁점을 확인하고 진술하는 방식은 못된다고 보고 논제 A를 거부한다.

이런 식으로 문제에 접근하는 것이 논제 A가 그런 만큼이나 본질적인 것을 놓친다는 것을 증명하기 위해, 나는 실재론이 결정적으로 증거-초월적 참 개념을 바탕으로 세워진 의미 이론이라는 더밋의 논제를 본보기(foil)로 사용하겠다.

8장에서 보았듯이, 2치의 수용이 실재론의 특징이고, 2치의 거부는 반실재론의 특징이라는 더밋의 입장은 나중에 수정되었다. 그는 2치의 수용이 실재론을 위해 충분하지 않다고 주장하기에 이르렀다. 또한 요구되는 것은 그 안에서 임의의 집합의 진술의 진리치들이 결정되는, 특수하게 고전적으로 기초된 양식에서 시작하는 의미론적 이론(semantic theory)의 수용이다.[35] 그러나 2치의 거부는 반실재론의 특징으로 남는다.

이 변화는 왜 실재론과 2치 간의 연결을 재고할 필요가 있는지에 관한, 지금은 친숙한 점들인 것에서 유래한다. 그것들은 인식 초월적 참의 수용이 2치의 수용을 수반하지 않는다는 것, 따라서 다른 이유들로 해서 우리가 2치를 포기한다 해도, 인식 초월적 참 개념이 살아남을 수 있을 것이라는 점을 보여준다. 간단히 말해서 우리는 정확히 남김없이 두 개의 진리치만 있다고 생각하든 않든, 실재론자가 될 수 있다. 더밋이 초기에 실재론과 2치를 연결시켰던 동기는 그 역의 관계, 말하자면 2치가 인식 초월성을 수반한다는 명백한 사실 때문이었다. 이는 그것이 옳든 옳지 않든, 적어도 그럴듯한 것으로 보인다. 그러나 2치와 인식 초월성이 분리 가능하다는 것이 함축하는 바는, 진리치와 그것이 무엇인가를 결정하는 화자의 능력 사이의 관계에 대한 우리의 이론이 의미론적 원리에 대한 우리의 선택으로부터 자동적으로 따라 나오지 않는다는 것이다. 이것은 더밋이 보는 바와 같이, 그 관계의 성격에 관한 문제들을 일으킨다. 왜냐하면 그의 입장에서 의미론적 원리의 선택은 한 문장의 진리치와 그것을 확인하는 언어 사용자의 능력 간의 관계의 성격을 **결정하기** 때문이다.

더밋 자신의 설명에 의하면, 그의 입장의 창조성(inspiration)은 두 개의 매우 다른 논쟁 — 실재론자와 유명론자 사이의 논쟁, 그리고 실재론자와 관념론자 사이의 논쟁 — 이 어떤 형식을 공유하고 있다고 생각하게 된 것에 있었으며,[36] 나아가서 그 논쟁들이 다른 논쟁들, 이를테면 미래와 과거의 실재, 수학적 대상 그리고 가치와 관련한 다른 논쟁과 더불어 그런 형식을 공유한다고 가정하게 되었다는 점에 있다.[37] 그는 이런 각각의 논쟁에서 실재론자가 2치를 받아들인다는 점을 공통적인 특징으로 생각했다. 이것을 수용하는 것을 실재론의 특징으로 받아들이는 것은, 실재론을 어떤 존재자의 현존을 수용하는 논제로 취급하는 것보다 '더 바람직하다'고 더밋은 주장한다. 왜냐하면 어떤 부류의 실재론, 예컨대 미래나 윤리학에 관한 실재론은 선뜻 '존재자들의 영역에 관한 학설로서 분류될 수 없는 것처럼 보이기' 때문이다.[38] 이런 근거에서 더밋은 **"모든 경우에** 우리는 실재론적 입장이 임의 부류의 진술들에 대한 어떤 해석에 있는 것으로 간주할 수도 있다."고 결론짓는다.[39]

더밋은 이 해석을, 진술의 의미론적 값이 어떻게 그 진술의 부분들의 값과 배열에 의해 결정되는가를 설명하는 고전적 2차 의미론적 이론 면에서 기술한다. 그런 의미론에 기초한 어떤 의미 이론은 참에 관한 '객관주의적' 이론이다. 다시 말해 한 진술의 참과 어떤 사람이 그 진술을 참이라고 주장하게 됨 사이를 뚜렷하게 구분하게 되는 이론이다. 이것은 의미론적 이론의 타당성(plausibility)이 그것이 후원하는 의미 이론의 타당성을 평가함으로써 시험될 수 있다는 것을 뜻한다. 다시 더밋은 스스럼없이 — 다른 무엇보다도 획득과 표출 '요구' 논증의 후원을 받아 — 객관주의적인 진리 조건적 의미 이론이 성공하지 못할 것이라고 주장한다.[40]

이런 추론 과정에서 본질적인 것은 고전적인 객관주의적 참을 실재론의 핵심 요소로 확인하는 데 있다. 바로 여기에 실수가 있는 것처럼 내게는 보인다. 왜냐하면 여기서 활동하는 참 개념은 우선하는 한 쌍의 관련물, 즉 하나는 형이상학적인 것과 다른 하나는 인식론적인 것에 결정적으로 의존하기 때문이다. 더밋이 실재론으로 기술하는 것에서 일을 하는 것은 이런 것들이며, **특히** 후자, 인식론적인 것이다. 그리고 우리가 이것을 인정할 때, 우리는 더밋이 전혀 다른 것들을 '실재론들'에 혼합해 왔다는 것을 보게 된다. 따라서 그의 정의는 다른 논쟁들에서 성패가 달려 있는 것을 명료화하기보다는 오히려 모호하게 만든다.

더밋 자신은 어떤 부류의 진술에 대한 실재론적 개념이, 그것들의 진리치가 **지식 독립적** 사태에 의해 결정된다는 생각에 의존한다고 진술한다. 더밋은 "실재론이 수반한다고 보여질 수 있는 최소한의 것은 소정 부류의 진술이 **우리의 지식과 독립적으로** 존재하는 어떤 실재와 관계한다는 것이며, 그 실재는 다시 그 부류 내의 진술의 진리치를 **우리가 아는지와 독립적으로 또는 심지어 그 진리치를 발견할 수 있는지와 독립적으로** 그 부류의 진술을 결정적으로 참이거나 거짓이게 한다는 것이다."라고 말한다.(나의 강조)[41] 더밋에게 이것의 직접적인 이득은, 그런 관련성이 해당 진술들이 2치적이라는 것을 — 모호성의 문제는 제쳐놓고 — 보여준다는 데 있다. 왜냐하면 그 진술들은 어떤 인식 주관을 언급하지 않고도 문제를 결정짓는 독립적 실재에 의해 결정적으로 참이거나 거짓으로 가려지기 때문이다. 그리고 이것이 바로 그가 실재론을 의미론적 논제로 기술하는 이유이다. 그것은 "의미론적 논제이다. 왜냐하면 그것은 우리의 진술들이 참일 때 그것들을 참이게 해주는 것의 분류에 관한 학설이기 때문이다." 그러나 '것의 분류'(sort of thing)라는 표현에 대한 더밋의 해명은 의미심장하다. 그 논제는 어떤 것의 호의로 의미론적 논제라고 더밋은 말한다. "그렇게 볼 때 실재론의 근본 논제는 우리가 실제로 **우리의 지식과 독립적으로** 존재하는 외부 대상들을 지시하는 데 성공한다는 것이며, 또 우리가 외부 대상들에 관해 기술한 진술들은 그 구성에 있어 다시금 **우리의 지식과 독립적인** 객관적 실재에 의해 참이거나 거짓이게 된다는 것이다.(나의 강조)[42]

이런 묘사는 곧바로 작업 중인 참 개념이, 그것의 내용을 결정하는 논리적으로 앞선 형이상학적이고 인식론적인 — 특히 인식론적인 — 논제들에 의해서가 아니고는 달리 이해될 수 없다는 것을 보여준다. 양 논제는 단순히 진술된다. 첫째, 확정적인 성격의 실재가 있다. 둘째, 진리치들은 그 실재와 어떤 확정적인 관계 — 통상적인 후보자는 모종의 '대응'이다 — 에 놓여 있는 결과로서 진술들이 소유하는 속성들이다. 여기서 그 관계란 독립성 조건에 의해 요구되는 것으로서 외부적인 관계이다.

셋째, 실재와 실재에 관해 이야기되거나 이야기될 수 있었던 것의 진리치들은 모두 그 각자에 대한 어떤 지식과 독립적이다. 따라서 의미론적 이론(진리론과 지시론)은 우리의 지식과 독립적인 확정적 성격의 실재의 존재를 전제하며(형이상학적 논제), 그것에 관해 이야기될 수 있었던 것은 무엇이든 간에 그것에 — 그런 지식을 얻기 위한 우리의 수단이나 심지어는 우리의 능력과 독립적으로 — 참이나 거짓이라는 진리치를 부여한다.(인식론적 논제) (위에서 기술된 바 있는, '형이상학적 실재론'에 대한 퍼트남의 보다 강화된 묘사와 비교해보라.)

　인식론적 논제는 우리의 실재 개념이 실재에 관해 무엇인가를 아는 우리의 능력에 어떤 식으로도 제약받지 않는다는 것을 말한다. 보다 정확하게 말해서, 인식론적 논제는 지식 관계가 외적이고, 우연적이며 한정되어 있다고 말한다. 그것은 (a) 지식의 대상들이 그것들에 접근해 가는 우리의 능력을 초월할 수 있고 또 대부분 초월해 있으며, (b) 이런 존재자나 영역들의 존재나 성격에 관한 말의 의미도 우리의 인식 능력과 관계하는 문제들에 의해 좌우되지 않는다는 것을 말한다.(이것이 어떻게 플라트의 그림을 요약해 보여주는지를 주목하라.) 나중에 보게 되겠지만, 반실재론적 입장에서 실재론의 비정합성을 받쳐 주는 것은 (b)의 비정합성이다. 다른 무엇보다도, 그것은 실재론자들로 하여금 (a)가, **의식 행위**(또는 사고 등)로부터의 지식 대상의 독립성이 간단히 사고나 지식으로부터 지식 대상의 독립성을 수반한다는 점을 말하는 것으로 해석하게 해준다. 그런 수반은 없다. 이것은 다른 이야기를 위한 출발점인 것이다.[43]

　이 시점에서, 실재론의 반대자가 한 주장 — 인식적 제한들이 제거할 수 없을 만큼 관련되어 있다는 것 — 이, 그 조건들의 정확한 성격이 무엇인지 하는 문제를 떠나서, 평가될 수 있다. 우리가 말할 필요가 있는 것은, 어떤 담론 대상의 개념이 무엇이든 간에, 그것을 얻기 위해 담론자의 능력 내에 그것이 놓여 있어야 한다는 것을 그것들이 요구한다는 것뿐이다. 이것은 인식적 협동의 결과들이, 언어의 호의로 공유되고 분배될 수 있는 것이 무엇이든지 간에 그것을 이용하면서, 담론자의 재원에 포함된다는 것을 허용할 수 있다. 개인의 지각, 이성, 기억 능력에 본래적인 한계가 있는 것으로 — 이는 심지어 담론자 사회가 협동적으로 처리할 수 있는 것에까지 좁은 경계선을 부과하는 어쩔 수 없는 곤경이다 — 보면, 그 요구는 상당히 엄격한 것이다. 그것은 우리의 문제를 지식론에서 확인하는 것이다. 말하자면, 믿음의 내용은 그 믿음을 유지하기 위해 우리가 가지는 경험적 근거들을 종종 넘어선다는 것이 믿음에 대한 우리의 전략적 요구임을 고려할 때, 믿음-획득과 정당화를 이해하려는 문제인 것이다.

실재론자의 인식적 논제는 우리가 어떤 개념의 소유를 우리 자신에게 귀속시킬 수 있다고 주장한다. 그 귀속을 위한 근거를 제공하거나 심지어 근거를 소유하지 않고도 말이다. 이것을 우리가 그런 개념들을 적용하는 데 사용하는 표현들의 의미를 가지고 표현하는 것은 자연스러운 일이다. 특히, 한 개념의 내용을 설명하는 가장 손쉬운 — 종종 유일한 — 방법은 우리가 말하는 것을 검사하는 데 있기 때문이다. 그러나 그런 논제가 의존하고 있는 것은, 그 존재와 성격에 있어 우리의 지식과 독립적인 사태에 진리-부여가 있다는(따라서 이런 입장에서 의미-부여) 것을 앞서서 수용한 것에 있다. 이것이 바로 언어 이해는 인식적으로 제약되지 않는다고 실재론자가 주장하는 이유이다.

더밋의 설명에서, 2치의 수용과 진리치의 지식 독립성은 우리로 하여금 진술에 확정적 진리치를 부여하는 지식 독립적 실재가 있다고 주장할 수 있게 해준다. 이런 배열 — 더밋의 설명에서의 순서 — 에서, 참에 관한 논제와 고전 논리로 참을 지원하는 것은 결정적인 요소인 것으로 보인다. 그러나 이런 수용들 중에서 의존성의 논리적 순서는, 앞에서의 언급들이 시사하는 것처럼, 이 설명 순서의 역이다. 근본적인 수용은 **지식 독립적** 사태가 있다는 것이다. 왜냐하면 그것을 전제하기 위한 의미론적 논제의 자리에 이 전제가 있지 않고는, 그 논제는 공허하기 때문이다. 그럴 경우, 우리는 요구된 참 개념을 묘사할 아무 다른 방법도 가지지 못한다.

만일 우리가, 2치의 수용과 진리치의 지식 독립성이 우리로 하여금 지식 독립적 실재의 존재를 수용하게 한다는 더밋의 공식을 고수한다면, 실제로 우리는 그로 인해 그 수용이 수반하는 것을 확인할 수 있었을 것이다. 그러나 그 역의 수반은 없다. 어떤 사람이 문제의 형이상학적 학설과 인식론적 학설을 주장하는 것은, 그리고 인식 초월적 진리관도 주장하는 것은 자연스러울 수도 있지만, 필수적인 것은 아니다. 그러나 어떤 사람이 그러한 같은 형이상학적 학설과 인식론적 학설을 주장하면서, 다른 진리관을 가지는 길이 열려져 있다. 한 예로서, 참은 그렇게 생각된 실재에 의해 우리가 주장하는 것에 부여된 한 속성이라는 것을 부정하는 것이다. 또 다른 예는 2치를 부정하는 것이다. 어떤 이는 이 후자를 따를 수도 있다. 비록 그가 참은 인식 독립적이며 또 그것이 지식 독립적인 실재에 의해 부여되기 때문에 그렇다는 것을 받아들였다 할지라도 말이다.[44] 동시에 실재론이라는 철학적 학설이 실재의 본성에 관한 우리의 일상적 신념에서 보존하고자 하는 것은 정확히, 자연스럽지만 불가피하지는 않게, 문제의 진리관을 낳는 형이상학적이고 인식론적인 논제들에 의해 전달되는 것이라는 점은 분명하다. 이것을 고려하면, 형이상학과 특별히 물질의 인식론이 근본적이라는 입장에 반대하기는 어렵다.

그렇지 않다고 생각하기 위해 어떤 사람이 가지는 한 가지 이유는, 어떤 적절한 참 개념이 약정적인 특징들에 의존해야 한다는 생각에서 유래한다. 특히, 6장에서 개관된 '대응'의 두 주요 의미 중의 하나에서 대응 원리가, 대응하는 상관물의 성격에 관한 수용을 촉발하면서, 우리의 참 설명에서 규제적으로 작용한다고 주장될 수도 있을 것이다. 그러나 6장이 보여주는 것처럼, 대응 이론들은 난점들로 에워 쌓여 있다. 따라서 규제적 참 개념을 위한 우리의 요구에 답하기 위해, 적절하게 표현된 상관물들 사이에 대응이 있다는 것을 ― 세부적으로 그것이 무엇인가 하는 문제는 미해결로 남겨 둔 채 ― 그냥 참의 최소 특징으로 규정해야 한다고 제안한 바 있었다.

따라서 참인 믿음을 참이 아닌 믿음으로부터 구별하는 방법을 위한 우리의 요구에 정확히 쓰이기 위해서, 참을 설명하는데 독립성 조항을 ― 즉, '사실들'이 존재한다고 주장하는 조항, 그리고 사실들에 대한 **우리의 탐구와 독립적으로** 그것들이 가지는 성격을 가진다고 주장하는 조항 ― 요구될 수도 있을 것이다. 이것이 실천적으로 상당히 문제가 된다는 점을 고려할 때, 바로 그 객관주의적 구분은 강제되며, 그리고는 흥분해서 한 발언이 참이 되지 않는 것이 어째서 그런지에 관해 더 이상 세밀한 조사를 요청하지 않는다. 우리는 그것이 거짓이기 때문에 또는 어떤 다른 이유가 있기 때문에(말하자면 그것이 무의미하기 때문인지, 또는 제 3의 진리치를 가지거나 또는 전혀 진리치를 위한 후보자가 아니기 때문인지), 참이 되지 않는지를 계속 묻게 된다. 허위(falsehood)가 참이기를 실패하는 면들을 다 규명한다는 견해는, 틀림없이 일상적인 언어 사용의 역사에서 일어났던 자연스러운 입장이며, 일상 용법이 불가침적이라고 믿는 자들에게는 교훈을 가져다 줄 수도 있는 사실이다.

그러나 참의 성격에 관한 약정들을 촉발하는 요구는 정확히 인식적 요구이다. (모든 실천적 요구들은 인식적인 요구이다. 그 역은 참이 아닐지라도 말이다.) 전략적인 수용으로 보여질 때, 대응 원리는 사태의 지식과 사태에 참을 부여함이 독립적이라고 하는, 결합된 그러나 또 다른 전략적 수용을 수반한다. 왜냐하면 이 객관주의적 태도만이 실천의 요구가 요청하는 것을 — 즉, '참'과 '참이 아님'이라는 망라한 분류 — 유지하기 때문이다. 물론 실천의 고려는 믿음과 발언들이 참이 되지 않는 방식들을 구분 짓는 길로 이끈다. 그러나 처음부터 참의 성격에 관한 우리의 견해는 우리의 형이상학적이고 인식론적인 관심이라는 통제력에 의해, 말하자면 존재자들의 지식 독립적 영역이 있다는 것을 우리가 수용하게 되는 관심들에 의해 결정된다. 이런 관심들의 힘은, 반사실적 조건문이 위배하고 있는 직관들을 그 관심들이 촉발한다는 사실에 의해 입증된다. 반사실적 조건문들은 '그 무엇 덕분에(in virtue of which)' 참이거나 거짓을 결정할 수 있을 것이 전혀 없다는 근거에서 ("만일 신이 이러이러한 존재를 창조했었다면, 그것은 이러이러하게 행동했었을 것이다."와 같은 것이 대표적인 예이다.), 확정적 진리치를 가질 수 없는 것으로 보일 뿐만 아니라, 심지어 참이거나 참이 아님도 될 수 없는 문장인 것이다. 여기서 '그 덕분에' 객관적 진리치가 할당될 수 있는 어떤 것이 없다는 것은 해당 사례를 위한 진리치라는 개념을 유지할, **선행적으로** 수용될 것이 전혀 없다는 것을 암시한다.

이런 생각들은 더밋의 설명에 상당한 갈등이 있다는 것을 의미한다. 실재론을 존재론(인식론은 말할 것도 없고)이라기보다는 참에 관한 논제로 묘사하기 위한 더밋의 이유는, 이미 보았듯이, "어떤 종류의 실재론, 예컨대 미래나 도덕에 관한 실재론은 존재자들의 영역에 관한 학설로 쉽사리 분류될 수 없는 것처럼 보인다."는 데 있다.[45] 하지만 그는 곧바로 어떤 주제에 관한 실재론을 명확하게 존재론적이고 인식론적인 용어로 정의해 나간다. "실재론이 수반한다고 여겨질 수 있는 최소한의 것은 소정 부류의 진술들이 **우리의 지식과 독립적으로** 존재하는 어떤 실재와 관계한다는 것이다."(나의 강조)[46] 이 말은 비정합적이다. 따라서 이런 입장 중 어느 하나는 포기되어야 한다. 어떤 것을 포기해야 할지는 말하기 어렵지 않다. 만일 실재론에 대한 더밋의 보증이 되는 참 개념이 그 내용상 지식 독립적 실재를 앞서 수용하는 것에 의존한다면, 그리고 이미 인용했듯이, "실재론의 근본 논제는 --- 우리의 지식과 독립적으로 존재하는 외부 대상을 지시하는 데 우리가 실제로 성공한다는 것이라면," 존재자들에 의해 쉽사리 분류될 수 없는 그런 '실재론들' — 예를 들어 수학적 '실재론'과 도덕적 '실재론' — 에 관해 우리가 말해야 하는 것은 그저, 그리고 더밋 자신의 추론에 근거해서, 그것들은 실재론이 아니라는 결론이 따라 나올 것이다. 그것들에 관한 논쟁은 다른 종류의 논쟁이다. 그리고 그런 실재론들이 어떤 참 개념이 그것들에 적용될 수 있는가 라는 물음을 일으키는 한, 그 개념은 지식 독립적 존재자들에 관한 문제를 포함할 수 없다. 따라서 이런 논쟁에서 문제되고 있는 참 개념이 객관주의적인지는 더 이상 분명하지 않은 것이다. 그러므로 의미 이론이 참 개념을 중심으로 삼는 의미론(semantics)에 의존한다는 것을 우리가 볼 때, 문제의 형이상학적이고 인식론적인 것에 대한 수용이 이미 이루어졌던 것이다.

그런데 한 가지 중요한 점은 '실재론'이 무엇을 지칭하든지 간에, 그것은 적어도 존재자들의 영역에 관한 논제를 지칭한다는 점이다. 이것은 결과론적인 통찰이기는 하지만 거의 놀라운 것이 못 된다. 보편자와 외부 세계에 관한 전통 논쟁에서조차도 이것은 매우 공통적인 특징이다. 그러나 방금 보았듯이, 윤리학과 수학 그리고 다른 시간에 대한 이야기 — 특별히 미래 — 가 존재자들의 영역에 관한 것이 아니라면, 그것들에 적용될 수 있는 참 개념과 지식에 관한 논쟁은 실재론-반실재론 논쟁들이 아니라는 결론이 나온다. 이런 입장에서, 윤리학에서는 인지주의자와 인지주의자에 반대하는 자들 사이에서 논쟁이 벌어지고, 수학에서는 수학 진술의 참을 만들어 주는 것에 대한 다른 이해를 가진 사람들 사이에 논쟁이 벌어진다는 것을 우리가 인정함에도 불구하고, 우리는 또한 그 어떤 논쟁에서도 존재자들의 현존(여기서 각 후보자는 '도덕적 속성'과 '구조'가 될 수 있을 것이다.)에 관한 이야기를 할 아무 의무가 없다는 것도 정당하지 않는다는 것도 인정한다. 더밋 자신이 말하는 바와 같이 그것은 적극적으로 오해의 소지를 일으킨다. 왜냐하면 만일 인지주의적인 논제와 플라톤주의적인 논제가 제각각 어떤 도덕적 속성이나 수학적 구조의 존재에 관한 주장에 의존한다면, 그것들의 의미가 비은유적인(unmetaphorical) 내용만을 가지는 한 경우(시공적 세계의 경우)로부터 도입된다는 것을 고려할 경우, 곧바로 어떻게 우리가 그런 주장의 은유적인 성격을 줄일 수 있을지에 관한 문제가 일어날 것이기 때문이다.[47] 이 문제에 대한 답의 부재가 바로 더밋이 참 문제로 주의를 바꾸게 된 이유이다. 그러나 이미 보았듯이, 그렇게 하는 것은 하나의 이름 아래 너무 많은 것을 가져오는 것이다. 해결은 이런 모든 논쟁을 몽땅 실재론 논쟁으로 분류하기 위한 다른 — 참의 면에서 고려된 — 이유를 찾는 것이 아니라, 대신에 그것들이 전혀 다른 종류의 논쟁이라는 것을 인정하는 것이다. 따라서 우리는 실재론에 관한 이야기를, 그 논쟁이 존재자나 존재자 영역의 지식 독립적 현존에 관한 비은유적인 주장들에 관계하는 경우 — 말하자면 시공의 경우 — 에 제한하고, 다른 색다른 영역에서 일어나는 다른 논쟁을 위해서는 좀 더 정확한 명칭을 사용하는 것이 좋을 것이다.

그러나 실재론의 성격에 관해 지적해 두어야 할 가장 중요한 점이 있다. 그것은 실재론을 결정적으로 차별해 주는 것이, 존재론적 수용이 이루어지는 영역이나 존재자들이 그것들에 대한 지식과 독립적으로 존재한다는 인식론적 논제라는 사실이다. 이러한 인식론적 독립성 주장 없는 존재적 수용(existential commitment)은 실재론이 아니라는 것을 주목하는 것은 필수적이다. 왜냐하면 만일 X의 현존이 X를 감지하는 데 관련되는 것을 **통해** 이해될 수 있을 뿐이라면, X가 비실재적이라는 것은 어느 누구의 입장도 아니기 때문이다. 아주 명백히 반실재론적 형이상학은 현존하는 존재자들에 관한 형이상학이다. 그런 입장을 실재론적 입장과 구별해 주는 것은, 실재론자와는 달리 반실재론자가 형이상학적 주장에 근거를 주는 후원 인식론 없이는 그 형이상학적 주장을 전혀 이해할 수 없다는 것에 있다. 다시 말해서, 만일 무언가가 존재한다고 주장된다면, 그것은 어떤 것이 그 주장을 타당하게 하거나 후원하거나 의미 있게 해 주는 것으로 생각되기 때문이라는 것이다. 간단히 말해서 그 어떤 것은, 파악했을 경우 그 주장의 의미를 구성하는 데 일부 역할을 하는 것으로, 그 주장을 위한 증거라고 생각된다. 이런 식으로 반실재론자는 존재하는 사물과 그것에 적절하게 인식적으로 접근하는 것 간의 관계를 내적인 관계로 간주한다. 그러나 반실재론에 대한 조야한 묘사로부터 따라 나온다고 가정되는 것처럼, 이로부터는 존재하는 사물들이 그것들에 대한 인식에 '의존적'(아마도 심지어는 인과적으로 의존적)이라는 것은 따라 나오지 않는다. 이것은 물질적 실체의 현존에 대한 버클리의 부정이 너무 자주 외부 세계의 현존의 부정으로 해석되고 있는, 버클리의 오해로부터 나온 유물이다.[48] 이런 관점에서 보았을 때, 실재론자와 반실재론자 사이에서 문제가 되는 것은, 존재하는 것이 **그것에 대한 사고, 말, 지식이나 경험과 독립적으로** 존재하거나 존재할 수 있다는 인식론적 논제이다. 자기의 경우를 이해시키기 위해서 실재론자는 이 주장이 이해 가능하다는 것을 보여주어야 한다. 반실재론의 주요 요점은 이 주장이 이해 불가능하다는 것이다.[49] 8장에서 논의되었던 의미론적 실재론에 반대하는 논증들은, 필요한 부분만 약간 수정하여(mutatis mutandis) 그러나 직접 유비를 사용해서 실재론자의 인식론적 논제에 반대하는 논증들에 준용된다.

실재론 논쟁이 일차적으로 인식론적인 논쟁이라는 것을 앎으로써

철학적 논리학

우리는 도움을 받는가? 긍정적인 답변을 내리면서, 우리는 일상 담론이 의문의 여지 없이 성격상 실재론적이라는 것을 강조함으로써 시작해야 한다. 우리는 우리가 가리키는 존재자들이 그것들을 우리가 인식하는 것과 독립적으로 존재한다고 가정한다. 또 우리는 사태에 관한 우리의 주장을 참이거나 거짓이게 만들어주는 사태에 관해서도 같은 것을 가정한다. 일상 사고와 언어의 수준, '1차(first order)' 수준에서 우리의 실재론은 사실상 오히려 마구잡이로 되어 있다. 우리는, 소설 이야기의 경우와 유익하게 비교되는 것으로, 우리가 말할 때 그 말에 해당하는 어떤 것이 있다고 문자 그대로 해석한다. 이런 생각을 현금화하는 여러 가지 방법이 제안되는데, 그중 하나는 다음과 같은 것이다. 즉, 만일 우리가 화자들에게, 그들 담론 영역을 구성하는 존재자들의 현존에 관한 믿음을, 그 믿음과 독립적으로 귀속시키지 못했거나 귀속시킬 수 없었다면, 그것은 우리의 일차적인 언어 관행(practice)에 대한 설명을 비정합적인 것으로 만들어 버릴 것이라는 점이다.

해결의 실마리는 이런 실재론적 **수용들**이 수용들이라는 것이며, 그것들이 일차적인 관행에 근본적이라는 사실에 놓여 있다. 이제 우리는 — 체계화시키기 위해서 — 일차 수준에서 가정된 실재론과, 앞으로 내가 '초월주의(transcendentism)'라고 이름 붙일 것으로, 실재론이 문자 그대로 참이라는 두 번째 논제 사이를 구별할 것이다. 이 명칭은 실재론적 참 개념의 지식 초월적 성격을 반영하기 위해 고른 것이다. 문제를 이런 식으로 표현하고 나면, 반초월주의는, 실재론적 입장 자체에서 볼 때, 실재론이 참이거나 거짓임을 입증할 것이 전혀 있을 수 없는 이상, 실재론이 문자 그대로 참이라는 주장은 잘못이라는 논제이다. 왜냐하면 실재론적 주장의 내용은 그것들에 대한 검증 가능성에서 벗어나 있기 때문이다. 오히려 반초월주의자는, 실재론이 1차적 수준에서 우리의 언어 관행에 대한 근본적인 가정이라고 말한다. 그러므로 그것은 참이 아니라 참이라고 가정된다. 따라서 이런 입장들 간의 논쟁은 우리 관행의 올바른 이해에 관한, 그리고 그것의 논리적이고 형이상학적인 전제에 관한 2차 수준의 논쟁이다. 2차 수준의 논평은, 1차 수준의 관행이 잘못이라는 것을 그 논평이 보여주는 곳에서는 어디든지, 그 관행을 수정할 필요가 있다는 것을 보여줄 수도 있을 것이다. 이와 같은 2차 수준의 논제는 예컨대 윤리학에 관한 맥키의 입장의 경우에서처럼, 1차 수준의 관행에 관한 오류 이론이 된다.[50] 그러나 그것은 사례들에 달려 있다. 왜냐하면 1차 수준의 관행에 대한 2차 수준의 해석은 전자를 그냥 그대로 남겨두는 것도 가능하기 때문이다.

얼핏 보기에, 초월주의적 입장과 반초월주의적 입장 간의 차이는 희미할 만큼 작은 것으로 보인다. 그러나 참과 지식에 대한 우리의 이해를 포함하면서, 일련의 논쟁에 대해서 가지는 결과는 크다. 초월주의적 입장에서, 화자들과 그들이 말하는 것 사이의 관계는 외적인 것이다. 따라서 적어도 참을 지식 독립적 상황에 의해 우리의 발언에 부여된 속성으로 취급하는 것이 자연스러우며, 결국 우리의 지식 개념은, 세계에 관한 어떤 것을 우리가 아는 것이 그 세계에 대해 어떤 결과를 가지든 간에, 그것들은 우연적인 결과일 뿐임을 주장하는 것으로 취급하는 것이 자연스럽다. 특히, 세계에 관한 것들을 알아 가는 것은 발견의 과정이며, 우리 고유의 인식적 한계의 엄격한 제약 하에 놓여 있는 과정이다. (크리스핀 라이트의 말을 사용해서, 실재론이 '얌전(modest)'하다는 것은 이런 의미에서이다.) 종합해 볼 때, 참와 지식에 관한 이런 논제들은, 진리치와 진리치를 할당하기 위한 근거 사이에 뚜렷한 구분이 있다는 것을 수용할 것을 수반한다. 이 인식론적인 수용은, 때때로 더밋에 의해 프레게의 입장에 근본적인 것으로서, 그리고 — 아주 올바르게 여기서 논증이 주장하는 것처럼 — 초월주의의 핵심인 것으로 확인된다. 반초월주의자에게, 그 구분은 인식적 전략의 문제로서 1차적 수준에서만 우리를 위해서 존재한다.

그러므로 어느 쪽이든, 2차 수준에서 문제의 핵심은, 1차 수준에서의 형이상학적 수용이 초월주의가 주장하는 것처럼 문자 그대로 참이라고 간주될 수 있는지, 아니면 반초월주의가 주장하는 것처럼, 경험을 풍부하게 조직화하기 위한 틀로서 우리가 참이라고 보는 우리 담론의 가정들이 되면서, 최소한의 전략적 성격으로서 간주될 수 있는지 하는 문제와 관계한다. 그것은 일차적으로 우리 사고를 이해하는 데 있어서의 인식적 제약의 역할에 관한 논쟁이지, 우리 언어 관행이 어떤 논리적 원리들을 포함해야 하는지에 관한 논쟁이 아니며, 사물들에 대한 우리의 1차 수준의 사물 체계에서 존재한다고 여겨지는 것(또는 사물들을 설명하고 가능한 최대로 조작하는 과학)에 관한 논쟁도 아니다. 이런 의미에서 그 논쟁은 모든 것을 있는 그대로 내버려 둔다. 그러므로 반초월주의가 옳다면, 논리학, 언어 관행이나 세속적인 형이상학에 대한 어떠한 수정도 요구되지 않을 것이다. 이것은 더밋, 테난트 및 그 밖의 사람들이 지지한 바 있는, 반실재론에 대한 **수정주의적** 해석과 뚜렷하게 비교된다.[51]

실재론-반실재론 논쟁에서(또는 그것의 2차적 성격이 제창되는 것으로서 초월주의-반초월주의 논쟁에서) 현안이 되는 것을 정확하게 확인하는 일에서 떠나기 전에, 다음의 것을 주목해 볼 필요가 있다.

현재의 정설(orthodoxy)은 논쟁을 일차적으로 의미에 관한 것으로 정의한다는 점이 앞에서 언급되었다. 그러나 만일 위의 이야기가 옳다면, 그 논쟁은 일차적으로 인식론에 관한 것으로서 더 잘 이해되며, 또 더군다나 존재자의 현존에 관한 물음이 이미 결정되거나 가정된 곳에서만 적용되는 것으로서 더 잘 이해된다는 사실에도 불구하고, 의미론적 문제들이 무관하다는 제안은 없을 것 같다. 전혀 그렇지 않다. 이것은 어느 쪽으로든 간에 인식적 제약의 역할에 관한 결정이, 어떤 종류의 의미 이론을 우리가 가질 수 있는가에 관한 우리의 입장에 직접적인 결과를 미치기 때문이다. 그리고 결국 그것은 참, 지시 및 타당한 추론의 성격에 대한 이해를 어디에서 찾을 것인지를 우리에게 말하기 때문이다.

더밋은 이런 접근 방법에 대해 분명하게 반대를 표명한다. "하향식 (top down) 방법의 공격은 형이상학적 문제를 먼저 해결한 후, 그 해결로부터 논의되는 문장에 대한 올바른 의미 모델과 적절한 참 개념을 끌어내려는 것이며, 따라서 그 문장들을 지배하는 것으로서 우리가 받아들여야 할 논리를 연역하려는 것이다."[52] 이런 접근 방법의 약점은 우리가 형이상학적 논쟁을 해결할 아무 방법도 가지지 못한다는 것이라고 더밋은 말한다. 왜냐하면 수 세기에 걸친 논쟁에도 불구하고, 우리는 그것에 분명한 내용을 줄 수 없기 때문이다. 우리는 거기에서 제시되고 있는 명사들의 은유적 성격을 줄일 수 없다. 그러므로 우리는, "처음부터 형이상학적 문제들을 무시하면서", 논쟁되는 진술에 대한 올바른 의미 모델의 문제에서 출발하는, 상향식(bottom-up) 방법으로 진행해야 한다고 더밋은 말한다.[53] 올바른 의미 모델이 고안되었을 때, 그럼으로써 형이상학적 문제가 해결될 것이다. 왜냐하면 형이상학은 특수한 의미 모델과 동행하는 '실재의 그림'인 것에 지나지 않기 때문이다.[54]

이에 대한 답변은 우선, 형이상학적 문제들은 그것들이 윤리학, 수학, 미래 또는 이와 유사한 주제와 연관해서 일어난다고 우리가 생각할 경우에만, 은유적이거나 그림 같은 용어들로 진술될 수 있다고 말하는 것이다. 그런 경우들에는 아무 실질적 내용도 부여될 수 없을 것이라는데 더밋과 동의하고 싶을 것이다. 사실 어떤 경우에는 그렇기도 하다. 왜냐하면 바로 이것은 논제 A와 연관해서 언급된 난점이기 때문이다. 그러나 위에서 주장했던 것처럼, 이것은 또한 바로 정확히 이런 경우에서의 논쟁들이 실재론 논쟁이 아니라고 말하기 위한 이유이기도 하다. 그것들은 초월주의적인 수용의 면에서, 즉 **존재자들의 지식 독립적 현존**에 대한 수용의 면에서 평가할 후보자들이 아니다. 이것이 비은유적으로 이해되는 유일한 주제는 시공간 사례이다.

그러나 하여간 하향식 전략은 형이상학적 문제와 함께, 심지어는 비은유적인 문제와 함께 출발하지 않는다. 그것은 인식론적인 문제, 말하자면 인식적 제한들이 형이상학적 주장의 이해 가능성에, 그리고 실제로 담론 일반에 필요한지 하는 문제와 함께 출발한다. 일단 그 쟁점이 해결되면, **바로 그 사실에 의해** 의미 모델을 위한 다른 기초가 아닌, 그 한 기초가 선택되었을 것이다. 더밋이 실재론의 원천으로 확인한 참 개념에 대한 그 자신의 묘사에는 너무 많은 것이 내포되어 있다. 여기서 요점은 인식론적 문제들에 그 개념이 의존하고 있음을 강조하는 것이며, 따라서 이하에서는 강조의 재분배를 권고하는 것이다.

반실재론에 관한 논쟁에서 보통 두 가지 잘못이 저질러지고 있다. 반실재론은 관념론이거나 관념론을 함의하는 것으로 여겨진다. 또는 반실재론은 상대주의이거나 상대주의를 함의한다고 여겨진다. 이하의 절은 그 어느 쪽도 성립하지 않는다는 것을 보여준다.[55]

반실재론과 관념론

반실재론은 관념론이 아니다. 전자는 인식론적 논제이고, 후자는 형이상학적 논제이다. 서로 간에는 아무런 수반도 없다.

관념론은 실재의 본성에 관한 형이상학적 논제(그런 논제들의 가족)이다. 관념론은 우주가 정신적이라고 말한다. 그것의 주요 역사적 대립물은 우주가 물질적이라는 논제인 유물론이다. (물질로 되어 있다 — 이 입장은 우주가 물리학에 의해 기술될 수 있는 것으로 구성되어 있다는 주장인 물리주의와 혼동되어서는 안 된다. 물리학으로 기술될 수 있는 것은 물질과 거의 동일하지 않을 뿐만 아니라, 물질과 같은 것은 없다는 것도 수반할 수도 있기 때문이다.)

반실재론은 형이상학적 논제가 아니라 인식론적 논제이다. 그것은 사고와 그 대상 사이의 관계, 지각과 그것의 표적 사이의 관계, 경험과 그것이 미치는 영역 사이의 관계(이것들은 서로 관련이 있기는 해도 다른 관계이다.)가 외적이거나 우연적인 관계라는 것을 부정한다. 실재론적인 형태의 관념론도 있으며 (예컨대 스프리게를 보라.)[56], 원리상 유물론이나 — 심지어는 좀 더 그럴듯하게 — 물리주의에 대한 반실재론적 형태가 없어야 하리라는 아무 이유도 없다. (코펜하겐 해석 하에서의 양자 이론이 그런 것이다.)

사고와 그것의 대상들(등) 사이의 관계가 내적이라는 주장은, 사고의 대상들이 그 현존을 위해서 사고(또는 좀 더 일반적으로 경험이나 지각력)에 **인과적으로 의존한다**는 주장과 거리가 멀다. 어떤 형태의 관념론은(예컨대, 버클리의 관념론) 문제를 이런 식으로 표현한다. 그리고 틀림없이 이것이 바로 일부 사람들이 관념론을 반실재론과 혼동하는 이유이다. 차라리 반실재론은 — 좀 더 이야기되기 전까지는; 이에 관해서는 많은 변종이 있을 수 있다 — 기껏해야 각 관계항(relatum)에 대한 어떠한 완전한 기술도 다른 한쪽의 언급을 도외시할 수 없다는 주장이다. 그것이 반실재론의 본질이다.

이것이 무엇을 의미하는가를 분명히 해 두는 것이 중요하다. 실재론은 각 관계항에 대한 그 어떤 기술도 본질적으로 다른 한쪽에 대한 지시를 수반하지 않는다는 의미에서, 사고와 그것의 대상 사이의 관계가 우연적이거나 외적이라는 견해이다. 이것이 실재론의 구성 요소인 독립성 논제가 되는 것이다. 8장과 이번 장 앞부분의 많은 부분은, 이런 수용이 비정합적이라는 것을 보여주기 위한 이유를 제시한다. 이것을 보여주는 보다 직접적인 방식은 관계들이라는 어휘에 의해 제공된다. 잠깐만 생각해 봐도, 문제의 주장 — 사고와 그것의 대상 사이의 관계가 외적이라는 주장 — 은, 적어도 대상에서 사고 쪽으로(object-to-thought)라는 방향에서는, 잘못이라는 것이 보여진다. 왜냐하면 사물들에 관한 사고 내용에 관한 설명은, 특히 사물들에 관한 사고들의 개별화는 본질적으로 사고되는 사물들에 관한 지시를 수반하기 때문이다. — 이것은 넓은 내용 개념(notion of broad notion)을 위해 이야기될 수 있는 가장 최소한의 효과이다. 따라서 실재론은 우리에게 특이하게 혼성적인 관계를 제공한다. 사고에서 사물에 이르는 방향에서는 외적이고, 사물에서 사고에 이르는 방향에서는 내적이다. 사물에 관한 사고(지각, 이론들)가 항상 그리고 불가피하게 사고되는 사물에 관한 충실한 설명으로 나타난다는 것을, 그러므로 그 설명을 좌우한다는 것을 보여주는 것은, 반실재론자에게는 쉬운 일이다. 생각되지 않는 사물을 우리가 생각할 수 없다는 것을 보여주려 했던 버클리의 서투른 이야기인 '나무 논증'은 바로 그 기본적인 점을 지적하려는 데 있다.[57] 그런 입장에 대한 가장 좋은 진술은 양자 이론에 대한 코펜하겐 해석에 의해 제공된다. 코펜하겐 해석에 의하면, 양자 현상에 관한 기술들은 **본질적으로** 관찰자와 관찰 조건들에 대한 언급을 수반하는 것으로 생각된다. 그런 견해는 현상이 그것에 대한 관찰에 의해 일어난다고 주장하지 않는다. 반실재론도 더 이상 이것을 주장하지 않는다. 그러나 조금만 생각해 보면, 만일 이 주장 — 사고와 사물 사이의 관계가 내적이라는 — 이 옳다면, 이것은 우리가 참, 객관성, 양상 및 지식에 관해 다시 생각할 필요가 있을 것이라는 점을 보여준다.[58]

사람들은 종종 실재론과 관념론 사이에서 보이는 대립을, 마치 그 명칭들이 같은 영토를 가지고 싸우는 경쟁자들을 표시하는 것처럼 바라본다. 앞의 논평들이 보여주는 바와 같이, 이것은 잘못이며 또 심각한 잘못이다. 놀랍게도 이 잘못은 흔하다.

반실재론과 상대주의

반실재론적 입장을 두고 일부 비판자와 일부 지지자들은 그것이 상대주의를 함의하는 것으로 생각한다. 만일 우리의 세계 개념이, 어떻게 우리가 그런 개념을 형성하는가에 의해 본질적으로 좌우된다면, 다른 사람들이 (개념적 공동체, 아마도 개인들까지도) 다른 개념들에, 심지어는 공약 불가능한 그런 개념들에 도달하지 못할 이유는 없을 것이다. 다시 이 점은 다음과 같이 표현될 수도 있을 것이다. 즉, 반실재론이 사고와 독립적으로 존재하는, 등위의 공통 실재에 대한 부정에 있다면, 따라서 실재에 관해 성공적으로 생각하는 데 얼마나 많은 다른 방식이 있을 수 있는가라고 하는 조건들을 부과하는 데 있다면, 많은 다른 그런 사유 방식이 있을 수 있었을 것이라는 것이다.

그러나 상대주의는 지적으로 불건전한 관점이다. 상대주의는 회의주의의 극단적 형태 — 아마도 경쟁을 하기는 하더라도 판결을 내릴 수 없는 다양한 진리, 다양한 지식이 있다는 — 이며, 우리는 그것이 가치 논쟁에서 일으키는 난점들을 잘 알고 있다. (어떤 이는 이런 것들을 마음에 들어 한다.) 여기서 나는 상대주의의 죄과를 장황하게 열거하지는 않겠지만 그것이 하여간 거짓이라는 점을 보여줄 것이다. 그럼으로써 상대주의와 여기서 이해된 것으로서의 반실재론 사이에 어떠한 수반도 있지 않다는 점을 증명하겠다.

상대주의에서 한편으로는 도덕적 상대주의 또는 문화적 상대주의와, 다른 한편으로는 인식적 상대주의 간의 구분이 있다. 전자는 종교적, 사회적, 도덕적 가치 및 관습과 관련하여, 다시 말해서 한 문화의 개념 체계의[59] '초구조(superstructure)'라 일컬어질 듯한 것과 관련하여, 문화들 간의 차이나 같은 문화의 다른 역사적 단계 간의 차이에 관계한다. 인식적 상대주의는 세계에 관한 기본 믿음의 차원인 '역내 구조(infrastructure)'에 관계한다. 이를테면 시공을 점유하고, 인과적으로 상호 작용하고 여러 가지 속성을 가지는, 지각 독립적이고 재확인할 수 있고 또 개별적으로 구별할 수 있는 대상이나 사건들이 있는지 하는 것 등에 관계한다.

언뜻 보기에 문화적 상대주의는 철학적 난점이 거의 없는 것을 표현한다. 왜냐하면 다른 문화나 우리 자신의 문화의 다른 역사적 단계가 어떤 면에서 우리 자신의 것과 다르다는 것을 우리가 인식할 수 있다는 것은, 우리 측에서 다른 문화에 접근할 수 있는 능력을, 그리고 차이를 차이로서 인식하는 능력을 전제하기 때문이다. 이것은 우리의 문화와 다른 문화 사이에 접근을 허용해 줄 충분히 공통적인 것이 있어야 한다는 것을 의미한다. 이런 점들은 개념 체계를 언어나 상호 번역 가능한 언어들의 집합으로 생각하고, 문화들(체계들) 간의 접근이 번역에 의해 이루어지는 것으로 보는 데이비슨식의 묘사를 받아들이면, 가장 잘 이해가 된다.[60]

그러나 상대주의의 지지자들이 부정하는 것이 바로 이 점이다. 그들은 접근 가능성이라는 현상이 오해의 소지가 있는 것이라고 반대한다. 이질적인 체계로 들어가는 것이기는커녕, 우리는 그저 그것을 우리 자신의 체계로 재해석했던 것뿐이다. 그리고 이것은 우리가 기대할 수 있는 최선의 것이다. 완전히 확정적인 차원의 번역이란 불가능하기 때문이다. 번역의 실패로써 상대주의자들은, 그 어떤 언어도 다른 언어로 표현될 수 없다는 경험적으로 거짓인 논제를 의미하는 것이 아니라, (콰인의 용어를 빌리면) 동의성 관계가 문장의 자극 의미의 수준을 넘어서 결정될 수 없다는 철학적 논제를 의미한다. 여기서 자극 의미란 문장들에 대한 원주민 화자의 동의 및 부인의 패턴을 말한다. 그러므로 비록 우리가 외국어 명사를 올바른 동의-부인 패턴으로 사용하게 된다 할지라도, 우리는 그 명사에 대한 여러 대안적인 번역 중 어느 것이 그것의 의미를 남김없이 포착하는지를 확신할 수 없다. 그것의 자극 조건들은 그것에 놓이게 될 정확한 구조를 불충분하게 결정(underdetermine)하기 때문이다. 따라서 우리는 불확정성을 줄일 수단을 갖지 못한 채, '가바가이'는 '토끼'나 '토끼 성질의 일시적 단면(temporal slices of rabbithood)' 등을 의미할 수도 있을 것이다.[61]

콰인의 번역 불확정성 원리를 받쳐 주는 것은, 그리고 의미 변화에 관한 포이에르아벤트의 입장[62]과 같은 그것의 변종들을 받쳐 주는 것은, 관찰의 이론 의존성(theory-ladenness)에 관한 문제이다. 만일 모든 담론이 이론적이라면, 한 체계의 지지자가 **중립적으로** 이질적인 체계를 비교할 수 있는 아르키메데스적인 지점은 없을 것이다. 만일 번역의 문제가 해결될 수 없는 것으로 드러난다면, 상대주의는 참이라는 결론이 나올 것이다. 그리고 언어의 차이는 존재론의 차이를 표시한다는 콰인의 입장은 입증될 것이다. 따라서 이론 의존성의 문제와 번역에 대해서 그것이 가지는 결과를 탐구해 볼 필요가 있다.

이론 의존성 논제는 이론 명사와 관찰 명사 사이에 아무런 차이도 존재하지 않는다는 주장이다. 경험에 대한 이론 중립적 기술이 있을 수 있는지에 관한 실증주의 논쟁의 결과는, 관찰 개념 자체가 이론적이기 때문에 그런 것은 있을 수 없다는 것이었다.[63] 따라서 서로 다른 이론 언어를 비교하기 위해 번역될 수 있는 중립적인 관찰 언어가 있을 수 있는지에 관한 문제도 해결할 방법이 없을 뿐만 아니라, (예컨대, 물리적 대상에 관한) 이론 진술들의 집합이 (예컨대 감각 자료에 관한) 관찰 진술들로 환원될 수 있는지에 관한 문제도 해결할 방법이 없다. 왜냐하면 그런 번역의 보증에 필요한 구분은, 번역이 수행될 수 있는 동의성에 대한 형식적 기준이 있을 수 있다는 점을 이용하고 있기 때문이다. 그리고 콰인은 이것을 부정한다. 그는 그런 동의성의 형식적 기준은 있을 수 없다고 주장한다. 왜냐하면 그런 기준은 해당 명사가 세계 속의 어떤 사물에 적용될 것인지에 대한 우리의 지식을 참조해서만 구성될 수 있을 것이고, 따라서 세계에 관한 우리의 이론과 독립적일 수 없기 때문이다.[64] 따라서 동의성 관계 자체가 이론에 오염되어 있을 것이기 때문에, 환원에서 그 관계에 호소하는 것은 환원적 작업을 손상시킨다.

따라서 관찰/이론 명사 구분이 있을 수 없다는 주장은 동의성의 거부에 달려 있다. 그런데 이 동의성의 부정에 기초해서 어떤 자연 언어 L1의 한 표현의 의미가 다른 자연 언어 L2에서 진술될 수 있다는 것도 부정된다. 그러므로 언어 = 개념 체계이기 때문에, 번역의 실패는 극단적 상대주의에 이른다. 포이에르아벤트는 다음과 같이 주장함으로써 이 입장을 더 밀고 나간다. 즉 단일한 체계 내에서 사용되는 모든 개념은 이론적이기 때문에, 이론 내에서의 변화는 개념적 변화를 일으키고, 따라서 의미에 있어서의 변화를 일으킨다는 것이다. 예컨대 포이에르아벤트의 입장에서, 좀 더 훌륭한 온도 측정 방법의 고안은 '온도'의 의미에 대한 변화를 일으킨다.

이제 이런 상대주의적 문제들은 의미 이론에서의 반실재론에 대한 자연적 결과인 것처럼 보일 것이다. 포이에르아벤트의 온도계가 적절한 사례를 제공한다. 만일 한 명사의 의미가 그것의 주장 조건에 의해 결정된다면, 분명히 후자에 있어서의 변화는 — 온도에 대한 세밀한 눈금 측정과 함께 하는 것으로서 — 의미의 변화를 일으킬 것이다. 좀 더 일반적으로 말해서, 콰인의 논증이 제안하는 것처럼, 만일 우리가 우리 자신의 언어와는 다른 언어의 표현들을 주장하기 위한 조건들을 결코 확정적으로 파악할 수 없다면 — 따라서 그런 표현들의 의미를 불확정적으로만 파악할 수 있을 뿐이라면 — 상대주의는 참이 될 것이고, 각 언어는 그 고유의 개념 체계가 될 것이다. 이런 논증들은 또한 도덕적 또는 문화적 상대주의가 철학적으로 문제가 없다는 입장에도 반대한다. 만일 상대주의 논증이 옳다면, 우리는 다른 문화들이나 우리 문화사의 다른 단계에 진짜로 전혀 다가가지 못할 것이다.

우리는 다음과 같이 물어봄으로써 이런 입장들을 논박해 갈 수 있을 것이다. 우리가 어떤 다른 언어나 개념 체계로 가는 것이 봉쇄되어 있음에도 불구하고, 우리가 그것을 그와 같이 인식할 수 있었다는 생각을 무엇이 설명할 것인가? 이질적인 언어를 **하나의 언어**로서 인식하기 위해서 우리는 어떤 식으로 그것에 접근해야 할 것이다. 이는 한 언어가 우리에게 그와 같이 인식될 수 없는 한, 우리에게 그 어떤 것도 언어로서 생각될 수 없었을 것이고, 우리 자신과 다른 언어의 화자들 사이에 관점이나 의견에 있어서 무슨 차이가 있든지 간에, 그렇게 인식되기 위해서 그 차이들은 충분한 상호 이해 가능성을 일으키는 가정들과 공유된 믿음을 배경으로 해서 생겨나야 했을 것이라는 생각에서 이다. 만일 이 생각이 옳다면, 이것은 상대주의가 잘못이라는 것을 암시할 것이고, 실제로 상대주의가 잘못임을 보여주는 논증의 재료를 제공할 것이다. 왜냐하면 그것은 언어다움(languagehood)의 기준이 우리 자신의 언어에로의 번역 가능성이라는 데이비슨의 주장에 의존하기 때문이다. 더구나 (그러나 이것은 데이비슨을 넘어선다.) 문제의 번역 가능성은 불확정적인 것보다 더 나은 것이어야 한다. 상대주의에 반대하는 논증은 다음과 같이 전개된다.

대략적으로 말해서, 하나의 언어는 하나의 개념 체계(conceptual scheme)이다. 만일 우리가 한 언어를 그런 것으로 인식해야 한다면, 우리는 화자의 자기 언어 사용 뒤에 숨어 있는 일련의 믿음들, 특히 경험적 믿음들이 있다는 것을 인식할 수 있어야 할 것이다. 하나의 체계를, 우리의 경험이

미치는 세계, 또는 다른 표현을 원한다면 그 경험 그 자체를 '체계화('
organize)하는 것으로서 생각하는 것이 유익하다.[65] 만일 한 체계가 세계나
경험을 체계화한다면, 문제의 존재론은 다원주의적이 될 것이다.[66] 따라
서 언어는 우리의 것들이 하는 것과 같은 개별화 장치(그러므로 개별자들의
개념들)와 술어 장치(그러므로 술어들의 개념들)을 포함해야 한다. 왜냐하면
그렇지 않을 경우, 우리 자신의 언어와 다른 언어 간 술어의 공외연성 실
패를 알아채는 것은 불가능할 것이기 때문이다. 따라서 적어도 언어다움
의 기준의 일부는, 만일 어떤 것이 언어라면 그것은 그와 같은 것으로 인
식될 수 있는 개별화와 술어화 장치를 포함할 것이라는 것이다. 실제로
다른 언어의 번역 가능성은 이것에 의존할 것이다. 왜냐하면 콰인의 모
델을 좇아서, (가장 단순한 경우를 잡자면) 동의와 부인이 관계하는 것이, 여
기 또는 저기에 어떤 x가 있다거나 x는 어떤 F이거나 F가 아니라는 주장
이라는 점을 우리가 인식하지 못했던 한, 동의와 부인의 패턴을 인식하
는 것조차 가능하지 않기 때문이다. 가장 단순한 경우에서 의사소통이
이와 같은 사태들을 가리킴, 동의함, 또는 부정함에 의존한다는 생각 위
에 세워진 담론 모델의 기저에는, x가 나머지 지각적 장과 구별될 수 있
으며, 그것에 관한 무언가가 이야기될 수 있다는 ─ 즉 어떤 속성이 그것
에 귀속될 수 있다는 ─ 생각이 있다. 분명히 전체적으로 해석되지 않은
담론은, 우리가 앞에서 개별화 주장 및 술어화 주장이라고 불렀을 것으
로서의 어떤 일련의 소리나 기호를 인식하지 못한 덕분에 그렇게 되었을
것이다. 왜냐하면 ─ 언급된 이유로 ─ 이런 면에서 우리의 실패는 동의
나 부정으로 생각되는 것을 우리가 얻지 못하는 것이기 때문이다.

　여기에서 그런 입장을 받아들이는 것이, 편의상 콰인-데이비슨 노선
이라고 일컬을 만한 것을 넘어서 얼마나 진전을 이룬 것인지를 주목하는
것이 중요하다. 콰인은 어떤 일련의 문장에 대해서, 즉 언어의 거미줄 주

변부에 있는 '관찰 문장'에 대해서, 의미가 '순수한 직시(pure ostension)'에 의해 파악될 수 있다는 점을 인정한다. 양 명사(mass term)가 좋은 예이다. '물'은 훈련(conditioning)이나 귀납에 의해 직시적으로 학습될 수 있다. 이와는 달리 '토끼'와 같이 외연이 확연히 구분된 명사(term of devided reference)는 그것들을 결정하는 개별화 원리를 숙달하지 않고는 숙달될 수 없다. 그것은 직시에 의해 숙달될 수 없다. 그러므로 불확정성이 등장한다. 왜냐하면 '가바가이'와 관련해서, 한 가바가이는 멈추고 다른 가바가이는 출발하는 곳을 우리가 구별할 수 없다면 — 예컨대 '가바가이'가 토끼인지, 토끼의 떨어져 있지 않은 부분인지, 토끼의 활동 범위(rabbit stage)인지를 구별할 수 없다면 — 우리가 파악한 '가바가이'의 의미가 아무리 많더라도 그것을 설명하기 위해 지시에 호소하는 것은 아무 소용이 없을 것이고, 결과적으로 우리는 불확정적인 '자극 의미'로 만족해야 할 것이기 때문이다.[67] 콰인의 입장에서는, 오로지 이것만이 우리로 하여금 우리의 번역 교본을 출발시킬 수 있게 하는 것이다. (콰인에게 진정한 지시는 속박 변항들만이 하는 어떤 것이다. 왜냐하면 지시 불투명의 문제를 회피하기 위해서, 즉 지시가 성공적이라는 것을 보증하기 위해서, 그것은 규범적으로 엄격히 통제된 언어(canonically regimented language)에서의 속박 변항과, 그런 변항이 선택된 담론 영역에서 취하는 값 사이의 연결에 한정되어 있어야 하기 때문이다.)[68] 그러나 이것은 성공하지 못할 것이다. 왜냐하면 '가바가이'에 대한 자극 조건들이 우리에게 말해 주는 것은, 현재의 자극이 토끼를 포함할 때 '가바가이'가 주장 가능하다는 것뿐이고, 또 토끼가 눈앞에 있어서 '가바가이'라는 말이 나올 때, 원주민 화자들이 결코 부인하지 않는다는 것 뿐이기 때문이다. 그러나 이것은 '가바가이'의 주장 가능성 조건에 대해 너무 적게 아는 것이기 때문에, 그 명사에 대한 번역을 허용해 주지 않는다. 왜냐하면 여러 다른 폭넓은 상황이 보여주는 것처럼, '가바가이'가 '흰 고기를 내주는 생물'과

철학적 논리학

같은 것을 의미할지도 모르고, 따라서 닭에도 적용될 수도 있기 때문이다. 또한 번역자가 자기 언어의 용법에서 그 명사와 비교되는 것에 집중하는 방법을 가지고 있지 않는 한, 다시 말해서 어떤 것이 '가바가이가 **아니라**'는 것이 무엇인가를 판별하는 방법을 가지고 있지 않는 한, 그는 그 명사를 표현할 수 없었을 것이다. 화자 자신 언어의 문장들에 관해서 화자가 알고 있는 여러 복잡한 상황 중에는, 그 문장들을 사용할 때 수반되는 어떤 함축들이 있다. 특히 한 문장, 예를 들어, "이것은 붉다."와 같은 문장을 해석한다는 것은, "이것은 액체이다."나 "이것은 맛이 좋다."라기보다는 "이것은 (어떤 다른 색깔이다)"와 같은 효과를 가지는, 어떤 폐쇄된 선택 영역을 함의하고 있음을 아는 것을 수반한다.[69] 번역자가 '가바가이'에 부인을 표명한 경우, 열려 있는 것에 대해서 아무것도 알고 있지 못하는 한, 그 표현은 불분명할 것이다. 아직 그런 부정의 효과를 아는 것은 가바가이에 대한 개별화 원리를 아는 것일 것이다. 그 이유는 간단하다. 부정을 한 후 남겨져 있는 것을 아는 가운데, 번역자는 **바로 그 사실에 의해** 한 가바가이가 멈췄던 곳을, 그리고 어떤 것(가바가이 아닌 것)이 출발했던 곳을 — 따라서 같은 이유로 한 가바가이가 멈췄고 다른 가바가이가 출발했던 곳을 — 알기 때문이다. 따라서 어떤 해석을 해 나가기 위해 번역자가 알아야 하는 것은 관련된 명사의 지시체이다. 그리고 여기서 지시체 개념은 전혀 불가사의한 것이 아니다. 한 명사의 지시체는 바로 그 명사의 사용(만일 그것이 단칭 명사라면)을 통해 추출되거나 개별화되는 대상이거나, 그 명사(만일 그것이 일반 명사라면)가 묶는 대상들이다.

만일 지시체들이 번역을 가능하게 하기 위해 언어 전반에 걸쳐 명료해야 한다는 것이 허락된다면, 적어도 많은 단순 술어의 외연은 또는 하여간 언어들 간에서처럼 단순 술어들의 외연의 교점은 결정 가능하다는 결론이 나올 것이다. 왜냐하면 지시 가해성(referential scrutability)은 L2의 화자가 L1의 술어를 올바르게 적용(그리고 보류)할 수 있게끔, 한 술어를 만족시키는 대상들의 목록을 직접적으로 매거하는 것을 허용하기 때문이다. 그리하여 L1과 L2로부터 뽑아낸 한 쌍의 표현들에 대해서, 역내 언어 동의성(infralanguage synonymy)을 우리가 선이론적으로 파악하는 것처럼, 그 쌍의 의미론적 특징이 있을 것이라는 결론이 나온다. "La plume est rouge."와 "이 펜은 붉다."를 생각해보라. 분명히 그런 관계가 다른 언어의 문장들 사이에서 획득된다면, 그것은 자극 동의성에 대한 콰인의 입장에서 허용될 수 있는 것보다 더 풍부하면서도 확정적인 방식으로 획득될 것이다. 또 그래야만 되는 것이다. 왜냐하면 언어 전체에 걸친 지시체의 명료성과 술어-외연에 대한 접근 가능성은 함께 이런 종류의 일치(matching)를 일으킬 것으로 예상될 것이기 때문이다.

이것은, 현재의 목적에서 볼 때, 소정 부류의 완전한 문장, 즉 지각적 판단을 표현하는 문장들의 차원에서 유효한, 언어들 내의 그리고 언어 전체에 걸친 문장 동의성에 관한 문제이다. "두 독단"에서 콰인이 분석-종합 구분과 환원주의를 모두 공격했던 것은, 그것들이 밀접하게 연관되어 있고 상호 지지해 주고 있다는 근거에서였다는 점을 떠올려 보자.[70] 분석-종합 구분과 환원주의는, 사실적인 문제와 의미론적 문제를 구별하는 가능성에 의존하고 있고, 또 임의의 각 진술의 진리-조건들과 그것들의 관계를 고찰하고 있다. 이것이 가능했었다면, 환원은 실현 가능한 과업이 되었을 것이다. 왜냐하면 우리는 진리-조건들에 의해 참(또는 거짓)이 되는 문장의 순수한 의미론적 특징들과 독립적으로 진리 조건들의 사실적 요소들을 보여줄 수 있었을 것이고, 또 분석적 진술들을 그 진리치가 의미론적 문제에만 전적으로 의존하는, 변질된 진술인 것으로 설명할 수 있었을 것이기 때문이다. 콰인의 공격은 이 '구별 가능성 논제(extricability thesis)'를 근본으로 하는 실증주의적 검증주의에 대한 공격이었다.[71] 실증주의자들의 입장에서, 진술 동의성은, 한 진술의 의미가 그것의 검증 방법이기 때문에, 동일하게 경험적인 확증이나 비확증 조건을 가진 두 진술이 동의적이라는 사실에 있다. 이것은 일련의 개별적인 감각적 사건이 경우에 따라, 해당 진술을 검증 또는 반증하는 개별 진술들로 확인될 수 있어야 할 것을 요구한다. 이것이 실증주의 입장의 환원주의를 이루는 것이고, 또 콰인이 이의를 제기할 수 있다고 생각하는 것이다. 콰인의 전체론(holism) 또는 '유기적(organic)' 검증주의는 징확히 이런 '분자적(molecular)' 검증주의[72]와 대립된다.

그러나 전체론으로부터 따라 나온다고 콰인이 생각하는 것이, 특히 관찰 진술 차원에서의 불확정성과 관련해서, 따라 나오는지는 분명하지 않다. 콰인의 입장에서, 관찰 문장의 자극 의미는 임의의 자극으로 촉발된 동의와 부인의 순서쌍으로 해석되는 것으로서, 위에서 본 식으로 L1으로부터 L2에로 그런 문장을 번역하는 것을 불충분하게 결정(underdetermine)해 주기 때문이다. 그러나 부인에 의해 열려 있는 선택지의 범위는 — 다시금 위에서 언급했듯이 — 확정적이어야 한다는 이유 때문에, 이런 정도의 불확정성이 어떤 번역을 방해할 것이다. 그러므로 콰인의 자극 의미 개념은 그 상태로서는 성공하지 못할 것이고, 부인의 효과가 번역자에게 이용될 수 있어야 한다는 추가적 요구가, 정확히 확정성을 위한 요구가 된다.

이로부터 두 가지 결과가 나온다. 첫째, 그것은 L2에서 불확정적인 문장이, 더밋이 기술했던 식으로 L1에서 불확정성을 반영할 것이라는 것을 수반한다.[73] 즉, L1의 문장이 L2에서 그에 상당하는 표현들을 가진다면, L1의 화자들 자신이 L1의 문장에 경합하는 해석을 부여하기 때문일 것이고, 또 문장의 이런 애매성이나 불충분 결정성과 같은 특징이 L2에서 반영될 것이기 때문이다. 둘째, 그것은 L1의 명료한 문장들에 대한 주장 가능성 조건들이 다음과 같은 식으로 L2의 화자 — 만일 그가 그것을 번역할 수 있다면 — 에게 알려질 것이라는 점을 수반한다. 즉 적어도 L1의 어떤 문장들에 대해서, L2의 화자는 그 문장이 L2에서의 그것의 번역으로 확인되기 위한 주장 가능성 조건들을 인식할 수 있고, 따라서 그것의 L2 번역과 진술 동의성(statement-synonymy) 관계에 있다.[74]

이 진술 동의성 개념은, 만일 번역자가 번역을 하려면, 그는 지시 및 술어 외연의 확정성을 이용할 수 있어야 한다는 사실에 의거한다. 따라서 L1의 명사 a가 L2의 명사 b가 지시하는 것 전부를 그리고 그것만을 지시하고, 또 술어 F가 L2에서 G로 지명되는 특별한 속성을 도입한다는 것을 번역자가 안다면, L1의 문장 Fa는 L2의 문장 Gb와 동의적일 것이다. 개괄적으로 말해서, 한 문장을 이해하는 것(한 문장을 사용하는 법을 아는 것)은 다음의 세 가지 사항을 모두 아는 것을 수반한다는 점을 염두에 두어야 한다. 즉 (a) 어떤 명사들이 지각적 환경의 어떤 특징들과 상호 관계하는지를 아는 것 (b) 그런 특징들을 인식하는 법을 아는 것 (c) 어떤 점에서 (a)나 (b)와 관련하여, 주로 (b)와 관련하여 일이 잘못될 수 있는지를 아는 것이다. 이런 점들을 적어도 암묵적으로라도 아는 것은 문장을 이해하는 것이다. 말하자면 언어 전체에 걸쳐(across the languages) 주장하기 위해서 (a) 내의 특별한 정보, 예컨대 'plume'은 '펜'과 공지시적이고, 'voiture'는 '자동차'와 공지시적이다 등과 같은 정보를 알고 있어야 할 것처럼 보인다. 그러나 문제는 이보다 더 다루기 어렵다. 왜냐하면 (a)를 아는 것은 **바로 그 사실에 의해** (a)-(c) 모두를 아는 것이기 때문이다. 한 명사의 숙달을 보여주는 것은 이 세 조건 모두의 숙달을 전제한다. L1의 문장에 대한 이해는 L2 문장의 이해와 같은 것을 수반하기 때문에, 지각적 환경에서 어떤 특징들에 적용되는 명사들에 관한 추가적인 정보를 아는 것(또는 더 많은 명사들을 아는 것)은, 그것의 사용이 보증받기 위해서

철학적 논리학

사태가 어떠해야 하는가를 아는 것이다. 이것은 부정과 연결된 선택지-폐쇄(option-closure)의 요구를 강화한다. 왜냐하면 한 표현을 부인함으로써 어떤 대안이 열려져 있는가를 우리가 알지 못한다면, 그 표현의 뜻을 파악하지 못한다는 것은 이 조건들의 당연한 결과일 것이기 때문이다. 그런 경우에 우리가 아는 것이란 그 명사의 사용이 부적절하다는 것뿐이지, 왜 또는 어떻게 부적절한가 하는 것이 아니기 때문이다. 그리고 이것은 숙달의 조건들을 위배한다.

그러나 이것은, 일련의 고유한 감각적 증거들이, 비록 그 문장의 사용을 확실히 보증하는 각 경우에서 사용될 수 있다고 할지라도, 그것이 주장될 수 있기 위해서 그 문장의 확증이나 비확증을 위해 이용될 수 있어야 한다는 것을 말하는 것이 아니다. 화자가 알아야 할 것은 어떤 상황이 그 문장의 사용을 보증하는지 하는 것이다. 한 문장을 이해하기 위한 조건들은, 모든 이해된 문장에 대해서 화자가 실제로 그 사용에 있어 보증되는 상황이 있어야 할 것을 요구하지 않는다.

여기서 난점이 일어나는 것처럼 보인다. 가장 분명하게 선택지-폐쇄와 관련하여, 한 문장의 이해는 다른 문장의 이해를 수반하거나, 또는 좀 더 일반적으로 적어도 한 언어의 일부에 대한 이해를 수반한다는 결론이 나온다. 이것은 번역자가 문제의 L1의 문장이 무엇이든 간에 그것을 이해할 수 있기 전에, L1의 다른 문장을 안다는 것을 그에게 요구하는 것처럼 보일 것이다. 그러나 그렇지 않다. 그가 번역자인 한, 그는 L2를 안다. 그리고 문제의 L1 문장은 해당 주제에 대해 L2에서 말해질 수 있는 것의 맥락 속에 놓일 수 있다. 이것은 한 언어가 언어로 인정될 수 있기 위해 그 언어는 접근될 수 있는 것이어야 한다는, 즉 친숙한 언어로 번역될 수 있어야 한다는 의미를 표현하는 대안적인 방법을 제공한다.

이상의 논증들은 상대주의가 거짓이라는 점을 보여준다. 만일 언어들 = 체계들(languages = schemes)이라면, 또 어떤 언어가 언어로서 인정될수 있기 위해 우리 자신의 언어로 번역될 수 있다면, 단 하나의 개념 체계만이 있을 뿐이기 때문이다. 이렇게 해서 데이비슨의 논증이 종결되었다. 이제 이것을 받아들이는 것은 적어도 어떤 부류의 표현에 대해서 번역이 확정적이어야 한다는 주장으로 나아가는 것이다. 이는 또한 대안적인 체계들이라는 개념이, 문화적으로 축소할 수 있는 의미에서가 아니라면, 비정합적이라는 주장을 강화한다.

이런 논증들 그 어느 것도 사고와 그 대상 사이에서 어떤 관계들(또는 그와 비슷한 다른 관계들)이 있는지 하는 문제에 대해 말하지 않으며, 특히, 그런 관계들에 대한 실재론적 입장만이 상대주의의 거부와 무모순적이라는 주장을 수반하지 않는다. 그 이유만으로도, 반실재론과 상대주의 사이에는 어느 쪽 방향이든 아무런 수반도 없다. 그러나 한 가지 좀 더 강하게 지적할 것이 있다. 만일 논의 중의 두 '---주의(ism)' 중 어느 하나가 더 자연스럽게 상대주의와 일치한다면, 그것은 실재론인 것으로 판명될 것이다. 왜냐하면 실재론은 우리가 알지 못하는, 그리고 아마도 알 (또는 생각하는 등등) 수없는 사물들이 **있을 수 있다**는 생각을 조장하기 때문이다. 따라서 그것들이 무엇과 같은 것인가를 우리가 이해하는 가능성에서 봉쇄된, 그런 체계들이나 모종의 경험이 있을 수도 있다는 생각은, 전혀 실재론적 견해와 모순되지 않는다. 그것의 의미론적 외양에서 볼 때, 반실재론은 그런 가능성들이 의미 있다는 생각에 대한 거부인 것이다.

미주

1 H. Putnam, 'A Defence of Internal Realism', APA Address 1982, in J. Conant (ed.), *Realism With a Human Face*, p. 30.

2 H. Putnam, *Representation and Reality*, p. 107.

3 Putnam, 'Model Theory and Factuality of Semantics' in *Words and Life*, ed. J. Conant.

4 Putnam, *Renewing Philosophy*, p. 2.

5 Putnam, 'Simon Blackburn on Internal Realism', in P. Clark and B. Hale (eds), *Reading Putnam*, p. 253.

6 Putnam, *Reason, Truth and History*, pp. 5-6.

7 Ibid., pp. 7-8.

8 Ibid., pp. 16-17.

9 Ibid., p. 51.

10 Ibid., p. 52.

11 Putnam, 'Reply to David Anderson', *Philosophical Topics*, 20(1992) n. 27, p. 404.

12 Cf. e.g. M. Sacks, The World We Found; C. Wright, 'On Putnam's Proof That We Are Not Brains in a vat', in Clark and Hale (eds), *Reading Putnam*.

13 Sacks, *The World We Found*, pp. 66-75.

14 같은 점이 라이트의 'On Putnam's Proof' pp. 238-240에서 지적되고 있다.

15 Putnam, 'Beyond Historicism' in *Realism and Reason*, p. 295; 또한 그의 'Model Theory and the Factuality of Semantics' *Words and Life*, ed. J. Conant, Harvard 1994를 보라.

16 Putnam, 'Replies' in Clark and Hale (eds), *Reading Putnam*, p. 242.

17 Ibid., p. 243.

18 Ibid., p. 244.

19 Putnam, *Words and Life*, in J. Conant (ed.), p. 492.

20 Ibid., p. 78.

21 Ibid., p. 307.

22 Rorty, R., 'Putnam on Truth', *Philosophy and Phenomenological Research* 52 (1992), p. 416.

23 Putnam, *Words and Life*, pp. 300-302.

24 Ibid., p. 309.

25 Cf. Conants remarks, Ibid., p. xxvi.

26 퍼트남은 '실재론 문제'에서 비트겐슈타인의 『철학적 탐구』 97을 인용하고 있다. *Words and Life*, op. cit.; 그리고 Conant Ibid., p. xxvii를 보라.

27 R. Rorty, *Philosophy and the Mirror of Nature*, 1980.

28 McDowell, 'Truth-Values,Bivalence,andVerificationism' in Evans and McDowell, (eds), *Truth and Meaning*, p. 48.

29 Dummett, *TOE*, p. xi. 여기서 도처에 기묘한 아이러니가 있다는 것을 보는 것은 흥미 있다. 그것은 논리 실증주의의 결과로서, '형이상학'이라는 용어가 한때 경멸적이었다는 것이다. 만일 우리가 맥도웰의 고찰을 두 가능한 구성 중 더 강한 것에 놓는다면, 형이상학적 주장을 수축시키기 위한 무기로서 그 지지자들에 의해 사용되었던 검증주의는, 그 비난 자체에 대한 표적이 되었을 것이다. 현대의 반실재론은 그 선조와는 다르지만, 연속성도 있다.

30 Platts, *Ways of Meaning*, pp. 237-238.

31 Ibid., p. 238.

32 Cf. P. F. Strawson, *Individuals*, Part I.

33 Cf. McGinn, 'Can We Solve the Mind-Body Problem?', *Mind*, 98(1989) 그리고, Nagel, *The View from Nowhere*가 그 예들이다.

34 Cf. P. Churchland, *Matter and Consciousness*.

35 M. A. E. Dummett, 'Realism', *Synthese*, 52 (1982), pp. 56-57 (이하에서 이 책을 *RS*로 표기하겠다.); *The Logical Basis of Metaphysics* (이하에서는 LBM), pp. 9-10, 325-326.

36 Dummett, 'Realism', *Truth and Other Enigmas*, p. 45. 이하에서 이 책을 *RT*로 표기하겠다.

37 Ibid., 그리고 *RS*, p. 55, *LBM* 1장 도처.

38 *RS*, p. 55.

39 Ibid., 나의 강조.

40 Dummett, 'What is a Theory of Meaning(II)?' in Evans and McDowell (eds), *Truth and Meaning*. 또한 예를 들어 C. Wright, *Realism, Meaning and Truth*, p. 13 이하를 보라.

41 *RS*, p. 55, 나의 강조.

42 Ibid., p. 104, 나의 강조. 또한 *LBM*, pp. 9, 345를 보라.

43 곧 출간될 A. C. Grayling의 *The Question of Realism* 도처를, 특히 2장을 보라.

44 J. McDowell, 'Truth-Values, Bivalence and Verification' in Evans and McDowell (eds), *Truth and Meaning*, 그리고 C. Wright, 'Realism, Truth-Value Links, Other Minds and Past', *Ratio* xxii (1980), p. 112 도처를 보라.

45 *RS*, p. 55.

46 Ibid., 나의 강조.

47 차이의 시작은 명료한 것처럼 여겨지는 방식으로 그것들을 혼합하려는 일반 보통 사람 (the man on the Clapham omnibus)의 반응에 있을 것이다; "책상들이 존재한다."와 "수들이 존재한다." 대신에 "책상들과 수들이 존재한다."

48 A. C. Grayling의 *Berkeley*, 도처를 보라.

49 콜린 맥귄이 이런 책무를 인식하고 그것에 — 영웅적으로 그러나 성공하지 못한 채 — 대처하려 했다는 것은 그의 공로이다. 그 한 시도로서, McGinn의 *The Subjective View*, 그리고 다른 시도로서는, 전자에 대한 포기가 전제되었던 'Can We Solve The Mind-Body Problem?' *Mind*, 1989를 보라. 그리고 *Berkley* 4장과 *The Question of Realism* 3장에 그 각

각에 대한 나의 답변이 있다.

50 J. L. Mackie, *Ethics*, 1장 도처.

51 Dummett, *The Logical Basis of Metaphysics*, 그리고 Tennant *Anti-Realism and Logic*, p. 12, 또한 C. Wright, 'Anti-Realism and Revisionism' in *Realism Truth and Meaning*, p. 317, 그리고 S. Rasmussen and J. Raunkilde, 'Realism and logic', *Synthese*, 52 (1982), pp. 379-380을 보라.

52 Dummett, *The Logical Basis of Metaphysics*, p. 12.

53 Ibid.

54 Ibid., p. 15.

55 나는 도처에서 보다 더 상세하게 그에 따르는 문제들을 논의하였다. cf. 곧 출간될 Grayling의 *The Question of Realism* 3-5장 도처, 특히 4장과 5장.

56 T. L. S. Sprigge, *The Vindication of Absolute Idealism*.

57 Berkeley, *Principles*, 23절, Grayling, *Berkeley*, pp. 113-117.

58 이 문제에 대한 완전한 논의를 위해서는 곧 출간될 Grayling의 *The Question of Realism*을 보라.

59 '개념 체계'에 대해서, cf. Ibid., 4장, 특히 pp. 144-196.

60 Cf. Davidson, 'On The Very Idea Of A Conceptual Scheme', *Proceedings of the American Philosophical Society*, 1974, 도처 and Grayling, Ibid. p. 171 이하.

61 Cf. W. V. Quine, *Word and Object*, 2장, 도처.

62 P. Feyerabend, *Against Method*.

63 5장과 7장에서의 노이라트와 실증주의에 관한 논의 참조.

64 위의 3장에서의 동의성에 대한 콰인의 논의 참조.

65 '체계화한다'에 대해서는, Grayling, *The Question of Realism*, 4장, 도처, 특히 p. 190, 이하 참조.

66 즉, 언어(체계)가 하나 이상의 다르고 구별할 수 있는 항목을 가진 존재론을 범위로 가진다.

67 Quine, *Ontological Relativity and Other Essays*, p. 31 이하 참조.

68 Cf. Ibid., p. 124.

69 B. Harrison, *Introduction To The Philosophy of Language*, pp. 116-117.

70 Quine, 'Two Dogmas of Empiricism', in *From a logical point of view* 도처.

71 더밋은 이 논제에 대한 콰인의 거부를 '미구출 논제'라고 부른다. 따라서 여기서도 그 말을 쓰겠다. Cf. Dummett, 'The Significance of Quine's Indeterminacy Thesis', *TOE*, p. 375 이하.

72 더밋의 조어이다. Ibid., p. 379.

73 Ibid., p. 4 도처.

74 한 언어의 문장들이 아무리 구획된다 하더라도, 다른 정도의 이론성을 가진다는 것은 불가피한 문젯거리이다. 덜 이론적인 문장보다는 더 이론적인 문장에 대해서, 불충분 결정성, 따라서 동일 언어 불확정성은 덜 관찰적인 문장보다는 더 관찰적인 문장에 대해서 훨씬 더 클 것이다. 첫번째 수반은 후자보다는 전자에 대해서 말하는 것이며, 두 번째 수

반은 전자보다는 후자에 대해서 말하는 것이다. 그러나 내가 여기서 관심을 두는 것은 주로 관찰 진술이나 지각 진술이며, 내 고찰도 그것들에 집중되어 있다.

Bibliography

Alston, W. P. 'Meaning and Use'. *Philosophical Quarterly*, 1963.

Aristotle, *Analytica Posteriora, De Interpretatione, Categories, Metaphysics*. Oxford: Clarendon Press, 1928.

Armstong, D. M. 'Meaning and Communication'. *Philosophical Review*, 1971.

_____. *Universals and Scientific Realism* (2 Vols). Cambridge: Cambridge University Press, 1978.

Aune, B. 'Statements and Propositions'. Nous, 1967.

_____. 'On an Analytic-Synthetic Distinction'. *American Philosophical Quarterly*, 1972.

_____. *Metaphysics: The Elements*. Oxford: Basil Blackwell, 1985.

Austin, J. L. *Sense and Sensibilia*. Oxford: Clarendon Press, 1962.

_____. 'Performative-Constative' in Caton, 1963.

_____. 'Truth' in Pitcher, 1964.

_____. 'The Meaning of a Word' in Feigl et al, 1972.

_____. *How To Do Things With Words* (2nd edn). Oxford: Clarendon Press, 1975.

Ayer, A. J. *Language, Truth and Logic* (2nd edn). London: Gollancz, 1946.

_____. *Philosophical Essays*. London: Macmillan, 1954.

_____. (ed.) *Logical Positivism*. London: Macmillan, 1959.

_____. *The Concept of a Person*. London, 1963.

Bach, K. *Thought and Reference*. Oxford: Clarendon Press, 1987.

Beaney, M. *Frege: Making Sense*. London: Duckworth, 1996.

Bertolet, R. 'The Semantic Significance of Donnellan's Distinction'. *Philosophical*

Studies, 1980.

Biro, J. and Kotatko, P. *Frege: Sense and Reference*. Dordrecht: Kluwer, 1995.

Black, M. 'The Semantic Definition of Truth'. Analysis, 1948.

Blackburn, S. (ed.) *Meaning, Reference, Necessity: New Studies in Semantics*. Cambridge: Cambridge University Press, 1973.

_____. 'Truth, Realism and the Regulation of Theory' in French et al. 1980.

_____. *Spreading the Word*. Oxford: Clarendon Press, 1984.

Blanshard, B. *The Nature of Thought*. London, 1939.

Bloomfield, L. *Language*. London, 1935.

Bloorse, C. 'The Origins of the Indeterminacy Thesis'. *Journal of Philosophy*, 1975.

Bradley, F. H. *Essays on Truth and Reality*. Oxford, 1914.

Bradley, R. and Schwartz, N. *Possible Worlds*. Oxford: Basil blackwell, 1979.

Bridgman, P. W. *The Logic of Modern Physics*. New York, 1960.

Burge, T. 'Reference and Proper Names'. *Journal of Philosophy*, 70, 1973.

_____. 'Truth and Singular Terms'. *Nous*, 1974.

_____. 'Belief De Re'. *Journal of Philosophy*, 1977.

Butler, R. J. (ed.) *Analytical Philosophy*. Oxford: Basil Blackwell, 1965.

Carnap, R. *Introduction to Semantics and the Formalization of Logic*. Cambridge, Mass.: Harvard University Press, 1942.

_____. *The Unity of Science*. London, 1934.

_____. *Meaning and Necessity*. Chicago: University of Chicago Press, 1947.

_____. *The Logical Structure of the World*. London: Routledge and Kegan Paul, 1967.

Carruthers, P. 'Frege's Regress'. *Proceedings of the Aristotelian Society*, 1981.

Cartwright, R. L. 'Some Remarks on Essentialism'. *Journal of Philosophy*, 1968.

Caton, C. E. (ed.) *Philosophy and Ordinary Language*. Urbana: University of Illinois Press, 1963.

Chisholm, R. (ed.) *Realism and the Background of Phenomenology*. Glencoe, Ill.: Free Press, 1960.

Chomskym N. *Cartesian Linguistics*. New York: Harper and Row, 1966.

Church, A. 'Propositions'. *Encyclopaedia Britannica*, 14th edition Chicago, 1958.

Churchland P. *Matter and Consciousness* (revised edn). Cambridge, Mass.: Harvard University Press, 1988.

Clark, P. and Hale, B. *Reading Putnam.* Oxford: Basil Blackwell, 1994.

Copi, I. M. and Gould, J. A. *Readings in Logic.* New York, 1964.

Craig, E. J. 'The Problem of Necessary Truth' in Blackburn 1975.

Currie, G. *Frege: An Introduction to his Philosophy.* Brighton: Harvester Press, 1982.

Dancy, J. and Sosa, E. *A Companion to Epistemology.* Oxford: Basil Blackwell, 1992.

Davidson, D. 'On the Very Idea of a Conceptual Scheme'. *Proceedings of the American Philosophical Society,* 1974.

_____. *Essays on Actions and Events.* Oxford: Clarendon Press, 1980.

_____. *Inquiries into Truth and Interpretation.* Oxford: Clarendon Press, 1984.

_____. 'The Myth of the Subjective' in Kraus, 1989.

_____. 'The Folly of Trying to Define Truth'. *The Journal of Philosophy,* 93, 1996.

Davidson, D., and Harman, G. *Semantics of Natural Language,* Dordrecht: D. Reidel, 1972.

Davidson, D., and Harman, G. (eds) *The Logic of Grammar.* Encino, Calif.: Dickinson, 1975.

Davidson, D., and Hintika, J. (eds) *Words and Objections: Essays on the Work of W. V. Quine.* Dordrecht: D. Reidel, 1969.

Davies, M. *Meaning, Quantification, Necessity.* London, 1981.

Davies. S. (ed.) *Pragmatics: A Reader.* Oxford: Oxford University Press, 1991.

Descartes, R. *Meditations.*

Devitt, M. *Realism and Truth.* Oxford: Basil Blackwell, 1984.

Devitt, M. Realism and Truth., and Sterelney, K. *Language and Reality.* Oxford: Basil Blackwell, 1987.

Dewey, J. *Experience and Nature.* London: Dover, 1958.

Donnellan, K. 'Reference and Definite Descriptions' *Philosophical Review,* 1996, reprinted in *Schwartz,* 1997.

_____. 'Proper Names and Identifying Descriptions' in Davidson and Harman 1972.

_____. 'Speaking of Nothing'. *Philosophical Review,* 1974.

_____. 'Kripke and Shoemaker on Natural Kind Terms' in Ginet and Shoemaker 1983.

Dummett, M. A. E. *Frege: Philosophy of Language*. London: Duckworth, 1973 (2nd. edn 1981).

_____. 'What is a Theory of Meaning (I)?' in Guttenplan 1975.

_____. 'What is a Theory of Meaning (II)?' in Evans and McDowell 1976.

_____. *Elements of Intuitionism*. Oxford: Clarendon Press, 1977.

_____. *Truth and Other Enigmas*. London: Duckworth, 1978.

_____. 'What Does the Appeal to Use Do for the Theory of Meaning?' in Margalit 1979.

_____. 'Common Sense and Metaphysics' in Macdonald 1979.

_____. *The Interpretation of Frege's Philosophy*. London: Duckworth, 1982.

_____. 'Realism'. *Symthese*, 52, 1982.

_____. *The Seas of Language*. Oxford: Clarendon Press, 1993.

Edgington, D. 'Meaning, Bivalence and Realism'. *Procedings of the Aristotelian Society*, 1980.

Enc, B. 'Necessary Properties and Linnaean Essentialism'. *Canadian Journal of Philosophy*, 1975.

Engel, P. *The Norm of Truth*. London: Havester Press, 1991.

Erwin, E. et al. 'The Historical Theory of Reference'. *Australasian Journal of Philosophy*, 1976.

Ewing A. C. *Idealism: A Critical Survey*. London, 1934.

Evans, G. *The Varieties of Reference*. Oxford: Clarendon Press, 1982.

_____. *Collected Papers*. Oxford: Clarendon Press, 1985.

_____. and McDowell, J. *Truth and Meaning*. Oxford: Clarendon Press, 1976.

Feigi, H. et al. *Reading in Philosophical Analysis*. New York: Appleton-Century-Crofts, 1949.

_____. *New Readings in Philosophical Analysis*. New York: Appleton-Century-Crofts, 1972.

Feyerabend, P. *Against Method*. London, 1975.

Field, H. 'Tarski's Theory of Truth'. *Journal of Philosophy*, 69: 13, 1972.

Fodor, J. A. and Lepore, E. *Holism: A Shopper's Guide*. Oxford: Basil Blackwell, 1992.

Fordes, G. *The Metaphysics of Modelity*. Oxford, 1985.

Foster, J. A. 'Meaning, Truth, Theory' in Evans and McDowell 1976.

Frege, G. *Translations from the Philosophical Writings of Gottlob Frege*. Black, M. and Geach, P. (eds) Oxford: Basil Blackwell, 1960.

Frege, G. 'The Thought' in Strawson 1967.

_____. 'Sense and Reference' in Black and Geach 1960.

French, P. et al. (eds). *Contemporaru Perspectives in the Philosophy of Language*. Midwest Studies in Philosophy, Minneapolis: University of Minnesota Press, 1977.

French, P. et al. (eds). *Studies in Epistemology*. Minneapolis: University of Minnesota Press, 1980.

French, P. et al. (eds). *Realism and Antirealism*. Midwest Studies in Philosophy VII, Minneapolis: Minnesota University Press, 1988.

French, P. et al. (eds). *Contemporary Perspectives in the Philosophy of Language II*. Midwest Studies in Philosophy XIV, Minneapolis: University of Minnesota Press, 1989.

Fricker, E. 'Semantic Structure and Speaker's Understanding'. *Proceedings of the Aristotelian Society*, 1982.

Geach, P. *Reference and Generality*. Ithaca: Cornell University Press, 1962.

George, A. (ed.) *Refletions on Chomsky*. Blackwell, 1989.

Ginet, C. and Shoemaker, S. (eds) *Knowledge and Mind: Philosophical Essays*. Oxford: Oxford University Press, 1983.

Grayling, A. C. 'Internal Structure and Essence'. *Analysis*, 1982.

_____. *The Refutation of Scepticism*. London: Duckworth, 1985.

_____. *Wittgenstein*. Oxford: Oxford University Press, 1988.

_____. 'Mind, Meaning and Method' in *Wittgenstein: Centenary Essays*. Cambridge: Cambridge University Press, 1990.

_____. *Philosophy: A Guide Through the Subject*. Oxford: Oxford University Press, 1995.

_____. 'Perfect Speaker Theory' in Hill and Kotatko, 1995.

_____. *Russell*. Oxford: Oxford University Press, 1996.

Grice, H. P. 'Meaning'. *Philosophical Review*, 1957.

_____. 'Utterer's Meaning, Sentence Meaning and Word Meaning'. *Foundations of Language*, 1968.

_____. *Studies in the Ways of Words*. Cambridge, Mass.: Harvard University Press. 1989.

Grayling, A. C., and Strawson, P. F. 'In Defense of a Dogma'. *Philosophical Review*, 1956.

Grover, D. L. 'Propositional Quantifiers'. *Journal of Philosophical Logic*, 1973.

_____. *A Prosentential Theory of Truth*. Princeton: Princeton University Press, 1992.

Grover, D. L. et al. 'A Prosentential Theory of Truth'. *Philosophical Studies*, 1973.

Gunderson, K. (ed.) *Language, Mind and Knowledge*. Minneapolis: University of Minnesota Press, 1975.

Guttenplan, S. *Mind and Language*. Oxford: Clarendon Press, 1975.

Haack, S. *Philosophy of Logics*. Cambridge 1975.

_____. 'Is It True What They Say About Tarski?' Philosophy, 1976.

_____. 'The Pragmatist Theory of Truth'. *British Journal for the Philosophy of Science*, 1976.

_____. 'Lewis's Ontoligical Slum'. *Review of Metaphysics*, 1977.

Hacking, I. *Why Does Language Matter to Philosophy?* Cambridge, 1975.

Hanfling, O. (ed.) *Essential Readings in Logical Positivism*. Oxford: Basil Blackwell, 1981.

Hare, R. M. *The Language of Morals*. Oxford: Clarendon Press, 1952.

Harman, G. 'Three Levels of Meaning'. *Journal of Philosophy*, 1968.

_____. *Thought*. Princeton: Princeton University Press, 1973.

_____. 'Moral Relativism Defended'. *Philosophical Review*, 1975.

Harnish, R. M. (ed.) *Basic Topics in the Philosophy of Language*. London: Harvester Press, 1994.

Harrison, B. *Introduction to The Philosophy of Language*. London, 1979.

Hartshorne, C. *Collected Papers*. Cambridge, Mass.: Harvard University Press, 1930-58.

Hempel, G. C. 'On the Logical Positivists' Theory of Truth'. *Analysis*, 1935.

Hill, J. and Kotatko, P. *Karlovy Very Studies in Reference and Meaning*. Prague: Philosophia Publications, 1995.

Honderich, T. and Burnyeat, M. *Philosophy As It Is*. London: Penguin, 1979.

Hook, S. (ed.) *Language and Philosophy: A Symposium*. New York: New York University Press, 1969.

Horwich, P. 'Three Forms of Realism'. *Synthese*, 1982.

_____. *Truth*. Oxford: Basil Blackwell, 1990.

Hughes, G. and Cresswell. M. *An Introduction to Modal Logic*. London 1968.

Hume, D. A. *Treatise of Human Nature* (ed. Selby-Bigge). Oxford: Clarendon Press 1978.

_____. *An Enquiry Concerning Human Understanding* (ed. Selby-Bigge). Oxford: Clarendon Press, 1975.

James, W. 'The Will to Believe'in *Selected Papers in Philosophy*. London, 1917.

_____. *Pragmatism*. New York, 1970.

Joachim, H. H. *Logical Studies*. Oxford, 1948.

Johnson, P. 'Origin and Necessity'. *Philosophical Studies*, 1977.

Kant, I. *Critique of Pure Reason* (trans. Norman Kemp Smith). London, 1933.

Katz, J. *The Philosophy of Language*. New York: Harper and Row, 1966.

Kenny, A. *Wittgenstein*. London: Allen Lance, 1973.

_____. *Frege*. London: Penguin, 1995.

Kirkham, R. L. *Theories of Truth*. Cambridge, Mass.: Mit Press, 1992.

Kitch, P. 'Apriority and Necessity'. *Australasian Journal of Philosophy*, 1980.

Klemke, E. D. (ed.) *Essays on Frege*. Urbna: University of Illinois Press, 1968.

_____(ed). *Essays on Russell*. Urbana: University of Illinois Press 1971.

Kornblith, H. 'Referring to Artefacts'. *Philosophical Review*, 1980.

Kraus M. (ed.) *Relativism: Interpretation and Confrontation*. Notre Dame, 1989.

Kripke, S. 'Identity and Necessity' in Munitz 1971 and Schwrtz 1977.

_____. 'Speaker's Reference and Semantic Reference' in French et al. 1977.

_____. *Naming and Necessity*. Oxford: Basil Blackwell, 1980.

_____. *Wittgenstein on Rules and Private Language*. Oxford: Basil Blackwell, 1982.

Kroon, F. W. 'The Problem of "Jonah": How Not To Argue For the Causal Theory of Reference'. *Philosophical Studies*, 1982.

Kung, G. *Ontology and the Logistik Analysis of Language*. Dordrecht: D. Reidel, 1967.

Lehrer, K. and Lehrer, A. *Theory of Meaning*. Englewood Cliffs: Prentice-Hall, 1970.

Leibniz, G. *The Monadology* (trans. Latta). Oxford: Oxford University Press, 1898.

_____. *New Essays Concerning Human Understanding* (trans. Loughley). Chicago: Chicago University Press, 1916.

_____. *Philosophical Writings* (ed. Parkinson). London: J. M. Dent, 1973.

Leonardi, P. and Santambrogio, M. (eds) *On Quine*. Cambridge: Cambridge University Press, 1995.

Lepore, E. *Truth and Interpretation*. Oxford: Basil Blackwell, 1986.

Lewis, C. I. and Langford, C. *Symbolic Logic* (2nd edn). New York: Century, 1951.

Lewis, D. *Counterfactuals*. Harvard: Harvard University Press, 1975.

_____. 'Languages and Language' in Gunderson 1975.

_____. *Philosophical Papers*. Oxford: Clarendon Press, 1983.

_____. *On the Plurality of Worlds*. Oxford: Basil Blackwell, 1986.

Lewy, C. *Meaning and Modality*. Cambridge: Cambridge University Press, 1976.

Linsky, L. *Reference and Modality*. Oxford: Oxford University Press, 1971.

Lipton, M. R. 'Review of Orenstein'. *Philosophical Review*, 1980.

Loar, B. 'The Semantics of Singular Terms'. *Philosophical Studies*, 1976.

_____. 'Two Theories of Meaning' in Evans and McDowell 1976.

_____. 'Ramsay's Theory of Belief and Truth' in Mellor 1980.

_____. *Mind and Meaning*. Cambridge: Cambridge: Cambridge University Press, 1981.

Locke, J. *Essay Concerning Human Understanding* (ed. Nidditch). Oxford: Oxford University Press.

Loux, M. J. (ed.) *The Possible and the Actual*. Ithaca: Cornell University Press, 1979.

Lovibond, S. and Williams, S. G. *Identity, Truth and Value: Essays for David Wiggins*.

Aristotelian Society Monographs, 1996.

Luntley, M. *Language, Logic and Experience*. London: Duckworth, 1988.

Lycanm W. G. 'The Trouble with Possible Worlds' in Loux 1979.

Macdonald, G. (ed.) *Perception and Identity*. London: Macmillan, 1979.

Macdonald, G., and Wright, C.(eds) *Fact, Science and Morality*. Oxford: Basil Blackwell, 1986.

Mackie, J. L. *Truth, Probability and Paradox*. Oxford: Clarendon Press, 1973.

_____. *Ethics*. London, 1977.

Malcolm, N. *Wittgenstein: A Memoir*. Oxford: Oxford University Press, 1958.

Margalit, A. (ed.) *Meaning and Use*. Dordrecht: D. Reidel, 1979.

Martin, R. L. *Recent Essays on Truth and Liar Paradox*. Oxford: Clarendon Press, 1984.

Mates, B. 'Analytic Sentences'. *Philosophical Review*, 1951.

_____. *The Philosophy of Leibniz*. Oxford: Clarendon Press, 1986.

McCulloch, G. *The Game of the Name*. Oxford: Clarendon Press. 1989.

McDowell, J. 'Truth-Conditions, Bivalence, and Verificationism' in Evans and McDowell, 1976.

_____. 'On the Sense and Reference of a Proper Name'. *Mind*, 1977.

_____. 'On The Reality of the Past' in Pettit and Hookway 1978.

_____. 'Physicalism and Denotation in Field on Tarski', in Platts 1980.

_____. *Mind and World*. Cambridge, Mass.: Harvard University Press, 1996.

McFetridge, I. G. *Logical Necessity*. Aristotelian Society Monographs, 1990.

McGinn, C. 'On the Necessity of Origin'. *Journal of Philosophy*, 1976.

_____. 'An A Priori Argument for Realism' *Journal of Philosophy*, 1979.

_____. 'Truth and Use' in Platts 1980.

_____. 'Can We Solve the Mind-Body Problem?' *Mind*, 98, 1989; reprinted in *The Problem of Consciousness*. Oxford: Oxford University Press, 1991.

Meinong, A. 'The Theory of Objects' in Chisholm 1960.

Mellor, D. H. 'Natural Kinds' *British Journal for the Philosophy of Science 1977*.

_____. (ed.) *Prospects for Pragmatism*. Cambridge: Cambridge University Press, 1980.

Mill, J. S. *A System of Logic*. London: Longmans, 1979.

Millkan, R. *Language, Thought and Other Biological Categories: New Foundations for Realism*. Cambridge, Mass, 1984.

Mondadori, F. and Morton, A. 'Modal realism: The Poisoned Pawn' in Loux 1979.

Moore, G. E. 'Professor James' 'Pragmatism'. *proccedings of the Aristotelian Society*, 1908.

____. 'Is Existence Never a Predicate?' *Proceedings of the Aristotelian Society*, supp. vol, 1936.

____. *Some Main Problems of Philosophy*. London: Allen and Unwin, 1953.

Morris, C. *Signs, Language and Behaviour*. New Jersey, 1946.

Munitz, M. K. (ed.) *Identity and Individuation*. New Youk: New York Yniversity Press, 1971.

____. (ed.) *Existence and Logic*. New York: New York University Press, 1974.

____. (ed.) *Logic and Ontology*. New York: New York University Press, 1975.

Nagel, T. *The View from Nowhere*. Oxford: Oxford University Press, 1986.

Neale, S. *Descriptions*. Cambridge, Mass., 1990.

Nerlich, G. 'Presupposition and Classical Logical Relations'. *Analysis*, 1967.

____. 'Presupposition and Entailment'. *American Philosophical Quarterly*, 1969.

Neurath, O. 'Protocol Sentences' (trans. M. Schlick) in Ayer 1959.

Orenstein, A. 'On Explicating Existence in Terms of Quantification' in Munitz 1975.

____. *Existence and the Particular Quantifier*. Philadelphia, 1978.

Ortony, A. (ed.) *Metaphor and Thought*. Cambridge: Cambridge University Press, 1979.

Osgood, C. *Method and Theory in Experimental Psychology*. New York, 1953.

Passmore, J. *Philosophical Reasoning*. London: Duckworth, 1961.

____. *A Hundred Years of Philosophy*. London: Duckworth, 1966.

____. *Recent Philosophers*. London: Duckworth, 1985.

Peacocke, C. A. B. 'Proper Names, Reference and Rigid Designation' in Blackburn 1973.

____. (ed.) *Understanding and Sense* (2 vols). Brookfield: Dartmouth, 1993.

Pears, D. F. 'Is Existence a Predicate?' in Strawson, 1967.

_____. *The false Prison* (2 vols). Oxford: Clarendon Press, 1989.

Peirce, C. S. 'How To Make Our Ideas Clear' in Hartshorne 1930-58.

Pettit, P. and Hookway, C. (eds), *Action and Interpretation*. Cambridge, 1978.

Pettit, P. and Hookway, C., and McDowell, J. (eds) *Subject, Thought and Context*. Oxford, 1986.

Pitcher, G. (ed.) *Truth*. New Jersey, 1964.

_____. (ed.) *Wittgenstein: Critical Essays*. London, 1966.

Plantinga, A. 'World and Essence'. *Philosophical Review*, 1970.

_____. *The Nature of Necessity*. Oxford: Clarendon Press, 1971.

_____. 'Actualism and Possible World's in Loux 1979.

Plato, *Republic, Phaedrus*. Oxford: Clarendon Press.

Platts, M. *The Ways of Meaning*. London: Routledge and Kegan Paul, 1979.

_____. *Reference, Truth and Reality*. London: Routledge and Kegan Paul, 1980.

Popper, K. *Conjectures and Refutations*. London: Routledge and Kegan Paul, 1960.

_____. *The Logic of Scientific Discobvery* (3rd edn). London: Hutchinson, 1972.

_____. *Objective Knowledge*. London, 1973.

Prawitz, D. 'Meaning and Proof'. *Theoria*, 1977.

Prior, A. N. *The Objects of Thought*. Oxford: Clarendon Press, 1971.

Putnam, H. *Mind, Language and Reality*. Cambridge: Cambridge University Press, 1975.

_____. 'Meaning and Reference' in Schwartz 1977.

_____. *Meaning and the Moral Sciences*. London: Routledge and Kegan Paul, 1978.

_____. *Reason, Truth and History*. Cambridge: Cambridge University Press, 1981.

_____. *Representation and Reality*. Cambridge, Mass.: MIT Press, 1988.

_____. 'Model Theory and the Factuality of Semantics' in George 1989.

_____. *Renewing Philosophy*. Cambridge, Mass.: Harvard University Press, 1992.

_____. 'Reply to David Anderson'. *Philosophical Topics*, 20, 1992.

_____. *Words and Life*. Cambridge, Mass.: Harvard University Press, 1994.

_____. 'Simon Blackburn on Internal Realism' in Clark and Hale, 1994.

Quine, W. V. O. *From A Logical Piont of View*. Cambridge, Mass.: Harvard University Press, 1953.

____. 'Two Dogmas of Empiricism' in 1953.

____. *Word and Object*. Cambridge, Mass.: MIT Press, 1960.

____. *Ontological Relativity and Other Essays*. New York, 1961.

____. *The Ways of Paradox*. New York: Random House, 1966.

____. 'Epistemology Naturalized' in 1969.

____. *Philosophy of Logic*. Englewood Cliffs: Prentice-Hall, 1970.

____. 'Ontology and Odeology' in Feigl et al. 1972.

____. *The Roots of Reference*. La Salle, Illinois: Open Court, 1974.

____. 'Designation and Existence' on feigl et al. 1979.

____. *Quiddities*. Cambridge, Mass. 1987.

____. *The Pursuit of Truth*. Cambridge, Mass., 1990.

Quinton, A. M. 'The A Priori and the Analytic'. *Proceedings of the Aristotelian Society*, 1964; reprinted in Strawson 1967.

Ramsay, F. P. 'Facts and Propositions'. *Proceedings of the Aristotelian Society*, supp. vol., 1927.

____. *The Foundations of Mathematics*. London: Kegan Paul, Trench, Trubner, 1931.

Rasmussen S. and Ravnkilde J. 'Realism and Logic'. *Synthese*, 52, 1982.

Read, S. *Thinking About Logic*. Oxford: Oxford University Press, 1994.

Rescher, N. (ed.) *The Logic of Decision and Action*. Pittsburgh, 1968.

____ (ed.) *Studies on Logical Theory*. Oxford: Basil Blackwell, 1968.

____. *The Coherence Theory of Truth*. Oxford, 1973.

____. 'The Ontology of the Possible' on Loux 1979.

Richards, T. 'The Worlds of david Lewis'. *Australasian Journal of Philosophy*, 1975.

Rorty, R. *Philosophy and the Mirror of Nature*. Oxford: Basil Balckwell, 1979.

____. 'Putnam on Truth'. *Philosophy and Phenomenological Research*, 52, 1992.

Rosenberg, J. F. and Travis. C. (eds) *Readings in the Philosophy of Language*. Englewood Cliffs: Prentice-Hall, 1971.

Rundle, B. *Wittgenstein and Contemporary Philosophy of Language*. Oxford: Basil

철학적 논리학

Blackwell, 1990.

Russell, B. *The Principles of Mathematics*. London: Allen and Unwin, 1903.

_____. 'James' Conception of Truth' in *Philosophical Essays*, London, 1910.

_____. *The Problems of Philosophy*. Oxford: Oxford University Press, 1912.

_____. *Our Knowledge of the External World*. London: Allen and Unwin, 1914.

_____. *Mysticism and Logic*. London: Allen and Unwin, 1917.

_____. 'Knowledge by Acquaintance and Knowledge by Description' on 1917.

_____. *Introdution to Mathematical Philosophy*. London: Allen and Unwin, 1919.

_____. *The Analysis of Mind*. London: Allen and Unwin, 1921.

_____. *An Inquiry into Meaning and Truth*. London: Allen and Unwin, 1940.

_____. *Logic and Knowledge* (ed. Marsh). London: Allen and Unwin, 1956.

_____. 'On Denoting' in 1956.

_____. 'The Philosophy of Logical Atomism' in 1956.

_____. *My Philosophical Decelopment*. London: Allen and Unwin, 1959.

Russell, B., and Whitechead, A. *Principa Mathematica*. Cambridge: Cambridge University Press, 1910-12.

Ryle, G. *Dilemmas*. Cambridge: Cambridge University Press, 1960.

_____. 'The Theory of Meaning' in Caton 1963.

_____. *On Thinking*. Oxford: Basil Blackwell, 1979.

Sacks, M. *The World We Found*. London: Duckworth, 1989.

Sainsbury, R. M. *Russell*. London, 1979.

_____. *Logical Forms*. Oxford: Basil Blackwell, 1991.

_____. 'Philosophical Logic' in Grayling 1995.

Scheffler, I. *Science and Subjectivity*. New York, 1967.

Schiffer, S. *Meaning*. Oxford: Oxford University Press, 1972.

_____. 'The Foundations of Knowledge' in Ayer 1959.

Schwartz, S. P. *Naming Necessity and Natural Kinds*. Ithaca: Cornell University Press, 1977.

Searle, J. R. *Speech Acts*. Cambridge: University Press, 1969.

_____ (ed.) *The Philosophy of Language*. Oxford: Oxford University Press, 1971.

_____. 'Metaphor' in Ortony 1979.

Slote, M. *Metaphysics and Essence*. Oxford, 1974.

Sluga, H. *Gottlob Frege*. London: Routledge and Kegan Paul, 1980.

Sommers, F. *The Logic of Natural Language*. Oxford: Clarendon Press, 1982.

Sosa, E. *Cansation and Conditionals*. Oxford: Oxford University Press, 1975.

Sperber, D. and Wilson, D. 'Loose Talk'. *Proceeding of the Aristotelian Society*, 86, 1986.

Sprigge, T. L. S. 'Internal and External Properties'. *Mind*, 1962.

_____. *The Vindication of Absolute Idealism*. Edinburgh, 1983.

Stalnaker, R. C. 'A Theory of Conditionals' in Rescher 1968.

_____. 'Possible Worlds' in Loux 1979.

Stich, S. P. 'What Every Speaker Knows'. *Philosophical Review*, 1971.

_____. 'Davidson's Semantic Programme'. *Canadian Journal of Philosophy*, 1978.

Straaten, Z. van (ed.) *Philosophical Subjects*. Oxford: Clarendon Press, 1980.

Strawson, P. F. *Introduction to Logical Theory*. London: Methuen, 1952.

_____. 'Review of the *Philosophical Investigations*'. *Mind*, 1954. reprinted in Pitcher 1966.

_____. *Individuals*. London: Methuen, 1959.

_____. 'Truth' in Pitcher 1964.

_____. *The Bounds of Sense*. London: Methuen, 1966.

_____ (ed.) *Philosophical Logic*. Oxford: Oxford University Press, 1967.

_____. *Logico-Linguistic Papers*. London: Methuen, 1971.

_____. 'On Referring' in 1971.

_____. 'Intention and Convention in Speech Acts' in 1971.

_____. 'Meaning and Truth' in 1971.

_____. 'A Reply to Mr Sellars' in Feigl et al. 1972.

_____. *Freedom and Resentment*. London: Methuen, 1974.

_____. 'Scruton and Wright on Anti-Realism'. *Proceeding of the Aristotelian Society*, 1976.

Swinburne, R. G. 'Analyticity, Necessity and Apriority'. *Mind*, 1975.

Tarski, A. 'The Semantic Conception of Truth' in Feigl et al. 1949.

_____. *Logic, Semantics, Metamathematics*. Oxford: Clarendon Press, 1956.

_____. 'The Concept of Truth in a Formalised Language' in 1956.

Taylor, B. 'On the Need for a Meaning Theory in a Theory of Meaning'. *Mind*, 1982.

_____. *Michael Dummett*. Dordrecht: M. Nijhoff, 1987.

Tennant, N. *Anti-Realism and Logic*. Oxford: Clarendon Press, 1987.

Thomson, J. 'Is Existence a Predicate?' in Strawson 1967.

_____. 'Truth-Bearers and the Trouble About Propositions'. *Journal of Philosophy*, 1969.

Unger, P. 'The Causal Theory of Reterence'. *Philosophical Studies*, 1983.

Waismann, F. 'Verifiability'. *Proceedings of the Aristotelian Society*, 1945.

Walker, R. C. S., *The Coherence Theory of Truth: Realism, Anti-Realism, Idealism*. London, 1989.

Wallace, J. 'On the Frame of Reference'. *Synthese*, 22, 1970.

_____. 'Positive, Comparative, Superlative'. *Journal of Philosophy*, 69, 1972.

Warnock G. 'A Problem about Truth' in Pitcher 1964.

_____ (ed.) *The Philosophy of Perception*. Oxford: Oxford University Press, 1967.

Wettstein, H. 'Demonstrative Reference and Definite Descriptions', *Philosophical Studies*, 1981.

White, A. R. *Truth*. London, 1970.

Wiggins, D. *Sameness and Substance*. Oxford, 1980.

Wilkes, K. *Physicalism*. London, 1978.

Williams, A. J. F. *What Is Truth?* Cambridge: Cambridge University Press, 1976.

Williams, M. J. 'Do We (Epistemologists) Need a Theory of Truth?' *Philosophical Topics*, 1986.

Winch, P. *The Idea of a Social Science*. London: Routledge and Kegan Paul, 1958.

Wittgenstein, L. *Philosophical Inverstigations*. Oxford: Basil Blackwell, 1953.

_____. *Remarks on the Foundations of Mathematics*. Oxford: Basil Blackwell, 1956.

_____. *Tractatus Logico-Philosophicus*. London: Routledge and Kegan Paul, 1961.

_____. *Blue and Brown Books*. Oxford: Basil Blackwell, 1964.

_____. *On Certainty*. Oxford: Basil Blackwell, 1969.

Wolfram, S. *Philosophical Logic: An Introduction*. London: Routledge and Kegan Paul, 1989.

Woodfield, A. (ed.) *Thought and Object*. Oxford: Clarendon Press, 1982.

Wright, C. 'Strawson on Anti-realism'. *Synthese*, 1978.

_____. *Wittgenstein on the Foundations of Mathematics*. London: Duckworth, 1980.

_____. 'Realism, Truth-Value Links, Other Minds and Past'. *Ratio*, 22, 1980.

_____ (ed.) *Frege: Tradition and Influence*. Oxford: Basil Blackwell, 1984.

_____. *Realism, Meaning and Truth*. Oxford: Basil Blackwell, 1987.

_____. 'On Putnam's Proof That We Are Not Brains in a Vat'in Clark and Hale 1994.

Zemach, E. 'Putnam's Theory of the Reference of Substance Terms'. *Journal of Philosophy*, 1976.

Ziff, P. 'On H. P. Grice's Account of Meaning'. *Analysis*, 1967.

옮긴이 후기

거의 30년 전에 번역한 책을 다시 들여다보면서, 문장을 좀 더 읽기 쉽게 고치고 오역을 찾아 수정해 내보냅니다. 학문적 역량이 일천했을 때에, 내용도 제대로 다 이해하지 못한 채 멋도 모르고 번역했던 것이 두고두고 마음에 걸렸었는데, 죽기 전에 조금이나마 바로잡게 되어 퍽 다행스럽습니다. 그동안 어색한 번역문을 보고 마음이 불편했을 독자들에게 이 지면을 빌어 용서를 구합니다.

시간이 오래 지나면서 문득 더 나은 표현이라고 생각되어, 분석 철학에서 사용하고 있는 전문 용어를 나름대로 다시 수정한 경우도 있습니다. 예를 들어 ontological commitment를 '존재론적 개입'에서 '존재론적 수용'으로 고친 것 등이 그 대표적인 사례입니다. 분석 철학에 관심이 있는 전문가분들의 검토와 조언을 기다리겠습니다. 개정 3판 번역에서 이 책의 특징을 어느 정도 객관적으로 소개한 적이 있습니다. 지금 읽어도 크게 잘못된 부분은 없는 것 같아, 그 내용 중 일부를 조금 고쳐 여기 다시 옮겨 싣겠습니다.

이 책은 A. C. Grayling의 *An Introduction to Philosophical Logic* (3판)을 번역한 것입니다. 1판이 1982년도에 출간된 후, 꾸준히 독자들의 사랑을

받아오다가 1997년도에 실질적인 개정판인 3판이 발간되었습니다. 옮긴이는 1판을 일전에 이미 읽었던 터라 그 차이점을 쉽게 간파해 낼 수 있었습니다. 1판과 비교해 볼 때 3판의 특징은 5장, 6장에 해당하는 진리론 부분이 최근의 논의를 중심으로 대폭 수정 보완되고, 저자 자신의 철학적 입장이 담겨 있는 9장이 실질적으로 다시 쓰여졌다는 점입니다. 그밖에도 1판에서 애매했던 문장들이 명쾌하게 이해할 수 있는 문장으로 수정되는 등, 나머지 장들 중간 중간에 적지 않은 부분이 보충되기도 하고, 불필요한 부분은 빠지기도 하였습니다.

책 제목을 우리말로 옮기면 『철학적 논리학』일 터인데, 『철학적 논리학』이라는 제목은 독자들에게 다소 생소한 느낌을 주는 감이 있습니다. 사실 이러한 제목을 둘러싸고 이미 철학자들 사이에 설왕설래가 있었습니다. 『논리 철학(Philosophy of logics)』의 저자인 수잔 하크(Susan Haack)는 논리 철학과 철학적 논리학이라는 표현이 사실상 동의어라고 보았습니다. 그녀에 따르면, 논리 철학이란 논리학에서 제기된 여러 철학적 문제들을 탐구하는 학문입니다. 그러나 그녀는 '철학적 논리학'이라는 표현이 오해를 불러 일으킬 수 있다고 생각하고 '논리 철학'이라는 표현을 채택하였습니다. 그 이유는 '철학적 논리학'이라는 말이 논리학 분야에 특유한 어떤 철학적 문제들이 있다는 인상을 주기 보다는, 철학적으로 논리학을 하는 방법이 있다는 인상을 주기 때문이라는 것입니다.

반면에 그렐링은 '논리 철학'과 '철학적 논리학'이라는 표현이 구분될 수 있다고 생각합니다. 그렐링에 의하면, 논리 철학이란 논리학의 본성과 논리학에 함축되어 있는 내용들을 주제로 하는 학문입니다. 여기에는 주로 필함(entailment), 뢰벤하임-스콜렘 정리의 의의, 양화 이론의 범위와 한계, 논리학과 집합론간의 관계, 집합론 자체의 본성 등에 관한 문제들이 포함됩니다. 한편 철학적 논리학이라는 분야는 논리학 자체만을 탐구 대상으로 하는 것이 아니라, 논리학이 언어와 사고의 본성 및 세계의 구조와 내용에 관한 철학적 문제들과 관계를 맺게 될 때 성립합니다. 여기에서는 주로 논리학에서 많이 다루어지고 있는 개념들인 명제, 분석성, 필연성, 존재, 진리, 의미와 지시체, 실재론-반실재론 논쟁 등과 관련된 철학적 문제들이 다루어집니다. 그러므로 철학적 논리학은 논리학에서 정보를 들여오고 논리학에 민감함에도 불구하고 여전히 그야말로 철학이라는 것입니다.

　울프람(Sybil Wolfram)이라는 학자도 『철학적 논리학』(1989)이라는 책을 저술한 적이 있습니다. 그는 철학적 논리학의 성격을 드러내기 위하여 그것을 각각 형식 논리학 및 철학과 비교하기도 하고, 그 역사적 발전 과정을 개관하기도 합니다. 울프람에 따르면, 철학적 논리학은 당연히 형식 논리학과 다릅니다. 전통 형식 논리학은 올바른 추론의 형식을 연구하는 학문인 반면, 철학적 논리학은 논리 체계가 건축될 수 있는 토대들을 연구합니다. 따라서 논리 연결어, 단칭 명사, 양화사, 명제, 진리치 등의 의미를 연구하는 것을 목적으로 한다고 봅니다. 이런 뜻에서는 철학적 논리학이 하크가 말한 논리 철학과 별반 다를 바가 없을 것입니다. 한편 울프람은 철학적 논리학이 무어의 '선'의 정의에 관한 문제나 신의 '존재' 증명의 문제와 관련하여 '정의', '존재' 등의 문제를 자기의 고유 영역으로 삼을 수 있다고 봅니다. 그밖에 같은 맥락에서 지시체, 필연적 진리, 진리, 고유명, 존재 진술, 동일성 진술, 부정, 자연류 등의 개념도 철학적 논리학의 탐구 영역이라고 생각합니다. 그런 점에서 철학적 논리학은 그렐링이 생각하는 철학적 논리학과 외연이 일치합니다. 옮긴이가 보기에 울프람은 학과 그렐링의 입장을 절충, 포괄한 듯이 생각됩니다.

　철학적 논리학에 대한 정확한 개념 정의를 내리기 쉽지 않은 것이 이 분야가 최근에 주로 분석철학계에서 관심을 두고 새로 등장한 분야이기 때문일 것입니다. 하크의 우려대로 어의상으로 오해를 일으키는 측면도 느껴지지 않는 것은 아니지만 그 외연을 좁게 잡은 그렐링의 구분법을 따르자면 달리 다른 표현을 쓸 수도 없는 것 같습니다. 실제로 그렐링은 이 책에서 학이 다루었던 타당성, 논리 연결어, 양화 기호 등의 부분은 논리 철학의 분야로 치부하고 도외시하고 있습니다.

그러나 옮긴이가 생각하기에 이 책의 가장 중요한 특징은 무엇보다도 분석 철학에서 다루는 철학적 주제들을 철학사적인 개관 없이, 말 그대로 문제 중심으로 다루고 있다는 점일 것입니다. 이 책의 목차에 등장하는 개념들을 눈여겨보면, 그것들이 어느 것 하나 뺄 것 없이 분석 철학의 주된 관심 사항이자 중심 개념들이라는 것을 쉽게 알아차릴 수 있습니다. 프레게를 태두로 하여 분석 철학이 성립한 후 지난 한 세기를 거치면서, 럿셀, 비트겐슈타인, 에이어, 슐릭, 카르납, 포퍼, 콰인, 오스틴, 그라이스, 썰, 퍼트남, 크립키, 데이빗슨, 더밋 등 쟁쟁한 학자들이 명제, 필연성, 분석성, 존재, 전제, 기술, 진리, 의미, 지시, 검증, 용도, 실재론, 반실재론 등과 같은 문제들을 놓고 끊임없는 논쟁과 설전을 벌여왔습니다. 바로 이런 개념들이 실질적으로 우리들의 사유 틀을 규제하고 또 세계관을 결정하고 있었기 때문이었습니다. 분석 철학의 기본 목표가 비트겐슈타인의 말대로, 사고의 논리적 명료화에 있고, 철학적 활동이 본질적으로 해명과 치유에 있다면, 이 책은 그러한 분석 철학의 정신을 그야말로 충실하게 재현하고 훈련시키는 보기 드문 역작이라 할 수 있습니다.

최근의 서양 철학은 영미 분석 철학과 유럽 대륙 철학이 통합되어가는 양상을 보이고 있습니다. 그리하여 이제는 유럽 철학계에서도 분석 철학의 방법론이 상당한 영향력을 발휘하고 있으며, 그에 준하는 역작들이 유럽 학계에서도 쏟아져 나오고 있는 실정입니다. 오늘날 독일 철학계의 대부 역할을 하고 있는 하버마스가 20세기는 분석 철학의 세기였다고 회고한 것만 보아도 그렇습니다. 유독 우리나라만이 아직도 자라나는 세대들에게 논리적 훈련을 시키는 일에 소홀한 탓에, 엄밀한 논리적 사유를 전개하는 데 어려움을 겪고, 합리적으로 사고하는 방법을 익히지 못하고 있는 실정입니다. 독자들은 이 책을 통하여 분석철학자들의 개념 분석 방법이 얼마나 치밀하고 객관적인 것인지를 배울 수 있으며, 또 학문을 하는데 논리적 기초가 얼마나 중요한 것인가를 새삼 깨닫게 될 것입니다.

아마도 글쓰기를 하는 사람들이 하나같이 경험했을 것으로 여겨지는 씁쓸한 현상이 있습니다. 처음에 글을 써냈을 때에는 참 그럴싸하게 보여서 은근히 으스대고 싶기도 했겠지만, 한참 시간이 지나서 보면 그 글이 아주 엉성하고 조잡한 글이었다는 것을 깨닫게 되는 경험입니다. 제 경우도 마찬가지여서, 20~30년 전 냈던 책들을 다시 읽다 보면 그 허술한 필치에 얼굴을 붉히고 맙니다. 예전의 학문 역량이나 글쓰기 수완이 한참 미숙했다는 것을 고스란히 확인하게 되었기 때문입니다. 사정이 그러하여 퇴임 후 이전 책들을 수정해 보겠다고 마음먹었는데, 이 번역의 수정 작업이 그 첫 번째 작업입니다. 잘 팔리지 않는 철학책임에도 불구하고 북코리아 이찬규 대표님께서 흔쾌히 재출판을 허락해 주셨고, 또 고단한 책 제작과 번거로운 실무를 몸소 감당하셨습니다. 문화적인 사명감이 남다르신 이찬규 대표님께 감사드립니다. 요새 번역하고 싶은 책이 손안에 있는데, 염치없이 또 선학사의 신세를 질 수 있을지 모르겠습니다.

2023년 2월, 집 안 서재에서
이윤일

색인

92, 139, 194, 301, 368-376

그로버 260-262

기록 진술 215, 216 ☞ 관찰 진술을 보라

기술에 의한 지식 22, 175

기술 이론 22, 59, 149, 174, 176, 181, 303, 310

기준 431

ㄴ

내적 실재론 442, 449, 451

노이라트 211, 215, 216, 343, 347

논리 실증주의자 31, 72, 73, 81, 215, 340

논리적 필연성 ☞ 필연성을 보라

논리주의 21

『논리철학논고』 73, 225, 377

논리학 7, 22

ㄷ

대상 160

대상 언어 238

대역 이론 112, 113, 114 ☞ 루이스를 보라

대용 문장 260

대용 형식 260

대화적 함축 373-375

더밋 31, 254, 397-403, 405, 406, 410-412, 414-416, 419, 422- 425, 429, 441, 442, 454, 463- 466, 468, 469, 471-473, 476-

479, 491

데 딕토 양상 98

데레 양상 98, 99, 128

데이비슨 30, 202, 237, 254, 269- 271, 273, 275-277, 280-283, 285, 286, 371, 377-392, 416, 452, 483, 486, 494

데카르트 150, 275, 443, 452

도구주의 459

도덕적 상대주의 482

독립성 418, 443, 447, 448, 451, 458, 462, 466-468, 473, 480

돈넬란 30, 189, 191, 192, 194, 307, 311, 316

동의성 46, 57, 58, 61, 74-76, 78, 81-83, 88, 89, 383, 483, 484, 490-492

동의와 부인 391, 484, 487

동일성 18, 35, 61, 115, 121, 314

동형성 226, 227

듀이 202, 205, 452

딜타이 327

뜻 29, 48

뜻과 지시체 305, 377

뜻론 394

뜻-지시체 49, 50, 74, 304, 310

ㄹ

라이트 422, 430, 476

라이프니츠 29, 50, 67, 68, 70, 71, 81, 87, 91, 96, 100, 102, 136,

A. C. 그렐링

그렐링(1949-)은 영국 철학자이자 작가이다. 1991년부터 2011년까지 영국 런던의 비르크벡 대학 철학 교수로 봉직한 후, 2011년 '신 인문대학'을 설립하고 초대 학장이 되었다. 철학, 전기, 사상사, 인권, 윤리학에 관한 30여 권의 책을 저술하였다. 대표적인 논문으로는 「인식론적 회의론과 선험적 논증」(1981, 박사학위 논문, 옥스퍼드), 「내적 구조와 본질」, 「정신, 의미와 방법」, 「완전한 화자 이론」 등이 있고, 주요 저서로는 『철학적 논리학』, 『회의주의 논박』, 『버클리』, 『비트겐슈타인』, 『러셀』, 『사물의 의미』, 『선이란 무엇인가』, 『사물의 신비』, 『데카르트』, 『진리, 의미와 실재론』, 『신 논증』, 『철학사』, 『민주주의와 그 위기』, 『지식의 전선』 등이 있다.

이윤일

이윤일은 숭실대학교 철학과를 졸업하고 동 대학원 철학과에서 철학 박사 학위를 받았다. 가톨릭 관동대학교 교양과에서 봉직하고 퇴임한 후, 현재는 가톨릭 관동대학교 명예교수이다. 저서로는 『의미, 진리와 세계』, 『논리로 생각하기 논리로 말하기』, 『현대의 철학자들』, 『논리와 비판적 사고』(공저)를 낸 바가 있으며, 번역서로는 『콰인과 분석철학』, 『철학적 논리학』(3판), 『인간의 얼굴을 한 윤리학』, 『마이클 더밋의 언어철학』, 『진리와 해석에 관한 탐구』, 『예술철학』, 『포스트모던 해석학』, 『파롤』이 있고, 논문으로는 「후기 마이클 더밋의 철학과 실재론-반실재론의 분류」, 「합리성과 상대주의」, 「퍼트남의 실용적 실재론」 외 다수가 있다.